L'ADMINISTRATION PUBLIQUE
De l'École classique
au nouveau management public

Jean Mercier

L'ADMINISTRATION PUBLIQUE
De l'École classique
au nouveau management public

Les Presses de l'Université Laval

Les Presses de l'Université Laval reçoivent chaque année du Conseil des Arts du Canada et de la Société de développement des entreprises culturelles du Québec une aide financière pour l'ensemble de leur programme de publication.
Nous reconnaissons l'aide financière du gouvernement du Canada par l'entremise de son Programme d'aide au développement de l'industrie de l'édition (PADIÉ) pour nos activités d'édition.

Mise en pages : Francine Brisson
Maquette de couverture : Mariette Montambault

3ᵉ tirage : 2004

Distribution de livres Univers
845, rue Marie-Victorin
Saint-Nicolas (Québec)
Canada G7A 3S8
Tél. (418) 831-7474 ou 1 800 859-7474
Téléc. (418) 831-4021
http://www.ulaval.ca/pul

À Aline et
Louis Philippe

TABLE DES MATIÈRES

Chapitre 6

Chapitre 7

Chapitre 8

Chapitre 12

Ce livre est destiné avant tout à un public d'étudiants. D'abord à ceux de science politique et d'administration publique, mais aussi, dans le cadre de cours complémentaires, à un éventail assez large d'autres étudiants, qui pourront voir dans ce manuel un livre d'introduction à la science politique, voire aux sciences sociales elles-mêmes.

Au moment où l'administration publique, remise en question depuis vingt ans, se voit interpellée de façon dramatique par les événements du 11 septembre 2001, il est pertinent de faire le point sur sa place dans nos institutions d'aujourd'hui, car on compte plus que jamais sur le secteur public pour résoudre les problèmes les plus importants. Dans cet esprit, il faut situer l'administration publique dans une perspective de longue durée, qui dépasse les vingt dernières années, tout en rendant compte de ses transformations récentes, transformations qui ont été regroupées sous l'expression « nouveau management public ». Ce qui veut dire, en clair, que j'ai tenté de rendre compte de toutes les tendances importantes, y compris les plus récentes, sans toutefois me laisser emporter dans le tourbillon des modes, nombreuses même dans un domaine qui peut sembler austère comme l'Administration Publique. Dans certains cas, je me suis permis d'exprimer mes propres opinions, surtout dans la conclusion, mais seulement après avoir donné la parole aux avis et opinions contraires.

En partant souvent des réalités québécoises et canadiennes, sans toutefois m'y confiner, j'ai cherché à rendre compte aussi des développements administratifs de plusieurs autres pays ainsi que des tendances internationales dans le domaine. Le résultat, comme c'est souvent le cas au Québec et au Canada, c'est un livre beaucoup plus comparatif et international que ne le sont les volumes équivalents dans les pays plus importants.

J'ai essayé aussi d'offrir une perspective temporelle. Le résultat, ici, c'est que les sources utilisées s'étendent sur plusieurs décennies, car certains thèmes pertinents ont été étudiés à certaines périodes plutôt qu'à d'autres. Il faut savoir où l'on est, mais il faut aussi savoir d'où l'on vient, pour mieux voir vers où l'on va.

Dans un type de manuel comme celui-ci, les auteurs tentent d'introduire les lecteurs à un assez grand nombre de thèmes. Inévitablement, la question se pose : jusqu'à quel niveau de détail doit-on se rendre ? Le lecteur, et parfois le professeur qui utilisera le manuel, pourront passer plus rapidement sur certains passages : je pense ici à certains détails sur les fonctions publiques européennes (chapitre 4), aux étapes du processus budgétaire (chapitre 6), ou encore aux propos théoriques sur la démarche comparative (chapitre 9).

Par contre, comme l'opposition, ou la dichotomie, entre l'Administration Publique classique et le nouveau management public traverse tout le volume, pour en constituer le principal fil conducteur, les détails sur certains fondements du nouveau management public, sur le *Public Choice* notamment, m'apparaissent plus importants. Encore une fois, chacun, professeurs et étudiants, jugera par lui-même.

Même si j'ai vu, revu, écrit et réécrit personnellement chaque phrase, et dix fois plutôt qu'une, ce volume a une dimension collective qui remonte à ses premiers balbutiements. En effet, sa première version, sous forme de notes de cours, date de 1985 environ, quand mon collègue Antoine Ambroise (maintenant aux Nations unies) et l'assistante de recherche Carole Beaudoin se sont joints à moi pour produire les premières pages. Puis, à d'autres stades d'avancement, Anne-Marie Lemay, Anne Racine, Marie-Claude Linteau, Olivier Brisson, Mathieu Mellon et Guillaume LaPerrière, tous étudiants en science politique à l'Université Laval, ont ajouté leurs contributions à l'évolution du projet, habituellement comme recherchistes-documentalistes, mais parfois aussi comme rédacteurs et rédactrices de versions préliminaires sur un thème ou un autre. Comme le projet de ce livre existe depuis environ quinze ans, j'oublie sûrement certaines contributions. D'autres étudiants, trop nombreux pour que je les mentionne, ont travaillé à divers degrés comme assistants de cours. Qu'ils trouvent tous, ici, l'expression de ma gratitude. Danielle Gingras et d'autres membres du personnel du Département de science politique ont travaillé au cours des ans à différentes parties du manuscrit, toujours avec beaucoup de compétence et de bonne humeur. L'équipe des Presses de l'Université Laval a démontré en tout temps un grand savoir-faire, autant sur le plan technique qu'interpersonnel.

Les professeurs Alain Baccigalupo (Université Laval), James Iain Gow (Université de Montréal) et Roland Parenteau (ENAP) ont eu la générosité de lire en entier une version avancée du manuscrit, en me soulignant plusieurs passages qui devaient être améliorés ou modifiés. Vingt fois sur le métier, remettez votre ouvrage ! Qu'ils trouvent tous les trois, ici, l'expression de ma reconnaissance sincère. Le livre serait sans doute meilleur si j'avais pu suivre intégralement tous leurs conseils.

Sur un plan personnel, je veux remercier ma compagne, Aline Dufour, et son jeune fils Louis Philippe, pour leur appui et leur patience.

Cette première édition pourra sans doute être améliorée dans l'avenir ; je compte sur les praticiens, étudiants et collègues des universités et institutions du Québec et d'ailleurs pour m'aider à voir comment cela pourra se faire.

JEAN MERCIER
Université Laval
Décembre 2001

He who knows only England
does not know England at all.
(Qui ne connaît que l'Angleterre
ne connaît pas du tout l'Angleterre.)

Chapitre 1

INTRODUCTION GÉNÉRALE ET TERMINOLOGIE

1.1 INTRODUCTION

Entre les années 1980 et le début des années 2000, on a pu avoir l'impression que le domaine du « politique » voyait son importance diminuer, au profit de thèmes comme la privatisation des activités étatiques ou la globalisation des échanges commerciaux. Mais, dans la réalité, la sphère du politique est inévitable, car même les politiques de privatisation sont, ultimement, des décisions politiques. Elles en ont d'ailleurs toutes les caractéristiques : elles sont conflictuelles, dressent les uns contre les autres des groupes opposés et exigent, malgré les divergences entre différents secteurs de la société, que des choix soient effectués.

Quant à la globalisation des échanges commerciaux, elle ne met pas non plus en veilleuse la politique. En effet, la mondialisation du commerce réclame, au contraire, de nouvelles interventions étatiques. Déjà, dans cette « économie du savoir », on se préoccupe davantage de la gestion de la main-d'œuvre et de la qualité de l'éducation. Bientôt, on se penchera plus sérieusement sur les retombées sociales, inévitables, de cette nouvelle économie. Et si certaines fonctions publiques ont connu, au niveau national, des baisses d'effectifs qui sont, du reste, bien modestes, d'autres fonctions publiques ont vu leurs effectifs croître. Ainsi en est-il de certaines fonctions publiques locales ou, à l'autre extrême, internationales, comme celle de l'Union européenne par exemple, qui ont connu une certaine croissance.

Au chapitre de l'importance des conflits, véritable source du politique, rien ne nous permet de prévoir qu'elle va diminuer. Au contraire, dans un monde qui se rapetisse, par l'économie et les communications, il y a tout lieu de croire que le conflit va augmenter. Et la politique, qu'on le veuille ou non, sera au rendez-vous pour dégager des solutions sur la gestion des ressources communes, en face des conflits d'usage qu'elles ne manqueront pas de provoquer.

Mais le politique, pour préparer et mettre en œuvre ses décisions, a besoin d'une administration publique. Et c'est cette dernière qui constitue l'objet plus spécifique de ce livre. Nous nous pencherons donc sur ses structures, ses fondements constitutionnels, ses aspects économiques, historiques ainsi que sur plusieurs autres dimensions. Mais l'administration publique, c'est aussi l'ensemble des hommes et des femmes qui, de façons très différentes, interviennent dans notre vie de tous les jours. Au Canada, on les dénombre comme suit :

> En 1995, 2,6 millions de personnes étaient employées sur les plans fédéral, provincial et municipal pour servir la population canadienne qui s'élevaient à 28,5 millions d'habitants. Parmi ces employés, on retrouvait les personnes embauchées par tous les gouvernements, dans les hôpitaux, dans les commissions scolaires et dans l'armée ainsi que dans les entreprises publiques telles que la Société canadienne des postes et la Société Pétro-Canada. Ils représentaient environ 14 % de la main-d'œuvre active au Canada. Près de 43 % des 2,6 millions de personnes étaient employées à l'échelle provinciale [...] et 36 % dans les administrations municipales. En 1994-1995, environ 500 000 personnes étaient employées par les ministères et organismes fédéraux [...] (Commission de la fonction publique, 2001, p. 1).

Le personnel de la fonction publique effectue des tâches étonnamment variées. Bien sûr, c'est un agent du ministère du Revenu qui vérifie votre déclaration d'impôts, une employée du ministère de l'Éducation qui vérifie le bien-fondé d'une demande de prêt étudiant, un « eurocrate » à Bruxelles qui prépare des normes environnementales qui seront bientôt appliquées aux pays de l'Union européenne, ou encore un fonctionnaire militaire qui prépare les aspects logistiques d'une opération de paix dans un pays aux prises avec la guerre civile. Mais c'est aussi un biologiste qui recense les migrations d'une population de mammifères, ou un économiste d'un ministère des Finances, à Montréal ou à Londres, qui passe la plus grande partie de sa journée à transiger des obligations gouvernementales avec ses homologues des maisons de courtage ou des compagnies d'assurance.

Parfois, les fonctionnaires rendent des services directs, en service social, par exemple. Ils peuvent aussi aider à rendre des jugements, comme ceux et celles qui œuvrent au CRTC (Conseil de radiodiffusion et des télécommunications canadiennes) et qui préparent des dossiers sur des demandes de permis d'exploitation de poste de radio ou de télévision. D'autres sont au service d'une organisation qui veut apporter un soutien aux opérations du secteur privé. D'autres encore veillent à ce que certaines valeurs soient défendues, comme ceux qui ont supervisé une annonce qui souligne, aux conjoints divorcés, l'importance du paiement d'une pension alimentaire en faveur de celui ou celle qui obtient la garde des enfants.

Bien entendu, la plupart des organismes ou ministères dépensent des sommes d'argent. Mais d'autres génèrent des revenus et des surplus qui contribuent au financement des opérations gouvernementales en général, comme, au Québec, Loto-Québec ou la Société des alcools. C'est le cas aussi pour certaines assurances collectives, comme la Société de l'assurance automobile du Québec.

Contrairement à ce que l'on peut penser dans certains milieux, l'administration publique change, évolue. Même si c'est parfois avec un certain retard, elle s'adapte aux mêmes tendances que celles que l'on retrouve dans le reste de la société. Du point de vue de la gestion par exemple, on y retrouve plusieurs thèmes de management présents depuis quelques années dans le secteur privé : l'informatisation, le *re-engineering*, le réseautage ou la diminution des niveaux hiérarchiques. Dans le même esprit, remarquons que la Commission de la fonction publique du Canada se penche sur l'avenir du travail et « l'emploi atypique » dans la fonction publique du Canada (McCartin et Schellenberg, 1999). En effet, déjà un cinquième de la fonction publique fédérale est composé de travailleurs saisonniers, à contrat, à court terme, à temps partiel ou temporaire. On y a recours pour les mêmes raisons que dans le secteur privé, c'est-à-dire pour des impératifs financiers ou de gestion. Mais, en même temps, et parce que la fonction publique doit souvent servir de modèle, on s'inquiète du fait que l'emploi atypique n'est pas toujours volontaire ou désiré et qu'il touche davantage les femmes et les jeunes.

À la suite de ces descriptions de la fonction publique et de l'administration publique d'aujourd'hui, il convient maintenant de se pencher sur les objectifs spécifiques de ce chapitre, qui sont de présenter l'administration publique à la lumière de ses dimensions constitutionnelles, économiques, historiques, politiques et, enfin, terminologiques.

Les questions que nous nous posons seront donc des questions comme : d'où l'administration publique tire-t-elle sa légitimité ? Est-ce que l'administration publique est toujours en situation de monopole ? A-t-elle toujours existé ? Est-elle neutre vis-à-vis du pouvoir politique ? « Bureaucratie » et « administration publique » sont-elles des expressions synonymes ? Tentons donc de répondre à ces questions, ainsi qu'à certaines autres.

1.2 LES ASPECTS CONSTITUTIONNELS

Tout en entretenant des rapports avec les pouvoirs exécutif, législatif et judiciaire, l'administration publique exerce pour ceux-ci une série de fonctions. La figure 1-A nous indique où se situe l'administration publique dans le cadre des trois grands pouvoirs d'un gouvernement moderne, à savoir le pouvoir exécutif, le pouvoir législatif et le pouvoir judiciaire. L'administration publique tient principalement de l'exécutif parce qu'elle en est le prolongement. Elle met en œuvre les décisions du pouvoir exécutif. On la présente parfois comme un lieu de « législation déléguée » en ce qu'elle complète par des règlements les lois qui

— FIGURE 1-A —
Place de l'administration publique dans une province canadienne

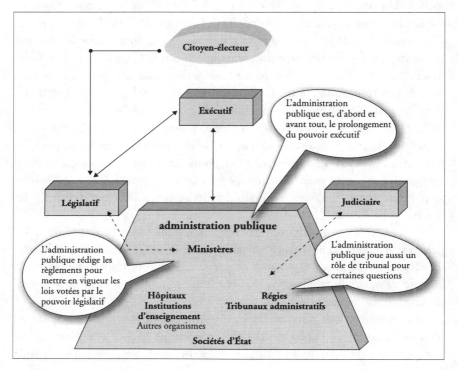

souvent ne constituent que des grandes lignes directrices. Enfin, l'administration publique jouit d'un pouvoir quasi judiciaire lorsque certains de ses organismes agissent presque comme des tribunaux. L'administration publique intervient en quelque sorte dans l'ensemble des activités d'un gouvernement. Notons que l'utilisation du terme « secteur public » serait plus adéquat dans le cadre de ce schéma, parce qu'il englobe l'administration publique *et* les entreprises publiques (représentées souvent, comme ici, sous le vocable de « sociétés d'État »).

1.3 LES ASPECTS ÉCONOMIQUES

Le secteur public occupe une part économique considérable au sein des pays occidentaux modernes. L'exemple des taxes collectées par l'État auprès des citoyens et des corporations en échange de divers produits et services témoigne à lui seul d'une présence économique non négligeable. En effet, la présence économique de l'État demeure très importante : cela explique l'émergence de débats qui concernent sa performance. À court terme, l'administration publique s'adonne à la production de biens et de services décidés par les pouvoirs exécutif et législatif. À long terme, les enjeux apparaissent plus grands, car ils concernent l'allocation des ressources collectives et l'orientation de l'économie. On comprend aisément que l'efficacité de l'administration publique touche considérablement la productivité globale d'un pays, surtout en cette période de globalisation des échanges.

La comparaison des secteurs publics de différents pays procure une idée générale de leur taille respective. Selon une analyse des comptes nationaux présentée par l'Organisation de coopération et de développement économique dans les années 1990, la Suède se situe en tête des États interventionnistes et le Japon au dernier rang des pays industrialisés. Au Canada, un calcul incluant les paiements de transfert indique que l'implication de l'État est passée de 16 % à 50 % de son PIB entre les années 1920 et 1991. La taille du secteur public canadien est comparable à celle de la France, de l'Allemagne et de l'Italie, et elle est supérieure à celles des secteurs publics américain, britannique et japonais. Diverses études, que nous verrons au chapitre 6, ont tenté d'expliquer la place et la croissance des activités de l'État (voir Imbeau, Petry et Crête, 1999).

Il convient d'établir quelques distinctions entre les secteurs public et privé. Nous aurons l'occasion de développer plus loin cette question. Les différences entre ces secteurs relèvent principalement de leur mandat respectif et de leurs modalités d'exercice. Le mandat de l'État s'avère beaucoup plus large et potentiellement plus complexe que celui d'une entreprise privée. L'objectif du secteur public est de satisfaire l'intérêt public, tel que défini, entre autres, par la constitution et les lois. Le critère d'efficacité d'une administration publique n'est donc pas nécessairement le profit ; on exige, par contre, que sa production de biens et de services soit de bonne qualité et ce, à des coûts raisonnables. Étant une partie intégrante de l'État, une administration publique doit répondre devant les pouvoirs exécutif, législatif et judiciaire à travers différents modes de contrôle, ce qui diminue quelque peu son efficience. Au nom de l'impartialité et de l'équité, les fonctionnaires doivent agir selon des procédures établies par la législation ou par la réglementation. On comprend donc pourquoi la tâche des cadres supérieurs du secteur public apparaît parfois plus complexe que celle des cadres du secteur privé, du moins sur le plan des normes à respecter. Tout comme l'entreprise privée, par ailleurs, certains services publics sont financés par leurs revenus propres. Cependant, la majorité des fonds de l'administration publique proviennent d'impôts, de taxes, de redevances, de droits, qui, ensemble, constituent les fonds généraux d'un gouvernement.

Traditionnellement, l'utilisation des services de l'État est gratuite pour l'usager, mais la tendance récente est de faire payer par l'usager au moins une partie des coûts par un ticket modérateur ou une augmentation des frais d'utilisation, par exemple. Notons enfin qu'il existe une zone grise située entre les secteurs public et privé dans laquelle se trouvent diverses entreprises et associations vivant en étroite union avec l'État. Certaines d'entre elles sont déclarées d'intérêt public par la loi et font l'objet d'une surveillance spéciale exercée par l'administration publique. D'autres dépendent essentiellement de contrats gouvernementaux et jouissent d'un statut quasi public. Dans cette même zone grise, on trouve également plusieurs associations volontaires (parfois appelées « organisations non gouvernementales »), des coopératives et des regroupements de citoyens qui jouissent d'un statut d'interlocuteurs privilégiés du gouvernement et de l'administration. Ce sont parfois des organismes caritatifs. Aux États-Unis, on décrit parfois ce secteur, somme toute assez large, de *third sector* (troisième secteur). Enfin, il existe un bon nombre d'entreprises mixtes, c'est-à-dire d'entreprises dont l'État est en partie actionnaire. L'ampleur de cette zone grise nous montre que la distinction entre le public et le privé n'est pas toujours nette. Dernièrement, on a utilisé le mot « gouvernance » pour indiquer que la gouverne d'un État moderne va bien au-delà du gouvernement formel lui-même (Peters et Savoie, 1995, par exemple).

Tout en reprenant à sa manière les catégories que nous venons d'énumérer, Roland Parenteau (1992, p. 49-73) les a présentées de façon plus exhaustive et systématique. La figure 1-B montre que les organisations qui produisent des biens et des services peuvent être placées le long d'un continuum, avec, à chaque extrême, des organisations qui sont exclusivement privées d'un côté (en bas à droite), et exclusivement publiques de l'autre (en haut à gauche). Les ministères et organismes municipaux peuvent être considérés comme des exemples d'organismes les plus « publics », d'une part, et les entreprises privées qui ne sont soumises qu'aux contraintes légales générales peuvent être considérées comme des exemples des organisations les plus « privées », d'autre part ; entre les deux extrêmes, on trouve toute une série d'organisations : les organismes autonomes et les établissements publics (les hôpitaux) sont déjà moins purement « publics », tandis que les entreprises publiques sont réellement dans une zone grise, entre les deux. Elles sont de trois sortes : les entreprises publiques qui ont un monopole sur un service essentiel (comme Hydro-Québec), les entreprises que Parenteau appelle les « monopoles fiscaux » où il y a souvent un mélange de monopole et de

— FIGURE 1-B —

**Types d'organismes de production
selon leur caractère plus ou moins public**

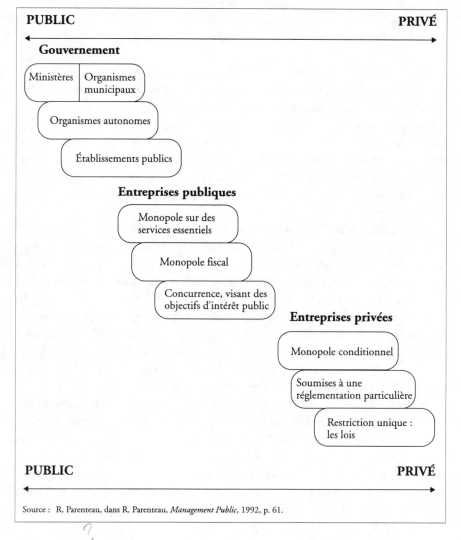

Source : R. Parenteau, dans R. Parenteau, *Management Public*, 1992, p. 61.

compétition (comme Radio-Canada, la SAQ ou Loto-Québec) et, enfin, les entreprises publiques qui sont en situation de concurrence mais qui représentent tout de même une dimension stratégique nationale (comme Pétro-Canada). En dernier lieu, il y a les entreprises privées dont les deux premières catégories se voient imposer des règles particulières : par exemple Bell Canada pour la première catégorie (elle détenait un monopole à certaines conditions et pour certaines opérations), et des entreprises d'hébergement pour les personnes âgées dans la deuxième catégorie (soumise à une réglementation particulière).

La figure de R. Parenteau nous amène à conclure que la différence entre le secteur public et le secteur privé est souvent une question de degré, non de nature.

Il y a aussi des ressemblances entre les deux secteurs que l'on peut constater en adoptant une perspective historique, perspective que l'on trouve chez M. Weber par exemple. Ainsi, il faut voir que les entreprises privées se développent *avec* le secteur public, et non *contre* lui ou à sa place. Le secteur public crée des infrastructures physiques (routes, ponts, aéroports) et non physiques (système d'éducation) qui contribuent au développement du secteur privé. Quand on regarde la Russie actuelle, on voit comment l'idée, un peu naïve disons-le, de remplacer brusquement le public par le privé peut être dysfonctionnelle, voire désastreuse.

Le qualificatif *public* se rapporte à ce qui concerne l'État, la collectivité. La décision quant à la nature et l'étendue des activités dont est responsable l'administration publique est, en elle-même, une décision politique. C'est ce qui explique qu'en pratique ce qui relève du secteur public dans un pays peut être privé dans un autre. Ainsi, le réseau téléphonique est privé en Amérique du Nord alors qu'il a, jusqu'à récemment, été traditionnellement public en France. Le secteur de la santé est en grande partie privé aux États-Unis, tandis qu'il demeure essentiellement public au Canada. Tout comme elle varie dans l'espace, l'étendue du secteur public varie également dans le temps. Aussi, plusieurs des acteurs politiques actuels, s'inscrivant dans la vague néolibérale, sont d'avis qu'il est préférable de privatiser une partie des activités auxquelles se consacre l'État. Ainsi, la province canadienne de l'Alberta a privatisé la vente au détail des boissons alcoolisées (Bronwsey, 1999, p. 117-125).

Le terme *bien public* est parfois employé pour désigner un bien ou un service produit par l'État. Dans le langage économique, un *bien public pur* se définit comme un bien (ou service) d'égale disponibilité pour tous et dont la consommation des uns n'affecte en rien la consommation des autres. Par exemple, la défense nationale et la protection de l'environnement ont traditionnellement été considérées comme des biens publics purs. *A contrario*, l'enseignement scolaire public n'est pas considéré comme un bien public pur puisque les célibataires, sans enfants, se voient contraints de verser des impôts pour l'éducation alors qu'ils ne jouissent pas directement de ce service. Une caractéristique du bien public pur permet de comprendre pourquoi celui-ci ne peut être privatisé : il s'avère impossible d'empêcher une personne d'en bénéficier. Par exemple, comment une armée pourrait-elle collecter auprès de la population, sur une base volontaire, les fonds nécessaires à son fonctionnement alors que chaque citoyen est conscient qu'il bénéficiera de sa protection même s'il ne lui verse rien ? Bien que les biens publics purs relèvent nécessairement du secteur public, ceux dont est chargé l'État ne sont qu'une partie de l'ensemble des biens et services qu'il produit.

Par contre, il arrive que le secteur public soit en concurrence avec le secteur privé comme producteur, dans l'embauche de personnel, pour l'achat d'équipements, dans l'obtention de capitaux, etc. Parfois, il entre dans le jeu de la concurrence. À d'autres occasions, il décide de s'attribuer un monopole.

Le secteur public œuvre donc fréquemment dans le cadre d'un monopole. Notons qu'un monopole peut également exister à l'intérieur du secteur privé. Le monopole naturel, quant à lui, se présente comme un type de monopole que l'on retrouve souvent dans le secteur public ; en général, sa création occasionne d'énormes investissements de départ mais aussi des économies d'échelle considérables ; l'avènement d'un concurrent n'entraînerait donc pas nécessairement une meilleure utilisation des ressources collectives. Pensons ici aux infrastructures dans le domaine de l'électricité ; créer un deuxième réseau, avec tous les coûts que cela occasionnerait, à la seule fin de créer de la concurrence, ne serait pas rationnel sur le plan de l'utilisation des ressources.

1.4 LES ASPECTS HISTORIQUES

On pense à tort que l'administration publique consiste en un phénomène récent et que son existence est attribuable à l'apparition de l'État à l'ère industrielle. Quelques exemples témoignent de cette erreur : la Chine antique possédait une véritable élite de fonctionnaires ; de façon similaire, l'administration publique d'Égypte mettait en œuvre de grands travaux d'irrigation ; et la longue durée de vie de l'Empire romain serait en partie attribuable au succès de sa bureaucratie de type professionnel.

Au cours de l'histoire, l'administration publique est présente sous diverses formes et en différents lieux. Au Moyen-Âge, en Europe, la décentralisation des pouvoirs empêche par contre tout véritable développement bureaucratique à l'extérieur de l'Église catholique. Suite aux pressions exercées par la classe commerçante, l'État monarchique de la Renaissance se présente comme un État dirigiste sur le plan économique, avec une bureaucratie qui intervient dans les affaires. Une bureaucratie émergente se caractérisant par sa permanence et par sa spécialisation prend une forme plus achevée après la Révolution française. Avec l'ère industrielle, l'État est appelé à intervenir dans le secteur économique par le biais de réglementations diverses concernant le travail, la santé, l'instruction, le commerce, etc. Il va sans dire que de telles interventions ont alimenté la complexité des affaires de l'État et ont contribué à la « technocratisation » de l'administration publique.

Aujourd'hui, on observe de nouveaux enjeux concernant l'administration publique. Mais on peut analyser son histoire pour tenter d'en dégager certaines constantes. Le fonctionnement structurel des institutions administratives, la carrière des fonctionnaires, les rapports de l'administration publique avec le pouvoir politique, les types d'impôts et la législation qui concerne le secteur privé ne constituent que des exemples de sujets d'analyse possibles.

Produit de l'histoire, l'aspect culturel de tout système politique se présente comme un élément explicatif important des différences existant entre les administrations publiques. Par exemple, les anciens pays communistes rejetaient les distinctions entre les secteurs public et privé, ainsi qu'entre les activités politiques et administratives. Dans la plupart des pays occidentaux par contre, on a traditionnellement exigé des fonctionnaires une assez grande neutralité. Il existe une interaction certaine entre l'administration publique et les traditions sociales. Dans cet esprit, Michel Crozier s'est beaucoup penché sur les aspects culturels de l'administration publique française, surtout au début de sa carrière.

1.5 LES ASPECTS POLITIQUES

On peut aussi regarder l'administration publique sous l'angle politique. Dans cet esprit, Catherine Lalumière (1975, p. 17-18) donne la définition suivante de la « science administrative », selon la terminologie européenne : « La science administrative étudie le système bureaucratique qui assure les relations d'autorité entre le pouvoir politique et la société globale, afin de conserver ou de transformer les différents éléments de cette société. » Elle ajoute à sa définition que la science administrative étudie aussi toutes les relations entre l'administration publique et la société environnante, c'est-à-dire les influences qu'exerce l'administration publique sur son environnement et vice-versa. James Iain Gow ajoute, quant à lui, que l'administration publique correspond à « des activités, des institutions, des personnes, et des connaissances qui touchent la préparation et la mise en application des décisions des autorités politiques à tous les niveaux » (Gow, 1992, p. 7).

Plusieurs sont d'avis que l'administration publique devrait être un organe neutre, c'est-à-dire qu'elle devrait rester à l'écart du débat public. Il s'agit là d'ailleurs de l'image de l'administration publique dans les pays occidentaux. Pourtant, une telle conception néglige quelque peu sa dimension sociale. L'administration publique demeure une partie intégrante de la société et, tout comme les autres acteurs, elle peut influencer et être influencée. Par exemple, il arrive que l'administration publique modifie ses règles d'embauche pour répondre à un nouveau courant de pensée véhiculé par l'opinion publique. De plus, sa taille en tant que telle fait d'elle un acteur politique important. Le nombre d'électeurs qui travaillent pour elle vient nuancer l'idée que l'administration publique répond à l'exécutif sans l'influencer. En effet, le personnel de l'administration publique vote ! Elle constitue en elle-même également un lieu de lutte politique entre ses diverses composantes, entre différents syndicats par exemple. L'administration publique se situe donc, d'une certaine façon, dans l'arène politique. Ses modalités de fonctionnement, tout comme ses prises de décisions, s'inscrivent à l'intérieur de rapports de force. Il est d'ailleurs plus à propos de parler d'un continuum politique/administratif observable à tous les niveaux de la hiérarchie de l'État que d'une distinction nette entre ce qui est politique et ce qui ne l'est pas.

1.6 LES ASPECTS TERMINOLOGIQUES

Il convient de définir sommairement l'administration publique à l'aide de son étymologie. Il paraît également utile de présenter quelques concepts fréquemment employés pour décrire certains phénomènes qui la concernent.

Le mot *administration* (issu du verbe latin *administrare*) comporte une double signification. D'abord, il signifie la direction, la gouverne. Il propose aussi l'idée de subordination, d'assistance, de service. Cette ambiguïté terminologique illustre bien la situation maître/serviteur qui est propre à l'administration publique. L'équilibre entre ces deux dimensions s'effectue différemment à l'intérieur de chaque système politique. Par exemple, les Britanniques utilisent l'expression *public service* ou *civil service* qui insiste davantage sur la dimension de subordination de l'administration.

L'administration publique est à la fois une réalité politique et un champ d'étude. L'*Administration Publique* (notons que les premières lettres sont des majuscules) étudie le comportement des agents et les structures de l'État. Elle se présente comme la branche des sciences sociales qui tend à décrire et à expliquer la structure et les activités des organes qui, sous l'autorité du pouvoir politique, constituent l'appareil d'État et des collectivités publiques. L'*administration publique* (les premières lettres sont des minuscules) signifie l'ensemble des structures organisationnelles et des individus qui sont chargés de préparer et d'exécuter les décisions du pouvoir politique. Donc, l'*Administration Publique* (domaine d'études) étudie le fonctionnement de l'*administration publique* (objet d'étude).

L'expression *Administration Publique* provient de l'expression américaine *Public Administration*. En Europe, on fait davantage référence à l'*Administration* et à la *science administrative*. Par exemple, l'École nationale d'administration publique (ENAP) se veut l'équivalent terminologique québécois de l'École nationale d'administration (ENA) de la France (comme on le constate, on n'ajoute pas toujours le qualificatif *publique* en France).

Certains auteurs se questionnent sur le bien-fondé d'une science ayant pour objet d'étude l'administration publique. Selon Siedentopf (1983), il serait faux de prétendre à l'existence d'une telle science, et, pour régler certains problèmes administratifs, la nécessité de faire appel à d'autres disciplines (droit administratif, science économique, etc.) justifie l'emploi du terme *sciences administratives* (au pluriel). Il insiste en affirmant que « l'approche pluraliste devrait être la bienvenue au-delà de tout impérialisme scientifico-politique précisément parce que les problèmes qui se posent pratiquement à l'administration publique ne ressortent généralement pas d'une seule discipline scientifique » (p. 163). L'auteur soulève ainsi un aspect de l'Administration Publique sur lequel il sera intéressant de se pencher : les apports des autres disciplines.

Le mot *management* (comme dans l'expression « nouveau management public »), quant à lui, correspond à la mise en œuvre des moyens humains et matériels nécessaires à la marche des services publics et privés. Ce terme a été peu utilisé en Administration Publique avant les années 1980, puisqu'il implique une liberté d'action qui ne reflète pas celle que détient traditionnellement le secteur public. Aujourd'hui, certains l'emploient tout de même pour insister sur la séparation entre le champ d'action du politique et celui de l'administration publique. Le terme *gestion* se rapporte le plus souvent à une activité d'encadrement des fonctions d'exécution qui vise l'utilisation optimale des ressources, que ce soit dans le privé ou dans le public. Actuellement, au début du XXIe siècle, il y a un flottement terminologique qui ne se précisera sans doute que dans quelques années (Parenteau, 1992, p. 3).

La notion de *bureaucratie* est couramment utilisée pour traiter de l'administration publique. Elle est définie largement comme le gouvernement ou le pouvoir (le suffixe *cratie*, provenant du mot grec *cratos*, indique le pouvoir) des bureaux (*bureau*). Une bureaucratie correspond à un type d'administration « constitué de fonctionnaires répartis dans une pyramide hiérarchique avec des compétences strictement délimitées » (Akoun, 1979, p. 27). Cette définition ne couvre qu'en partie la réalité de l'administration publique, car elle considère surtout les individus nommés et protégés en négligeant l'aspect « pouvoir » de l'administration publique. De plus, le phénomène bureaucratique peut être observé dans toute organisation sociale d'une certaine taille, tant à l'intérieur du secteur privé qu'à l'intérieur du secteur public. C'est ce que nous verrons plus en détail au chapitre 11.

En guise de conclusion, nous considérons donc que l'administration publique englobe l'ensemble des administrations relevant de l'État. L'essence du travail administratif, dans la réalité concrète, peut se résumer dans ses principales interventions : l'information, la prévision, la planification, la programmation, l'exécution et le contrôle des activités de l'État. Son intervention touche l'allocation des ressources au sein de la société et l'orientation de l'économie nationale, que ce soit par l'entremise d'investissements publics, de politiques d'achat, de réglementations des industries ou de subventions, de prêts et de dégrèvements fiscaux. En effet, l'État, sur le plan économique, se présente tour à tour comme producteur, investisseur, consommateur, régulateur, employeur ainsi que leader et promoteur. L'administration publique détient suffisamment de pouvoir pour être en mesure aussi d'influer sur la vie politique. Elle n'est donc pas complètement neutre, tout comme les différents auteurs qui écrivent sur elle ne le sont pas non plus. On comprend alors en quoi le choix des mots peut être significatif de leur pensée.

Selon nous, l'administration publique se présente comme un objet d'étude pertinent à l'intérieur d'une formation en sciences sociales, politiques ou administratives. Ce livre vise, dans sa première moitié, à familiariser l'étudiant avec la mécanique administrative. Par le biais des notions présentées ici, il lui sera plus facile de comprendre les enjeux d'actualité qui concernent l'administration publique. Des comparaisons historiques et géographiques lui permettront de plus de s'ouvrir à l'administration publique dans le monde.

Chapitre 2

ADMINISTRATION PUBLIQUE ET ÉTUDES ADMINISTRATIVES

2.1 INTRODUCTION

Ce chapitre vise à situer l'Administration Publique, comme sujet d'étude, selon plusieurs dimensions. Ceci nous aidera à donner de la perspective aux différents débats et questionnements qui ont cours aujourd'hui dans ce domaine. Il s'agit d'abord de se demander si l'Administration Publique est avant tout un art ou une science. Ensuite, nous verrons comment l'Administration Publique dépend de l'apport de plusieurs disciplines pour saisir son objet, soit les administrations publiques. Nous distinguerons les grandes approches qu'on peut utiliser pour regarder les organisations du secteur public : approches descriptives, analytiques, prescriptives, critiques et, enfin, normatives. Nous examinerons l'apport de certaines disciplines pour mieux saisir quelle est l'approche qu'elles utilisent principalement pour analyser l'administration publique. Nous saisirons cette occasion pour introduire le domaine des politiques publiques, domaine très proche de l'Administration Publique. Suivra ensuite une brève revue de quelques cadres d'analyse pour l'étude des administrations publiques.

Nous ferons par la suite un bref historique de l'Administration Publique (et de quelques domaines connexes) dans différents pays. Cet historique nous aidera à donner de la perspective aux débats actuels sur les mérites respectifs des secteurs privé et public. Nous nous familiariserons enfin avec la pensée de l'historien allemand Max Weber, qui a été le premier à situer le développement de la bureaucratie dans une perspective historique plus globale.

2.2 L'ADMINISTRATION PUBLIQUE : SCIENCE OU ART ?

On s'est souvent demandé si l'Administration Publique était une science ou un art. Les dimensions proprement scientifiques de l'Administration Publique ne deviennent pertinentes qu'après l'apparition des sciences sociales elles-mêmes. Dès lors, certains lui attribuent à la fois le statut de science et d'art. Aujourd'hui encore elle conserve cette double dimension.

L'Administration Publique est une science lorsqu'elle étudie des phénomènes administratifs en recourant à une démarche scientifique, cette dernière impliquant des lois et des principes démontrés objectivement qui peuvent être reproduits indéfiniment et qui sont potentiellement prévisionnels.

Comme nous l'avons dit plus haut, le statut de science en Administration Publique ne peut se poser que quand on reconnaît le caractère scientifique des sciences sociales en général, et de la science politique en particulier, puisque, à bien des égards, l'Administration Publique peut être considérée comme une branche de la science politique. Dans le cas de la science politique, il faut préciser qu'elle ne peut exister que lorsqu'il y a une certaine liberté de penser, de dire, une liberté d'expression en somme (Philippe Braud, 1982, p. 34). Dans les pays où cette liberté est absente, il ne peut y avoir réellement de science politique, de science administrative ou d'Administration Publique (comme domaine d'étude). Dans l'ancienne U.R.S.S., on avait voulu réduire les thèmes de l'Administration Publique aux seules questions « techniques », voire d'ingénierie, avec les résultats que l'on connaît…

L'Administration Publique peut aussi être considérée comme un art lorsqu'elle revêt un caractère normatif ou prescriptif et qu'elle tente, en se basant sur l'expérience concrète, de trouver les meilleures façons d'administrer la fonction publique.

D'autres chercheurs encore la qualifient de science lorsqu'elle se préoccupe d'éléments matériels, comme la comptabilité, la planification ou la recherche opérationnelle, et d'art lorsqu'elle traite de méthodes administratives liées à la pratique et à l'expérience en administration ou en gestion.

Tout en demeurant conscient des limites qui y sont reliées, la perspective que nous privilégions dans ce chapitre est celle de l'approche scientifique.

> L'Administration Publique est une science en ce sens que celui qui pratique cette discipline peut et doit observer à l'égard de ce qu'il étudie une attitude objective, en évitant avec soin de mêler les jugements de faits et les jugements de valeur. C'est également une science parce que la matière observée n'est pas pure contingence et que le spécialiste de la science administrative peut parvenir à des propositions de caractère général (Gournay, 1966, p. 7).

L'Administration Publique vise donc à décrire et à expliquer les phénomènes administratifs qui peuvent être vus comme des phénomènes spécifiques. *Décrire* signifie « photographier », « filmer » les institutions et les individus sous tous leurs aspects ; et *expliquer*, c'est établir les liens qui unissent les phénomènes observés, mettre en lumière les régularités, ordonner les faits concrets autour de concepts et de schémas. Ainsi Roberto Michels (1949) a proposé, comme concept, la tendance naturelle de toute organisation à se structurer en hiérarchie (la loi d'airain de l'oligarchie ; en anglais : *the iron law of oligarchy*), c'est-à-dire qu'il y a une tendance, irrésistible, à ce qu'il se forme une élite, une oligarchie dirigeante même dans les partis politiques « égalitaires » dans leur philosophie. Cette loi de la tendance naturelle vers l'oligarchie (ou vers la hiérarchie) est un exemple intéressant pour nous puisqu'elle est indépendante du lieu et du temps : elle s'applique en principe partout et à toutes les époques. Cela n'est pas si fréquent, en sciences sociales, d'en arriver à une loi réellement universelle, car les facteurs culturels de tel ou tel pays empêchent souvent le théoricien à en arriver à des explications qui s'appliquent partout. Ainsi, par exemple, les chercheurs américains tiennent souvent pour acquis que les gens, dans une organisation, veulent « participer » à la prise de décision. Mais les études de Michel Crozier en France (1963, p. 251) ont suggéré que ce n'était pas nécessairement le cas. Il peut arriver qu'on préserve son indépendance et son droit de critique en se tenant à l'écart et en marge de la décision. Bien sûr, on pourra dire, comme Crozier l'a dit lui-même il y a trente ans, qu'il peut s'agir d'un trait culturel français. Mais cela démontre justement, si c'est bien le cas, que les théories sociales ne sont pas toujours applicables partout, en tout temps.

Un autre facteur (Gow, 1992, p. 4-5, par exemple) qui peut limiter l'approche scientifique, en principe détachée et neutre, est le fait que les analystes sont souvent aussi des acteurs, donc impliqués dans les situations observées. Cette difficulté a été explorée dans un des nombreux ouvrages de Max Weber, *Le savant et la politique*, où le jugement de fait (ce que l'on peut observer) est opposé au jugement de valeur (ce que l'on pense qui devrait exister selon ses valeurs, selon ses propres normes).

En Administration Publique, on peut apprendre des choses de quelqu'un qui nous ferait part de sa vaste expérience en administration, et ses conseils pourraient être fort utiles dans la pratique. D'une certaine façon, ces conseils seraient basés sur des « faits », ceux qu'a observés cet administrateur d'expérience. Mais, pourtant, il s'agirait davantage de conseils et d'arguments d'autorité que de faits bruts utiles pour l'analyse scientifique.

En général les « faits bruts » ne sont pas toujours instructifs, pas plus en Administration Publique que dans d'autres domaines. Pour être instructifs, les faits doivent souvent être encadrés par une théorie, un modèle, un concept. Comme on l'a déjà dit, « rien n'est plus utile qu'une bonne théorie », car les faits seuls ne constituent souvent qu'autant de grains de sable sur une plage, à moins d'être regroupés, structurés. Nous verrons, plus loin dans cette section, des approches et des cadres d'analyse qui nous aident à structurer les faits et les éléments empiriques.

Un dernier point sur cette question de la science et de l'approche scientifique. Il peut arriver que les étudiants aient l'impression que les études universitaires sont trop théoriques. Cette critique est complexe ; elle touche à plusieurs dimensions et, bien entendu, elle peut être justifiée. Par ailleurs, il y a toujours le danger de mêler science fondamentale (on cherche les lois de base d'un phénomène) et science appliquée (on cherche à résoudre un problème en particulier) ; il ne faut pas demander à l'un d'être l'autre ! Aussi, même si l'on s'entend pour dire qu'à la limite toute science doit être utile, le fait d'être prématurément prescriptif ou normatif est un danger dont les universitaires sont peut-être plus conscients que beaucoup d'autres personnes dans la société.

Ces précisions doivent être faites, d'autant plus qu'on attend de l'Administration Publique qu'elle soit pratique, utile. Elle doit l'être, mais à son heure, après avoir fait ses devoirs d'analyse auparavant ; autrement, ses conseils risquent de n'être qu'autant de paroles dans le vent. Posons-nous maintenant la question : quel est l'objet d'étude du champ de l'Administration Publique ?

2.2.1 L'Administration Publique comme domaine d'étude

Bien qu'une délimitation de l'Administration Publique (ou, comme on dit en Europe, de la science administrative) revête un certain caractère discutable, nous suggérons celle de Gournay : « La science administrative a pour objet la structure et les activités des organes qui composent l'appareil d'État et les collectivités publiques » (1966, p. 7). Cette définition, toute simple qu'elle soit, regroupe un ensemble de phénomènes dont la complexité, parfois désarmante, vient en partie du fait qu'on peut regarder ces organisations publiques sous différents angles : constitutionnel ou légal, sociologique ou économique, comme on l'a vu au chapitre 1. Comme James Iain Gow l'a déjà fait remarquer, tout comme Siedentopf, l'Administration Publique peut être vue non pas comme une discipline, mais comme un objet d'analyse à travers plusieurs disciplines.

On a même dit, ailleurs, que l'Administration Publique se situait à l'inverse de la sociologie, la sociologie ayant une optique particulière pour regarder des phénomènes très différents (la famille, les entreprises, les cultures nationales), et l'Administration Publique regardant un objet précis — les organisations publiques — mais avec des optiques très différentes. La figure 2-A représente la place

— FIGURE 2-A —
Les disciplines-outils de l'Administration Publique

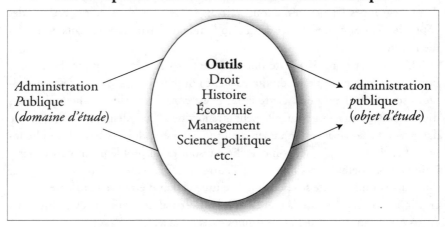

Administration
Publique
(*domaine d'étude*)

Outils
Droit
Histoire
Économie
Management
Science politique
etc.

*a*dministration
*p*ublique
(*objet d'étude*)

de l'Administration Publique (domaine d'étude) ; à travers différentes optiques ou sciences (droit, histoire, etc.), elle étudie son objet, l'administration publique concrète.

Avant de regarder avec un peu plus de détails comment certaines disciplines analysent l'administration publique, il convient de distinguer, d'une façon plus générale, quelles sont les grandes approches en sciences sociales, et même en science tout court, pour les appliquer ensuite à l'Administration Publique. Nous avons déjà évoqué certaines notions reliées à cette question au début du chapitre quand nous avons dégagé quelques caractéristiques de l'approche dite scientifique et quand nous avons parlé des distinctions entre, par exemple, les approches prescriptives et les approches théoriques. Il convient d'aborder cette question maintenant puisque les approches disciplinaires (droit, histoire, etc.) utilisent ces grandes approches de façons différentes, ou du moins dans des proportions différentes.

2.2.2 Les grandes approches

Il y a d'abord l'*approche descriptive*. Elle vise à faire des énoncés qui collent de très près à la réalité. Par exemple, je peux dire, en m'inspirant de l'historien Karl Wittfogel, qu'il y a des régions du monde qui ont connu, avant d'autres, les grandes organisations étatiques : la Chine ou l'Égypte par exemple ; je suis alors descriptif.

Je peux aussi adopter une *approche analytique*, et tenter de formuler des classifications, des généralisations, éventuellement des modèles ou des théories. Quand Roberto Michels, dans *Les partis politiques*, formule sa loi de l'inévitable oligarchie, selon laquelle tout ensemble humain tend à se hiérarchiser, il va plus loin que la simple description ; il propose une théorie qui rassemble des observations qui, autrement, seraient éparses et non reliées.

On peut aussi être *prescriptif*. On est prescriptif quand on fait des recommandations sur ce qu'il faudrait faire pour en arriver à différents buts. Par exemple, si je dis que c'est en accordant une grande liberté d'action aux employés que les patrons obtiennent les meilleurs résultats, ou si, comme F.W. Taylor, je dis que c'est en décomposant les gestes de production et en les confiant à différentes personnes qu'on obtient la plus grande productivité, je suis prescriptif, j'offre un remède (une prescription) pour que les choses aillent bien ou mieux.

L'*approche critique*, quant à elle, fait état des carences ou des manques par rapport à une norme ou un standard. Quand, par exemple, comme l'Américain Hummel ou comme Kafka, je dis que les processus bureaucratiques forment un ensemble cauchemardesque qui aliène l'être humain dans ce qu'il a de plus

profond, ou quand je dis comme les marxistes des années 1960 que la bureaucratie reproduit les modèles de domination entre les classes sociales, j'adopte
alors une approche critique.

L'*approche normative*, quant à elle, fait des recommandations, un peu
comme l'approche prescriptive, mais, à la différence près que ses recommandations sont souvent basées sur des principes moraux ou légaux. Ainsi, si je dis que
les administrations publiques doivent respecter la vie privée des citoyens (règle
morale) ou encore que la règle de droit s'applique aussi aux administrations
publiques, je prends une approche normative. L'approche normative renvoie
presque inévitablement à des questions de valeurs, comme l'égalité, l'équité, la
justice ou le droit à la vie privée, par exemple. Depuis une vingtaine d'années, on
peut avoir l'impression que la question des valeurs a été évacuée des débats. En
réalité, elles sont toujours présentes, même si c'est de façon implicite.

La figure 2-B présente ces cinq approches ainsi que quelques exemples. Bien
sûr les exemples ne sont pas exhaustifs. Certaines classifications pourraient aussi
être considérées comme discutables : ainsi, par exemple, les auteurs néolibéraux
du mouvement du *Public Choice*, qui recommandent de réduire la taille de
l'État, pourraient dire que leur approche est avant tout analytique, et ils
n'auraient pas tout à fait tort ; par ailleurs, la *conséquence* de leur contribution,
pour l'administration publique, est critique (l'État ne peut que rarement être
efficace) ou prescriptive (réduisons donc la taille de l'État).

Il faut préciser aussi que, pour certains auteurs, le normatif et le prescriptif
sont confondus en une seule catégorie qu'ils appellent la plupart du temps
« normative ». L'approche critique, pour d'autres encore, est sous-entendue dans
l'approche normative. Dans bien des cas donc, on ne sera pas surpris de constater que l'on n'oppose que deux catégories, l'analytique (qui comprend implicitement l'approche descriptive) et la normative (qui comprend implicitement les
approches prescriptives et critiques).

Nous pouvons maintenant nous tourner vers les apports des différentes disciplines (droit, histoire, etc.) à l'Administration Publique. Nous verrons aussi
que chacune d'elles privilégie habituellement une des approches que nous
venons de voir : ainsi l'histoire peut être considérée avant tout comme descriptive, le droit, lui, normatif, etc. Dans ce survol des apports disciplinaires, nous
accorderons une place particulière à la science politique et nous y reviendrons
après l'énumération des disciplines. Plus loin dans ce chapitre, nous nous pencherons avec encore plus de détails sur l'apport d'un domaine disciplinaire qu'on
appelle « théorie des organisations » ou encore le « management ».

— FIGURE 2-B —

Les approches en Administration Publique

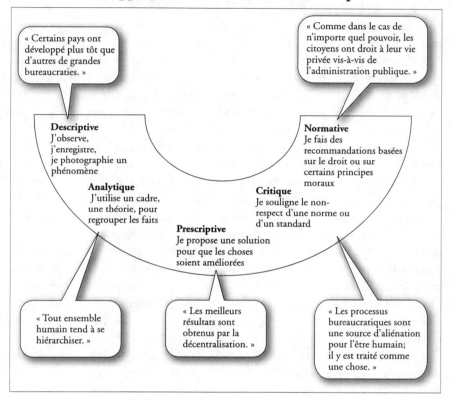

2.3 LES APPORTS DISCIPLINAIRES, LES CADRES D'ANALYSE ET LES TECHNIQUES DE RECHERCHE

2.3.1 Les apports disciplinaires

Étant donné la complexité des phénomènes administratifs et les limites des différentes sciences, un recours à plusieurs disciplines apparaît donc souhaitable. D'ailleurs, un grand nombre de disciplines abordent, sous leur angle respectif, le sujet de l'administration publique. La science politique étudie les contradictions entre les intérêts, les conflits et leurs modes de résolution, et également le système politique dans son ensemble, lequel comprend le sous-système administratif. Elle utilise plusieurs approches. Quand elle fait un plaidoyer en faveur du respect des droits démocratiques des citoyens, elle devient normative.

Le droit administratif aborde l'administration publique sous trois angles : l'angle des structures administratives ; l'angle de l'aspect juridique des moyens d'action ; et l'angle du contrôle de l'action administrative, pour garantir la régularité interne des actes administratifs et protéger les citoyens contre l'arbitraire. L'approche du droit est essentiellement normative.

L'histoire permet de situer l'administration publique à l'intérieur de processus de longue durée, offrant ainsi une compréhension plus complète des phénomènes administratifs. D'ailleurs, l'ensemble des caractéristiques institutionnelles propres à l'administration publique renvoient à des explications historiques particulières. L'histoire est souvent descriptive.

L'économie aborde surtout l'administration publique en tant qu'agent économique. Les principales questions auxquelles elle s'intéresse sont les suivantes : la part du revenu national ou du produit national brut absorbée par les dépenses publiques et le coût global des effectifs du secteur public par catégories ou secteurs d'activité. La théorie des jeux et le *Public Choice*, ainsi que d'autres dimensions de l'approche néolibérale, sont des approches économiques relativement récentes qui ont eu une énorme influence sur l'administration publique dans les vingt dernières années. Nous y reviendrons. Elles sont tour à tour analytiques, prescriptives, critiques ou normatives. Quand un économiste insiste sur la liberté, la liberté économique en particulier, il est prescriptif mais aussi normatif. Quand un économiste insiste sur l'efficacité et sur la productivité, il peut être considéré comme plus spécifiquement prescriptif (Gow, 1993, p. 64).

La philosophie aborde l'administration publique en s'interrogeant sur ses finalités, la nature de ses activités et son rôle dans des processus plus larges. Elle permet aussi de faire la lumière sur les fondements normatifs et éthiques des différentes décisions administratives. La philosophie peut être tour à tour analytique et normative. F.W. Hegel, qui plaçait la bureaucratie au-dessus du désordre des intérêts particuliers, était en partie normatif.

La psychologie cherche à analyser et à expliquer les attitudes et les comportements des agents administratifs en ce qui a trait à la prise de décision, à la satisfaction au travail, aux motivations personnelles, aux relations interpersonnelles et aux problèmes d'autorité et de hiérarchie entre fonctionnaires. C'est l'approche prescriptive qui est privilégiée par les psychologues.

La sociologie appréhende l'administration publique comme un milieu social spécifique en s'efforçant de recueillir des données sur ses membres, comme l'âge, le sexe, la scolarité, l'origine sociale, etc. Elle étudie aussi l'exercice de l'autorité, les réseaux de communication et les phénomènes de solidarité et de rivalité. Quand elle considère que la bureaucratie et la technocratie sont des carcans dont il faut se libérer, elle devient critique. Par contre, quand les sociologues étudient les caractéristiques des organisations, ils sont descriptifs et analytiques.

La théorie des organisations et le management se penchent sur l'étude des organisations, tant publiques que privées (auparavant, on réservait le terme « management » pour le secteur privé). Le domaine qu'on appelle « théorie des organisations » regarde les administrations avec un œil descriptif et, surtout, analytique ; ses analystes étudient par exemple les circonstances qui mènent une organisation à se centraliser. Le management, par ailleurs, est résolument plus prescriptif et étudiera les méthodes pour en arriver à une meilleure performance organisationnelle — en responsabilisant le personnel par exemple. À la limite, le management recherche les formules qui amènent la réalisation des 3 « E » : efficience, efficacité, économie. Dans ses aspects prescriptifs, le management rejoint, surtout depuis le début des années 1980, les approches néolibérales en économie : ainsi, l'efficacité, et surtout l'efficience, sont perçues comme étant reliées à la privatisation des services publics. Bien sûr, nous discuterons du pour et du contre de cette recommandation dans les sections et chapitres à venir. Disons tout de suite, cependant, que même parmi les économistes, et même parmi les tenants du *Public Choice*, la privatisation n'est pas toujours prônée dans tous ces cas. Parmi les fondateurs du *Public Choice*, un auteur important, Anthony Downs, a rédigé un article important (1962) qui disait que la part du secteur public était toujours trop petite dans une démocratie, en partie à cause des excès de la publicité relative aux biens privés, laquelle publicité créait des besoins artificiels.

Revenons maintenant à la science politique (qu'on appelle parfois « les sciences politiques ») afin d'introduire un autre champ d'intérêt, très près de l'Administration Publique, le domaine des « politiques publiques » (en anglais, *public policies*). La science politique (ou les sciences politiques) est généralement vue comme étant composée de quatre domaines : la théorie politique, la sociologie politique, les relations internationales et l'administration publique (Braud, 1982, p. 9). En Amérique du Nord, et aussi parfois en Europe, on a l'habitude de conjuguer l'Administration Publique avec un autre domaine, celui des politiques publiques. Les politiques publiques constituent l'*output*, le résultat de l'action de l'administration publique, les politiques de santé ou d'éducation, telles qu'élaborées et appliquées par l'administration publique. N'oublions pas que l'essence du politique, c'est la contradiction entre les intérêts. Le pouvoir politique naît de la nécessité d'affronter ces conflits d'intérêts et d'en dégager une orientation, voire un intérêt général. Ces conflits d'intérêts existent avant que les politiques publiques soient adoptées. Auparavant, on voyait l'administration publique comme étant neutre dans ce processus. C'est la dichotomie, ou la séparation entre le politique et l'administratif. Aujourd'hui, on l'a dit plus haut, on reconnaît que les fonctionnaires ne sont pas nécessairement neutres dans ce processus (Gow, 1992, p. 8) ; ils peuvent en effet avoir certains intérêts. Néanmoins, en général, ils sont vus comme étant officiellement neutres et on situe leur action (au milieu du tableau 2-A) essentiellement entre les processus politiques qui mènent aux décisions politiques et les politiques publiques comme extrant (*output*).

— TABLEAU 2-A —
Le continuum politico-administratif

LES PROCESSUS POLITIQUES	L'ADMINISTRATION PUBLIQUE	LES POLITIQUES PUBLIQUES
Les contradictions entre les intérêts; le jeu des intérêts. La recherche de l'intérêt général, du bien commun ; le choix des politiques publiques; la décision politique tranche, en bout de ligne. Si on regarde plus en amont, les sources d'inspiration des politiques publiques sont variées ; les partis politiques, les groupes de pression ou d'intérêts, *les lobbies*, les politiciens eux-mêmes, par exemple. **Rôle de l'administration publique :** Au niveau des processus politiques, le rôle de l'administration publique est censé être nul. En réalité, il existe, mais il est discret, non officiel.	Le contenant, la machine administrative, la bureaucratie ; elle est en principe neutre et elle applique administrativement le résultat de la négociation politique, c'est-à-dire la décision politique. **Rôle de l'administration publique :** Ici, le rôle de l'administration publique se situe au niveau des moyens, de la préparation, de la mise en œuvre. Ici, l'administration publique joue son rôle officiel, accepté, légitime, c'est la « machine » à travers laquelle les politiques publiques passent.	Les extrants, les *outputs*, par exemple : les politiques de santé, les politiques environnementales, les politiques énergétiques. **Rôle de l'administration publique :** À ce niveau, le processus s'éloigne de l'administration publique pour pénétrer la société civile. Ici, l'administration peut enregistrer des faits, des réactions pour les transmettre au niveau politique, ce qui peut entraîner un nouveau processus de politiques publiques.

Bien sûr, comme on l'a dit, l'administration publique est traditionnellement considérée comme étant la partie la plus neutre dans ces processus politico-administratifs qui mènent à l'élaboration des politiques. Mais depuis qu'on ne perçoit plus l'administration publique comme étant l'instrument totalement

neutre du pouvoir politique, alors il y a plus de liens et d'interactions entre la
« machine administrative » et les politiques publiques. Sous l'impulsion de mouvements comme l'analyse stratégique et le *Public Choice*, on voit mieux maintenant comment les fonctionnaires ont des intérêts qui ne sont pas toujours les
mêmes que ceux de la population. Ainsi des auteurs, inspirés du *Public Choice*,
ont tenté de vérifier si les fonctionnaires votaient par exemple pour les partis les
plus interventionnistes (Blais et Dion, 1991). Ce genre de vérification a connu
cependant un succès mitigé. Sur certaines autres questions, dont la sécurité
d'emploi, les fonctionnaires ne sont évidemment pas neutres.

Que l'on appelle ce domaine, voisin de l'Administration Publique, « analyse
des politiques », « politiques publiques » ou, en anglais *policy studies* ou *policy sciences*,
le contenu de la science politique y est souvent associé à un autre contenu, celui
de la science économique. On peut donc dire que l'analyse des politiques est un
champ d'étude qui, combinant la science politique et la science économique,
étudie les processus de décision et les contenus des décisions publiques qui affectent la société ou une partie de celle-ci. C'est ainsi que l'analyse des politiques
s'intéresse à des questions comme les politiques énergétiques, celles de la santé
ou encore les politiques environnementales.

On peut voir l'analyse des politiques, selon différentes approches, dans un
esprit analytique ou prescriptif. Dans une perspective analytique, la figure 2-C
présente une liste des moyens d'intervention d'un gouvernement dans le domaine
de l'environnement, à partir des moyens les plus coercitifs (à gauche) jusqu'aux
moyens les plus libres, jusqu'à laisser au secteur privé tout l'espace d'intervention
(complètement à droite). On peut aussi voir que la science politique et la science
économique contribuent chacune à une analyse de la situation. On peut adopter
une approche prescriptive, comme dans le cas de la recherche des meilleurs
moyens pour diminuer la pollution générée par les activités industrielles.

Ainsi, on peut comparer l'efficacité de l'utilisation d'une taxe, de la
réglementation ou de l'obtention d'un permis, pour diminuer la pollution d'un
secteur particulier. Ce permis peut même être un « droit de polluer » que l'on
peut acheter et revendre. La réglementation coûte assez cher au gouvernement,
elle n'est pas très flexible en cas de changement technique et n'incite pas à la
recherche ; mais elle peut paraître juste pour toutes les compagnies concernées et
surtout pour l'opinion publique. Quant au permis, il coûte peu cher au gouvernement, est assez flexible, et peut inciter à la recherche. Par contre, le permis de
polluer (qu'on achète) donne l'impression que le gouvernement « approuve » la
pollution, qu'il favorise les industries les plus puissantes, celles qui font habituellement de la recherche.

— FIGURE 2-C —

Le continuum coercitif-libre des interventions gouvernementales en politiques publiques : exemple de la politique environnementale

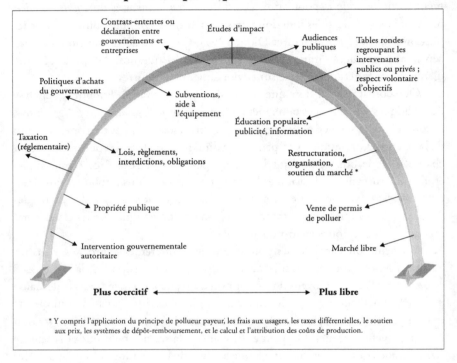

* Y compris l'application du principe de pollueur payeur, les frais aux usagers, les taxes différentielles, le soutien aux prix, les systèmes de dépôt-remboursement, et le calcul et l'attribution des coûts de production.

2.3.2 Les cadres d'analyse

Nous avons vu que l'approche analytique exigeait que les faits, les observations, soient encadrés par des théories, des généralisations. Ainsi, on dit que la loi d'airain de l'oligarchie de Roberto Michels est une théorie, une généralisation. Mais il existe aussi, au-delà des théories et englobant ces dernières, ce qu'on a appelé des « méga-théories » ou encore des « cadres d'analyse ».

Nelson Michaud, dans *Praxis de la science politique* (1997), énumère plusieurs cadres d'analyse utilisés en sciences sociales : analyse systémique, structurale, dialectique (p. 181), institutionnelle, béhavioriste, théorie du choix rationnel (p. 183), ou pluraliste (p. 187), et d'autres encore. Quant à nous, nous ne verrons que quatre cadres d'analyse qui nous semblent particulièrement utiles pour l'Administration Publique, soit : les approches juridico-politique, fonction-naliste, systémique et stratégique.

L'approche juridico-politique

Quand on adopte l'approche juridico-politique pour appréhender les phéno-mènes administratifs, on peut situer ceux-ci dans leurs contextes historique, politique, juridique et social. L'approche juridique traditionnelle s'applique éga-lement à établir les normes et les règles sur lesquelles l'administration publique doit être bâtie. L'approche juridico-politique veut aussi, dans sa dimension plus concrète, décrire comment est construite réellement l'administration publique. Elle ne dépasse cependant pas toujours l'analyse des textes officiels et juridiques qui régissent les relations entre l'administration et les autres institutions sociales. Comme le reproche Braud, « le fait administratif [...] ne peut être appréhendé à partir du seul contentieux qu'il alimente devant le juge ni même des circulaires qui prétendent guider l'action pratique des agents » (Braud, 1982, p. 93). Il ne s'agit là, bien sûr, que d'une dimension de l'administration publique.

L'approche fonctionnaliste

L'approche fonctionnaliste est un cadre d'analyse selon lequel « expliquer un phénomène consiste à expliquer ce à quoi il sert, en partant du postulat qu'il existe un lien entre fonction et besoin social, et que pour comprendre la fonction il faut connaître le besoin auquel il répond » (Chevallier et Loschak, 1978, tome I, p. 123). Robert Merton a parfois été décrit comme un théoricien fonc-tionnaliste. Au Québec, le politologue Gérard Bergeron (1965) avait situé l'administration publique dans un ensemble gouvernemental plus large, et ce, dans une perspective fonctionnaliste : la fonction administrative répondait à la nécessité d'exécuter la décision gouvernementale.

Selon Merton, les fonctions (sociales ou organisationnelles) sont des « processus vitaux et organiques » qui « contribuent au maintien de l'organisme » (Merton, 1953, cité dans Gow *et al.*, 1992, p. 288). Afin de comprendre leur signification, une distinction doit être d'abord établie entre les fonctions. Les fonctions manifestes sont celles qui sont souhaitées et, par le fait même, connues des acteurs sociaux. Les fonctions latentes sont celles qui ne sont pas désirées et qui sont souvent inconscientes. Merton propose aussi une distinction entre les fonctions et les dysfonctions : les activités fonctionnelles sont les activités qui favorisent le maintien de l'organisme ; les activités dysfonctionnelles sont celles dont les effets sont négatifs sur son maintien. Il est possible qu'une activité engendre à la fois des effets positifs et négatifs ; cette activité est considérée comme fonctionnelle ou dysfonctionnelle selon l'angle sous lequel on la regarde.

La démarche fonctionnaliste part de la fonction sociale et s'intéresse ensuite à la structure. Dans un premier temps, elle consiste à dégager les fonctions politiques de base que doit remplir tout système politique, puis, dans un second temps, à examiner quelles structures remplissent ces fonctions politiques et dans quelle mesure. L'utilité du fonctionnalisme se situe au niveau de la compréhension du rôle que joue l'administration publique et de la place qu'elle occupe au sein du système politique dans son ensemble. Les principales critiques formulées à l'endroit de cette perspective concernent la détermination du niveau d'analyse et le caractère stable qu'elle attribue à la société. Il survient un problème d'unité d'analyse lorsqu'il s'agit de déterminer si une activité est fonctionnelle ou dysfonctionnelle. En effet, une activité peut être dysfonctionnelle pour la société au sens large, mais peut être fonctionnelle pour la survie d'une organisation en particulier. De même, en insistant davantage sur la continuité plutôt que sur le changement, le fonctionnalisme n'est pas toujours enclin à rechercher des solutions de rechange. Malgré tout, cette démarche demeure très pertinente pour l'étude de l'administration publique.

L'approche systémique

David Easton a construit un modèle qui tient compte des échanges et des relations réciproques existant entre des éléments sociaux interdépendants et l'environnement dans lequel ils se situent. Son modèle place le système politique au sein d'un environnement qui lui est extérieur et avec lequel il vit néanmoins en étroite union. Le système politique correspond donc à une sorte de « boîte noire » qui interagit avec l'environnement selon une dynamique rétroactive.

L'environnement émet des impulsions qui sont transmises au système politique par le biais d'un système d'échanges. Ces intrants (*inputs*) contiennent à la fois des soutiens, qui contribuent à renforcer le système politique, et des exigences de changement qui tentent de le renouveler, voire de le déséquilibrer. En réaction aux messages qui lui sont adressés, le système politique répond aux pressions exercées par l'environnement par la production d'extrants (*outputs*). Ceux-ci constituent des décisions, concernant des politiques publiques par exemple, qui vont à leur tour engendrer de nouveaux *inputs*. Il s'agit d'un mécanisme de rétroaction selon lequel le circuit d'échange se trouve constamment en mouvement. Cette perspective dynamique met en relief le caractère permanent d'un système en démontrant comment il se maintient en équilibre malgré les pressions auxquelles il fait face.

L'utilisation de l'approche systémique pour étudier l'administration publique d'un pays suppose qu'on considère celle-ci comme un système (lui-même composé de sous-systèmes) et aussi comme un sous-système d'un ensemble plus vaste. Il est possible de percevoir l'administration publique comme un système dans la mesure où les éléments qui la composent prennent la forme de sous-systèmes : ainsi, les finances, la gestion du personnel, les communications ou la gestion des biens matériels constituent autant de sous-systèmes d'une administration publique, lesquels poursuivent d'ailleurs des objectifs différents, parfois contradictoires.

L'approche systémique comporte, comme toutes les autres approches, quelques problèmes. En effet, il s'avère souvent complexe de circonscrire un système spécifique puisque les organisations sociales s'intègrent facilement les unes aux autres. De plus, l'approche systémique, en s'intéressant surtout à la survie des systèmes, ne fournit pas beaucoup de concepts permettant de constater leur réussite ou leur échec (en dehors de leur capacité à survivre).

L'approche stratégique

L'approche stratégique aborde l'administration publique comme une sorte de jeu comprenant des règles, des ressources et des acteurs qui possèdent plus ou moins d'autorité et qui manifestent leur appui ou leur opposition aux autres acteurs. Plutôt que d'adopter une perspective globale, comme le fait l'analyse systémique par exemple, l'approche stratégique se concentre davantage sur chaque acteur individuel afin d'étudier les rapports de pouvoir qu'il exerce avec les autres acteurs au sein du système. Elle s'intéresse donc essentiellement à la stratégie et au comportement des acteurs.

L'analyse s'effectue à l'aide des concepts d'acteur, de règle du jeu, d'objet d'autorité, de sujet d'autorité, de source d'appui ou d'opposition et, enfin, de ressources (figure 2-D). Un acteur est une personne agissant et réagissant au sein du système selon la poursuite de ses objectifs. Toute loi et tout règlement administratif établissant une hiérarchie et des modes de fonctionnement formels sont considérés par ailleurs comme des règles du jeu. Puisqu'il s'insère à l'intérieur d'une structure hiérarchisée, l'acteur qu'on analyse dispose de sujets qu'il peut influencer. Son comportement peut entraîner l'appui ou l'opposition des autres acteurs. Enfin, chaque acteur dispose de ressources grâce auxquelles il peut se défendre dans la mêlée ; à ce titre, l'information apparaît comme une ressource particulièrement importante. Ces concepts fournissent une certaine flexibilité au chercheur en administration publique puisqu'il est possible pour lui de mettre l'accent sur l'acteur ou les acteurs qu'il désire étudier.

— FIGURE 2-D —
Le cadre d'analyse stratégique

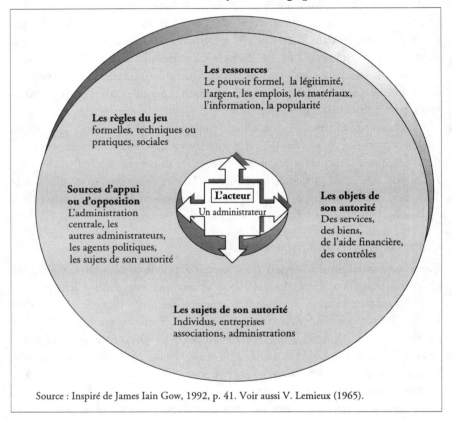

Les ressources
Le pouvoir formel, la légitimité,
l'argent, les emplois, les matériaux,
l'information, la popularité

Les règles du jeu
formelles, techniques ou
pratiques, sociales

**Sources d'appui
ou d'opposition**
L'administration
centrale, les
autres administrateurs,
les agents politiques,
les sujets de son autorité

L'acteur
Un administrateur

**Les objets de
son autorité**
Des services,
des biens,
de l'aide financière,
des contrôles

Les sujets de son autorité
Individus, entreprises
associations, administrations

Source : Inspiré de James Iain Gow, 1992, p. 41. Voir aussi V. Lemieux (1965).

Les pouvoirs informels, comme la compétence personnelle d'un individu par exemple, occupent une place privilégiée dans l'analyse stratégique. Ce type de pouvoir provient de relations non codifiées par les règles du jeu ou, tout simplement, de règles du jeu non respectées. Il s'agit donc d'étudier les relations de pouvoir informel avec, comme référence, le cadre formel de pouvoir (c'est-à-dire les règles officielles, ou la hiérarchie, par exemple). On peut ainsi constater qu'à l'intérieur de tout système les acteurs se font la lutte, désireux de se tailler la meilleure situation possible en fonction des ressources dont ils disposent. Ils s'affrontent à travers divers enjeux, dont certains ont pour objectif de modifier les règles du jeu. On comprend alors que derrière chaque décision intervient un rapport de force.

Des critiques sont adressées à l'analyse stratégique. On souligne d'abord le fait que tout acte social ne résulte pas nécessairement d'actions conscientes. De même, étant donné son caractère microscopique (on regarde l'individu), il s'avérerait difficile d'utiliser l'analyse stratégique pour étudier un phénomène administratif de plus grande envergure, comme la culture administrative nationale par exemple.

L'analyse stratégique comporte, par ailleurs, des avantages non négligeables. Le plus important semble être que s'y côtoient les questions d'ordre formel et d'ordre informel. De plus, la dynamique de cette méthode requiert du chercheur qu'il situe l'administration dans son milieu concret. Finalement, l'analyse stratégique, en insistant sur la multiplicité des enjeux, des intérêts et des acteurs, offre une perspective dynamique qui tient compte de la complexité des relations de pouvoir et des « accidents de terrain » de chaque situation particulière.

L'approche stratégique a été développée, entre autres, par Michel Crozier, en France, et par Vincent Lemieux (1995), au Québec. Ce dernier lui a ajouté, plus tard, une dimension d'analyse structurale des relations de pouvoir.

Dans cette section 2.3, nous avons vu jusqu'ici les apports de différentes disciplines à l'Administration Publique ainsi que quelques grands cadres d'analyse particulièrement utiles. Mais la compréhension des phénomènes administratifs repose aussi sur des techniques, des méthodes. C'est ce que nous verrons maintenant.

2.3.3 Les techniques

La méthodologie de la recherche englobe à la fois l'esprit de la recherche et les techniques utilisées pour mettre en pratique cet esprit (Gauthier, 1984, p. 7). Les principales techniques de recherche utilisées en Administration Publique se présentent sous deux formes : les techniques documentaires et les techniques vivantes.

Les techniques documentaires favorisent l'utilisation des documents écrits et/ou informatiques qui peuvent être officiels ou non officiels. Voici des exemples de documents officiels :

- les textes législatifs et réglementaires,
- les documents parlementaires,
- le *Journal des débats*,
- les rapports de commissions d'enquêtes, des services d'inspection et de contrôle et des commissions de réforme,
- les annuaires administratifs,
- les bulletins officiels ou annuels,
- les services statistiques,

- les rapports annuels,
- les sites informatiques.

Il est également possible d'analyser des documents non officiels, lesquels sont souvent disponibles sur les réseaux informatiques :

- la presse générale qui apporte des informations sur l'image de l'administration publique dans la population, par exemple,
- la presse syndicale qui renseigne sur la vie interne des administrations et sur la profession de fonctionnaire,
- les ouvrages écrits par des fonctionnaires ou des professeurs d'université,
- les rapports internes rédigés par des fonctionnaires ou par des gens de l'extérieur de l'administration publique ; également, les rapports des consultants lorsqu'ils sont disponibles.

En plus, selon le type de recherche ou le sujet abordé, les techniques vivantes s'avèrent tout aussi utiles que les techniques documentaires. Le sondage permet de connaître l'image de l'administration publique dans la population ou les attitudes des fonctionnaires. L'entrevue aide à obtenir des renseignements sur les faits administratifs (lois, règlements, etc.) et à s'informer sur les opinions des fonctionnaires vis-à-vis de ces faits. L'approche stratégique, on le comprendra, utilise beaucoup l'entrevue. L'observation directe a l'avantage d'étudier le comportement des individus dans des situations précises (au bureau, par exemple).

Les cadres d'analyses et les techniques se présentent donc comme des outils complémentaires à l'étude de l'administration publique. Les cadres d'analyse peuvent être utiles pour voir selon quel modèle général on regarde l'administration publique, tandis que les techniques nous offrent différentes bases empiriques pour faire les analyses envisagées.

2.4 BREF HISTORIQUE DE L'ADMINISTRATION PUBLIQUE ET DE LA THÉORIE DES ORGANISATIONS

Bien entendu, l'évolution de l'*Administration Publique* (domaine d'étude) suit de près l'évolution de l'*administration publique* (lieu de pratiques administratives), et le bref historique qui va suivre va le confirmer. L'évolution de l'Administration Publique suit aussi de près l'évolution du management et des théories des organisations. C'est pourquoi nous ferons, en même temps, des commentaires sur des thèmes pertinents de l'évolution de ces deux autres domaines d'étude.

2.4.1 Les précurseurs et les écoles de pensée

Comme nous le verrons bientôt, c'est au XVIIIe siècle que l'Administration Publique connaît ses premiers élans conceptuels. Bien sûr, plusieurs concepts existaient auparavant et avaient été formulés de façon plus ou moins éparse. Par exemple, des concepts organisationnels et comptables devaient exister, même à l'état brut, pour qu'on puisse percevoir efficacement les impôts ou diriger avec autorité une armée. Sans aucun doute, les princes, les rois et même les tyrans avaient au moins quelques recettes administratives pour assurer leur survie. En Chine, par exemple, il y a eu des écrits, bien avant le XVIIIe siècle, sur l'art de choisir les fonctionnaires les plus compétents pour l'État. Ce qui change au XVIIIe siècle et encore plus au XIXe, c'est que l'administration de l'État est une activité perçue comme importante et relativement nouvelle dans ses dimensions. Autrement dit, ce qui est nouveau, c'est une prise de conscience. Regardons d'abord les idées des précurseurs.

Les débuts de l'Administration Publique, comme science, s'observent donc au XVIIIe siècle en Europe, en particulier en France et en Allemagne. En Allemagne, on se consacre surtout à l'étude des institutions administratives et à leur fonctionnement. En France, la « science de la police » (c'est ainsi qu'on appelait l'Administration Publique à l'époque) est d'abord un ensemble de méthodes pratiques pour gérer l'État. Dans son célèbre ouvrage *Principes d'administration publique* (1812), Charles-Jean Bonnin entame un virage en proposant que l'Administration Publique devienne une science qui étudie les relations entre les administrés et l'administration publique afin qu'elle fonctionne efficacement.

De grands développements ont lieu au XIXe siècle. En Allemagne, dans son ouvrage *La doctrine administrative*, Lorenz Von Stein propose la création d'une nouvelle science ayant pour objet l'administration publique mais dont la méthode ne laisserait pas prédominer le droit administratif. Il voulait expliquer les relations sociales à l'intérieur de l'administration publique et trouver le fondement de l'action administrative. Toutefois, les efforts de Von Stein sont vains, puisque, tout comme en France, au début du XXe siècle, le droit administratif demeure toujours la discipline par excellence pour étudier l'administration publique en Allemagne.

En Grande-Bretagne, dans son ouvrage *An Introduction to the Study of the Law and the Constitution* (1885), A.V. Dicey donne des explications sur la règle de droit qui régit l'administration publique : absence de pouvoir arbitraire de la part de l'administration publique, soumission de l'administration publique au droit ordinaire et protection des libertés individuelles qui résulte de l'application du droit ordinaire.

Aux États-Unis, l'Administration Publique fait ses premières marques avec l'article de Woodrow Wilson, « The Study of Administration » (1887), article qui prône la création d'une science administrative publique et la dissociation de l'administration publique des influences politiques. Wilson voulait donc donner sa place à ce qui allait devenir l'Administration Publique, séparée du politique (en cela, Wilson a été à l'origine de la *politics-administration dichotomy* — la séparation du politique et de l'administratif — qui a duré plusieurs décennies), mais distincte aussi des recettes administratives du secteur privé. Ce futur président des États-Unis, alors professeur de science politique, voulait par contre qu'on compare l'administration publique et l'administration des affaires, ne serait-ce que pour mieux cerner leurs différences. D'une certaine manière, Woodrow Wilson peut être considéré comme étant à l'origine de la boutade américaine qui dit qu'administration publique et administration privée sont semblables en tout point…, sauf pour les questions les plus importantes. Grand comparatiste (pour lui, comme pour d'autres, comparer, c'est déjà innover), Wilson, qui allait aussi jouer un rôle crucial dans la création de la Société des Nations, précurseur des Nations unies, voulait que son pays (les États-Unis) compare son administration publique avec celles de l'Europe. Ainsi, à son avis, les villes européennes témoignaient, par leur aménagement, d'un plan d'ensemble, et cela manquait aux villes américaines trop à la remorque des intérêts du secteur (privé) de l'immobilier. En Allemagne et en France, disait-il, on voit bien que les villes sont l'expression d'une vision, d'un plan global. (Il est intéressant de noter, pour la petite histoire, que quand vient le temps pour les Américains de se construire une capitale, ils font appel à un architecte français, M. L'Enfant, pour établir les plans de Washington.)

Si Wilson voulait séparer le politique de l'administratif, c'était en bonne partie pour éliminer, à sa source, la corruption administrative dans le secteur public américain, surtout au niveau municipal. Si on voulait réformer la gestion du personnel, c'était en bonne partie pour empêcher les postes de fonctionnaires d'être octroyés seulement sur une base de loyauté partisane, de services rendus ou de népotisme. Dans certaines villes américaines, le népotisme avait, paradoxalement, des aspects d'intégration sociale : il servait souvent à faire entrer sur le marché du travail américain des immigrants, arrivés de fraîche date, d'origine italienne, par exemple. Plus tard, certains ont considéré Wilson comme étant, d'une certaine manière, « anti-minorité », puisqu'il voulait abattre ce système de préférence, pour le remplacer par un système de concours public basé uniquement sur la compétence des candidats.

Ces réformes sur l'embauche du personnel s'accompagnaient souvent de réformes sur le budget. La gestion du personnel et le budget sont d'ailleurs les deux dimensions les plus universelles et les plus opérationnelles de l'administration publique. Elles s'accompagnaient aussi de la création d'un *city manager*, véritable gestionnaire a-politique de la ville. Durant cette période règnent un grand esprit de réforme et même une sorte de zèle. On parlera d'ailleurs de la *Gospel of efficiency* — l'efficience érigée en religion — et Dwight Waldo comparera ce zèle à une sorte de quête quasi religieuse dans *The Administrative State* (1948).

Dans cette quête de rationalité administrative et d'une plus grande honnêteté, le gouvernement fédéral est souvent perçu comme supérieur aux gouvernements locaux — surtout ceux de villes dominées par les minorités ethniques. C'est ainsi qu'il faut comprendre, en bonne partie, l'épopée de l'agent fédéral Elliot Ness contre le roi de la pègre de Chicago, Al Capone, le corrupteur par excellence des employés publics et des tribunaux de Chicago, dans la série et le film *Les incorruptibles*. Cette tendance à une plus grande corruption du niveau local avait d'ailleurs été remarquée par Max Weber, un auteur allemand dont nous reparlerons beaucoup. La justice est aveugle, comme le veut le symbole du droit (une femme, les yeux voilés, qui pèse et compare deux poids), et plus on est loin des intérêts en jeu, plus on est neutre, en théorie du moins. Naît, en réaction à la grande corruption administrative au niveau local américain, l'École classique d'Administration Publique (1887-1945) qui prône, elle aussi, une plus grande indépendance de l'appareil administratif vis-à-vis du pouvoir politique. Disciples de Wilson, Frank J. Goodenow et Léonard D. White reconnaissent certains avantages au secteur privé, telle la constante réévaluation qui pousse à une meilleure administration.

Au XXᵉ siècle, au début de l'École classique, plusieurs autres auteurs font leur marque en Administration Publique. D'abord, le sociologue et historien allemand Max Weber publie *Économie et société* (1900) dans lequel il traite en profondeur du thème de la bureaucratie. Il considère cette dernière comme un fait historique très important ; c'est pourquoi nous en présentons les grandes lignes dans la section 2.5.

En France, Chardon et Fayol tentent d'adopter une perspective différente du droit administratif. Dans son ouvrage *L'administration de la France* (1908), Chardon propose les réformes suivantes : établir une distinction nette entre le pouvoir politique et le pouvoir administratif, pour ensuite supprimer les fonctions de gestion auxquelles s'adonnent les ministres, afin qu'ils se consacrent plus librement à leur mandat politique. S'inscrivant lui aussi dans l'École classique, Fayol (1916) met l'accent sur le fonctionnement et la gestion de l'administration publique à partir de sa vaste expérience de gestion dans le secteur privé. Il résume la fonction administrative en cinq mots : prévoir, organiser, commander, coordonner, contrôler.

En somme l'École classique est une prise de conscience du phénomène administratif dans son ensemble et de l'administration publique en particulier, même si pour Fayol il y a des fonctions communes entre les secteurs publics et privés. D'abord, on prend conscience du phénomène administratif lui-même : il y a des gens qui ne produisent pas eux-mêmes, mais qui coordonnent ceux qui produisent. Fayol le savait bien, lui qui était un ingénieur dont la fonction avait été de superviser... d'autres ingénieurs ; cette prise de conscience, c'est déjà la prise de conscience du phénomène administratif. Bien sûr, plus les organisations augmentent en taille, plus il y a spécialisation, plus il paraît y avoir un grand nombre de gens qui font, exclusivement, du travail « administratif ».

Henri Fayol publie en 1916, à l'âge vénérable de 75 ans, son classique *Administration industrielle et générale*, qui vise donc à formuler des règles de ce qu'on pourrait appeler une « administration générique », s'appliquant à n'importe quelle organisation. Ce livre se veut une formulation d'une théorie administrative complète. Fayol se fonde donc sur sa vaste expérience de grand administrateur à la tête d'une compagnie minière et sidérurgique, et s'adresse surtout aux administrateurs de niveau élevé. Fayol était, en somme, une sorte de professeur de l'ENA (École nationale d'administration, en France) avant la lettre. Son livre a connu un certain succès aux États-Unis, mais seulement lorsqu'on ajouta le mot « management » (au lieu d'*administration*) au titre anglais, devenant ainsi *Industrial and General Management*.

Durant la même période, aux États-Unis, Frédérick W. Taylor élabore les principes de l'organisation scientifique du travail (OST). Il prône la division du travail et les tâches à répétition selon des séquences déterminées, croyant que seul l'appât du gain suffit à motiver les travailleurs. Toujours préoccupée par les aspects structurels de l'organisation, l'École classique produit, avec Luther Gulick et L. Urwick, les *Papers on the Science of Administration* (1937), où sont décrits les principes d'efficacité administrative suivants :

1. les agents de l'administration doivent être organisés en fonction de critères spécifiques : en fonction des buts, des procédés, des clientèles ou de la géographie ;
2. les principes d'unité de commandement doivent être respectés en plaçant les membres de l'organisation dans un ordre hiérarchique déterminé ;
3. le nombre de subordonnés se rapportant à une personne doit être limité (*span of control*) ;

4) le nombre de niveaux hiérarchiques doit être gardé au minimum.

Ils résument les tâches des hauts fonctionnaires ainsi : planification, organisation, recrutement du personnel, direction, coordination, information et budgétisation.

Les structures ont constitué un des premiers intérêts des théories du management, et le sont demeuré tout au long du XXe siècle. Même pour les écoles plus récentes, celles des années 1990, comme celle de la réingénierie ou du postmodernisme, l'intérêt pour les structures demeure entier.

L'École classique essuya des critiques sur divers aspects de ses concepts. D'abord, on l'a noté, D. Waldo avait vu dans sa quête d'efficacité une sorte de zèle quasi religieux. Pour Waldo, qui écrit après la Deuxième Guerre mondiale, l'efficacité n'est pas une notion absolue : on est efficace par rapport à un but, et la même action peut être inefficace quant à un autre. On peut être efficace en enlevant la neige sur son terrain..., tout en jetant cette neige sur le terrain du voisin. Pour prendre un exemple québécois contemporain, le gouvernement du Québec a efficacement réduit son déficit, à la fin des années 1990..., mais il a, par les mêmes actions, créé des déficits ou des contraintes dans le secteur parapublic (hôpitaux, établissements d'enseignement) et aussi dans les municipalités. Cet enthousiasme américain pour l'efficience et l'efficacité au sens étroit des termes, ajoutait Waldo, était typique d'une société, d'une nation, qui voit les choses surtout à court terme et de façon compartimentée. C'est peut-être cette même vision à court terme qui donne aux États-Unis, à la fin du XXe siècle, de si mauvais résultats sur le plan environnemental, à partir de la production de déchets jusqu'à la consommation d'énergie.

Les remises en question de l'après-guerre (Deuxième Guerre mondiale) avaient aussi attaqué l'universalité de l'approche de l'École classique ; en effet, les recettes administratives avaient été présentées comme étant vraies partout. Or, durant les années 1939-1945, on s'était bien rendu compte que, même chez les Alliés, les façons administratives de faire étaient différentes.

Très influente bien après son apparition, l'École de la contingence a relativisé plusieurs propositions des écoles classiques et des relations humaines. On pourrait l'appeler l'école du « cela dépend ». En effet, l'école de la contingence recommande certaines formules structurelles (centralisation, décentralisation, par exemple) *dans certaines circonstances*. Ainsi, si l'environnement est incertain et que la haute administration n'arrive pas à bien comprendre les tenants et les aboutissants d'une situation, alors peut-être vaut-il mieux décentraliser. L'École de la contingence a été marquée par l'ouvrage classique de Tom Burns et G.M. Stalker, *The Management of Innovation* (1961), où le rôle de la technologie et de l'environnement dans le façonnement de la structure organisationnelle était vu comme primordial. L'École de la contingence a été perçue comme l'école la plus « purement » dévouée à l'analyse des organisations, car, contrairement à l'École des relations humaines, par exemple, qui part de la psychologie, l'École de la contingence n'a d'autre point d'attache que l'étude des organisations elle-même. Dans les débats en Administration Publique sur ce qu'il faut confier au secteur privé et/ou au secteur public, l'École de la contingence a beaucoup à offrir sur le plan conceptuel et analytique.

L'École des relations humaines (1930-1960) s'intéressa davantage à l'étude des comportements qu'à celle des structures administratives. Dès 1912, Mary Parker-Follet met de l'avant l'idée d'une gestion démocratique. Roethlisberger et Dickson développent le concept d'organisation informelle, concept qui se réfère à l'ensemble des liens, des relations humaines et des pratiques sociales invisibles dans un organigramme formel, mais présentes dans l'organisation. Dans son ouvrage *The Functions of the Executive*, (1938), Chester Barnard (cadre supérieur qui s'est fait profond sociologue pour l'occasion) s'en prend à la vision mécaniste de Taylor et défend, entre autres, l'idée que l'autorité administrative dépend de l'acceptation de la part du subordonné. Elton Mayo élabore une théorie selon laquelle la somme de travail accompli par un ouvrier dépend tout autant du contexte social du milieu de travail que de ses capacités physiques.

Contrairement à plusieurs écoles, celle des relations humaines commence avec une recherche précise. C'est aux ateliers Hawthorne de la Western Electric de Chicago qu'en 1927, sous la direction d'Etton Mayo (d'origine australienne) et pendant les cinq années suivantes, avec une équipe scientifique de l'Université Harvard de 75 à 100 enquêteurs, qu'on va observer, interviewer et analyser bon nombre des 20 000 employés de cette entreprise.

N'oublions pas que nous nous situons, à cette époque, en pleine période de taylorisme : on modifie la séquence des gestes des employés jusqu'à ce qu'on trouve la configuration la plus productive. Mais l'application du taylorisme mène à des surprises. Pour les individus sous observation, et même en revenant aux conditions de travail initiales, il y a une augmentation continue de la productivité, ce qui échappe au raisonnement tayloriste. Il y a émergence de véritables équipes solidaires, au lieu d'individus anonymes et mus par la seule motivation salariale que nous présentait l'école scientifique du travail. Devant cela, certains ont parlé de l'effet de « réactivité » — effet Hawthorne — c'est-à-dire que le fait d'être observé peut changer le comportement. Mais même si cela était vrai, ce serait quand même un facteur humain, donc de relations humaines. Certaines équipes d'assembleurs, dans la même veine, ne cherchaient pas les primes maximales, et se limitaient, par solidarité de groupe, à un certain niveau de production. De ces études de Hawthorne, on a tiré les conclusions suivantes : le travail est une activité de groupe ; il y a un besoin de reconnaissance, de sécurité, d'appartenance chez le personnel ; l'efficacité de l'employé est conditionnée par des exigences sociales à l'intérieur et aussi à l'extérieur du cadre du travail.

Les niveaux d'intérêt de l'École des relations humaines sont multiples : individuel, petits groupes, organisationnel, et même social. Au niveau individuel (Maslow, Herzberg), on s'est intéressé par exemple à la motivation et à ce que l'on a appelé la hiérarchie des besoins qui constitue une sorte de pyramide. Au bas de la pyramide, se trouvent les besoins primaires (se nourrir, se loger), au milieu, les besoins intermédiaires (faire partie d'un groupe, s'affilier à d'autres personnes) et, au sommet de la pyramide, les besoins plus élevés (se réaliser, donner un sens à sa vie). Herzberg et Maslow en arrivent à plusieurs conclusions : la satisfaction d'un besoin entraîne le besoin du suivant. Pour ce qui est des besoins du bas de la pyramide, leur insatisfaction provoque un manque de motivation, mais leur satisfaction produit non pas une motivation profonde, mais plutôt une absence d'insatisfaction.

Sur un thème voisin, MacGregor distinguait deux formes d'autorité : la théorie X (la direction autoritaire) et la théorie Y (la direction démocratique). Le leadership a toujours été un thème important dans l'École des relations humaines. Ainsi, on a tenté de différencier le simple manager du « leader » : le manager sait comment faire, le leader sait ce qu'il faut faire, par exemple. Le leader motive. Il n'est pas nécessairement compétent pour administrer ou gérer les ressources du point de vue opérationnel. Il gère la vie symbolique, créé une culture organisationnelle comme outil de coordination. Le vrai leader fait de son organisation une « institution », au sens noble du terme, celui employé par Ph. Selznick dans *Leadership in Administration* (1957). La question du leadership a intéressé des auteurs dont les intérêts allaient bien au-delà des relations humaines. Ainsi, H.A. Simon, inspiré par Chester Barnard, a observé qu'il ne suffit pas de donner un ordre pour qu'il soit accepté, car chaque employé a une « zone de non-acceptation ». Il faut utiliser l'influence, c'est-à-dire réussir à faire faire à quelqu'un quelque chose, après l'avoir convaincu de son bien-fondé.

Virulent critique de l'École classique et allant au-delà des critiques que l'École des relations humaines avaient adressées à l'endroit de l'École classique, Herbert Simon démontre les contradictions entre la limitation du nombre de subordonnés (le *span of control*) et le principe de la limitation des niveaux hiérarchiques. Dans son classique *Administrative Behavior*, Simon, un peu de façon dédaigneuse, considère que les conseils de l'École classique sont des *proverbs*, de simples conseils, pour ne pas dire des conseils… simplistes. Ainsi, si on veut diminuer le nombre de subordonnés (le *span of control*) d'un Premier ministre en ajoutant des niveaux de décisions entre lui et ses ministres (comité des priorités, comité sur les affaires sociales, etc.), on allonge la pyramide hiérarchique. C'est vers une science de l'Administration Publique, tournée vers l'observation et l'analyse véritable que H.A. Simon conviait ses collègues ; il voulait éloigner cette dernière des conseils simplistes trop rapidement donnés aux praticiens.

Dans la même veine, mentionnons les études de O.E. Williamson (*Markets and Hierarchies*, 1975) et son concept de *transaction costs*. Un coût de transaction est présent quand deux entités distinctes, ayant des intérêts différents, collaborent et doivent se coordonner. Puisqu'elles ont des intérêts différents, elles doivent établir les règles de leur collaboration : les efforts et le temps mis dans ces négociations sont en partie des « coûts de transaction ». Ces derniers sont réduits au minimum quand les deux entités sont dans une même méga-organisation (une multinationale, un gouvernement, par exemple), car elles ont des intérêts communs. En général, l'argument des coûts de transaction favorise les grandes organisations, publiques autant que privées. C'est ainsi que les partisans d'un système de santé géré par l'État au Canada font remarquer que celui des États-Unis, qui est privé, occasionne énormément de coûts de transaction (contrats d'assurance, vérification médicale de la couverture, frais juridiques en cas de litige et autres tentatives de coordination, de contrôle).

Quant à Dwight Waldo, dans *The Administrative State* (1948), il avait relativisé la notion d'efficacité, comme nous l'avons vu : l'efficacité n'est pas une chose absolue, disait-il, une chose pouvant être efficace à un point de vue, mais pas à un autre. Enfin, Waldo établit la différence entre l'*a*dministration *p*ublique (les administrations concrètes) et l'*A*dministration *P*ublique (le domaine d'étude) dans son livre *The Study of Public Administration* (1955). C'est une distinction que nous lui avons empruntée pour ce livre.

Dans son ouvrage *TVA and the Grassroots* (1949), Philip Selznick peint les relations entre les organisations politiques et leur milieu, et s'intéresse de façon particulière à l'idée de cooptation. D'autres auteurs mettent l'accent sur la participation et la consultation au sein de l'administration publique. Herbert Simon (dont nous avons parlé plus haut), prix Nobel d'économie (1978) et théoricien du concept de la rationalité limitée, donne un nouvel élan à l'Administration Publique en orientant ses études sur la prise de décision.

C'est ce même thème de la décision qui allait se trouver dans les travaux de deux auteurs américains qui traitent plus spécifiquement de politiques publiques. Dans son classique *The Essence of Decision* (1971), Graham Allison analyse les différentes façons de voir comment les décisions sont prises dans le secteur des affaires internationales, en prenant l'exemple d'une décision américaine vis-à-vis de Cuba. Il y a entre autres les modèles rationnels, politiques et bureaucratiques qui peuvent éclairer la compréhension de la décision. Dans un article récent, Nelson Michaud (1996) évalue la pertinence contemporaine de cet ouvrage classique d'Allison.

Dans un article non moins classique, et peut-être même le plus classique de tous, Charles E. Lindblom se fait le descripteur, mais aussi le défenseur, de ce que l'on a appelé le « gradualisme ». Dans son célèbre « The Science of Muddling through », paru dans *Public Administration Review* en 1959, Lindblom voit dans la prise de décision dans le secteur public une absence de plan d'ensemble et une rencontre conflictuelle d'intérêts épars. Mais, loin de condamner ce processus en apparence cacophonique, Lindblom soutient que non seulement il est le seul possible en démocratie, mais que, de ces procédés chaotiques, naissent les meilleures décisions.

Avant d'arriver aux débats contemporains sur les mérites respectifs des secteurs public et privé, il convient de souligner un autre concept de l'Administration Publique américaine, soit celle de la *representative bureaucracy* : c'est l'idée que le personnel de la fonction publique doit refléter la proportion que chaque sous-groupe occupe dans la société : les groupes ethniques et raciaux, mais aussi les sexes et, éventuellement, les orientations sexuelles minoritaires. On peut applaudir à cette idée, mais cela ne l'a pas empêchée d'être battue en brèche ces dernières années. On a dit que, si le personnel de la fonction publique est réellement neutre, ses origines devraient avoir un effet nul sur les politiques publiques ; alors quelle est l'utilité de représenter chacun ? On a aussi dit qu'il fallait engager les meilleurs candidats disponibles, peu importe leurs origines ou caractéristiques. Avant d'affirmer qu'il s'agit, ici, d'une question essentiellement américaine, il faudrait se demander quelle est la place des minorités dans les fonctions publiques canadiennes, en particulier dans les fonctions de direction, ou encore quelle est la proportion d'anglophones ou d'allophones dans la fonction publique québécoise, par exemple.

2.4.2 Les débats « public *versus* privé »

Le dernier thème de l'Administration Publique américaine que nous verrons dans cette partie concerne le fameux et très actuel débat entre les partisans du secteur public et ceux du privé. Comme Harold Crooks le décrit dans *Les géants des ordures*, une étude sur l'évolution récente de l'industrie des déchets en Amérique du Nord, il y a toujours eu de grands mouvements cycliques entre les deux secteurs. Bien entendu, nous sommes actuellement dans un cycle positif pour le secteur privé, mais cela pourrait changer assez rapidement. Il faut dire aussi que nous sommes à la fin d'un très long cycle d'expansion du secteur public, lequel cycle dura des années 1930 jusqu'à la fin des années 1970. Contrairement à ce que certains voudraient nous faire penser, ces cycles ne sont pas des « erreurs » du passé, pas plus que la recherche de flexibilité par la privatisation n'est une « erreur » actuellement ; il s'agit plutôt de longs cycles qui sont le résultat de facteurs complexes, économiques et technologiques, entre autres.

Ainsi, Franklin Delano Roosevelt, président des États-Unis pendant la dépression des années 1930, rejoignant les idées de J.M. Keynes, économiste anglais, avait entrepris de grands travaux publics afin de stimuler l'économie devant le secteur privé impuissant. Le président Roosevelt, appelé « F.D.R. » par ses concitoyens, avait habilement nommé ces politiques publiques le *New Deal*, probablement pour en conserver une résonance pragmatique, presque une résonance de *business*. C'est dans ce cadre socio-économique que Ph. Selznick écrit son *T.V.A. and the Grassroots* (1949), dans lequel il décrit le contexte des grands travaux d'énergie et d'irrigation, comme ceux de la rivière Tennessee par la Tennessee Valley Authority (T.V.A.). Les grands travaux de ce genre, on le constate une fois de plus, ont presque toujours donné lieu à des poussées de croissance du secteur public, comme l'a démontré un autre grand classique, *Le despotisme oriental* de Karl Wittfogel. Dans le cadre de ce cycle de croissance du secteur public, la Deuxième Guerre mondiale devint le chantier de « grands travaux » par excellence, à tel point que certains affirment qu'elle a stimulé l'économie au point de renverser, finalement, les affres économiques de la Grande Dépression.

Dans le cadre de cet effort américain pour la guerre, plusieurs professeurs d'économie et d'Administration Publique quittent les salles de cours des universités américaines pour participer concrètement à l'effort national, le plus souvent dans l'administration publique fédérale. Bien sûr, un des cas les plus connus est celui de John Kenneth Galbraith (un Américain né en Ontario), futur conseiller économique de J.F. Kennedy, et grand défenseur, encore récemment, de la place du secteur public dans l'économie. Dans un livre sur le krach boursier de 1929, Galbraith a soutenu l'idée que l'économie était en panne parce que, à cette époque, les riches étaient trop riches et les pauvres trop pauvres, et que la propension des très riches à dépenser tout leur revenu étant moins grande que celle des pauvres, l'argent circule moins, d'où la dépression économique. Il y eut, plus près de l'Administration Publique comme telle, le cas de Dwight Waldo, qui travaillait durant la guerre dans le contrôle des prix... des cercueils. Dans un secteur plus réjouissant, Herbert A. Simon a conseillé le gouvernement américain dans sa stratégie d'aide pour le relèvement de l'Europe de l'après-guerre, un des grands *success stories* de l'administration publique américaine, ce qu'on a appelé le Plan Marshall. Son *Administrative Behavior* a été écrit à la suite de cette expérience. Dans une conférence à Philadelphie, en 1997, H.A. Simon a mis son grain de sel dans le débat entre le public et le privé : il soutenait que, contrairement à ce que l'on pensait, la plupart des activités concrètes du secteur privé se déroulaient dans le cadre d'un contexte hiérarchique et non du marché, puisque la majorité des actions des personnels du privé sont des actions déterminées par leurs supérieurs et encadrées par eux. Le « marché », ce marchandage mythique et fondateur entre acheteur et vendeur, n'est qu'une dimension relativement mineure de tout le processus de production et d'échange. On exagère donc, en conséquence, les différences entre les secteurs public et privé, affirmait-il.

Ce cycle, à la hausse, du prestige du secteur public, se poursuivit encore bien après la guerre. Il eut une résonance dans les écrits et les concepts de l'Administration Publique. Ainsi, Théodore Lowi (1969), dans *The End of Liberalism* (attention : Lowi entend « *liberalism* » dans un sens assez précis), soutient que la trop grande influence des groupes d'intérêts américains a littéralement perverti le processus d'interaction entre les intérêts privés et l'intérêt public. Ce n'est plus à l'extérieur du gouvernement que les groupes d'intérêts agissent, c'est à l'intérieur de celui-ci, ce qui est grave, puisqu'il n'y a plus de voix libre pour faire valoir l'intérêt public. Mais, c'est aussi une perversion dans un autre sens, puisque l'équilibre entre les groupes d'intérêts est rompu du fait de la trop grande puissance de certains groupes très organisés et très financés. Aujourd'hui, on peut penser à l'American Medical Association, dont on dit qu'elle bloque depuis plusieurs années la réforme très nécessaire du système de santé américain. Le président Clinton, pendant son premier mandat de 1992 à 1996, a été incapable de faire passer la loi proposée, pourtant modeste, pour améliorer la situation. La même chose pourrait être dite à propos de la puissante National Rifle Association qui bloque depuis des décennies des réformes sérieuses sur la disponibilité commerciale de tout un arsenal d'armes et d'explosifs. En Arizona, il peut même arriver, tout à fait légalement, qu'un prêteur puisse intervenir, armé dans certaines circonstances, auprès d'un emprunteur sans que la police ait à intervenir (il s'agit, il faut le dire, d'un cas assez rare de prêt assorti de garantie judiciaire). Bien sûr, avec ce dernier exemple, on risque de tomber dans la caricature. Pourtant, le livre de Lowi (président, en l'an 2000, de l'Association internationale de science politique) et son idée maîtresse, la force excessive des puissants groupes d'intérêts aux États-Unis, demeurent tout à fait d'actualité, aujourd'hui avec les PACs, par exemple (*Political Action Committees*) qui décident, sur une seule question — les armes à feu, les droits des gais ou les partisans du renouveau de la famille, par exemple —, de donner leur appui à tel ou tel candidat. Il est d'ailleurs devenu tout à fait impossible de devenir sénateur fédéral sans mettre un temps et une énergie considérables à courtiser les groupes d'intérêts pour obtenir leur aide financière, nécessaire pour toute campagne; dans ce processus, le futur sénateur se sera lié les mains irrémédiablement... Ceux d'entre nous qui s'intéressent à l'environnement peuvent être saisis d'une crainte certaine en constatant quels effets sur l'environnement peut amener un tel système.

Plus près de l'Administration Publique comme telle, d'autres partisans, même implicites, du secteur public ont exprimé le désir qu'on instaure un système de fonction publique plus valorisé, et moins politique, plus près en somme du système des pays comme la France ou la Grande-Bretagne. Hugh Heclo a exprimé très clairement cette tendance dans *A Government of Strangers* (1977), où il fait une description critique d'un système qui veut qu'au sommet de l'administration publique américaine, fédérale en l'occurrence, on nomme, pour occuper les postes, les « hommes du président » qui n'avaient souvent aucune expérience du secteur public et dont le seul mérite avait été de participer activement, et souvent pécuniairement, à la campagne financière de leur élu. Souvent, ces individus ne se connaissaient pas, ne connaissaient pas l'administration publique, on l'a dit, et bien souvent ne connaissaient pas... le président non plus. Ces « hommes du président » (essentiellement des supporteurs masculins), enrichis individuellement à la faveur de l'immobilier ou d'un domaine souvent spéculatif, se retrouvaient isolés, au milieu de l'ennemi pour ainsi dire, au milieu de la bureaucratie, et finissaient par quitter, déçus, leur poste du secteur public. Au niveau fédéral, il s'agissait d'environ 2 000 à 3 000 postes. C'est d'ailleurs ainsi que Joe Kennedy, père du président John F. Kennedy, est devenu ambassadeur des États-Unis à Londres, à l'aube de la Deuxième Guerre mondiale. Ce type de fonction publique, partisane, non professionnelle, qui servait au bon plaisir du président, a nui, selon Heclo, à la qualité de la haute fonction publique. En réponse partielle aux critiques de Heclo, le président Jimmy Carter instaura une réforme à la fin des années 1970, laquelle réforme rapprocha la haute fonction publique de ses homologues d'Europe occidentale, en réservant une plus grande partie des postes stratégiques à la fonction publique professionnelle et non partisane. Nous verrons cependant que ce système des « hommes du président » n'était qu'une des variantes qu'avait revêtu le « système des dépouilles », vieille tradition américaine remontant jusqu'au président Jackson; cette dernière voulait éviter à tout prix le développement d'une fonction publique élitiste, à l'européenne, qui aurait pu échapper au contrôle politique et, surtout, au contrôle populaire.

Avant d'en arriver aux fondements conceptuels du retour du balancier vers le secteur privé au début des années 1980, il convient de dire quelques mots du mouvement de la *New Public Administration*. À la fin des années 1960, les débats publics étaient surchauffés aux États-Unis et ailleurs dans le monde. Aux États-Unis, il y avait une vive opposition à la guerre du Viêt-nam et, à la faveur de cette guerre, s'était développée l'idée selon laquelle il pouvait être défendable sur le plan moral, pour un fonctionnaire, de refuser de suivre un ordre immoral de son supérieur. Sur le plan de l'Administration publique, cette idée n'était pas un détail, puisque tout système administratif repose sur une efficacité dans la transmission des ordres. Le président L.B. Johnson avait aussi lancé une grande guerre d'un autre genre, une guerre contre la pauvreté dans son programme de la *Great Society;* certains fonctionnaires et universitaires avaient proposé que la fonction publique aille au-delà des ordres formels, pour réformer la société et favoriser les plus démunis, avec le même effet déstabilisateur sur ce que l'on peut appeler, un peu militairement, la ligne hiérarchique — *the chain of command*. En somme, le mouvement de la *New Public Administration* proposait l'idée que le fonctionnaire obéisse à sa morale individuelle quand les ordres et les directives allaient dans un sens contraire à celle-ci.

Mais, d'une certaine façon, cette « surchauffe » des débats publics qu'exprimaient les tenants de la *New Public Administration* annonçait déjà leur épuisement et le début d'un nouveau cycle, de longue durée, en faveur du secteur privé. C'est dans ce cycle que nous nous trouvons depuis le début des années 1980.

Durant les années 1970, on se rend compte que les ambitions d'élimination de la pauvreté par les ambitieux programmes publics de la *Great Society* ne réussiront pas. L'espoir qu'on avait mis dans le volontarisme étatique n'avait pas amené les résultats escomptés. D'autres voies se devaient d'être explorées. Tout au cours des années 1970, des économistes et quelques politologues ont étudié le fonctionnement, et surtout les « dysfonctionnements », de la prise de décision dans le secteur public et en ont conclu que l'administration publique avait des problèmes structurels qui l'empêchaient d'être réellement efficace : désir de réélection des politiciens, intérêts individuels des fonctionnaires, domination du débat public par quelques acteurs réunis en groupes « compacts », absence de propriété des décideurs qui leur faisaient prendre des décisions irrationnelles. Cette école, le *Public Choice*, dans sa dimension normative, proposa de réduire la part des responsabilités du secteur public au profit du secteur privé. C'est cette école qui domine intellectuellement les débats dans l'Administration Publique, depuis 1980, même si elle n'est pas réellement majoritaire.

Dans les années 1990, d'autres textes proposèrent un retour du balancier vers le privé, tout en étant moins conceptuels et idéologiques que le *Public Choice*. Ainsi Osborne et Gaebler, dans *Reinventing Government : How the Entrepreneurial Spirit is Transforming the Public Sector*, publié dans les années 1990, ne propose pas de remplacer le secteur public par le privé dans tous les domaines. Mais, là où c'est faisable (pas dans la sécurité sociale, par exemple), pourquoi ne pas utiliser, au sein même des administrations publiques, les recettes de gestion — et surtout sa grande flexibilité — éprouvées dans le secteur privé, suggèrent les auteurs. Le livre de Osborne et Gaebler est plus nuancé et plus respectueux du secteur public qu'il n'y paraît à première vue.

2.4.3 Les écoles de pensées récentes

Du côté des études en management et de la théorie des organisations, les écrits accordaient de l'importance à des thèmes bien différents du débat « public *versus* privé ». Depuis les années 1980, foisonnent des théories différentes. Une première école s'intéresse à l'analyse systémique, aux métaphores biologiques et aux approches écologiques. Ici aussi, il s'agit d'une école très large et hétérogène. Nous n'en effleurerons que quelques dimensions. Il s'agit, entre autres, de l'analyse des systèmes, populaire dans les années 1970. Il y eut aussi l'utilisation de métaphores « naturelles » pour comprendre les organisations (V. Thompson, par exemple). Herbert Kaufman s'est demandé comment « naissaient » et « mouraient » les organisations du secteur public, dans *Are Government Organizations Immortal ?* (1976). Les métaphores biologiques comprennent aussi des références à la théorie du chaos, très à la mode durant les années 1990 et jusqu'à la toute fin du siècle, chez Tom Peters par exemple. La théorie du chaos a parfois été associée à un autre courant de fin de siècle, le postmodernisme. F.W. Taylor serait sans doute surpris de voir de telles théories associées à l'administration !

G. Morgan, dans *Images de l'organisation* (1989, 1999), fait une sorte d'inventaire des métaphores utilisées pour comprendre les organisations et note que les images biologiques (l'organisme, le cerveau) remplacent peu à peu les images du mécanique, ces dernières étant davantage liées au taylorisme et à l'École classique.

Plus tard, il y a eu le concept de la *population ecology* de M.T. Hannan (*Organizational Ecology*, 1989 ; voir aussi Hannan, 1997), où on avançait que la « niche » de l'environnement où se trouvait l'organisation était déterminante pour son administration, ce qui réduit le rôle du gestionnaire ; il ne lui restait plus, en somme, que de choisir une bonne niche, ce qui n'était par ailleurs pas toujours possible.

Il y a eu les écoles qu'on peut rattacher à l'École du renouveau organisationnel, qui regroupe des écoles très diverses attachées à repenser l'organisation. Notons aussi les approches « macro », comme celle de Michael Porter, dans *The Comparative Advantage of Nations* (1986), qui posaient des questions sur les facteurs contextuels des échecs et succès des organisations de différents pays.

Certains auteurs, comme Charles Handy et Rosabeth Moss Kanter, ont étudié le changement des structures dans les organisations d'aujourd'hui et en ont souligné leur flexibilité, leur horizontalité et l'*empowerment* (le sentiment de pouvoir agir et influencer) qui en résulte, surtout pour le personnel de première ligne ; ce dernier est revalorisé, entre autres, par l'accès aux systèmes d'information.

Autre tendance récente : l'école de la réingénerie, souvent associée à l'informatisation de l'entreprise. Dans ce cas-ci, les consultants ont eu probablement plus d'influence que les chercheurs universitaires. L'allègement des procédures et la circulation de l'information, par exemple, sont des questions éminemment pratiques qui se règlent souvent au cas par cas. Par ailleurs, des textes importants ont été écrits, comme *Re-engineering the Corporation* de M. Hammer et J. Champy (1993) ou *In the Age of the Smart Machine* de S. Zuboff (1988). Bien sûr, l'informatisation des entreprises a eu des effets profonds sur les organisations publiques et privées, surtout entre les années 1975-1995. Cela se poursuivra sans doute dans le nouveau millénaire.

En dernier lieu, mentionnons l'approche interprétative, qui veut aller au-delà du comportement des membres de l'organisation pour scruter leurs représentations, leurs mentalités, soit collectives soit individuelles. Contrairement à ce que l'on pourrait penser, c'est une école qui regroupe un bon nombre de chercheurs — jusqu'à 20 % du total — et qui est impliquée activement dans le marché (parfois lucratif) de la consultation. L'approche interprétative est souvent associée à d'autres écoles, comme l'École des relations humaines.

Cette revue des débats et des écoles en Administration Publique et en études organisationnelles pourrait nous faire penser que les Américains en détiennent une sorte de monopole, ce qui n'est pas bien entendu le cas. Arrêtons-nous donc maintenant sur quelques apports de deux autres pays, soit la France et la Grande-Bretagne.

2.4.4 Quelques apports spécifiques de la France et de la Grande-Bretagne

Nous avons vu, plus haut, la contribution du Français Henri Fayol aux acquis de l'École classique. Plus récemment, depuis les années 1960, Michel Crozier et son groupe de sociologie des organisations à Paris étudient et conseillent les organisations publiques françaises. Crozier écrivit *Le phénomène bureaucratique* en 1963, son plus grand livre. Traduit un an plus tard en anglais, ce livre décrit la bureaucratie comme un phénomène universel, mais les caractéristiques particulières sont tout de même différentes d'un pays à l'autre. Ainsi, la bureaucratie française est particulièrement affligée d'un excès de centralisation, laquelle n'est que l'aboutissement d'une tendance à la non-communication, elle-même le résultat d'une sorte de conception culturelle de l'indépendance et de l'autorité (vue comme quelque chose qui ne se partage pas). Crozier, qui s'est fait reprocher cette interprétation culturaliste par ses rivaux dans la sociologie française (Alain Touraine, entre autres), s'en est dissocié quelque peu par la suite, même s'il a recouru à cette approche dans ses analyses les plus importantes bien après *Le phénomène bureaucratique*. Prolifique, il a écrit plusieurs autres textes importants, dont *État modeste, État moderne* (1987). Les essais méthodologiques de Crozier (*L'acteur et le système*, 1977) ont connu par contre moins de succès à l'extérieur du monde francophone.

Par ailleurs, la France a une grande tradition d'excellence en pratique administrative. Tout de suite après la Deuxième Guerre mondiale, elle s'attira les regards du monde de l'administration publique par son type particulier de planification, entre le socialisme et le capitalisme. C'est ce que les Américains ont appelé le *indicative planning*. Par ailleurs, des examens très compétitifs, dans des institutions de haute qualité, comme l'ENA (École nationale d'administration), ont continué à donner une image positive de la fonction publique française même si des énarques quittent parfois le secteur public pour aller dans le privé (Rohr, 1991, p. 286). En France, le secteur public occupe un champ assez large, même aujourd'hui ; il comprend, à la différence de certains autres pays, des secteurs de pointe et très productifs comme l'automobile, l'aéronautique, les télécommunications, les transports ferriviaires. Cela n'est pas unique à la France, bien entendu. Précisons que l'Internet est, à l'origine, un système de communication développé par le secteur public américain (l'armée américaine) pour garantir les communications en cas de panne des autres systèmes. Il y a plusieurs autres exemples de ce type. Qu'on veuille « oublier » ces exemples depuis vingt ans est très révélateur du discours dominant de notre époque.

Plusieurs auteurs, autres que Crozier, ont alimenté les débats en Administration Publique française, dont le controversé Pierre Legendre qui a appliqué ses notions de psychanalyse à la compréhension des aspects symboliques de la fonction publique française. Certains Américains ont richement contribué à l'analyse du secteur public français ; citons, entre autres, Ezra Suleiman, qui s'est penché sur la haute fonction publique française.

Tournons-nous maintenant brièvement vers la tradition anglaise en administration publique. Comme en France, l'administration publique anglaise est traditionnellement de nature élitiste, même si cela a changé quelque peu dernièrement. Le haut fonctionnaire a étudié à Oxford ou Cambridge ; c'est un individu cultivé, notamment en lettres, comme en Chine à une certaine époque. Il est traditionnellement polyvalent, et se comporte en amateur (le vrai !) qui connaît un peu de tout mais n'est spécialisé en rien. Il y a une influence possible ici de l'*Indian Civil Service* — fonction publique anglaise en poste en Inde ; le responsable anglais devait y faire un peu de tout : du militaire, du judiciaire, de l'économique, de l'administratif, ce qui aurait contribué à cet idéal d'amateurisme.

Les Anglais ont été moins enclins à théoriser sur l'Administration Publique (du moins pas autant que leurs confrères « du continent », comme les Français et les Allemands) ; mais ils nous apportent des éléments importants, notamment sur les principes légaux et constitutionnels ; ainsi le principe du *rule of law*, à savoir le principe selon lequel le gouvernement et l'administration publique sont soumis au droit comme les autres, ce qui va à l'encontre d'un principe antérieur qui voulait que *the King can do no wrong* (le Roi ne peut se tromper).

Mais au-delà des principes constitutionnels et légaux, les auteurs anglais ont proposé une articulation du lien entre le politique et l'administratif. On prône d'abord une confiance entre les deux niveaux, basée sur le *fair-play*, le *gentleman's agreement*. Ainsi, le haut fonctionnaire dira ce qui est nécessaire, conseillera de bonne foi son nouveau ministre, en étant discret sur l'ancien ministre et sur ce qui est privé et confidentiel. Dans les grandes conférences internationales, les Américains ont souvent été surpris de voir un nouveau ministre anglais, récemment élu, se présenter avec les mêmes hauts fonctionnaires que son prédécesseur du parti opposé. Les hauts fonctionnaires anglais ont en effet poussé plus loin que tous le devoir de servir avec le même empressement des ministres de majorité gouvernementale différente. Il faut dire que le sous-ministre en titre, en Angleterre, s'appelle *Permanent Secretary*. Encore une fois, tout est dans les mots ! Cette relation entre le *Permanent Secretary* et son ministre a été exploré, avec humour, dans la série télévisée anglaise *Yes, Minister* durant les années 1980.

Ce principe administratif de confiance entre le politique et l'administratif a comme conséquence un autre principe, de nature plus constitutionnelle celui-là. C'est le principe de la responsabilité ministérielle qui veut que le haut fonctionnaire s'efface devant son ministre lorsque des débats surviennent au Parlement, même sur des dossiers qu'il connaît parfaitement. En effet, le ministre est le seul à répondre de son ministère devant les autorités législatives. C'est une fiction juridique, car aujourd'hui les ministères sont devenus très gros et aucun ministre ne peut prétendre savoir tout ce qui s'y passe. Le corollaire de ce principe est que le ministre doit démissionner si une faute grave a été commise dans son ministère, même s'il n'en a pas directement connaissance. On estime, selon cette perspective, que l'aveu de ne pas savoir ce qui se passe dans son ministère mènerait à la démission de toute façon. Nous y reviendrons plus loin.

Il y a un autre sens à l'expression « responsabilité ministérielle », un sens plus général selon lequel un parti au pouvoir démissionne s'il ne jouit plus de la confiance de l'Assemblée législative, s'il a perdu un vote en matière financière par exemple. Ce principe administratif et constitutionnel de la responsabilité ministérielle, venu de l'Angleterre, est en contradiction partielle avec un principe administratif américain du secteur public, celui de l'*accountability* (« imputabilité » en français). Comme le Canada est influencé à la fois par l'Angleterre et les États-Unis, la contradiction entre ces deux principes nous interpelle de façon particulière.

Tout d'abord, regardons l'origine du terme *accountability* : il veut dire « rendre des comptes » (Patry, 1992, p. 301) à quelqu'un ou à une institution. Comme le critère du profit ne peut à lui seul être le critère de décision, l'imputabilité est un élément essentiel du secteur public (p. 301). Il est fondamental pour tout système de gouvernement, une garantie contre les abus de pouvoir délégué à la bureaucratie et à ses fonctionnaires. L'imputabilité est nécessaire dans le secteur public à cause de ses différences d'avec le secteur privé. En effet, le secteur public est complexe, et on a des devoirs envers la société tout entière, dans toute sa diversité, et non pas seulement envers son patron immédiat ou vis-à-vis de sa clientèle immédiate ; et comme on n'a pas toujours la mesure de la rentabilité pour décentraliser la décision, il y a, pour évaluer une action administrative, des critères comme l'équité ou l'ordre public par exemple.

La question qu'on peut se poser est la suivante : rendre compte à qui ? Il existe en effet différents types d'imputabilité. Dans la littérature anglo-saxonne, on en reconnaît quatre types (Patry, 1992, p. 302) ; on peut en effet être imputable :

1. à la société au sens large, comme le veulent les principes démocratiques,
2. à ses supérieurs, comme le veulent les principes hiérarchiques,
3. à ses pairs, comme le veulent les valeurs professionnelles ou syndicales,
4. à soi-même, comme le veut notre propre conscience.

Dans la tradition chinoise et confucéenne (du philosophe Confucius), on fait la différence entre le gouvernement par les lois (imputabilité formelle envers des règles, par exemple) et le gouvernement des hommes (imputabilité envers son supérieur ou soi-même).

Idéalement, on tente de rendre compte simultanément à ces quatre entités (envers ses supérieurs, ses pairs, etc.), mais on ne peut le faire simultanément et parfaitement. C'est pourquoi, parfois, on oscille entre la centralisation (imputabilité aux organismes centraux) et la décentralisation (imputabilité aux valeurs professionnelles, à soi-même, par exemple). Il y a une sorte d'équilibre entre les normes centrales et la liberté accordée aux gestionnaires dans des cas concrets. Au gouvernement fédéral canadien, on a oscillé entre la décentralisation de la Commission Glassco (1962) (« laisser le gestionnaire gérer ») et la recentralisation par l'imputabilité de la Commission Lambert; puis en 1986, le APRM, accroissement des pouvoirs et des responsabilités ministérielles, nous ramène à une phase de décentralisation, plus liée au budget celle-là. Dans une période de préoccupation au sujet de la productivité, on est de plus en plus conscient que l'augmentation de la productivité ne peut venir d'une croissance des normes centrales.

Par ailleurs, surtout dans les pays qui n'ont pas atteint ce que l'on peut appeler l'idéal de neutralité webérienne, on craint toujours que l'absence de normes mène à l'arbitraire.

Maintenant que nous avons décrit le principe de tradition anglaise de la responsabilité ministérielle, ainsi que celui d'imputabilité, il convient de comprendre un problème canadien récent : le conflit entre la responsabilité ministérielle à la britannique et l'imputabilité à l'américaine. Le sens de la hiérarchie et le sens du travail en équipe britannique, qui sont des corollaires du principe de la responsabilité ministérielle, font en sorte que les fonctionnaires ne craignent pas d'être appelés à témoigner publiquement, même à l'Assemblée législative, de leurs faits et gestes, car c'est le ministre qui le fera. Ils n'ont donc pas peur de coopérer pleinement et de se parler franchement à l'intérieur du ministère puisqu'ils n'auront pas à témoigner les uns et les autres, et possiblement les uns *contre* les autres.

Par contre, la logique de l'imputabilité, fortement judiciarisée que constitue la tradition américaine de l'administration publique, peut inciter les fonctionnaires et le ministre à « garder leurs cartes pour eux », à réduire leur coopération, de peur d'être appelés à témoigner et à être tenus individuellement responsables des fautes du ministère.

Ces deux logiques, à cet égard, américaine et anglaise, sont non seulement différentes mais opposées. C'est en se penchant sur la tradition anglaise d'administration publique qu'on peut prendre conscience de cette difficulté qu'on retrouve au Canada, vu qu'il emprunte beaucoup de modèles administratifs à l'étranger.

2.5 MAX WEBER

Parmi l'ensemble des auteurs qu'on pourrait regarder de plus près, nous insisterons davantage sur les contributions théoriques de Max Weber, un des très grands auteurs en sciences sociales (consulter par exemple *Économie et société*, 1971, 1re édition en 1922). Weber est considéré comme un auteur de l'École classique, mais d'un point de vue plus analytique que prescriptif. Jusqu'à un certain point, les termes « bureaucratie classique » et « bureaucratie webérienne » sont équivalents. Une présentation de quelques-uns de ses principaux concepts facilitera la compréhension des sections suivantes.

Il convient auparavant de dire quelques mots sur Weber lui-même. Comme Wilson aux États-Unis, Weber peut être considéré comme un fondateur de l'Administration Publique. Son œuvre s'écrit à la même époque que l'article fondateur de Wilson. Weber est par contre un universitaire toute sa vie, et sa production intellectuelle est immense — il est considéré par plusieurs comme le plus grand auteur des sciences sociales (il est sociologue, historien, politologue et administrativiste). Son énorme production a été interrompue par une importante maladie nerveuse — on dirait aujourd'hui une dépression ou un *burnout* — qui a duré plusieurs années, caractéristique qu'il partage avec Charles Darwin, une autre figure majeure de l'histoire des sciences. Weber a écrit plusieurs œuvres capitales : *L'éthique protestante et l'esprit du capitalisme* (1967), où il présente le calvinisme comme un des éléments-moteurs du développement du capitalisme ; *Le savant et la politique* (1959) peut être considéré comme une réflexion sur les approches analytiques et les approches normatives et prescriptives.

Dans certains milieux, même universitaires, on a fait l'erreur fondamentale de considérer ses propos sur la bureaucratie comme étant prescriptifs : Weber est devenu, ainsi, l'auteur « favorable à la bureaucratie » : il s'agit là, bien sûr, d'une vision superficielle et erronée.

Pour Weber, le développement de la bureaucratie se fait, historiquement, avec l'évolution d'un mouvement beaucoup plus large, soit celui de la rationalité et de la science, dans le monde occidental spécifiquement. Cette évolution, à laquelle participe la bureaucratie, a pour résultat le « désenchantement du monde » ou la « disparition de la magie ». Ce qui est spontané s'effrite, disparaît. À cette tendance s'en ajoute une autre : la dépersonnalisation, l'aspect de plus en plus impersonnel des relations humaines.

Étudier les caractéristiques de la bureaucratie, c'est étudier, en même temps, les fondements de la société occidentale et même, les fondements de la science, qui procède selon les mêmes méthodes de calcul, de mesure et de prudence qu'utilise la bureaucratie.

On peut rapprocher Weber, pour certains de ces propos, de Roberto Michels (la loi d'airain de l'oligarchie). En effet, l'oligarchie inévitable dans *Les partis politiques* (de Michels) venait en partie de la complexité des opérations qui appelait une certaine expertise, une certaine professionnalisation (Braud, 1982, p. 63), les simples membres des partis politiques (même égalitaristes) n'exerçant qu'un contrôle à distance, partiel.

On peut aussi rapprocher Weber et James Burnham, dans la mesure où Burnham voyait les sociétés de l'Est et de l'Ouest évoluer vers une certaine convergence, laquelle se résumait à une société techno-bureaucratique, structurellement semblable dans les deux cas.

2.5.1 La nature de l'administration publique

Une question fondamentale que Weber se pose est la source de l'autorité. Weber voit l'autorité comme étant différente du pouvoir ; en effet l'autorité est acceptée comme étant nécessairement légitime, ce qui n'est pas nécessairement le cas du pouvoir. Les Américains H.A. Simon et Chester Barnard reprendront à leur compte cette distinction. La question fondamentale est celle-ci : qu'est-ce qui fait qu'un ordre, dirigé d'une personne à une autre, soit non seulement accepté mais soit reconnu comme légitime, pour ainsi dire dans l'ordre des choses (C. Kennedy, 1993, p. 206).

Weber distingue trois types d'autorité, à partir desquelles il précise celle que peut revêtir l'administration publique. L'autorité traditionnelle repose sur la croyance en la primauté des traditions en vigueur et en la légitimité de ceux qui sont appelés au pouvoir en vertu de la coutume. Dans l'exercice de ce type d'autorité, les subordonnés acceptent comme justifiés les ordres de leurs supérieurs parce que les choses se sont toujours passées ainsi.

L'autorité traditionnelle est parfois liée à une personne spécifique : par exemple, le fils ou la fille du roi devient roi ou reine. Même dans le secteur privé, l'autorité traditionnelle peut exister quand l'entrepreneur passe la direction de l'entreprise à l'un de ses enfants, à travers la légitimité de la propriété. Parfois, c'est la tradition elle-même, le mode de succession par exemple, qui est vu comme légitime. On retrouve beaucoup de ces traditions non écrites en Angleterre, traditions qui ont parfois une valeur de force constitutionnelle.

J'ai présenté ici l'autorité traditionnelle en premier. Mais souvent, dans la réalité, un chef charismatique a d'abord existé, puis a donné lieu, par la suite, à une autorité traditionnelle. L'autorité charismatique repose sur l'abandon des membres à la valeur personnelle d'un individu qui se distingue par son exemplarité. Selon ce type d'autorité, les subordonnés acceptent d'obéir aux ordres du leader charismatique en raison de sa personnalité exceptionnelle et de sa capacité à provoquer l'adhésion. « Charismatique » vient du mot grec *kharisma* qui veut dire : celui, celle qui a la grâce, l'ascendant naturel sur les autres (Kennedy, 1993, p. 205). L'histoire politique nous donne des exemples de chefs charismatiques : Mao Tsé-Tung, John F. Kennedy, Adolf Hitler. Le chef charismatique est souvent associé à une guerre, à une lutte armée ou politique ; idéalement, il mène les troupes vers la victoire. On peut se demander si on peut demeurer charismatique longtemps dans la défaite… ; l'Histoire en offre peu d'exemples. Le charisme est une source d'autorité plus fragile que les autres.

L'autorité légale-rationnelle, quant à elle, a pour fondement la croyance en la validité de la légalité des règlements établis et en la légitimité des chefs désignés conformément à la loi. Weber utilise les termes « bureaucratique » et « légal-rationnel » presque comme équivalents. Les bureaucraties sont de grandes organisations qui sont conçues pour atteindre rationnellement la réalisation de buts et de fonctions. Elles reposent sur des règles et des procédures explicites qui s'appliquent à tous. La forme bureaucratique permet une grande prévisibilité des résultats. Weber avait écrit que la bureaucratie fonctionnait comme une « machine » et qu'en cela, elle était plus efficace que les autres formes d'autorité pour atteindre des résultats. Pour Weber, la bureaucratie peut servir à toutes sortes de tâches.

La forme bureaucratique est la forme dominante des institutions modernes. Au moment où elle atteint son apogée, elle commence à être contestée comme ultime forme organisationnelle. On l'oppose, en ce début de millénaire, aux formes plus souples que constituent aujourd'hui les réseaux ou les *invisibles colleges*, qui procèdent davantage à partir d'images informatiques ou organiques (par opposition à celles de la machine).

L'autorité traditionnelle se fonde sur la coutume, l'autorité charismatique relève de l'exceptionnel et l'autorité rationnelle-légale est justifiée par l'universalité des règles. Weber précise qu'il s'agit d'idéaux types ; ce sont des formes que l'on ne rencontre que très rarement à l'état pur dans la réalité historique ; en effet, l'autorité charismatique n'est pas entièrement dépourvue de légalité et la tradition peut comporter certains aspects charismatiques et même bureaucratiques.

L'utilisation de l'idéal type offre au chercheur une classification à partir de laquelle il est possible d'établir des comparaisons, puisque à chaque type d'autorité correspond d'autres formes sociales ; par exemple, à l'autorité légale-rationnelle correspond la bureaucratie.

2.5.2 La bureaucratie selon Weber

Max Weber (voir, entre autres, Shafritz et Ott, 1996, p. 81-86) établit six règles qui régissent le fonctionnement propre à la bureaucratie classique.

1. *Les aires de compétence des secteurs d'activité sont déterminées par des règles administratives ou des lois.* Elles sont donc établies de façon fixe et officielle. L'autorité permettant d'exercer les fonctions relatives au secteur d'activité est accordée de façon stable. La détermination précise des moyens dont dispose celui ou celle qui occupe la fonction d'autorité permet de délimiter (et donc de limiter aussi) l'étendue de son autorité. Des méthodes de travail sont établies, favorisant ainsi l'accomplissement régulier et continu des tâches administratives.

2. *La hiérarchie administrative comprend différents niveaux d'autorité ordonnés de façon à ce que les niveaux supérieurs supervisent les niveaux inférieurs.* Un tel système permet aux employés d'en appeler de la décision d'un supérieur immédiat auprès d'une autorité plus élevée, et ce, selon un processus régulier et déterminé à l'avance. Puisque les aires de compétence sont bien établies, le processus n'entraîne pas, en principe, l'empiètement du supérieur sur son subalterne.

3. *La gestion des affaires administratives repose sur des documents écrits de type officiel ou administratif.* À cet effet, un corps de techniciens gère la création de documents ainsi que leur classification.

4. *Les tâches de gestion sont effectuées par des experts, du moins en ce qui concerne les tâches spécialisées.*

5. *Les fonctionnaires travaillent en principe à temps plein et leurs heures de travail sont fixes.*

6. *La gestion administrative respecte des règles stables et détaillées.*
   Weber présente également les caractéristiques propres au bureaucrate :

1. Être bureaucrate est une *vocation*. Les préalables d'embauche sont acquis par une formation spéciale. Le fonctionnaire offre ses services pour une longue période de temps. Sa fonction exige de lui loyauté envers l'organisation. Par

ailleurs, le fonctionnaire est personnellement libre, il est soumis à une auto-rité seulement dans le cadre de ses obligations officielles.

2. La position du bureaucrate suit le modèle suivant :

   a) son titre revêt un certain prestige ;
   b) il répond à une autorité supérieure (mais non pas directement à des électeurs) ;
   c) il est engagé dans une perspective « à vie » ;
   d) il est rémunéré sur une base régulière et en fonction de son statut, et bénéficie de la sécurité d'emploi et d'une retraite. Par contre, il peut quitter son emploi ;
   e) il poursuit une carrière : il débute à la base et gravit les échelons institutionnels.

Précisons que, en principe, le fonctionnaire est choisi sur une base qui exclut l'arbitraire : sur la base d'un diplôme, d'un concours, d'une compétence technique. Un fonctionnaire est nommé et non élu. Aux États-Unis, le fait d'élire certains fonctionnaires de la Justice, dont certains types de juges, est une exception à cette règle et cette caractéristique américaine n'est qu'un des nom-breux indices qui révèlent comment les Américains ont une conception tout à fait particulière de la sphère publique. Le fonctionnaire détient un emploi à temps plein, ce qui veut dire qu'un marchand général qui offre, à temps partiel, le service de poste aux clients, dans une région rurale, n'est pas à proprement parler un fonctionnaire. En effet, l'esprit de la bureaucratie pousse à séparer de façon étanche la propriété et le personnel administratif. D'une façon plus abs-traite, on peut dire que la bureaucratie sépare l'administration de la propriété et de la propriété des moyens de production (Braud, 1982, p. 80-81). Ceci veut dire que les primes au rendement sous forme d'achats d'actions à des prix avan-tageux, dans les grandes bureaucraties privées, sont peu compatibles avec l'esprit bureaucratique pur. Quant aux primes au rendement elles-mêmes, c'est davan-tage les normes syndicales qu'elles heurtent. L'esprit bureaucratique et les prin-cipes syndicaux dans certains cas s'opposent, dans d'autres cas se renforcent : leur relation est donc complexe. Enfin, les valeurs bureaucratiques ont aussi ten-dance à séparer le domicile du lieu de travail. Ainsi, certains employeurs qui offrent, dans le cadre de la rémunération, la résidence privée sur place, comme l'armée ou certaines institutions d'enseignement (comme l'Institut de diplo-matie de Chine, à Pékin), sont une exception à la règle.

En conclusion, les principales caractéristiques de la bureaucratie classique se résument en quelques mots : spécialisation, hiérarchie, dépersonnalisation, sépa-ration de la propriété des moyens de production et du personnel. Pour ce qui est des bureaucrates eux-mêmes, ils ne sont pas soumis personnellement à leur chef, ils possèdent des connaissances techniques, sont nommés et non pas élus, travaillent de façon exclusive pour leur employeur et jouissent d'un salaire fixe et d'une sécurité d'emploi. La bureaucratie est une organisation complexe, partiellement incompatible d'ailleurs avec certains grands principes démocratiques. Ainsi, par exemple, la bureaucratie travaille dans la confidentialité, et même dans le secret. Le phénomène bureaucratique est étroitement lié par ailleurs, selon Weber, au développement des sociétés occidentales, de la science et de la rationalité.

Même si l'Administration Publique est une discipline récente, il est nécessaire de la situer dans le développement de l'histoire, comme l'a fait Weber de façon remarquable. De la même manière, c'est à partir du contexte de néolibéralisme des vingt dernières années (1980-2000) qu'il faut comprendre aujourd'hui la remise en question de certaines de ses facettes.

2.6 CONCLUSION

Avant de se familiariser, dans les prochains chapitres, avec les aspects opérationnels de l'Administration Publique, il aura été nécessaire de situer notre domaine d'études dans des perspectives plus larges. En effet, l'Administration Publique n'est pas sans contexte ou sans histoire.

Nous nous sommes demandé, d'abord, s'il fallait considérer notre domaine d'étude comme un art ou une science, et avons conclu qu'il tenait des deux. Dans la mesure où il s'agit d'une science, cependant, il faut bien situer son approche, les disciplines auxquelles on puise, et les cadres d'analyse qui peuvent nous inspirer.

Nous avons ensuite fait un relevé des débats et thèmes présents tout autant en Administration Publique qu'en management et en théorie des organisations, ces deux derniers domaines d'étude étant très près de l'administration publique. Ce faisant, nous avons fait un premier contact avec des éléments des traditions américaine, française et britannique.

Chaque école organisationnelle ou administrative a le mérite de souligner une des nombreuses dimensions de la vie dans les organisations. Sur le plan sociologique, il faut remarquer par ailleurs que les écoles se développent en relation avec leur milieu : ainsi, le taylorisme se développe en même temps que le travail en usine ; les écoles se développent souvent en réaction aux excès de l'école précédente. C'est d'ailleurs ainsi que, par ses excès, le taylorisme a donné lieu à l'École des relations humaines qui se penchait sur des aspects occultés par Taylor et ses collègues.

En prenant connaissance d'un courant ou d'une idée, il est toujours bon de se demander si on est en face d'une approche descriptive, analytique, prescriptive, normative ou critique. Comme nous l'avons vu précédemment en parlant des sciences sociales et politiques, un des problèmes qui peut survenir vient souvent du fait qu'on veut être normatif/prescriptif trop rapidement, ce qui est aggravé par le fait que, comme en médecine, les consommateurs sont avides de conseils, de prescriptions. L'Administration Publique peut certes être utile, mais encore faut-il que le travail d'analyse ait été fait auparavant. Sinon, on risque de ne donner comme conseils que des *proverbs*, comme le soulignait H.A. Simon.

Dans les chapitres 3 à 7, nous nous familiariserons avec les aspects concrets et opérationnels de l'Administration Publique.

Chapitre 3

L'ORGANISATION ADMINISTRATIVE

L'administration publique d'un État ou d'une collectivité locale est habituellement composée de nombreuses organisations (ministères, régies, sociétés, services, etc.) et il s'avère parfois difficile de les situer les unes par rapport aux
autres. Si plusieurs d'entre elles offrent des services aux citoyens, d'autres n'ont
jamais de contact réel avec le public. L'administration publique projette parfois
l'image d'un ensemble trop complexe pour être compris. Classer ses diverses
activités favorise une meilleure vue d'ensemble des divers organes de l'administration publique. Les classifications présentées dans ce chapitre ne sont ni uniques ni universelles et, par conséquent, elles ne font pas nécessairement
l'unanimité. Par exemple, les raffinements conceptuels entre « décentralisation »
et « déconcentration » se trouvent plus fréquemment chez les auteurs français,
beaucoup moins chez les auteurs de tradition anglo-saxonne. Mais ces modes de
classification sont utiles pour mieux comprendre l'administration publique. Le
but de ce chapitre est de faciliter le maniement de concepts dans des cas précis,
de montrer que telle organisation est décentralisée par rapport à telle autre ou
que le Conseil du Trésor ou le ministère des Finances a une responsabilité
« fonctionnelle » par rapport aux autres ministères. Comme on l'aura déjà noté
peut-être, l'identification d'une structure ou d'une fonction se fait souvent *par
rapport à une autre structure ou une autre organisation*. On pourrait dire que ce
chapitre nous aide à voir comment est divisé le travail dans les différents niveaux
administratifs.

Dans la section qui suit, nous verrons la question des structures sous l'angle
du droit. En effet, avant de pouvoir analyser ses structures, une organisation
gouvernementale doit exister et donc avoir été créée sur le plan juridique. Elle
doit aussi respecter la constitution et le cadre général des institutions du pays où
elle se trouve.

3.1 LES ASPECTS JURIDIQUES ET CONSTITUTIONNELS

En raison du développement administratif et du pouvoir de plus en plus grand
accordé à l'administration publique, un type particulier de règles s'est développé
de façon parallèle au droit commun : le droit administratif. Ce phénomène
s'observe dans la majorité des pays occidentaux, même dans les pays à tradition
juridique britannique. « [...] [C]'est à partir du droit que l'administration est
structurée et organisée, [et] c'est du droit administratif qu'elle tire sa capacité
d'agir, les limites de son action, de même que ses modalités d'intervention »
(Barrette, 1992, p. 80). Le droit administratif apparaît donc comme la source du
pouvoir administratif, comme le précise Michel Barrette (1992, p. 80–81) :

C'est d'abord par des règles de droit qu'existent les diverses institutions administratives ; ces règles servent à organiser l'administration et à répartir les compétences entre diverses unités administratives plus ou moins spécialisées, appartenant à l'administration centrale ou à l'administration décentralisée. Ainsi, chaque ministère est créé par une loi qui établit son mandat (rôle et objectifs généraux) et définit ses pouvoirs [...]. Les divers organismes, quant à eux, sont établis par une loi ou en vertu de lois générales permettant leur mise sur pied. Il en va de même pour la création d'une nouvelle municipalité en vertu de la *Loi des cités et villes*. Le droit administratif constitue donc un instrument essentiel de l'organisation administrative [...].

Mais l'aménagement des institutions administratives ne doit pas seulement découler du droit, il doit aussi respecter la constitution et le cadre général des institutions. À cet égard, on pourrait dire que chaque pays a une « configuration gouvernementale » particulière qui prévoit les rôles respectifs des pouvoirs législatif, exécutif et judiciaire. Cette configuration encadre les rôles et les responsabilités des organes administratifs en prévoyant notamment le type d'interface que ces derniers entretiendront avec les grands pouvoirs constitutionnels.

Ainsi, on a des pays qui ont une forme unitaire de gouvernement. On les appelle « pays unitaires ». La France en est un exemple classique, encore que, comme nous le verrons un peu plus loin, il y a eu des changements notables au début des années 1980. Il reste qu'en France l'administration publique constitue un ensemble unifié, composé d'organisations hiérarchiquement agencées les unes par rapport aux autres. Par contre, comme l'exécutif est partagé entre le président de la République et le premier ministre, et comme c'est le président qui dispose, selon la Constitution, de l'armée, celle-ci se trouve placée sous son autorité. Par contre, la plupart des autres entités administratives se rapportent au premier ministre.

Dans les pays de type fédéral, comme le Canada ou les États-Unis, les administrations publiques ne sont pas nécessairement agencées dans un ensemble hiérarchiquement déterminé. Il peut même y avoir deux niveaux de gouvernement qui s'intéressent au même objet sans qu'il soit facile de distinguer qui a la priorité sur l'autre. Par contre, tous les pays de type fédéral ne sont pas nécessairement semblables. Ainsi, au Canada, il y a une très grande unité entre les pouvoirs législatif et exécutif (le premier ministre contrôle ultimement les deux), comme dans tous les pays qui sont de type « parlementaire britannique ». Par contre, aux États-Unis, il y a une séparation plus nette entre les pouvoirs exécutif (le président, au niveau fédéral) et le législatif. Dans le cas du Canada, l'administration publique « sait » qui est son patron ultime (le Conseil des ministres avec, à sa tête, le premier ministre), tandis qu'aux États-Unis la situation est beaucoup moins claire, le pouvoir législatif demandant des comptes plus directement à l'administration publique. Aux États-Unis, il y a aussi un contrôle plus serré de l'administration publique par les tribunaux et l'ensemble du processus est plus ouvert, moins secret.

En Allemagne, autre pays fédéral, on a un autre système où les entités décentralisées, les *Länder*, se présentent comme les responsables de l'application des normes nationales, donc beaucoup moins comme des gouvernements qui possèdent leur propre programme. On y a donc un système unifié, mais dans un sens très différent de celui qui existe en France.

En dehors de la question du fondement juridique et constitutionnel de son existence, une des premières questions qui se posent au niveau de la structure d'une entité administrative, c'est le degré de décentralisation dont elle jouira. C'est ce que nous verrons dans la prochaine section.

3.2 LA CENTRALISATION, LA DÉCONCENTRATION ET LA DÉCENTRALISATION ADMINISTRATIVE

Commençons par définir la centralisation. La centralisation est « [...] un procédé d'organisation qui rassemble toutes les compétences au sein d'un organe central qui, directement ou par l'intermédiaire d'agents sur lesquels il exerce un pouvoir hiérarchique, est le seul à prendre des décisions au nom de l'Administration » (Borgeat et Dusseault, 1982, p. 30). La centralisation, elle-même, peut être concentrée ou déconcentrée. Il y a concentration lorsque les moyens techniques d'exécution des décisions administratives sont réservés exclusivement à l'organe central. Dans ce cas, donc, tout se passe au niveau de l'organe central. Comme il s'avérait difficile, en pratique, pour l'administration publique d'un État moderne de fonctionner à la fois d'une manière centralisée et concentrée, la centralisation s'accompagne souvent d'une déconcentration. La déconcentration « [...] permet à des agents [...] d'avoir une certaine initiative et de prendre certaines décisions sans nécessairement faire corps [...] avec l'organe central. Ces agents restent toutefois hiérarchiquement dépendants de l'organe central et répondent devant lui de leur action » (Borgeat et Dusseault, 1982, p. 30). En France, on emploie l'image qui suit en guise d'illustration : « c'est le même marteau qui frappe, mais on en a raccourci le manche ».

La déconcentration peut être géographique (on dit aussi « territoriale ») : dans ce cas, l'organisme déconcentré a une localisation géographique différente de l'organe central. La déconcentration fonctionnelle ou technique, quant à elle, concerne la répartition de tâches selon des critères autres que la répartition géographique. Elle se retrouve à chaque fois que des tâches sont assumées par des agents spécialisés qui œuvrent par ailleurs dans la même organisation. Jusqu'à un certain point, la déconcentration implique une hiérarchie « descendante » vers l'application concrète de décisions prises plus haut.

La décentralisation, par ailleurs, est un « processus [qui] consiste à transférer des fonctions, des pouvoirs et des responsabilités de l'administration centrale vers une administration autonome et distincte. [Elle] repose sur une personnalité juridique distincte, une autorité décisionnelle, la capacité d'organiser l'exécution de sa mission et d'en assumer la gestion, de déterminer ses propres politiques et de procéder à l'allocation de ses ressources dans les limites du mandat attribué » (Barrette, 1992, p. 84). Un organisme réellement décentralisé prend des décisions de façon relativement indépendante de l'organisme central. Tout comme dans le cas de la déconcentration, la décentralisation peut être fonctionnelle (ou technique) ou territoriale. La décentralisation fonctionnelle concerne la prise de décision en matière de domaines précis, comme la gestion de l'électricité (Hydro-Québec) ou celle de l'assurance automobile (Société de l'assurance automobile du Québec). Il y a décentralisation territoriale lorsque l'État reconnaît : « [...] à un organe représentatif d'une collectivité une compétence limitée sur un territoire donné et une certaine autonomie à l'égard de certaines responsabilités » (Borgeat et Dussault, 1982, p. 30). L'élection au suffrage universel est une caractéristique-clé de la décentralisation territoriale (par opposition à la décentralisation technique ou fonctionnelle) (Barrette, 1992, p. 88). Certains auteurs parlent de « régionalisation » lorsque des entités décentralisées territorialement et des entités déconcentrées se regroupent sur un territoire commun pour effectuer une action administrative concertée. Le tableau 3-A donne des exemples de certaines notions que nous venons de voir ainsi que d'autres éléments que nous verrons dans les pages suivantes. Mais, bien sûr, ce tableau synthétique que nous proposons ne peut donner une liste exhaustive de tous les cas de figure, ni de toutes les nuances qu'il faudrait apporter.

Ainsi, « si en théorie la distinction entre décentralisation et déconcentration ne souffre pas d'ambiguïté, dans la pratique les deux systèmes sont fréquemment associés. Et il en résulte parfois un enchevêtrement difficile à démêler » (Quermonne, 1991, p. 110). D'une certaine manière, et comme l'a déjà fait remarquer Alain Baccigalupo, la décentralisation et la déconcentration visent toutes deux, par des moyens différents, à rapprocher l'administration du citoyen. Mais, à quelques nuances près, on peut dire que la tradition britannique a choisi la première voie, la France, la seconde :

— TABLEAU 3-A —

Typologie des institutions administratives : l'exemple du Québec

Processus	Modalités	Institutions	Exemples au Québec
Centralisation administrative plus ou moins accentuée	Concentration*	Organismes centraux Ministères	Conseil du Trésor Ministère de la Justice
	Déconcentration	Services déconcentrés : a) fonctionnellement (directions générales, directions, services de ministères)	Direction générale de l'enseignement secondaire du ministère de l'Éducation, vis-à-vis du ministère lui-même
		b) territorialement (directions régionales, services régionaux de ministères)	Direction régionale de Montréal du ministère de l'Éducation vis-à-vis du ministère lui-même
Décentralisation administrative	Fonctionnelle	Organismes décentralisés fonctionnellement : Régies, Sociétés d'État	Régies des services publics Hydro-Québec
		Corporations professionnelles	Barreau du Québec vis-à-vis du gouvernement du Québec
	Territoriale	Organismes décentralisés territorialement : Municipalités	Ville de Québec
		Commissions scolaires	Commission des écoles catholiques de Montréal vis-à-vis du gouvernement du Québec

* Il s'agit jusqu'à un certain point d'exemples théoriques : en pratique, il y a peu de concentration à l'état pur.

Source : Tiré M. Barrette, 1992, p. 87, avec quelques modifications mineures.

Deux grands systèmes apportent des solutions opposées au besoin d'administration territoriale que ressentent les démocraties occidentales. Le premier, fondé sur la tradition britannique du *self-government*, a depuis longtemps comporté l'existence de collectivités territoriales décentralisées. Le second, imputé à l'idéologie jacobine et napoléonienne, a donné lieu à la théorie de la déconcentration et s'est illustré à travers le système préfectoral français (Quermonne, 1991, p. 109).

Dans les faits, et avec l'évolution des institutions sur plusieurs années, les résultats sur le terrain peuvent paraître assez étonnants. Ainsi, les services centraux français, qui sont situés à Paris, la capitale, ne comptent sur un effectif que d'environ 40 000 agents, alors que l'on compte « 150 000 membres du Civil Service qui travaillent à Londres » (Quermonne, 1991, p. 64).

Il y a par ailleurs des tendances qui touchent tous les pays industriels de manière analogue, même si, là encore, il y a des nuances à apporter. En comparant la France et la Grande-Bretagne, nous nous sommes surtout référé à la question de la décentralisation/déconcentration territoriale. Mais il y a aussi les aspects fonctionnels et techniques. À ce sujet, et sans trop empiéter sur des notions que nous verrons au chapitre 7, on peut dire que s'est développé, au cours des ans, un « modèle polycentrique » (l'expression est de Jacques Chevallier) composé d'entités administratives distinctes les unes des autres et séparées du corps central de l'État. On les a créées ainsi parce qu'elles étaient chargées de missions sensibles dont on voulait assurer la neutralité ou l'efficacité. L'exemple typique est le pouvoir de délivrer des permis d'exploitation pour la radio et la télévision. Ces entités administratives ont d'abord « vu le jour dans les pays anglo-saxons, où elles témoignent du penchant éprouvé par la société civile à l'égard d'une formule qui lui évite de se confier au tout-État » (Quermonne, p. 251). En Grande-Bretagne, on les appelle des *quangos* (*quasi autonomous non governmental organizations*). En France, ce sont les autorités administratives indépendantes (AAI).

Puisque nous venons de parler de quelques pays européens, il convient de mentionner une des conséquences de l'intégration croissante de l'Europe. Dans ce cas-ci, il s'agit d'une sorte de re-centration des pouvoirs vers une entité plus large, l'Union européenne. Ce processus est complexe et son évolution loin d'être terminée, mais peut déjà dire qu'il retire des pays membres une partie de leurs responsabilités de conception et d'élaboration des politiques publiques, tout en leur confiant « au plan de la mise en œuvre et de l'application un rôle considérable qui leur laisse une réelle latitude d'action » (Quermonne, 1991, p. 313).

À juste titre, et particulièrement dans le cas des pays européens, on pourrait avoir l'impression d'une sorte de démembrement des administrations publiques de l'État, tirées vers « le plus petit » (le niveau local) ou vers « le plus spécialisé » (les autorités administratives indépendantes), ou encore vers « le plus grand » (l'Europe). On gardera à l'esprit cependant qu'il existe toutes sortes de techniques ou méthodes pour réintégrer ce qui est divisé, depuis l'autorité hiérarchique ou la tutelle jusqu'aux comités de coordination et aux accords intergouvernementaux.

Malgré les nuances et les différents cas de figure qui viennent d'être mentionnés, trois repères permettent de mesurer le degré de décentralisation réelle d'une administration publique :

1) Le degré d'autonomie sectorielle. L'autonomie sectorielle d'un organisme est d'autant plus grande que les contrôles administratifs exercés sur lui par l'organisation centrale (*via* un ministère de tutelle et/ou des contrôles législatifs ou exécutifs) sont peu nombreux ou peu exigeants.

2) Le degré d'autonomie politique. L'autonomie politique implique que l'organe décentralisé ait à sa tête des titulaires élus (par exemple un maire, un conseil municipal) et non nommés qui détiennent l'exercice du pouvoir et que l'existence de cet organe prenne sa source dans une règle de droit.

3) Le degré d'autonomie financière. L'autonomie financière fait référence au pouvoir de l'organisme décentralisé d'établir son propre budget et d'assurer son financement par des mécanismes très précis (impôts, vente de services ou de produits, etc.).

Lorsque ces trois conditions sont réunies, nous pouvons considérer l'organisme comme étant décentralisé ou comme étant un organisme autonome.

Le tableau 3-B présente les arguments favorables pour chacune des deux formes administratives, la centralisation et la décentralisation. Avec ce tableau, on quitte bien sûr les aspects purement descriptifs pour aborder les questions normatives et prescriptives : est-il préférable de centraliser ou de décentraliser ? dans quelles circonstances ? Ces questions se posent chaque fois que l'on crée des structures administratives ou que l'on décide de les modifier. Ainsi, par exemple, on peut se demander quels sont les avantages/désavantages de fusionner deux municipalités ? quels sont les avantages/désavantages d'avoir un service centralisé de police pour toute la Communauté urbaine de Québec, au lieu que chaque municipalité ait son propre service ? quels sont les avantages/désavantages d'avoir un seul service alimentaire pour gérer l'ensemble de l'alimentation sur le campus de l'Université Laval, au lieu de confier ce service à plusieurs fournisseurs indépendants ? Plusieurs des arguments sur la centralisation/décentralisation peuvent aussi servir pour le débat « État ou privatisation ? », débat qui est de plus en plus présent depuis les années 1980. Nous reviendrons plus tard sur ces

— TABLEAUX 3-B —
La centralisation et la décentralisation :
quelques arguments favorables pour chacune des options

Centralisation : avantages		Décentralisation : avantages	
Économies d'échelles (surtout pour la production de biens physiques ; moins évident pour les services)	• Une grande organisation achète en grande quantité ; elle obtient de meilleurs prix chez les fournisseurs • Son personnel davantage spécialisé l'amène à plus d'expertise et moins de doubles emplois	Facilité d'adaptation et d'innovation	• L'organisation s'adapte facilement aux besoins de sa clientèle • On peut plus facilement innover localement
Coordination supérieure	• Les politiques publiques sont plus cohérentes dans leur ensemble • On a plus de facilité à se coordonner pour une action complexe	Proximité et rapidité de la décision	• L'organisation est proche des problèmes réels et concrets • Sa structure possède peu d'échelons ; rapidité d'exécution des tâches et diminutions des problèmes bureaucratiques
Favorise l'égalité et la justice	• Devant une grande organisation centralisée, tous les citoyens sont égaux ; il y a moins de favoritisme • Elle résiste mieux devant les intérêts particuliers ou locaux	Protection des libertés	• La démocratie locale est préservée • On résiste davantage à l'autoritarisme des gouvernements centraux
Autre avantage	• En procédant à une déconcentration de ses services, une organisation centralisée peut éviter certains inconvénients (dysfonctions) de la centralisation	Avantages intangibles	• Les gens s'identifient plus aux petites organisations • Trop de centralisation conduit à la passivité et au manque d'initiative • Les décideurs gèrent plus efficacement car ils ont davantage le sentiment de la propriété

N.B. On aura compris que les désavantages de la centralisation se retrouvent dans les avantages de la décentralisation, et vice versa.

questions « public *vs* privé », surtout vers la fin du volume, mais disons tout de suite que ces questions ne sont pas purement administratives ou techniques puisqu'elles comportent aussi des aspects idéologiques, politiques et éthiques.

D'aucuns pourraient faire remarquer qu'il serait possible d'appliquer les arguments présentés au tableau 3-B aux débats politiques, par exemple à ceux qui concernent les questions de la souveraineté du Québec vis-à-vis de l'ensemble canadien. Bien sûr, on pourrait le faire. C'est ainsi qu'André Bernard, de l'Université du Québec à Montréal, a écrit à juste titre que le fédéralisme est une forme très poussée de décentralisation territoriale et sectorielle (Bernard, 1996, p. 20-25). Par ailleurs, comme l'a fait remarquer James Iain Gow, de l'Université de Montréal, la décentralisation politique (entre le gouvernement fédéral et les gouvernements provinciaux du Canada, par exemple), est différente de la décentralisation administrative (entre un gouvernement provincial et une municipalité, par exemple) parce que la décentralisation politique, qui est basée sur un texte ou un pacte constitutionnel, ne peut être, en principe, modifiée unilatéralement par une des parties, tandis que dans la décentralisation administrative, l'administration centrale (ici, les gouvernements provinciaux) fixe le cadre législatif et a un droit de regard et de contrôle plus large (Gow, 1992, p. 85 et 88).

Même si nous voulons nous limiter essentiellement aux aspects structurels de la centralisation/décentralisation, il faut quand même souligner au passage quelques autres aspects : politiques ou administratifs, par exemple.

Sur le plan de l'histoire politique, il faut remarquer que l'existence des municipalités et des gouvernements locaux autonomes et responsables est une institution qui n'est pas tellement fréquente à l'échelle planétaire. Ces gouvernements locaux responsables se retrouvent essentiellement dans les pays du Nord de l'Europe — certains diraient : dans les pays protestants — et dans les régions du monde qui en sont des extensions culturelles. D'ailleurs, l'histoire du Canada démontre que c'est l'influence anglaise, après la Conquête, qui les a introduit au Canada français (voir sur les municipalités au Québec : A. Baccigalupo, 1990). C'est ainsi que les municipalités sont devenues l'exemple par excellence de la décentralisation, jouissant même d'une source d'impôt qui leur donne une grande autonomie : l'impôt foncier. Par ailleurs, la France et le Québec partagent une même caractéristique, soit la présence d'un trop grand nombre de municipalités. On dit « trop grand » puisque ces nombreuses petites municipalités n'ont pas toujours la taille nécessaire pour développer une masse critique, tant pour réaliser des économies d'échelle que pour profiter d'un personnel administratif compétent (voir le tableau 3-B sur les avantages de la centralisation en particulier). Devant ce trop grand nombre de municipalités, que doivent faire les gouvernements seniors (le gouvernement français dans le cas de la France, le gouvernement québécois dans le cas du Québec)? Forcer les fusions de communes ou de municipalités? Ou encore encourager les partages de tâches, comme dans le cas des syndicats intercommunaux à buts multiples ou uniques dans le cas de la France, ou comme dans les municipalités régionales de comté dans le cas du Québec? Les réponses ne sont pas toujours faciles, ni pour la France, ni pour le Québec; dans les deux cas, l'attachement à son petit coin de pays est si fort qu'on peut se demander s'il n'y a pas une tendance culturelle commune, qui peut s'interpréter comme une sorte d'étroitesse des allégeances. Ailleurs, on a mieux réussi à regrouper des services municipaux, sans que cela donne lieu à des crises politiques intenses (pour une revue du nouveau management public appliqué aux agglomérations urbaines, voir Belley, 1997). Quoi qu'il en soit, dans ce domaine comme dans d'autres, c'est la pression fiscale et la résistance devant l'impôt qui seront les moteurs du changement et de l'innovation. Par contre, comme le tableau 3-B le suggère, les arguments ne peuvent pas toujours être aisément chiffrés.

Il convient ici de préciser que les politiques de décentralisation font, bien sûr, partie du jeu politique. Ainsi, on tente parfois de présenter de la simple déconcentration comme de la décentralisation; dans ce cas, il convient d'analyser les stratégies derrière la mauvaise utilisation des termes. À d'autres occasions, on a essentiellement « décentralisé les problèmes », comme dans la décentralisation du gouvernement fédéral canadien vers les provinces, puis des provinces vers le municipal durant les années 1990. Entre le Québec et les municipalités, par exemple, a-t-on transféré les ressources financières au même rythme qu'on a « pelleté » les problèmes vers les gouvernements locaux? Ce à quoi les responsables du niveau provincial répondraient: « les municipalités québécoises ont encore une marge de manœuvre au niveau de la taxation des immeubles et de l'impôt foncier », car celui-ci (l'impôt foncier) est sous-utilisé par rapport à celui de nos voisins des autres provinces. Ce à quoi les dirigeants municipaux pourraient rétorquer: « le taux actuel — peut-être bas — de la taxation foncière au Québec fait partie de l'économie générale de l'impôt au Québec, c'est-à-dire que nous ne pouvons nous permettre d'augmenter sensiblement cette source de revenu, au risque d'épuiser totalement le contribuable et de faire fuir les capitaux ».

En partie à cause des restrictions budgétaires des années 1990, mais aussi à cause d'autres facteurs, il y a eu un mouvement de décentralisation, depuis une vingtaine d'années, un peu partout dans le monde. Certains principes sont venus encourager cette tendance, comme le principe de la [subsidiarité,] qui consiste à confier tout ce que l'on peut aux administrations proches du citoyen — le niveau municipal, notamment — et que l'on confie *seulement après* des responsabilités aux juridictions plus éloignées, comme, dans le cas du Canada, aux gouvernements provincial et fédéral ; selon le même principe, on confierait au provincial le plus de pouvoirs possible avant de les confier au fédéral.

Une autre tendance récente est constituée par ce que l'on pourrait appeler la [« latéralisation »] des rapports entre gouvernements ; en effet, dans bien des cas, les rapports entre niveaux « seniors » et niveaux « juniors » de gouvernement se font de façon moins verticale, hiérarchique ou obligatoire ; ainsi, on parle volontiers de « partenariat » entre différents gouvernements. Par contre, cela est moins vrai au plan des finances publiques.

C'est en France que l'on peut le mieux constater ces deux tendances récentes, soit la subsidiarité et la « latéralisation ». La France a toujours été reconnue comme le pays de la centralisation administrative par excellence. Mais, au début des années 1980, on a sérieusement réformé le système administratif français en créant, entre le département et le niveau central, le niveau de la « région ». Si l'on inclut, maintenant, le niveau européen, la France a présentement cinq niveaux de gouvernement, soit : l'Union européenne, le niveau national, la région, le département et, enfin, la commune ou la municipalité. Bien sûr, le nombre de niveaux n'est pas en soi une preuve de décentralisation, de subsidiarité ou de « latéralisation », pas plus que les changements de termes d'ailleurs : pour en enlever la dimension disciplinaire et autoritaire, on a voulu transformer le terme de « préfet » (le représentant de l'État central dans le département) en celui de « commissaire de la République », changement qui, semble-t-il, n'a pas réellement duré. Par contre, il y a eu aussi d'autres changements, comme ces nouveaux « contrats de pays » on « contrats de régions », où des gouvernements de différents niveaux signent, latéralement pour ainsi dire, des accords de politique publique sur telle ou telle question, sur l'environnement par exemple. Il faut dire également qu'à bien des égards « les budgets ont suivi », c'est-à-dire que les gouvernements régionaux français ont maintenant des moyens financiers considérables, comme peuvent en témoigner ces « hôtels de région », sièges administratifs parfois luxueux du niveau régional de gouvernement. La vie locale a été ravivée en France depuis vingt ans, comme en témoignent les constructions de transport public, par exemple les métros dans des villes somme toute de moyenne importance, comme Toulouse ou Rennes.

D'autres demeurent sceptiques vis-à-vis des changements survenus en France ces deux dernières décennies. En analysant le niveau de la région, par exemple, Pierre Sadran observe, de façon convaincante, que le niveau régional demeure, du moins sur le plan électoral, une sorte d'antichambre des instances nationales (Sadran, 1996, p. 52-55). D'autres encore, tout aussi sceptiques, soulignent le fait que la décision de décentraliser au début des années 1980 a été prise de façon... tout à fait centralisée, et qu'on a créé, à ce moment-là, des unités (les régions, par exemple) qui ont, de par leur uniformité administrative, les caractéristiques de la déconcentration plus que d'une véritable décentralisation. On pourrait ajouter qu'en général il est rare qu'une instance décisionnelle « donne » du pouvoir, chacun voulant garder pour soi cette denrée rare. On pourrait aussi ajouter une boutade : est-ce que celui à qui on dit de commander commande vraiment ?

La conclusion, plutôt réaliste, serait de dire que la France s'est adaptée à ses nouvelles structures décentralisées tout en conservant le legs, important, de sa tradition centralisatrice.

Après avoir vu certains aspects légaux (ou formels), descriptifs et politiques de la structuration des administrations, il convient maintenant d'en souligner brièvement les aspects de gestion. La décision de décentraliser est en effet aussi, et peut-être surtout, une question de gestion. Pour les spécialistes de la prise de décision, Herbert A. Simon en tête, la décision de centraliser/décentraliser est d'abord et avant tout une décision sur le lieu de la décision : quel organisme, et surtout qui, dans l'organisation, va décider et sur quelle question ? On pourrait presque parler, ici, de l'architecture de la prise de décision. À cet égard, on pourrait là encore se référer au tableau 3-B pour évaluer les avantages respectifs de la centralisation et de la décentralisation. En particulier, on peut ajouter les éléments de gestion suivants :

1) La rapidité de la décision : on doit situer la décision là où on possède le maximum d'informations pertinentes.

2) Le coût financier de la décision : il faut garder à l'esprit que le temps consacré à une même décision coûte plus cher dans le cas d'un cadre supérieur que dans celui d'un employé subalterne.

3) La cohérence institutionnelle : plus la décision est centralisée, plus elle a de chances d'être cohérente avec les autres décisions de l'organisation.

4) Les facteurs intangibles : si les agents de l'administration, aux niveaux subalternes, ne participent pas à la prise de décision, ils en viendront peut-être à perdre leur motivation et à appliquer sans conviction les décisions prises par d'autres. En plus, dans ce cas, il y a danger accru de laxisme, d'abus et même de fraude.

Jusqu'à tout récemment, la théorie des organisations nord-américaines tenait toujours pour acquis, un peu naïvement, que les membres d'une organisation administrative voulaient toujours « participer » à la prise de décision. Il aura fallu que les études de Michel Crozier sur la bureaucratie française soulignent qu'il est beaucoup plus facile de préserver sa propre indépendance quand on reste à l'écart des décisions que quand on accepte de participer à leur élaboration (Crozier, *Le phénomène bureaucratique*, 1963). De façon plus évidente encore, on pourrait ajouter que plusieurs personnes trouvent plus simple et moins diffi-cile d'exécuter des actes administratifs, une fois que des paramètres et des balises ont été placées par d'autres. Même si on le voulait, on ne pourrait pas faire parti-ciper tout le monde également à la prise de décision, car plusieurs personnes n'ont pas les connaissances administratives ou techniques nécessaires pour prendre des décisions pertinentes. [Quand il y a une rareté de ces capacités admi-nistratives ou techniques, dans une organisation ou dans un pays donné, la prise de décision a tendance à monter vers les sommets de la hiérarchie, même pour des décisions mineures, ce qui augmente le caractère bureaucratique de ces insti-tutions.] Cette situation est bien décrite par James D. Thompson : « Shortages of those equipped to exercise discretion result in a tendency for organizations in transitional societies to be centralized, bureaucratic, and inflexible » (Thompson, 1967, p. 118). (« Quand il y a trop peu d'individus qui peuvent à bon escient exercer un pouvoir discrétionnaire, situation qui se présente fréquemment dans les pays en développement, il y a une tendance à se fier à des organisations cen-tralisées, bureaucratiques et inflexibles », traduction libre.) La situation décrite par Thompson caractérise bien l'administration publique de plusieurs pays en développement.

Dans la section suivante, nous présenterons différentes classifications des organisations gouvernementales, classifications qui vont au-delà de la question de la centralisation et de la décentralisation administrative. Certaines d'entre elles sont anciennes, d'autres sont relativement récentes.

3.3 LES CLASSIFICATIONS DES ORGANISATIONS PUBLIQUES

Il y a plusieurs manières d'effectuer un classement des organisations administra-tives ou publiques. Ainsi, en France, on distingue parfois les fonctions de con-trôle, d'inspection, de gestion ou de mission. Par exemple, on y a souvent opposé l'administration de mission à l'administration de gestion, la première étant considérée comme plus dynamique, moins bureaucratique, car elle est composée d'experts qui ne sont réunis que pour l'accomplissement d'un but spé-cifique et qui, l'objectif atteint, retournent à d'autres missions. (On peut la com-parer à l'adhocratie de H. Mintzberg, que nous verrons plus loin.) On a aussi

distingué les « administrations centrales », qui s'occupent, au siège du gouvernement, de questions touchant l'ensemble du territoire, des « services extérieurs »,
déconcentrés territorialement pour appliquer les directives élaborées par les premières. Mais aussi, au sein des administrations centrales, à Paris ou à Québec, il
y a des *organismes centraux* qui ont des responsabilités particulières vis-à-vis de
l'ensemble des ministères (sur les plans du personnel ou du budget, par
exemple). Ainsi, l'administration du ministère de l'Éducation, à Paris ou à
Québec, fait partie de l'administration centrale, mais n'est pas un organisme
central pour autant.

Quant on présente un mode de classification, il est bon de savoir si le critère
retenu est un critère de fonction, de type d'organisation ou de division interne.
Il n'est pas toujours facile de classer… les classifications ! En gardant à l'esprit
que certaines d'entre elles utilisent parfois deux critères différents, nous tenterons d'en identifier le mieux possible le principal critère retenu. Les classifications de MacGregor Dawson et d'André Bernard s'attardent principalement à la
mission ou au type de travail à effectuer : par exemple, a-t-on un travail lié au
secteur ou au territoire ? La classification militaire et celle de H. Mintzberg se
penchent surtout sur les divisions internes. La classification française se retrouve
à mi-chemin entre un critère de type responsabilité et un critère de division
interne.

3.3.1 La classification de MacGregor Dawson

Le Canadien R. MacGregor Dawson (1970) a proposé une méthode de classification des organismes gouvernementaux qui identifierait ces derniers selon
quatre éléments :

1. La *function*. Les tâches sont réparties selon leur but général (exemple : les
    ministères de la Justice, de l'Agriculture et des Pêcheries seraient des minis-
    tères identifiés selon leur but général, ou leur *function*) ; les services qui
    visent le même objectif sont donc regroupés.
2. Le *work process* rassemble des activités accessoires qui aident d'autres unités
    à effectuer leur travail ; ces activités peuvent être réparties en plusieurs
    endroits dans l'organisation ou peuvent être centralisées (l'imprimerie, la
    traduction, les services de l'informatique au sein d'une administration sont
    de cet ordre).
3. L'élément de la clientèle est utilisé lorsqu'un organisme administratif se
    consacre à un groupe particulier de la population (exemple : les ministères
    des Anciens Combattants, ou de l'Immigration).

4. Le territoire. Les divisions administratives peuvent être faites en tenant compte des différentes aires géographiques (exemple : les affaires urbaines, le service rattaché au Nord canadien et les services aux populations rurales). Le territoire sert aussi souvent à diviser le travail à l'intérieur d'un ministère.

3.3.2 La classification d'André Bernard

André Bernard, politologue québécois, classe les différentes activités de l'administration publique selon les éléments suivants (Bernard, 1977, p. 320-331) :

1. Selon le territoire. Ce critère correspond à la même catégorie que celle de MacGregor Dawson.

2. Selon le secteur. Ce critère correspond à la catégorie *function* de MacGregor Dawson.

3. Selon la fonction. Les responsabilités fonctionnelles, chez André Bernard, sont des activités qui tentent… d'éviter les dysfonctions. Pour employer une image : « c'est la bureaucratie qui se surveille elle-même ». Les responsabilités fonctionnelles visent à s'assurer que les membres d'une organisation agissent en fonction des objectifs communs à toute l'organisation. Ainsi, la prévision, la planification, le budget, l'arbitrage et le contrôle sont des responsabilités « fonctionnelles ». La « fonction » désigne donc une réalité plus abstraite et plus riche que celle définie par le terme *function* chez MacGregor Dawson. Le Conseil du Trésor, qui vise à ce que les dépenses gouvernementales ne dépassent pas le budget prévu, est un organisme fonctionnel, au sens d'André Bernard.

3.3.3 La classification militaire

Cette classification ancienne comporte trois types de responsabilités :

1. La responsabilité *line* touche le personnel qui a la responsabilité de faire ce pour quoi l'organisation a été créée. La position *line* implique que l'on est engagé dans un travail en lien direct avec les buts principaux de l'organisation, et également qu'on se situe dans un lien d'autorité au sein de l'organisation. Ainsi, un contremaître dans une usine, qui a un patron, mais aussi des subordonnés, est en position *line*.

2. La responsabilité *staff*. Le *staff* ne donne pas d'ordres dans d'autres secteurs de l'organisation ; il agit comme conseiller auprès d'un décideur (exemple : le service des relations publiques d'une entreprise). Ici, le sens de *staff* ne correspond pas toujours, semble-t-il, à son sens originel dans l'armée.

3. La responsabilité « auxiliaire ». Les services auxiliaires sont nécessaires à l'organisation mais ne sont pas directement liés à ses buts (exemple : le service alimentaire d'une institution d'enseignement).

3.3.4 La classification française

Cette classification divise les organisations (ministères ou services) en deux grandes catégories : les ministères « verticaux » et les ministères « horizontaux ». « Les premiers ont un caractère sectoriel, en ce sens qu'ils correspondent à la gestion ou au contrôle d'un secteur déterminé de la société ; les seconds exercent une mission transversale qui concerne soit l'ensemble de la société, soit l'ensemble de l'État » (Quermonne, 1991, p. 68). On a donc :

1. les ministères (ou services) verticaux qui sont des « structures administratives dont les fonctions consistent à mettre à la disposition des citoyens des biens ou des services, ou à réglementer l'exercice de certaines activités. Ce sont elles qui réalisent les missions de l'État et qui concrétisent son intervention dans la société » (Barrette, 1992, p. 91). Ils traitent donc avec des « publics » ou des « clientèles » spécifiques, comme le font le ministère de l'Agriculture, le ministère de l'Industrie et du Commerce et le ministère des Pêcheries. En réalité, la plupart des ministères sont des ministères verticaux ;

2. les ministères (ou services) horizontaux. Ces organismes coordonnent certaines activités des ministères verticaux. Le Conseil du Trésor et le ministère des Finances sont des ministères horizontaux. Ces responsabilités horizontales rappellent quelque peu les responsabilités fonctionnelles chez André Bernard. On appelle parfois les organismes qui en sont chargés « organismes centraux[1] ». Ces organismes horizontaux ont souvent un lien étroit avec l'exécutif, ils sont proches du sommet de la hiérarchie gouvernementale (Barrette, 1992, p. 89). Les experts ne sont pas toujours d'accord sur ce que l'on doit inclure parmi les ministères horizontaux, surtout dans le cas des missions qui concernent de façon transversale l'ensemble de la société. Ainsi, la discussion est ouverte sur le fait de savoir si le ministère du Commerce international ou si le ministère de l'Environnement, par exemple, sont des ministères réellement horizontaux.

---

1. Michel Barrette distingue les organismes horizontaux des organismes centraux, ce que nous ne ferons pas ici.

3.3.5 La classification de Henry Mintzberg

Henry Mintzberg (1982), quant à lui, décompose les organisations publiques ou privées en cinq parties : le sommet stratégique, la ligne hiérarchique, le centre opérationnel, la technostructure et le support logistique (figure 3-A). Les organisations ont des caractéristiques particulières selon que l'une ou l'autre de ces cinq parties domine le reste de l'organisation.

— FIGURE 3-A —

Les cinq parties de base d'une organisation selon Mintzberg : l'exemple du secteur privé

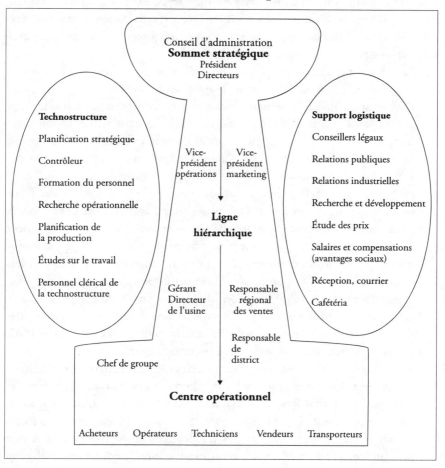

3.3.5.1 Les composantes organisationnelles : deux remarques

Il faut garder à l'esprit que, même si on peut sans problème adapter les notions de Mintzberg au secteur public, elles ont d'abord été pensées pour le secteur privé. Par contre, avec la classification de Mintzberg, on est dans une typologie réellement universelle.

3.3.5.2 Les configurations structurelles

À chacune de ces cinq composantes de base correspond une configuration structurelle particulière qui est issue de la domination d'une des cinq parties sur l'organisation tout entière. Ainsi, selon que les conditions favorisent une des cinq parties plutôt que les autres, l'organisation sera amenée à se structurer d'une manière différente. Si nous examinons les forces d'attraction exercées par chacune des cinq parties de l'organisation, nous remarquons les tendances structurelles suivantes :

1. La force d'attraction vers plus de centralisation est exercée par le sommet stratégique : sa tendance structurelle est la structure simple. Une structure simple est formée d'un sommet stratégique et d'un centre opérationnel, les autres parties étant peu ou pas développées. La division du travail y est imprécise et il y a peu de planification et de différenciation entre les unités. La structure simple repose sur l'autorité d'un seul individu : le patron. Celui-ci adopte parfois un leadership de type charismatique. Au Québec et en France, on appelle ces organisations, quand elles sont privées, des PME ou PMI (petites ou moyennes entreprises ou industries). Les avantages de la structure simple sont sa simplicité, sa souplesse. Sa petite taille peut entraîner une certaine fidélité de la part du personnel, fidélité qui passe souvent par une loyauté personnelle envers le dirigeant-propriétaire. Mais l'organisation qui a une structure simple peut être vulnérable, car son principal moyen de coordination, son dirigeant-propriétaire-chef d'orchestre, peut être absent ou partir. Il peut y avoir, même dans le secteur public, des dirigeants qui agissent comme s'ils étaient propriétaires de PME-PMI, même si l'élément de propriété est, dans ce cas, absent.

2. La force d'attraction vers plus de standardisation est exercée par la technostructure : sa tendance structurelle est la bureaucratie mécaniste qui fait une large place aux analystes de la technostructure. Ceux-ci s'appliquent à élaborer les standards qui augmenteront la productivité des opérateurs et à diviser le travail selon des critères d'efficacité très précis. Tout doit être minutieusement contrôlé ; c'est ce qu'avait amorcé Taylor avec sa division scientifique du travail. L'exemple classique de la bureaucratie mécaniste est

une société commerciale qui offre essentiellement des produits standardisés ou de masse. Il s'agit le plus souvent de biens physiques, même si, théoriquement, il peut s'agir de services. Plusieurs chaînes de restauration rapide fonctionnent comme des bureaucraties mécanistes. Elles sont bien adaptées à la production de masse, on y trouve en général plusieurs échelons et plusieurs procédures standardisées et formalisées (le « Qu'est-ce que je peux faire pour vous ? » de chez McDonald). Bien sûr, les bureaucraties mécanistes réalisent des économies d'échelle et une grande régularité dans la qualité de la production, mais elles réagissent lentement à leur environnement et ont parfois du mal à motiver leurs employés.

3. La force d'attraction vers plus de professionnalisation est exercée par le centre opérationnel : sa tendance structurelle est la bureaucratie professionnelle, caractérisée par la nécessité, pour l'organisation, d'avoir des opérateurs très spécialisés et très bien formés dans leur champ de compétence. Ce sont les opérateurs qui ont le contrôle sur leur propre travail, et les standards à appliquer ne sont pas déterminés par la technostructure, mais plutôt par des associations professionnelles. Un exemple représentatif de ce type d'organisation est l'hôpital ou l'université. Le support logistique est aussi très développé pour apporter un soutien immédiat aux professionnels. La bureaucratie professionnelle a ceci d'inhabituel qu'elle est dirigée... par le bas, par ceux qui sont en contact direct avec la clientèle. Mais attention : il s'agit d'opérateurs qui ont des niveaux de qualification élevés et qui ont une forte influence sur l'organisation dans son ensemble : les médecins dans les hôpitaux, ou les professeurs dans les universités. Ces opérateurs ont tendance à imprimer un air de collégialité et non un air de hiérarchie dans les rapports organisationnels : il est en effet très délicat pour un administrateur d'hôpital de donner des directives à un médecin sur le traitement des malades ; à noter, aussi, que le médecin a des obligations envers les normes de sa profession qui peuvent différer des normes organisationnelles de son employeur. En général, les bureaucraties professionnelles ont un fonctionnement assez démocratique et il est assez facile d'y assurer la motivation de ses membres puisqu'ils trouvent cette motivation dans l'expérience partagée avec leurs collègues et aux sources mêmes de leur profession.

4. La force d'attraction vers plus de décentralisation (ou de balkanisation) est exercée par la ligne hiérarchique : sa tendance structurelle est la structure divisionnalisée, laquelle n'est pas aussi intégrée que les autres types d'organisations. Elle est plutôt composée d'un ensemble d'entités quasi autonomes couplées à une structure administrative centrale. C'est l'organisation

typique de la plupart des grandes multinationales. L'exemple classique de cette configuration organisationnelle a longtemps été la General Motors, avec ses divisions « Pontiac-Buick » ou « Chevrolet Oldsmobile ». Une fois arrivée à une certaine taille, une configuration de type « bureaucratie mécaniste » se mue en « structure divisionnalisée ». Ces divisions peuvent être assez semblables, comme dans le cas de la General Motors, ou très différentes comme dans le cas d'un ministère, tel celui des Transports au niveau fédéral canadien. Un autre exemple est celui d'une université qui, en plus de son aspect « bureaucratie professionnelle », comporte une dimension « structure divisionnalisée » puisqu'elle est composée de différentes facultés bénéficiant d'une certaine autonomie fonctionnelle.

5. La force d'attraction vers plus de collaboration latérale est exercée par le support logistique : sa tendance structurelle est l'adhocratie qui est une forme structurelle nouvelle et relativement peu développée. Elle est beaucoup moins intégrée aux opérations *line* que ne l'est la technostructure, et cette caractéristique lui donne une dimension de « coopération volontaire et optionnelle » avec le reste de l'organisation. Dans le support logistique, il y a des opérations relativement répétitives, comme le courrier ou les services de cafétéria. Mais, pour en dégager l'esprit et les caractéristiques essentielles, Mintzberg a surtout retenu ses composantes spécialisées de haut niveau. Le terme « adhocratie », initialement utilisé par Alvin Toffler dans *Le choc du futur*, est employé ici pour désigner une organisation qui regroupe des experts appartenant à des disciplines diverses et qui conjuguent leurs connaissances respectives afin de réaliser des projets souvent sophistiqués (lancer un satellite, par exemple). Plutôt que de faire appel à la standardisation, l'adhocratie réclame de ses membres un esprit de création et d'invention. C'est une structure qui insiste sur l'innovation et qui ne tient que très peu compte des principes classiques de gestion. Elle cherche constamment à s'adapter à son environnement et aux situations nouvelles. Afin d'atteindre ses objectifs innovateurs, l'adhocratie distribue le pouvoir au sein de chacune de ses composantes qui finissent par se confondre les unes avec les autres. Certaines administrations publiques internationales et certaines organisations humanitaires recourent à ce type de structure pour sa facilité d'adaptation et la latitude octroyée aux membres. Il y a d'autres exemples de cette configuration organisationnelle : des organisations qui dépendent beaucoup de la recherche et du développement adoptent souvent le mode de l'adhocratie, comme la NASA aux États-Unis, des agences de publicité ou des éditeurs de logiciels. Quand, en 1961, Burns et Stalker ont opposé la

structure mécanique et la structure organique (*The Management of Innovation*, 1961), il est clair que la structure organique avait une dimension importante d'adhocratie.

3.4 CONCLUSION

Aucune classification organisationnelle n'est en principe meilleure qu'une autre. Elles sont toutes utiles pour comprendre un organigramme, c'est-à-dire la division du travail d'une organisation publique ou privée. De tous les concepts présentés par ces classifications, il faut retenir non seulement les définitions mais aussi leurs applications dans la réalité. Le tableau 3-B nous présente un exemple fictif d'une structure gouvernementale qui illustre plusieurs des notions vues au niveau de l'analyse de la division des tâches dans un gouvernement.

En partant maintenant de certains modes de classification ou concepts vus précédemment, analysons en détail les éléments de la figure 3-B.

Centralisation — Décentralisation : les municipalités sont un exemple de décentralisation territoriale (et aussi jusqu'à un certain point, sectorielle). La Société nationale d'électricité, dans la mesure où elle est réellement indépendante du ministère de l'Énergie (M. Env.), est un exemple de décentralisation fonctionnelle (ou technique). Même chose pour M. Env. 4, la Société nationale de gestion des déchets, vis-à-vis du ministère de l'Environnement.

Concentration — Déconcentration : à vrai dire, il n'y a que le Conseil des ministres, pris comme un ensemble, qui soit réellement concentré. Entre les ministres, il y a une déconcentration fonctionnelle (ou technique), c'est-à-dire que les ministres se partagent des fonctions — les Finances, l'Environnement, etc. — tout en étant soumis à l'autorité du Cabinet et du chef de l'exécutif. Aussi, toutes les divisions des responsabilités à l'intérieur d'un ministère sont-elles soit fonctionnelles (techniques), par exemple entre les secteurs industriel, agricole et domestique du ministère de l'Environnement, soit géographiques (territoriales), par exemple entre les secteurs nord et sud du secteur domestique du secteur opération (M. Env. 3) du ministère de l'Environnement. Il y a, bien sûr, beaucoup d'autres exemples de déconcentration dans le tableau.

La classification de MacGregor Dawson : presque toutes les entités de cette figure sont identifiées selon leur *function* : les ministères ont des *functions* spécifiques : par exemple, l'énergie, l'environnement, etc. Le service de traduction du ministère des Approvisionnements est identifié d'après un *work-process*, un type de travail. Quant à l'identification par les clientèles, on a un exemple clair avec M. Éduc. 5 et 6. Toutes les unités signalées par (la section) « nord » ou

— FIGURE 3-B —
Structure organisationnelle d'un gouvernement fictif

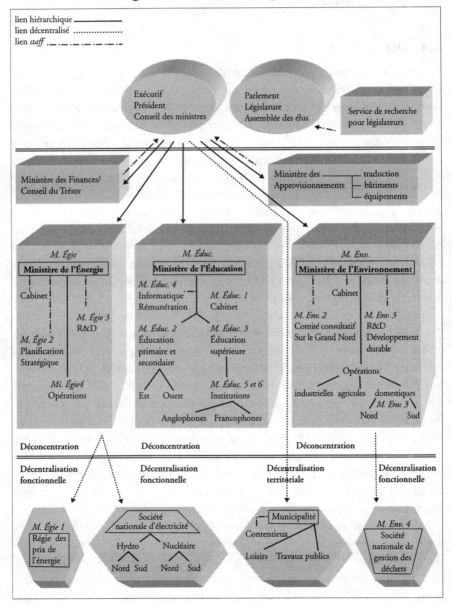

« sud », dans le cas des opérations domestiques du ministère de l'Environnement par exemple, sont des unités identifiées sur la base du territoire. On peut d'ailleurs prendre ces derniers exemples comme étant valables aussi pour l'élément « territoire » chez André Bernard.

La classification d'André Bernard : en plus de l'exemple mentionné ci-dessus pour le territoire, on pourrait donner pour l'élément « secteur » de Bernard les mêmes exemples que pour la *function* chez MacGregor Dawson : M. Éduc. 2 et 3, par exemple. Quant à la notion de « fonction » d'André Bernard, on en trouve des exemples moins nombreux, car il s'agit là d'une responsabilité très particulière. Des exemples apparaissent toutefois au sein du ministère des Finances et du Conseil du Trésor, ainsi qu'à M. Égie 2 (la planification stratégique au ministère de l'Énergie).

La classification militaire : on peut dire, d'une façon générale, que toutes les unités qui sont reliées par une ligne continue (————) sont de nature *line* et se portent souvent vers un service opérationnel ; théoriquement, les ministères des Finances/ Conseil du Trésor (qui ont un aspect *staff*) auraient à faire passer leurs ordres par l'autorité du Président/Exécutif/Conseil des ministres pour qu'ils soient réellement obligatoires pour tous. Les entités reliées par une ligne discontinue avec points (– · —— · · –) sont souvent liées les uns aux autres par une relation de type *staff* ou de support logistique : entre la municipalité et ses conseillers légaux (contentieux) ; entre le ministre de l'Environnement (M. Env.) et le Comité consultatif sur le Grand Nord (M. Env. 2), pour prendre un autre exemple. On utilise la même sorte de ligne (– · —— · –) pour indiquer certains services de type « auxiliaire » : service informatique/salaires et rémunérations (M. Éd. 4) du ministère de l'Éducation (M. Éd.), ou encore le ministère des Approvisionnements dans son ensemble, en relation avec l'Exécutif. Le ministère des Approvisionnements a aussi un lien *line* avec l'Exécutif.

La classification française : la plupart des ministères, sauf les Finances/Conseil du Trésor, et peut-être aussi les Approvisionnements (son cas est moins clair), sont des ministères verticaux, c'est-à-dire qu'ils traitent directement avec des clientèles à l'extérieur du gouvernement : c'est le cas des ministères de l'Énergie, de l'Éducation et aussi celui de l'Environnement. Le ministère des Finances/Conseil du Trésor, par ailleurs, est clairement un ministère horizontal. Pour le ministère des Approvisionnements, c'est moins clair : il est horizontal dans le sens que sa « clientèle » est interne au gouvernement, et non externe, mais il ne coordonne pas les activités du gouvernement sur un sujet primordial (l'achat de matériel de bureau n'est pas un élément essentiel de l'activité gouvernementale). Il y a aussi des services verticaux à l'intérieur des ministères (la Société nationale de gestion des déchets au sein du ministère de l'Environnement) et des services horizontaux, comme le Service de planification stratégique au ministère de l'Énergie.

La classification de Henry Mintzberg: bien sûr, le sommet stratégique est formé du Parlement et de l'Exécutif. La ligne hiérarchique est formée des ministères en général ainsi que de leurs composantes au milieu de la pyramide. Plus on s'approche de la fabrication du produit ou de la prestation du service lui-même, plus on s'approche, donc, de l'interface avec le client, plus on se trouve au centre opérationnel: ainsi les collèges, les universités et les écoles, par rapport au M. Éduc., et aussi la Société nationale d'électricité, par rapport au M. Égie, sont situés au centre opérationnel. Bien sûr, on pourrait considérer les municipalités dans leur ensemble comme des centres opérationnels du niveau provincial. On entrerait dans une discussion politique animée si on soutenait que les gouvernements provinciaux sont des centres opérationnels du gouvernement fédéral canadien, mais on pourrait poser cette idée à titre d'hypothèse, étant entendu que le niveau fédéral planifie et établit certaines normes, alors que les provinces rendent davantage des services concrets aux citoyens, en santé et en éducation notamment. D'une façon générale, la technostructure, et aussi le support logistique, sont reliés à leurs supérieurs par une ligne discontinue avec points (– · — · –): c'est le cas du ministère des Finances/Conseil du Trésor, qui est de type technostructure vis-à-vis du Cabinet et de l'Exécutif, et aussi de M. Env. 3, Service de recherche sur l'application du développement durable, vis-à-vis de M. Env. Le ministère des Approvisionnements peut être considéré comme un « support logistique » vis-à-vis de l'ensemble du gouvernement ; c'est le cas également de M. Env. 3 vis-à-vis de M. Env., et de M. Éduc. 4 vis-à-vis de M. Éduc. On doit garder à l'esprit qu'il y a des cas où il est difficile de différencier entre support logistique et technostructure, comme dans le cas de la recherche et du développement (M. Env. 3 par exemple). On doit aussi garder à l'esprit que ceux qui dessinent les organigrammes de leur organisation n'ont pas nécessairement consulté au préalable les auteurs que, nous, nous avons étudiés. Avec pour résultat que des éléments de la technostructure sont placés à droite de l'organigramme et des éléments du support logistique à gauche ! C'est à nous, étudiants et observateurs de l'administration publique de déchiffrer et d'interpréter les organigrammes qui sont devant nous, et non aux dessinateurs d'organigrammes de s'adapter à MacGregor Dawson, à Henry Mintzberg ou à André Bernard...

Bien sûr, l'exemple d'une structure gouvernementale donné à la figure 3-B est un exemple quelque peu simplifié. Ainsi, les cabinets ministériels, présentés ici comme étant semblables, sont souvent structurés de façon différente : comme l'a analysé Alain Baccigalupo (1973), certains sont réellement de type *staff*, tandis que d'autres s'interposent entre le ministre et le sous-ministre (Baccigalupo les a appelés « cabinet-écran »), prenant ainsi davantage l'allure d'un *line*. (Le professeur Baccigalupo évoque également d'autres possibilités structurelles, dont le cabinet « boîte aux lettres ».)

Nous n'avons pas non plus traité des traditions françaises et anglaises (très différentes à l'origine) eu égard au rôle des cabinets de ministre. Il y a le Cabinet du ministre, dont nous venons tout juste de parler, mais il y a aussi le Cabinet *des* ministres dans les régimes de type britannique — *the Cabinet* —, c'est-à-dire l'entité qui est à la tête de l'exécutif, le Conseil des ministres. Il y a eu, dans ce dernier cas, une tendance relativement récente à réduire le nombre de ministres qui forment ce cabinet, dans un esprit d'économie, de rationalisation et de meilleur *decision-making*. Donald Savoie (Savoie, 2000) a, quant à lui, remarqué un rétrécissement du lieu réel de la prise de décision au niveau fédéral canadien : il se situe de plus en plus autour du premier ministre lui-même, entouré de quelques conseillers.

Enfin, la tendance à modifier fréquemment les structures ministérielles a déjà été décrite par un ancien premier ministre du Québec, Robert Bourassa, comme étant de la « structurite ». Dans le cas du Québec, il faut dire, par exemple, que le secteur « Science et Technologie » a souvent changé d'affiliation, valsant entre autres entre l'Éducation et l'Industrie et le Commerce.

Cela termine notre chapitre sur les structures de l'organisation administrative. Dans le chapitre 4, nous verrons que ces structures administratives sont habitées par des personnes concrètes, les femmes et les hommes de la fonction publique.

Chapitre 4

LA FONCTION PUBLIQUE

Quand on aborde la question de la fonction publique, plusieurs dimensions se présentent à nous. D'abord, l'expression « fonction publique » se réfère au personnel, aux hommes et aux femmes qui sont fonctionnaires, à quelque niveau que ce soit. Certaines personnes qui sont au service d'une société d'État ou d'une agence décentralisée aiment préciser qu'ils ne sont pas des fonctionnaires *stricto sensu*, peut-être à cause de la réputation actuelle (fin des années 1990) du secteur public. Nous verrons, plus loin, quelles sont les définitions formelles du fonctionnaire, mais précisons tout de suite deux choses : les définitions et les inclusions/exclusions sur qui est fonctionnaire et qui ne l'est pas varient d'un pays à l'autre (en France, les chercheurs et les professeurs d'université sont parfois considérés comme des fonctionnaires) ; en outre, plus on émarge directement d'un fonds public, moins l'organisation pour laquelle on travaille a des sources financières autonomes, et plus on est considéré comme étant fonctionnaire.

Jusqu'au début des années 1960, on considérait, au Québec, que les employés de l'État (au niveau fédéral, provincial ou local) faisaient partie du « service civil ». L'expression venait de l'expression anglaise *civil service*. Cette expression — utilisée en Angleterre — aurait précédé, en Europe, l'expression « fonction publique » qui ne serait apparue qu'au milieu du XXe siècle.

La fonction publique a plutôt mauvaise presse. Cela est vrai dans beaucoup de pays, surtout depuis les années 1980, à tel point qu'on a l'impression que « la fonction publique dans de nombreux pays occidentaux est partie à la dérive » (Savoie, 1995, p. 71). Le personnel de la fonction publique continue d'offrir des services à la société, dont plusieurs sont essentiels, mais, pour des raisons que nous tenterons de dégager plus loin dans ce livre, ces services sont moins appréciés qu'avant.

En plus de travailler dans un environnement où leur apport est dévalorisé, les fonctionnaires ont dû faire face à plusieurs difficultés. Il y a eu, presque partout, des restrictions budgétaires, des réorganisations, voire du *reengineering*, qui ont souvent mené à des « sorties » plus ou moins volontaires vers la retraite ou à des départs purs et simples. Aux États-Unis, on a inventé le terme *riffed* (*reduction in force*) pour décrire ces départs. Pour ceux qui restent, surtout dans certains domaines comme la santé et les affaires sociales, la charge de travail est devenue plus lourde, menant une proportion de plus en plus grande de personnes vers les *burnout*, voire les dépressions. Au Québec, on a même qualifié ce problème de « syndrome de ceux qui restent ».

Aux niveaux plus élevés de l'État, les responsables politiques ont souvent tenté de changer la fonction publique traditionnelle ou classique, en la politisant davantage, ou encore en y introduisant des valeurs nouvelles, comme celles du

New Public Management (nouveau management public), plus soucieuses de rentabilité et d'efficience à court terme. Ces changements, à tous les niveaux, ont contribué à remettre en question la notion de « service public » qui, pour plusieurs spécialistes de l'Administration Publique, est essentielle au fonctionnement de l'État et de ses appareils, même si on peut considérer que c'est un idéal qui n'est jamais tout à fait atteint.

Bien sûr, plusieurs des changements décrits ici ont aussi touché le secteur privé, avec parfois même plus de vigueur. Par contre, le secteur public a été affecté, en plus, par une dévalorisation de ses tâches, voire de sa raison d'être. De plus, c'est dans le secteur public, où toutes sortes de philosophies s'affrontent, que le fait de travailler dans un monde postmoderne, très relativiste au niveau des valeurs, est probablement le plus déroutant.

Par contre, au début des années 2000, nous avons peut-être assisté à un certain plafonnement et même à un épuisement de ces critiques anti-fonctionnaires dans le monde. Pour Peter Aucoin, « le dénigrement de la bureaucratie a nettement diminué là même où il a connu sa plus forte ampleur, aux États-Unis et en Grande-Bretagne » (Aucoin, 1995, p. 116).

Dans ce chapitre, nous n'aborderons pas toutes les dimensions de la vie de la fonction publique. C'est ainsi que nous ne traiterons pas ici des questions liées au management comme tel (leadership, motivation, relations interpersonnelles, par exemple). Par contre, en abordant la question de la dévalorisation sociale du travail du fonctionnaire, nous aurons peut-être pu ouvrir une fenêtre sur ces dimensions psychologiques, souterraines pour ainsi dire.

Par ailleurs, nous nous proposons de dresser un portrait le plus fidèle possible des fonctions publiques de plusieurs pays développés : Comment gèrent-ils leurs fonctionnaires ? Sont-ils employés pour la vie ou pour une tâche particulière ? Comment sont-ils formés, sélectionnés, promus ? Ont-ils le droit de se syndiquer, de se présenter à des élections ? C'est ce type de questions qui formera la trame du présent chapitre.

4.1 LA FONCTION PUBLIQUE : CADRE FORMEL

Avant de revenir, de façon plus précise, à une définition formelle du fonctionnaire, il convient de présenter le contexte dans lequel il travaille. La citation qui suit, tirée de Bernard Gournay, nous aide à cerner ce contexte. On notera que, comme Max Weber, Gournay utilise l'image de la machine pour décrire la bureaucratie classique de l'État. On notera aussi l'absence de référence spécifique aux femmes :

L'administration, à bien des égards, se présente comme un appareil, une machine. C'est un ensemble complexe de cellules assurant des fonctions par l'exécution d'opérations intellectuelles ou matérielles. Ces cellules sont, comme les rouages d'une machine, disposées et liées entre elles selon certaines structures. Leurs mécanismes de fonctionnement sont régis par des règles qui se matérialisent par des procédures […]. L'administration est aussi un ensemble d'hommes. Ce sont des hommes de chairs et d'os qui l'ont créée, qui en assurent la marche ou en perturbent le fonctionnement. Ces hommes, mus par des croyances et des intérêts, collaborent ou s'opposent. Ils reflètent la société dans laquelle ils vivent et agissent en retour sur elle (Gournay, 1970, p. x).

On a évoqué précédemment des éléments de la définition du fonctionnaire. D'une façon simple, on peut dire que le fonctionnaire est celui qui a l'État comme employeur. En France, on ajoute parfois « les collectivités locales » — les communes par exemple — comme niveau de gouvernement qui emploie une fonction publique. Jusqu'aux années 1990, on ajoutait qu'une des caractéristiques du fonctionnaire, c'était d'être à l'abri de la conjoncture économique ou politique. Cela est moins vrai aujourd'hui, même si la sécurité d'emploi y est encore mieux assurée que dans le secteur privé. Sur le plan légal, plusieurs pays ont spécifié un cadre légal particulier pour le statut des fonctionnaires, un cadre qui en général les protège. Par contre, certains pays, dans la foulée du néolibéralisme, ont révoqué ces lois qui assuraient un statut particulier aux employés du secteur public, en les considérant maintenant comme tout autre employé dans la société. Pour résumer la situation, on peut donner la définition de J.I. Gow :

> Les définitions précises de la fonction publique varient d'un État à l'autre, ce qui pose un problème considérable, soit celui des comparaisons internationales. En général, on considère que les employés civils de l'État qui sont rémunérés grâce aux fonds votés par la législature font partie de la fonction publique (Gow, 1992, p. 126).

Il faut comprendre que la fonction publique d'un État n'est pas bâtie sur un modèle théorique ; elle est le fruit de l'évolution historique, politique, économique, géographique et sociale du pays, même si cela est moins vrai pour les pays en voie de développement, qui ont souvent pris, un peu artificiellement, le système de leur colonisateur comme modèle.

La notion de fonction publique est assez récente parce que l'État moderne est une entité relativement nouvelle. Avec les années, les mœurs sociales ont évolué vers un accroissement des besoins sociaux ; les tâches incombant à l'État se sont multipliées, ce qui s'est reflété par le développement d'un appareil administratif avec, évidemment, une augmentation des individus devant faire fonctionner cet appareil. Nous pouvons résumer les missions traditionnelles de l'administration publique selon trois activités exercées par les fonctionnaires : maintenir l'ordre social, gérer les services publics et, du moins jusque vers les années 1980, faire la promotion du développement économique et social de la société.

4.1.1 L'État-employeur

Parmi les caractéristiques communes aux États contemporains, nous retrouvons leur rôle d'État-employeur. L'État engage du personnel au même titre que n'importe quelle entreprise, pour produire les biens et services destinés à la population. En fait, peu d'entreprises ont à leur service autant d'employés que l'État moderne. Aux États-Unis, le chiffre s'élèverait aux alentours de dix-neuf millions de personnes (Henry, 1999, p. 297).

Dans les pays où la population est relativement homogène, l'embauche du personnel s'effectue plus aisément que dans les pays où la population est composée de différents groupes ethniques, linguistiques ou religieux. Des efforts sont faits pour que la fonction publique soit à l'image des valeurs sociales largement acceptées. Ce faisant, l'État-employeur est souvent contraint de donner l'exemple aux entreprises privées en favorisant l'égalité de la représentation, au sein de la fonction publique, des groupes qui ont été (et qui sont toujours susceptibles d'être) victimes de discrimination fondée sur la langue, l'origine ethnique, le sexe, les handicaps physiques ou intellectuels, etc.

La répartition des francophones et des anglophones au sein de la fonction publique canadienne et le respect des langues officielles dans son organisation administrative sont source de nombreuses discussions politiques au Canada, tout comme peut l'être la répartition des confessions religieuses dans la fonction publique libanaise ou la répartition des différentes minorités dans la fonction publique américaine.

4.1.2 Le fonctionnaire

Il y a quelques années, le fonctionnaire était considéré comme « une personne nommée dans un emploi permanent et titulaire d'un grade de la hiérarchie des administrations centrales de l'État, des services extérieurs indépendants ou des établissements publics de l'État » (*Les Cahiers français*, 1980, p. 16). Cependant, les transformations que subit présentement l'administration publique atteignent le cœur même de la gestion des ressources humaines. Pour les fins de cette section, nous conservons tout de même la définition de J.I. Gow citée précédemment, quitte à la modifier dans des cas particuliers.

4.2 LES RÉGIMES DE LA FONCTION PUBLIQUE

Le fonctionnaire d'un État sera formé, recruté et contrôlé selon des critères qui diffèrent d'un pays à l'autre. Deux grands systèmes de la fonction publique coexistent dans la plupart des États modernes : il s'agit du système de la carrière et du système de l'emploi.

4.2.1 Le système de la carrière

Le système de la carrière se présente traditionnellement comme un trait distinctif des fonctions publiques de l'Europe occidentale. Ce système fait en sorte qu'un individu, « une fois recruté, devient membre d'un corps ou d'un cadre hiérarchisé comportant des emplois de niveaux différents où il passera toute sa vie professionnelle en franchissant divers grades et en occupant successivement divers postes » (Gournay, 1970, p. 154). Selon ce système, l'administration publique permet à l'individu d'avoir une profession, d'être parfois considéré comme un professionnel à peu près au même titre que le médecin, l'avocat ou l'ingénieur.

> [...] là où est appliqué le système de la carrière, les fonctionnaires recrutés jeunes sont généralement soumis à un statut de droit public, édicté unilatéralement par l'État, modifiable à tout moment et qui les place, qu'il s'agisse de leurs droits ou de leurs obligations, dans une situation différente de celle des salariés privés, et caractérisée par une grande stabilité ; leur formation, du moins pour les agents de rang supérieur, s'attachera davantage à la culture générale qu'à la spécialisation technique [...] (Fougère, 1966, p. 154).

Ainsi, le fonctionnaire se devra d'être polyvalent. Dans un tel système, l'idée d'un grand commis apte à jouer tous les rôles est un héritage de la culture classique, ce qui implique des coûts de formation élevés à court terme.

E.F. Apolo voit quatre avantages dans le système de la carrière (Apolo, 1955, p. 305). D'abord, l'accent étant mis sur la sélection des meilleurs candidats, il y a plus de chances qu'on ait un recrutement de qualité. De plus, le fonctionnaire saura que seule son ardeur au travail pourra lui permettre de monter dans la hiérarchie et d'obtenir un poste plus gratifiant. Ensuite, les rapports hiérarchiques seront plus faciles parce que le fonctionnaire est protégé. Enfin, le système de la carrière favorise l'esprit d'équipe. Ces avantages avancés par Apolo peuvent être, bien entendu, contestés.

Certains auteurs croient que le système de la carrière favorise l'expérience et la continuité de l'administration publique, son détachement des enjeux politiques et le développement de traditions administratives. Cependant, le système de la carrière amène avec lui sa part d'inconvénients : création d'un monde clos de fonctionnaires, d'une élite ou d'une classe sociale qui reproduit les inégalités dans la collectivité et qui peut être tenté de constituer un « quatrième pouvoir » pour court-circuiter les pouvoirs législatif, exécutif et judiciaire. Souvent, un corps hiérarchisé de fonctionnaires est caractérisé par sa lenteur, son manque d'esprit d'initiative, son manque de dynamisme et sa faible efficacité.

4.2.2 Le système de l'emploi

Le système de l'emploi préconise qu'un individu « [soit] recruté pour occuper un poste déterminé auquel il restera en principe affecté aussi longtemps qu'il sera au service de l'administration » (Fougère, 1966, p. 154). L'accent est mis non pas sur une hiérarchie administrative mais plutôt sur un ensemble de postes de travail qui correspond aux fonctions de l'administration publique. Le fonctionnaire occupe un poste déterminé jusqu'à ce que l'administration publique n'ait plus besoin de lui, ou jusqu'à ce qu'il décide lui-même de quitter ce poste au profit d'un autre dans le secteur privé ou dans le secteur public. La notion d'attachement, de « vocation » du fonctionnaire y est quasi absente. D'ailleurs, là où prévaut le système de l'emploi, les fonctionnaires sont assimilés, pour l'essentiel, à des employés du secteur privé, placés le plus souvent sous un régime contractuel ; on leur demande moins d'être aptes à occuper des postes divers qu'à s'acquitter d'une tâche bien définie.

Les tenants du système de l'emploi croient que si trop de garanties sont offertes aux fonctionnaires, ces derniers sont susceptibles de perdre de vue les intérêts de la société au profit de leurs intérêts personnels. Le système de l'emploi favoriserait une certaine interprétation de l'idée démocratique dans une société. Ce système n'est pas étranger à une certaine pratique électorale américaine : le système des dépouilles, dont il sera question plus loin. Enfin, la définition et la classification élaborées et précises des « postes » ou des « emplois » dans le système de l'emploi permet de spécialiser davantage le personnel et d'accroître l'efficacité de la fonction publique, du moins à court terme.

Cependant, le système de l'emploi est parfois moins avantageux pour le fonctionnaire et pour l'administration publique en général. Le fonctionnaire peut vivre dans l'incertitude en raison de l'instabilité et de la précarité de son emploi et être accablé par la monotonie du travail, puisqu'il est parfois confronté à une absence de perspective d'avenir. Pour sa part, l'administration publique connaît très peu la continuité, la stabilité et l'accumulation d'expériences qui lui permettraient d'affronter plus facilement les problèmes.

Ces régimes de la fonction publique ont été dégagés par des auteurs qui ont observé les fonctions publiques à travers le monde et qui en ont tiré des généralisations. Il faut bien comprendre que ni l'un ni l'autre des deux systèmes ne se retrouvent intégralement ou exclusivement dans un État. Toutefois, lorsqu'on examine la fonction publique d'un pays, on peut remarquer que les deux systèmes coexistent mais, la plupart du temps, l'un prédomine. L'État où le régime de la fonction publique est axé sur le système de la carrière recrutera parfois une partie de son personnel par la voie contractuelle ; de même, l'État où le système de l'emploi prédomine peut former un corps de personnel stable et protégé pour certaines fonctions administratives.

4.3 FONCTIONS PUBLIQUES PARTICULIÈRES

À cette étape de notre analyse, il est pertinent d'observer la fonction publique de quelques États selon les aspects suivants : le régime de la fonction publique dominant (système de la carrière ou système de l'emploi), la formation du fonctionnaire, les méthodes de recrutement, les critères d'avancement et les libertés politiques. Parfois, à la fin de la section consacrée à un pays, nous apporterons des commentaires et des informations plus élaborés sur un aspect particulier de la fonction publique du pays analysé.

Quant à la formation des fonctionnaires, les pays comparés ont des formules assez différentes, même s'ils sont tous des pays développés du monde occidental ; on ne peut que tenter d'imaginer les variétés de modes de formation si on tenait compte de l'ensemble des pays du monde ! Il y a des pays où la formation des hauts fonctionnaires est assez unifiée et formalisée, comme en France, où peu de choses sont laissées au hasard ; pour parvenir aux plus hautes sphères administratives françaises, il faut traverser un cursus exigeant, surtout composé de concours écrits. Ici, donc, la formation, surtout pour les hauts fonctionnaires, commence bien avant l'arrivée en poste. Il y a par ailleurs des pays ou des gouvernements qui ont investi récemment dans des stages de perfectionnement pour les fonctionnaires déjà en place : le Canada avec le Centre canadien de gestion à Touraine (Québec) près d'Ottawa, et le Québec, avec l'École nationale d'administration publique. Bien sûr, nous ne faisons qu'effleurer, ici, la gamme des possibilités et des dimensions de la question. Ainsi, par exemple, on peut se demander dans quel domaine, à l'université (ou ce qui en tient lieu), il faut étudier pour se préparer à la haute fonction publique : en Allemagne, on a une préférence pour le droit ; au Japon, pour le droit et la science politique ; aux États-Unis, à une certaine époque, les sciences dures (ingénieurs, biologistes, etc.) avaient la cote, alors que dernièrement les sciences sociales connaissent une certaine faveur, au détriment du droit semble-t-il.

Pour ce qui est des méthodes de recrutement, là aussi, il y a beaucoup de variation. En France, on privilégie le concours écrit ; on craint que des méthodes plus *in vivo*, comme l'entrevue, mènent à du favoritisme ou aient un caractère moins objectif : il a en effet été démontré que l'apparence physique a, dans les entrevues, une grande importance pour les évaluateurs, importance d'autant plus grande qu'elle est peut-être inconsciente. On pourrait rétorquer que le système français du concours écrit peut favoriser ceux qui ont appris à s'exprimer dans une langue élégante avec des parents instruits et bien articulés. Par ailleurs, on peut noter la tradition du « grand oral » (grand examen oral) dans certaines grandes écoles françaises comme « Sciences-po » (Instituts d'études politiques) ou l'ENA (École nationale d'administration).

Quant aux critères d'avancement, la mode du néolibéralisme et du *Management Public* voudrait que seuls les plus compétents soient promus. La réalité n'est pas aussi simple, puisqu'il peut y avoir des critères politiques, surtout aux strates supérieures de l'administration, et des critères syndicaux, surtout au bas de la pyramide. Les processus de promotion sont plus ou moins formels selon les systèmes administratifs. Bien entendu, le formalisme ne met pas à l'abri d'un certain arbitraire ou favoritisme. Au Québec, on a parfois poussé loin ce formalisme et cet effort de neutralité — du moins dans les apparences ; par contre, du point de vue strictement management, il est parfois étonnant de constater le peu d'impact qu'a le supérieur immédiat (le futur, mais aussi l'actuel) dans ce processus : on pourrait penser que cet impact serait déterminant, ce qui n'est pas souvent le cas. On a parfois l'impression que le Québec s'est inspiré, à cet égard, d'un certain formalisme français, sans toutefois en adopter toute la rigueur.

La question des libertés politiques appelle la question plus large de la neutralité de la fonction publique. Partout dans les pays développés, la fonction publique doit faire preuve d'une certaine réserve, en traitant avec le public, même si la neutralité absolue est difficile, surtout au niveau des collectivités locales où les gens se connaissent et ont parfois tissé d'autres liens entre eux.

Certains se souviendront, durant les années Trudeau, de ce fonctionnaire fédéral qui tenait des assemblées publiques contre l'adoption du système métrique par le Canada, alors une politique officielle du gouvernement. Sans juger définitivement ce dernier cas, on peut quand même dire que le fonctionnaire en question était à l'extrême limite entre la neutralité et la partisannerie.

On peut envisager la question de la neutralité de façon plus étroite, et se demander quelles sont les libertés spécifiquement politiques des fonctionnaires, plus précisément leurs possibilités de se présenter aux élections, par exemple. Dans certains pays, comme la France, l'Italie et l'Espagne, on peut le faire si on demande un congé, avec droit de réintégrer en cas d'échec électoral ou à la fin du mandat. Dans certains pays, nordiques entre autres, où certaines assemblées législatives ne se réunissent que rarement ou occasionnellement, on peut parfois être fonctionnaire *et* député-législateur en même temps. Dans d'autres cas, comme aux États-Unis, il faut démissionner au préalable, sans garantie de retour, ce qui décourage probablement les fonctionnaires de faire une carrière politique. Au Canada et au Québec, on peut demander un congé sans solde avec des modalités quelque peu différentes pour ce qui est des droits de retour après l'expérience électorale.

Dans notre revue des régimes de différents pays qui va suivre, plusieurs questions importantes ne seront pas abordées, comme celle du « pantouflage » (Gow, 1992, p. 142), c'est-à-dire le fait pour un employé d'une administration publique de quitter son poste pour un emploi dans une société privée. La situation peut devenir délicate s'il se trouve dans une société commerciale qu'il a dû réglementer juste avant de quitter son poste de fonctionnaire. On voit tout de suite le conflit d'intérêt possible. (Le pantouflage implique parfois la possibilité, pour le démissionnaire, de retrouver son ancien poste dans l'administration publique qu'il a quittée.) Il a été indirectement question de ce problème dans le film-documentaire *L'erreur boréale* (1999) de Richard Desjardins et Robert Monderie, où un haut fonctionnaire se retrouve employé par une association professionnelle de producteurs de papier journal, peu de temps après avoir réglementé ce secteur au sein d'un ministère. Un administrativiste-juriste américain, John Rohr, s'est intéressé à comparer cette question de pantouflage aux États-Unis et en France. Dans un article de *Public Administration Review* de 1991 (p. 287), le professeur Rohr constate que les États-Unis, au niveau fédéral, ont des règles qui prévoient des délais spécifiques avant qu'un fonctionnaire puisse joindre les rangs du secteur privé qu'encore, hier, il était censé réglementer de façon neutre et désintéressée. Encore ici, il est possible que le Québec, en particulier, se soit inspiré de certaines formules étrangères, tout en laissant de côté celles qui, comme les règles sur le pantouflage, appelaient à de plus hautes exigences.

On aura remarqué que dans notre étude de la fonction publique, nous privilégions la haute fonction publique, parce que c'est elle qui est le plus directement en contact avec le niveau politique. Il convient toutefois de préciser, même sommairement, que les administrations publiques emploient diverses catégories de personnel : des ouvriers ; des fonctionnaires au sens strict, où l'on retrouve souvent une proportion importante de femmes ; des professionnels — agronomes, avocats, informaticiens, etc. —, dont on parle parfois comme des « corps d'emploi » ; les cadres intermédiaires, très engagés dans la gestion du personnel ; et, enfin, les cadres supérieurs, où l'on retrouve les hauts fonctionnaires.

Dans la section suivante, nous commençons notre revue de certaines dimensions de la fonction publique dans quelques pays.

4.3.1 La France

D'une certaine façon, il est logique de commencer cette revue par la France, car ce pays constitue une sorte d'« idéal-type » de la fonction publique, au sens de Max Weber, c'est-à-dire un cas extrême, un cas presque pur. En effet, la France est l'exemple par excellence d'un pays où l'État et l'administration publique comptent. Traditionnellement, la France a été vue comme un pays centralisé, à la fois politiquement et administrativement, et aussi comme un pays dirigiste, avec une forte tradition de planification (que les anglo-saxons ont appelé *indicative planning*, lequel s'est manifesté surtout après 1945). Même si, historiquement, on s'est opposé, en France même, à cette centralisation (la tradition girondine ; voir les écrits classiques d'Alexis de Tocqueville), il semble que le mouvement centralisateur — à la limite, le colbertisme — a dominé. Cela a eu, bien sûr, des effets sur le système de la fonction publique française qui est, plus que dans la plupart des autres pays, fortement unifiée et hiérarchisée.

Bien sûr, cette tradition a été remise en question depuis le début des années 1980. D'abord, il y a eu une sorte de conversion à la décentralisation, avec des pouvoirs transférés vers les régions, les départements et les communes, et une plus grande décentralisation de la gestion des personnels. Ensuite, les Français ont été influencés, comme d'autres, par le néolibéralisme ambiant ; ainsi, par exemple, plus qu'auparavant, des hauts fonctionnnaires français se sont tournés vers le secteur privé pour poursuivre leur carrière.

Par ailleurs, le mouvement de décentralisation, à la fois vers les entités régionales et vers le secteur privé, est trop récent pour qu'on puisse dire qu'il s'agit d'une réorientation fondamentale de l'État français qui affecte profondément le personnel de la fonction publique.

Voyons maintenant, plus précisément, les éléments principaux du système français de la fonction publique.

A) Le système de la carrière

En France, la notion de carrière est très forte, surtout pour la haute fonction publique ; d'ailleurs, le cas français est fréquemment cité pour illustrer ce type de régime. Même si l'existence du système de carrière n'est nullement garantie dans un document écrit, elle est confirmée par les faits. Ce système garantirait l'indépendance des fonctionnaires vis-à-vis des intérêts privés et de l'ingérence du politique dans l'administration publique. C'est par l'entremise de son système de carrière que la France mise sur l'honnêteté, la stabilité et le caractère consciencieux de son administration publique. Cependant, l'équilibre entre, d'une part, l'octroi aux fonctionnaires d'une certaine sécurité et de garanties et, d'autre part, les impératifs d'obéissance au pouvoir politique et de rendement, est difficile à réaliser. Il semble bien que ce soit la sécurité et les garanties qui l'emportent dans le cas de la France. Dans *Le mal français* (1976), l'ancien ministre Alain Peyrefitte avait beaucoup commenté et critiqué des décisions de la fonction publique française que même le pouvoir politique n'arrivait pas à contrer.

B) La formation du fonctionnaire

Ce qui caractérise la formation du fonctionnaire français, surtout le haut fonctionnaire, c'est d'abord son lien étroit avec le système d'enseignement ; ensuite, c'est son haut degré de formalisme, ces deux caractéristiques étant d'ailleurs reliées.

Comme l'a décrit Michel Crozier dans *Le phénomène bureaucratique* (1963), les Français craignent avant tout l'arbitraire. C'est pourquoi ils se sont assurés de procédures très formelles qui, à leurs yeux, évitent le plus possible l'arbitraire, à la fois dans la formation des fonctionnaires et dans les méthodes de recrutement. Ceci explique l'importance donnée aux examens écrits, anonymes, du même genre que ceux que l'on retrouve dans les universités et les autres institutions d'enseignement supérieur. D'une certaine manière, quand on se destine à la fonction publique, surtout la haute fonction publique, la formation est déjà bien amorcée à l'université ou dans une grande école. Elle est intimement liée au développement de la capacité d'exceller dans des textes écrits. Une certaine culture générale et l'élégance de la façon d'écrire deviennent, dans ce système, des atouts non négligeables.

Puisque, comme on l'a vu, les Français ont opté pour le système de carrière, surtout aux hauts niveaux de la fonction publique, une bonne partie de la formation a lieu au travail même. En effet, quand on passe d'un service à un autre, tout en montant dans la hiérarchie, on apprend les différentes dimensions du fonctionnement de son ministère, et on est donc mieux préparé à assumer plus tard des fonctions de direction. Bien sûr, cette progression-formation sur le tas est plus facilement assurée quand à la fois l'employeur et l'employé perçoivent le lien d'emploi à long terme. On a dit de cette formation sur le tas, à la française, avec l'apprentissage d'une dimension, puis d'une autre, puis d'une autre encore, qu'elle était coûteuse à court terme mais rentable à long terme. Cette formation doit être opposée au système de l'emploi où on est immédiatement opérationnel dans son domaine de spécialité, la comptabilité par exemple. Dans la réalité, les différences entre les deux systèmes, on l'a dit, ne sont pas aussi nettes, mais les deux systèmes procèdent quand même de deux logiques différentes.

On peut difficilement parler de formation du fonctionnaire français, et surtout du haut fonctionnaire français, sans parler des corps d'emploi, et du lien de ces corps d'emploi avec le système universitaire. L'éventail de la classification des fonctionnaires français repose sur les corps d'emploi. Ainsi, il y a le corps diplomatique ou le corps des ingénieurs, par exemple ; le fonctionnaire français appartient donc à un « corps ». Il y a des recoupements entre les corps et les classes (A, B, C et D) et, pour appartenir à la plus haute classe, la classe A, il faut être diplômé d'une université ou d'une grande école. Une grande école est un établissement d'enseignement de niveau universitaire, très élitiste, qui se consacre à un domaine particulier : ainsi il y a l'École des mines, l'École normale supérieure, l'Institut d'études politiques de Paris, etc. Ces grandes écoles sont en général plus prestigieuses que les universités, et seulement environ 10 % de ceux qui participent au concours d'entrée sont admis.

Nous venons de voir que pour être logé au sommet de la pyramide administrative (c'est-à-dire la classe A), il faut avoir réussi le passage par une grande école. Mais il y a aussi d'autres niveaux (B, C et D) dans l'administration. Ainsi, dans les corps techniques, comme celui des ingénieurs, il y a des « frères cadets » qui sont techniciens par exemple, mais qui, en règle générale, ne pourront accéder au sommet du grand corps. On voit donc que la participation au sommet d'un grand corps passe presque exclusivement par une grande école. On constate donc que la sélection ici se mêle avec la formation. Ce système très compétitif et très exigeant — car on se prépare intensément, comme au Japon, aux concours d'entrée des écoles les plus prestigieuses — entraîne un nombre important d'échecs pour ceux qui ne réussissent pas les concours d'entrée aux grandes écoles. C'est ainsi qu'on a dit que ce système « grands concours–grandes écoles–grands corps » crée un nombre non négligeable d'exclus, ce qui fait conclure à un commentateur français en parlant du système français : « il y a très peu d'autres pays au monde dont on peut dire d'un jeune homme de vingt ans qu'il a réussi ou raté sa vie ». Le système d'éducation japonais a aussi la réputation d'être assez impitoyable dans son processus de sélection.

Dans la vie administrative, certains grands corps dominent certains ministères ou certaines organisations publiques françaises : ainsi le corps préfectoral domine le ministère de l'Intérieur, le corps diplomatique, celui du ministère des Affaires étrangères, tandis que le corps des inspecteurs des finances domine le ministère des Finances (Kessler, 1994, p. 92). Le corps des ponts et chaussées, auquel prépare l'École des ponts et chaussées (une grande école) a la mainmise sur tout ce qui est routes et ponts. Le corps des mines, auquel prépare l'École des mines, une autre grande école (qui publie, entre autres activités, la prestigieuse revue *Gérer et comprendre*), s'intéresse de façon générale aux utilisations des sols, et de ce fait constitue une sorte de rival au jeune et inexpérimenté ministère de l'Environnement, dont les fonctionnaires n'ont pas tout le prestige de cette école.

Certains grands corps ont davantage des rôles de conseil, voire de juges : ainsi, le corps des membres du Conseil d'État, qui traite entre autres de certains litiges administratifs entre l'État et le citoyen (Kessler, p. 21), ou encore de celui de la Cour des Comptes, dont les membres sont inamovibles de fait, sinon de droit (Kessler, p. 73).

Le prestige associé aux catégories supérieures des grands corps est immense. Il faut dire que les grands corps tirent leur origine loin dans le passé, et remontent parfois jusqu'aux anciennes « corporations » ; certains grands corps avaient même comme fonction de conseiller, presque exclusivement, le roi dans un domaine donné. Même aujourd'hui, on reste surpris devant le petit nombre de personnes qui font partie, de plein titre, d'un grand corps : le corps de l'inspection des finances, par exemple, n'a que 107 membres à plein titre en 1980 (Kessler, p. 61). Dans certains cas, on compte les départs annuels vers le privé sur les doigts de la main : seulement quatre membres du corps du Conseil d'État sont partis chaque année vers le secteur privé entre 1985 et 1990 !

Une des idées à l'origine des grands corps était de favoriser l'interministérialité, c'est-à-dire le passage facile d'un ministère à un autre. En effet, un fonctionnaire est attaché à un corps et non à un ministère (même s'il faut reconnaître que certains ministères sont dominés par un corps en particulier) : on peut donc changer de ministère tout en conservant le lien avec son port d'attache, son corps d'emploi. L'allégeance est donc avant tout au corps, non au service ou au ministère comme tel, et ceci entraînerait non seulement une certaine mobilité mais aussi une vision moins étroite des choses. Avec ce système, les corps techniques ont des membres qui acquièrent une vision multidimensionnelle de l'administration et qui peuvent, contrairement à ce qui se passe en Angleterre, acquérir une véritable compétence *administrative* (en plus de leur compétence technique).

On a parfois dit de ce système français des corps, entre autres par son interdisciplinarité, qu'il avait contribué au centralisme français. Cela est possible, mais il faudrait aussitôt ajouter que d'autres forces historiques qui poussent et, surtout, *ont* poussé la France vers la centralisation dans le passé sont beaucoup plus importantes. Ce que l'on peut dire par ailleurs, c'est que les grands corps, en encourageant leurs membres à communiquer en dehors de leur service particulier, ont probablement contribué à renforcer la coordination interministérielle en France ; ce ne serait pas là un apport négligeable.

Quand on réalise la qualité des épreuves que les membres des corps doivent réussir, on n'est pas surpris de constater que, en bonne partie à cause de cette forte sélection, ils se sentent solidaires les uns des autres en même temps qu'ils se perçoivent comme les membres d'une élite (Kessler, 1994, p. 85-86). Malgré le néolibéralisme ambiant, malgré le modèle de l'*interest group liberalism* que les États-Unis propagent dans le monde entier, les membres des grands corps français ont le sens du bien public, du moins le croient-ils (Kessler, p. 88) ; ils vont jusqu'à penser que leur formation et leur expérience les rendent aptes à saisir et incarner l'intérêt général (p. 117). À la limite, cette perception de l'intérêt général, associée au culte de l'État et à une confiance en leur savoir technique, les amène parfois à se considérer comme des « despotes éclairés » (p. 119).

Dans ce tableau des grands corps français, il manquait, jusqu'à la fin de la Deuxième Guerre mondiale, une école d'administration généraliste, qui enseignerait l'Administration Publique au-delà des préoccupations spécifiques des grandes écoles particulières. Cette absence a été comblée par la création de l'ENA, la prestigieuse École nationale d'administration.

Il faut considérer l'ENA comme une sorte de « super grande école ». L'idée était d'augmenter encore davantage la collaboration entre ministères, entre services, en diminuant les « cloisonnements excessifs » et la vision de « spécialiste » (de Forges, 1989, p. 26). On voulait en effet, en 1945, créer une sorte de nouveau grand corps, celui des administrateurs civils (plus de la moitié des anciens élèves de l'ENA appartiennent à ce corps interministériel des administrateurs civils (de Forges, p. 98)) ; on peut dire aujourd'hui que ce pari est presque gagné (Kessler, 1994, p. 123).

Entre l'ENA et les grandes écoles traditionnelles, il y a une relation de complémentarité, mais aussi une certaine rivalité. Complémentarité, parce que les diplômés des grandes écoles (comme Polytechnique ou encore les Instituts d'études politiques) peuvent, comme les diplômés en droit, en gestion ou en économie par exemple, aller tenter leur chance au concours d'entrée (ici encore, seulement 10 % sont admis, et on peut se présenter trois fois), mais aussi parce que l'ENA se veut un complément à une formation déjà acquise, la scolarité n'y étant que de deux ans, y compris le stage (de Forges, p. 75-76). Mais rivalité également, parce que les diplômés de l'ENA entrent en compétition avec les diplômés des autres grandes écoles, dans les différents ministères de nature technique, où les membres des grands corps d'ingénieurs n'ont plus maintenant le monopole des hauts postes (Kessler, 1994, p. 97). Par contre, il ne faudrait pas conclure non plus à un monopole, par les anciens de l'ENA, des postes au sommet de la pyramide (de Forges, 1989, p. 96-97).

L'École nationale d'administration fait partie des services du premier ministre français. Ceux qui y sont admis ont un statut de fonctionnaire dès leur entrée à l'École, et ils s'engagent à servir l'État pour dix ans (de Forges, p. 86). On a parlé du concours d'entrée externe, mais, dans un esprit de démocratisation, on peut aussi, en nombre moins important, y accéder par un concours interne ouvert aux fonctionnaires déjà en poste, qui peuvent aussi faire partie d'un grand corps (Kessler, 1994, p. 44). Pour les diplômés de l'ENA, il y a un examen de sortie qui classe les élèves dans un ordre qui permet aux premiers de choisir les meilleures places, laissant les postes les moins prestigieux à ceux qui auront moins bien réussi.

On ne peut que tenter d'imaginer les exigences des épreuves auxquelles doivent faire face un candidat qui aura réalisé le circuit au complet : concours d'entrée à une grande école, concours d'entrée à l'ENA, puis concours de sortie de l'ENA, les deux premiers n'offrant qu'un taux de réussite d'environ 10 %.

Les avis sont parfois partagés sur le type de connaissance que l'on tente de développer à l'ENA. Pour les uns, le programme a pour objectif « pas tellement la transmission de connaissances, mais l'apprentissage de la capacité à appliquer tout de suite ses connaissances en administration » (Konig, 1977, p. 340). Par contre, les concours ont tout de même la réputation, peut-être injustifiée, d'encourager l'encyclopédisme et une trop grande attention aux qualités de présentation formelle (maîtrise de la langue, style, etc.) (de Forges, 1989, p. 70).

Il faut réaliser aussi, nonobstant la vague néolibérale, qu'il y a dans la tradition des grands corps une culture civique à transmettre, faite de valeurs comme la droiture et le désintéressement (de Forges, p. 27). Sur le plan de la philosophie politique, ils ont été tout de même influencés par le libéralisme ambiant : ils sont de moins en moins planificateurs, mais demeurent majoritairement interventionnistes, « tout en comprenant de mieux en mieux les limites du dirigisme de l'État » (p. 105).

Il faut comprendre le caractère élitiste de l'ENA pour en saisir toute l'importance. Ainsi, par exemple, un « énarque » (diplômé de l'ENA) aura coûté 600 000 francs français (environ 175 000 dollars canadiens) en 1986-1987 (de Forges, p. 58). Il faut aussi apprécier la qualité des perspectives de carrière qui s'offrent aux diplômés : dans les plus hautes sphères de l'État, bien sûr, mais aussi dans les sociétés d'État, en politique (Jacques Chirac, le président de la

République actuel, est un « énarque ») et maintenant, plus souvent depuis 1980, dans les hautes sphères du monde des affaires.

En conclusion, on peut dire que l'ENA constitue une caractéristique importante de la formation des très hauts fonctionnaires français, et en même temps une caractéristique de toute la France, par son excellence et son élitisme. Elle jouit aujourd'hui d'un grand rayonnement international (de Forges, p. 45-46, 115) ; elle est souvent imitée, elle est devenue un modèle.

C) Les méthodes de recrutement

En traitant, dans la section précédente, de la formation du fonctionnaire français, ou du moins du haut fonctionnaire français, nous avons indirectement traité en même temps des méthodes de recrutement. En effet, dans un tel système, où les examens écrits jouent un grand rôle, la formation, c'est déjà d'une certaine façon la sélection (de Forges, p. 61).

D'une façon plus générale, l'administration publique française utilise souvent la méthode du concours écrit pour recruter son personnel. Les « concours » français sont reconnus comme étant parmi les plus compétitifs et ils sont souvent en étroite relation avec les diplômes universitaires obtenus par le candidat. Ces concours sont soit internes (réservés aux fonctionnaires déjà dans le système) soit externes. Il s'agit en France d'une longue tradition : les premiers concours remontent à 1795 pour ce qui est des ingénieurs ; tout au long du XIXe siècle, cette tradition renforce l'autonomie de l'administration dans la mesure où le libre choix par le niveau politique cède la place au recrutement par concours. Comme critique, on a dit du concours qu'il ne mesurait pas les qualités personnelles, les capacités de leadership ou de relations humaines. Il faut peut-être en conclure que ces dernières qualités ont moins d'importance en France. On a dit aussi que les concours créaient, un peu artificiellement, une sorte de « course aux diplômes ».

D) Les critères d'avancement

En théorie et selon l'idéal du système de la carrière, l'avancement du fonctionnaire français devrait s'effectuer au mérite ou par concours interne, pour que les meilleurs agents se retrouvent aux postes-clés de l'administration publique. Cependant, la réalité nous apprend que l'avancement par ancienneté y joue un grand rôle. À ce sujet, Bernard Gournay a souligné qu'« [i]nterrogés à titre individuel, les fonctionnaires ne considèrent pas que l'avancement par ancienneté est une bonne méthode. Mais elle prévaut parce que c'est elle qui provoque le moins de tensions et de ressentiments à l'égard des chefs » (Gournay, 1970, p. 36).

L'avancement peut être favorisé aussi par le passage par un cabinet ministériel. Il faut par ailleurs préciser que, même dans un cabinet ministériel, les connaissances techniques et professionnelles sont essentielles pour le fonctionnaire qui y séjourne. La partisanerie pure et dure y est, à toutes fins utiles, exclue.

E) Les libertés politiques

Le système de la carrière qui prévaut en France permet à la fonction publique d'être détachée des enjeux politiques et d'être dévouée d'une manière désintéressée à l'État et à la collectivité ; du moins c'est ce que semblent croire les fonctionnaires français. Ces derniers sont entièrement libres d'adhérer aux associations, partis et syndicats qui leur permettent de s'exprimer, mais ils se doivent de redevenir des personnages neutres lorsqu'ils sont en fonction ; cela fait partie de l'essence même de la fonction publique française.

4.3.2 La Grande-Bretagne

A) Le système de la carrière

Comme on l'observe dans la plupart des pays européens, la fonction publique britannique conserve une tradition élitiste. Bien qu'il ne soit pas aussi dominant qu'en France, le système de carrière y demeure prépondérant. Les statuts y sont toutefois moins précis, les fonctionnaires étant soumis au droit commun ; et les attitudes y sont moins légalistes que dans les pays de droit administratif.

B) La formation du fonctionnaire

Au niveau post-universitaire, deux institutions s'emploient principalement à former de futurs hauts fonctionnaires : l'Institut de l'administration à Birmingham, qui offre des programmes de nature pluridisciplinaire axés sur la recherche et l'expérimentation, et le *Civil Service College*, qui voit surtout à la formation permanente des fonctionnaires. Mais, historiquement, la Grande-Bretagne a préféré, pour les hauts postes, les candidats ayant une formation générale solide et polyvalente plutôt que des spécialistes. La citation suivante, tirée du *Northcote-Trevelyan Report* (1854) témoigne clairement de cet état d'esprit :

> Nous pensons que des hommes qui se sont consacrés jusqu'à 21 ou 22 ans à des études n'ayant aucun rapport immédiat avec une profession quelconque et dont le but est simplement de leur ouvrir, fortifier et enrichir l'esprit, se montreront en général supérieurs dans toutes les professions à ceux qui, dès l'âge de 18 ou 19 ans, se sont consacrés à des études en relation directe avec leur vocation (tirés de Loschak, 1972, p. 40).

Il est nécessaire de se pencher sur cette vision « amateuriste » de l'administration publique qui a eu, et qui a encore, beaucoup d'influence sur la fonction publique anglaise. Cette tradition, on l'a vu, remonte loin dans le passé. Elle est reliée à une forme particulièrement anglaise d'élitisme. En effet, le haut fonctionnaire, et surtout le *Permanent Secretary* (l'équivalent du sous-ministre au Canada), est perçu comme un *gentleman* (c'est la plupart du temps un homme) qui a une large culture générale et universitaire, ce qui le rend apte à interagir avec le ministre, la plupart du temps lui aussi un non-spécialiste. Son caractère de non-spécialiste lui permet également de traiter d'un grand nombre de sujets différents et de situer des questions spécifiques dans une perspective plus large, alors que le spécialiste aurait tendance à privilégier l'aspect technique des questions, surtout celles liées à *sa* spécialité.

Par contre, cet esprit d'amateurisme a été critiqué dans les travaux du Rapport Fulton des années 1960-1970, lesquels avaient amené la création du *Civil Service College* en 1970. Le Rapport Fulton considérait que le monde avait beaucoup changé depuis le *Northcote-Trevelyan Rapport* de 1854. Il fallait, entre autres, permettre aux scientifiques et spécialistes d'accéder aux plus hauts postes de la fonction publique. Le monde avait en effet changé, et les questions avaient de plus en plus de dimensions techniques qu'on ne pouvait plus seulement regarder « de loin ». De plus, l'exemple français démontrait qu'un spécialiste, un ingénieur d'une grande école par exemple, pouvait acquérir des connaissances administratives. La fonction administrative, paradoxalement, est devenue plus spécialisée elle-même, exigeant aujourd'hui des connaissances techniques et spécialisées. Auparavant, la tradition anglaise avait créé une distinction entre l'« administration » noble, réservée à la haute fonction publique, et la « gestion des détails et de l'opérationnalisation », confiée au niveau plus bas (appelé *executive* ou *management*). Nous verrons un peu plus loin comment, avec le nouveau management public des années 1980-1990, ces aspects de détails et d'opérationnalisation sont devenus des enjeux beaucoup plus importants.

Il convient, à ce stade-ci, de faire état des explications sociologiques de cette vieille tradition d'amateurisme anglaise. On a vu plus haut les arguments fonctionnels liés à cette défense de l'amateurisme : nécessité de faire de larges synthèses, de donner de la perspective aux débats, ou encore d'interagir avec le ministre, lui-même un non-spécialiste.

Certains analystes, plus inspirés par la sociologie, ont remarqué que les hauts fonctionnaires étaient surtout les porteurs d'un élitisme tout à fait britannique. En effet, qui pouvait ainsi, en dilettante, se permettre de toucher un peu à tout sans se spécialiser dans une matière spécifique, sinon un membre des hautes sphères de la société ? D'ailleurs, ces hauts fonctionnaires ont souvent étudié dans les plus prestigieuses universités britanniques, Oxford et Cambridge, à tel point qu'on a parlé d'une sorte d'*Oxbridge connection*.

On a dit que cet amateurisme d'élite pouvait tenir son origine de l'*Indian Civil Service*, c'est-à-dire de la fonction publique anglaise en poste en Inde. Le raisonnement est le suivant : les hauts fonctionnaires anglais en Inde, moins nombreux, devaient développer plusieurs talents : ils devaient être chefs militaires, conseillers, juges, agents de développement économique ; ils devaient en fin de compte être des généralistes, des amateurs qui savent un certain nombre des choses sur un assez grand nombre de sujets. Ce serait donc, dans cette interprétation, la fonction publique en Inde qui aurait influencé celle de la métropole, par un curieux retour des choses.

Dans la même veine sociologique, le grand historien Fernand Braudel, dans *La dynamique du capitalisme* (1985), avance l'idée qu'au moins jusqu'au XIXᵉ siècle, les individus du haut de la pyramide économique se spécialisent peu. En effet, pour Braudel, le grand commerçant anglais en particulier, durant la grande période du capitalisme anglais, était une sorte d'amateur : il pouvait aussi bien investir dans l'immobilier, dans une usine de fabrication, que reprendre une entreprise déficitaire, l'exploiter puis la revendre, investir dans les assurances ou à la bourse, etc. (Braudel, 1985, p. 63-64). C'est cette tradition d'amateurisme capitaliste qui pourrait être à l'origine de celle qui caractérise encore aujourd'hui la fonction publique britannique même si, après le Rapport Fulton, les choses ont commencé à changer.

C'est donc contre cette pratique de l'amateurisme, contre le fait de tenir les spécialistes et les scientifiques à l'écart de la haute fonction publique que le Rapport Fulton, entre autres, se prononçait. C'est dans cet esprit qu'il proposa la création de ce qui allait devenir le *Civil Service College* en 1970 ; aujourd'hui, au début du XXIᵉ siècle, la Grande-Bretagne a rattrapé plusieurs autres pays et est un de ceux qui investit le plus dans la formation en cours de carrière.

Par ailleurs, les résultats tangibles des transformations de la fonction publique anglaise tardent à se réaliser au niveau de la composition du personnel. En effet le nombre de ceux qui ont une formation générale diminue peu (56 % à 50 % entre 1968 et 1977) dans la fonction publique britannique, et les hauts postes sont toujours majoritairement tenus par des généralistes. Les groupes *scientific* et *specialist* n'auraient pas réalisé des progrès importants, du moins jusqu'au début des années 1980. Il est vrai qu'on n'engage plus exclusivement des anciens étudiants d'Oxford ou de Cambridge pour la haute fonction publique, mais il est vrai aussi qu'on a toujours une certaine tendance vers l'élitisme, préférant encore ceux qui auront fréquenté, avant l'université, les *public schools* (paradoxalement les *public schools* sont en réalité de prestigieux collèges privés!)

C'est dans ce contexte général d'amateurisme et d'élitisme qu'il faut comprendre le texte de Philippe Keraudren, « Le nouveau management public en Grande-Bretagne depuis 1979 : un échec relatif » (1993). Devant la nécessité de réduire les déficits de l'administration publique britannique, le gouvernement de Margaret Thatcher (*Thatcher, the milk snatcher :* madame Thatcher, celle qui va jusqu'à enlever le lait aux nourrissons) va mettre en place une série de mesures de type néolibéral tout au long des années 1980. Les réformes avaient essentiellement les buts suivants : réduire et éventuellement éliminer les déficits, redonner au pouvoir politique un plus grand rôle dans le contrôle de l'administration publique et réduire les effectifs des organismes centraux et du niveau central du gouvernement. C'était essentiellement là les buts de ce qu'on a appelé, non seulement en Angleterre mais partout dans le monde, le *New Public Management* (ou management public ou nouveau management public). Il y avait bien sûr d'autres composantes, plus opérationnelles, au nouveau management public, variables d'ailleurs selon les pays : décentralisation, déconcentration, imputabilité, responsabilisation, primes au rendement, privatisations, création de quasi-marchés et, bien sûr, peut-être l'élément le plus important de tous, intégration entre les systèmes administratifs et l'informatique.

Dans son article, Philippe Keraudren nous montre que la mise en œuvre du nouveau management public (NMP) a varié d'un pays à l'autre (Keraudren, 1993, p. 655). Et, puisqu'il considère que le NMP a été un échec relatif en Grande-Bretagne (les dépenses affectées au *Civil Service* n'ont pas fléchi, la progression des dépenses publiques a continué dans la majorité des secteurs et les indices de meilleures performances ne sont pas évidents), on peut se demander, comme Keraudren le fait, quelles sont les causes spécifiques des échecs d'une partie du programme du NMP (il y a eu, bien sûr, des éléments du programme qui ont réussi à s'implanter).

Dans son analyse, Keraudren fait référence à des causes qui ne sont pas reliées, en elles-mêmes, aux valeurs et au style de la haute fonction britannique : absence d'une logique de marché concurrentiel dans de nombreux secteurs, trop peu de considération pour les différences entre les milieux administratifs, par exemple.

Par ailleurs, certaines des causes de l'échec relatif du NMP seraient reliées aux hauts fonctionnaires britanniques, selon Keraudren. D'une part, par un contrôle politique plus serré, les leaders politiques « ont accaparé progressivement l'autorité de l'État au profit exclusif du gouvernement, délégitimant ainsi

l'expertise professionnelle et l'identité politique traditionnelle des *civil servants*»
(Keraudren, p. 667). Ce faisant, le gouvernement «n'a pas su obtenir l'appui des
Civil Servants… Il se les est aliénés ou a provoqué leur démobilisation» (p. 658).
Peut-être plus important encore, si l'on tient compte des réticences traditionnelles des hauts fonctionnaires à s'occuper des «détails du management
opérationnel», «les Senior Civil Servants ont résisté à une réforme désastreuse
pour leur profession puisqu'elle les pressait de renoncer à s'occuper de la
définition des politiques publiques pour embrasser des activités de gestion»
(p. 661). Par contre, poursuit Keraudren en s'inspirant de P. Dunleavy, le programme *Next Steps* de la réforme de la fonction publique anglaise a été mieux
accueilli par les hauts fonctionnaires britanniques du fait qu'il propose de confier à des agences prestataires de service les aspects opérationnels des politiques
publiques, en laissant aux hauts fonctionnaires des ministères le soin d'élaborer
l'architecture générale des politiques publiques (Keraudren, p. 661).

C) Les méthodes de recrutement

Le *Civil Service* est responsable du recrutement des fonctionnaires. Il semble que
les tests et les entrevues soient préférés aux concours écrits.

D) Les critères d'avancement

En Grande-Bretagne comme en France, l'avancement observe en théorie la
logique du mérite; mais il semble bien qu'ici encore, l'avancement par ancienneté soit la pratique la plus courante.

E) Les libertés politiques

Contrairement à la fonction publique française, la fonction publique britannique est limitée dans ses libertés politiques, surtout en ce qui concerne les hauts
fonctionnaires. Ces derniers constituent l'*administrative class* et ne peuvent pas
briguer de mandat politique. Pour rester le serviteur du pouvoir politique, on ne
peut briguer les suffrages qu'à un niveau gouvernemental où l'on n'est pas *civil
servant;* ainsi, un fonctionnaire du niveau national pourrait plus facilement se
présenter à une élection d'un gouvernement local, et vice-versa. Au niveau des
relations de travail, les fonctionnaires ont le droit d'être syndiqués, mais des
organismes de participation conjointe internes à l'administration publique (les
Whitley Councils) jouent un rôle relativement important dans les négociations
entre l'État britannique et ses employés. Les négociations continues réduisent les
possibilités de grand conflit, semble-t-il.

F) Aspect original de la fonction publique britannique : le civil servant

Le fonctionnaire britannique est un *civil servant*, c'est-à-dire un exécutant au service des institutions civiles. Le *civil service* traduit l'idée d'une fonction unifiée, permanente et indépendante du pouvoir politique. Cette indépendance du pouvoir politique est accentuée par le principe de la responsabilité ministérielle, principe qui veut que la responsabilité des actes du personnel administratif d'un ministère repose entièrement sur les épaules du ministre. Ce dernier est le seul représentant de son organisation devant le Parlement. Ainsi, les risques qu'un fonctionnaire soit associé à une politique particulière ou accusé publiquement d'une maladresse sont fortement réduits. La déclaration de Lord Atlee il y a plusieurs décennies illustre cette réalité :

> Lorsque, ayant succédé à M. Churchill au poste de Premier Ministre, je suis retourné à la conférence de Postdam, le groupe de fonctionnaires qui étaient avec moi était celui-là même qui avait accompagné mon prédécesseur, y compris le secrétaire privé principal. Cela n'a pas manqué de causer une vive surprise parmi nos amis américains [...] Ce fait a mis en lumière de façon frappante le statut tout à fait particulier de la fonction publique britannique, statut qui s'est élaboré durant les cent dernières années à la suite des réformes apportées par la commission Northcote-Trevelyan.
>
> Je ne crois pas que ce fait remarquable qu'est l'apolitisme de la fonction publique en Grande-Bretagne soit suffisamment connu, ni considéré à sa juste valeur, car c'est là une des pièces maîtresses de la démocratie. Je me suis souvent donné beaucoup de mal pour le mettre en évidence, notamment lors de la conférence des socialistes d'Asie, tenue à Rangoon en 1953. Ces derniers ont été fort surpris d'apprendre que ceux qui avaient élaboré dans ses détails le *Transport Act* des travaillistes étaient maintenant occupés à le détruire sur l'ordre du gouvernement conservateur.
>
> Je ne suis pas sûr que, même dans ce pays, l'on se rende compte suffisamment de la portée de cet apolitisme. Il y avait certainement dans le parti travailliste des gens qui se demandaient si les fonctionnaires feraient preuve de loyauté envers un gouvernement socialiste. Tous ces doutes ont été dissipés à l'expérience (cité dans Loschak, 1972, p. 14).

Que reste-t-il aujourd'hui, en ce début des années 2000, de ces principes de responsabilité ministérielle et de cette culture de *gentleman's agreement* dans la fonction publique britannique ?

Le *New Public Management*, en incitant le pouvoir politique à s'ingérer dans ce qui était auparavant un domaine réservé à la haute fonction publique, a déjà créé, on l'a vu, quelques brèches au sein de la tradition britannique, sans compter (comme le rappelle Keraudren) l'arrivée des « experts en management » qu'on a fait venir de l'extérieur pour surveiller et mettre en place les nouvelles façons de faire. Dans le même esprit, on a davantage entouré le ministre anglais de conseillers externes en augmentant l'importance de son *cabinet*. De plus, on a quelque peu relaxé le sacro-saint principe de la responsabilité ministérielle, en rendant les fonctionnaires davantage responsables de leurs actions. Ces tendances avaient commencé, selon certains, bien avant l'arrivée sur scène du nouveau management public.

Plusieurs regrettent ces changements du point de vue du style et de la subtilité des relations humaines inhérente à l'ancienne méthode. Le *gentleman's agreement* entre le ministre et son *Permanent Secretary*, qui faisait de ce dernier un conseiller fidèle, travaillant dans l'ombre, mais guidant le premier à travers les méandres de l'administration publique, représentait quelque chose d'ancien, mais aussi d'admirable. Les hauts fonctionnaires travaillaient avec « leur ministre », en toute confiance, sans réserve, puisqu'ils ne craignaient pas d'être tenus personnellement imputables de leurs actions devant un comité législatif. Ce que l'on a peut-être gagné en efficience à court terme en s'américanisant, on l'a perdu en style, en subtilité et en confiance réciproque. Mais on n'arrête pas le progrès ou, du moins, le changement.

D'une façon plus générale, le *Civil Service* britannique a perdu de son unité et de sa cohérence à l'occasion de la création des « agences de service » pour lesquelles œuvre maintenant une proportion importante de fonctionnaires, dans le cadre de régimes souvent distincts.

4.3.3 Les États-Unis

Quand on parlera ici des États-Unis, on regardera surtout le gouvernement fédéral américain. Nous ne traiterons donc pas, ou très peu, des autres niveaux de juridiction comme les États, les villes, les *counties* ou les *special purpose jurisdictions*.

Une autre remarque préalable concerne un problème plus vaste que la fonction publique elle-même, soit le problème de la confiance (ou de l'absence de confiance) du public dans l'administration publique américaine (Newland, 1988, p. 726). C'est ce qui fait, selon Nicholas Henry, que la caractéristique principale de l'administration publique américaine est d'être entourée de *constraints* (Henry, 1999, p. 2) ; elle est, autrement dit, placée sous haute surveillance.

Quand la République des États-Unis a été fondée, Alexander Hamilton, un des pères de la nation, avait proposé de créer une fonction publique compétente, forte, bien rémunérée et qui aurait pu se développer dans le cadre d'une certaine sécurité d'emploi. En proposant cela, Hamilton s'opposait aux idées plus restrictives de l'État et de la fonction publique, idées défendues par Thomas Jefferson et James Madison (Henry, p. 5). Hamilton mourut dans un duel à l'âge de 50 ans, et ses idées d'une fonction publique à l'européenne moururent avec lui. Mais cela n'empêcha pas le public américain d'entretenir une vision négative — et fort probablement injuste — de sa fonction publique. On ne compte plus les carrières politiques américaines qui se sont nourries et qui ont « carburé » au mépris de la fonction publique. Une revue des films américains des années 1990 nous apprend que « les pires vilains des films de Hollywood » étaient des *federal bureaucrats* (Henry, p. 9). On a même dit que la fonction publique fédérale américaine a réussi le tour de force de perdre sur tous les fronts : on l'entoure de *constraints*, on la limite de façon importante, mais elle passe quand même pour arrogante et injuste, presque hors de contrôle !

Donc, quand nous verrons les différentes dimensions de la fonction publique américaine, on gardera à l'esprit le cadre général et culturel que nous venons d'invoquer parce que, comme le dit Nicholas Henry : « Culture counts » (la culture, ça compte). Dans le cas qui nous occupe, c'est la prédominance du monde des affaires, le libéralisme anti-étatiste et l'idée d'un gouvernement limité dans ses prérogatives.

A) Le système de l'emploi

Dans la mesure où l'on fait une différence entre le système de carrière et le système de l'emploi, on peut dire que, traditionnellement, surtout dans le passé, les États-Unis ont choisi le système de l'emploi. En effet, contrairement à la plupart des États européens, les États-Unis ne semblaient pas percevoir les fonctionnaires comme des individus privilégiés, ni la haute fonction publique comme une élite. Ainsi, nous retrouvons, davantage dans le passé, le système de l'emploi comme prédominant : on insiste sur la spécialisation du fonctionnaire et non sur sa formation générale ou sur sa polyvalence. On lui octroie un emploi spécifique qu'il occupera aussi longtemps que l'administration publique le voudra, ou jusqu'à ce qu'il décide lui-même de changer d'emploi. L'entrée latérale est donc plus fréquente dans un tel système. Il est plus courant aux États-Unis de ne pas jouir de sécurité ou de garanties ; on accepte facilement de changer souvent d'emploi durant sa vie professionnelle. Les Américains craignent l'inertie, la sclérose bureaucratique, le développement d'un esprit de caste dans une fonction publique trop protégée.

Dans un tel système, il n'y a pas de grande préoccupation pour la carrière du fonctionnaire, ni pour sa planification. On est engagé sur la base d'un poste précis, sur la base d'une *slot*. Les départements du gouvernement écrivent donc des descriptions assez détaillées des postes qu'ils cherchent à combler. Et, puisque le secteur public n'est qu'un employeur parmi d'autres, il peut y avoir des échanges réguliers avec le secteur privé. En réalité, le secteur public américain est de plusieurs façons diamétralement opposé au système britannique : si, en Angleterre, les spécialistes et les scientifiques sont relativement défavorisés, c'est souvent sur la base d'une spécialité qu'on entre et qu'on progresse dans la fonction publique fédérale américaine, car celle-ci se veut pratique, y compris au niveau des examens d'admission (Henry, 1999, p. 283).

Il faut dire, par ailleurs, que la fonction publique américaine a tout de même évolué au cours des ans et que, d'une façon générale, elle s'est rapprochée de certaines caractéristiques des fonctions publiques de l'Europe occidentale. D'abord, déjà avec le *Pendleton Act* de 1883, on avait posé certaines limites quant à la présence des *political appointees*, ces militants de partis politiques nommés à des postes de la fonction publique pour « surveiller » l'administration publique (nous reviendrons sur ces *political appointees* et sur le *spoils system* qui y donne lieu dans la section C, « Les méthodes de recrutement »). Le *Pendleton Act* avait même posé les premiers jalons d'une forme, limitée il faut le dire, de permanence et de promotion au mérite (Ferries, 1989, p. 356). Tant et si bien qu'aujourd'hui, on peut parler d'une sécurité d'emploi, sinon dans les textes, du moins dans les faits (Henry, 1999, p. 296). N. Henry donne même des exemples de personnes qu'on n'a pu renvoyer de la fonction publique malgré des conduites totalement inappropriées, voire même scandaleuses (Henry, p. 296).

Puis, à l'initiative du président Jimmy Carter, on a créé le *Senior Executive Service* (SES) en 1979 (la loi a été adoptée en 1978), ce qui constituait une réforme de la haute fonction publique fédérale, et du *Pendleton Act* qui avait régi la fonction publique fédérale pendant plus de quatre-vingt-quinze ans. Un des effets du SES était de confier une plus grande proportion des hauts postes de l'administration fédérale américaine à des fonctionnaires de carrière, réduisant du même coup — du moins on le souhaitait en certains lieux — l'influence et le poids des nominations politiques. Le nouveau système du SES conservait quand même des responsabilités pour les *political appointees*, mais avec certaines balises. Par ailleurs, certains comme Frederick Thayer ont soutenu que les hauts fonctionnaires de carrière, alors plus sérieusement évalués, l'étaient trop souvent par des *political appointees*, ce qui du même coup enlevait le caractère de neutralité qu'on avait tenté d'instaurer dans le système.

Par cette réforme du président Carter, la fonction publique américaine s'est certainement éloignée du système de l'emploi en ce qui concerne les hauts fonctionnaires fédéraux, sans pour autant rejoindre le système de carrière à l'européenne. Pour Nicholas Henry (p. 287), le système n'est plus basé sur le poste ou la position, mais bien sur la personne, ce que l'on pourrait considérer comme une sorte de formule intermédiaire entre le système de l'emploi et le système de la carrière.

Il nous faut traiter maintenant de deux questions reliées à notre sujet : les origines politiques du SES de 1979 et la question de la dichotomie « spécialiste-généraliste ».

À l'origine de la colonie américaine, on avait voulu un pouvoir exécutif limité ; Nicholas Henry va jusqu'à parler d'une « fixation » sur un exécutif faible (Henry, 1999, p. 3). Au début de l'histoire constitutionnelle américaine, les fonctionnaires se rapportaient directement à des comités du Congrès. À mesure que les tâches devenaient plus complexes, plus interdépendantes, cette façon de faire devenait problématique (Feries, 1989, p. 357), surtout si des fonctionnaires en venaient à se demander de qui ils devaient suivre les instructions, des membres du Congrès ou du président et de la Maison Blanche. En renforçant la position des fonctionnaires de carrière, *mais* en les gardant sous l'influence des *political appointees*, la présidence américaine s'est à nouveau affirmée par rapport au législatif, en affaiblissant un peu plus la force du triangle « hauts fonctionnaires — comités du Congrès — groupes d'intérêts » (Ferries, 1989, p. 355).

La deuxième question concerne la dichotomie « spécialiste-généraliste ». Pour tout dire, le système administratif américain offre une place bien modeste aux généralistes. On y préfère les *political appointees* (certains disent qu'ils constituent une sorte de généralistes) ou des spécialistes-fonctionnaires de carrière. Encore ici, comme le dit Nicholas Henry, « culture counts » (la culture, ça compte). Voyons, à ce sujet, les propos de Newland :

> À plus d'un égard, ce sont les experts qui se sont imposés, pour une bonne part du fait que la culture américaine accepte l'autorité des experts, mais pas celle d'une caste. Les scientifiques, les techniciens, les physiciens, les poètes et même les juristes sont entourés de respect dans leurs fonctions de cadre au service des États-Unis. Mais leur autorité en tant qu'experts est à la source de ce respect (Newland, 1988, p. 730).

Dix ans après sa création, on pouvait dire que le SES faisait toujours l'objet de controverses, qu'il a beaucoup de critiques et peu de partisans. En particulier, bien des fonctionnaires qui en font partie quittent le SES et plusieurs de ceux qui restent ne semblent pas très optimistes (Ferries, 1989, p. 355). Plus récemment, on a tenté d'en dégager les causes : la difficulté de travailler avec des *political appointees*, un vieux problème et, donc, le sentiment de ne pas partager avec eux un réel pouvoir de décision, semblent encore venir en tête de liste des doléances des fonctionnaires de carrière. Pour conclure, donnons la parole à Chester A. Newland :

> Améliorer la fonction publique américaine ou une partie importante de celle-ci, comme le *Senior Executive Service*, imposera des efforts qui dépassent de toutes façons l'horizon de la fonction publique. Il faut que des changements s'opèrent dans la politique, dans le système électoral et dans le système de gouvernement, et ces changements doivent aller beaucoup plus loin que les limites de l'organigramme du personnel de l'administration fédérale (Newland, 1988, p. 730).

B) La formation du fonctionnaire

La formation des hauts fonctionnaires américains n'est pas l'œuvre d'institutions d'enseignement particulières, malgré le fait que plusieurs universités offrent un programme de troisième cycle en Administration Publique. Les trois programmes les plus prestigieux dans le domaine sont, dans l'ordre : le *Maxwell School of Citizenship and Public Affairs*, de l'Université de Syracuse ; le *John F. Kennedy School of Governement*, à Harvard ; et le *School of Public and Environmental Affairs* à l'Université de l'Indiana. Par ailleurs, il y a des instituts de formation pour les fonctionnaires déjà en place, créés par le gouvernement fédéral lui-même, dont le *Federal Executive Institute*, à Charlottesville en Virginie, pour ce que l'on appelle les *supergrades* (grades 16 à 18), c'est-à-dire les hauts fonctionnaires. Il y a, ailleurs, des centres pour les *mid-range administrators* (niveau moins élevé) dans d'autres États (Henry, 1999, p. 291). Précisons que le gouvernement fédéral américain ne dépense qu'environ 1 % de son budget en formation. Le gouvernement australien, un modèle à cet égard, en dépense 5 %, tandis que les entreprises privées performantes en dépenseraient, elles, entre 3 et 5 % (Henry, p. 291).

Rappelons le fait que la culture américaine valorise la spécialisation et les sciences, et que cela a amené dans la fonction publique fédérale beaucoup de gens qui étaient embauchés sur la base d'une spécialité précise, en agriculture notamment. Maintenant, les notions de spécialisation changent, pour inclure aujourd'hui les spécialistes des sciences humaines et sociales.

Par ailleurs, les employés américains en général présentent aujourd'hui les caractéristiques démographiques suivantes : ils sont moins nombreux, plus âgés, moins qualifiés, d'origine ethnique plus diverse et il y a plus de femmes (Henry, p. 291).

C) Les méthodes de recrutement

À l'instar de la majorité des États modernes, le recrutement du personnel subalterne de la fonction publique américaine s'effectue par des tests ou des concours. Cependant, les postes de haut niveau sont fréquemment comblés par des *political appointees* au moyen d'une sorte de système des dépouilles *(spoils system)* dont l'instigateur fut le président Andrew Jackson. Notons cependant que le système des dépouilles a été pensé, à l'origine, surtout pour les postes subalternes. Le président Jackson soutenait que, lorsqu'un nouveau président est élu, il est de l'essence même de la démocratie que la fonction publique doive faire place à la nouvelle équipe, toute imprégnée des idées pour lesquelles le président a été porté au pouvoir. Il fallait aussi attirer aux débats et aux partis des *volunteers*, en ayant la possibilité de leur offrir des postes. Ainsi, l'accession d'un individu à un poste de la haute fonction publique impliquerait généralement qu'il fasse partie de la machine électorale du candidat élu. Par contre, les opérations du gouvernement fédéral devenant plus complexes, les partisans qui n'auraient pas *aussi* une expérience ou des diplômes pertinents seraient de moins en moins choisis. Hugh Heclo, dans *The Government of Strangers* (1977), a admirablement décrit les dysfonctions d'un tel système, surtout celui d'avant 1970 et la création du *Senior Executive Service*. Mais, comme on l'a vu, les *political appointees* demeurent, dans un cadre modifié, et on a estimé dernièrement à 3 300 (Henry, 1999, p. 304) le nombre de hauts fonctionnaires qui « débarquent » dans la fonction publique fédérale comme *political appointees* quand un président nouvellement élu s'installe à la Maison Blanche, surtout s'il est d'un parti différent de celui qui quitte son poste. Comparons ce chiffre de 3 300 avec les données d'autres pays industrialisés comme la France, l'Angleterre ou l'Allemagne, qu'on estime à environ 100 pour chacun d'eux (Henry, p. 304).

Ces *political appointees* ne sont pas souvent à l'aise avec les contraintes des opérations gouvernementales : un tiers d'entre eux quittent ou changent de poste chaque année et ils demeurent en poste seulement deux ans en moyenne (p. 305). La situation est encore pire quand ces individus viennent des PAC *(Political Action Commitees)* et n'avaient du secteur public qu'une vision très unidimensionnelle, contribuant ainsi à une « politique d'éclatement » (Newland, 1988, p. 728-729).

Précisions par ailleurs que divers postes de l'administration publique (certains juges et officiers de police et de justice) sont attribués aux États-Unis sur la base d'élections. Peuvent donc apparaître, dans des *spots* publicitaires à la télévision, des candidats pour un poste de juge, qui invitent le public à voter pour eux parce qu'ils ont l'intention, par exemple, d'être sévères envers les criminels.

Ceci étant dit, il faut préciser que, durant les années 1990, le gouvernement américain a, comme ailleurs, ralenti le rythme de son recrutement, principalement pour réduire les déficits budgétaires (Henry, 1999, p. 243).

D) Les critères d'avancement

L'espoir d'un fonctionnaire désirant atteindre certains des postes plus intéressants dans la fonction publique réside donc en grande partie dans son implication et sa participation au sein d'un des deux grands partis politiques américains. Cependant, le système des dépouilles n'est pas l'unique système d'attribution des postes. Déjà au XIXᵉ siècle, le *merit system* a été instauré afin que les postes soient davantage octroyés en fonction des compétences et du rendement des fonctionnaires. Bien que le président Carter ait effectué sa réforme pour développer le système de la carrière, le système de l'emploi et le système des dépouilles sont des méthodes de recrutement qui caractérisent la fonction publique fédérale américaine.

Par ailleurs, à la recherche d'une plus grande efficacité/efficience, on a insisté davantage sur l'évaluation des performances comme critère de promotion, dans l'esprit du nouveau management public. Mais, au gouvernement fédéral américain comme ailleurs (au Québec notamment), le système a perdu quelque peu de son utilité du fait qu'on a tendance à juger les performances trop positivement. Ainsi, les quatre cinquième des employés ont été jugés *outstanding* ou *fully successful* (extraordinaires ou pleinement satisfaisants) par leurs supérieurs (Henry, p. 294)…

E) Les libertés politiques

Aux États-Unis, l'article 6 de la Constitution stipule que « tous les fonctionnaires devront s'engager par serment à soutenir la Constitution ». Voilà la principale limite à la liberté politique du fonctionnaire. Ce dernier peut se syndiquer ou s'impliquer dans la vie politique active (à l'intérieur de certaines limites) et, comme nous l'avons constaté précédemment, sa participation aux activités politiques d'un parti peut lui ouvrir des portes. Il est intéressant de rappeler que certains postes dans la fonction publique sont électifs (le juge, le shérif ou le procureur, par exemple) et que, dans ces cas, le fonctionnaire aura dû faire une campagne électorale pour obtenir son emploi. Cependant, le haut fonctionnaire qui voudra être candidat à un poste de représentant ou de sénateur devra préalablement démissionner de son poste de fonctionnaire.

Apportons quelques précisions additionnelles sur la question du syndicalisme et du droit de grève. Ici, comme ailleurs, il faudrait faire des distinctions entre les nombreuses fonctions publiques des États-Unis, celles des États, des villes, des *counties*, des *special purpose jurisdictions*, etc. Mais, d'une façon globale, 38 % des employés gouvernementaux américains sont syndiqués, et les syndicats représentent 46 % de ces employés gouvernementaux quand ils négocient avec l'employeur public (Henry, p. 297). Les employés fédéraux n'ont pas le droit de grève, mais en pratique il est difficile d'empêcher complètement tout ralentissement de travail. Au niveau local, chez les pompiers, policiers ou éboueurs, on a connu une certaine quantité de grèves, mais comme ailleurs ces grèves ont diminué durant les années 1980-2000, après le record des années 1970.

F) Quelques aspects particuliers de la fonction publique américaine

Notons, brièvement, quelques caractéristiques particulières de la fonction publique américaine, en plus de celles déjà mentionnées. Il y a d'abord cette curieuse question du *whistleblowing* et des *whistleblowers* — littéralement : celui qui actionne le sifflet ou tire la sonnette d'alarme. C'est l'employé qui dénonce un comportement inacceptable de la part d'un supérieur hiérarchique de son organisation, tout en faisant partie de cette organisation ; c'est aussi celui qui dénonce à une plus haute autorité (ou publiquement) des gaspillages de fonds par exemple. Il y a une grande préoccupation aux États-Unis sur cette question : sur ses aspects éthiques, sur ses conséquences, sur les mécanismes de protection pour les *whistleblowers*, etc. Pourquoi cette question a-t-elle une si grande importance aux États-Unis ? C'est là une question intéressante de sociologie administrative.

Il y a aussi le thème de l'*empowerment,* un thème de management et de relations de travail : il s'agit d'aider un employé à devenir plus autonome en le rendant plus responsable et mieux capable de donner un sens à son travail ; l'employé qui est *empowered* est traité pleinement en adulte, il est respecté dans sa dignité et son intégrité professionnelle. Le bon employeur est celui qui réussit à faire en sorte que son personnel soit *empowered*. Il y a des liens entre ce thème et ceux du nouveau management public (surtout l'imputabilité et la décentralisation).

Enfin, il y a les remises en question récentes des politiques de *representative bureaucracy* et d'*affirmative action.* Il fallait, selon la *representative bureaucracy*, que tous les sous-groupes de la société (groupes ethniques, homosexuels, par exemple) soient représentés également dans la fonction publique, et cela, par une *affirmative action*, c'est-à-dire par le soutien actif de mesures de redressement, allant même jusqu'à l'imposition de quotas (voir J.I. Gow, 1992, p. 138 pour des exemples de mesures de redressement). En guise de critique, on s'est demandé si ces minorités, une fois engagées, auraient une attitude favorable envers les membres de leur sous-groupe : si oui, il y avait un problème de neutralité ; si non, alors pourquoi vouloir absolument les représenter dans les processus de décision ? On y voyait aussi un accroc au système du mérite, surtout en période de nouveau management public.

De récentes décisions judiciaires (1995-2000) ont parfois invalidé certains processus de l'*affirmative action*, par suite de contestations de ces mesures par certaines personnes qui s'estimaient lésées (un blanc, de sexe masculin, protestant, hétérosexuel et père de famille, par exemple).

4.3.4 Le Canada et le Québec[1]

Comme nous tenterons de le démontrer plus loin, le Canada possède un cadre institutionnel qui ressemble beaucoup à celui de la Grande-Bretagne, ce qui a des conséquences sur l'administration publique. Rappelons également qu'au Canada et au Québec, nous partageons des caractéristiques avec les États-Unis (grand territoire, décentralisation), et que nous sommes aussi influencés par les courants et les modes américaines (perte d'estime relative de la fonction publique). Il faut aussi mentionner l'influence de la France dans le cas du Québec : l'idée et le désir de planifier par exemple, de ne pas se fier uniquement au marché, surtout dans les années 1960-1980 ; bien sûr, à mesure que ce modèle (d'État planificateur) perd de son influence, l'influence française elle-même perd un peu de sa force. Mais d'autres influences françaises ont été plus durables : la création de l'ENAP (École nationale d'administration publique), le droit civil et d'autres éléments du droit ainsi que l'aménagement du territoire.

Du point de vue institutionnel, le Canada ressemble donc beaucoup à la Grande-Bretagne en raison de son ancien statut de colonie britannique. Le gouvernement central et les gouvernements provinciaux ont adopté le régime parlementaire britannique et les rédacteurs de la Constitution canadienne ont exprimé dans le premier « Considérant » du préambule de la Loi constitutionnelle de 1867 leur allégeance aux institutions britanniques :

> Considérant que les provinces du Canada, de la Nouvelle-Écosse et du Nouveau-Brunswick ont exprimé le désir de contracter une union fédérale pour former une seule et même puissance (Dominion) sous la couronne du Royaume-Uni de Grande-Bretagne et d'Irlande avec une constitution reposant sur les même principes que celle du Royaume-Uni [...].

---

1. Pour une revue de la situation de l'administration publique, par secteurs, voir Bélanger et Lepage (1989).

Ainsi, nous retrouvons le principe de la responsabilité ministérielle au gouvernement central et dans les législatures des provinces.

Lorsque la Grande-Bretagne a instauré le recrutement au moyen d'examens, le Canada a emboîté le pas, lassant derrière lui une tradition centenaire de recrutement par patronage où on n'exigeait du fonctionnaire qu'un « esprit honnête et une habileté moyenne ».

Au Québec, après la Révolution tranquille, la fonction publique provinciale s'est grandement rapprochée du système de la carrière et bénéficie aujourd'hui de nombreuses garanties. L'École nationale d'administration publique (ENAP) a été créée pour développer le sens de la gestion au sein d'une fonction publique encore trop dominée par les valeurs bureaucratiques et étroitement «professionnelles». À la différence de l'ENA en France, l'ENAP au Québec est rattachée au système universitaire (et non directement au gouvernement) et elle se consacre surtout au perfectionnement, beaucoup moins à la formation initiale. L'administration publique québécoise est aussi caractérisée par le principe de la responsabilité ministérielle. Le ministre (avec le premier ministre, qui a un rôle prépondérant en la matière) dispose, par ailleurs, d'une certaine liberté en ce qui a trait à la nomination et à la destitution des hauts fonctionnaires.

Pour résumer, dans le cas du Québec, disons que le cadre général des institutions (système parlementaire, Cabinet, responsabilité ministérielle — dans les deux sens du terme) nous vient effectivement de l'Angleterre ; que, depuis 1960, des influences françaises (planification, volontarisme de l'État — jusque vers 1980 —, notion de carrière par exemple) ont affecté notre administration publique ; et que nous partageons aussi quelques caractéristiques avec nos voisins américains (le néolibéralisme, l'imputabilité, la perception que nous avons du secteur public — surtout depuis dix ans —, la décentralisation géographique et fonctionnelle et les organismes de régulation autonomes).

A) Le système de carrière

Ici, comme ailleurs, nous nous trouvons face à un compromis entre les traditions américaines et européennes. C'est un système qui est moins lié à une tâche spécifique qu'aux États-Unis, mais qui est moins orienté sur la carrière qu'en France. De fait, il y a une grande sécurité d'emploi ; par ailleurs, les syndicats soutiennent qu'elle a peut-être subi des entorses depuis 1990 et les compressions budgétaires. Mais d'une façon générale, le système de l'emploi a peu à peu perdu du terrain. On dit notamment que le groupe des professionnels au Québec jouit d'un véritable système de carrière.

Précisons que dans le cas du Québec, et cela depuis les années 1980, il y a une importante question d'équité inter-générationnelle qui se pose. En effet, « les employés de l'État âgés de moins de 35 ans ne composent que 9,9 % de l'effectif régulier de la fonction publique québécoise » (Gilbert Leduc, dans *Le Soleil*, 1998, p. A27). Par contre « les moins de 35 ans représentent 36 % de l'effectif occasionnel dans la fonction publique » (Gilbert Leduc, 1998, p. A27). Il y a donc eu, au cœur même de la fonction publique québécoise, un « phénomène de précarisation des emplois » chez les jeunes.

Ce que l'on peut dire, en conclusion, c'est que le système de carrière n'est pas le même, au Québec, pour toutes les catégories d'âge, et ce, depuis plusieurs années.

B) La formation du fonctionnaire

Il n'y a pas de modèle privilégié pour accéder, par exemple, à la haute fonction publique (comme il peut en exister en France), ni au Canada, ni au Québec. Il y a par ailleurs, comme dans la plupart des pays industrialisés, des instituts de formation pour les fonctionnaires déjà en place : le Centre canadien de gestion pour le gouvernement fédéral (perfectionnement en cours de carrière) et l'ENAP pour le Québec, avec des vocations quand même quelque peu différentes. C'est ainsi que l'ENAP offre aussi, maintenant, des diplômes à des étudiants n'ayant pas d'expérience dans la fonction publique, et se perçoit de plus en plus comme une institution d'enseignement universitaire.

C) Les méthodes de recrutement

Comme aux États-Unis, un certain nombre de postes de hauts fonctionnaires (présidence de Radio-Canada ou présidence de conseils ou de commissions, par exemple) sont décidés au libre choix du gouvernement, mais il y a une part importante des postes de la haute fonction publique qui est confiée à des fonctionnaires de carrière (comme dans la tradition européenne). On pourra consulter avec profit les travaux de Jacques Bourgault et de Stéphane Dion sur les hauts fonctionnaires au Canada (Bourgault et Dion, 1990).

À d'autres niveaux, l'engagement se fait beaucoup sur la base de tests et d'examens, lesquels prennent parfois l'allure de simulations et d'autres techniques récentes. Bien sûr, il y a cent ans, même pour les postes de niveau modeste, l'allégeance politique jouait un rôle, et on ne demandait au futur fonctionnaire d'alors que d'être honnête et d'avoir « une habileté moyenne ». Il fallait, après tout, trouver des postes pour ses fidèles partisans !

Après la guerre de 1939-1945, on a beaucoup embauché d'anciens membres des forces armées, surtout au gouvernement fédéral. Il y a d'ailleurs, historiquement, un lien entre bureaucratie et réalités militaires. Les guerres sont habituellement une occasion d'expansion du secteur public, et souvent les dépenses de l'État ne redescendent pas tout à fait au niveau où elles étaient avant les hostilités.

La grande période d'expansion des gouvernements au Canada, soit de 1960 à 1975, étant terminée depuis longtemps, le recrutement se fait moins intense et de façon plus interne. Nous y avons fait allusion dans le cas du Québec. Tout compte fait, au Canada, la fonction publique canadienne, au total, redescend peu à peu à la proportion de la population où elle se trouvait en 1960, soit environ 17,9 % de la main-d'œuvre canadienne (Gow, 1992, p. 150-151).

La question de la *representative bureaucracy* s'est posée aussi au Canada. Au niveau fédéral, on peut dire qu'il y a eu un rattrapage important, les fonctionnaires francophones passant d'environ 12 % en 1967 à environ 25 % récemment (Gow, 1992, p. 137). Notons par ailleurs que les allophones et anglophones au Québec représentent bien moins de 5 % des fonctionnaires du gouvernement du Québec, alors qu'ils représentent au moins 15 % de la population.

D) Les critères d'avancement

Ici, comme ailleurs, plus on est près du pouvoir, au niveau de la haute fonction publique, plus l'allégeance joue un *certain* rôle, non négligeable d'ailleurs.

E) Les libertés politiques

Pour ce qui est du droit de se présenter à des élections, le gouvernement fédéral et le gouvernement du Québec ont adopté un système inspiré de celui de la France ; il est possible de réintégrer son poste à l'intérieur d'une certaine période de temps, et à certaines conditions (avec des différences relativement mineures entre le système fédéral et celui du gouvernement du Québec).

Il y a moins de grèves dans le secteur public au Canada depuis quelques années. Cela est sans doute dû à l'effet de certaines législations. Certains pensent que les compressions budgétaires ont aussi joué un rôle. C'est d'ailleurs ce que montrent les études sur le sujet dans le domaine des relations de travail, les grèves étant plus fréquentes en période d'expansion budgétaire. Au Québec, le droit de grève semble avoir posé des problèmes particuliers, notamment en ce qui concerne la détermination de ce qui constitue un service essentiel, lequel doit être assuré même en temps de grève (Gow, 1992, p. 145-146).

À l'occasion des restrictions budgétaires des années 1990-2000, dans un effort de rationaliser les dépenses du gouvernement du Québec, on a procédé à diverses comparaisons. On a comparé les salaires des fonctionnaires avec ceux du secteur privé par exemple : il semble qu'entre 1960 et 1980, les salaires du secteur public ont rattrapé ceux du secteur privé, mais que depuis les années 1980, ils ont diminué par rapport au privé. Il y aurait lieu, bien sûr, de distinguer les emplois syndiqués de ceux qui ne le sont pas. Mais, dans la mesure où le secteur public offre une plus grande sécurité d'emploi, doit-on tenir compte de ce fait et verser un salaire moindre dans le secteur public, comme cela s'est souvent fait sans qu'on l'admette dans le passé ?

4.3.5 Remarques générales sur quelques autres pays

Nous nous en tiendrons, ici, à souligner certains aspects de quelques autres fonctions publiques dans le monde, sans s'étendre sur chacune des rubriques que nous avons développées jusqu'ici.

Dans chaque pays du monde, il y a un système (le plus souvent *plusieurs* systèmes, car il s'y trouve des villes, des gouvernements régionaux plus ou moins indépendants, etc.) de gestion de la fonction publique, sans compter les fonctions publiques internationales (ONU, Union européenne, etc.). On trouve donc une grande diversité de régimes de gestion du personnel. Nous n'en commenterons ici qu'une toute petite partie.

Quand nous avons passé en revue les grandes fonctions publiques du monde, nous aurions pu inclure l'Allemagne. Le fonctionnaire jouit en Allemagne d'une assez grande sécurité d'emploi. La haute fonction publique allemande est, comme ses voisines, plutôt élitiste. On y trouve un recrutement au mérite, et on dit que l'éducation, l'éducation familiale en particulier, et le statut social sont en réalité des facteurs importants de réussite. Par ailleurs, Ziller présente une opinion quelque peu différente là-dessus (Ziller, 1993, p. 460-461). En contrepartie d'un entraînement long et coûteux, le haut fonctionnaire allemand jouit, en plus d'une grande sécurité d'emploi, d'un certain statut. Contrairement à son homologue américain, il entrevoit son métier comme un engagement à vie, il est protégé du regard des médias et considère son poste comme un honneur. Toutes ces conditions tendent à créer une fonction publique consciencieuse, experte et dévouée, mais peut-être trop tournée vers le droit (Ziller, p. 461). En effet, la formation privilégiée, surtout aux hauts niveaux, c'est le droit, et le fonctionnaire allemand peut même être considéré, jusqu'à un certain point, comme un juriste professionnel. Il y aurait seulement 15 % de non-juristes dans la haute fonction publique allemande. D'ailleurs, dans l'effort d'intégration des fonctionnaires des anciens *Länder* de l'Allemagne de l'Est (communiste), l'enseignement du droit (de l'Allemagne de l'Ouest) joue un rôle capital. On pourrait dire que par l'importance qu'ils accordent aux règles de droit, les Allemands sont les dignes héritiers de Max Weber.

On a dit de la politisation qu'elle peut jouer un certain rôle dans la carrière du haut fonctionnaire allemand, même à des niveaux plus modestes, mais cette politisation se fait à l'intérieur d'une liste de candidats qui ont déjà passé des épreuves de connaissances techniques assez sérieuses.

Chaque ministère fédéral est très autonome, y compris dans sa gestion du personnel ; on dit même que les ministères allemands forment des « hiérarchies parallèles » et distinctes. C'est le *ressortprinzip*, selon lequel chaque ministère a une grande autonomie, inscrite dans la Constitution, qui fait que même le chancelier fédéral allemand ne s'ingère pas dans les affaires intérieures des ministères. Dans la plupart des autres pays, le chef de l'exécutif a un rôle prédominant de coordination. Le résultat en Allemagne en est une « vision de service », car les ministères en viennent à adopter des styles assez différents. Par contre, plusieurs ministères fédéraux ont relativement peu de personnel, puisqu'une bonne partie du travail exécutif se fait au niveau des *Länder* et de leurs ministères. En effet, l'arrangement intergouvernemental allemand est très différent de bien d'autres pays : les *Länder* ont pour fonction importante d'appliquer les lois et décisions fédérales, mais ils ont par contre une représentation dans les décisions législatives au niveau national. Il s'agit de l'application, à l'allemande, du principe de subsidiarité, un principe très discuté en Europe depuis les années 1990, en particulier dans son application à l'Union européenne. Le principe de subsidiarité, dont on retrouve l'application dans des pays comme l'Allemagne ou la Suisse, stipule qu'on confie d'abord les responsabilités à des niveaux de gouvernement proches des citoyens (local, par exemple), pour ne confier aux gouvernements supérieurs (nationaux, internationaux) que ce qui n'aura pas été confié aux premiers.

Le mode de gouvernement allemand ne connaît pas l'équivalent de la responsabilité ministérielle à la britannique. Il y a aussi absence de cabinets ministériels, ce qui donne beaucoup de pouvoir à la fonction publique et qui place le ministre en plus grande position de dépendance vis-à-vis de la bureaucratie (Barber, 1984, p. 226). Encore ici, on peut dire que les Allemands sont les dignes héritiers de Max Weber.

Par ailleurs, il y a dans le sud de l'Europe (Italie, Portugal, Grèce, par exemple) des pays qui ont encore beaucoup à faire pour *atteindre* les caractéristiques de la bureaucratie webérienne : neutralité, compétence, professionnalisme. Donc, tandis que certains pays tentent d'aller au-delà de la bureaucratie décrite par Weber, par une plus grande souplesse par exemple, d'autres pays, comme ceux de l'Europe du Sud, n'ont pas toujours atteint l'idéal d'une bureaucratie professionnelle, libérée du népotisme, de la partisanerie, de l'amateurisme ou de l'autoritarisme (pour une perspective comparatiste, voir Bodiguel, 1994).

Évidemment, ce qui est vrai pour le sud de l'Europe l'est également, et encore plus, dans un grand nombre de pays du monde. Sans compter que certains pays d'Afrique, notamment, se sont appauvris en termes réels (et non seulement comparatifs), avec des résultats prévisibles sur les budgets. Comment, quand on n'assure pas le minimum de services publics, réduire le personnel de la fonction publique? Pourtant, c'est ce que réclament parfois les programmes «d'ajustement structurel» des organismes financiers internationaux, dans le but de réduire les coûts de leurs produits d'exportation (car le secteur public est vu comme un coût, une charge qui augmente les prix). On reproche à ces pays d'avoir augmenté de façon trop importante leur fonction publique. Mais, comme le remarque Mostafa Rhomari :

> Certes, le nombre d'emplois dans la fonction publique a connu une progression dans la quasi-totalité des pays en voie de développement en vue de répondre à la demande rapidement croissante des services éducatifs et médicaux… [Mais] les pays industrialisés comptent deux fois plus de fonctionnaires pour mille habitants que les pays en développement. La part de la fonction publique dans la population active est bien plus faible dans les PVD (6 %) que dans les pays industrialisés (15 %) (Rhomari, 1990, p. 545).

Il est encore trop tôt pour faire une évaluation de la nouvelle fonction publique des anciens pays communistes de l'Europe de l'Est. Ce que l'on peut affirmer, par ailleurs, c'est qu'un pays moderne ne peut fonctionner réellement aujourd'hui sans une fonction publique professionnelle et rémunérée décemment, néolibéralisme nonobstant. L'ancienne fonction publique n'était entraînée qu'au niveau technique et industriel, peu d'effort ayant été déployé pour s'initier au management ou aux relations humaines. Aussi, quand l'idéologie officielle tomba, tout le reste s'écroula.

C'est dans une partie ultérieure de ce livre qu'on abordera plus spécifiquement la fonction publique internationale. Disons tout de suite ici, cependant, qu'elle a souvent mauvaise presse. Durant les années 1970, la fonction publique de la Communauté européenne, en particulier, essuya des critiques acerbes : on la disait trop grande pour ce qu'il y avait à gouverner, on critiquait le système de «la poignée de main dorée», où l'on pouvait manœuvrer pour se faire congédier et recevoir 60 % de son salaire jusqu'à la retraite (Earsly, 1977, p. 5). Un fonctionnaire de rang intermédiaire décrit ainsi (en 1977) sa matinée de travail :

> Lorsque j'arrive au bureau à dix heures du matin, je suis immédiatement confronté à deux décisions importantes : où irais-je prendre le déjeuner ? et avec qui ? Si je sais

bien calculer, je réussirai à étirer ces décisions de manière à ce qu'elles m'occupent toute la matinée (Earsly, 1977, p. 5).

Bien sûr, il s'agit là d'une caricature. L'Union européenne a beaucoup plus de responsabilités concrètes qu'en 1977. Mais il n'en demeure pas moins que ces fonctions publiques plus éloignées de l'action concrète, comme celle de l'Europe ou des Nations unies, sont suspectes pour plusieurs, à cause du principe de subsidiarité pour les uns, à cause de la théorie du *Public Choice* pour les autres. Pour reprendre le fondement de l'argumentaire du *Public Choice*, les fonctionnaires internationaux sont d'autant moins efficaces qu'ils sont éloignés des objets de leurs décisions. C'est là que le principe de subsidiarité et la théorie du *Public Choice* se rejoignent.

4.3.6 Quelques questions concrètes sur la fonction publique

Parce que nous avons tenté de dégager les grandes lignes de la fonction publique de plusieurs pays, nous n'avons pas toujours donné une bonne idée des questions concrètes qui se posent.

Dans la pratique, le choix des hauts fonctionnaires est souvent attribuable à des facteurs informels. La carrière d'un haut fonctionnaire est tributaire, aussi, de ses relations personnelles, même parfois de ses opinions politiques. Au Canada, il n'y a pas d'équivalent exact de l'ENA, mais les diplômés de l'Université Queen's se sont trouvés très souvent dans des postes de commande du ministère des Finances, à Ottawa, car ils forment un véritable réseau. Les qualités personnelles d'un individu peuvent, également, jouer un rôle non négligeable et faire de lui un haut fonctionnaire, alors que tout le destinait à la gestion intermédiaire. Il peut arriver aussi que les décideurs politiques fassent appel à des individus de l'extérieur de la fonction publique pour en occuper les plus hautes responsabilités : universitaires ou cadres du monde des affaires (les premiers s'adaptent plus facilement que les seconds à la gestion dans le secteur public).

Une autre question qui mérite d'être nuancée et « concrétisée » est l'opposition « généraliste-spécialiste ». L'opposition entre ces deux types de formation, relativement claire au XIXe siècle, doit être raffinée à la lumière du développement des sciences au XXe siècle. Ainsi, il y a des spécialités qui ne mènent pas à la haute fonction publique : un arpenteur, un météorologue ou un spécialiste des maladies porcines, par exemple. Par contre, les spécialistes des sciences sociales sont, d'une certaine façon, les généralistes de notre époque (sociologues, politologues, économistes). Leur type de formation les habitue à porter un « regard circulaire² » sur les phénomènes sociaux, les habilitant ainsi à occuper des postes de haute direction.

Dans la même veine, on peut se demander comment identifier et développer des habilités à la gestion. Beaucoup d'individus possèdent des habiletés naturelles à cet égard. On peut plus facilement les repérer au niveau de la gestion de niveau intermédiaire, où il y a souvent un personnel important à gérer. Malgré tout, beaucoup de pays et de gouvernements ont voulu fournir au moins un complément de formation à la gestion pour leurs administrateurs, souvent dans des instituts créés à cette fin.

Nous regarderons maintenant quelques autres questions opérationnelles qui se posent dans la gestion du personnel dans les fonctions publiques. Nous venons de constater que la fonction publique est une entité fort différente selon l'État dans lequel elle prend place. Cependant, les organismes chargés de la gestion du personnel ont toutes les chances d'être présents dans toutes les administrations publiques. Les problèmes reliés à la gestion des ressources humaines semblent préoccuper la plupart des États-employeurs. Ceux-ci ont des responsabilités « fonctionnelles », selon la classification de Bernard, ou de type « horizontal », selon la classification française. On distingue habituellement trois catégories de responsabilités différentes pour ces organismes : 1) le recrutement du personnel (sélection, promotion), 2) la responsabilité de gestion (échelle des salaires, conditions de travail, encadrement) et 3) le rôle de tribunal de grief ou d'appel ou encore d'arbitre (car la convention collective prévoit parfois ce dernier procédé de règlement de litige).

L'aménagement spécifique que réalise chaque système de fonction publique entre ces trois catégories de responsabilité (recrutement, gestion, tribunal) varie beaucoup. On peut les concentrer dans un seul organisme qui peut s'appeler « Commission de la fonction publique ». Ou encore, on peut confier le recrutement à un organisme gouvernemental spécifique, confier la gestion du salaire et des échelles de salaires à un ministère comme celui du Conseil du Trésor, et garder pour la Commission de la fonction publique les questions de griefs des employés et d'appels des décisions patronales. Au Québec, il y a eu passablement de changements dans l'aménagement de ces trois fonctions au cours des dernières années. À cause des préoccupations budgétaires des années 1980-2000, on a surtout confié les aspects financiers de la gestion de la fonction publique à des ministères qui assuraient une plus grande vigilance financière, comme le ministère du Conseil du Trésor. À cause des préoccupations de gestion du nouveau

---

2. Cette expression m'a été suggérée par Roland Parenteau, qui a été d'ailleurs ma source principale de renseignements pour cette section.

management public, on a placé souvent la gestion et/ou le recrutement plus près du supérieur immédiat, en confiant, par exemple, le recrutement au ministère ou à l'organisme concerné, au lieu de le confier à une commission plus neutre et plus éloignée de l'action (souvent appelée Commission de la fonction publique).

Au niveau du gouvernement fédéral canadien, il y a eu moins de changements organisationnels dans ce domaine, et la situation globale telle qu'elle existait en 1992 a été résumée ainsi par Carolle Simard et Luc Bernier :

> La Commission de la fonction publique [...] a la responsabilité de surveiller l'application de la règle du mérite [...] La Commission fixe par règlements les directions et les politiques concernant l'embauche, les nominations, les promotions, le perfectionnement. La CFP exerce un pouvoir central, même si, au cours des dernières années, le gouvernement canadien a adopté diverses mesures destinées à accroître le rôle des ministères, notamment en matière de nomination des personnels. La CFP est également un organisme de formation et de perfectionnement [...] Enfin, la CFP a le mandat de recevoir les appels des fonctionnaires qui s'estiment lésés dans leurs droits (Simard et Bernier, 1992, p. 48-49).

Parmi les difficultés reliées à la gestion des ressources humaines de l'administration publique, nous retrouvons des tensions entre un grand nombre de critères de promotion (certains de ces critères valent aussi pour le recrutement) : l'ancienneté, le mérite, les performances à un concours, la représentation des minorités de toutes sortes (la *representative bureaucracy*), le cheminement de carrière, la flexibilité de gestion, l'efficacité, les garanties contre l'arbitraire. Ces critères de promotion ou de recrutement, pris isolément, sont tous valables, mais ils se limitent les uns les autres lorsqu'on veut les conjuguer. Par exemple, si nous préférons le principe de l'ancienneté à l'avancement au mérite, il n'est pas certain que l'organisation sera plus efficace. De même, il sera difficile de pallier les problèmes d'inégalités de représentation des groupes sociaux dans la fonction publique si le recrutement ou la promotion ne tient compte que du mérite ou de l'ancienneté. Et si une plus grande flexibilité est rendue nécessaire pour atteindre une efficacité supérieure, l'abolition de certaines garanties contre l'arbitraire peut être envisagée.

4.4 TENDANCES RÉCENTES DANS LES FONCTIONS PUBLIQUES

Le point de départ de la plupart des changements actuels, survenus et à venir, dans les fonctions publiques du monde entier se trouve dans les nouvelles contraintes financières de la fin du XXe siècle. Ces contraintes ont des effets directs (diminution de la croissance du personnel, par exemple) et des effets indirects (application des méthodes du nouveau management public, préoccupations d'efficacité et de rendement, par exemple). D'une façon générale, on a voulu dynamiser et amaigrir les fonctions publiques, les tourner vers l'extérieur, vers la satisfaction du client. Le respect méticuleux des règles, aspect primordial de l'administration publique de l'École classique, devait devenir moins important (tout en ne disparaissant pas complètement, bien entendu). Devant ces changements, on peut penser que les fonctions publiques ont résisté ou même saboté les transformations. Cela s'est sans doute produit dans certains cas, mais on peut aussi défendre l'idée que « depuis les dix dernières années [1985-1995] les fonctionnaires de carrière ont fait la preuve, quelle que soit la juridiction à laquelle ils appartiennent, de leur capacité et de leur volonté de mettre en œuvre les changements exigés par les politiciens partisans de l'amenuisement de l'État et de s'adapter, dans la même mesure, aux exigences d'une efficacité accrue de la gestion publique » (Aucoin, 1995, p. 103).

Parmi les effets des contraintes budgétaires, il y a d'abord eu une diminution ou un arrêt de la croissance des effectifs, ou une diminution en chiffres absolus du nombre d'employés de l'État. Dans un effort pour alléger les effectifs, on a procédé par des mesures volontaires (incitations financières, retraite anticipée) ou non volontaires (privatisation, transferts à d'autres juridictions, licenciements). À cet égard, le Canada est classé par l'OCDE parmi les pays qui ont opéré des diminutions de grande ampleur, tout comme les États-Unis, la Nouvelle-Zélande, le Royaume-Uni et la Suède (OCDE, 1996-1997, p. 55). Selon ce même organisme, le Canada (entendre ici : le gouvernement fédéral) aurait réalisé la suppression de 45 000 postes (baisse de 14 %). Précisions toutefois que la fermeture de postes est parfois compensée par des transferts de responsabilité vers des agences gouvernementales, d'autres niveaux de gouvernement ou des entreprises privées qui, en conséquence, ouvrent de nouveaux postes pour faire face aux nouvelles fonctions. Il faut noter, en particulier, que les réductions de personnel au niveau fédéral américain (baisse de 272 900 agents, soit 12,5 %), durant les années 1990, ont été effectuées dans le cadre d'une situation de plein emploi.

Parfois, la baisse des effectifs a eu pour effet de bloquer l'arrivée des jeunes dans la fonction publique (au Québec, et aussi semble-t-il en Italie où l'on ne recrute plus depuis 1991). Ou encore, les jeunes n'obtiennent qu'un statut précaire (temporaire, occasionnel, saisonnier), alors que leurs aînés ont la sécurité d'emploi. Encore que, même pour ces derniers, ils ont le sentiment de « perdre le haut niveau de sécurité de l'emploi dont ils ont joui par rapport à leurs homologues du passé » (OCDE, 1996-1997, p. 56).

Devant ces départs et cette réduction des effectifs, plusieurs ont souligné des effets négatifs. D'abord, un certain vieillissement de la fonction publique. Dans le cas du Québec, James Iain Gow note qu'entre 1981 et 1991, « [les] fonction-naires ayant moins de 30 ans sont passé de 26,7 % de l'ensemble à 5,8 % chez l'effectif régulier » (Gow, 1994, p. 86), ce qui confirme, à peu de choses près, les chiffres d'une autre source, citée plus haut. Mais il y a d'autres conséquences encore. Il y a ce que certains ont appelé le « syndrome de ceux qui restent » : leurs collègues partis, ceux qui ont « survécu » ont effectivement des tâches plus lourdes, des contraintes plus imposantes. Le public ne sympathise pas toujours avec les agents placés dans de telles situations, sauf dans certains cas, comme ceux des infirmiers et infirmières dans les hôpitaux, avec qui il peut entrer en contact. Certaines études montrent que 30 % des infirmières et infirmiers, au Québec, présentaient des symptômes de détresse psychologique ou de *burnout* à la fin des années 1990.

D'autres ont souligné que ce sont les cadres et les employés plus mobiles et peut-être plus compétents qui ont saisi les offres de primes de départ, pour voguer allègrement vers le secteur privé ou le lucratif secteur de la consultation. Certains seraient même pratiquement revenus à leur ancienne fonction, comme consultants cette fois, mais avec une rémunération bien supérieure.

Comme nous l'avons dit plus haut, il y a aussi eu des effets indirects des contraintes budgétaires. L'arrivée du nouveau management public (NMP) se situe dans cette perspective. Une de ses idées est de « laisser le gestionnaire gérer » ; on veut en effet donner au gestionnaire « les instruments et la flexibilité nécessaires à une gestion plus efficace » (OCDE, 1996-1997, p. 50). Cela s'est réalisé de plusieurs façons : l'imputabilité (on laisse gérer et on évalue *après*) ; moins de contraintes réglementaires ; et une plus grande flexibilité dans la ges-tion du personnel, par un moins grand nombre de catégories d'emploi dis-tinctes, et par une plus grande mobilité. La rémunération au mérite peut être vue aussi dans cette perspective (même si elle a connu, en Angleterre notam-ment, un succès mitigé), ainsi que le fait de ne plus considérer les employés du secteur public comme ayant un statut juridique distinct de ceux du secteur privé, comme on l'a fait au Danemark. Parfois, le NMP a même amené (ou tenté d'amener) des changements de philosophie : l'administration publique ne devait plus se voir comme une hiérarchie, mais comme un catalyseur, un coordonateur (ou un « accoucheur », selon les termes d'un haut fonctionnaire du gouverne-ment fédéral canadien) ; l'administration publique ne peut plus tout faire, elle doit, comme aux États-Unis, faire faire par d'autres (le *contracting-out*), ou, comme en Angleterre, séparer l'élaboration des politiques publiques et leur exécution, laquelle peut être confiée à des *executive agencies* (agences prestataires de service).

Bien sûr, tous ces changements n'ont pas eu la même importance partout, mais la trame générale a été de redonner au supérieur immédiat une plus grande marge de manœuvre. Dans une étude québécoise sur la question, Marcel Proulx a résumé la situation ainsi :

> Cette « nouvelle gestion des ressources humaines » correspond à des tendances de fond dans les administrations publiques occidentales. Une étude réalisée en 1994 par le Comité de la gestion publique de l'OCDE révélait à cet égard que les réformes en cours dans les administrations publiques des pays développés s'inspiraient toutes plus ou moins des mêmes grands principes sur le plan de la réorganisation de la fonction « ressources humaines ». Les grands principes sont les suivants :
>
> — déconcentration des responsabilités de gestion des organismes centraux vers les ministères et les organismes à vocation sectorielle ;
> — au sein même des ministères, transfert de compétences et de responsabilités des directions des ressources humaines vers les gestionnaires opérationnels ;
> — redéfinition du cadre réglementaire de la gestion du personnel, privilégiant certaines orientations et des principes généraux plutôt que des règles et directives précises assujetties à des contrôles détaillés (Proulx, 1997, Introduction).

On parlait, plus haut, de la tendance à « faire faire » ou encore de la séparation entre l'élaboration des politiques publiques et leur exécution. Mais il y a eu aussi une plus grande fragmentation des procédés en amont, à la jonction du politique et de l'administratif ; John Halligan (1995, p. 127) réfère à Francis E. Rourke qui résume la situation ainsi en ce qui concerne les États-Unis :

> [le rôle joué par les officiels dans l'élaboration et la mise en œuvre des politiques] s'est progressivement amenuisé. Au cours des dernières années, la bureaucratie a perdu [...] la position privilégiée qu'elle occupait jadis [...] les fonctionnaires ont été remplacés par une pléthore d'institutions consultatives et de sources de renseignements, internes et externes [...] (Rourke, 1992, p. 226).

Bien sûr, la situation est probablement plus accentuée aux États-Unis qu'ailleurs, car le système américain est déjà, au départ, plus fragmenté. Mais une certaine perte d'unité dans la fonction publique a été notée ailleurs.

Dans la mesure où la décentralisation de la gestion des ressources humaines crée d'une certaine manière plusieurs petites fonctions publiques, on peut se demander ce qu'il advient de l'idéal du fonctionnaire qui apprend dans différents services et ouvre ses horizons, tout en naviguant à l'intérieur d'un même système administratif. Si tel était le cas, on y perdrait à la fois en mobilité et en unité. C'est d'ailleurs ce que craint l'OCDE (1996-1997, p. 53-54).

Parmi les espoirs mis dans le NMP, certains ne se matérialiseraient pas, comme l'arrivée salvatrice de gestionnaires venant du privé : quand ils comprirent le poids des contraintes, plusieurs refusèrent de venir ; d'autres, qui vinrent, furent frustrés et partirent mécontents.

Pour réaliser tous les changements envisagés par le NMP, trop peu de moyens furent consacrés à la formation. Sur le plan de la gestion de la fonction publique comme sur d'autres plans, le NMP, malgré ses mérites, laisse plusieurs observateurs insatisfaits. L'idée d'aller au-delà des règles légales était bonne, mais encore fallait-il remplacer ce guide, ce critère, par d'autres balises. L'éthique était proposée par certains, mais dans cette atmosphère de libéralisme débridé, elle était difficile à cerner, sans compter qu'elle se retrouvait trop souvent formulée dans des « codes de déontologie » que personne ne prenait la peine de lire. Et s'il y avait si peu de consensus dans la société, pouvait-il y en avoir dans la fonction publique ?

Par ailleurs, tout changement ne se résumait pas aux propositions du nouveau management public. De nouvelles préoccupations émergeaient, la diversité de la composition de la main-d'œuvre posait de nouveaux défis : plus grande présence des femmes dans la fonction publique, questions de harcèlement sexuel (Henry, 1999, p. 332) ou équité salariale entre les femmes et les hommes (que Henry appelle « the curious question of comparable worth » : 1999, p. 320). Sans compter les nouvelles exigences de l'*empowerment*, selon lesquelles on veut un travail qui ait du sens et qui nous fasse évoluer comme individu (Wilson, 1999, p. 124).

En conclusion, on peut dire que la gestion de la fonction publique pose de multiples problèmes d'équilibre, entre la spécialisation et la culture générale, entre les impératifs de l'obéissance et ceux de la compétence et de la neutralité, entre les droits du gestionnaire et ceux de l'employé, entre les organismes centraux et les ministères opérationnels. Sans compter les arbitrages entre ce qui se passe dans la fonction publique et ce qui se passe dans son environnement : dans quelle mesure corriger des injustices passées et présentes en employant des membres de minorités contre qui il existe, ailleurs, des discriminations ? À première vue, la fonction publique apparaît comme étant « protégée » du reste de la société par une sorte d'écran. Ce n'est pas complètement faux, car elle est davantage à l'abri de la conjoncture économique que bien d'autres secteurs de la société. Et pourtant, elle est pénétrée de toutes parts par la société sur d'autres plans. Les grandes différences que l'on trouve entre les fonctions publiques des pays développés, pourtant comparables entre eux, sont une preuve supplémentaire du fait que la fonction publique reflète profondément le milieu culturel où elle évolue.

Chapitre 5

LE PROCESSUS DÉCISIONNEL

La prise de décision s'avère une étape cruciale de l'activité de l'administration publique. Il s'agit d'une étape délicate qui rend compte du facteur humain et de la complexité des enjeux. « La décision est donc un *acte politique* nécessaire et *complexe*, un idéal à atteindre, une *science* et un art » (Fortmann, 1992, p. 56).

Bien que la décision — ou plus précisément : le processus de décision — ait des moments forts, elle est un élément constant de la vie d'une organisation (Hall, 1999, p. 156). C'est donc dans ce chapitre que nous verrons aussi les étapes du cycle administratif à chacune desquelles les gestionnaires doivent prendre des décisions. Dans la deuxième partie du chapitre nous tenterons de répondre à des questions assez pratiques comme : Quelles sont les différentes étapes de la gestion dans le secteur public ? Quelles sont les préoccupations des gestionnaires ? Quels sont les problèmes concrets qui se posent du point de vue des structures ou de la gestion des personnes ?

Dans la section 5.2, on se sera posé des questions de nature plus théorique au sujet du processus de prise de décision dans le secteur public. Qui décide ? Des individus ? Des groupes d'intérêt ? Des fonctionnaires ? Des politiciens ? Et selon quels critères ? Jusqu'à quel point le processus de décision est-il rationnel ?

La décision concernant le budget est, à bien des égards, la décision la plus importante de toutes ; c'est pourquoi nous lui avons consacré le chapitre 6.

Avant de se pencher sur les concepts nécessaires pour comprendre le processus de décision, commençons par en décrire quelques caractéristiques empiriques. Le professeur André Bernard a décrit plusieurs des éléments de la décision gouvernementale au chapitre « Le processus de médiation et la prise des décisions » dans son livre *La politique au Canada et au Québec* (Bernard, 1977 ; voir aussi Bernard, 2000, p. 487-501).

D'abord, il est rare qu'une décision émane exclusivement de l'administration, du gouvernement lui-même ou du parti politique dominant, selon les analyses et observations de John Kingdon (1995). Pour Kingdon, une décision gouvernementale est une *rencontre* de plusieurs courants, dont les priorités politiques ne forment qu'un élément. S'il faut en croire cet auteur, les décisions publiques n'émaneraient que très rarement (ou jamais) d'un volontariste « projet de société ». Dans le même esprit, A. Bernard voit le processus comme passant de l'informel vers le formel. En effet, il commence par des conversations, parfois fortuites, des articles de journaux, des contacts personnels. John Kingdon rapporte par exemple que la politique de soutien du gouvernement fédéral américain aux HMO (*Health Maintenance Organizations*), sous la présidence de Richard Nixon, a commencé à l'occasion d'une rencontre fortuite à bord d'un avion commercial, quand un partisan des HMO s'est trouvé assis à côté d'un proche conseiller du président (Kingdon, p. 6) : ils se sont mis à parler des problèmes du système de santé aux États-Unis et de quelle manière les HMO pouvaient contribuer à la résolution de ces problèmes (Les *Health Maintenance Organizations* sont des organisations de soins de santé qui, tout en étant privées, offrent certaines garanties de continuité et de prise en charge que l'on trouve habituellement dans les systèmes de santé publics.)

Il y a donc une grande variété d'impulsions à la décision dans le secteur public. Parmi les plus formelles, on peut noter les conclusions d'une commission d'enquête ou les éléments d'un programme d'un parti politique. D'autres ne sont ni très formelles, ni très informelles, comme une situation économique difficile, par exemple. Parfois ce sont des *solutions* ou des slogans qui mènent le bal (« Une île, une ville » ou encore « Pas de médecine à deux vitesses »). Dans d'autres cas encore, c'est un projet (*pet project*) auquel un ministre tient personnellement qui retient l'attention, le contexte aidant.

Si le processus qui amène une orientation gouvernementale est souvent très peu formel, pour ne pas dire accidentel, la forme de la décision gouvernementale elle-même peut être assez formelle, par ailleurs : création d'une commission d'enquête, nouvelle loi ou nouvelle réglementation, arrêté en conseil (décision exécutive du cabinet) ou encore nouvelle interprétation d'une loi. La plupart du temps, la décision, dans son aspect formel, est plus compliquée qu'il n'y paraissait à première vue, mais elle peut être aussi plus simple : ainsi, certains changements linguistiques à la loi 101, demandés par des groupes de pression anglophones, peuvent être résolus en changeant simplement la réglementation attachée à la loi, sans qu'il soit nécessaire de changer la loi elle-même ; dans ce cas l'exécutif peut agir sans le législatif et, dans les faits, cela veut dire que l'administration publique peut piloter le dossier.

Pour rester dans les aspects formels de la décision, ajoutons que la plupart du temps on ne peut remplacer un acte gouvernemental que par un acte de même nature. Ainsi, si on veut remplacer une loi, il faut une nouvelle loi (ou l'abolition de l'ancienne), si on veut changer une décision du cabinet, il faudra une nouvelle décision du cabinet et, comme on l'a vu, un simple règlement peut remplacer un règlement devenu désuet ou impopulaire.

Tout au long du processus de décision dans le secteur public, il y a selon A. Bernard (1977, p. 293-318), des acteurs externes et internes, c'est-à-dire des personnes ou des groupes qui tentent d'influencer les décisions dans le sens de leurs désirs et de leurs intérêts. Ce sont parfois des *lobbyists* (qu'on traduit en français par « démarcheurs ») ou selon l'expression de John Kingdon des « entrepreneurs » au sens général du terme. Les analystes américains insistent beaucoup, dans leurs théories sur la décision, sur ces lobbyistes, mais il est permis de croire qu'ils sont moins importants ailleurs qu'ils le sont aux États-Unis. On dit par exemple qu'il y a moins d'avocats dans tout le Japon qu'il y en a dans la seule ville de Washington (les bureaux d'avocats sont souvent des intermédiaires choisis par les groupes de pression aux États-Unis). André Bernard observe d'autres constantes communes, par ailleurs : les gouvernements évitent généralement les solutions hâtives et, pour tâter le pouls de l'opinion publique et pour mieux évaluer les forces en présence, il favorise de solides débats ; cela peut aller jusqu'au « ballon politique », où un simple projet de décision est présenté comme étant adopté afin d'évaluer les réactions du public et des intéressés.

En plus des démarcheurs externes, A. Bernard parle des démarcheurs internes ; les bureaucrates des ministères ou des organisations intéressés peuvent faire des démarches eux aussi, mais bien sûr d'une façon plus discrète. Contrairement à l'image qu'on a des bureaucrates, ces derniers désirent souvent développer leurs activités et leur influence et, par des postes plus élevés, améliorer leurs conditions matérielles. Le plus souvent, ils favoriseront des politiques qui font appel à des connaissances qui sont les leurs, des décisions qui maximisent leur autonomie et leur budget.

Au bout du compte, observe André Bernard, il s'ensuit une certaine dépersonnalisation de l'autorité : à cause de tous ces acteurs, tant internes qu'externes, on ne sait pas toujours *qui* a pris la décision. Sans compter que les démarcheurs internes, les bureaucrates, peuvent agir dans l'anonymat, surtout dans les systèmes qui, comme au Canada, comportent le principe de la responsabilité ministérielle. De plus, dans tout système d'inspiration britannique, le législatif et l'exécutif forment, vis-à-vis de l'extérieur, un bloc uni et solidaire, ce qui accroît encore davantage le pouvoir de l'exécutif et de l'administration publique, soustrayant certains des éléments du débat de l'intervention du législatif. Mais la complexité même des questions contemporaines de politique publique d'aujourd'hui ont peut-être renforcé partout le pouvoir exécutif, même aux États-Unis. Devant cette complexité, le législatif peut acquérir un nouveau rôle, soit celui de servir d'intermédiaire entre les électeurs incertains de l'endroit exact où ils doivent s'adresser, d'une part, et les services gouvernementaux, d'autre part, sans compter qu'au Canada on ne sait pas toujours, non plus, vers quel niveau de gouvernement on doit se tourner.

5.1 QUELQUES CONCEPTS

5.1.1 L'efficience et l'efficacité

La distinction terminologique entre l'efficience et l'efficacité ne fait pas l'unanimité chez les auteurs qui s'intéressent à l'administration. Un certain flottement terminologique nous amène à deux cas de figure : une distinction entre l'efficience et l'efficacité proposée par Simon (1981) et une distinction entre l'efficience et la productivité proposée par Gournay (1980).

L'approche de Simon définit l'efficacité comme étant l'atteinte d'un but, l'acte étant qualifié d'« efficace » si le résultat recherché est atteint. Cette même approche considère l'efficience comme l'atteinte du but visé au coût minimum. Vu sous un angle plus formalisé, nous pourrions dire :

– objectif à atteindre + rater l'atteinte de l'objectif = inefficacité
– objectif à atteindre + réussite = efficacité
– efficacité + coût exorbitant = efficacité mais inefficience
– objectif à atteindre + réussite à un coût minimal = efficacité et efficience

Pour sa part, Gournay considère que l'efficience, c'est poser un acte qui atteint le résultat recherché (ce que l'approche américaine considère comme étant de l'efficacité) et que l'atteinte du résultat au coût minimum (ce que l'approche américaine définit comme étant de l'efficience) se rapporte à la productivité. Pour les fins de cette section, nous préférons toutefois utiliser les définitions de l'approche américaine (celle de H.A. Simon).

5.1.2 Les types de décisions

Simon distingue deux types de décisions, soit les décisions programmées et les décisions non programmées. Les décisions programmées sont les décisions routinières, répétitives et qui font référence aux procédures standardisées que l'on retrouve dans l'administration publique. Les décisions non programmées sont, quant à elles, des décisions moins bien structurées, prises sur la base du jugement et de l'intuition des décideurs (la notion de jugement fait référence aux valeurs, à l'éducation et à la socialisation du décideur). Les décisions non programmées se prennent souvent au niveau politique.

Il est nécessaire de distinguer par ailleurs la rationalité de substance de la rationalité fonctionnelle. La rationalité de substance concerne les fins de l'organisation alors que la rationalité fonctionnelle concerne les moyens pour atteindre ces fins. Pour Simon, les décisions programmées et non programmées sont les extrêmes d'une échelle de décision : les décisions programmées (plus axées sur les moyens) sont prises dans le bas de la structure hiérarchique alors que les décisions non programmées (plus axées sur les buts) sont prises vers le haut. Ainsi, plus on monte dans la hiérarchie administrative, plus les décisions sont prises en fonction d'une rationalité de substance, parce qu'on tient compte alors des buts poursuivis par l'organisation et sa mission. Par contre, plus on descend dans la hiérarchie administrative, plus le raisonnement est lié aux moyens à employer pour atteindre les buts fixés. Ces notions appliquées à la structure administrative de Mintzberg sont présentées à la figure 5-A.

— FIGURE 5-A —
Les types de décisions et la structure organisationnelle

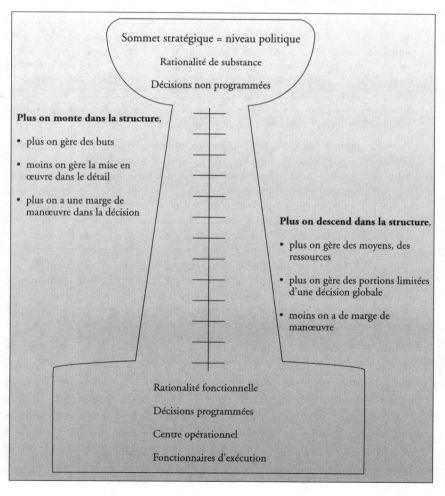

Sommet stratégique = niveau politique

Rationalité de substance

Décisions non programmées

Plus on monte dans la structure,

- plus on gère des buts

- moins on gère la mise en œuvre dans le détail

- plus on a une marge de manœuvre dans la décision

Plus on descend dans la structure,

- plus on gère des moyens, des ressources

- plus on gère des portions limitées d'une décision globale

- moins on a de marge de manœuvre

Rationalité fonctionnelle

Décisions programmées

Centre opérationnel

Fonctionnaires d'exécution

Donnons la parole à Herbert H. Simon pour développer cette idée qui classe les décisions entre décisions programmées et non programmées :

> Pour présenter la façon dont les dirigeants prennent aujourd'hui des décisions, et la façon dont ils opéreront dans le futur, il nous faut distinguer deux principaux types de décisions que j'appellerai respectivement les *décisions programmées* et les *décisions non programmées*. Après ce baptême, je m'empresse d'ajouter qu'il ne s'agit pas vraiment de deux genres différents, mais plutôt de tout un continuum comportant à un bout les décisions fortement programmées, et à l'autre les décisions fortement non programmées. Dans le continuum, on trouve des décisions dans tous les tons de gris, et je n'utilise les termes « programmées » et « non programmées » que pour distinguer les noires et les blanches au sein de l'ensemble.
>
> Les décisions sont programmées dans la mesure où elles sont répétitives et routinières, et où l'on a établi une procédure déterminée pour les effectuer, de façon à ne pas avoir à les reconsidérer chaque fois qu'elles se présentent. La cause évidente pour laquelle les décisions programmées ont tendance à être répétitives, et inversement, est que si un problème particulier se présente suffisamment de fois, une procédure normalisée sera généralement mise en place pour le résoudre. Vous trouverez de nombreux exemples de décisions programmées dans les organisations : la facturation des commandes ordinaires des clients, le calcul du salaire des employés qui ont été malades, le renouvellement des fournitures de bureau.
>
> On peut parler de décisions non programmées dans la mesure où elles sont nouvelles, non structurées et se présentent de façon inhabituelle. Il n'existe pas de méthode toute faite pour régler le problème, car il se pose pour la première fois, ou parce que sa nature et sa structure précise sont mal définies ou complexes, ou bien encore parce que son importance est telle qu'il mérite une solution sur mesure. Un bon exemple de décision non programmée est offert par celle que prend une société de s'établir pour la première fois dans un pays qu'elle ne connaît pas. Souvenez-vous que nous ne considérons pas uniquement l'acte final d'approbation de la démarche, mais aussi l'ensemble des activités de renseignement et de conception qui l'ont précédé. Bon nombre des activités de base ont été indubitablement programmées, comme l'utilisation de techniques standard des affaires, mais avant que ces composantes aient pu être conçues et assemblées, il a fallu les insérer dans le cadre plus large de la stratégie de l'entreprise » (Simon, 1980, p. 41-42).

Dans cette dernière citation, l'auteur a fait référence à la « stratégie de l'entreprise » (ou de l'organisation). En effet, quand on a affaire à une décision non programmée, qui engage des éléments essentiels de l'organisation, on parle parfois de décision stratégique (Hall, 1999, p. 156). Nous reviendrons plus loin sur la planification stratégique quand, dans la deuxième partie de ce chapitre, nous passerons en revue les différentes étapes du cycle administratif. Quant à Henry Mintzberg, il considère que les décisions programmées sont des décisions *non structurées* (Mintzberg *et al.*, 1976).

Pour résumer cette opposition entre ces deux types de décisions, nous pouvons dire que la décision programmée de H.A. Simon correspond à la rationalité fonctionnelle (ou de moyens) de Karl Mannheim ainsi qu'à la décision structurée de H. Mintzberg, tandis que la décision non programmée de H.A. Simon correspond à la rationalité de substance de Karl Manheim, à la décision non structurée de H. Mintzberg ainsi qu'à la décision stratégique. On pourrait ajouter, dans cette dernière liste (décision non structurée) la notion de «zone axiologique» de Lucien Mehl.

Dans le paragraphe précédent, on a fait mention de Karl Mannheim à propos de la distinction entre rationalité de substance et rationalité de moyens. Dans *Man and Society in an Age of Reconstruction*, Mannheim développe cette opposition entre les deux formes de rationalité, en allant au-delà des simples questions administratives ou organisationnelles. Si on élargit la question de la rationalité de substance à la société tout entière, on pourrait dire que cette rationalité correspond à ce qu'une société se propose comme buts dans le sens le plus large : la croissance économique, l'égalité entre les citoyens, une société de droits, le respect de l'environnement, le progrès technologique, le succès dans le commerce international. Bien sûr, entre ces différents buts, la société, idéalement, fera un arbitrage : comme certains buts sont plus importants que d'autres, on doit les classer par ordre d'importance. Mais on réalise tout de suite que le choix entre ces buts n'est pas une décision évidente ; c'est une question importante, au niveau de la société, une question «non programmée», non structurée, stratégique, axiologique. L'individu, lui aussi, peut se poser des questions de rationalité de substance : qu'est-ce qui compte avant tout ? sa carrière ? sa famille ? ses loisirs ? se construire une retraite confortable ?

Quant à la rationalité des moyens, elle ne peut logiquement se poser que quand on a déterminé la rationalité de substance. Ainsi, si dans une société donnée, on estime que la préservation de l'environnement a une grande importance, il reste alors à déterminer les moyens à prendre : allons-nous procéder en adoptant des lois plus sévères, ou encore par des mécanismes liés au marché ? Il nous reste donc à agir au niveau de la rationalité fonctionnelle.

Formellement, la rationalité de substance est une matière pour discussion publique, politique, tandis que la rationalité des moyens est davantage l'affaire de l'administration. Voilà une distinction qui se trouve aussi, parfois avec des mots différents, chez Max Weber. À noter cependant que les moyens peuvent aussi être l'objet de débats publics.

Avec beaucoup de perspicacité et de profondeur, Karl Mannheim note, déjà au milieu du XXe siècle, que la rationalité de substance décline dans les sociétés contemporaines au profit de la rationalité fonctionnelle. Cela est peut-être inévitable, remarque-t-il, dans des sociétés qui ont beaucoup développé leurs technologies. Jacques Ellul, penseur et historien de la technologie, va dans le même sens, en soutenant l'idée que nous sommes entraînés dans le tourbillon de la technologie et que nous ne faisons que nous ajuster tant bien que mal à ce nouveau maître.

Même si on peut être sceptique sur notre capacité d'énoncer, d'abord, des jugements de substance (ou de valeurs), puis de prendre des décisions sur les moyens, cette distinction entre les deux types de rationalité est cruciale pour la présentation des modèles de processus décisionnels que nous verrons dans la prochaine section.

5.2 LES MODÈLES DE PROCESSUS DÉCISIONNEL

En prenant un exemple très précis, on peut se demander pourquoi la gestion des matières résiduelles domestiques (les déchets) est devenue un sujet de préoccupation important pour le gouvernement du Québec au milieu des années 1990. Ce sujet de politique publique (les déchets domestiques) a donné lieu à la création de la Commission sur la gestion des matières résiduelles mandatée par le Bureau d'audiences publiques en environnement (BAPE), laquelle commission a remis son rapport au ministre de l'Environnement en février 1997. On peut se poser plusieurs questions à ce sujet : Pourquoi le gouvernement québécois s'est-il intéressé à cette question à ce moment-là ? L'initiative de la création d'une commission sur les déchets domestiques vient-elle des citoyens, des groupes écologistes, des experts du gouvernement ou de quelque autre entité ? Mais les questions ne s'arrêtent pas là, puisque le rapport remis au ministre ne sera pas intégralement repris dans le Plan du ministère sur les déchets domestiques, déposé un an et demi plus tard, en septembre 1998. Voici le type de question qu'une étudiante (madame Carole Beaudoin) peut se poser à ce sujet dans un mémoire de maîtrise ou dans une thèse de doctorat :

> De février 1997 à septembre 1998, pourquoi la gestion des matières résiduelles a-t-elle constitué une priorité pour le ministère de l'Environnement et Faune Québec ? Comment s'est effectué le processus de formulations pour que certaines recommandations du rapport du BAPE soient retenues et d'autres non ? Cette formulation fut-elle l'œuvre exclusive des acteurs externes à l'appareil gouvernemental ? Formaient-ils des alliances ? Qui est satisfait du Plan ? Quels acteurs ou alliances d'acteurs se considèrent comme les gagnants ? Les perdants ? Qui est perçu comme gagnant ou perdant par les acteurs impliqués dans la gestion des déchets domestiques (Beaudoin, 1999, p. 3) ?

Dans la citation qui précède, l'auteure se pose des questions sur différents aspects de la prise de décision. La décision vient-elle du haut, du gouvernement, ou vient-elle du bas, des citoyens, des groupes de pression? Le gouvernement a-t-il un plan précis ou est-il bousculé en la matière par des éléments qui lui sont extérieurs? Qui décide? Et comment?

Dans les prochaines pages, nous présenterons plusieurs modèles de prise de décision dans le secteur public. Il faudra être attentif aux aspects descriptifs, analytiques, prescriptifs ou normatifs de ces modèles. Parfois, le modèle proposé se contente de décrire ou d'analyser la façon de prendre les décisions. D'autres fois, les auteurs disent présenter la réalité, alors que leur modèle comporte une certaine part de prescriptif ou de normatif.

Au chapitre 2, nous avons déjà vu plusieurs modèles grâce auxquels on pouvait analyser l'administration publique (l'approche systémique, l'approche institutionnelle, l'approche stratégique, par exemple). On pourrait appliquer ces modèles généraux à un sujet plus spécifique, comme la prise de décision, et nous le ferons dans certains cas. Mais nous nous pencherons surtout, ici, sur des modèles qui ont été élaborés spécifiquement pour les décisions, surtout celles qui concernent le secteur public. Nous ne verrons pas ici tous les modèles qui existent, mais seulement les plus importants. Mais pour donner une idée de la variété de modèles, on peut énumérer ceux qui sont répertoriés par Nicholas Henry (1999, p. 348-368).

Henry mentionne six modèles qui sont reliés au processus de prise de décision, c'est-à-dire les modèles qui décrivent les acteurs et la façon de prendre la décision, à savoir: élitiste, de groupes, systémique, institutionnaliste, néo-institutionnaliste et, enfin, celui de l'anarchie organisée (p. 348). Henry mentionne ensuite trois modèles qui sont reliés aux *outputs* de la décision, à la qualité de ce qui en ressort; dans cet esprit, il mentionne (p. 353) les modèles: rationnel, gradualiste et, enfin, celui de la planification stratégique. Quant à nous, nous verrons la plupart des modèles présentés par Henry (mais pas tous), même si les appellations diffèrent quelque peu, avec quelques autres qu'il n'a pas relevés explicitement dans sa liste (comme le *Public Choice* par exemple).

Quels sont donc nos modèles et pourquoi les avons-nous choisis? Nous avons choisi ceux qui, à notre avis, représentent les moments forts de la théorie de la décision des cinquante dernières années. Nous les présentons dans un ordre essentiellement chronologique.

Le modèle rationaliste est la base de tous les autres modèles; ils le posent comme point de départ, ne serait-ce que pour s'en éloigner. Le modèle gradualiste, d'abord élaboré en 1959, a été le premier à contester l'approche rationaliste.

Graham T. Allison (1969) a lui aussi proposé des idées qui remettaient en question les idées dominantes. John Kingdon, en 1984, a souligné, quant à lui, l'aspect presque fortuit de la mise à l'ordre du jour des politiques publiques, remettant lui aussi en question le modèle rationnel.

On a placé en dernier lieu l'école du *Public Choice*, même si on avait pu la placer, sur le plan temporel, avant Kingdon, parce qu'elle tient une place toute particulière dans les débats politiques et administratifs d'aujourd'hui. De ce fait, elle est donc l'objet d'un traitement spécifique et plus développé. En plus d'en dégager les concepts, on a voulu décrire le contexte sociologique de cette école très influente.

Si les différentes écoles peuvent être placées sur un continuum « rationnel-non rationnel », elles peuvent aussi se situer par rapport à d'autres critères. On peut les situer, par exemple, selon le niveau d'acteur privilégié. Ainsi, le gradualisme privilégie les groupes, le *Public Choice*, l'individu. Pour les situer, on peut aussi évaluer leur degré de déterminisme. À cet égard, d'aucuns seront d'avis que le *Public Choice* apparaît plus déterministe que les autres modèles.

Dans la section 5.2.6, nous proposons d'autres modèles, qui nous paraissent moins importants que les précédents pour notre étude. Mais ils peuvent aussi être identifiés selon l'importance qu'ils accordent à la rationalité, à l'individu ou au groupe, au déterminisme. Ainsi, l'analyse stratégique de Michel Crozier réintroduit un élément de rationalité, situé au niveau individuel. Il paraît également très peu déterministe (Crozier, 1977).

5.2.1 Le modèle rationaliste

Partant de la distinction entre les fins (rationalité de substance) et les moyens (rationalité fonctionnelle), cette approche postule que toutes les décisions publiques doivent d'abord se fonder sur une rationalité de substance. Ainsi, la société doit, à travers son gouvernement, établir les buts sociaux et les valeurs sociales (comme par exemple l'égalité, le développement économique ou l'ordre public). Évidemment, ces buts et ces valeurs seront différents selon les époques et les pays étudiés. Pour le modèle rationaliste, ce n'est que lorsque ces valeurs sociales ou buts sociaux ont été établis que l'on peut opérer, ensuite, selon la rationalité fonctionnelle, c'est-à-dire chercher les moyens à prendre pour maximiser ces buts. L'établissement des buts et des valeurs de la société prend souvent la forme, pour le modèle rationaliste, d'un concept d'« intérêt général », lequel aide alors à déterminer l'importance et l'urgence d'une question donnée.

Le processus décisionnel présenté par le modèle rationaliste (proche parent de l'École classique) comporte les étapes distinctes et séquentielles suivantes (on doit faire 1 avant 2, et 2 avant 3) :

1. Identification des valeurs et des buts à atteindre ;
2. Étude de toutes les alternatives possibles pour atteindre ces buts ;
3. Recherche d'informations sur l'efficacité/l'efficience des différentes alternatives ;
4. Comparaison entre les alternatives et leurs conséquences ;
5. Choix de l'alternative qui maximise les valeurs et les buts ;
6. Mise en œuvre ;
7. Rétroaction.

Ce modèle de processus de prise de décision n'est pas qu'une simple séquence d'actes. Il suppose au départ qu'il existe un ordre défini entre les valeurs, et que le décideur est conscient des valeurs qu'il entend privilégier. On tient aussi pour acquis que les étapes du processus doivent toujours se présenter dans l'ordre que nous avons établi ci-dessus. On présume également que le décideur est en mesure d'obtenir toutes les informations reliées à son objet de décision et que, par conséquent, il pourra effectivement tenir compte de toutes les alternatives possibles. Le décideur est censé ne prendre qu'une décision à la fois. En résumé, on peut dire que le modèle rationnel comporte un grand nombre d'exigences.

Selon Gournay, plusieurs facteurs qui viennent influencer la prise de décision ne sont pas pris en considération par le modèle rationaliste. Le premier de ces facteurs concerne le nombre de décideurs dans l'administration publique. Dans le modèle rationaliste, il n'existe qu'un décideur. Or, dans l'administration publique, il y a plusieurs décideurs, donc plusieurs rationalités et systèmes de valeurs qui s'affrontent. L'auteur nous dit qu'en principe, dans le modèle rationaliste, le décideur ne devrait prendre qu'une décision à la fois. Dans la réalité, le décideur mène plusieurs dossiers de front et ne peut se consacrer uniquement à une décision. Gournay insiste aussi sur le fait que, pour prendre une décision, le décideur ne possède pas d'instrument sûr et parfait lui permettant de faire des projections dans l'avenir pour mesurer tous les impacts d'une décision. Il remarque que si la pertinence d'une décision repose sur la valeur des informations qui la sous-tendent, les cas où toute l'information est disponible sont rares et, par conséquent, il est difficile d'en arriver à une décision objective qui tienne compte de tous les aspects importants. Sans compter que le manque de temps, de ressources et la routine intellectuelle empêchent souvent le décideur d'examiner toutes les alternatives possibles à une décision. Cela remet en cause la rationalité de certaines décisions de l'administration publique. Enfin, l'auteur nous rappelle que, malgré tous les efforts effectués dans le sens de la rationalité, il est impossible de prévoir toutes les conséquences qu'entraînerait telle décision ou telle autre. Il croit qu'un processus de prise de décision rationnel demande, de la part des décideurs, une objectivité qu'on ne peut atteindre, surtout lorsqu'il est question de décisions d'ordre politique (Gournay, 1980, p. 343-367). Même au niveau individuel, peut-on dire que chacun connaît réellement ses valeurs ?

De son côté, Simon croit que les décideurs ne poussent pas à fond la recherche de toutes les alternatives possibles mais tentent plutôt de trouver une solution relativement satisfaisante. Cette situation s'explique par le fait que les membres d'une organisation n'ont pas un intérêt direct à ce que la décision soit vraiment optimale, contrairement aux entrepreneurs privés, par exemple. D'autres auteurs ont souligné que la recherche d'une solution optimale s'avérerait souvent trop coûteuse pour être toujours envisagée.

Cependant, malgré toutes ces critiques, il faut comprendre que le modèle rationaliste est un idéal-type à partir duquel d'autres modèles ont été proposés, en réaction contre lui, ou pour remédier à certaines de ses lacunes.

5.2.2 L'approche gradualiste

Les prémisses sur lesquelles s'appuie l'approche gradualiste viennent en contradiction avec celles qui fondent l'approche rationaliste. D'abord, on rejette l'idée d'un tout social cohérent. On refuse donc de reconnaître tout intérêt général, en tant que contenu spécifique, et de parler en termes de valeurs et de buts sociaux. Aaron Wildavsky s'est demandé, par exemple, quelles sciences sociales pouvaient prétendre identifier l'intérêt général. En revanche, on met l'accent sur une pluralité de rationalités entre lesquelles un compromis est possible, et ce compromis est la décision. Le processus décisionnel du modèle gradualiste met l'accent sur l'ajustement mutuel : à force de marchandage et de compromis durant le jeu des négociations qui précède la prise de décision, il se dégage des décisions de politiques publiques qui sont relativement satisfaisantes pour tous les intéressés. Il n'y a pas de rationalité de substance comme telle pour l'ensemble du système, car qui déterminerait l'intérêt général sinon un groupe qui réussirait à dominer les autres sur une question donnée.

Le modèle gradualiste, qui a surtout été élaboré par Lindblom (1959, p. 79-88), est construit de la manière suivante :

1. Choix d'un objectif simple ;
2. Peu d'alternatives identifiées ;
3. Évaluation basée sur l'expérience ;

4. Choix simultané des valeurs et des moyens ;

5. Répétition du processus.

En soulignant que la rationalité d'un décideur est limitée, Lindblom démontre que, contrairement au modèle rationaliste, on ne retrouve pas dans la décision gradualiste :

- un ordre défini entre les valeurs et les moyens ;
- une recherche exhaustive des moyens permettant d'atteindre les objectifs (alternatives) ;
- une banque d'informations complète sur l'objet de la décision.

Lindblom soutient que les problèmes de l'administration publique étant très complexes, le décideur ne s'appliquera pas à faire un choix qui maximise les objectifs ; il se contentera d'une solution relativement satisfaisante, comme H.A. Simon le confirme. L'approche suppose aussi que le décideur ne considère que ce qui est faisable, et se base sur les expériences antérieures pour prendre sa décision. Ce dernier aspect a valu au modèle gradualiste d'être qualifié de modèle conservateur.

Bien sûr, le modèle gradualiste est très différent du modèle rationnel. Mais d'une certaine façon il en conserve une certaine dimension. En effet, s'il n'y a pas une rationalité de contenu et si les individus s'effacent au profit des groupes, on peut défendre l'idée que les groupes sont, eux, rationnels d'une certaine façon, c'est-à-dire qu'ils proposent des solutions qui sont la maximisation des intérêts du groupe.

On pourrait dire aussi qu'il y a, dans l'approche gradualiste, une sorte d'intérêt général ; on peut déterminer *une procédure*, une façon de faire, qui, elle, est dans l'intérêt de la collectivité et qui à ce titre vaut la peine d'être préservée. Dans ce gradualisme, dans ce *muddling through* (ou en termes plus savants ce *disjointed incrementalism* — gradualisme segmenté), chacun prend la parole, participe au jeu démocratique, et chacun y participant, on peut penser que personne ne sera totalement oublié, ce qui favorise une certaine paix sociale. Paradoxalement, dans cette perspective, *chacun ne doit que parler pour lui-même*, car si un groupe ou un participant s'autorisait à parler pour l'ensemble, son point de vue à lui, égoïste, intéressé, risquerait d'être surreprésenté (ou même parfois sous-représenté), ce qui affecterait l'ensemble de l'équation finale. Cette insistance sur le respect des procédures ne devrait pas réellement nous surprendre, car les procédures (au sens noble du terme) ont toujours eu une grande importance dans la pensée politique et administrative des milieux anglo-saxons. Au chapitre 2, nous avons vu comment l'apport britannique à l'Administration Publique était constitué en bonne partie de concepts comme le *rule of law* ou la responsabilité

ministérielle. On pourrait faire la même remarque à propos des idées philoso-
phiques de l'Américain John Rawls.

Évidemment, on peut critiquer le rôle important attribué aux groupes de
pression, comme l'a fait Théodore Lowi dans son grand classique *The End of Liberalism*, et dire qu'aujourd'hui les moyens financiers de certains groupes — comme
l'American Medical Association dans le domaine de la santé ou le National Rifle
Association dans le domaine de la sécurité publique aux États-Unis — leur permettent d'influencer indûment les décisions politiques.

On peut par ailleurs se demander jusqu'à quel point les institutions de
chaque culture administrative affectent les théories de la décision. On sait par
exemple que les États-Unis sont un pays fédéral où, en plus, il y a souvent
absence de cohérence entre l'exécutif et le législatif et où, même à l'intérieur du
législatif, il y a peu de discipline de parti parmi les représentants et les sénateurs.
Même si les Américains croyaient en une approche rationnelle, intégrée, ils
auraient sans doute beaucoup de difficulté à l'appliquer.

Peut-être les fondements des approches en matière de prise de décisions
reflètent-elles de façon encore plus profonde la culture nationale. On dit du
modèle intellectuel français qu'il est plus abstrait et plus déductif que la façon de
faire anglo-saxonne. Dans cette veine, on peut dire que la prise de décision
rationnelle, par essence déductive, se prête mieux à la tradition intellectuelle
française, tandis que le gradualisme, plus inductif, correspond mieux à un certain pragmatisme anglo-saxon. Notons, pour revenir à la question de la possibilité de déterminer un contenu à l'intérêt général, que les principes (français) de
liberté, de fraternité et d'égalité sont effectivement des *contenus*, par opposition à
la *rule of law* (anglaise), qui est essentiellement une question de *procédure*.

Mais le temps où la France était reconnue dans le monde anglo-saxon pour
son *indicative planning* est déjà bien loin, car la France, du moins en paroles, a
bien intériorisé le discours néolibéral actuel. On peut même dire que depuis
1982-1983, elle n'a plus la cohérence institutionnelle qu'elle avait avant les
grandes réformes de la décentralisation. Par contre, les vingt dernières années ne
constituent qu'un bref moment de son histoire (Mercier, 1994).

En réalité, nous n'avons peut-être pas à choisir entre l'approche rationaliste/
déductive, traditionnellement attribuée à la France, et l'approche gradualiste/
inductive, traditionnellement attribuée aux États-Unis. Car, dans la pratique, les
organisations ont besoin de ces deux méthodes. C'est d'ailleurs ce que montre ce
passage tiré du livre de Nicholas Henry, et attribué à George Keller :

> Les organisations font face à la fois à des exigences ponctuelles, à court terme, mais
> aussi à des exigences à long terme, plus générales. Elles doivent composer avec le

présent, mais aussi se préparer à la façon dont elles vont faire face à un avenir très différent (cité dans Henry, 1989, p. 363, traduction libre).

Pour Henry, cette nécessité de porter son attention sur les problèmes à court terme mais aussi sur ceux à long terme est un des facteurs qui a mené à la planification stratégique (que nous verrons dans la section sur le cycle administratif) ; en effet, cette dernière ramène d'une certaine manière le modèle rationnel à l'avant-scène en utilisant une terminologie différente. Cette nécessité d'utiliser les deux approches a aussi été soulignée par Amitai Etzioni dans son article « Mixed-Scanning : A Third Approach to Decision Making » (1967).

5.2.3 Modèles des processus organisationnels et de la « politique de la bureaucratie »

Graham T. Allison, de l'Université Harvard, dans son article aujourd'hui classique « Conceptual Models and the Cuban Missile Crisis » (1969), propose trois modèles pour analyser la crise des missiles de Cuba qui a secoué le monde en octobre 1962. En pleine période de forte tension entre les États-Unis et l'Union soviétique, cette dernière voulait installer à Cuba des missiles qui pouvaient atteindre facilement des villes américaines. Le président Kennedy avait alors une décision à prendre quant à une réponse possible : accepter l'état de fait, riposter militairement par un blocus naval, servir un ultimatum aux Soviétiques pour qu'ils démantèlent les installations militaires. Il s'agissait en somme d'une décision cruciale qui pouvait amener des pertes de vie de milliers, voire de millions d'individus. Allison nous dit qu'il y a en somme trois façons de regarder comment la décision du président Kennedy a été prise (la décision a été finalement celle d'appliquer le blocus naval et d'adresser un ultimatum aux Soviétiques, qui ont cédé et démantelé leurs installations).

Une première façon de voir était l'approche rationnelle. Mais Allison nous dit que cette approche présente « le gouvernement » comme une entité monolithique, alors qu'en réalité n'importe quel gouvernement est un ensemble plus ou moins éclaté de petites ou grandes organisations qui ont des programmes assez différents. Allison voit l'intérieur du gouvernement un peu comme Lindblom voit les groupes de pression à l'extérieur du gouvernement.

Devant sa relative insatisfaction vis-à-vis du modèle rationnel pour expliquer réellement ce qui s'est passé, il propose deux autres modèles. Notons tout de suite que Allison est d'avis que chacun des trois modèles (y compris le rationnel) peut expliquer des parties différentes du processus (p. 714).

Le second modèle qu'il propose est le modèle des processus organisationnels. Selon ce modèle, un gouvernement est en réalité une sorte de conglomérat,

composé d'organisations assez autonomes qui ont une vie propre, des buts spécifiques (faire la guerre, négocier, etc.). Chacune de ces organisations, surtout si
elles sont importantes, a, pour se coordonner, un répertoire d'opérations standardisées (dans tel cas, on fait telle chose), ce qui correspond plus ou moins à ce
que Herbert A. Simon appellera des « décisions programmées ». L'ensemble de
ces décisions programmées fait en sorte que même les responsables politiques,
élus pour diriger, éprouvent de la difficulté à les contrôler. Allison cite un autre
président américain, Franklin D. Roosevelt, pourtant un maître administrateur
d'organisations gouvernementales, qui se plaint de ne pouvoir réellement
contrôler certains ministères fédéraux américains :

> Le [ministère du] Trésor est tellement large et installé dans sa routine que j'en viens
> à penser qu'il est presque impossible d'obtenir de lui les actions et les résultats que je
> veux [...] Mais le Trésor n'est rien comparé au Département d'État. Vous devriez
> vivre l'expérience de tenter de changer quoi que ce soit dans la pensée, les politiques
> et les actes des diplomates de carrière, et là vous réaliseriez ce que c'est un vrai pro-
> blème. Mais le Trésor et le Département d'État, mis ensemble, ne sont rien com-
> parés à la Marine. Changer quoi que ce soit au département de la Marine équivaut à
> donner des coups de poings dans un lit de plumes. Vous le frappez de la gauche,
> puis vous le frappez de la droite jusqu'à ce que vous soyez complètement épuisé,
> pour vous apercevoir en fin de compte que le sapré lit a repris exactement la forme
> qu'il avait avant que vous commenciez à le frapper (propos de F.D. Roosevelt, rap-
> portés dans Allison, 1969, p. 701-702, traduction libre).

Les réactions des organisations gouvernementales sont donc assez prévisibles, même devant des événements qui exigeraient d'elles qu'elles regardent un
problème d'une façon novatrice. Par exemple, devant un responsable politique
qui demandait quelle serait la façon de procéder dans le cas d'un blocus naval
contre les bateaux soviétiques, un haut fonctionnaire militaire de la Marine lui
répondit que « tout était dans le manuel des règlements de la Marine » (Allison,
p. 707)...

Le troisième modèle que propose Allison est celui de « la politique de la
bureaucratie ». Ici, ce n'est pas tellement les habitudes standardisées que Allison
regarde ; ce sont plutôt les rivalités et les luttes de pouvoir entre les organisations
bureaucratiques d'un même gouvernement. Les différentes bureaucraties sont en
effet engagées dans des compétitions entre elles (pour les ressources, les budgets,
l'influence), et les « décisions » gouvernementales sont la résultante de ces luttes
sur une question donnée. Ce modèle n'est pas sans rappeler le modèle gradualiste de Lindblom, mais il s'applique à l'intérieur du gouvernement. Comme le
dit Allison, « ce que la nation fait est souvent le simple résultat du triomphe d'un
groupe sur un autre » (Allison, p. 707). Dans le cas qui nous occupe, selon que la

Marine ait réussi à influencer la présidence plus que le Secrétaire d'État, la décision aurait été différente.

5.2.4 Le modèle des « fenêtres d'opportunité » et des « agendas » de John Kingdon

En 1984, et dans une version plus récente en 1995, John Kingdon se demande pourquoi tel ou tel problème en vient à se trouver à *l'agenda* (ordre du jour) d'un gouvernement, c'est-à-dire parmi les problèmes que celui-ci croit devoir régler. Après tout, n'y a-t-il pas, à tout moment, des dizaines, voire des centaines de problèmes auxquels il pourrait s'attaquer? Kingdon répond à cette question en affirmant qu'un problème en vient à se trouver à l'agenda du gouvernement quand trois « courants » se rencontrent : le courant des problèmes, le courant des solutions et le courant des orientations. Ainsi, par exemple, pour que les questions de l'administration de la santé se trouvent à l'agenda du gouvernement américain (fédéral), il faut qu'il y ait des problèmes (des millions d'Américains sont dépourvus de couverture médicale), des solutions (des propositions d'experts pour remédier aux problèmes) et des orientations (une opinion publique favorable à des réformes, un parti au pouvoir qui est sensible à la question). Pour Kingdon, ces trois courants ont une « vie » assez indépendante les uns des autres ; c'est donc une chance quand ils se rencontrent : à ce moment-là s'ouvre une *window of opportunity* (une fenêtre d'opportunité) qu'il faut saisir si on veut qu'une question soit traitée ; si on manque cette *window of opportunity*, elle pourrait bien ne plus jamais réapparaître. Il se passera plus de choses encore si ces trois courants sont réunis dans un même *package*, si par exemple il y a un certain consensus sur les solutions à apporter. C'est ce dernier point (un certain consensus de base sur les solutions) qui a cruellement fait défaut au problème de l'administration de la santé aux États-Unis, les différents projets de réformes échouant au niveau législatif, les législateurs ne réussissant pas à s'entendre sur un consensus minimum au niveau des solutions.

Dans ce processus de mise à l'agenda, Kingdon nous dit (1995, p. 31) que, contrairement à ce que dépeint Hugh Heclo dans *The Government of Strangers*, les *political appointees* (les hauts fonctionnaires nommés sur une base politique partisane) jouent un rôle non négligeable, avec bien sûr les élus eux-mêmes. Les choses se passent donc de façon assez hiérarchique, et les fonctionnaires sont finalement assez discrets à l'étape de l'émergence. Par contre, une fois une question mise à l'ordre du jour (agenda), il est permis de penser que les fonctionnaires jouent un rôle important au niveau de la détermination précise des solutions (p. 27, 31).

Dans le processus plus large de rencontre entre les trois courants, il y a selon Kingdon une certaine dose de hasard, d'accident, de chance et d'événements fortuits. D'ailleurs, à la fin de son livre Kingdon souligne que, pour comprendre le processus des décisions politiques, il faut penser à des images fluides (comme des nuages) au lieu de penser à des images mécaniques (p. 223).

Dans le domaine de la santé, auquel Kingdon s'intéresse particulièrement, l'élection de Ronald Reagan, avec ses idées néolibérales (courant des orientations), a stoppé net l'effort de son prédécesseur, Jimmy Carter, de réformer la gestion de la santé aux États-Unis. Mais cela n'est pas nouveau puisque l'histoire de la santé publique est dans ce pays une histoire de rendez-vous manqués (p. 217). (On ne parle pas ici de la qualité des soins eux-mêmes, mais de leur accès à des coûts raisonnables pour l'ensemble de la population, avec un minimum de coûts administratifs.) Au moment où Kingdon écrit son volume en 1995, il n'est pas clair que le président Clinton réussisse là où ses prédécesseurs ont échoué, mais on pouvait dire en 1999 que les craintes de Kingdon se retrouvent au moins en partie justifiées, puisque le plan du président a largement été défait au niveau législatif.

Cet exemple pris dans le domaine de la santé est d'autant plus intéressant pour nous, au Québec, que le politologue Vincent Lemieux (avec Louis Demers) a appliqué le modèle de Kingdon à la question de la gestion des crises d'engorgement dans les salles d'urgence au Québec depuis les années 1980 (Demers et Lemieux, 1998). Bien entendu, la gestion des salles d'urgence est une question plus limitée que ce qu'a analysé Kingdon dans le cas des États-Unis. Néanmoins Demers et Lemieux ont utilisé avec profit des concepts élaborés par Kingdon dans leur analyse : « au total, le modèle retenu permet de rendre compte du déroulement de la politique » (p. 520), concluent les auteurs. En effet, en prenant l'exemple des interventions gouvernementales en matière de gestion des salles d'urgence de 1985-1986, les auteurs notent que les trois courants étaient chaque fois réunis (problèmes, solutions et orientations), notamment par la présence importante de ce thème durant la campagne électorale de novembre 1985. Par ailleurs, Demers et Lemieux modifient en partie certains des éléments de la théorie de Kingdon, ou du moins émettent certaines nuances. Le professeur Kingdon avait souligné le rôle des « entrepreneurs », c'est-à-dire des élus, lobbyists, universitaires ou fonctionnaires qui sont essentiels dans le couplage des courants ; or, le travail de ces entrepreneurs ne semble pas aussi important au Canada et au Québec qu'il l'est aux États-Unis, selon Demers et Lemieux, car le ministère de la Santé et des Services sociaux semble s'être inspiré avant tout de ses propres informations sur les urgences pour établir ses plans de réformes :

On peut d'abord invoquer la différence de système politique entre les États-Unis et le Québec [...] Peut-être le régime politique des États-Unis, basé sur le principe de l'équilibre entre les pouvoirs exécutif et législatif, se prête-t-il davantage à l'intervention d'entrepreneurs que le nôtre. Dans un tel régime, rares sont les circonstances où la conjoncture politique rallie la Maison Blanche et le Congrès. Il devient alors approprié pour des acteurs politiques de se tenir à l'affût de telles circonstances afin d'accrocher problèmes et solutions aux priorités de l'heure [...].

Au Canada et au Québec, la concentration des pouvoirs législatif et exécutif sous la même autorité, la majorité absolue dont dispose généralement le parti au pouvoir et la discipline qui règne en son sein accordent une plus grande latitude au gouvernement dans le choix des réformes qu'il entend réaliser (Demers et Lemieux, 1998, p. 523).

5.2.5 Le modèle du *Public Choice*

Nous avons choisi de terminer notre revue des grands modèles de prise de décision dans le secteur public par le *Public Choice*. Ce modèle est particulier à bien des égards. En effet, il s'intéresse au contenu des politiques publiques, mais aussi de façon particulière aux structures qui encadrent la décision, notamment à la bureaucratie. De plus, même s'il n'est pas majoritaire dans le milieu des sciences sociales, son influence auprès des décideurs a été très importante au cours des dernières années. Et, à bien des égards, c'est le plus américain des modèles de prise de décision, car il suppose souvent un rôle réellement réduit pour les gouvernements. En effet, le secteur public y est vu comme une exception plutôt que comme une réalité qui va de soi : il n'existe et n'a de fonction que quand les individus ne peuvent agir autrement, quand ils sont forcés d'y recourir et/ou quand le secteur public peut leur procurer (individuellement) des avantages matériels, monnayables. Alors que l'approche gradualiste reconnaît implicitement que les groupes d'intérêt représentent efficacement leurs membres, le *Public Choice* ne reconnaît pas intégralement la représentativité des groupes, lesquels peuvent devenir la proie de leurs dirigeants et de leurs intérêts. D'une certaine façon, le *Public Choice* récupère la notion de rationalité de l'approche rationaliste, mais l'applique seulement à l'individu qui tente de maximiser ses valeurs. Ainsi, par exemple, un chef syndical prend une décision en fonction de la maximisation de sa carrière, de ses possibilités d'avancement, pas nécessairement en fonction des intérêts des membres du syndicat ; et un chef politique prend (ou évite de prendre) des décisions afin d'augmenter ses chances de réélection.

Même si, dans les prochaines pages, nous explorons le *Public Choice* (voir aussi Mercier, 1984) surtout en rapport avec sa critique du secteur public, ce mouvement s'est intéressé à beaucoup d'autres sujets. Le *Public Choice* a appliqué ses aspects normatifs à des domaines comme l'environnement en recommandant la création de droits de propriété, et non la suppression de la propriété, en arguant que si les droits de propriété étaient clairs, les propriétés seraient en bon état écologique puisque chacun ne s'occupe bien que de ce qui lui appartient : si l'air appartenait à des intérêts précis, au lieu de n'appartenir à personne, il serait en bien meilleur état aujourd'hui.

Le *Public Choice* nous amène à poser un certain nombre de questions, dont certaines sont presque de nature philosophique. Par exemple, l'échange, le marché est-il inhérent à la nature humaine — donc inévitable — ou est-il un construit humain qui peut être exacerbé par un néolibéralisme débridé ? Il n'y a pas de réponse évidente à ce type de questions.

Dans les prochaines pages, on verra comment le mouvement peut être vu comme une résultante de la culture politique américaine, même si on en a, entre 1980 et 2000, appliqué les recommandations presque partout dans le monde. Gardons à l'esprit que les Américains ont toujours été méfiants envers la planification étatique et envers une élite administrative à l'européenne, non élue, qui la guiderait ; le *Public Choice* s'inscrit donc dans cette tendance en confiant les décisions au jeu du marché. De la même façon, il y a peu de pays au monde où les citoyens font du niveau des taxes municipales un facteur important pour savoir où ils vont aller vivre ou s'ils doivent quitter leur lieu de résidence ; pourtant, cette idée de *voting with your feet* est présentée comme une évidence par certains auteurs américains, comme si les gens n'avaient pas d'attaches et ne prenaient leurs décisions que sur la seule base du calcul pécuniaire.

Avant de situer le mouvement du *Public Choice* dans son contexte américain, rappelons qu'il est souvent difficile de dégager ce qui est descriptif ou analytique dans ce mouvement, de ce qui est normatif ou prescriptif. Commençons donc par quelques concepts et applications à la bureaucratie et au secteur public.

Le mode de fonctionnement et la taille de l'administration publique sont de plus en plus remis en question depuis vingt ans dans les pays industrialisés. Nulle part ailleurs qu'aux États-Unis, cette remise en question n'est devenue aussi systématique. C'est en Virginie, plus précisément au Center for Study of Public Choice de l'université George Mason, que la critique de l'appareil administratif étatique fut la plus incisive.

Gravitant autour de la revue *Public Choice*, des économistes, mais aussi des professeurs de science politique, étudient le fonctionnement du secteur public à l'aide de concepts et d'outils d'analyse qui avaient été traditionnellement réservés à l'étude des transactions marchandes. On comprend beaucoup de choses sur le *Public Choice* quand on saisit l'importance de son principal concept, celui du *methodological individualism.* Selon ce concept, les individus agissent dans leurs transactions non marchandes de la même façon qu'ils agissent dans leurs transactions marchandes : ils sont guidés par leur propre intérêt et cherchent à « maximiser » leurs avantages personnels. Quand on applique, de façon systématique, ce principe du *methodological individualism*, il n'y a guère de place pour des concepts tels que : « l'intérêt national », « la solidarité syndicale » ou « l'intérêt général ». Tout devient une question d'intérêt purement individuel.

Ainsi, les citoyens demandent à l'État des services et des programmes qui augmentent leurs avantages, même s'ils se réclament de l'intérêt public. Chaque catégorie de citoyens, chaque groupe de pression a intérêt à faire payer son programme par l'ensemble des contribuables. Et comme le coût de chaque programme ne représente qu'un coût marginal pour l'ensemble des contribuables, les responsabilités du secteur public augmentent sans que des décisions collectives, conscientes et bien éclairées, aient été prises quant à cet accroissement. Il arrive que des auteurs du *Public Choice* se réclament d'auteurs classiques de science politique ou administrative. Ainsi, dans un livre de Vincent Ostrom (1974), on vantait Alexis de Tocqueville qui avait observé avec justesse, disait-on, que l'extension du droit de vote à ceux qui ne possédaient pas de propriété immobilière allait augmenter la proportion de ceux qui favoriseraient des mesures de redistribution des revenus.

Cette perspective des intérêts individuels, le *methodological individualism*, s'applique également aux comportements des agents de l'État. Comme une partie de la carrière des agents publics dépend de la croissance des activités étatiques, les fonctionnaires favorisent cette croissance de mille et une façons : par une information « sélective » au niveau politique, en votant eux-mêmes pour le parti qui promet le plus d'interventions et, d'une façon plus générale, en définissant comme « public » ou « national » ce qui pourrait être laissé à l'initiative privée ou locale. Plus les organisations administratives sont grandes, moins elles ont de chances de réellement représenter l'intérêt des contribuables : le contrôle des citoyens peut difficilement s'exercer car l'appareil étatique devient la proie des calculs et des intérêts des bureaucrates.

Il serait faux, par contre, de prétendre que l'école du *Public Choice* recommande *nécessairement* des unités administratives plus petites et plus souples. En principe, ce mouvement intellectuel est d'abord une façon de voir, une sorte de vision du monde ; il est avant tout une méthode d'analyse, il n'est pas *a priori* normatif ou prescriptif. Il peut même arriver, exceptionnellement, et cela a été le cas pour Anthony Downs (1962), que ses adeptes recommandent un accroissement des responsabilités du secteur public. Mais il s'agit là d'exceptions qui confirment la règle. Et la règle veut que les tenants du *Public Choice* recommandent des unités administratives plus souples, plus décentralisées et la «privatisation» de plusieurs responsabilités publiques.

À la suite de cette brève introduction au mouvement, nous nous proposons d'en dégager quelques aspects particuliers. Nous nous pencherons d'abord sur le contexte du *Public Choice*, sur ses origines. Nous tenterons ensuite d'évaluer les conséquences que ce mouvement peut avoir sur l'administration publique et nous essaierons enfin d'expliquer pourquoi il faut prendre ce mouvement au sérieux.

Même si le mouvement du *Public Choice* compte des adeptes dans plusieurs pays européens, et même si plusieurs concepts liés à l'analyse du marché ont été utilisés pour étudier la dynamique de l'administration publique ailleurs qu'aux États-Unis, il faut considérer l'origine de ce mouvement comme étant essentiellement américaine. En règle générale, les tenants du *Public Choice* ont des intérêts historiques et comparatifs très limités et ils concentrent la plupart de leurs analyses sur les États-Unis de l'époque contemporaine. C'est d'ailleurs ce qui nous invite à rechercher les origines du mouvement dans les limites du cadre américain. Il y a, à cet égard, quelques pistes intéressantes.

La revue *Public Choice* voit le jour à la fin des années 1960. Au milieu de cette décennie, sous la présidence de Lyndon B. Johnson, on avait fondé beaucoup d'espoir sur les programmes regroupés sous l'étiquette *The Great Society*, programmes qui visaient à enrayer la pauvreté et, plus particulièrement, la pauvreté dans les grandes villes américaines. Vers la fin du mandat du président Johnson, en 1968, on prend conscience du fait que ces programmes ambitieux n'ont pas réalisé les espoirs escomptés. En particulier, les Américains plus aisés continuent de fuir les centres-villes pour la banlieue. Il est difficile de ne pas voir dans ce contexte un ensemble de faits qui mènent au *Public Choice*. En effet, dans ce contexte de désillusion vis-à-vis d'ambitieux programmes d'élimination de la pauvreté, force est de constater que les écarts de revenu entre citoyens pauvres et citoyens riches n'ont guère rétréci. On se demande à qui donc ces grands programmes ont bien pu servir. Et les yeux se tournent vers la bureaucratie fédérale américaine. Les grandes villes n'étant pas plus sécuritaires, on continue de se réfugier dans les banlieues.

Il serait sans doute exagéré d'établir un lien de cause à effet entre ce contexte américain et l'ensemble du mouvement du *Public Choice*. Par ailleurs, comme le mouvement lui-même se base surtout sur le contexte américain, on y est, d'une certaine façon, encouragé. Il y a d'ailleurs, dans la philosophie administrative américaine, une méfiance traditionnelle vis-à-vis des grandes organisations, centralisées et publiques. Il s'est même trouvé, comme Vincent Ostrom l'a déjà fait remarquer, des pères de la Constitution américaine pour défendre l'idée que l'on devrait créer, dans la Constitution américaine elle-même, des conflits de juridiction, afin de sauvegarder la liberté et d'éviter l'autoritarisme des gouvernants. Cette tradition américaine est toujours vivace et on en trouve des exemples chez des auteurs comme Charles E. Lindblom et Aaron Wildavsky, pour lesquels la planification centralisée et bureaucratique est en bonne partie illusoire, dans la mesure où elle suppose l'omniscience des gouvernants et des administrateurs. Il vaut mieux, disent-ils, laisser les décisions collectives se faire par « ajustement mutuel » des intéressés et des citoyens, et que chacun parle pour soi et que personne ne parle pour tous.

C'est ainsi qu'aux États-Unis l'intérêt général se manifeste plus par le respect d'une série de procédures que par l'expression d'un contenu. Le mouvement du *Public Choice*, par son intérêt pour les processus de décision, par son insistance sur le médium au détriment du contenu et par son parti pris pratique en faveur des petites unités de juridiction décentralisées, se situe très clairement dans ce courant important de la philosophie administrative américaine.

Sauf pour ce qui est des biens publics purs, comme la Défense nationale ou les monopoles naturels, ce mouvement ne tient aucune activité du secteur public comme allant de soi. La bureaucratie, dit-on, a trop tendance à définir des questions sociales comme « publiques ». Pour enrayer cette tendance inopportune, il faut étudier les « coûts d'opportunité », c'est-à-dire qu'il faut calculer, froidement, les coûts et les bénéfices d'une intervention étatique et les coûts et les bénéfices d'une absence d'intervention. Dans le calcul de ces coûts et bénéfices, il faut tenir compte de tous les coûts d'une intervention, incluant les coûts de fonctionnement d'une nouvelle bureaucratie, et sa tendance à croître indépendamment de la croissance de ses responsabilités réelles. Souvent, ces économistes concluront qu'une intervention étatique sera dysfonctionnelle parce qu'elle faussera les règles du marché et qu'ainsi, elle créera des distorsions dans l'allocation optimale des ressources. Cette philosophie administrative a mené, dans les années 1980, à la « déréglementation » du trafic aérien aux États-Unis. Parfois le *Public Choice* peut recommander une intervention étatique, mais il a tendance, alors, à étudier, de façon assez systématique, plusieurs types de conséquences susceptibles de découler de différents types d'interventions : par exemple, quel sera l'effet sur la distribution du revenu d'un contrôle réglementaire par rapport à une simple incitation fiscale ?

Évidemment, ces analyses coûts-bénéfices ne sont ni nouvelles, ni révolutionnaires, car elles existent depuis longtemps dans nos administrations.

Mais elles sont pratiquées par les tenants du *Public Choice* avec une systématisa-tion et une mathématisation jusqu'alors inconnues. Déjà aux États-Unis, ces analyses ont mené à plusieurs réductions des activités du secteur public.

À l'aide de leurs calculs économiques et mathématiques, les tenants du *Public Choice* s'intéressent aux structures administratives et aux processus de prise de décision. Même si leur point de départ est analytique, ils en arrivent presque inévitablement à recommander des structures administratives plus petites, plus souples, plus décentralisées et à condamner les effets des monopoles publics et de la centralisation. Les fonctionnaires n'étant guidés que par leurs propres intérêts, plus les structures administratives, par leur taille par exemple, s'éloignent du contrôle direct du citoyen, moins ce dernier a de chances d'être bien servi. Quand une organisation du secteur public est, tout à la fois, centra-lisée, de taille importante et monopolistique, tous les éléments d'une bureau-cratie pléthorique à son propre service sont réunis. Il faut donc réduire cette taille, décentraliser ce processus de décision et briser ce monopole afin que le citoyen, comme dans l'économie marchande, ait le choix.

Pour remplacer les monopoles du secteur public, on recommande la privati-sation de certaines activités : des *user fees* (tickets modérateurs), c'est-à-dire des services qui, comme sur une autoroute à péage, sont partiellement payées par les usagers ; ou encore, des organisations temporaires (*task forces, project organiza-tions*, par exemple) qui disparaissent aussitôt leur mission spécifique et limitée réalisée, un peu comme les administrations de mission sur le continent européen.

De plus, les tenants du *Public Choice* semblent avoir des réserves vis-à-vis du principe de l'unité administrative. Pourquoi, disent-ils, faut-il regrouper, dans le cadre d'un même département par exemple, des services différents ? Les services ainsi regroupés ne s'adressent-ils pas à des clientèles différentes, ne visent-ils pas à trouver des solutions à des problèmes différents ? En bons économistes, ils ajoutent : les problèmes traités n'ont-ils pas des « externalités » différentes, c'est-à-dire des effets différents quant à leur rayon d'action ? Ainsi, pourquoi confier à la même instance l'administration d'un parc local et d'un service d'eau, alors que le second a une beaucoup plus grande envergure que le premier ?

Bien sûr, on pourra dire que, sur le plan administratif, le *Public Choice* n'invente rien car les problèmes qu'il pose ont souvent déjà été posés par des auteurs classiques comme Alexis de Tocqueville ou par des néoclassiques comme Herbert A. Simon. On pourra dire, aussi, que, vis-à-vis de la multiplicité des administrations, il sous-estime les besoins de coordonner les différents secteurs de l'activité publique. Qui plus est, quand le *Public Choice* critique les activités du secteur public, on pourrait répondre que c'est en bonne partie à cause des dysfonctions du marché que l'on a eu recours au secteur public. Il y a des personnes qui ne peuvent se faire entendre dans « le marché », sans compter ceux qui y sont totalement absents, comme les générations futures, à qui il incombe au gouvernement de penser.

Pourtant, si on met de côté les aspects les plus discutables du *Public Choice*, sa confiance excessive dans les lois du marché, ses aspects idéologiques et son absence de perspective historique, ce mouvement est séduisant. Il nous invite à un examen plus approfondi de nos aménagements institutionnels. Peut-être, les bureaucraties centralisées et monopolistiques en sont-elles venues à n'agir qu'en fonction des intérêts de ceux et celles qui les habitent. Peut-être le remède se trouve-t-il, partiellement, dans la création de petites unités administratives compétitives.

5.2.6 Quelques autres modèles organisationnels de prise de décision

Avec les modèles de prise de décision que nous avons vus jusqu'à maintenant, nous avons passé en revue des théories qui s'appliquent essentiellement au secteur public.

Puisque nous en avons déjà parlé au chapitre 2, nous n'aborderons que brièvement ici le modèle d'analyse stratégique de Michel Crozier. Disons tout de suite qu'il s'agit moins là d'une théorie de la décision que d'une méthode pour analyser les organisations en général (et pas seulement la prise de décision). D'une certaine manière, l'analyse stratégique de Crozier peut s'apparenter au *methodological individualism* du *Public Choice*, puisque l'unité d'analyse, ici aussi, est l'individu. C'est ce que reconnaît d'ailleurs Crozier lui-même : « Bien avant la vogue de l'individualisme méthodologique, j'en suis venu à l'idée qu'on ne connaît les phénomènes de groupe et les phénomènes d'organisation que par les individus » (Crozier, entrevue avec Stéphane Dion, 1987, p. 111). Par ailleurs, Crozier tient à se démarquer du *Public Choice* :

> [Mais] la prise en compte de la rationalité ne doit pas dériver vers l'*homo economicus* [...] Bien sûr, dans un premier temps, l'*homo economicus* est une hypothèse séduisante qui permet de progresser à toute allure et de se battre contre les interprétations holistes basées sur la *nation*, la *classe*, le *groupe*, le *mouvement social*, ou sur d'autres entités abstraites qui ont servi à masquer la réalité. Mais très vite, on se rend compte qu'il est tout à fait absurde de penser le comportement des hommes comme s'il pouvait se réduire au simple calcul économique [...] [les] opportunités sont trop multiformes pour que l'on puisse les réduire à quelques sottises simplistes comme celles qu'a pu formuler l'école du *Public Choice* : l'élu censé ne vouloir que maximiser ses votes, le bureaucrate son budget, etc. [...] l'école du *Public Choice* [...] atteint elle-même ses limites très rapidement (p. 116-117).

Le « *garbage can model of organizational choice* » de Cohen, March et Olsen, est un modèle de prise de décision qui a fait fureur dans les années 1970 et 1980. Encore ici, les auteurs s'attaquent au postulat de la rationalité. Notons que le cadre empirique de leur modèle est constitué de la vie universitaire et des universités comme organisations. Le *garbage can*, selon les auteurs, est une sorte de réceptacle (une poubelle, dans sa traduction littérale) où s'amassent à la fois des problèmes et des solutions, un peu au hasard. Les décideurs ne connaissent pas réellement leurs préférences *a priori ;* ils les découvrent dans l'action ; on ne découvre souvent les problèmes que quand on a des réponses disponibles : ainsi, par exemple, on « réalise » qu'on a un système d'information trop lent au contact d'une solution qui se présente sous forme d'un système informatisé. Cela a amené leur constatation, devenue célèbre : ce sont les solutions qui cherchent des problèmes, autant que les problèmes cherchent des solutions. La décision est déjà, de ce fait, quelque peu accidentelle et dépend, entre autres, du « moment d'entrée » du problème.

À noter qu'il y a des ressemblances entre le *garbage can model* et le modèle des « fenêtres d'opportunité » et des « agendas » de John Kingdon, en raison du rôle joué par le hasard et le couplage des problèmes et des solutions, ressemblances que Kingdon reconnaît volontiers.

Notre prochain modèle est plutôt une interprétation des rôles respectifs du calcul rationnel et de l'intuition dans la prise de décision, en particulier quand cette décision est non structurée. Plus qu'une théorie, il s'agit ici d'opinions maintes fois répétées par Henry Mintzberg au sujet du rôle crucial de l'intuition dans les décisions non programmées, *unstructured*, stratégiques. On pourrait appeler cette théorie (qui n'en est pas réellement une) « la structure des décisions non structurées », ainsi que Mintzberg l'a lui-même suggéré (avec ses collègues) dans un article sur ce sujet (Mintzberg *et al.*, 1976). Peu d'attention a été accordée, selon les auteurs, à ces décisions qui se prêtent mal aux supports quantitatifs ou mathématiques ; pourtant, ce sont les décisions les plus importantes. On a peu analysé une des premières étapes de toute décision non structurée, soit l'étape du diagnostic sur laquelle rien, ou à peu près, n'a été écrit.

Ailleurs, Mintzberg a lié l'intuition à l'expérience. En effet, dit-il, l'intuition vient de l'expérience prolongée dans un domaine d'activité ; on en vient à saisir des *patterns*, qu'on ne peut pas toujours expliquer logiquement. Les décisions les plus importantes pour l'organisation sont de cet ordre, et ne se prêtent aucunement à des calculs rationnels et explicites. (Rappelons qu'il y a eu un débat théorique de haut niveau entre H. Mintzberg et H.A. Simon sur la nature de l'intuition, Mintzberg arguant qu'elle est associée au côté droit du cerveau, le côté de l'art et de la synthèse, alors que H.A. Simon est d'avis que l'intuition n'est qu'une forme particulière et méconnue du calcul rationnel.)

Pour revenir à l'article de Mintzberg et de ses collègues sur les décisions non structurées, précisons que ces auteurs voient essentiellement deux stimuli à une décision, soit les décisions d'opportunité (celles que l'on prend *volontairement* pour améliorer une situation) et la décision de crise, qu'on est *obligé* de prendre pour faire face à une pression ou à une menace (p. 251). Mintzberg et ses collègues ont donc élaboré un modèle de processus de prise de décision stratégique axé sur les étapes intellectuelles que doit suivre, en principe, tout décideur. Leur modèle comprend trois phases générales divisées en sept sous-sections (Mintzberg *et al.*, p. 246-275) :

1. Identification du problème :
    a) reconnaissance du problème
    b) diagnostic
2. Développement des solutions :
    a) recherche de solutions toutes faites
    b) élaboration de solutions sur mesure
3. Sélection d'une solution :
    a) élimination de certaines solutions
    b) évaluation et choix
    c) autorisation

Il arrive parfois qu'on établisse une équivalence terminologique entre la décision « non structurée » et la décision stratégique, qui ont toutes deux une caractéristique commune : celle de ne pas se prêter facilement à la quantification. En exagérant un peu la position de Mintzberg, on pourrait dire que quand on peut quantifier facilement les éléments d'une décision, surtout quand ces éléments viennent *de l'intérieur de l'organisation*, on est presque sûr qu'on *n'a pas* affaire à une décision réellement stratégique. Nous reviendrons plus amplement sur la planification stratégique comme telle dans notre section sur le cycle administratif.

Dans cette veine de distinction entre ce qui est interne et externe à l'organisation, mentionnons une autre distinction, apportée par L.B. Mohr, entre les *reflexive goals*, c'est-à-dire les buts internes, liés aux désirs des membres/employés, d'une part, et les *transitive goals*, c'est-à-dire les buts externes, liés aux services/ produits que l'organisation offre à l'extérieur, d'autre part. Le danger évident c'est que les *reflexive goals* (salaires, pensions, confort des employés, par exemple) nuisent aux *transitive goals* (le service que l'on rend) : si dans une université, les professeurs étaient trop absorbés par la détermination de leurs conditions de travail, on peut penser qu'ils se préoccuperaient moins des services à rendre aux étudiants.

En tout dernier lieu, nous mentionnerons un modèle qui, lui, ne s'applique qu'au secteur public. Il s'agit de la notion de *noetic authority* de James D. Carroll (1969), pour lequel les décisions du secteur public sont tellement complexes qu'elles exigent, de ceux qui les prennent, une éducation poussée et de grandes connaissances. Il y a en effet une « indivisibilité inhérente » au secteur public. Alors, pour Carroll, ceux qui prennent ces décisions doivent aussi avoir une *noetic authority*, une autorité qui vient du savoir. Il y aurait sans doute beaucoup à dire sur cette notion très peu américaine qui vient pourtant d'un Américain. Cette notion a une parenté avec l'idée de Platon, selon laquelle le savant guide la Cité. Il est resté quelque chose de cette idée en Europe, mais très peu en Amérique du Nord.

Dans notre prochaine section, nous passerons en revue les étapes de la prise de décision dans la gestion concrète des organisations du secteur public. Nous quitterons, ce faisant, le domaine de la théorie pour celui de la pratique.

5.3 LES ÉTAPES DU CYCLE ADMINISTRATIF

Avec les étapes du cycle administratif, nous entrons de plain-pied dans ce qu'on peut appeler la physiologie de l'administration, par opposition à son anatomie. Quand on dit *les* étapes du cycle administratif, on manque quelque peu de précision ; en effet, il faudrait dire *des* étapes du cycle administratif, car nous ne les verrons pas toutes. Il s'agit ici d'une simple introduction à la gestion et à quelques-unes de ses étapes et on trouvera ailleurs, dans le volume *Management public*, publié sous la direction de Roland Parenteau (1992), par exemple, des traitements plus détaillés. Précisons aussi que l'étape du budget sera vue au chapitre 6.

Avant d'en arriver à la première étape du cycle administratif, soit le choix des structures organisationnelles, il convient de rappeler ce qui a déjà été dit précédemment à propos des étapes de la gestion. On en a distingué cinq : prévoir, organiser, coordonner, commander et, enfin, contrôler. Aux États-Unis, on emploie parfois l'acronyme POSDCORB qui veut dire :

P : *Planning* (planifier)
O : *Organizing* (organiser)
S : *Staffing* (identifier le personnel)
D : *Developing* (développer, appliquer)
CO : *Coordinating* (cordonner)

R :   *Reviewing* (évaluation rétrospective)

B :   *Budgeting* (préparer le budget)

Disons au départ que les missions qui sont celles du secteur public, et qui font donc l'objet des décisions des cadres de la fonction publique, ne sont pas négligeables : santé publique, éducation, environnement, sécurité interne et externe, pour ne donner que les missions les plus évidentes. Néolibéralisme nonobstant, il y a une demande réelle et soutenue pour des décisions publique concernant ces domaines, et bien d'autres. Précisons également que ces tâches sont en forte interdépendance les unes avec les autres et que les nécessités de coordination, parfois avec d'autres niveaux de gouvernement, sont grandes et pas toujours évidentes à réaliser. Devant ces formidables défis à relever, il y a, selon Steven Cohen, ancien cadre à l'EPA américaine, l'Environmental Protection Agency, un énorme besoin de bons gestionnaires publics (Cohen, 1988, p. xi). Des cadres qui, selon Cohen, doivent : 1) comprendre leur entourage et la société (Cohen, p. 13) ; 2) avoir une attitude positive (*can do attitude :* « oui, on peut le faire ») et, à la limite, entrepreneuriale ; 3) démontrer de la souplesse, de l'endurance et de la persistance ; 4) accepter d'expérimenter et de changer de stratégie si les choses ne fonctionnent pas comme prévu (p. 21). Sur cette dernière exigence, Steven Cohen rappelle ce conseil tout pragmatique et américain de F.D. Roosevelt : « Try something ; if it doesn't work, try something else » (tentez une expérience et, si ça ne fonctionne pas, essayez autre chose).

Si Cohen insiste en partie sur l'endurance et la persistance, c'est peut-être que ces deux qualités sont particulièrement importantes dans le secteur public. Puisqu'on gère des biens qui appartiennent en principe à tous, il y a beaucoup de règles pour prévenir la fraude, l'arbitraire et les ingérences de toutes sortes, si bien que la prise de décision est ralentie considérablement. Pour employer l'expression de Cohen, il faut constamment défier la « gravité organisationnelle ».

5.3.1 Les structures

La structure peut être le résultat d'un processus de prise de décision. En effet, ce peut être une politique publique, une décision, que d'adopter telle ou telle structure : ainsi, la privatisation est une décision de politique quant à une structure, tout comme l'est la décision de réduire les contrôles de la part des organismes centraux, ou de décentraliser la gestion du personnel vers les ministères ou vers les gestionnaires de première ligne. Dans son ouvrage classique, *Strategy and Structure*, Alfred Chandler montre comment le choix d'une structure est intimement lié à un choix de stratégie. Si un ministère décide de régionaliser une part importante de ses structures, c'est parce qu'il a une certaine politique de régionalisation. Nous avons vu également comment un système administratif comme celui de la France, même après la décentralisation de 1982-1983, se prêtait bien à une certaine planification et à un modèle rationnel de prise de décision.

D'une façon plus générale, la structure organisationnelle a un effet sur la gestion, car la structure crée des présomptions sur : qui doit faire quoi, décider quelle chose et parler à qui. Si la pyramide organisationnelle est très élevée, on ne s'attend pas à ce qu'un employé qui est tout en bas aille parler à la tête dirigeante, tandis que dans une adhocratie, dans une agence de publicité par exemple, ou encore dans un groupe de spécialistes et de scientifiques, si la pyramide est aplatie, tous sont invités implicitement à parler à d'autres, peu importe leur niveau.

Donc, la structure organisationnelle, surtout le *réaménagement* des structures, donnent des signaux : quand, durant la fin des années 1970, plusieurs gouvernements ont réuni les services de l'environnement de certains ministères, en les regroupant dans un ministère de l'Environnement distinct, on a donné un message, un signal.

Un sujet de réaménagement presque constant, sur une longue période, c'est le rapport entre les ministères sectoriels et les ministères centraux (ministères horizontaux, dans la terminologie française) dans un gouvernement donné. Graham T. Allison nous explique que ces réorganisations sont à peu près inévitables puisque, dans une grande organisation, il y a une tension permanente entre les nécessités de l'action et de la responsabilisation qui amènent à la décentralisation, d'une part, et les exigences de la coordination de l'ensemble qui entraînent la centralisation, d'autre part (Allison, 1969, p. 701). L'équilibre est difficile à trouver, ce qui explique les fréquents changements. On a vu au gouvernement fédéral canadien, au cours de la deuxième moitié du XXᵉ siècle, plusieurs commissions d'enquête tenter de trouver cet équilibre ; ce thème a retenu l'attention de Mohammed Charih de l'ENAP (Charih, 1992).

Depuis les vingt dernières années, il semble que les gouvernements aient fait pencher la balance vers les nécessités de l'action, de la flexibilité et de la responsabilisation, ainsi que le montrent les thèmes, très contemporains, de la privatisation, de la décentralisation de la gestion des ressources humaines et de l'imputabilité. Dans le discours administratif des dernières années, les agences centrales de coordination sont parfois perçues comme autant de nuisances, de bureaucraties inutiles. Aussi a-t-on généralement tenté de réduire leurs domaines d'intervention, sauf en matière financière, compressions budgétaires obligent.

Aux États-Unis, où les agences centrales de coordination pourraient être déjà plus faibles qu'ailleurs, à cause de la culture administrative américaine (exception faite ici des questions financières), on a poussé cette tendance probablement plus loin qu'ailleurs. Steven Cohen donne l'exemple du service de gestion des résidus nucléaires civils américains (Office of Civilian Radio Active Waste Management de l'EPA), composé d'une centaine de personnes, qu'on a carrément déplacé dans un bureau privé de consultation pour une bonne partie de ses activités. Il se trouve donc, chez ce consultant, une partie du personnel qui s'occupe à 100 % des questions de l'agence et dont l'organisation interne est le miroir de l'organisation d'origine, laquelle supervise le tout. Les puristes pourraient demander ce qu'il advient, dans un tel cas, des nécessités de coordination et d'imputabilité (Cohen, 1988, p. 33), sans compter que l'expertise ainsi acquise par les consultants pourrait ne pas être disponible pour le gouvernement américain dans l'avenir.

Avec les demandes de flexibilité et de performance, il est possible qu'on assiste encore plus souvent à ce genre d'arrangement (appelé ici *general purpose mission contract*) dans l'avenir. Peut-être le développement des réseaux informatiques, tout au long des décennies 1970, 1980 et 1990, a-t-il rendu possible de nouvelles combinaisons entre la décentralisation et la centralisation, combinaisons qui n'étaient pas réalisables auparavant.

5.3.2 La planification stratégique

Pour exister, Mintzberg nous le rappelle, la planification stratégique n'a pas à être officialisée ou formelle. Dans une PME, elle se trouve souvent dans la tête du dirigeant. Elle doit de toute façon impliquer, à un moment ou à un autre, les dirigeants de l'organisation. Elle n'a pas non plus à donner lieu à des analyses quantitatives, car elle s'adresse la plupart du temps à des questions non structurées.

Qu'est-ce donc que la planification stratégique ? Elle est un questionnement fondamental sur la mission essentielle d'une organisation par rapport à son environnement. Elle vise à répondre à des questions aussi fondamentales que : Qui sommes-nous, en tant qu'organisation ? Quelles sont nos caractéristiques fondamentales ? Quelle est notre clientèle ? Qui sont nos concurrents, nos alliés ? Où allons-nous ? Quelles sont les tendances dans notre environnement qui pourraient nous affecter ? Nicholas Henry résume l'objectif de la planification stratégique de la façon suivante : « the aim of strategic planning is to place the unit in a distinctive position relative to its environment » (Henry, 1999, p. 364). (« Le but de l'analyse stratégique est de situer une entité dans une position pertinente relativement à son environnement. »)

C'est à l'occasion de tels exercices de questionnement que des organisations ont laissé tomber certaines tâches secondaires qu'elles assumaient avant, comme exploiter une cafétéria ou une bibliothèque pour leurs employés ; elles raisonnent désormais de la façon suivante : est-ce que ces activités sont de l'essence même de notre mission ? Si la réponse est non, alors libérons nos énergies pour autre chose qui est plus proche de notre mission principale. Bien sûr, on ne laissait pas toujours tomber entièrement la tâche secondaire remise en question ; on l'a parfois offerte à contrat, surtout dans les grandes organisations, ce qui a d'ailleurs contribué au développement du secteur des services aux entreprises (et aux organisations en général), d'autant qu'en période de compressions budgétaires, on pouvait ainsi se garder la possibilité de laisser tomber entièrement le service puisqu'on ne s'y engageait pas à long terme. « Stick to your knitting » est devenu à cet égard une expression révélatrice de cette tendance : « si ce que vous faites de mieux c'est la couture, faites de la couture et pas autre chose ! »

Qui est impliqué dans le processus d'analyse stratégique ? Nicholas Henry nous précise qu'elle n'est pas l'œuvre des... planificateurs (1999, p. 364). Idéalement, elle implique le dirigeant principal, le haut de la hiérarchie et le plus de cadres moyens possible. C'est parce que la planification stratégique nécessite un questionnement sur la relation entre l'organisation et le milieu externe, et que c'est justement le rôle du chef de la direction de porter une grande attention à cette relation, qu'il doit être impliqué dans le processus. En effet, Cohen définit le rôle du dirigeant comme étant de « looking up to the environment » (surveiller l'environnement) et de « looking down to his organization » (observer son organisation) (Cohen, 1988, p. 134). Il n'est pas nécessaire que le leader agisse de façon formelle, en particulier en ce qui concerne l'information qu'il tente d'obtenir. À cet égard, il peut parfois se fier aux connaissances que possèdent ses employés. Il est bon qu'il parle au plus grand nombre de personnes possible, tant à l'interne qu'à l'externe, car il découvrira des choses par accident, par hasard. C'est pourquoi il doit, quand il en a le temps, aller çà et là, sans but spécifique, poser des questions en apparence innocentes (Cohen, 1988, p. 128, 131). Dans son étude sur la gestion du temps des cadres, Henry Mintzberg avait remarqué que les dirigeants avaient en réalité très peu de temps pour réfléchir et analyser les situations, au point où ils se fiaient plus souvent aux rumeurs, aux conversations informelles, voire aux ragots, qu'aux rapports officiels qu'ils n'avaient d'ailleurs pas le temps de lire. Pour amorcer une période de réflexion stratégique, il devenait donc utile de le faire, si possible, hors du cadre de l'organisation, dans un lieu de villégiature par exemple, où on pouvait faire du *brainstorming*.

Au bout du processus de planification stratégique, l'organisation aura fait des choix. Henry Mintzberg mentionne que le choix n'est pas l'aboutissement final du processus ; encore faut-il l'appliquer. À cet égard, il fait la distinction entre « faire la bonne chose » et « bien faire la chose ». Ainsi, il se pourrait que l'organisation fasse un choix erroné, vise la mauvaise clientèle, mais qu'elle applique tellement bien son choix qu'en fin de compte elle connaisse du succès. Dans ce cas, l'étape de la mise en œuvre aura transformé une décision discutable en résultat acceptable et même positif.

La question qu'on peut maintenant se poser est la suivante : la planification stratégique, pensée à l'origine pour les entreprises privées, peut-elle s'appliquer au secteur public ? La toute première question qu'on peut se poser devient : quel est le dirigeant qui doit initier le processus ? Le politicien, le ministre par exemple, a l'autorité ultime, mais il n'est souvent que de passage et pense souvent à court terme, à sa prochaine réélection par exemple. Le haut fonctionnaire connaît mieux l'interne, il est plus que « de passage » dans l'organisation, mais il n'a pas réellement l'autorité complète pour engager ainsi l'avenir de l'organisation (Henry, 1999, p. 365). C'est donc à juste titre que Michel Paquin se pose cette question : *qui* doit superviser ce processus de planification stratégique dans le secteur public (Paquin, 1992, p. 397) ? Même le ministre, à la limite, n'a pas le pouvoir de modifier les objectifs, les missions d'un ministère, car les ministères et les organisations, et leurs missions, sont inscrits dans une loi, laquelle a un caractère obligatoire. Ce qui nous amène à la question de la rigidité inhérente au secteur public. Dans la mesure où « stratégique » veut dire « manœuvrer habilement afin d'atteindre un but » (Paquin, 1992, p. 390), cela implique une certaine flexibilité. Malheureusement, cette flexibilité est trop souvent absente du processus de prise de décision au sein du secteur public, pour toutes sortes de raisons, légales entre autres. Contrairement au secteur privé, le secteur public ne choisit pas son terrain d'action, il lui est imposé par la loi ou les attentes du public. Cela limite beaucoup un processus qui veut repenser à neuf les missions de l'organisation. De plus, certains services que produit le secteur public sont de la nature de biens collectifs (comme la santé, l'environnement) et sont le résultat de gestes posés par de nombreux acteurs externes ; ils échappent donc à une planification unilatérale d'un gouvernement et par là même en bonne partie aux exigences de la planification stratégique (Deschênes et Divay, 1992, p. 416). Ils seraient de toute façon difficiles à évaluer étant donné leur ampleur.

Mais il y a quand même des choses qu'on peut faire au niveau de la planification stratégique dans le secteur public. Le sous-ministre peut, fort de son expérience, proposer au ministre une vision de l'avenir (Cohen, 1988, p. 124), une façon de relier des opérations et des allocations de ressources à des objectifs plus larges, lesquels objectifs auront pu être identifiés après un questionnement sur les éléments fondamentaux (qui sommes-nous, qui servons-nous, où allons-nous, quelles sont les tendances dans la société?). L'objectif est toujours de mieux relier l'interne à l'externe, et non pas d'augmenter le volume des activités (Deschênes et Divay, 1992, p. 409). Parfois, on peut échapper aux lourdes contraintes budgétaires et administratives en initiant des projets-pilotes, modestes quant aux moyens, mais qui peuvent créer un *momentum*, à la manière gradualiste (Cohen, 1988, p. 125-126).

Quand le processus réussit dans le secteur public, on aura le plus souvent réduit le nombre de priorités, comme au ministère de l'Environnement et de la Faune du Québec où l'on est passé de plus de 100 priorités à seulement quelques champs prioritaires au cours d'un processus de planification stratégique durant les années 1980 (Deschênes et Divay, 1992, p. 408). Et, malgré les difficultés que cela représente, on applique de plus en plus la planification stratégique dans ce milieu, notamment aux États-Unis (Henry, 1999, p. 305).

5.3.3 Le processus budgétaire

Cette étape très importante du cycle administratif et du processus de décision sera vue au chapitre 6, qui sera entièrement consacré au budget et aux questions de finances publiques. On lui a accordé ce statut particulier à cause de son importance : importance traditionnelle, parce que les décisions gouvernementales ont toujours des implications budgétaires, mais aussi importance nouvelle, à cause des efforts de presque tous les pays et gouvernements du monde pour réduire les déficits budgétaires (et même les éliminer complètement), ce qui nous amènera à traiter aussi de l'univers des compressions budgétaires.

5.3.4 La mise en œuvre

Puisqu'on se concentre, ici, sur les aspects « administration publique » des processus gouvernementaux de décision, il y a des étapes dont nous ne traiterons pas, comme l'étape de la décision législative. Plaçons-nous donc dès maintenant au moment de la mise en œuvre, c'est-à-dire au moment où la décision politique a été prise ou quand la législation a été adoptée.

La mise en œuvre a longtemps été une étape négligée du processus de prise de décision, autant d'un point de vue théorique que pratique. Jusqu'à ce que certains administrativistes s'y intéressent, comme Aaron Wildavsky aux États-Unis, les universitaires ne s'y sont guère intéressés. Mais on a quelque peu rattrapé le temps perdu depuis. Vincent Lemieux est d'avis que la formulation est l'étape maintenant la plus négligée (Lemieux, 1995, p. 109).

Il faut dire aussi que la mise en œuvre, surtout avant les années 1980, a peu retenu l'attention des gestionnaires eux-mêmes (surtout dans le cas des politiciens). Au point de vue politique, c'est l'annonce d'un nouveau projet ou l'adoption d'une nouvelle loi qui attire l'attention des médias et qui est, de ce fait, rentable sur le plan politique. Comme le fait remarquer Roland Parenteau (Parenteau, 1992, p. 434), la mise en œuvre, c'est souvent le premier ministre qui confie l'application de la décision à son ministre, qui se retourne pour la confier à son tour à un sous-ministre, qui à son tour la confie à un cadre supérieur ou moyen... Quelque part le long de cette chaîne, une des personnes n'a pas réellement participé au processus d'adoption de la politique ou, pire, elle y croit plus ou moins. De toute façon, on sera loin des feux de la rampe et des médias. Quant aux organismes centraux, qui pourraient assurer une certaine continuité, ils ne s'intéressent pas toujours au contenu de ce qui se passe dans les ministères ou organismes, ils s'intéressent seulement aux aspects formels comme les dépassements budgétaires ou les règles d'engagement des personnels.

Sans compter que, parfois, les problèmes de mise en œuvre viennent de difficultés de nature structurelle : il peut arriver que, dans une recherche fébrile de consensus, on ait laissé en suspens plus ou moins volontairement des aspects qui braqueraient contre le projet en question des groupes de pression ; ces aspects devront être précisés plus tard... au niveau de la mise en œuvre (Parenteau, 1992, p. 426). Il y a même parfois des organismes qui sont créés avec des rôles quelque peu ambigus : ainsi, est-ce que la Caisse de dépôts et de placement du Québec (CDP) doit d'abord assurer un rendement maximum pour les retraités du Québec ou soutenir les entreprises québécoises qui ont besoin d'un « coup de main » ? Comme le souligne R. Parenteau, dans la pratique, la CDP a réussi à concilier les deux objectifs (p. 433), mais il n'en demeure pas moins que la mise en œuvre doit mettre en action des objectifs qui ont parfois quelque chose de flou ou d'ambigu au départ. Dans la même veine, on pourrait dire que plusieurs entreprises publiques québécoises avaient pour fonction non avouée de trouver des emplois pour les jeunes diplômés québécois qui n'arrivaient pas à se tailler une place dans la grande entreprise anglo-canadienne, surtout dans les années 1960-1970 (Parenteau, p. 427-428). Comme quoi, comme le suggère l'approche des gradualistes, les moyens (ici, la disponibilité du personnel) peuvent, dans la réalité, déterminer les buts...

Par ailleurs, on peut dire que le nouveau management public, avec l'importance qu'il accorde à l'efficience et à l'économie des ressources, a peut-être ramené à l'avant-scène l'importance de l'ensemble de la mise en œuvre.

5.3.5 La gestion des personnes

Nous avons vu certains des aspects les plus formels de la gestion des personnes au chapitre 4. Nous nous contenterons ici de développer quelques aspects de l'importance de la gestion des ressources humaines au sein des organisations.

Quelques remarques d'abord pour souligner l'importance de la question. Depuis plusieurs années, le secteur privé a consacré beaucoup d'efforts au développement de son personnel, mais le secteur public, empêtré dans les compressions budgétaires, n'a pas toujours suivi. Pourtant, il y a, avec l'internationalisation des économies, des pressions pour être productifs partout, même là où on n'exporte pas, comme dans le secteur public. Et comme le nouveau management public promet un meilleur service au « client » (cet ancien citoyen), il y a des pressions pour être plus efficace, plus efficient, avec, par ailleurs, parfois moins de personnel... Tout cela demande un personnel mieux formé, plus informé, d'autant que le Canada ne fait pas bonne figure au niveau des gains de productivité par rapport à ses principaux concurrents (Gagnon, 1992, p. 538). Deux autres facteurs viennent militer pour un renouvellement de l'importance des questions de personnel : d'abord le fait que le secteur public œuvre dans le secteur des services et que ce secteur dépend beaucoup de la qualité de son personnel ; ensuite, le fait que les gouvernements canadiens ne peuvent pas toujours se fier à une main-d'œuvre qualifiée *et* abondante, à cause de facteurs démographiques qui annoncent une rareté de la main-d'œuvre au cours des prochaines années, ce qui aura pour effet une compétition âpre avec le secteur privé pour attirer les candidats les plus compétents.

Une fois les candidats engagés, il faudra les garder et les motiver. Les nouveaux arrivants auront peut-être des valeurs différentes de leurs prédécesseurs. Dès le départ, le gestionnaire devra conquérir leur adhésion, car, pour eux, le pouvoir ne serait pas acquis par la simple position hiérarchique. Ils arriveront, en tout cas, à une période où il y aura eu une remise en question de certaines politiques « mur à mur » dans la gestion du personnel ; on est donc plus réfractaire à une certaine autorité bureaucratique et/ou hiérarchique ; on tient moins aux règles internes (Gagnon, p. 540), au fait que tous doivent être traités de la même manière (Éthier, 1992, p. 563). On va être davantage d'accord pour « laisser le gestionnaire gérer » ; cela fait du moins partie du discours dominant.

Tous ces facteurs créeront une demande importante pour de bons gestionnaires, de bons leaders dans le secteur public. Mais, devenir un bon leader n'est pas donné à tout le monde : la motivation, l'intuition, la sagesse ne sont pas des choses apprises facilement (Payette, 1992, p. 215). Et il n'est pas simple de former un gestionnaire, puisque « [l]es stratégies des gestionnaires sont en grande partie inconscientes, car elles prennent source dans les tréfonds de leur personnalité» (Payette, p. 199). En plus, les principes de gestion sont simples, mais peu de personnes les appliquent de façon systématique, nous a déjà rappelé H.A. Simon.

De plus, il est difficile d'identifier qui peut devenir un bon gestionnaire. Très souvent, les promotions dans le secteur public sont basées sur l'ancienneté ou l'expertise technique (Cohen, p. 1988, p. xi), ce qui n'est pas nécessairement un bon indicateur. Sans compter qu'on se fait parfois remarquer comme gestionnaire potentiel quand on a « de la gueule » et qu'on parle facilement (Cohen, p. 146), alors qu'un bon gestionnaire est aussi (surtout?) quelqu'un qui sait écouter.

Le gestionnaire des personnes devra aussi naviguer dans une mer plutôt houleuse, dans des eaux où il y a beaucoup de nouveaux lieux communs (selon l'expression de Jacques Ellul). Comment départager l'effet mode de la vérité intrinsèque à partir de ces nouveaux dogmes que sont : l'importance du *networking* et de la communication, la création d'atmosphères, ou encore la « gestion des symboles » comme tâches essentielles du leader, sans compter la « tolérance pour l'ambiguïté » ? Quelle importance accorder à ces nouvelles vérités par rapport aux plus anciennes, comme celle qui veut que les gens qui sont peu habiles en interaction humaine ont peu de chances de réussir comme manager (Cohen, 1988, p. 12), ou encore celle qui encourage les gestionnaires qui veulent avoir du succès à se concentrer sur quelques objectifs seulement (Payette, 1992, p. 202).

5.3.6 L'évaluation rétrospective

Tout comme l'étape de la mise en œuvre, celle de l'évaluation a longtemps été négligée. Au départ, les choses peuvent paraître assez simples. Il y a après tout des techniques éprouvées, comme l'analyse coûts-bénéfices (que nous verrons au chapitre 6), qui nous aident à déterminer si tel ou tel programme a eu un impact, et sur qui, sur quoi; si on est assez explicite dans les analyses, on peut même différencier l'efficacité de l'efficience ; on peut même comparer l'avant et l'après, ou le Québec et l'Ontario par exemple, car comparer c'est l'essence même de la science, donc de la connaissance.

Mais voilà qu'aussitôt exprimés, ces propos optimistes sont remis en question. D'abord une comparaison idéale, c'est-à-dire expérimentale, où la politique est appliquée à certains mais pas à d'autres, à l'aveugle, et où on compare ensuite les résultats des deux groupes, est à peu près impossible : en effet, si une loi est adoptée, sa nature même veut qu'elle soit appliquée à tous, sans exceptions. De toute manière, il aurait fallu faire une évaluation systématique *avant* l'application de la politique, ce qui est rarement effectué. En période de restrictions budgétaires, tout cela coûte cher...

Et puis, dans la recherche de « mesures objectives », on s'est tourné tout naturellement vers des mesures économiques, vers des analyses coûts-bénéfices, comme on l'a dit plus tôt. On a vu les critiques méthodologiques dont elles faisaient l'objet. Mais d'autres critiques, encore plus fondamentales, se sont fait entendre : Est-ce que l'analyse économique, qui tient pour acquis qu'une augmentation du revenu des citoyens est nécessairement la meilleure ou la plus objective des mesures, est réellement apte à mesurer le succès des politiques ? Y a-t-il des choses importantes qu'on ne peut mesurer ainsi ? Et même, l'augmentation du produit national brut, nous disent les écologistes, est-elle une si bonne chose en soi ? Est-ce parce qu'un service ou un bien est produit hors de la sphère domestique qu'il devient de ce fait valable ?

D'autres questions encore, plus liées à la vie et à la politique à l'intérieur des organisations, ont été formulées. L'évaluation des politiques se veut être un exercice neutre, au-dessus de la mêlée ; mais est-ce bien le cas ? Qui a commandé l'évaluation, pourquoi ? Et qui décide de son sort, une fois qu'elle a été réalisée ? Qui va composer le groupe d'analystes ? Les gens qui connaissent le mieux le programme sont en même temps ceux qui sont souvent les moins neutres vis-à-vis de lui. Et si on confie l'évaluation de programme à des analystes externes, n'y a-t-il pas danger que les informations soient transmises au compte-gouttes par les gens de l'interne à ce « corps étranger » ?

La tradition britannique de responsabilité ministérielle nous invite à situer l'évaluation au niveau du ministre. Mais si on veut faire des comparaisons, entre un programme du ministère de la Santé et un autre du ministère de l'Éducation par exemple, n'y a-t-il pas lieu de les situer au niveau des organismes centraux, qui sont réellement les seuls à pouvoir réellement faire des comparaisons (Marceau, Otis et Simard, 1992, p. 472) ?

C'est avec ces quelques remarques sur l'évaluation rétrospective que nous terminons notre brève revue des étapes du cycle administratif ainsi que notre chapitre sur le processus décisionnel. Le lecteur pourra éprouver à juste titre un sentiment de malaise vis-à-vis des descriptions du processus de décision dans le secteur public. N'y a-t-il plus d'intérêt public ? Chacun n'est-il porté, comme le suggère le *Public Choice*, que par son intérêt personnel ? Ce que nous venons de décrire n'est-il qu'un autre exemple de la société « postmoderne », où chacun a des « discours » et où il n'y a plus de vérité ? Il est vrai que plusieurs théories « mettent à nu » les acteurs du système public, y compris le fonctionnaire.

Par ailleurs, certaines raisons nous poussent à être optimistes. D'abord, la remise en question d'une rationalité qui s'est avérée factice peut être une occasion de rechercher une rationalité plus vraie, plus authentique. Deuxièmement, les processus que nous avons évoqués s'effectuent tout de même dans un État de droit, dans la plupart des cas. C'est d'ailleurs un des mérites de l'approche gradualiste d'avoir souligné que c'est peut être là l'élément le plus important.

Chapitre 6

LE PROCESSUS BUDGÉTAIRE ET LES FINANCES PUBLIQUES

Dans le chapitre précédent, nous avons examiné les concepts et théories qui nous aident à comprendre le processus de prise de décision dans le secteur public. Dans le présent chapitre, nous nous pencherons sur un processus de décision particulièrement important, le processus budgétaire. Bien sûr, la prise de décision et le processus budgétaire sont des sujets autonomes, mais dans la réalité (et surtout dans la réalité des années 2000), rares sont les décisions gouvernementales de quelque importance qui n'aient pas d'incidences budgétaires ; c'est pourquoi nous voyons ces deux sujets l'un à la suite de l'autre. D'ailleurs, comme on le verra un peu plus loin, certaines approches que nous avons vues au chapitre 5 (gradualiste, rationaliste) se retrouvent ici, au niveau du processus budgétaire.

Avec ce chapitre, nous quittons de plus en plus l'anatomie de l'administration pour faire une incursion du côté de la physiologie. Nous passons du statique au dynamique, et entrons aussi plus souvent dans des sujets controversés.

Dans une première section, nous tenterons de dégager les dimensions politiques, économiques, juridiques et financières du budget. On y trouvera des réponses à des questions comme : Un budget doit-il toujours être équilibré ? Quelle est la différence entre « déficit » et « dette » ? Quels sont les grands principes qui guident les gouvernements dans les questions budgétaires ? Dans la section suivante, on opposera les budgets de type gradualiste aux budgets rationalistes, afin de mieux cerner les avantages et les limites des nombreuses « variétés » de budget de type rationaliste. La section 6.3, quant à elle, examine les étapes formelles qu'un gouvernement doit suivre en la matière : Un simple député peut-il présenter des propositions de dépenses ? Comment assurer une certaine flexibilité dans la gestion du budget, tout en s'assurant que la volonté des législateurs soit respectée ? Dans ces premières sections, nous nous centrerons surtout sur les exemples du Québec et du Canada, à cause de la nature technique du sujet.

Depuis que la plupart des pays industrialisés se sont fixé comme but, dans les années 1980 et 1990, de réduire et d'éliminer les déficits d'opération, les questions budgétaires ont acquis une importance renouvelée. C'est pourquoi nous avons inclus une partie « finances publiques » à la fin de ce chapitre, où il sera question des dettes accumulées, de leur gestion, du rôle du secteur public, y compris quelques points de comparaison qui vont nous aider à voir le Québec et le Canada dans une perspective plus large. Ici, les questions seront : Comment a-t-on réussi à contrôler et à éliminer les déficits annuels ? La dette accumulée est-elle trop importante ? Par rapport à quoi ? Que fait-on des actifs dans le calcul de la dette ?

Bien sûr, à cause des procédures de contrôle de l'administration au sujet du budget et des finances publiques, nous verrons aussi certains aspects du sujet dans le chapitre 7 sur les contrôles de l'administration publique. Et, pour en rester sur l'idée de contrôle démocratique du budget, certains ont prétendu que si une assemblée législative ne se réunissait qu'une fois l'an et qu'elle tenait cette unique réunion pour étudier et voter sur le budget, la démocratie serait sauve. Il faut dire que cette dernière phrase était surtout vraie à une époque où les législateurs ne se réunissaient que pour des périodes de temps assez définies et limitées.

Si l'administration publique détient de nombreux outils pour prendre des décisions, elle doit bénéficier de nombreuses ressources pour convertir en action les décisions qu'elle a prises.

> En ce sens, le financement public est [...] le besoin qui précède ou conditionne la satisfaction de tous les autres besoins de l'État. Dans une certaine mesure, on pourrait presque dire que le « porte-monnaie » public — le budget — circonscrit précisément la capacité d'action gouvernementale et, donc, définit le pouvoir politique (Fortmann, 1992, p. 105).

Théoriquement, la recherche de fonds ne constitue pas un véritable problème pour l'administration publique elle-même, puisque l'État voit à combler ses besoins en lui octroyant des crédits qu'il puise à même ses propres sources de revenus (impôts, taxes, amendes, etc.) (Muzellec, 1979, p. 7-19). Depuis les années 1980, par contre, il est moins évident que l'État contrôle réellement ses revenus et on est plus conscient du fait que des ressources utilisées par l'administration publique ne sont pas disponibles pour d'autres fins.

6.1 DÉFINITION ET DIMENSIONS DU BUDGET

Un budget est avant tout un projet de revenus et de dépenses, lesquels en théorie ne sont pas toujours assortis de limites absolues ; mais, en pratique, le budget de l'État comporte un plafond qui ne doit pas être dépassé, du moins pas de façon trop importante. Donc on aura :

Dépenses	$\cong$	**Revenus**
l'ensemble des *crédits* autorisés par le législatif	égale à peu près	le montant global des impôts (fiscalité) et des recettes non fiscales

Le budget est une tentative de créer un certain équilibre entre les dépenses et les revenus. Étant donné les sommes en jeu des deux côtés, l'équilibre ne sera pas toujours parfait, même pour un gouvernement prudent : il y aura donc souvent un surplus ou un déficit. Le budget est équilibré quand l'équation sera à peu près parfaite, peu importe le niveau car, en effet, un gouvernement peu interventionniste peut en théorie faire un déficit, si ses revenus sont encore plus modestes que ses dépenses. À noter à cet égard que le gouvernement de M. Mike Harris de la province de l'Ontario n'a pas atteint le déficit zéro en 1999 malgré des années de compressions budgétaires, pour la simple et bonne raison que son gouvernement voulait en plus réduire la taxation des individus et des entreprises, ce qui a bien entendu réduit les revenus. La réduction, même importante, des dépenses, n'amène donc pas nécessairement un budget équilibré.

Au Canada, depuis plusieurs décennies maintenant, c'est le Conseil du Trésor qui est le gestionnaire principal de la composante « dépenses » du budget, alors que l'estimation des revenus, de concert avec le ministère du Revenu s'il y a lieu, se fait par le ministère des Finances, qui s'occupe aussi de la réconciliation de l'ensemble de l'opération, c'est-à-dire du budget global. De plus, le ministère des Finances s'occupe des opérations plus spécifiquement financières, c'est-à-dire de la gestion de la dette accumulée au cours des exercices du passé, des emprunts courants et émissions de nouvelles obligations, des aspects monétaires des sociétés d'État et autres entités plus ou moins autonomes et, quand il y a lieu, d'opérations de transactions en devises étrangères. En caricaturant un peu les rôles, on peut dire que le Conseil du Trésor s'occupe des dépenses de la maison, alors que le ministère des Finances s'emploie à trouver les revenus à l'extérieur et à équilibrer le tout. C'est dans le cadre de cette responsabilité que le ministère des Finances va s'intéresser à l'économie globale et à sa santé financière, en faisant des estimations sur la performance de l'économie par exemple.

Si on compare la préparation d'un budget dans le secteur public avec sa préparation dans le secteur privé, on peut dire que si le secteur public est davantage maître du jeu, à cause du caractère unilatéral de la taxation, son processus est en même temps plus rigide, du fait des règles constitutionnelles entourant les finances publiques. Le secteur privé peut plus facilement s'adapter à des circonstances changeantes, et dépenser davantage si ses ventes augmentent. Une des raisons principales de la rigidité du processus dans le secteur public, c'est que le gouvernement, quel qu'il soit, gère les deniers d'autres personnes, c'est-à-dire ceux des contribuables ; même en droit privé, quand on gère des fonds qui ne nous appartiennent pas en propre, comme les biens d'un mineur par exemple, les procédures sont plus contraignantes.

Après avoir dressé ce tableau général, nous nous pencherons sur quatre dimensions primordiales du processus budgétaire : politique, économique, juridique et financier.

6.1.1 Un document politique

Le budget est un document politique par son interaction avec le régime politique. Le pouvoir financier, détenu jadis par le monarque, fut un facteur de lutte importante entre les représentants du peuple et le roi. Cette lutte pour le contrôle des deniers publics a façonné les régimes politiques de la plupart des pays occidentaux. Les élus se sont farouchement battus pour que leur consentement soit nécessaire à la perception d'impôts par le monarque, et pour que ce dernier ne puisse pas les utiliser sans avoir reçu au préalable leur approbation. La lutte pour instaurer un régime politique démocratique s'est traduite dans la réalité par une lutte pour l'obtention du vote et du contrôle du budget par le Parlement. Ainsi, le budget fut l'enjeu historique de l'affermissement du pouvoir des Parlements au détriment de celui du monarque.

En Grande-Bretagne, le *Bill of Rights* de 1689 consacre la nécessité du consentement du Parlement à la levée des impôts. Plus près de nous, au Bas-Canada du début du XIXe siècle, le contrôle des subsides par les députés comptait parmi les enjeux les plus importants pour les acteurs en présence lors des événements de 1837.

De nos jours, la délégation croissante des pouvoirs détenus par le législatif vers l'exécutif, jumelée aux particularités du régime parlementaire britannique en situation de bipartisme, font qu'en matière de budget, le pouvoir du Parlement s'affaiblit au profit d'un affermissement de l'exécutif.

Le budget est aussi un document politique parce qu'il interagit avec la politique du régime. Il est le principal outil dont se sert le gouvernement pour traduire dans la réalité ses objectifs politiques et économiques. Les éléments ⌈conjoncturels⌉ (situation politique interne et contexte politique international) auront une influence sur le budget de l'État et, par conséquent, sur la marge de manœuvre dont bénéficie un gouvernement pour mettre en œuvre ses politiques.

Traditionnellement, le budget était perçu comme un document politique qui devait refléter l'équilibre politique de l'État en présentant un projet de revenus (impôts + recettes non fiscales) et de dépenses parfaitement équilibré. Le budget équilibré était un budget sain, le déficit étant considéré comme un risque pour l'État de faire banqueroute ou de subir une inflation incontrôlable, et un excédant (ou surplus) étant considéré comme un abus de taxation.

6.1.2 Un document économique

Cependant, John Maynard Keynes, dans son ouvrage *Théorie générale de l'emploi, de la monnaie, de l'intérêt*, publié dans les années 1930, a montré qu'un budget équilibré peut être néfaste en raison du caractère cyclique de l'économie. Il est devenu ainsi le premier auteur économiste à faire un lien étroit entre budget public et économie. En période de chômage, le budget équilibré exigeait qu'à une baisse des recettes fiscales de l'État provoquée par le sous-emploi corresponde une baisse des dépenses de l'État dans l'économie, ce qui entraîne du chômage. Par contre, selon la théorie de Keynes, l'État qui veut se sortir d'une période de chômage conjoncturel devra tenter d'augmenter les revenus des ménages par une diminution des impôts et/ou une augmentation des dépenses afin qu'ils accroissent leur demande en biens et services, ce qui, par le fait même, encouragerait la création d'emplois. Donc, le déficit budgétaire (dépenses plus élevées que les recettes) a semblé être pour Keynes un remède utile pour une économie souffrant de chômage conjoncturel. De même, en période inflationniste, l'État devrait préférer le surplus budgétaire afin de réduire les revenus des ménages et leur consommation de biens et services en augmentant les impôts et/ou en diminuant ses dépenses. Cela réduirait l'inflation.

La théorie de Keynes a été appliquée à grande échelle dans la plupart des États occidentaux depuis la Seconde Guerre mondiale. Cependant, les années 1970-1985 ont montré que plusieurs de ces États doivent désormais lutter davantage contre un déficit budgétaire chronique que contre un surplus budgétaire. La condition de réussite du déséquilibre budgétaire établie par Keynes, à savoir un déficit provisoire (parce que lié à une conjoncture difficile) et surveillé (il doit prendre fin dès que l'économie a repris son essor), ne semble pas avoir été tout à fait respectée. De toute évidence, opérer au moyen d'un déficit budgétaire est apparu plus rentable électoralement (les promesses de baisser les impôts et d'injecter plus d'argent dans l'économie séduisent souvent les électeurs) que de vouloir contrôler le déficit, même si les citoyens sont plus sensibilisés aux problèmes reliés à un déficit budgétaire trop imposant depuis les années 1980 et 1990. En effet, un déficit budgétaire est normalement financé par des emprunts de l'État envers des tiers (ses propres citoyens, des banques étrangères, etc.). Le risque pour un pays de se retrouver étouffé par sa dette est très grand. Nous en connaissons les retombées au cours des années 1990.

L'utilisation de politiques budgétaires (déficit-surplus) visant à remédier à certaines conjonctures économiques défavorables comporte le risque d'aggraver la situation conjoncturelle. D'ailleurs, les délais d'exécution implicites à la procédure budgétaire sont susceptibles d'entraver une action gouvernementale qui aurait pu, si elle avait été appliquée au bon moment, résoudre un problème précis. De plus, la création d'un déficit budgétaire par l'accroissement des revenus des ménages et/ou des entreprises entraîne souvent des effets pervers ; par exemple, le supplément de revenu des ménages pourra être acheminé par ceux-ci vers l'épargne au lieu de servir à la consommation de biens et de services, ce qui n'encourage pas la création d'emplois à court terme ; l'octroi de subventions inconditionnées aux entreprises n'implique pas nécessairement une augmentation de l'embauche du personnel (Rivoli, 1975, p. 122).

Donc, si le budget est un document politique et économique primordial parce qu'il est utilisé par le gouvernement pour réaliser ses objectifs ou pour agir sur une situation problématique, il s'avère aussi une arme à double tranchant avec laquelle ce même gouvernement risque de perdre le pouvoir.

On vient de voir comment le budget d'un gouvernement peut être vu comme un instrument de politique économique. À ce titre, le budget est souvent comparé à la politique monétaire, laquelle vise à influencer les activités économiques en contrôlant le crédit, en influençant le taux d'une devise. En somme, la politique monétaire veut jouer sur l'argent, son taux d'emprunt, sa circulation et les taux de change. Plus d'argent en circulation, plus d'échanges économiques, mais aussi plus de possibilités d'inflation, et d'« emballement » de l'économie ; et vice-versa avec la réduction de l'argent en circulation : meilleur contrôle de l'inflation mais aussi plus grand danger de dépression économique. Par ailleurs, en influençant le taux de change, soit la valeur du dollar canadien par rapport à d'autres devises, la politique monétaire peut rendre notre monnaie moins chère par rapport au dollar américain et donc encourager nos exportations dans ce pays (tout en rendant nos voyages en Floride cependant plus cher). N'oublions pas que le Canada exporte entre un quart et un tiers de sa production, et que cette exportation se fait surtout aux États-Unis. Il faut dire que la politique monétaire n'est un instrument que pour les gouvernants nationaux ; ainsi, au Canada, c'est seulement le niveau fédéral qui peut s'en prévaloir, à travers la Banque du Canada. Ceci a d'ailleurs provoqué des critiques venant des provinces canadiennes, particulièrement du Québec, dont l'argument est à peu de choses près le suivant : puisque les politiques monétaires sont nécessairement uniformes et qu'elles valent pour l'ensemble du Canada, n'y a-t-il pas danger de voir une politique de restriction de crédit, pensée pour calmer la surchauffe économique de l'Ontario, alors que cette même politique réduit les chances du Québec d'avoir le crédit nécessaire pour sortir d'une période de ralentissement ? Peut-être, pourraient rétorquer les défenseurs de la politique monétaire, mais au moins la politique monétaire peut avoir des effets plus rapides, n'étant pas soumise au long processus budgétaire; de plus, diraient-ils, si le budget peut s'adapter aux besoins de chaque région (chaque province élaborant son propre budget en relation avec sa situation particulière), ses effets escomptés peuvent aussi être modifiés ou même annulés par d'autres niveaux de gouvernement qui auraient des besoins différents.

À ces arguments de la part des partisans de la politique monétaire, les défenseurs des politiques budgétaires, eux, diraient que la politique budgétaire est moins rigide et lente qu'il n'y paraît à première vue, puisque certaines dépenses budgétaires apparaissent comme de véritables stabilisateurs anticonjoncturels automatiques: ainsi, quand l'économie ralentit et qu'il y a du chômage, les caisses des programmes d'assurance emploi versent davantage de prestations, stimulant ainsi automatiquement une économie en récession. On pourrait dire la même chose d'autres programmes sociaux, dont les prestations augmentent quand l'activité économique est au ralenti.

Bien sûr, en pratique, on n'a pas à « choisir » entre les politiques budgétaires et monétaires pour stabiliser l'économie, on peut très bien utiliser les deux (du moins, au niveau national). Par contre, depuis les années 1980, les pays industriels semblent avoir mieux réussi à contrôler l'inflation par des politiques monétaires plus vigoureuses. Aux États-Unis, le puissant Chairman of the Federal Reserve Board a sans doute joué un rôle déterminant à cet égard. Il y a eu, en même temps, une baisse relative d'estime pour les interventions de type keynésien, trop de gouvernants s'en étant servis comme justification pour dépenser plus que ne le permettait leurs moyens. Il n'est pas impossible qu'il y ait une réhabilitation de l'intervention keynésienne dans l'avenir, quand on aura mieux réalisé qu'on appliquait seulement une partie des recommandations qu'elle contenait. En attendant cette réhabilitation, on l'applique encore beaucoup, sans nécessairement l'avouer explicitement. En économie comme ailleurs, il y a des modes, des tendances qui ne correspondent pas toujours aux pratiques concrètes.

Dans cette section sur le budget comme réalité économique, il convient maintenant de définir brièvement certains termes que l'on peut retrouver dans des études ou discussions autour des questions budgétaires. Il y a d'abord l'impôt sur le revenu: il peut s'appliquer aux corporations ou aux individus; appliqué aux individus, il est considéré comme favorisant les personnes à faible revenu puisque non seulement ils paient moins d'impôts au total, mais ils paient une plus petite portion de leur revenu, vu que l'impôt est progressif, c'est-à-dire que la proportion du revenu que l'on paie augmente avec le niveau de revenu. Une philosophie complètement contraire consisterait à dire: puisque les gens à faible revenu paient moins en chiffres absolus, faisons leur payer une plus grande

proportion de leur revenu, afin qu'ils paient leur part des programmes gouvernementaux. Par contre, les [taxes à la consommation,] c'est-à-dire celles qui se perçoivent non pas quand le revenu est reçu mais lorsqu'il est dépensé, sont
considérées comme étant moins favorables aux plus pauvres, puisqu'elles ne sont
pas progressives, chacun payant en principe la même proportion de taxe à la
consommation (contrairement à l'impôt sur le revenu). Ceci dit, les riches, en
chiffres absolus, paient plus pour cette taxe que ne paient les moins riches.
Puisque cette taxe est considérée comme moins favorables aux moins fortunés,
on la rembourse parfois en partie au moment de l'impôt, comme c'est le cas avec
la TPS (taxe sur les produits et services) canadienne où on estime la part de
revenus payés en taxe de vente, laquelle est retournée en tout ou en partie aux
personnes ayant des revenus plus faibles.

Le PNB, produit national brut, est l'ensemble des biens et services produits
par un pays donné ou une région à l'intérieur d'un pays. Ainsi, il y a un PNB
pour le Canada (environ 600 milliards de dollars canadiens) et un PNB pour le
Québec (environ 130 milliards de dollars canadiens). Le PIB (produit intérieur
brut) est une notion légèrement différente, qui inclurait cette fois tous les biens
et services produits sur un territoire, peu importe si son producteur est une
entité locale ou non : ainsi les biens et services produits par une croisière hollan-
daise sur le Saint-Laurent seraient alors inclus dans le PIB canadien et québécois,
même s'ils ne donnent pas lieu à des transactions impliquant des Québécois ou
des Canadiens.

Les économistes parlent aussi de [« coûts d'opportunité »], ce qui veut dire
que si vous dépensez pour tel projet, vous sacrifiez l'opportunité de dépenser
pour tel autre. La notion de « coût d'opportunité » est très lié à la notion de
rareté, qui est à la base de la science économique. Si on dépense 100 millions de
dollars en santé, on ne peut dépenser *ces mêmes* 100 millions de dollars en éducation. La notion de coût d'opportunité est aussi un élément conceptuel à la base
de l'analyse coûts-bénéfices que nous verrons un peu plus loin.

S'il y a des choix à faire entre différentes dépenses, il y en a aussi entre des
projets immédiats et des projets à long terme. En général, la nature humaine
tend à privilégier un bénéfice immédiat à un bénéfice lointain. Un dollar qu'on
me donne maintenant est plus intéressant pour moi qu'un dollar qu'on me don-
nera dans dix ans. Et d'ailleurs, si on m'offre de me donner ce même dollar dans
dix ans, je demanderai un peu plus qu'un dollar, pour toutes sortes de raisons :
l'incertitude, le risque que vous ne pourrez me payer, la possibilité que je meure
entre temps, l'inflation, la non-disponibilité de ce dollar entre temps, etc. Si
j'estime beaucoup plus le présent que l'avenir, je vous demanderai beaucoup

plus pour ce dollar qui viendra plus tard, c'est-à-dire que mon « taux d'actualisation » sera d'autant plus élevé : pour un bénéfice que vous me verserez dans dix ans au lieu de maintenant, je vous demanderai 10 % par année au lieu de 5 % par exemple. Plus j'estime le présent par rapport à l'avenir, plus mon taux d'actualisation sera élevé. Au contraire, si mon taux d'actualisation est bas, si donc je valorise quand même ce bénéfice dans l'avenir, je serai moins exigeant sur la compensation que je demanderai pour l'incertitude liée au temps. Si le taux d'actualisation est bas (si on n'exige pas trop pour ce report sur l'avenir), et si on estime que les avantages d'un projet vont durer longtemps, cela aide un gouvernement ou une personne à accepter un projet qui ne se réalisera donc pas tout de suite. D'une certaine façon, le taux d'actualisation a une parenté avec le taux d'intérêt, même s'il est conceptuellement quelque peu différent. Cette notion que le présent est plus valable pour nous que l'avenir lointain nous permet de comprendre pourquoi les politiques environnementales sont si difficiles à faire accepter, surtout celles qui, comme les politiques visant à réduire les gaz à effet de serre, auraient des bénéfices surtout à long terme. De plus, au contraire des achats de mobiliers, les politiques de réduction de gaz à effet de serre exigent de payer maintenant... pour un bénéfice qui se réalisera seulement dans un avenir éloigné.

6.1.3 Un document juridique

Le budget est, au point de vue juridique, un document législatif et prévisionnel (Muzellec, 1979, p. 20) qui contient le projet de revenus et de dépenses du gouvernement, présenté par celui-ci à l'Assemblée législative qui doit l'entériner par son vote. Parfois, les dépenses sont adoptées séparément. Le budget d'un État accepté par les parlementaires devient une loi. D'ailleurs, le terme « budget » n'est peut-être pas le plus approprié pour désigner cette réalité : celui de « loi des finances » serait en un sens plus exact. Nous conserverons toutefois le vocable de budget parce qu'il est plus utilisé. En présentant son budget, le gouvernement fait part au Parlement de ce qu'il prévoit pour l'État (ou la province, par exemple) pour une période de temps donnée (habituellement un an), sachant très bien que les choses peuvent se passer autrement. L'idée de « projet » et par conséquent d'« incertitude » est très importante pour comprendre ce qu'est un budget. Différents obstacles peuvent se présenter et empêcher la réalisation de politiques budgétaires prévues : une cadence irrégulière des rentrées fiscales et des souscriptions aux emprunts, des taux d'intérêt fortuits, etc. (Gournay, 1966, p. 60). C'est pourquoi le gouvernement peut faire voter des lois rectificatives ou un budget de mi-année (parfois appelé « mini budget ») en cours de route.

Selon Muzellec, le budget répond à cinq grands principes, tous plus ou moins respectés selon les cas (Muzellec, 1979, p. 231-270). Le principe de l'*annualité* fixe à un an la périodicité de la mise en œuvre du budget. L'annualité correspond au rythme de la vie sociale du XIXe siècle basée sur l'agriculture (p. 231). Ce principe permet un meilleur contrôle des finances publiques car les comptes doivent être rendus à échéances régulières. De nos jours, ce principe est parfois critiqué. Beaucoup de spécialistes estiment qu'une année est une période de temps trop courte pour que le plan d'action d'un gouvernement puisse être appliqué efficacement et qu'elle ne correspond plus tout à fait aux cycles de la vie sociale moderne.

Le principe de l'*universalité* veut que toutes les recettes et toutes les dépenses de l'État figurent au budget. Rien ne doit être omis ou dissimulé. Dans le cas des revenus, le respect de ce principe est facilité par le fait que, dans le cas du Québec par exemple, les revenus gouvernementaux sont perçus très majoritairement par deux ministères seulement, à savoir le ministère des Finances et le ministère du Revenu. Dans le cas du Québec, ils perçoivent 94 % des revenus du gouvernement (Secrétariat du Conseil du Trésor, 1991, p. 24). Ce principe est surtout caractérisé par la règle de *non-affectation* qu'il sous-tend. Cette règle interdit aux services gouvernementaux (ministères, organismes) de garder les produits de leurs recettes ou de les affecter à leurs propres dépenses. Elle interdit aussi au citoyen d'exiger que ses impôts soient utilisés uniquement pour un service spécifique. La règle de non-affectation comporte cependant trois exceptions :

> Première exception : le cas des opérations effectuées par des services qui fonctionnent comme des entreprises, c'est-à-dire qui vendent leur production. Deuxièmement, le cas où le législateur a voulu donner, pour des motifs politiques ou administratifs, une autonomie au moins apparente à certains services. Troisièmement, le Parlement et le gouvernement ont jugé bon d'offrir certaines garanties aux contribuables, pensant que ceux-ci accepteraient plus facilement un nouveau prélèvement obligatoire s'ils avaient l'assurance que le produit servirait à financer des activités indiscutablement utiles (Rivoli, 1975, p. 42).

Au Québec, le prélèvement d'une taxe spéciale sur les cigarettes pour financer la dette du stade olympique est une exception du troisième type à la règle de non-affectation.

Maintenant que nous avons décrit la règle de l'universalité et ses exceptions, mentionnons qu'un gouvernement peut, d'une certaine façon, abuser... de la règle elle-même. Ainsi, le fait d'aller chercher des surplus auprès d'organismes autonomes du gouvernement qui génèrent des excédents, tout en prétendant respecter ce principe d'universalité, peut contribuer à camoufler un déficit dans les opérations courantes régulières. À ce sujet, voici un commentaire de James Iain Gow :

> Le principe d'un fonds consolidé du revenu est fondamental en démocratie, à la fois pour faciliter le contrôle parlementaire et pour éviter de lier certaines sources de revenus à certaines politiques. Mais cela crée certes un mauvais précédent de prélever, comme l'a fait M. Landry, des sommes sur les surplus de la SAAQ (Société de l'assurance automobile du Québec) ou de la CSST (Commission de la santé et sécurité au travail) (Gow, 1999, p. 24).

Le principe de l'*équilibre budgétaire* exige que le budget soit construit de manière à équilibrer les recettes et les dépenses de l'État. « [L]e meilleur budget est celui qui frôle le déficit en dégageant un excédent symbolique » (Muzellec, 1979, p. 249). Néanmoins, nous avons vu qu'avec la théorie de Keynes l'équilibre budgétaire n'est qu'un principe relatif qui permet l'alternance d'excédents et de déficits budgétaires selon les conjonctures.

Le principe de l'*unité* oblige le gouvernement à présenter un budget unique aux parlementaires, un budget synthétique qui résume l'information contenue dans plusieurs fascicules.

Le principe de la *spécialité* veut que le budget présente tous les crédits qui sont octroyés à chacun des ministères ou services gouvernementaux.

À ces cinq grands principes énoncés par Muzellec, des spécialistes en ajouteront d'autres, ou encore apporterons des précisions. Ainsi, Lucie Rouillard mentionne le principe de la *limitation budgétaire* qui veut que « les dépenses engagées par les ministères et organismes gouvernementaux ne peuvent excéder le montant des crédits qui a été autorisé par l'Assemblée nationale » (Rouillard, 1999, p. 45). On pourrait dire que ce principe est en quelque sorte implicite dans le premier principe que nous avons vu, soit celui de la l'annualité.

Michel Fortmann, quant à lui, mentionne le principe de la *prescription des crédits*, qui « prévoit que les sommes non dépensées après un an seront annulées et remises au Parlement pour un nouveau vote afin d'éviter que certains ministères se créent des fonds autonomes » (Fortmann, 1992, p. 109). Ce principe peut être vu comme une application particulière des principes de l'annualité et de l'universalité, les deux premiers principes que nous avons vus plus haut. Michel Fortmann mentionne deux autres principes, soit celui de l'*autorisation parlementaire*, qui est implicite dans notre premier principe de l'annualité, et celui de l'*initiative financière gouvernementale*, « qui précise que seuls les projets de lois financières présentés par le gouvernement seront considérés par l'assemblée » (p. 108) ; ce dernier principe, inscrit dans la Constitution canadienne, n'est pas réellement un principe universel étant donné qu'il est lié, dans le cas du Québec et du Canada, au régime parlementaire britannique (même s'il peut se trouver ailleurs que dans les anciennes colonies britanniques et qu'au Royaume-Uni).

6.1.4 Un document financier

Les mots « finances » ou « financier » recouvrent parfois des réalités quelque peu différentes selon les auteurs et les contextes. Dans un sens très général, ces termes se rapportent à tout ce qui touche à l'argent.

Un premier sens renvoie donc essentiellement à l'ensemble du budget, sur le plan des revenus et des dépenses. Au Québec, on emploi l'expression « périmètre comptable » gouvernemental pour désigner, du côté des dépenses, « l'ensemble des ministères et organismes qui constituent l'administration centrale entourant le Gouvernement de façon immédiate » (Secrétariat du Conseil du Trésor, 1991, p. 2). Un peu plus large, la notion de « fonds consolidé », notée précédemment, se rapporte à « l'ensemble des transactions financières du Gouvernement [...] ; les recettes gouvernementales, incluant les emprunts, y sont déposées, alors que les paiements, incluant les placements, y sont puisés ». Dans ce dernier cas (fonds consolidé), on se réfère explicitement aux revenus et aux dépenses. Le fonds consolidé, dans le cas du Québec, permet « d'isoler les opérations gouvernementales dans l'ensemble des opérations publiques, qui recouvre les activités des réseaux de l'éducation, de la santé et des services sociaux, le secteur municipal, ainsi que les activités des sociétés publiques, qui sont souvent largement tributaires de transferts gouvernementaux » (p. 2). Le budget donne donc l'occasion au gouvernement de présenter l'état financier d'un gouvernement ou d'un État, ce qui implique, entre autres : les opérations portées aux comptes publics, nationaux ou autres (compte courant, compte capital, réserve, PNB, PIB, etc.), la dette publique, l'actif et le passif, pour les dernières années.

Par ailleurs, ainsi que nous l'avons noté plus tôt, les gouvernements dérogent au principe de l'universalité qui veut que ses opérations se retrouvent dans un document financier unifié. Cela vaut aussi pour le fonds consolidé du Québec, comme cela est exprimé dans un document qui émane du Conseil du Trésor lui-même :

> L'unicité du fonds consolidé du revenu est toutefois infirmée par l'existence de quelques fonds particuliers administrés et comptabilisés de façon distincte par le Gouvernement. Ces fonds constituent des entités comptables qui permettent de soustraire aux mécanismes budgétaires, comptables et financiers gouvernementaux réguliers, certaines activités financières à même des revenus bien identifiés (ex. : recettes commerciales, recettes parafiscales, transferts) (Secrétariat du Conseil du Trésor, 1991, p. 2).

Du côté des dépenses, le _Livre des crédits_, dans le cas du Québec, est le document qui « est le support permettant de formaliser les diverses autorisations à dépenser à l'intérieur d'un ministère ». Il se concrétise par une « ligne budgétaire » :

> La ligne budgétaire est l'élément fondamental de toute économie administrée. Le fonctionnement de celle-ci est fondé, quels que soient l'époque et le pays, sur la règle suivante : il est interdit d'effectuer une opération différente de celle qui a été prévue par la ligne budgétaire, d'engager des opérations au-delà du montant d'autorisation accordée (le « crédit ») et d'exécuter des opérations contrairement aux règles établies (Rivoli, 1975, p. 34).

L'ensemble des documents mentionnés plus haut nous aide à déterminer si un gouvernement dépense pour des projets à plus long terme, y compris des immobilisations pour lesquelles il y a une valeur qui reste, ou s'il dépense pour des objectifs à court terme (dépenses de fonctionnement par exemple), pour lesquels il y a peu ou pas d'actifs qui survivent à l'année budgétaire où ils ont été dépensés. Dans ce dernier cas, on a parlé au Québec, un peu familièrement, de « dépenses d'épicerie ». Bien entendu, le fait d'emprunter pour « payer l'épicerie » est mal vu, tout autant dans la vie publique que dans la vie privée.

Par ailleurs, on donne un sens plus précis aux mots « finance » et « financier » qui signifient essentiellement : quelles seront les méthodes que nous utiliserons pour payer le coût de nos dépenses publiques ? Dans ce sens, « finance » et « financier » se réfèrent au côté « revenu » de l'équation revenus/dépenses. Un gouvernement moderne dispose aujourd'hui d'une quantité impressionnante de moyens pour faire face à ses dépenses. Traditionnellement, on disait que les ressources d'un gouvernement sont de deux ordres : les recettes fiscales (impôts) et non fiscales (amendes, octroi de permis, etc.). On peut dire aujourd'hui que le financement des activités gouvernementales s'est diversifié : entre autres, on a fait davantage appel aux frais aux usagers et aussi, surtout depuis trente-cinq ans, aux emprunts. Bien sûr, on ne peut plus parler de finances publiques aujourd'hui sans parler des déficits et de la dette d'un gouvernement.

La dette d'un gouvernement est constituée de l'ensemble des déficits du passé qui n'ont pas été compensés par des surplus. Le déficit d'une année donnée fait donc partie des résultats des opérations de revenus et de dépenses d'un budget ou du résultat d'un budget. La dette, quant à elle, est plutôt de la nature d'un portrait global d'actif et de passif, arrêté à un moment donné. Pour donner des ordres de grandeur, le déficit des revenus et des dépenses du gouvernement fédéral n'a jamais été plus élevé que 42 milliards de dollars dans une année budgétaire, tandis que la dette accumulée fédérale se situe aux environs de 650 milliards de dollars. Au Québec, les déficits annuels n'ont jamais dépassé beaucoup les 5 milliards, alors que la dette accumulée représente près de 100 milliards de dollars.

Si, au niveau de la préparation du budget, il y a la présence dans le système gouvernemental canadien à la fois du Conseil du Trésor et du ministère des Finances, tout ce qui touche « la responsabilité de la gestion du fonds consolidé et de la dette publique, et la responsabilité générale des affaires financières du gouvernement » est assigné au ministère des Finances (Secrétariat du Conseil du Trésor, 1991, p. 7).

Nous verrons un peu plus loin les questions de choix qui se posent autour de la gestion de la dette aujourd'hui et dans les années à venir, ce qui ramène la question plus générale de la taille du secteur public et des rôles respectifs des secteurs public et privé. Ce que l'on peut déjà dire, par ailleurs, c'est que, paradoxalement, l'élimination des déficits et l'apparition de surplus posent de nouveaux problèmes et de nouveaux défis. Devant cette donnée nouvelle, faut-il par exemple diminuer les impôts ? « Comme on le voit », disait le ministre des Finances du Québec, Bernard Landry, « l'agenda se déplace du déficit vers la fiscalité » (Landry, 1999, p. ix). Nous y reviendrons à la fin de ce chapitre.

6.2 LES TYPES DE BUDGET

Dans la présente section, nous voulons examiner les grandes idées budgétaires et leurs philosophies sous-jacentes ; on sera ainsi mieux outillé pour saisir les différentes façons d'entrevoir et d'opérationaliser un budget. Nous verrons aussi que la pensée budgétaire a changé entre les années 1960 et 1990.

Une première façon de classer les philosophies budgétaires est de les distinguer selon qu'elles relèvent de la philosophie gradualiste ou de la philosophie rationaliste, distinction que nous avons évoquée au chapitre 5.

6.2.1 Le budget de l'approche gradualiste

Les tenants de l'approche gradualiste, philosophie essentiellement américaine, sont sceptiques vis-à-vis de l'existence d'un intérêt général. Selon eux, il s'avère donc impossible d'établir objectivement les priorités d'une société. Ils considèrent que la distinction entre les fins (valeurs) et les moyens donne lieu à de nombreuses confusions, et que personne n'est vraiment en mesure de comprendre toutes les conséquences d'une politique donnée.

Cette approche, que nous avons évoquée plus haut, nous conduit au budget par item (ou budget traditionnel). Ce type de budget classe les dépenses de l'État par catégories ou objets : le personnel, les équipements, l'entretien, etc. Il a pour point de départ le budget de l'année précédente, et ne s'en éloigne que rarement. Ainsi, les ministères et services gouvernementaux sont confiants d'obtenir à peu près le même montant de crédits que l'année précédente. Si un budget s'écarte considérablement de celui qui l'a précédé, c'est généralement pour accroître les dépenses, plutôt que pour les comprimer.

Parce que le budget par item est un budget relativement stable, les probabilités que le processus budgétaire engendre des conflits entre les acteurs concernés sont réduites. Et dans une société qui, généralement, n'apprécie pas les situations conflictuelles, cet aspect « pacifiste » du budget par item ne nuit pas à sa popularité, au contraire ! Seulement les questions de détails laissent place, selon Aaron Wildavsky, à un certain marchandage : on enlève ici pour remettre là, sans vraiment se questionner sur les conséquences de ces revirements. On confond les fins et les moyens, on oublie les mesures à long terme et on ne prend pas position sur les grands enjeux (Wildavsky, 1984, p. 135-138). Pour toutes ces raisons, le budget par item peut paraître moins conflictuel, plus simple, moins stressant et plus flexible que les autres types de budget.

6.2.2 Les budgets de type rationaliste

D'une certaine façon, tous les budgets qui ne sont pas de type gradualiste sont des budgets qui aspirent à une certaine forme de rationalité. Comme on le verra, cette quête de rationalité a pris plusieurs formes au cours des années 1960-2000, mais on y trouve toujours les éléments suivants : regarder au-delà de la ligne budgétaire de dépenses (les voyages, l'entretien, etc.) pour situer l'activité dans un plus grand ensemble (le programme, la mission) et au moins tenter d'effectuer des calculs comparatifs (par l'analyse coûts-bénéfices par exemple). Même si les différents projets de budget rationnel qui se sont succédé au cours des ans ont tous connu assez rapidement leurs limites, il en reste quelque chose, comme l'évaluation de programmes, qui est peut-être l'élément de l'approche rationnelle qui a le mieux survécu à l'aube des années 2000. Rappelons donc maintenant quelques-uns de ses principes de base. À la figure 6-A, on comparera les approches rationaliste et gradualiste de la prise de décision ainsi que leurs conséquences sur la façon de faire un budget.

L'approche rationaliste de la prise de décision tient pour acquis qu'il est possible d'établir un certain ordre dans les valeurs de la société et dans les buts d'une organisation. Cette approche a débouché sur des types de budgets dits « programmés ». « Le budget programmé cherche à rationaliser les dépenses de l'État en administrant les crédits d'une manière plus efficace » (Wildavsky, 1984, p. 135-139). Plutôt que de considérer le budget d'après des concepts traditionnels (personnel, équipements, etc.), l'approche rationaliste met l'accent sur les missions de l'État : santé publique, éducation, culture, etc. Ainsi, les politiques du gouvernement apparaissent clairement dans le budget programmé, alors qu'elles étaient plutôt fragmentées dans le budget traditionnel.

Les parlementaires se voient donc davantage contraints de prendre une position claire sur les politiques ; il y a moins de place pour le marchandage. Ils doivent s'interroger beaucoup plus sur les valeurs sociales véhiculées par le budget que sur les moyens matériels qu'il comporte. La discussion en assemblée portera davantage sur les fins poursuivies par le budget que sur les moyens qu'ils prônent. Le budget programmé s'avère donc être un instrument qui peut provoquer des conflits parce qu'il demande à chacun des acteurs impliqués dans le processus de définir des buts, voire une notion de l'intérêt général. Certaines techniques administratives et budgétaires ont été associées à l'approche rationaliste : l'analyse coûts-bénéfices, la rationalisation des choix budgétaires (PPBS), la gestion par objectifs (MBO) et le budget base zéro (BBZ).

A) L'analyse coûts-bénéfices

Le début de la seconde moitié du XXe siècle est marqué par le souci de trouver de nouvelles façons de préparer le budget. L'une des premières démarches pour renouveler le processus de préparation du budget fut d'analyser les politiques proposées par les ministères dans leur demande de crédits en comparant les coûts des activités proposées avec les bénéfices que l'État était susceptible d'en retirer. Cette démarche constituait souvent la base analytique des budgets de type rationaliste. On décidait parfois de mettre à l'épreuve, pour une période donnée, une nouvelle activité proposée, avant de l'engager plus définitivement dans le processus budgétaire, ce qui donnait un peu de temps pour amorcer un calcul des coûts et des bénéfices.

Le principal désavantage de l'analyse coûts-bénéfices est qu'elle ne peut pas s'appliquer à tous les problèmes de nature « humaine » que rencontre l'administration publique. D'ailleurs, c'est pour évaluer des projets très « physiques » que cette technique a d'abord été créée. C'est en effet au tournant du siècle (1900) que le U.S. Army Corps of Engineers a formulé l'analyse coûts-bénéfices pour décider le dragage de zones portuaires ainsi que sa profondeur (Stel et Mannix, 1996, p. 357). Durant la Deuxième Guerre mondiale, Britanniques et Américains l'ont utilisée dans le calcul du mérite de telle ou telle stratégie militaire. Plus tard, on a employé cette technique dans des projets publics et privés d'investissement.

— FIGURE 6-A —

Approches gradualiste et rationaliste de la prise de décisions : conséquences sur le budget

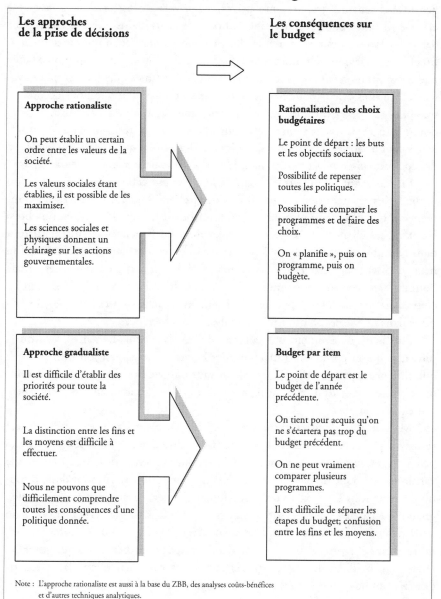

Les approches de la prise de décisions

Les conséquences sur le budget

Approche rationaliste

On peut établir un certain ordre entre les valeurs de la société.

Les valeurs sociales étant établies, il est possible de les maximiser.

Les sciences sociales et physiques donnent un éclairage sur les actions gouvernementales.

Rationalisation des choix budgétaires

Le point de départ : les buts et les objectifs sociaux.

Possibilité de repenser toutes les politiques.

Possibilité de comparer les programmes et de faire des choix.

On « planifie », puis on programme, puis on budgète.

Approche gradualiste

Il est difficile d'établir des priorités pour toute la société.

La distinction entre les fins et les moyens est difficile à effectuer.

Nous ne pouvons que difficilement comprendre toutes les conséquences d'une politique donnée.

Budget par item

Le point de départ est le budget de l'année précédente.

On tient pour acquis qu'on ne s'écartera pas trop du budget précédent.

On ne peut vraiment comparer plusieurs programmes.

Il est difficile de séparer les étapes du budget; confusion entre les fins et les moyens.

Note : L'approche rationaliste est aussi à la base du ZBB, des analyses coûts-bénéfices et d'autres techniques analytiques.

Pour mieux comprendre les avantages et les inconvénients de cette technique, il faut en rappeler sa définition formelle : [l'analyse coûts-bénéfices est une méthode quantitative pour évaluer une série de coûts et de bénéfices, tant dans des investissements publics que privés, *en termes de leur valeur économique actuelle.*] Il faut donc revenir à une notion que nous avons vue précédemment dans ce chapitre pour comprendre l'expression « valeur économique actuelle ». En effet, on a évoqué la notion du « taux d'actualisation », qui se rapporte à l'idée que des sommes reçues dans le futur doivent être réduites quelque peu pour évaluer ce qu'elles valent pour nous *actuellement,* étant donné que nous accordons une plus grande valeur à ce que nous avons tout de suite qu'à ce qui nous sera donné plus tard. Ayant ramené et réduit des sommes à recevoir dans le futur à leur valeur actuelle, on peut mieux comparer les projets qui ont des incidences à des époques différentes (en ramenant le tout à leur valeur *d'aujourd'hui*).

En ramenant les projets comparés à leur « valeur économique actuelle », on diminue les chances que soient choisis des projets dont les bénéfices ne commencent que beaucoup plus tard. Donc, surtout si le taux d'actualisation choisi est élevé, les chances d'accepter un projet dont les bénéfices se situent surtout dans l'avenir sont diminuées. C'est à cause de taux d'actualisation élevés qu'on néglige, disent certains, les investissements publics en matière environnementale dont les bénéfices sont, de toute façon, projetés loin dans l'avenir, mais dont les coûts sont actuels. Donc, le choix d'un taux d'actualisation est un élément critique dans une décision qui utilise l'analyse coûts-bénéfices.

Plus haut, on évoquait une faiblesse de l'analyse coûts-bénéfices, à savoir la difficulté qu'on éprouve à introduire des éléments de dimension humaine. La question classique est celle-ci : Combien vaut une vie humaine ? Combien doit-on dépenser pour diminuer au maximum les morts accidentelles sur une autoroute par exemple ?

Mais il y a d'autres difficultés associées à ces techniques, qui ont été résumées par Stel et Mannix (1996, p. 364) : difficulté à estimer les coûts et les bénéfices, en particulier ceux qui se réalisent dans l'avenir ; difficulté à estimer la valeur économique de biens et de services qui sont publics, qui sont donc disponibles pour tous sans exclusion ; difficulté à estimer certains coûts d'un projet, quand une partie de ceux-ci sont assumés ailleurs dans un gouvernement ou à un autre niveau de gouvernement, autrement dit, difficulté à bien délimiter les contours exacts du projet, tout autant d'ailleurs pour les bénéfices que pour les coûts ; enfin, difficulté à déterminer, dans des cas particuliers, la valeur de l'intérêt public quand elle est pertinente mais difficile à monnayer.

On pourrait ajouter à ces aspects négatifs des critiques encore plus fondamentales qui tiennent au caractère complexe et agrégé des décisions publiques,
ce qui rend difficile l'opération visant à les isoler en compartiments limités et
« calculables », ou encore des critiques à l'endroit de l'utilitarisme, philosophie
qui sous-tend cette technique de calcul. À sa défense, on pourrait dire que cette
technique a l'immense mérite de mesurer ce qu'on peut mesurer, tout en forçant
chacun à rendre explicite ses calculs et même ses prémisses. Ce ne serait pas là un
résultat négligeable.

B) La rationalisation des choix budgétaires (PPBS)

Pour l'administration publique, le PPBS signifie que le point de départ pour
l'obtention de crédits est, non pas le budget de l'année précédente, mais plutôt
les buts et objectifs sociaux ou organisationnels fixés par le pouvoir politique.
Avec la rationalisation des choix budgétaires, on peut repenser toutes les politiques. Le budget devient le reflet des missions de l'État (par exemple la mission
éducative, culturelle, etc.). Pour remplir une mission, il s'agit de suivre les étapes
suivantes :

- *Planning* : définir l'objectif à atteindre en termes quantitatifs et limiter
  l'action dans le temps (ce peut être un plan échelonné sur plusieurs
  années).
- *Programming* : recenser et comparer les moyens existants (les différentes
  alternatives) ou envisageables pour atteindre l'objectif en utilisant, par
  exemple, les techniques de l'analyse coûts-bénéfices afin de mesurer
  l'efficience ; choisir les moyens en détaillant leurs coûts pour l'État ou
  pour l'administration, en indiquant les résultats escomptés.
- *Budgeting* : gérer les moyens en prévoyant leurs coûts réels et leurs résultats réels ; contrôler l'exécution des moyens (programmes) afin qu'il n'y
  ait pas trop d'écarts entre la théorie et l'action ; évaluer le programme
  lorsqu'il prend fin, quand cela est prévu.

Le PPBS se présente comme un processus budgétaire qui sensibilise les gestionnaires de l'administration publique à une meilleure utilisation des fonds
publics. Cependant, il fait appel à des techniques d'analyse si spécialisées que
peu de gestionnaires sont en mesure de les utiliser. Même aux États-Unis, l'expérience a démontré que personne ne peut prétendre connaître la meilleure façon
de programmer un budget. Pour Aaron Wildavsky, qui a étudié cette question,
presque personne ne sait comment mettre en œuvre le PPBS, lequel a d'ailleurs
donné lieu à des dépenses additionnelles de l'État. Les individus considérés
comme des spécialistes du PPBS sont peu nombreux et habituellement mal

accueillis par les gestionnaires du secteur public, en raison de leur manque d'expérience des administrations publiques. Sans compter que certaines dimensions de la vie humaine répondent difficilement aux critères d'évaluation quantitative du PPBS : Comment attribuer une valeur monétaire à une vie humaine sauvée par l'utilisation à grands frais d'équipements sophistiqués ? Comment évaluer avec précision les bénéfices retirés d'une campagne de sensibilisation de la population aux problèmes de l'environnement par rapport à ce qu'elle coûte à l'État ? On constate facilement que les réponses à ces questions font davantage appel à l'évaluation subjective qu'à l'analyse scientifique. De plus, certaines activités de l'administration publique peuvent être placées sous la responsabilité de plus d'un programme, ce qui n'est pas sans causer certaines confusions : Qui s'occupera de la distribution du lait dans les écoles ? Le programme d'éducation ? Le programme de santé publique ? Le programme de valorisation des produits agricoles ?

Le PPBS requiert une centralisation poussée des pouvoirs au sein de l'État : les objectifs sont définis par le sommet stratégique et sont imposés au centre opérationnel. Par conséquent, les États fédéraux où les compétences sont partagées entre différents niveaux de pouvoirs s'accommodent parfois mal du PPBS.

En raison de tous ces obstacles, le PPBS n'est plus très populaire. On a même accusé le PPBS appliqué au département américain de la Défense d'être en partie responsable de l'étirement de la guerre du Viêt-nam. Depuis 1971, l'administration publique fédérale américaine ne fait plus référence exclusivement au PPBS. À toutes fins utiles, on a cessé de le pratiquer.

Plus près de nous, au Québec, les résultats n'ont pas été plus convaincants, même si le PPBS a pu contribuer à une certaine évolution des mentalités[1]. Le passage suivant puisé chez Lucie Rouillard résume ses aspects problématiques : « [...] on reprochait au système PPBS l'inefficience causée par un surcroît de paperasserie, les réunions de toutes sortes, l'intrusion des analystes dans des décisions qui devaient être du ressort politique » (Rouillard, 1999, p. 48).

Lucie Rouillard cite ce passage d'un rapport interne du Conseil du Trésor de 1978, cité aussi chez Bégin, Labelle et Bouchard :

> Tous les systèmes modernes et sophistiqués de gestion budgétaire associés au PPBS et expérimentés au Québec depuis 1972 se sont avérés un échec et ont presque tous (à l'exception de la gestion par programme, du moins ce qu'il en reste, et du nou-

---

1. Pour des commentaires de la part d'un praticien qui a vécu de près l'expérience du PPBS au Québec, voir Raymond Garneau, ancien ministre des Finances, dans « La budgétisation par programmes. Rationalité contre rationalité politique », dans Guy Lachapelle, Luc Bernier et Pierre P. Tremblay, 1999, p. 33-41.

veau mode de contrôle de subventions) été progressivement abandonnés. La planification des dépenses sur une base pluriannuelle, les tentatives de remettre en question les programmes existants (mémoires de programmes), l'évaluation des outputs (mesures d'impact), l'évaluation de l'efficacité administrative (mesures de performance), la rationalisation de l'usage des ressources (prélèvements) n'ont pas produit les résultats escomptés (Bégin *et al.*, 1987, p. 19, et Rouillard, 1999, p. 48).

Par contre, il n'est pas impossible que, comme on le suggérait plus tôt, et comme semble aussi le penser J.I. Gow, le PPBS ait été une étape dans le progrès des opérations budgétaires :

> La budgétisation par programmes (le PPBS en anglais) est souvent considérée comme ayant échoué, du moins en regard des espoirs de révolution rationaliste qu'elle avait suscités. Cependant, on observe encore aujourd'hui les effets du changement de mentalités qu'elle a introduit. Pour la première fois, on demandait aux services administratifs d'indiquer dans les documents budgétaires non seulement les ressources qui seraient consommées par chaque unité, mais aussi, et surtout, à quoi devait servir cet argent. L'énoncé d'objectifs devait être rédigé, si possible, en termes quantitatifs. Le PPBS n'a pas donné lieu immédiatement, comme il aurait dû, à l'évaluation des programmes, mais il l'a rendu possible lorsque la volonté politique s'est manifestée à la fin des années 1970. Même si l'évaluation devait à son tour décevoir, il demeure que la budgétisation par programmes a pavé la voie au mouvement de la gestion selon les résultats dans les nouvelles unités autonomes de service. Partout, la déconcentration vers des unités ou agences autonomes fait appel à des relations contractuelles basées plus sur les extrants que sur les intrants (Gow, 1999, p. 27-28).

C) La gestion par objectifs (MBO)

La popularité déclinante du PPBS (malgré ses aspects positifs) a ouvert la voie à un autre système budgétaire et administratif. Aux États-Unis, l'arrivée d'un nouveau système coïncide souvent avec l'arrivée d'un nouveau président. Ainsi, le PPBS a été identifié aux présidents démocrates des années 1960, le budget à base zéro (que nous verrons dans la prochaine section) au président Jimmy Carter et les compressions budgétaires du *Reinventing Government*, au président Bill Clinton et surtout au vice-président Al Gore. Ces systèmes administratifs ne sont pas toujours, strictement parlant, des systèmes budgétaires ; ce sont parfois des systèmes administratifs qui ont des incidences budgétaires : c'est le cas du *Reinventing Government* des années 1990, et aussi du MBO des mandats de Richard M. Nixon, président de 1968 à 1974.

La gestion par objectifs (*management by objectives* : MBO), une technique administrative qui a des incidences budgétaires, a succédé officieusement au PPBS aux États-Unis. Elle est basée sur la formulation d'objectifs organisationnels à atteindre par les membres du sommet stratégique avec l'accord des membres subalternes. Des ressources sont octroyées aux membres pour qu'ils puissent réaliser les objectifs et ils sont évalués en fonction du degré de réussite du plan.

Au départ, la gestion par objectifs devait accroître la responsabilité de gestion, le travail d'équipe, la coordination entre les membres de l'organisation, l'information, l'élaboration de missions claires et précises, etc. Mais les procédures sous-entendues par la gestion par objectifs se sont souvent avérées, comme dans le cas du PPBS, rigides et inefficaces administrativement. Les intervenants qui ont à se prononcer sur les objectifs sont trop nombreux et s'ensuivent parfois des contradictions entre les divers objectifs de l'organisation. Il semble aussi que la gestion par objectifs exige trop de temps et d'efforts pour la formulation des objectifs au détriment de leur réalisation concrète. Elle aurait entraîné une sclérose bureaucratique, une centralisation poussée de la prise de décision et du contrôle, plus de paperasse et moins de participation active des membres de l'organisation qu'avec la gestion budgétaire traditionnelle (Wildavsky, 1984, p. 134). La gestion par objectifs fut appliquée à l'administration publique fédérale américaine de 1973 à 1978 environ.

D) Le budget à base zéro (BBZ)

Le principal but que cherchait à atteindre le président Carter en implantant le BBZ dans l'administration publique américaine était d'augmenter la participation des gestionnaires de niveaux inférieurs dans la planification, la budgétisation et la prise de décision administrative. Il s'agit, pour les gestionnaires, non plus de comparer des programmes, mais, idéalement, de faire table rase de tout ce qui s'est fait jusqu'à présent dans leur unité et de repartir à zéro en reformulant de nouveaux objectifs. Comme nous l'avons mentionné précédemment, le PPBS et la MBO favorisent la centralisation du processus budgétaire. Le BBZ, pour sa part, est censé décentraliser ce processus. Il exige que les unités de l'organisation justifient leur existence et qu'elles expliquent pourquoi elles sont nécessaires à l'État et aux citoyens. Celles-ci ont à produire un document écrit comportant des analyses coûts-bénéfices pour chacun de leur programme ; elles ont à présenter les possibilités de réussite de leur programme pour différents niveaux de crédits : au niveau zéro, le programme ne peut survivre, mais que peut-il réaliser si on lui octroie tous les crédits demandés ? Si on ne lui octroie que la moitié des crédits demandés, quelles seront les conséquences pour la population (Wildavsky, 1984, p. 203) ?

Les unités de l'organisation répondent donc à ces questions dans un document écrit. À la fin du processus, tous les documents sont regroupés en un seul (*decision package*) (p. 204). Le *decision package* remonte la ligne hiérarchique, jusqu'au *sommet stratégique*. Ce dernier établit les priorités et tire une ligne entre les programmes qui seront financés et ceux qui ne le seront pas, entre les unités qui survivront et celles qui seront éliminées, ainsi que sur le niveau des dépenses.

Le premier essai d'application du BBZ dans l'administration publique américaine fut tenté au département de l'Agriculture du gouvernement fédéral. Ce fut en bonne partie un échec. On a remarqué que chacune des unités croyait qu'une remise en question des activités n'était « bonne que pour les autres ». Qui plus est, l'utilisation de cette méthode alerte l'administrateur sur le fait qu'il manque de ressources et ce, particulièrement en période de restrictions budgétaires. Ce qui n'était pas, bien entendu, le but recherché.

Ainsi, les chances de réussite totale du BBZ dans les administrations publiques ont toujours été plutôt minces : étant donné que les objectifs sont fixés par les unités du centre opérationnel et du bas de la ligne hiérarchique dans un document qui remonte la ligne hiérarchique en passant entre plusieurs mains, il n'est pas sûr que l'information soit totalement fiable une fois arrivée au sommet stratégique. De plus, si le BBZ semble accroître la participation des membres de l'organisation dans le processus budgétaire, il se peut que ce soit une participation forcée : l'employé est plus soucieux de conserver son emploi que de préserver le bien du public ; en d'autres termes, demandez à quelqu'un de justifier son existence et il s'empressera vite de trouver de très bons arguments. Pour Iain McLean, qui s'intéresse au *Public Choice*, le BBZ a échoué pour les mêmes raisons que d'autres systèmes de type rationnels : le niveau d'information qu'il exige est trop élevé par rapport aux capacités des humains qui doivent l'appliquer (McLean, 1987, p. 98). Le BBZ, tout comme le PPBS, a rencontré des difficultés d'adaptation au sein des administrations publiques.

6.3 LES ÉTAPES DU BUDGET

Après avoir vu différentes dimensions du budget ainsi que quelques types de budgets, nous nous pencherons maintenant sur les différentes étapes formelles d'un budget public devant conduire à sa réalisation ; elles se résument en quatre actions principales : la préparation, l'adoption, l'exécution et la vérification.

6.3.1 La préparation du budget

Les documents budgétaires soumis au pouvoir législatif mettent en mouvement toute l'action d'une administration publique. L'argent, comme on le dit, c'est « le nerf de la guerre ». Les documents budgétaires que le gouvernement prépare sont longuement étudiés par le gouvernement, l'administration et les parlementaires. Dans le cas des régimes parlementaires de type britannique, la préparation des documents budgétaires par l'exécutif est d'autant plus déterminante que les parlementaires ne modifient pas, ou seulement sur des points de détail, le projet budgétaire gouvernemental. Sur ce dernier point, la situation est bien différente aux États-Unis, où les représentants législatifs prennent une part beaucoup plus active dans l'élaboration définitive du budget ; cela est dû, comme on l'a vu, à un système politique et gouvernemental qui se veut beaucoup plus éclaté aux États-Unis qu'au Canada. On a même vu, aux États-Unis, au niveau fédéral, de brèves périodes dans les années 1990 où le gouvernement était techniquement incapable de payer ses comptes courants et de remplir ses obligations financières à cause de divergences entre l'exécutif et le législatif à propos du budget à adopter.

Dans un gouvernement moderne, la préparation du budget dépasse largement la période de temps qui précède immédiatement sa présentation aux autorités législatives. Pour les responsables des questions budgétaires, autant dans les ministères que dans les organismes spécialisés — le Trésor et les Finances, au Canada —, on prépare des documents et on établit des prévisions douze mois par année. Bien sûr, il y a une grande intensité budgétaire peu avant la présentation du budget qui, au Québec, commence le 1er avril ; mais, en réalité, le nouveau budget n'est pas encore adopté que les responsables et analystes préparent déjà celui l'année suivante. Ainsi, pour donner une idée du caractère cyclique et permanent du processus, disons qu'au mois de mars 1999, on mettait la dernière main au budget 1999-2000 devant être préparé pour l'année s'étendant du 1er avril 1999 à la fin mars 2000 ; mais on a déjà les yeux sur les données à préparer pour le budget 2000-2001, sans compter l'étude des dépenses de l'année précédente, soit l'année budgétaire 1998-1999, confiée au Vérificateur général, lequel remettra son rapport en 1999, à propos de l'année budgétaire 1998-1999. Sans compter que, depuis quelques années, on a insisté plus sur les prévisions à plus long terme à cause, en partie, des programmes d'élimination des déficits.

La préparation du budget d'un État, d'une province ou d'un autre niveau de gouvernement, fait intervenir plusieurs acteurs internes et externes à l'administration. Les acteurs externes sont constitués de démarcheurs, de groupes de pression, d'intérêt, etc., qui voient dans la préparation du budget l'occasion de faire connaître leurs besoins et de faire pression sur l'administration publique pour que leurs intérêts soient favorisés.

Parmi les acteurs internes à l'administration, on retrouve, dans le cas du Canada et du Québec, le ministre des Finances et le président du Conseil du

Trésor qui jouent des rôles déterminants dans la préparation du budget. Selon son évaluation des recettes et des dépenses, et de la conjoncture économique, politique et sociale qui prévaut, et selon le programme du parti politique auquel il appartient, le ministre des Finances fixe certaines règles auxquelles les autres ministres doivent se soumettre. Ces règles varient suivant la disponibilité des crédits : selon la conjoncture économique, les crédits sont augmentés, compressés ou demeurent les mêmes. Il peut aussi donner le signal qu'il regarde d'un œil favorable certains types de dépenses, comme les dépenses en construction, pour stimuler l'économie par exemple. Depuis une vingtaine d'années, la dette et les paiements des intérêts sur la dette viennent s'ajouter aux données macro-économiques dont le ministre des Finances doit tenir compte, et ce, de façon croissante. Une fois les grands paramètres macro-économiques fixés, qui concernent surtout la position du gouvernement quant à l'environnement économique général, l'attention se tourne vers l'interne, vers la détermination des dépenses.

Au niveau de la détermination des dépenses, il ne faudrait pas croire que l'ensemble de toutes les activités d'un gouvernement est présenté à nouveau, chaque année, aux législateurs. Il y a en effet des⌈« crédits déjà autorisés par statut »⌉ (Gow, 1999, p. 28). Selon une étude d'André Bernard, à laquelle J.I. Gow se réfère, ces crédits déjà autorisés par statut ont déjà constitué la plus grande part des dépenses annuelles au Québec, si bien que les élus ne votaient, lors du budget, que sur environ 35 % de l'ensemble des dépenses annuelles. Mais des réformes successives ont fait remonter régulièrement cette proportion, si bien qu'aujourd'hui on vote, au Québec, sur environ 70 % des dépenses réellement effectuées. Au gouvernement fédéral, à cause du type de dépenses qu'il fait, ce n'est que sur 30 % des sommes totales que l'on vote lors des débats sur le budget, 70 % des sommes ayant été autorisées par statut (Gow, p. 28). En plus de ces dépenses statutaires, il y a l'accroissement des crédits permanents affectés aux intérêts sur la dette et du coût des régimes de retraite (Rouillard, 1999, p. 48).

Une autre dimension à cette question concerne la véritable marge de manœuvre d'un gouvernement. Certains commentateurs et personnages politiques ont laissé entendre pendant une campagne électorale, dans les années 1990, que la marge de manœuvre réelle du gouvernement québécois n'était que de quelques centaines de millions de dollars, sur un budget qui dépassait facilement 20 milliards, ce qui laissait entendre que la marge discrétionnaire du gouvernement, là où il peut réellement exercer sa créativité, représentait moins de 5 % de l'ensemble du budget. Bien sûr, on peut discuter du pourcentage exact des activités du gouvernement qui sont réellement flexibles. Mais on peut s'entendre sur le fait qu'un gouvernement ne peut pas interrompre son aide à l'éducation, à la santé ainsi qu'à un très grand nombre d'autres responsabilités publiques déjà prévues, ce qui réduit d'autant sa marge de discrétion. Dans la mesure où l'on reconnaît ce fait, on est porté à avoir une vision gradualiste du budget, ce que nous expliquerons un peu plus loin avec plus de détails.

Revenons donc plus spécifiquement à l'étape de la préparation du budget lui-même. Suite aux recommandations et aux règles du ministre des Finances et du Conseil du Trésor, les ministères revoient leurs tâches, opèrent des réaménagements s'il y a lieu et évaluent leurs besoins pour l'année à venir avec le plus de détails possibles. Ils transmettent par écrit leurs demandes au Conseil du Trésor, activité susceptible de renfermer diverses stratégies budgétaires, dont en voici quelques-unes. Précisons tout de suite qu'il s'agit là d'une liste qui ne tient pas compte des efforts que l'on a fait ces dix dernières années (1990 à 2000) pour responsabiliser davantage les ministères, efforts que nous décrirons par la suite.

- Les ministères demandent exactement ce dont ils ont besoin afin de conserver une certaine crédibilité.
- Les ministères demandent plus de crédits qu'ils en ont besoin afin d'obtenir au moins ce qu'ils jugent nécessaire.
- À la fin d'une année fiscale, ils s'assurent d'avoir dépensé tous les crédits qui leur avaient été alloués par le budget de l'année précédente pour montrer qu'ils ont besoin au moins du même montant pour fonctionner adéquatement.
- Si on demande aux ministères d'effectuer des coupures, ces derniers choisissent souvent de couper des programmes ayant une portée considérable sur la population afin que le gouvernement ait l'impression de devoir choisir entre des coupures impopulaires et un *statu quo* moins dangereux au niveau électoral.
- Dans un contexte de compressions budgétaires, les ministères ne présentent que rarement de nouveaux programmes, sachant que des crédits supplémentaires ne leur seront pas facilement alloués. Cela est d'autant plus vrai si on leur demande de renforcer d'anciens programmes considérés comme des piliers de l'activité de l'administration publique.
- Les ministères appuient leur demande de crédits de documents qui témoignent avec éloquence (tableaux, graphiques, opinions d'experts, résultats d'enquêtes, etc.) du bien-fondé de leur démarche, prenant bien soin de répondre d'avance aux questions susceptibles de leur être posées.

Depuis quelques années, le ministre d'un ministère dépensier se trouve pris entre deux feux, si l'on peut dire. D'un côté, il fait partie d'une équipe gouvernementale dont il partage les objectifs de réduction et d'élimination du déficit et de compressions budgétaires : il veut donc contribuer à l'assainissement des finances publiques. D'un autre côté, il sait aussi qu'à l'intérieur de son ministère, auprès de ses plus proches collaborateurs, il sera respecté pour être allé chercher plus de fonds que les autres ministères, en faveur des projets valorisés par son milieu administratif immédiat.

Il arrive que le ministre suive la procédure habituelle avec le ministère des Finances et le Conseil du Trésor, et règle ce qu'il faut avec ces autorités budgétaires tout en « réservant » son accord final sur des matières contentieuses. Si le ministre a un certain poids auprès de ses collègues ou s'il croit avoir un dossier solide, il peut en appeler au premier ministre ; mais, en période de compressions budgétaires, ce dernier ne voudra probablement pas ouvrir la porte à d'autres demandes et sera très tenté de refuser. Avant la période de compressions, ces « appels » étaient sans doute plus fréquents, et ils le redeviendront peut-être maintenant que les déficits paraissent être choses du passé.

Il a été mentionné plus haut que, depuis une dizaine d'années, des modifications au processus avaient eu pour effet de changer sa dynamique. En effet, pour responsabiliser davantage les ministères, on leur impose désormais un peu moins de règles de nature mécanique et on fixe avec eux des objectifs de restrictions financières, tout en leur permettant d'atteindre ces objectifs d'une façon plus souple. Les expressions utilisées varient d'un gouvernement à l'autre et selon les époques ; on emploie parfois l'expression [« enveloppes fermées »] (au gouvernement du Québec) ou encore [« accroissement des pouvoirs et des responsabilités ministérielles »] (APRM) au niveau fédéral. Mais les réalités sont assez analogues. Et on peut même dire maintenant que « ça a marché » puisque les objectifs budgétaires d'élimination du déficit ont été largement atteints, même si le prix à payer a parfois été élevé.

Une fois que la demande d'un ministère, au Canada et au Québec, est acceptée définitivement par le Conseil du Trésor, elle devient partie intégrante du budget des dépenses. De son côté, le ministère des Finances prépare les documents justificatifs généraux (bilan de la situation économique mondiale, niveau de l'inflation, du sous-emploi, etc.) qui accompagneront le budget.

Il y a, bien entendu, plusieurs façons de préparer un budget. Ceci renvoie à la question des types de budgets et des philosophies qui les sous-tendent, ce que nous avons vu à la section 6.2. Pour l'instant, nous nous limiterons aux questions plus spécifiquement techniques de présentation matérielle du budget.

Précisons tout de suite que nous n'avons pas nécessairement à « choisir » entre différents types de présentation, car un budget en utilise fréquemment plusieurs à la fois, selon les sujets ou selon le niveau d'agrégation auquel on réfère.

① Un premier type de présentation budgétaire est une présentation par objet de dépense (ou « item ») : salaires, dépenses de fonctionnement de bureau (photocopies, loyer, etc.), voyages. Comme on l'a vu précédemment, cette formule est associée au gradualisme On se concentre donc ici sur les ressources utilisées, les intrants. Les députés d'opposition en général aiment bien ce type de présentation car il permet d'entrevoir si les membres du gouvernement et de l'administration exagèrent au niveau des dépenses « agréables » ou superflues, comme les voyages, les repas au restaurant, les dépenses somptuaires (réaménagement du bureau d'un nouveau ministre) ou encore les dépenses de salaires du personnel des cabinets politiques. Cette présentation budgétaire permet également de constater les ratées de certaines actions, comme l'achat à prix fort des équipements de bureau… et entreposés sans être utilisés pendant des mois. Cette présentation budgétaire qui dévoile les cas de dépenses exagérées ou somptuaires, a évité beaucoup d'abus. En particulier, c'est un secret de polichinelle que de dire que le secteur privé réussit à faire passer comme dépense (réduisant les revenus taxables) beaucoup de celles plus ou moins reliées aux opérations (repas, voyages où le plaisir se mêle aux affaires), mais que cela est beaucoup plus difficile à justifier dans le secteur public, car les parlementaires « guettent » ces dépenses, et qu'avec un budget ou un rapport par objet de dépenses, elles sont facilement repérées.

En anglais, on appelle ce type de présentation budgétaire *line item budget* (budget par item). En français, on parle parfois de « ligne » budgétaire. La ligne budgétaire est l'application concrète du principe de spécialité que nous avons vu plus tôt.

② Un deuxième type de présentation a été appelé « organique » par André Bernard. On parle aussi de présentation « administrative ». Dans cette dernière, l'unité importante est le ministère, le service ou l'organisation qui recevra les fonds pour les gérer. Ainsi, le ministère de l'Éducation recevra environ un quart à un tiers du budget du gouvernement québécois, et à l'intérieur de celui-ci, le secteur du ministère qui s'intéresse au primaire recevra telle ou telle somme. C'est dans ce type de présentation qu'on pourra constater si, par exemple, le ministère de l'Environnement a été épargné par les compressions budgétaires des années 1990 et que l'on pourra conclure qu'au niveau fédéral en tout cas, le ministère de l'Environnement a réduit considérablement ses dépenses, ayant perdu environ un tiers de son personnel.

③ On retrouve en troisième lieu les ⌈classifications économiques⌉ Voici comment Michel Fortmann les décrit :

> Les classifications économiques [...] se distribuent par type de dépenses. Par exemple, on distingue les dépenses d'activité (dépenses de consommation, débours salariaux), les transferts (aide sociale, subventions), les dépenses de l'État à l'étranger (aide aux pays en voie de développement). La distinction de type économique la plus connue est évidemment celle qui différencie les dépenses de fonctionnement des dépenses d'investissement ou, si l'on préfère, les dépenses qu'impliquent les activités ordinaires d'un organisme et les achats «extraordinaires» de matériel ou d'immeubles (Fortmann, 1992, p. 110).

La dernière distinction que fait Fortmann entre dépenses de fonctionnement et dépenses d'investissement est parfois décrite autrement : on parle de « dépenses ordinaires » et de « dépenses de capital » (Gow, 1999, p. 25). J.I. Gow nous souligne ici comment la distinction ou l'absence de distinction entre ces deux types de dépenses donne une lecture différente d'un budget :

> L'inclusion des dépenses de capital dans le calcul du déficit gonfle celui-ci. Avant 1971, on distinguait dans les documents budgétaires les dépenses «ordinaires» et les dépenses «de capital», et le déficit était présenté comme étant soit sur le compte courant, soit sur les dépenses totales. Cette façon de montrer les dépenses révèle toute la prudence de Maurice Duplessis, car, non seulement avait-il un surplus sur le compte ordinaire à chaque année de 1945 à 1959, mais il a également enregistré neuf surplus sur les dépenses totales en 15 ans, laissant le crédit du gouvernement québécois en excellente condition pour les libéraux de Jean Lesage. En outre, elle permet de constater que pendant toutes les années 1960 les déficits n'étaient dus qu'aux immobilisations et non aux dépenses ordinaires. Cette perspective, si elle avait été utilisée au cours des années 1970, aurait permis de comprendre qu'à partir de 1975-1976 le déficit existait aussi sur le compte ordinaire. Jacques Parizeau a bien admis à l'époque emprunter pour payer la note d'épicerie, le changement dans la façon de présenter les prévisions cachant ce fait nouveau.

> L'ennui, c'est que l'ancien système ouvrait la porte à des abus. On classait comme dépenses de capital des dépenses qui ne laissaient aucun bien derrière elles. Entre 1936 et 1960, libéraux et unionistes s'accusaient à tour de rôle d'avoir ajouté des dépenses ordinaires aux dépenses de capital, notamment en matière de chômage et de colonisation.

> Aujourd'hui, les gouvernements pratiquent un petit jeu du même genre, mais différent. À Québec comme à Ottawa, on distingue les dépenses de programmes de celles pour le service de la dette, afin de démontrer qu'on est économe (Gow, 1999, p. 25-26).

④ Une quatrième façon de présenter un budget est appelé ⌈« classification fonctionnelle »⌉ou ⌈« budget par programme ».⌉ Ce mode de classification regroupe les activités d'un gouvernement selon les grandes missions ou activités (ou programmes) de l'État : santé, éducation, culture, mission gouvernementale et administrative par exemple. Ce mode de classification est à la base de la méthode de la rationalisation des choix budgétaires (RCB) et du PPBS qu'on a vus plus haut. L'idée ici, c'est qu'il faut voir, au-delà des structures administratives et des dépenses par objet (chaises, voyages, etc.), les efforts qu'un gouvernement consacre à la santé, à l'éducation, à la culture ou à l'administration, pour reprendre nos exemples. Selon les adeptes de la classification fonctionnelle, en s'attachant trop aux détails des dépenses (chaises, voyages, etc.) et à la question de savoir qui gère les dépenses (quels services ? quel ministère ?), on perd de vue les grandes missions de l'État. Avec la classification fonctionnelle, on permettrait aux dirigeants de percevoir les enjeux majeurs et aux cadres secondaires et intermédiaires de replacer leur travail dans un ensemble plus vaste. Ce mode de classification est différent du mode de classification organique (ou administratif) même s'il peut lui ressembler quelque peu. En effet, dans la classification fonctionnelle, on regarde toutes les dépenses d'une fonction donnée, même si elles se trouvent à l'extérieur du ministère qui en est le responsable habituel. Par exemple, il peut y avoir des activités reliées à l'environnement en dehors du ministère de l'Environnement, au ministère de l'Agriculture par exemple, auquel cas les activités sous la mission « environnement » les incluraient. Par ailleurs, comme on l'a vu plus tôt, cette méthode budgétaire comporte aussi des faiblesses.

Comme nous le disions plus haut, on n'a pas toujours à « choisir » entre ces différents types de classification budgétaire : ils peuvent être utilisés de façon complémentaire. Ainsi, on peut classifier les dépenses selon les grandes missions de l'État (RCB/PPBS), pour ensuite déterminer les dépenses spécifiques auxquelles elles donnent lieu et quels organismes les géreront. C'est d'ailleurs ce que conclut le Conseil du Trésor, dans le cas du Québec :

> De façon plus concrète, la modernisation du mode de budgétisation s'est traduite par l'introduction de la structure de programme qui, associée à la structure administrative et à la classification des dépenses, constitue la base de la codification budgétaire et comptable du gouvernement (Secrétariat du Conseil du Trésor, 1991, p. 4).

6.3.2 L'étude des crédits et le vote sur le budget

Habituellement, dans la plupart des États, le ministre des Finances dépose le budget devant l'Assemblée. Dans son discours, il en présente les grandes orientations. Dans plusieurs pays, comme au Canada, l'Assemblée ne peut apporter d'amendements majeurs au budget. Cependant, les crédits sont souvent scrupuleusement étudiés en commission parlementaire, ce qui permet à l'opposition d'évaluer dans le détail l'activité de l'administration publique. Ensuite, la Loi des finances (au Québec : la Loi des subsides) est votée.

Reprenons maintenant un peu plus en détail les étapes que nous venons de présenter, en prenant l'exemple du Québec. Nous venons de voir que les crédits (ou dépenses) sont analysés de plus près par les législateurs que ne le sont les revenus gouvernementaux ; comme on y consacre plus de temps et que les sujets à l'étude sont assez spécialisés, on confie une partie du travail à des commissions parlementaires (par exemple la Commission des affaires sociales), tout en accordant un rôle important à l'Assemblée nationale en amont et en aval du travail de ces commissions. Durant l'étude des crédits en commissions parlementaires, qui dure environ deux semaines, on suspend une partie des travaux de l'Assemblée nationale. Voici comment le Conseil du Trésor décrit le processus :

> Avant le début de l'année financière, le ministre des Finances dépose le Livre des crédits à l'Assemblée nationale, qui en fait l'étude en commission plénière (5 heures) et en adopte en bloc une tranche d'environ un quart afin de permettre l'exécution des paiements requis dès le début de la nouvelle année financière (première et deuxième loi sur les crédits).
>
> L'étude des crédits est alors poursuivie devant les commissions permanentes selon le domaine de leur compétence. Cette étude des crédits de tous les ministères dure 10 jours consécutifs avec un maximum de 20 heures pour chaque ministère. À cette occasion, les ministères sont appelés à fournir les documents et les renseignements complémentaires pertinents. Les rapports des commissions sont déposés ensemble à l'Assemblée nationale qui, après un débat restreint, adopte le solde des crédits prévus (généralement troisième loi sur les crédits).
>
> Parallèlement au dépôt du Livre des crédits, le ministre des Finances prononce devant l'Assemblée nationale le Discours sur le budget, afin de présenter les politiques économiques, fiscales et budgétaires du gouvernement ; à cette occasion, il annonce les voies et moyens, c'est-à-dire les revenus et les emprunts prévus, les mesures fiscales, les interventions économiques, tels les placements, et les mesures législatives requises (Conseil du Trésor, 1991, p. 15).

La création des commissions permanentes en 1969 a été vue comme un progrès par plusieurs observateurs, dont J.I. Gow, qui note aussi les limites de l'institution :

> [...] l'institution, en 1969, de commissions permanentes a permis aux députés de se spécialiser dans les affaires d'un ou de quelques ministères. Leur fonctionnement régulier contribue à accroître la qualité de notre vie publique, un agréable contraste par rapport à ce qui existait avant 1960 [...]. Cependant, il ne faut pas surestimer la profondeur de l'analyse des crédits budgétaires que peuvent faire les députés. Si l'Assemblée consacre 200 heures à cette dimension dans son ensemble, on a imposé

une limite de 20 heures par ministère. Les députés exécutent de nombreuses autres tâches […] (Gow, 1999, p. 31).

Certains commentaires ont donc souligné le contrôle tout relatif des parlementaires, malgré les innovations institutionnelles. Plusieurs choses en effet leur échappent ou risquent de leur échapper. D'abord il y a eu, souvent en réponse aux exigences du nouveau management public, création d'unités autonomes de service qu'on espérait pouvoir plus facilement évaluer, justement à cause de leur autonomie (on se rappellera que la Grande-Bretagne avait lancé la mode avec les *executive agencies*) ; on les voyait comme étant plus efficaces, à cause de leur autonomie et de leur marge de manœuvre. Mais voilà que leur nombre croissant crée un problème de contrôle parlementaire, non pas parce qu'elles sont soustraites au budget, car elles figurent dans les documents budgétaires, mais parce qu'il « y a une limite aux possibilités de "tayloriser" le travail de l'Assemblée nationale » (Gow, 1999, p. 31).

Dans d'autres cas, le travail de censeur des députés n'a même pas la possibilité de s'exercer parce que « le budget est composé en grande partie de dépenses déjà autorisées ou incompressibles » (Tremblay et Bout de l'An, 1999, p. 68). Il s'agit notamment des « crédits permanents [qui] sont transmis pour information » et qui représentent environ 30 % du total des crédits (on appelle parfois ces crédits « récurrents »). À la section précédente (6.3.1), on s'y est référé sous l'appellation « crédits déjà autorisés par statut ». Quant aux dépenses incompressibles, elles sont « liées, par exemple, aux conventions collectives ou aux intérêts de la dette publique [et elles] accaparent la majeure partie des crédits budgétaires » (p. 68) depuis quelques décennies. Précisons que ces dépenses se retrouvent bel et bien dans le budget, mais que les députés ne peuvent rien y faire en tant que décideurs pertinents.

Dans d'autres cas encore, certaines activités de l'État ne sont pas dans le budget, mais peuvent l'affecter tout de même. C'est le cas essentiellement de la multiplication des sociétés d'État :

> Il est important de dire ici que les entreprises d'État ne sont pas affectées par les principes d'unité et d'universalité budgétaires, c'est-à-dire que leur budget n'apparaît pas dans le document unique des crédits déposé à l'Assemblée nationale. Les entreprises d'État prennent bien souvent la relève des ministères pour la réalisation d'objectifs économiques, sociaux, voire culturels. De ce fait, elles sont liées, par la bande, aux revenus et aux dépenses de l'État (Tremblay et Bout de l'An, 1999, p. 69).

On en arrive donc à la conclusion que, bien que formellement la procédure d'examen et de vote du budget (se divisant en : dépôt, examen et vote) prévoie une participation du législatif, cette implication demeure relative. Il y a plusieurs raisons à cela. En plus des éléments que nous venons d'évoquer, il y a des causes plus générales. D'abord, « il est […] de plus en plus difficile pour le simple élu d'avoir une vue d'ensemble, d'autant plus que le budget est décomposé en tranches pour justement permettre un examen plus précis des dépenses par programmes » (p. 66). Aussi, « contrairement à ce qui se fait dans d'autres pays, en France ou aux États-Unis par exemple, le système constitutionnel (au Canada et au Québec) ne permet pas aux parlementaires d'apporter un amendement à la loi des crédits. Une fois déposé, le budget ne peut être modifié. Il est autorisé dans son ensemble ou rejeté totalement, mais toute modification partielle est impossible » (p. 67, voir aussi p. 64).

Analysant l'ensemble du processus parlementaire au Québec, le spécialiste en la matière, André Bernard, en conclut que l'ensemble du processus est en bonne partie symbolique, mais qu'il n'est pas pour autant une simple formalité. En effet, l'autorisation est toujours précédée de longues discussions (Bernard, 1992, p. 301-302) ; cela permet des débats, et aussi de « connaître les choix des équipes dirigeantes en matière de finances publiques », sans compter que la divulgation publique des données impose des « contraintes aux équipes dirigeantes » (Tremblay et Bout de l'An, 1999, p. 65). Comme Tremblay et Bout de l'An, on peut en conclure que « [l]es six jours de discussion (selon la règle des débats) qui suivent le discours du budget permettent de vérifier la solidité et le bien-fondé des choix de l'exécutif » (p. 65), sans compter l'examen plus attentif des crédits auquel on se sera livré, notamment au sein des diverses commissions parlementaires permanentes.

6.3.3 L'exécution du budget

Nous avons maintenant, dans la grande majorité des cas, un budget dûment voté par les législateurs. Précisons que si le budget n'est pas voté à la date prévue de l'entrée en vigueur de la nouvelle année financière, soit le 1er avril, il y a au Canada et au Québec des mécanismes qui permettent au gouvernement d'agir quand même, contrairement à ce qui se passe dans certaines juridictions aux États-Unis, où les autorités exécutives peuvent être alors paralysées. Au Canada et au Québec (et dans les autres provinces), il est possible que le budget soit rejeté ; dans ce cas, le gouvernement doit démissionner, car ce rejet équivaut à un vote de non-confiance.

Mais, normalement, donc, nous aurons, après le vote du législatif, un budget, c'est-à-dire « un ensemble d'autorisations de dépenses (ou crédits).

Certains crédits ne sont pas assortis de limites strictes, mais la plupart comportent un plafond qui ne doit pas être dépassé » (Gournay, 1966, p. 64).

D'une façon générale, les dépenses engagées par les ministères doivent suivre des procédures strictes pour être honorées, et les gestionnaires qui autorisent ces dépenses jouissent habituellement d'une délégation de pouvoirs provenant directement de l'exécutif. Un contrôleur ou son représentant immédiat peut vérifier si les dépenses s'inscrivent dans un programme du ministère prévu dans le budget, c'est-à-dire dans la « ligne » budgétaire. Au niveau fédéral, le poste de Contrôleur du Trésor a été aboli, pour responsabiliser davantage les gestionnaires. Au Québec, « [e]n raison de la sophistication de nombreux programmes de subvention, la tenue, le suivi et la gestion de ces engagements subséquents ont souvent été déplacés du Contrôleur des finances aux ministères responsables » (Secrétariat du Conseil du Trésor, 1991, p. 17). Si les procédures suivies par le ministère qui a engagé une dépense sont régulières et si cette dépense s'appuie sur la ligne budgétaire, les fonds nécessaires sont tirés des recettes de l'État par la personne responsable. Par exemple, au Québec, les chèques tirés du fonds consolidé du revenu sont signés uniquement par le sous-ministre des Finances et ils sont utilisés pour payer toutes les dépenses encourues par tous les ministères.

Voyons maintenant un peu plus en détail quelques-unes des étapes du processus d'exécution du budget, en prenant comme exemple le cas du gouvernement du Québec. Rappelons que c'est le ministère des Finances qui gère tout ce qui concerne les opérations financières elles-mêmes, autant du côté des revenus que du côté des dépenses. Quand on en arrive à la gestion de l'argent, des « espèces sonnantes et trébuchantes » comme on dit, le Conseil du Trésor ne joue aucun rôle : tout se centre sur le ministère des Finances.

> Le ministre des Finances assume la responsabilité de la gestion du fonds consolidé et de la dette publique, et la responsabilité générale des affaires financières du gouvernement qui ne sont pas assignées à aucune autre autorité (Secrétariat du Conseil du Trésor, 1991, p. 7).

Par ailleurs, « les revenus gouvernementaux concernent essentiellement le ministère des Finances et le ministère du Revenu. Ces deux ministères perçoivent, on l'a dit, 94 % des revenus du Gouvernement » (p. 24).

D'une façon plus générale, le ministère des Finances assure la gestion de la caisse du gouvernement :

> C'est le ministère des Finances qui assure les opérations de trésorerie et qui gère l'encaisse du Gouvernement.

[…] Afin de remplir cette mission, le ministère des Finances procède à l'émission de tous les effets de paiement (chèques, virements automatiques des paies) qui viennent grever le fonds consolidé du revenu.

[…] Il est également responsable de la gestion de la dette à long terme du gouvernement et du choix des sources et des instruments de financement (administration de fonds d'amortissement, programmes d'emprunt: bons du trésor, emprunt en monnaie canadienne ou étrangère).

Enfin, il convient de signaler que chacun des ministères a la responsabilité d'encaisser les recettes provenant de leurs opérations et de déposer les fonds ainsi perçus dans les comptes de banque désignés par le ministère des Finances (Secrétariat du Conseil du Trésor, 1991, p. 25).

Une fois le cadre général des opérations financières décrit, comment les ministères et organismes peuvent-ils dépenser? Concrètement, la question devient: qui peut engager une dépense? qui peut signer? Encore une fois, prenons le cas du gouvernement du Québec:

Un ensemble de formalités et d'autorisations encadrent l'exécution des dépenses de l'Administration.

Parmi tous ces éléments, les procédés de délégation et de désignations concernant les pouvoirs «financiers» à être exercés par le personnel des ministères méritent une attention particulière.

Chaque ministère doit tenir à jour un registre des délégations et désignations effectuées par les autorités habilitées à ces fins à l'égard des postes de leur organisation autorisés à exercer les divers pouvoirs «financiers» du ministre ou des sous-ministres.

Ce registre constitue donc le lien entre le budget (structure de programme, classification des dépenses) et l'organisation du ministère (structure administrative). Il est à la base du processus d'exécution des dépenses et de façon plus générale du processus d'exécution du budget (Secrétariat du Conseil du Trésor, 1991, p. 16).

Qu'arrive-t-il maintenant si, en cours d'année budgétaire, un programme est déplacé d'un ministère à un autre? Cela, semble-t-il, ne cause pas de problème majeur:

[…] en raison de l'indépendance du cadre budgétaire (budgétisation par programmes) et du cadre administratif de l'exécution budgétaire (administration par ministère), un transfert de juridiction ne devrait pas donner lieu à une révision ou à un réaménagement budgétaire (Secrétariat du Conseil du Trésor, 1991, p. 22).

D'autres changements peuvent survenir en cours de réalisation du budget. Les procédures prévues dans ce cas tentent de réaliser un compromis entre deux nécessités: celle de respecter le vote sur le budget et donc d'être assez rigide quant aux dépenses que l'on peut faire, et celle de fournir la nécessaire flexibilité à une gestion efficace et efficiente. Dans le cadre de ces changements qui surviennent en cours d'année, il y a les virements de crédits ; voyons comment ils sont traités au gouvernement du Québec :

> [...] il arrive fréquemment qu'un ministère constate ou prévoit que les crédits dont il dispose dans un programme, un élément ou une autre subdivision budgétaire ne lui permettront pas de faire face aux obligations qui en résultent. Il peut alors réduire ses engagements et dépenses dans un autre secteur moins prioritaire et tenter de trouver ainsi les crédits qui lui manquent.

> Les virements de crédits sont cependant interdits entre deux programmes, car c'est l'Assemblée nationale, dans la Loi sur les crédits, qui vote la part de chacun.

> Les virements de crédits entre les éléments ou les super-catégories d'un même programme requièrent l'approbation préalable du Conseil du trésor, conformément à l'article 40 de la Loi sur l'administration financière (Secrétariat du Conseil du Trésor, 1991, p. 21).

Il peut arriver que le budget prévoie des « provisions » ; « une provision est constituée d'un crédit dont la gestion relève d'un ministère responsable » (p. 21) :

> Par sa définition même, telle qu'elle apparaît au Livre des crédits, une provision est destinée à permettre au ministre responsable d'augmenter, avec l'approbation du Conseil du trésor, tout autre crédit. Les montants ainsi transférés peuvent dans certains cas être limités [...]. Ces provisions constituent des outils de manœuvre commodes pour l'administration [...] (p. 21).

Dans plusieurs juridictions, on prévoit qu'un gouvernement peut déposer un document qui présente des crédits supplémentaires, dans lequel on réaménage des crédits initiaux en compensant les dépenses supplémentaires par des réductions effectuées ailleurs (crédits périmés ou gel par exemple) (p. 22). Puisqu'il s'agit de réaménager des crédits initiaux, il n'est pas nécessaire qu'il y ait un vrai budget supplémentaire. Au Québec, cet exercice a lieu généralement durant le mois de décembre, pour une année budgétaire qui commence le 1er avril.

Enfin, le Conseil du Trésor, en cours d'année financière, peut décréter un gel des crédits, c'est-à-dire la « suspension de l'engagement ou du paiement de tout crédit ou partie de crédit qu'il indique » (p. 23). Le gel des crédits est tout particulièrement susceptible de se produire en période de compressions budgétaires.

6.3.4 La vérification du budget

Dans la plupart des États, il existe des processus de contrôle de l'exécution du budget qui assurent le citoyen que les crédits ont été utilisés aux fins pour lesquelles ils ont été votés. L'institution la mieux connue au Québec en cette matière est celle du [Vérificateur général] (appelé ailleurs auditeur, inspecteur, Cour des Comptes, General Accounting Office (GAO), selon les États étudiés) qui se doit d'être indépendant du gouvernement. Nous en discuterons aussi dans le prochain chapitre sous un angle légèrement différent.

Depuis le siècle dernier, le rôle du Vérificateur général s'est accru considérablement. Au début de la Confédération, il avait surtout pour fonction de vérifier les dépenses pour le compte de l'exécutif. Peu à peu, son pouvoir s'est affermi, comme le relate le spécialiste de l'histoire administrative du Québec, J.I. Gow :

> À partir de 1883, on ne pouvait le démettre de ses fonctions que par un vote des deux tiers de l'Assemblée législative. Depuis 1933-1954, il publie un rapport annuel qui accompagne celui des comptes publics. De 1961 à 1970, il a partagé avec le Contrôleur des finances le contrôle préalable de la dépense. À cette dernière date, il est devenu un véritable organisme parlementaire, n'ayant plus de responsabilités en matière de vérification avant paiement. En 1985, la nouvelle version de la loi lui a donné de nouveaux objets d'enquête, soit l'économie, l'efficience et l'efficacité, augmentant le nombre d'organismes qui sont de sa compétence. Bien que la loi lui interdise de porter un jugement sur les objectifs des politiques publiques ou sur l'opportunité de celles-ci, le Vérificateur général (1997) interprète ce mandat assez largement pour indisposer le gouvernement [...] (Gow, 1999, p. 22).

L'élargissement du rôle du Vérificateur avait été réclamé, entre autres, par Rhéal Chatelain, qui occupait le poste dans les années 1980 : il avait en effet demandé « de procéder à une vérification intégrée ou de gestion (économie, efficience, efficacité) plutôt qu'à une simple vérification de conformité des dépenses » (Gilles Lesage dans *Le Devoir*, 1982, p. 7). En demandant cela, Rhéal Chatelain voulait rapprocher le rôle du Vérificateur général du Québec de son homologue à Ottawa, nommé [Auditeur général] qui a traditionnellement eu un rôle plus large. Fait à noter, le ministre des Finances de l'époque, Jacques Parizeau, dans son discours inaugural (comme ministre des Finances) de 1977 était d'accord avec les réformes proposées mais il avait « des réserves quant à l'étude de l'efficience, qui peut facilement déborder sur la justification des programmes, exercice qui relève du gouvernement et de l'assemblée » (Lesage, 1982, p. 7). Dans le même esprit, on a déjà précisé dans la loi que le Vérificateur ne devait pas remettre en cause les objectifs des lois.

Ce rôle tout de même élargi, le Vérificateur l'exerce pour son « client unique », le Parlement (ou le législatif), de qui il détient son mandat : « [s]ur proposition du Premier ministre, l'Assemblée nationale nomme, aux 2/3 de ses membres, le Vérificateur général pour un mandat de 10 ans » (Secrétariat du Conseil du Trésor, 1991, p. 9). Même si un parti fortement majoritaire pouvait nommer un Vérificateur général sans les votes de l'opposition, l'esprit de l'institution veut qu'il soit un représentant de l'ensemble des législateurs, et pas seulement de la majorité. D'ailleurs, autant à Québec qu'à Ottawa, le Vérificateur général (ou *Auditor General* à Ottawa) est souvent venu « hanter » les gouvernements qui en avaient proposé la nomination ; les situations de déficits des vingt dernières années n'ont fait qu'accentuer la tendance du Vérificateur à « embêter » le gouvernement.

Ces dernières années (au Québec) ont vu d'autres changements reliés au rôle du Vérificateur général. Il y a eu aussi des critiques de sa part, mais ces sujets de discussion ne concernaient pas autant l'éventail de son mandat que des questions plus techniques de comptabilité et de finances publiques. Ainsi, en 1997, le Vérificateur « critique les pratiques comptables du gouvernement […] quand il lui reproche l'amortissement sur 16 ans des coûts de l'opération des départs volontaires dans les secteurs public et parapublic et le recours aux fonds spéciaux nombreux » (Gow, 1999, p. 23).

Bernard Landry, alors ministre des Finances, a accédé en partie aux demandes exprimées par Guy Breton, Vérificateur général, qui estimait que jusqu'à « 10 milliards de dollars de passif n'apparaissaient pas aux équilibres financiers » (Girard, 1999, p. 12) au milieu des années 1990, dont les sommes dévolues aux fameux « fonds spéciaux », absentes des équilibres financiers :

> Or, en 1998, le ministre des Finances, M. Bernard Landry, a accepté de procéder à [une] réforme de la comptabilité gouvernementale […]. Il l'a fait en retour de l'acceptation par le Vérificateur général du versement des dettes accumulées par ces « fonds spéciaux » (14 milliards de dollars) à la dette générale accumulée du Québec (plus de 100 milliards de dollars) plutôt que de les inscrire à ses déficits budgétaires annuels antérieurs » (Girard, 1999, p. 12).

Suite à d'autres modifications survenues ces toutes dernières années, le suivi budgétaire au Québec se base maintenant sur quelques éléments nouveaux :

> Afin de compléter son image financière, le gouvernement a choisi d'intégrer à son périmètre financier, au 31 mars 1998, 86 nouveaux organismes ou fonds spéciaux. En outre, il a régularisé la situation des régimes de retraite en intégrant à son passif une dette de 13 milliards de dollars non comptabilisée alors à l'état de la situation financière. Les immobilisations représentent maintenant une composante de la dette nette, et un état consolidé des immobilisations est publié. Enfin une provision pour pertes existe dorénavant pour les garanties d'emprunt accordées par le gouvernement (Rouillard, 1999, p. 55).

Le Vérificateur général du Québec, on le voit, a obtenu plusieurs des changements qu'il a demandés. Mais il en réclame actuellement d'autres : « Il voudrait maintenant que les états financiers englobent les organismes sur lesquels le gouvernement détient le contrôle comme ceux de l'éducation, de la santé et des services sociaux, signalant qu'au Canada, quatre provinces sur neuf le font» (Girard, 1999, p. 12).

Outre le Vérificateur général, il y a aussi, au Québec, le Contrôleur des Finances qui, à l'intérieur de la structure du ministère des Finances, «a pour fonction de tenir la comptabilité du Gouvernement» (Secrétariat du Conseil du Trésor, 1991, p. 8). «Dans ce contexte, il veille à ce que les engagements, les dépenses et les paiements soient enregistrés, n'excèdent pas les crédits consentis [...] soient conformes aux lois [...].» Au niveau fédéral, ce poste a été aboli pour responsabiliser les ministères et organismes, qui gèrent maintenant eux-mêmes cet aspect de leurs opérations financières.

En bout de ligne, tous ces processus budgétaires donnent lieu à cinq états financiers distincts, que les parlementaires pourront consulter et commenter : l'état des revenus et des dépenses (revenus et dépenses de l'années en cours) ; l'état de l'actif et du passif, y compris la dette nette que représente la différence entre les passifs et actifs «facilement réalisables»[2] ; l'état de la dette nette elle-même ; l'état des besoins financiers et du financement ; enfin, l'état de l'emploi des crédits (Secrétariat du Conseil du Trésor, 1991, p. 27-28).

Signalons, comme l'ont dit André Bernard et, plus récemment, J.I. Gow (1999, p. 23), que les contrôles ne sont pas aussi complets sur les revenus qu'ils le sont sur les dépenses. C'est ainsi qu'un allégement fiscal pour une entreprise importante s'établissant au pays peut échapper presque totalement au processus budgétaire.

Il existe d'autres façons d'examiner la gestion des finances publiques, et cela variera bien entendu selon les pays. Un gouvernement peut faire des vérifications comptables internes, mais cela reste, bien entendu, au niveau de l'exécutif. Il y a aussi, en dehors du cadre strict du Vérificateur général, des commissions législatives qui se penchent sur les activités de l'administration publique (Rouillard, 1999, p. 56).

Bien sûr, il faut se réjouir de l'abondance et de la spécificité des modes de contrôle des finances publiques au Québec. Il y a eu progrès en la matière. Par ailleurs, il a déjà été montré, par Michael Pittfield entre autres, ancien premier fonctionnaire du gouvernement fédéral canadien, qu'il pouvait y avoir *trop* de contrôles. En effet, le gestionnaire public qui craint de se voir pointé du doigt par un organisme législatif de contrôle, ne serait-il pas tenté de jouer trop prudemment, au détriment de l'intérêt public lui-même ? Pour plusieurs, le problème

---

2. Il y a eu des modifications sur cette question depuis la parution de ce texte gouvernemental en 1991.

mentionné ci-dessus est un... problème de riche, une sorte de rançon du succès, dans un processus qui est devenu plus sophistiqué et de meilleure qualité ces dernières années.

6.4 LES SYSTÈMES ET LES PHILOSOPHIES DES RESTRICTIONS BUDGÉTAIRES DES ANNÉES 1990-2000

En réalité, on a parlé de compressions et de restrictions budgétaires bien avant les années 1990. On en a parlé aux États-Unis à la fin des années 1970 (Charles Levine avait été un des initiateurs des études dans ce domaine, notamment par des articles parus dans la revue *Public Administration Review*). Tout au long des années 1980, on en a traité abondamment. Par ailleurs, les efforts d'élimination des déficits ne sont pas réellement parvenus à être fructueux avant les années 1990, période au cours de laquelle les efforts de beaucoup de pays développés ont enfin donné des résultats concrets, parfois même spectaculaires. Ces résultats ne sont pas dus à des avancées théoriques ou techniques révolutionnaires, mais plutôt à une volonté politique plus ferme et à l'application plus systématique d'idées qui étaient, à vrai dire, « dans l'air » depuis longtemps.

Un premier élément déterminant a été de mieux lier les objectifs macro-financiers (déficit, dette totale, compétitivité, fiscalité) et les processus organisationnels et budgétaires au niveau interne. La prise de conscience croissante du rôle de la dette accumulée, ne serait-ce qu'en paiements d'intérêts annuels, qui prive les gouvernants de la possibilité de dépenser davantage pour des programmes plus visibles, comme la santé par exemple, a fait réfléchir plus d'un élu sur les conséquences que cela pouvait avoir sur ses chances de réélection, mais aussi sur la santé financière de son gouvernement.

Paradoxalement, les restrictions budgétaires qui ont suivi ont été amenées en même temps que des objectifs de meilleure qualité de service ; il faut reconnaître que, d'autres facteurs sans doute aidant, les deux objectifs ont été atteints dans plusieurs cas. C'est ce qu'une étude de l'OCDE semble conclure :

> En outre, les réformes budgétaires ont eu le maximum d'ampleur dans les pays qui ont mis l'accent sur les objectifs macro-financiers (l'assainissement budgétaire) en améliorant en même temps la performance au niveau micro, à savoir l'efficience, l'efficacité et la qualité des services (OCDE, 1996-1997, p. 33-34).

Donc, meilleur arrimage entre le niveau macro-budgétaire et le niveau micro. Quelles sont donc quelques-unes des composantes du niveau macro-budgétaire ? Il y a, on l'a dit plus tôt, le déficit et la dette accumulée, mais aussi le calcul de leur ampleur par rapport à l'économie, au PNB par exemple ; les effets de la dette et du déficit sur la position concurrentielle du pays ou de la région ; l'effet de l'endettement sur la nécessité de taxer les entreprises et les individus, et les conséquences de la fiscalité sur la capacité à attirer des investisseurs. Les grands objectifs macro-budgétaires qui ont suivi ces prises de conscience ont été indiscutablement déterminés de façon centralisée, tout à fait au sommet de la pyramide de l'État.

Par contre, en mettant en pratique un vieux principe d'administration qui veut que le sommet stratégique détermine les grandes orientations tout en confiant aux unités opérationnelles le soin de les appliquer au cas par cas, on a laissé une plus grande flexibilité dans l'application des objectifs de réduction du déficit aux ministères et organismes. Cette marge de manœuvre a emprunté plusieurs formes et plusieurs appellations différentes. Nous en mentionnerons ici quelques-unes parmi les plus importantes. Il y a eu d'abord, une fois des cibles budgétaires fixées par les autorités centrales, l'utilisation d'enveloppes globales (ou « budgets de fonctionnement globalisés », expression de l'OCDE), parfois déterminées sur plusieurs années. Par ces mesures, et d'autres dans le même esprit, on voulait empêcher que les unités négocient chaque année afin d'augmenter les dépenses. La nouvelle méthode avait pour résultat, entre autres, d'éliminer la course à la dépense des crédits non entamés dans les derniers mois de l'année budgétaire. Dans le cas de cibles déterminées sur plusieurs années, ce genre de « course pour dépenser », que l'on pratiquait auparavant pour montrer qu'on avait réellement besoin des crédits votés, n'avait plus de sens maintenant puisqu'elle ne faisait qu'augmenter les efforts à faire l'année suivante. Pour décrire une réalité analogue, on a utilisé l'expression « enveloppe fermée ». Dans le même esprit, on peut mentionner dans le cas du Québec :

> l'allégement des politiques administratives décrites par le Conseil du Trésor, le principe des enveloppes fermées et la création d'unités autonomes de service. [...] Le principe des enveloppes fermées [élimine] les opérations de crédit périmé effectuées en cours d'année et [assouplit] les règles de transférabilité des crédits d'un poste budgétaire à l'autre (Rouillard, 1999, p. 54).

Le cas du Québec était à l'image de ce qui se passait ailleurs. Le document d'étude de l'OCDE, mentionné plus tôt, constate que les budgets, nouveau style, « autorisent dans certains cas les reports de crédits d'une année sur l'autre et permettent même d'emprunter sur les crédits de l'année suivante » (OCDE, 1996-1997, p. 51). Au niveau du gouvernement fédéral canadien, le système EMS (*Expenditure Management System*), introduit en 1995, ne prévoit pas d'« argent neuf » pour les ministères qui se présentent avec de nouveaux programmes ; on les encourage plutôt à réaliser des économies dans les programmes existants pour financer les nouveaux projets (Inwood, 1999, p. 382). Le système fédéral EMS est la suite logique du système de gestion APRM (accroissement des pouvoirs et des responsabilités ministérielles) introduit au niveau fédéral durant les années de Brian Mulroney, système qui prévoyait une « décentralisation accrue des pouvoirs du Conseil du Trésor aux ministres et aux cadres supérieurs, tout en les tenant clairement responsables de la bonne gestion de leur organisation » (Patry, 1992, p. 332).

En échange de cette plus grande flexibilité, une contrepartie est bien sûr exigée. Les unités doivent rendre compte, leurs gestionnaires seront davantage imputables (c'est normal, puisqu'on leur laisse une plus grande possibilité de décider par eux-mêmes). Idéalement, on aura développé des indicateurs de programme, car on regarde maintenant les résultats, les extrants, le service à la clientèle ; des résultats qui laissent à désirer conduisent davantage à un questionnement sur le programme lui-même qu'à une demande d'injection de nouveaux fonds. D'une certaine manière, on revient à certains aspects du PPBS, en ce qui concerne l'évaluation de programmes, mais, cette fois, les procédés mènent davantage à l'étude de l'efficience et de l'efficacité.

Pour certains, ces procédés budgétaires des années 1990-2000 ne sont pas réellement nouveaux, car ils sont un assemblage de techniques assez éparses. D'autres disent que c'est surtout un renforcement hiérarchique des autorités centrales, et que cela n'est pas souhaitable. D'autres soulignent encore que tel ou tel nouveau procédé contredit l'esprit ou la lettre des grands principes budgétaires. Mais, comme disent nos amis anglophones : *You can't argue with success* ; en effet, les résultats sont là, les déficits ont disparu des finances publiques de plusieurs pays développés. Essayons de voir un peu plus clairement les raisons de ce succès.

Pour Jeffrey D. Straussman, il y a essentiellement quatre types d'environnement budgétaire : le premier environnement, constitué d'un contexte économique et fiscal prospère et d'un budget traditionnel, produit un accroissement des dépenses annuelles ; le deuxième environnement, celui d'un budget plus rationnel combiné à un environnement prospère, mène à une surenchère des dépenses, comme ce fut le cas avec le PPBS ; le troisième est un budget traditionnel dans un environnement économique qui se détériore pour le secteur public ; c'est ce que nous avons connu dans les années 1980, avec des techniques de compressions telles que des coupures horizontales ou des gels ; enfin, le dernier environnement est caractérisé par de nouvelles techniques budgétaires, ou du moins de nouvelles façons d'appliquer d'anciennes recettes, et un climat économique défavorable au secteur public ; ce dernier a le plus de chances de voir se réaliser de réels progrès en matière budgétaire, malgré les défis auxquels sont confrontés les décideurs (Straussman, 1979, p. 224 et p. 216-226, *passim*).

Peut-être est-ce la typologie de J. Straussman qui explique le mieux pourquoi nous avons réussi dans les années 1990 ce que nous n'avons pu faire dans les années 1980.

6.5 PERSPECTIVES SUR LES DÉFICITS ET SUR LA DETTE

Suite aux efforts budgétaires mentionnés dans la section précédente, la situation budgétaire, tant au Québec qu'au Canada, s'est redressée de façon remarquable entre les années 1995 et 1999. Voici comment Lucie Rouillard résume la situation :

> Les résultats financiers de nos gouvernements expriment avec éloquence le changement de philosophie qui s'opère actuellement en matière de gestion budgétaire dans le secteur public. Au gouvernement fédéral, le déficit de 42 milliards de dollars enregistré en 1994 s'est transformé en un surplus de 3,5 milliards pour l'année 1998. L'exercice financier terminé le 31 mars 1999 s'est inscrit dans cette nouvelle tendance. Le gouvernement du Québec a, pour sa part, atteint l'équilibre budgétaire dès l'exercice financier 1999, soit un an d'avance sur le délai fixé dans la *Loi sur l'élimination du déficit et l'équilibre budgétaire*. N'eût été la décision du gouvernement d'affecter des dépenses supplémentaires à des besoins jugés prioritaires, le résultat financier 1998-1999 indiquerait un surplus de 2,9 milliards de dollars. Une situation budgétaire équilibrée ou excédentaire est prévue pour les deux paliers de gouvernement au cours de l'exercice financier 1999-2000 (Rouillard, 1999, p. 43).

Pour en arriver à ce redressement, il aura fallu la rencontre de plusieurs facteurs et décisions, on l'a vu plus haut. Lucie Rouillard mentionne une performance économique exceptionnelle (qui vient en bonne partie du dynamisme de l'économie américaine et qui aidait du côté « revenus » de l'équation budgétaire) et, dans le cas du Québec, la *Loi sur l'élimination du déficit et l'équilibre budgétaire* (Rouillard, p. 43 ; Landry, 1999, p. ix), en plus des facteurs et stratégies strictement budgétaires mentionnés plus haut. Sans compter, bien sûr, une volonté de la part des gouvernements, qui se faisait d'autant plus ferme que les gouvernements voisins, auxquels ils étaient traditionnellement comparés, avaient souvent pris de l'avance en la matière. Il devenait gênant vis-à-vis des électeurs de ne pas suivre le rythme.

D'une certaine manière, il est injuste d'attribuer tout le mérite du redressement aux gouvernements du milieu et de la fin des années 1990. Car les efforts ont commencé bien avant, bien qu'ils n'aient pas été couronnés d'autant de succès. Peut-être les investisseurs, particulièrement les investisseurs étrangers en obligations canadiennes, ont-ils apprécié ces efforts (plus que les Canadiens) et leur portée à plus long terme, car ils n'ont pas boudé le Canada, bien au contraire, durant les années de déficits importants entre 1985 et 1995. Clément Gignac, économiste du milieu boursier montréalais, mentionne le fait en 1993 et en évalue les causes possibles :

> [...] les investisseurs étrangers jugent le Canada moins sévèrement que les investisseurs locaux. Alors qu'au Canada la seule évocation de la dette publique de quelque 700 milliards $ (près de 100 % du PIB) fait trembler les contribuables et les investisseurs, les étrangers semblent réagir relativement calmement à l'égard de l'évolution de la situation canadienne [...]. Contredisant le sentiment de dilapidation des fonds publics au pays, le Canada a enregistré entre 1984 et 1992 un des plus faibles taux de croissance des dépenses parmi les pays du G-7. [...] [L]es dépenses consolidées des programmes de l'ensemble des paliers de gouvernement ont affiché, en termes réels, une croissance d'à peine 2,4 %. [...] Rappelons que les dépenses des programmes regroupent l'ensemble des dépenses de l'administration publique exception faite du service de la dette (*Le Mensuel boursier LBG*, 1993, p. 8).

Dans la revue *Vie ouvrière*, André Noël en arrive à une conclusion analogue à propos du contrôle des dépenses de programmes, sauf qu'il fait remonter ce contrôle serré plus loin dans le temps, à la période qui a suivi 1975 (Noël, 1996, p. 31). (Notons, au passage, qu'il n'est pas fréquent de trouver un point d'accord entre un analyste de la Bourse et un journaliste de *Vie ouvrière* !)

Donc, les déficits du milieu des années 1980 au milieu des années 1990 sont dus, non pas à des dépenses de programmes incontrôlées, mais plutôt à d'autres facteurs. Il y a d'abord le fait qu'à partir d'une certaine quantité de dette accumulée, une part croissante des dépenses d'un gouvernement est consacrée au service de la dette, c'est-à-dire essentiellement au paiement des intérêts. Au Canada, comme dans plusieurs pays européens, le système de sécurité sociale entraîne des dépenses additionnelles quand le taux de chômage monte, et c'est ce qui est arrivé durant la récession du début des années 1990. Même des décisions saines sur le plan économique, comme la décision de s'intégrer davantage à l'économie nord-américaine, peuvent avoir des effets négatifs à court terme et, même, « leur mise en vigueur exerce généralement un frein sur l'activité économique surtout dans les pays où les rigidités institutionnelles sont importantes (Clément Gignac, dans *Le Mensuel boursier LBG*, 1993, p. 10). Dans la même veine d'effets négatifs à court terme d'événements par ailleurs positifs, il y a « la quasi-disparition de l'inflation [qui] a entraîné une diminution des recettes fiscales [...] » (p. 10).

Donc, si en apparence les déficits budgétaires ont été réduits et souvent éliminés à la fin des années 1990 au Canada et au Québec, une partie du mérite en est due à des efforts et des politiques publiques qui ont été entrepris dès les années 1980.

Il n'est pas toujours facile, cependant, de distinguer les apparences des réalités dans ce qui touche aux questions de déficit. Car, comme l'a déjà fait remarquer l'économiste Gérard Bélanger, « [l]es données sur les déficits et les dettes du secteur public sont en bonne partie arbitraires » (Bélanger, 1994, p. A-16). En prenant l'exemple du Québec, essayons d'y voir un peu plus clair.

Jusqu'en 1970-1971 au Québec, on distinguait les dépenses ordinaires et les dépenses en capital, l'idée étant de ne pas faire de déficit dans les dépenses ordinaires (qu'on a appelé parfois « dépenses d'épicerie »), puisqu'elles ne laissaient rien de tangible pour l'avenir, tandis qu'il était acceptable de faire un déficit sur les dépenses en capital, car, dans ce cas, des actifs étaient créés pour l'avenir. Les gouvernements respectaient en général ce principe, même si la tentation était parfois forte de faire passer des dépenses courantes pour des dépenses extraordinaires assimilées à des dépenses en capital. James Iain Gow relate le cas des programmes de secours durant la crise économique des années 1930-1935 :

> Certes au cours des années 1930-1935 on a classé comme dépenses extraordinaires des programmes de secours qui ont été reclassifiés par l'Auditeur de la Province vingt ans plus tard, puisqu'elles n'avaient laissé aucune trace tangible en forme d'édifice, de pont, de route, etc. (Gow, 1982, p. 2).

Avant 1970-1971 donc, en distinguant entre « dépenses ordinaires » et « dépenses en capital », le déficit était présenté comme étant soit sur le compte courant, soit sur les dépenses totales (Gow, 1999, p. 25), ce qui cachait quelque peu les déficits sur les opérations courantes, surtout à partir de 1975-1976.

À partir des années 1980, la dette devenant plus importante, les gouvernements ont souvent insisté sur le fait que le service de la dette était une composante importante des dépenses totales, mettant ainsi indirectement la faute sur ceux qui les avaient précédés. Précisons que ce ne serait pas la première fois que le budget est consacré en bonne partie au service de la dette au Québec. Si les années au pouvoir de Maurice Duplessis ont été des années de surplus budgétaires, celles d'Honoré Mercier ont été plus difficiles. Les effets cumulatifs des emprunts pour financer la construction de chemins de fer ont amené un service de la dette qui consommait 40 % des dépenses, « et le gouvernement de Mercier a connu des difficultés pour emprunter de l'argent à long terme (Gow, 1999, p. 29). C'est un pourcentage comparable, 35 % des dépenses, que le gouvernement fédéral payait pour le service de la dette en 1996-1997 (Inwood, 1999, p. 375). Le gouvernement fédéral a beaucoup emprunté, durant la Seconde Guerre mondiale pour financer l'effort de guerre. Cela a amené une certaine centralisation de la fiscalité au Canada, laquelle s'est poursuivie même après la guerre, car il fallait financer le remboursement de la dette. Puis, « [l]a dette remboursée, il [le gouvernement fédéral] se retrouvait avec des sources de fonds nettement excédentaires par rapport à ses responsabilités », donc en déséquilibre vertical positif selon l'expression technique. « Il a décidé de conserver sa capacité fiscale et de proposer des transferts financiers aux provinces qui voudraient offrir à leur population des programmes sociaux. L'élaboration de ces programmes avait fait l'objet de débats à l'échelle nationale » (Beauregard, 1999, p. 109). On pourrait ajouter, surtout en ce qui concerne le Québec : et les débats continuent...

Jusqu'ici nous avons parlé des contraintes budgétaires et des efforts consentis par les gouvernements pour y faire face, mais nous n'avons pas réellement montré comment, en plus de tenter d'augmenter les recettes, comme dans le cas de la TPS au Canada, les gouvernants ont réussi à mieux contrôler leurs dépenses courantes, leurs dépenses de programmes. À cet égard, on peut distinguer trois types de réduction des dépenses.

Citons d'abord la *réduction des transferts sociaux* :

> La réduction des transferts sociaux a été le moyen le plus important pour parvenir à atteindre l'équilibre budgétaire. [...] Jusqu'ici cette approche semble satisfaisante pour réduire les déficits budgétaires dans les pays membres de l'OCDE, mais elle pose certains problèmes d'équité. En effet, la plupart des transferts concernent les groupes à faible revenu, ou des zones rurales où le revenu moyen est faible (OCDE, 1996-1997, p. 48).

D'une certaine manière, donc, on peut dire que les sans-abri, dont le nombre a augmenté tout au long des efforts de compressions budgétaires, contribuent à la réduction des déficits.

Deuxièmement, il y a eu le *transfert de responsabilités ou de dépenses vers d'autres niveaux de gouvernements*, plus « locaux », la réduction de l'aide qui leur était traditionnellement apportée, ou le transfert au secteur privé ou la tarification. Au Canada, cela voulait souvent dire le transfert de responsabilités du fédéral vers le provincial, et du provincial vers le municipal. Pour décrire le phénomène, on a employé au Québec l'expression « pelletage de déficit » ; en anglais, on a parlé de *offloading* (Mellon, 1999, p. 145). Cela a appauvri les recettes fiscales de plusieurs provinces, dont une source de revenu non négligeable vient justement de l'aide du gouvernement fédéral. Le Québec s'est plaint, par exemple, que les transferts de fonds du fédéral au provincial « représentaient 28,9 % des revenus budgétaires du gouvernement en 1983-84, [mais] ils ne comptent plus que pour 21,6 % des revenus en 1992-1993 » (Ministère des Finances et Conseil du Trésor, 1993, p. 12). La situation est analogue pour le

Nouveau-Brunswick, une autre province au-dessous de la moyenne canadienne en termes économiques, qui recevait en 1986-1987 40,1 % de ses revenus budgétaires globaux de transferts fédéraux, mais seulement 36,2 % en 1998-1999 (Mellon, 1999, p. 146).

Quant aux *privatisations*, elles ont surtout eu lieu là où il y avait des entreprises susceptibles d'être privatisées. (Aux États-Unis, il y a peu d'entreprises publiques, proportionnellement, donc peu de privatisation.) Les avis divergent sur le succès réel de ces opérations de privatisation. Un exemple : la privatisation de la vente au détail des boissons alcoolisées en Alberta. Pour les partisans de cette privatisation, réalisée au milieu des années 1990, on allait assister à une baisse de prix, à une hausse des points de vente et à une augmentation de l'emploi dans le secteur ; par contre, les sceptiques soutiennent que la prolifération des petits points de vente (privés), avec chacun un choix limité, n'a ni abaissé les prix, ni bien servi le consommateur, ni créé des emplois bien rémunérés (Brownsey, 1999, p. 117, 125).

Dans cette même catégorie générale de transferts de responsabilité ou de coûts, on peut ajouter la *tarification*. Dans un document du gouvernement du Québec, on en soulignait les avantages qui y voient ses promoteurs : l'équité, qui viendrait du fait de faire payer les usagers, l'efficacité, en écartant la consommation abusive, mais on y soulignait aussi les aspects potentiellement négatifs, comme son caractère régressif du point de vue social (Ministère des Finances et Conseil du Trésor, 1993, p. 11).

Troisième grand moyen de contrôler les dépenses : *la réduction des effectifs*. Pour un bilan comparatif de cette stratégie au sein des pays de l'OCDE, référons-nous à ce résumé qui vient de l'OCDE elle-même :

> Plusieurs pays de l'OCDE ont décidé de *prendre les devants en matière de réduction des effectifs* par le biais d'objectifs spécifiques et la mise en œuvre de programmes de compression volontaire et involontaire de personnel. Des diminutions de grande ampleur ont été opérées en *Australie*, au *Canada*, aux *États-Unis*, en *Nouvelle-Zélande*, au *Royaume-Uni*, en *Suède* [...]. Aux *États-Unis*, les efforts tendent actuellement à diminuer l'ampleur du service public fédéral de 272 900 agents (soit une baisse de 12,5 pour cent) [...] Au *Canada*, un programme de réduction du déficit budgétaire implique la suppression de 45 000 postes (moins 14 pour cent). Au *Royaume-Uni*, les effectifs du service public national ont été réduits de 248 000 agents (34 pour cent) depuis 1979. Dans la grande majorité des cas ces compressions se sont opérées à la fois par le jeu naturel des départs et du fait du recours, de plus en plus fréquent depuis 1992, aux incitations financières destinées à favoriser les démissions et les départs en préretraite. La *Suède* reste engagée dans de vastes changements de structures au sein de l'appareil d'État. Depuis 1990, elle a diminué son personnel de moitié, soit une suppression de près de 200 000 emplois.

En *Suède*, les réductions ont été le plus souvent dues à des transferts de fonctions et de personnel à des entreprises publiques, à des sociétés privées, ou à des niveaux inférieurs de collectivités publiques.

Plusieurs autres pays de l'OCDE [...] font appel à des moyens passifs tels que le *jeu naturel des départs combiné avec le blocage des recrutements* (OCDE, 1996-1997, p. 55).

Les conséquences organisationnelles des compressions budgétaires avaient fait l'objet d'analyse et de prédictions dès la fin des années 1970 et le début des années 1980 (voir, par exemple, Mercier, 1982). En général, ces prévisions ont bien « tenu la route ». On avait dit à l'époque que les syndicats allaient modérer leurs demandes, devant une opinion publique défavorable ; les études sur les grèves nous avaient appris qu'elles sont *moins fréquentes* dans des contextes économiques difficiles. On avait aussi prévu que les services publics devaient « penser réseau », particulièrement en santé, ce qui s'avéra parfois difficile, mais aussi profitable, car les expériences de restrictions ont été un formidable exercice d'apprentissage organisationnel, même si les effets négatifs ont été nombreux : moral à la baisse au sein des administrations publiques, *burnouts* fréquents, surtout dans les domaines de la santé, des services sociaux et de l'éducation, perte de mémoire organisationnelle par le départ de nombreuses personnes expérimentées et compétentes, relations interpersonnelles qui prennent l'allure de jeux à somme nulle, gel de l'embauche qui prive le secteur public de jeunes qui ont un regard neuf et qui sont souvent mieux formés, application aveugle de l'ancienneté à la fois pour les retraites et départs, mais aussi pour le redéploiement des effectifs (avec la supplantation, entre autres). Sans compter les propos un peu faciles sur le fait qu'on allait couper dans l'encadrement, et non au sein du personnel qui « fait le travail », ou encore le fait de repousser les décisions difficiles vers les entités locales, comme l'ont fait le gouvernement fédéral et les gouvernements provinciaux.

On n'avait pas prévu il y a vingt ans que ces compressions-restrictions allaient être mises en œuvre *en même temps* que d'autres changements, dont l'informatisation, la réingénerie et le nouveau management public (y compris l'évaluation de programme), ce qui, peu importe le mérite réel de chacune de ces innovations, allait empêcher le secteur public de sombrer dans la morosité, vu les nouveaux défis créés. Cela a été particulièrement vrai au niveau fédéral, avec le développement de programmes internes de formation continue assez bien financés (surtout si l'on tient compte du contexte où on se trouvait), comme La Relève ou Fonction publique 2000 (Inwood, 1999, p. 373).

Même si certaines conséquences sont plus limitées à certains gouvernements, comme la réduction du cabinet fédéral canadien de 40 à 23 ministères, ou encore des retards dans l'entretien des infrastructures (routes, eau, électricité), on peut dire que le tableau esquissé ci-dessus donne une idée des impacts positifs et négatifs des restrictions budgétaires, l'impact positif principal étant, bien entendu, que les pays industrialisés ont dans l'ensemble réussi à réduire et même à éliminer les déficits annuels. Si ces efforts ont déjà porté leurs fruits, la réduction de la dette sera une entreprise à plus long terme, d'autant plus que ce ne sont pas tous les experts qui en préconisent une réduction importante. En effet, certains prétendent qu'en laissant la dette accumulée rester au *niveau absolu* où elle se trouve présentement, elle deviendra forcément *une part relative* de plus en plus petite du PNB, étant donné la croissance annuelle de l'économie.

L'unanimité n'est pas évidente, non plus, sur la détermination de la dette totale d'un gouvernement et sur ce qui doit en constituer les composantes. Prenons, encore ici, le cas du Québec. La dette totale projetée par habitant a été estimée : à 13 399 dollars (Ministères des Finances, Conseil du Trésor, 1993, p. 17) pour 1997-1998 par le gouvernement du Québec ; à 21 950 dollars par l'Ordre des comptables agréés du Québec (Marie Tison, dans *Le Soleil*, 1997, p. B2) qui inclut dans son analyse « les chiffres de toutes les administrations publiques qui reçoivent les taxes et les impôts des Québécois, comme le gouvernement fédéral, le gouvernement provincial, les municipalités et les commissions scolaires » ; à 27 500 dollars par le chroniqueur financier Jean-Paul Gagné, pour 1994 cependant, ce qui veut dire que son estimation serait encore plus haute pour 1997 (*Les Affaires*, 1994, p. 6), qui inclut la part du Québec dans la dette fédérale ; à 34 789 dollars par le Conseil du patronat du Québec, qui lui aussi présente ses chiffres pour 1994 (Conseil du patronat du Québec, 1994, p. 3), en calculant le déficit des régimes de retraite du gouvernement provincial. Le Conseil du patronat arrive même à un endettement de 88 785 dollars *par travailleur* québécois, en excluant du diviseur la population non active !

Les débats tournent aussi autour de la question du calcul des *actifs* du secteur public, dont on n'a pas l'habitude de tenir compte dans le calcul d'une éventuelle « dette nette ». Dans le secteur privé, on déduit naturellement les actifs que l'on possède (édifices, équipements) pour en arriver au bilan de l'actif et du passif. Or, on ne le fait pas autant dans le secteur public, l'argument traditionnel étant qu'on ne peut pas toujours vendre ces actifs, et qu'ils ne sont donc pas réellement monnayables. Mais J.I. Gow considère que cette habitude « renvoie une image déformée de la santé financière de l'État québécois » (Gow, 1999, p. 27), car ces actifs « représentent bien quelque chose de tangible ». Dans la même veine, André Noël ajoute : « [l]a dette d'Hydro-Québec, par exemple, constitue près de la moitié de la dette du gouvernement québécois, environ 40 milliards sur 90 milliards de dollars » (Noël, 1996, p. 29) ; or, il ne viendrait à personne l'idée que les installations d'Hydro-Québec ne constituent pas des actifs. Le calcul des actifs dans l'évaluation d'une éventuelle dette nette amènerait la question des comparaisons internationales. Ainsi, par exemple, pour rester dans le domaine de l'électricité (ou *utilities*, en anglais), on peut dire que la dette publique au Canada est jugée trop sévèrement par rapport à celle des États-Unis, car elle inclut les dettes de producteurs publics d'électricité (sans tenir compte de leurs actifs) alors que les *utilities* américaines ne sont pas considérées dans la dette américaine du fait qu'elles sont privées (Gignac, 1993, p. 11 ; Noël, 1996, p. 29).

Les comparaisons internationales pourraient nous amener à considérer l'idée d'une dette totale, ce qui inclurait les dettes du secteur public, mais aussi celles du secteur privé et des individus. Au Canada, le secteur public est proportionnellement plus développé qu'aux États-Unis et il est donc peu surprenant qu'il soit proportionnellement plus endetté. D'aucuns avancent qu'un calcul des dettes corporatives et individuelles montrerait une dette totale plus grande aux États-Unis qu'au Canada.

Enfin, il y a aussi la question de savoir si la dette d'un pays est détenue par des nationaux ou par des étrangers. Là, le Canada est plus vulnérable, car environ 45 % de sa dette serait détenue par des personnes ou corporations domiciliées à l'extérieur du pays (Inwood, 1999, p. 375).

6.6 LA QUESTION DE LA TAILLE DE L'ÉTAT

Nous verrons, dans le chapitre qui traite de la bureaucratie, quels éléments favorisent le développement de la forme bureaucratique d'administration. Dans la présente section, nous posons d'abord une question légèrement différente, même s'il y a beaucoup d'éléments communs avec celle que nous verrons plus loin. Ici, donc, la question s'énonce davantage en termes de croissance des *dépenses publiques*, et donc de l'État. Nicholas Henry mentionne quelques théories qui expliquent ce phénomène (Henry, 1999, p. 11-14). Une de ces théories avance l'idée que les grands bouleversements sociaux, comme les guerres, font passer les dépenses publiques, et donc les dépenses (et les revenus) du secteur public, à des niveaux auparavant difficiles à imaginer ; après le bouleversement en question, de nouvelles idées sur ce qui constitue le rôle des gouvernements ont eu le temps de s'installer et les dépenses de l'État parviennent à un nouveau plateau, plus élevé (Henry, p. 12). Une autre théorie que Nicholas Henry présente explique la croissance du secteur public et de la bureaucratie de l'État par le rôle que ce dernier doit jouer vis-à-vis du développement technologique ; celui-ci bouleverse et transforme la société et le secteur public devient alors le lieu privilégié d'adaptations nécessaires (Henry, p. 12-14).

L.M. Imbeau, F. Pétry et J. Crête (1999), pour leur part, cherchent les causes spécifiques de la croissance des budgets des provinces canadiennes. Dans le cadre de cette recherche, ils passent en revue différentes théories ou explications de la croissance des dépenses publiques. Parmi ces théories, on trouve la loi de Wagner, dite « loi des dépenses publiques croissantes », qui « prédit qu'une richesse économique croissante mène à une expansion du secteur public » (p. 140) :

> La demande pour des biens supérieurs qui sont fournis par le secteur public (comme la santé et l'éducation) croît plus vite que la richesse parce que, à mesure que leurs revenus augmentent, les consommateurs sont prêts à en consacrer une part de plus en plus grande à ces types de biens.

> La loi de Wagner postule aussi que l'expansion du gouvernement répond à la croissance de l'urbanisation. En effet, on considère que l'urbanisation mène à de nouvelles formes d'interdépendance sociétale (par exemple, la nécessité pour un grand nombre de personnes de se rendre au travail chaque jour et d'en revenir) et d'externalités (par exemple, les bouchons à l'heure de pointe) qui exigent des interventions de l'État (comme les transports publics). De même, on suppose que l'urbanisation est accompagnée d'une diminution du rôle traditionnel de la famille comme source de soutien social et d'une diminution du nombre d'organismes de charité (en raison d'une présence accrue des femmes sur le marché du travail), ce qui entraîne une augmentation de la demande pour des biens et services fournis par l'État (Imbeau, Pétry et Crête, 1999, p. 140).

Ce bref aperçu de quelques théories sur l'expansion des budgets publics nous permet de conclure néanmoins que ce phénomène est plus complexe qu'il n'y paraît à première vue, qu'il ne se réduit pas à une question morale, de bien ou de mal, et qu'il y a très probablement des limites structurelles aux politiques de réduction des budgets de l'État, limites que nous avons déjà peut-être atteintes.

Si, en effet, les causes de la croissance des budgets publics sont structurelles et universelles, on devrait trouver dans tous les pays développés une proportion d'activités étatiques qui ne descend pas au-dessous d'un certain seuil. Dans cet esprit, comparons le Québec aux autres provinces, et le Canada aux autres pays. La première comparaison nous apprend que le Québec avait une dette publique parmi les plus élevées des provinces canadiennes (dette provinciale en pourcentage du PIB), mais qu'il était dépassé en la matière par Terre-Neuve et la Nouvelle-Écosse (Ministère des Finances, Conseil du Trésor, 1993, p. 15). D'autres données montrent que le Québec donne une responsabilité plus grande à l'État dans la production de biens et de services que la moyenne des provinces canadiennes, mais les chiffres montrent également que ces différences se situent à l'intérieur d'une fourchette assez étroite. Bien entendu, il y a plusieurs autres mesures pour évaluer l'importance du rôle du secteur public. Le spécialiste de la question au Québec, André Bernard, a déjà observé que l'inclusion des paiements des transferts, où le gouvernement ne fait que prendre aux uns pour redistribuer aux autres, donne l'impression que le gouvernement intervient plus qu'il ne le fait réellement. Il serait donc abusif de dire que le Canada confie plus de 45 % de son PIB à l'État. En termes de nombre d'employés, le chiffre au Canada se situe à environ 20 % de la main-d'œuvre ; mais si l'on compte tous les employés des hôpitaux, des corporations publiques comme Hydro-Québec et tous ceux qui travaillent pour un employeur qui exécute un contrat du secteur public (chantier de construction d'un barrage, par exemple), on en arrive facilement à environ 35 % de la main-d'œuvre. Si on utilise un autre calcul encore, soit la dépendance vis-à-vis de l'État pour le revenu individuel (ou une partie du revenu individuel), il faut compter toutes les catégories précédentes et ajouter tous ceux qui reçoivent un paiement de transfert comme source ou complément du revenu, auquel cas on arrive facilement à 50 % (et même davantage) pour ce qui est de la place de l'État dans la société. En prenant un tout autre type de calcul, original celui-là, on dit que certains pays communistes ne comptaient dans leurs calculs que les *biens matériels* produits par l'État.

Si l'on compare le Canada à d'autres pays industrialisés, les chiffres montrent qu'il occupe une position moyenne quant aux « dépenses totales des administrations publiques en pourcentage du PIB nominal » (OCDE, 1998, p. 72). Le Canada a des dépenses publiques de l'ordre de 42 % du PIB, alors que l'Allemagne en a 47,4 %, les États-Unis 33 %, la France 53,2 % et la Suède 60,8 %. Le Canada est donc dans la moyenne des pays développés et prospères ; ce qui donne parfois l'impression que notre secteur public est disproportionné, c'est que nous nous comparons souvent à notre voisin, les États-Unis, qui, lui, est bien au-dessous de la moyenne, au point de constituer une exception. La même remarque avait été déjà faite par l'OCDE, si l'on en croit André Noël :

> Le problème, ajoute l'OCDE, c'est que les Canadiens-nes se comparent avec les États-Unis. Les impôts sont peut-être plus bas aux États-Unis, mais cela s'explique en bonne partie par le fait que les services sociaux — surtout les soins de santé — sont payés par les particuliers (Noël, 1996, p. 37).

Selon un autre document de l'OCDE, on note que « certains pays comme le *Royaume-Uni* et la *Nouvelle-Zélande* utilisent des mécanismes de type marché dans le cadre d'une redéfinition d'ensemble des fonctions respectives de l'État et du secteur privé », mais que, pour d'autres pays, les mécanismes de type marché « sont utilisés comme techniques d'amélioration de l'efficience et de la flexibilité, au sein d'un équilibre public/privé moins profondément modifié » (OCDE, 1996-1997, p. 45). Dans un autre passage, l'OCDE remarque que « le niveau des dépenses publiques, par exemple, va de 60 pour cent environ du PIB en valeur nominale et Suède et au Danemark, à moins de 35 pour cent aux États-Unis » ; mais « leurs objectifs d'assainissement budgétaires n'impliquent pas que les Suédois ou les Danois visent à se rapprocher des niveaux américains de dépenses publiques, ou que les Américains[3] recherchent des niveaux plus élevés. Il n'existe pas de bonne taille de l'État » (OCDE, 1996-1997, p. 33).

Dans les paragraphes précédents, nous avons évoqué des théories et des faits pour situer l'apport de l'État dans l'économie. Mais cela ne veut pas dire qu'on doive pour autant exclure les opinions et autres positions normatives. À cet égard, il faut mentionner quelques arguments des « interventionnistes » et des « anti-interventionnistes », pour ce qui est du rôle de l'État. Limitons-nous aux arguments permettant d'expliquer la prospérité économique des cinquante dernières années.

Pour les « interventionnistes », l'intervention étatique croissante tout au long de ces années (1945-1995) a été un facteur essentiel de la prospérité sans précédent de cette époque. Pour eux, même Keynes a rempli ses promesses, car toute cette progression s'est déroulée dans le cadre d'une stabilité financière et économique certaine, quoi qu'on en dise aujourd'hui. Auparavant, il y a eu beaucoup de problèmes économiques dans des secteurs où l'État intervenait peu, particulièrement à la fin des années 1920 et durant les années 1930. Pour les interventionnistes, les preuves sont là, et il y a peu de choses à ajouter. À leurs yeux, pour justifier la place croissante de l'État après 1950 (et même avant), on n'a même pas besoin de faire appel aux autres arguments en faveur de l'État, la justice sociale, l'ordre ou l'équité, arguments valables mais en l'occurrence superflus.

Pour les anti-interventionnistes, toute cette prospérité des années 1945-1995 est due aux changements technologiques accomplis essentiellement par les entreprises privées, surtout les multinationales. Selon eux, la prospérité s'est réalisée malgré l'intervention croissante de l'État, malgré les déficits, lesquels

---

3. Pour une idée de la place de l'État aux États-Unis, ainsi que l'évolution de celle-ci, voir McLean, 1987, p. 97, et Henry, 1999, p. 11.

diminuent d'ailleurs les possibilités de choix pour les générations présentes et futures, réduisent la disponibilité financière pour les entreprises et créent une pression à la hausse sur le loyer de l'argent. Pour les anti-interventionnistes, d'une façon plus fondamentale encore, l'État doit modifier le moins possible les comportements économiques des individus et des entreprises, car il crée alors des distorsions et des déplacements de facteurs de production en faveur d'arrangements artificiels et peu souhaitables. Le secteur privé, au contraire, agence les facteurs de production de façon plus productive, puisque, dans ce secteur, il n'y aurait pas de monopole qui tienne vu qu'il existe toujours des produits de substitution. L'État doit se concentrer, prétendent les anti-interventionnistes, sur ses tâches « régaliennes », à savoir la justice, la diplomatie, la police, la guerre, et n'intervenir que lorsqu'il y a une réelle défaillance du marché comme, par exemple, la construction d'un phare quand les habitants d'une île n'arrivent pas à le faire seuls. Et il faut, disent-ils, privatiser les services chaque fois qu'on le peut, si l'on veut éviter la surconsommation des services offerts par l'État.

Pour toutes sortes de raisons, qu'on tentera d'évoquer plus loin, on peut s'attendre à ce que l'on continue à discuter des mérites respectifs des secteurs privé et public dans les prochaines années. D'abord, la question est complexe et ne peut pas être résolue facilement. Deuxièmement, dans un monde dont les composantes deviennent de plus en plus comparables, des différences qui passaient auparavant inaperçues nous sautent aujourd'hui aux yeux. Car, comme le souligne Gregory J. Inwood :

> Il y a beaucoup à apprendre de la façon dont une société fait l'allocation de ses ressources, entre le marché et le secteur public [...]. Certaines sociétés se fient beaucoup à l'État ; [...] d'autres font exactement le contraire, et confient tout ce qu'elles peuvent au marché [...]. D'une certaine façon, les débats récents au Canada à propos du déficit peuvent être caractérisés comme des débats sur la primauté du marché sur l'État (Inwood, 1999, p. 383, traduction libre).

Troisièmement, comme le suggère d'ailleurs Inwood, le choix entre le privé et le public n'est pas neutre, il avantage certains groupes aux détriments d'autres. Les débats, accrochés aux intérêts, vont sans doute continuer.

Enfin, quatrième raison, qui vaut plus spécifiquement pour les administrativistes, la question du partage des tâches sociales entre le privé et public, ainsi que les relations complexes et les interdépendances entre les deux secteurs sont au cœur même de ce qu'est le domaine d'étude de l'Administration Publique ; il incombe aux spécialistes d'éclairer ce champ et, avant tout, de tenter de le comprendre (Inwood, 1999, p. 385).

6.7 CONCLUSION

Toutes les questions budgétaires et de finances publiques sont hautement con-flictuelles, car il s'agit de partager ce qui appartient, en principe, à tous. Les attentes sont grandes, les moyens d'y répondre, limités. Et, comme l'économie et les finances publiques se prêtent au calcul mathématique, on avait cru qu'elles pouvaient échapper à la culture ou à la subjectivité. Bien sûr, ce n'est pas le cas. Nos attitudes vis-à-vis de l'État sont très souvent subjectives : ainsi, un taux d'impôt qui paraît «insupportable» dans un pays est accepté sans grande résis-tance dans un autre. Sans compter qu'en cette matière, comme dans d'autres, les expériences de laboratoire, avec des «variables» isolées pour mieux évaluer leur influence, sont à toutes fins utiles impossibles.

Dans la pratique, et au milieu des controverses, l'administration du budget connaît le même défi que l'administration du personnel, soit celui de «naviguer» entre des principes qui se limitent les uns les autres ; comment, par exemple, respecter intégralement un budget, tout en acceptant une certaine flexibilité dans son application, pour répondre aux impératifs de l'efficience ?

Dans un sens, maintenant que les déficits ont dans bien des cas été éliminés, pour donner lieu à des surplus, les conflits risquent d'être encore plus intenses, car une question inévitable se pose : qu'allons-nous faire des surplus ? À cet égard, il y a trois options : réduire la dette accumulée ; réduire les taxes et les impôts ; dépenser de nouveau pour des programmes gouvernementaux (Inwood, 1999, p. 379). Le monde des affaires insiste sur les deux premières possibilités, d'autres milieux optent surtout pour la troisième, encore qu'il faille déterminer, dans cette troisième voie, *quel(s) programme(s)* doivent être le plus financés. Guy Lachapelle, en se fiant à une étude déjà réalisée, donne une idée de l'état de l'opi-nion publique à cet égard ; la figure 6-B présente le pourcentage des réponses données à la question : « Si vous étiez le ministre des Finances du Québec, quel serait votre principal objectif ? Ce serait... »

Ces questions se posent avec d'autant plus d'acuité qu'il n'y a pas réellement de politique ferme sur la réduction, en chiffres absolus, de la dette gouverne-mentale, ni au Canada, ni au Québec. Au Québec, « [l]es règles comptables du gouvernement ne prévoient aucune réserve pour l'amortissement de la dette nette » (Rouillard, 1999, p. 51), et donc « [un] déficit zéro implique plutôt la stabilisation de la dette au niveau atteint en l'an 2000 ». Au niveau du gouverne-ment fédéral, on est peut-être légèrement plus prévoyant, puisqu'il semble y avoir une sorte de réserve au compte de l'assurance emploi et un fonds de réserve d'environ 3 milliards de dollars (Inwood, 1999, p 382), ce qui paraît quand même assez modeste, vu que le déficit fédéral a déjà atteint en un an une quaran-taine de milliards.

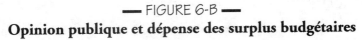

— FIGURE 6-B —

Opinion publique et dépense des surplus budgétaires

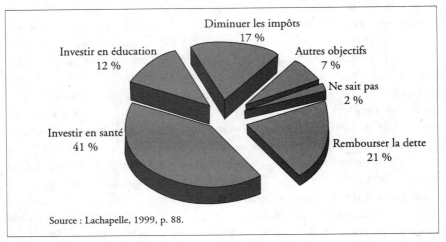

Diminuer les impôts
17 %

Investir en éducation
12 %

Autres objectifs
7 %

Ne sait pas
2 %

Investir en santé
41 %

Rembourser la dette
21 %

Source : Lachapelle, 1999, p. 88.

Du côté des dépenses pour de nouveaux programmes ou de financement plus vigoureux de programmes existants, la pression sera forte. Leurs partisans pourront toujours dire que ces projets ont été sous-financés depuis des années. Sans compter que certains de ces programmes sont liés à des problèmes que nous pourrions qualifier de « sans fins et sans limites », comme l'environnement ou la santé (on n'est jamais assez en bonne santé...). Dans la mesure où les réductions de déficits ont été, vues sous l'angle du *Public Choice*, une (rare) victoire des électeurs diffus sur les groupes compacts (avides de dépenses), on peut prévoir de nouvelles batailles sur de nouveaux enjeux où les groupes compacts et organisés tenteront de reprendre le terrain perdu.

Même si les décisions à prendre ne seront pas évidentes, il y aura des normes à suivre. On pourra, par exemple, faire siennes les normes globales des dispositions du traité de Maastricht, même si on est en dehors de l'Union européenne. Ce traité a fixé des objectifs de déficit ne dépassant pas 3 % du PIB, et de dette brute ne dépassant pas 60 % du PIB (OCDE, 1996-1997, p. 38).

Il se pourrait bien aussi qu'une fois que l'attention aura été libérée de l'omniprésence de la lutte au déficit, elle se fixe sur d'autres questions liées au budget et aux finances publiques, telles que, surtout dans les fédérations, la redistribution verticale et horizontale de la richesse entre gouvernements (Beauregard, 1999, p. 106) ou encore la question de la péréquation (p. 110). Une autre question qui va attirer de l'attention est le domaine de la fiscalité comparative, à cause de la globalisation du commerce.

Voilà qui termine ce chapitre sur le processus budgétaire et les finances publiques. Nous avons pu constater qu'il y a eu beaucoup de modes budgétaires au cours des ans, ce qui nous amène à donner le mot de la fin à Gregory J. Inwood qui, se référant à l'auteur William Ralph Inge, conclut : attention aux modes, car « qui épouse trop étroitement l'esprit de son époque se retrouvera veuf à la suivante » (Inwood, 1999, p. 386).

Chapitre 7

LE CONTRÔLE DE L'ADMINISTRATION PUBLIQUE

7.1 LES TYPES DE CONTRÔLE

Dans les chapitres précédents, nous avons vu que l'organisation publique possédait des structures (chapitre 3), un personnel (chapitre 4), qu'elle prenait des décisions (chapitre 5), et qu'elle avait des moyens financiers (chapitre 6). Nous avons donc maintenant devant nous une administration publique qui, dans le cadre qui lui est assigné, applique les lois et prend des décisions qui peuvent, entres autres, affecter des citoyens et des personnes morales ou organisations de toutes sortes. Pour faire en sorte que l'administration publique agisse à l'intérieur du cadre qui lui est assigné, on a développé au cours des ans des mécanismes de contrôle de différentes natures et qui sont tantôt formels, tantôt informels. Le présent chapitre vise à faire un inventaire de ces différents mécanismes.

Si l'on veut résumer le thème de ce chapitre, on pourrait dire qu'il s'agit de répondre à la question suivante : qu'est-ce qui fait qu'un fonctionnaire ne peut agir seulement à sa guise, de façon arbitraire, et sans égards pour les institutions et les citoyens qui l'entourent ? Pour répondre à cette question, il faut en poser d'autres, et y répondre. La première question est de savoir à qui s'adresser en cas de dommage, d'injustice ou d'insatisfaction : à son député, à un juge, à un tribunal administratif, au Protecteur du citoyen, ou encore à un journaliste ? Peut-on empêcher un acte dommageable, avant qu'il ne se produise ? Le refus de se procurer le service public peut-il être, comme dans le secteur privé, une manière d'exprimer son insatisfaction ? Comment concilier les nouveaux impératifs d'efficience avec l'existence des contrôles plus formels ? Et comment notre situation se compare-t-elle à celles d'autres pays ?

Avant de répondre à ces questions, il convient de situer le sujet dans une perspective plus large.

D'abord, dans une perspective historique. De toute évidence, le XXe siècle a été une période de croissance importante de l'administration publique. La « machine administrative » du secteur public affecte maintenant, et de plus en plus, n'en déplaise au néolibéralisme, chacune de nos vies. Rappelons ici que Max Weber avait dit que la menace qui guettait le monde, ce n'était pas la dictature du prolétariat, mais bien la dictature de la bureaucratie. Pour Jacques Ellul, ce qui se profile derrière la croissance de cette « machine », c'est l'évolution de la technologie, omniprésente, envahissante. La technologie appelle la technocratie, sinon la bureaucratie. De toute façon, les grands ensembles technologiques réclament de grandes organisations rationnelles, donc des bureaucraties, qu'elles soient privées ou publiques. Les grandes fusions financières du secteur privé, de la fin des années 1990 et du début des années 2000 sont des expressions de cette évolution.

Dans le secteur public, la présence croissante de ces grandes organisations s'est traduite par une omniprésence de l'administration publique. Devant cela, le citoyen peut se sentir impuissant ou encore traité de façon impersonnelle, indifférente, voire inhumaine.

Devant la multiplication des domaines d'intervention, et dans un souci de souplesse, l'État a consenti une certaine autonomie à des organes administratifs, les sortant du giron des activités ordinaires des ministères. À l'expérience, on s'est aperçu qu'il y avait un envers à cette flexibilité de gestion, et que ces organisations plus autonomes posaient des problèmes de contrôle : devant leurs manquements, leurs fautes, à qui devait-on s'adresser ? D'ailleurs, avec le nouveau management public, qui propose de créer des agences autonomes d'exécution, sur le modèle britannique (*executive agencies*) ou sur le modèle américain (*independant regulatory agencies*), la question du contrôle a toutes les chances de se poser avec encore plus de pertinence. La question n'est d'ailleurs pas limitée à ces agences décentralisées, et n'est d'ailleurs pas nouvelle, car un des précurseurs de l'étude de l'Administration Publique, le Français Frédéric Le Play, soulignait, déjà au milieu du XIXe siècle, que les ministres avaient souvent de grandes difficultés à contrôler la bureaucratie.

Par ailleurs, si on regarde la question sous un angle plus formel, plus légal ou constitutionnel, il existe des contrôles pour limiter l'arbitraire de la fonction publique, dans les États de droit, États où les pouvoirs exécutif, législatif et judiciaire sont dans un relatif équilibre et peuvent servir de frein les uns aux autres. Montesquieu, entre autres, a développé ces idées dans *L'Esprit des lois*, à la suite d'un séjour en Angleterre (1729-1730). Il a insisté sur la séparation des pouvoirs, mais a aussi mis l'accent sur leur nécessaire collaboration (Aron, 1967, p. 39) et leur équilibre : « [E]n revanche, l'idée essentielle de Montesquieu n'est pas la séparation des pouvoirs au sens juridique du terme, mais ce qu'on pourrait appeler *l'équilibre des puissances sociales*, condition de la liberté politique » (Aron, 1967, p. 40).

Puisque nous venons d'évoquer Montesquieu, un Français qui s'inspire du modèle anglais, nous sommes amenés tout naturellement vers un mode comparatif. Il y aurait des comparaisons à faire, ici comme ailleurs, entre les pays en développement, y compris plusieurs pays du bloc de l'Est, et les pays développés et industrialisés (ou même postindustriels). Dans bien des cas, cette comparaison se révèle être aussi une comparaison entre l'absence de l'État de droit et la présence de l'État de droit, bien qu'il y ait évidemment d'autres dimensions en présence. Il y a par ailleurs des différences notables entre les pays qu'on appelle « développés » eux-mêmes. James R. Mitchell et S.L. Sutherland, par exemple, en rappelant une nuance qui a déjà été faite (1999, p. 22-23), font une distinction entre les bureaucraties de type « culture civique » (Angleterre, certains anciens pays du Commonwealth, dont le Canada, et États-Unis) et les bureaucraties « classiques » (France, Allemagne). Dans les bureaucraties de « culture civique » (*civic culture*), on obtient un contrôle de la bureaucratie en s'assurant que la fonction publique est bien encadrée par les valeurs et les personnes des formations politiques qui ont reçu un mandat électoral. Ceci, bien entendu, est plus poussé aux États-Unis que dans les pays de tradition britannique classique, car cette dernière a toujours encouragé une certaine neutralité de la fonction publique. Par contre, dans les pays de « bureaucratie classique », dont le cœur se trouve essentiellement en Europe occidentale, les incertitudes politiques et les changements, parfois soudains, de régime politique ont en quelque sorte attribué un rôle de « continuité de l'État » à la fonction publique, et l'encadrement, nécessairement un peu plus abstrait, a été confié à la loi. Cela a donné un caractère juridique et formel au contrôle exercé sur l'administration publique dans ces pays. On ne sera pas surpris, sachant cela, que Max Weber faisait des termes « bureaucratique » et « légal-rationnel » des termes qui pouvaient parfois être traités comme équivalents, lui qui avait, comme exemple, la bureaucratie allemande.

Si, dans les propos tenus ci-dessus, l'Angleterre et les États-Unis se situent dans la même catégorie, soit celle des pays à « culture civique », ces deux pays présentent certaines différences. Une de celles-ci tient au fait qu'il y a une séparation plus marquée entre le pouvoir législatif et le pouvoir exécutif aux États-Unis. Cela donne naissance à un pouvoir législatif plus vigilant, et qui a d'ailleurs les moyens de cette vigilance, par les nombreux assistants (de recherche, notamment) que chaque législateur peut se permettre d'engager, sans compter les ressources communes que ce pouvoir peut se procurer dans son ensemble, comme ceux qui travaillent autour du GAO (*General Accounting Office*), le grand inspecteur du législatif en matière financière. Dans certains cas, cette « capacité » de surveillance peut se transformer en désavantage, et même mener à une sorte de surveillance « morale » de la présidence, comme dans le cas des activités privées du président Clinton à la fin des années 1990.

Dans les gouvernements de type britannique, dits de Westminster, comme le Canada, c'est en bonne partie l'exécutif lui-même qui surveille l'exécutif, en plus bien entendu du contrôle exercé par les autres grands pouvoirs (législatif, judiciaire).

Pour certains, les contrôles formels auxquels nous nous sommes référés ici ne sont pas toujours satisfaisants. Paradoxalement, ce serait peut-être parce qu'ils sont trop nombreux ; on le réalisait déjà dans les années 1970 :

> À l'heure actuelle, la question fondamentale est de savoir si les contrôles fonctionnent d'une façon satisfaisante, sont efficaces et rentables, appropriés au rythme, à l'allure et aux besoins de l'administration moderne. Elle reçoit généralement une réponse négative, certains soulignant qu'ils sont inutilement multipliés, se chevauchent et sont devenus paralysants (IBFSA, 1971, p. 328).

L'insuffisance et les limites, malgré leur grand nombre, des contrôles formels traditionnels ont amené des auteurs à proposer l'application de techniques et de méthodes jusqu'ici réservées au marché, au secteur privé. Leur argument est essentiellement le suivant : il n'y a pas, dans le secteur privé, de méthodes très formelles de contrôle externe de la qualité des produits et des services : s'ils sont bons, on les achète, s'ils ne le sont pas, on ne les achète pas et, éventuellement, par la suite, on ne les produit plus. C'est ce qu'on a appelé, dans les textes de langue anglaise, le *bottom line*, le *voting with your feet* ou encore le *exit* de Albert O. Hirschman (1970). Pour ces auteurs, le marché est le contrôle le plus efficace qui soit. Théoriquement, on peut appliquer cette idée à la production des biens et services du secteur public qui ne sont pas des biens publics purs, ou à des tâches qui ne sont pas reliées à des fonctions régaliennes de l'État (ordre public, tribunaux, diplomatie, défense nationale). Encore faut-il considérer, dans ces cas, que l'État est un acteur économique semblable à tout autre, ce qui n'est pas évident pour tous les observateurs. D'ailleurs, si on a dû instaurer les mécanismes formels ou judiciaires, c'est justement parce qu'on devait trouver une façon d'évaluer l'action gouvernementale en l'absence d'outils plus simples et plus directs, comme ceux offerts par le marché (Barrette, 1992, p. 221).

Donc, ainsi qu'on le soulignait avant d'effecteur ce survol historique et comparatif, les fonctionnaires agissent. Comme ils travaillent au sein de l'organisation administrative d'un État, ils sont appelés à prendre des décisions qui concernent les citoyens (par la voie de règlements ou par l'utilisation des fonds publics, par exemple). Ils sont critiqués tantôt pour en faire trop, tantôt pour ne pas en faire assez. Par contre, les citoyens qui critiquent l'administration publique et ses employés sont parfois ceux-là mêmes qui réclament plus d'intervention de la part de l'État dans la société, ou qui surestiment le pouvoir des fonctionnaires à changer le cours des choses. Devant ces critiques et ces demandes, le processus de contrôle de l'administration publique permet :

> premièrement d'assurer un fonctionnement régulier et continu de l'appareil administratif pour qu'il accomplisse ses missions avec fidélité, cohérence et compétence ;

deuxièmement, garantir la légalité des actes que pose l'administration et protéger les droits des citoyens ; troisièmement, superviser la réalisation des programmes pour en vérifier les résultats et le rendement (Barrette, 1992, p. 223).

7.1.1 La notion de contrôle

Il y a d'abord lieu de bien définir ce qu'on entend par « contrôle ». Voici ce qu'en dit Michel Barrette qui s'inspire des textes fondateurs de Gérard Bergeron en la matière (voir, entre autres, Bergeron, 1965) :

> [...] Tout contrôle comporte une comparaison entre ce qui est fait (action, décision, etc.) par une unité administrative ou un fonctionnaire et une norme imposant ce qui doit être fait (rôle, objectifs, conditions de réalisation, manières de fonctionner, etc.) ; cette norme doit d'abord avoir été adoptée par une autorité supérieure et transmise aux exécutants. Le contrôle met donc en relation un contrôleur qui détermine et impose les standards puis en vérifie l'application par un contrôlé (Barrette, 1992, p. 222).

7.1.2 Quatre formes de contrôle

Il y a plusieurs façons de distinguer les contrôles de l'administration publique. La première a trait à ce qui est visé par le contrôle, c'est-à-dire à sa nature même. On se pose ici la question : que vise-t-on par le contrôle ? Pour répondre à cette question, on pourra utiliser les catégories que l'on retrouve chez Michel Barrette (1992, p. 224). On aura ainsi quatre types de contrôle : le contrôle de l'opportunité, le contrôle de la légalité, le contrôle de la rentabilité et, enfin, le contrôle de l'efficacité. Pour illustrer les différences entre ces quatre types de contrôle, nous utiliserons l'exemple des actions gouvernementales lors de la crise amérindienne de l'été 1990 au Québec.

Disons d'abord quelques mots sur cette crise. À l'été 1990, deux groupes amérindiens, dont l'un dans la région de Montréal, décidèrent d'appuyer leurs revendications par la désobéissance civile et en bloquant des routes. À l'origine de la crise, se trouvait leur opposition à l'agrandissement d'un golf dans la région d'Oka. Le groupe qui protestait dans la région de Montréal avait érigé un barrage routier qui empêchait un grand nombre de résidents de l'extérieur de la communauté amérindienne de se rendre directement à leur domicile à partir de Montréal (et vice-versa), lieu de travail de plusieurs d'entre eux. Bien sûr, les types de contrôle que nous analyserons à l'occasion de cette crise sont tout autant gouvernementaux et politiques qu'administratifs, mais ils illustrent bien ceux que l'on peut exercer à quelque niveau que ce soit. Voyons maintenant, en détail, les types de contrôle et leur application au cas qui nous occupe.

Il y a d'abord le contrôle d'opportunité. Nous pouvons rapprocher ce type de contrôle du concept de rationalité de substance, que nous avons vu au chapitre 5. En effet, quand on évalue une décision selon un critère d'opportunité, on examine la pertinence du but, son fondement même et sa qualité intrinsèque, eu égard au contexte. Comme Michel Barrette le note, c'est le « plus subjectif et le plus politique des contrôles » (p. 224), car le fondement d'une décision a lui-même un caractère subjectif, étant rattaché aux valeurs à la fois des décideurs et de ceux qui analysent et évaluent la décision. Dans le cas qui nous occupe, les gouvernements canadiens et québécois s'étaient fixés comme but de négocier, de ne pas brusquer les choses (surtout après une opération ratée de la Sûreté du Québec) et aussi, très important, de préserver l'image du Canada dans le monde. Il y avait aussi un élément de force dans la stratégie canadienne, car des militaires, dans un geste d'intimidation, avaient été postés en assez grand nombre autour du point névralgique. Dans un contrôle d'opportunité, on évalue ces choix fondamentaux : aurait-on dû employer la force dès le début, pour démanteler le barrage routier ? Le but de préserver la réputation du Canada à l'étranger a-t-il pris trop de place ? Était-ce une bonne idée de compter sur le temps, sur la négociation ? Ces questions touchent l'opportunité de l'action gouvernementale.

Le contrôle de la légalité pose la question de savoir si les autorités publiques ont respecté les règles de droit (la constitution, les lois, les règlements et, ici, les traités) dans leurs décisions et leurs actes. Il y a bien sûr un aspect formel à ce type de contrôle ; on est ici proche du droit. Dans le cas présent, est-ce qu'on a bien respecté la division des pouvoirs entre les deux niveaux de gouvernement, le fédéral et le provincial ? Est-ce que les militaires, qui sont en somme une catégorie particulière de fonctionnaires, ont obéi aux ordres de leurs supérieurs, ont agi à l'intérieur du cadre imposé par le niveau politique ? D'une façon plus générale, a-t-on respecté les droits des Amérindiens, mais aussi ceux des résidents de l'extérieur de cette communauté ?

Le contrôle de la rentabilité pose la question du rendement, de l'efficience, en tentant de mesurer « les coûts par rapport au rendement obtenu » (Barrette, p. 224). Ce critère est dans l'esprit du nouveau management public, où l'on doit utiliser un minimum de moyens pour un maximum de résultats. Dans le cas qui nous intéresse, on peut se demander si les coûts financiers de l'utilisation de l'armée et de la police, le nombre de soldats, par exemple, étaient proportionnés au but et nécessaires au succès de l'opération. Ici, comme le but était très large et très exigeant — pas d'effusion de sang, sauvegarde de la réputation du Canada —, on a peu examiné la question de la rentabilité, même s'il s'est trouvé des journalistes et des commentateurs pour évaluer les coûts financiers de la crise amérindienne, la «crise du golf». Certains autres commentateurs ont suggéré qu'il fallait compter, parmi les coûts, les frustrations des résidents non amérindiens qui ont été privés de l'accès normal à leur domicile pendant plusieurs semaines. Mais comment chiffrer ces inconvénients?

Enfin, le contrôle de l'efficacité «compare les résultats obtenus aux objectifs fixés» (Barrette, p. 224). Ici, la question est: le but a-t-il été atteint? En d'autres termes, est-ce que le but du Canada et du Québec d'éviter toute effusion de sang, préservant ainsi la réputation du Canada à l'étranger, a-t-il été atteint? On peut répondre oui, quoiqu'il y ait eu, au début du conflit, un policier tué en tentant de dégager le blocus.

La «crise du golf», avec toute la complexité qu'elle offre à l'analyse, nous permet donc de distinguer les quatre principaux types de contrôle de l'administration (et du gouvernement en général): le contrôle d'opportunité, à savoir le choix de l'objectif — préserver la réputation du Canada; le contrôle de la légalité, c'est-à-dire le respect de la constitution et des lois; le contrôle de la rentabilité, à savoir la prise en compte de l'ampleur des moyens utilisés; enfin, le contrôle de l'efficacité, c'est-à-dire le fait de savoir si on a réalisé ou non ses objectifs.

7.1.3 Les contrôles a priori et a posteriori

Il y a une autre façon de classer les contrôles de l'administration publique. On peut les distinguer, en effet, selon qu'ils se présentent avant l'action administrative (contrôle *a priori*) ou après celle-ci (contrôle *a posteriori*).

Les contrôles *a priori*, ou préventifs, prennent place avant qu'une décision soit prise ou avant qu'elle soit effective: on l'intercepte en quelque sorte avant qu'elle puisse causer des dommages. Mais ce type de contrôle a souvent pour effet de ralentir l'action administrative. Les contrôles *a posteriori* prennent place après qu'une décision a été prise ou après avoir été appliquée; ils permettent à l'administration d'agir avec plus de célérité. Mais, théoriquement, elle ne prévient pas les problèmes, et ne peut que corriger les situations déjà créées. Les contrôles *a posteriori* connaissent une certaine popularité ces dernières années, du moins dans le discours, en bonne partie parce qu'ils sont liés au nouveau management public et à la recommandation de «laisser les gestionnaires gérer» (un mot d'ordre qui avait été lancé par le rapport Lambert, au niveau fédéral il y a plusieurs années). «Laisser les gestionnaires gérer» est une recommandation qui est liée à la notion d'imputabilité, c'est-à-dire à l'obligation pour le fonctionnaire de rendre compte, après coup, des résultats de sa gestion.

Voici comment Michel Barrette résume les différences essentielles entre les contrôles *a priori* et *a posteriori* :

> Par ailleurs, on dénombre plusieurs techniques de contrôle qui possèdent leur procédure propre, et chacune de ces procédures comporte des avantages et des inconvénients qui lui sont inhérents. Ainsi, il y a les contrôles *préventifs* ou *a priori* qui prennent place avant qu'une décision ne soit effective, avant l'exécution, sous forme d'autorisation ou d'approbation préalable. Ces contrôles ont pour but de déceler les erreurs et les irrégularités avant qu'elles ne produisent des situations dommageables. En ce sens c'est une technique très efficace qui permet des ajustements en cours d'action. Cependant, elle a aussi pour effet de ralentir l'action de l'administration qui doit attendre le feu vert d'une autorité supérieure avant de passer à l'action. D'autre part, elle tend à diluer la responsabilité des administrations qui s'en remettent alors à l'autorité qui accorde les autorisations. D'autres contrôles s'exercent *a posteriori*, c'est-à-dire qu'ils évaluent l'action administrative à la suite de l'exécution, soit après coup ; une autorité extérieure ou un corps de contrôle spécialisé effectue la vérification. Cette technique permet à l'administration qui est contrôlée d'être responsable de ses décisions et de l'ensemble de ses opérations et d'agir avec plus de célérité. Toutefois, ces contrôles *a posteriori* ont une efficacité limitée puisqu'ils sont exercés seulement après l'exécution ; ils permettent simplement, si possible, de réparer les dommages causés par des irrégularités éventuelles et d'éviter leur répétition (Barrette, p. 224-225).

7.1.4 L'implication financière reliée au contrôle

Les contrôles ne sont pas sans entraîner, pour la société, certains coûts financiers sur lesquels il est justifié de se questionner. G. Laratte en conclut :

> Mais, parce que les contrôles sont coûteux, il est souhaitable de s'attacher à en limiter le nombre. Le prix de revient des opérations de contrôle croît beaucoup plus rapidement que le degré de sécurité obtenu. Et la recherche de sécurité qu'on voudrait absolue entraîne, dans certains travaux administratifs, une dépense hors de proportion avec l'intérêt que porte cette sécurité (G. Laratte, dans IBFSA, 1971, p. 335).

Pour une large part des opérations, on sait très bien, en effet, que les contrôles eux-mêmes sont parfois plus coûteux que les pertes susceptibles de se produire par suite d'erreurs dans l'exécution. La suppression de certains contrôles est d'ailleurs possible en obtenant, par exemple, qu'une opération soit automatiquement contrôlée par celle qui la suit, et en s'assurant, dans le circuit des fonctions, que les opérations déjà vérifiées ne soient pas à nouveau contrôlées par d'autres employés. La diminution du nombre des contrôles est en partie reliée à la relative déconcentration qui apparaît progressivement dans les méthodes de gestion, c'est-à-dire dans le déplacement du lieu de l'autorité. Il serait en effet fallacieux de croire que la

> bureaucratie la plus centralisée et la plus autoritaire est celle qui contrôle le mieux ses membres. On peut même penser que dans un certain nombre de cas, c'est l'inverse. C'est dans la bureaucratie centralisée, selon les dires de M. Fayol, que le contrôle est maladroit, irresponsable et cependant pourvu du pouvoir de nuire parfois dans de larges limites (G. Laratte, dans IBFSA, 1971, p. 335).

7.2 LES CONTRÔLES EXERCÉS SUR L'ADMINISTRATION PUBLIQUE

7.2.1 Les contrôles internes

Au plan constitutionnel, l'administration publique ne forme pas un pouvoir fondamental au même titre que les pouvoirs législatif, exécutif et judiciaire. Elle se situe plutôt dans le prolongement de l'exécutif, constituant une partie intégrale de celui-ci. À un premier niveau, l'administration publique subit le contrôle de l'exécutif, ce qui s'avère être un des contrôles internes à l'administration publique. D'autre part, puisqu'elle forme une partie intégrale de l'exécutif, il est logique qu'elle subisse les contrôles des organes législatif et judiciaire. Ces derniers contrôles sont considérés comme étant externes à l'administration publique, c'est-à-dire externes à l'exécutif. Voyons donc, pour débuter, les différents types de contrôles internes.

Selon les États observés, le Cabinet ou le président est l'ultime chef de l'administration publique et détient un droit de regard sur chacun de ses actes. Michel Barrette explique cela en ces mots :

> Le pouvoir exécutif est la première source de contrôle politique de l'administration : il constitue la structure politique décisionnelle supérieure qui a pour fonction, entre autres, de coiffer, diriger et organiser l'administration publique. À ce titre, l'exécutif ou gouvernement exerce un contrôle que nous pouvons appeler « maîtrise des opérations ». C'est lui qui définit les priorités, les objectifs, les politiques et les missions que l'administration doit réaliser. L'exécutif détermine le contenu des projets de loi et des budgets et adopte les règlements en vertu des lois ; l'administration devra en faire l'application. Certes, celle-ci a pu participer au processus menant à l'élaboration de ces règles et normes, voire influencer, mais l'exécutif fait les choix et impose, du moins formellement, ses décisions à l'administration. De plus, c'est l'exécutif qui décide de la mise en place des structures administratives : ministères, organismes publics, institutions décentralisées ; c'est lui également qui définit les principes des politiques de gestion financière, de gestion du personnel, des achats de biens et services, etc. ; enfin, il est à l'origine d'instructions, de mots d'ordre qui orientent l'activité de l'administration. Bref, l'exécutif est la source décisionnelle qui

élabore les paramètres auxquels l'administration doit se référer. D'autre part, le pouvoir exécutif exerce un « contrôle-vérification » de l'action administrative afin de contrôler la conformité avec les paramètres établis (Barrette, 1992, p. 225-227, qui se réfère en partie à Debbasch, 1980, p. 682).

Michel Barrette fait également état des termes techniques qui indiquent quel type de contrôle le contrôleur exerce sur l'objet de son contrôle. Ces termes, à saveur européenne, sont plus employés sur le vieux continent qu'ils le sont en Amérique du Nord ; il s'agit de termes comme : l'approbation préalable, l'instruction, l'annulation ou le désaveu, la suspension, la réformation et la substitution (Barrette, 1992, p. 231). À remarquer que ces mêmes termes ou actions de contrôle peuvent s'appliquer *mutatis mutandis* au niveau tant administratif qu'exécutif.

Les contrôles administratifs, plus spécifiquement, sont liés au fonctionnement quotidien de l'administration publique. D'abord, le recrutement des fonctionnaires et les procédures de renvoi constituent une forme de contrôle. Nous avons discuté, dans le chapitre sur la fonction publique, de la méthode de recrutement par concours des fonctionnaires : le concours peut être considéré comme un contrôle de l'administration publique sur les aptitudes et les qualifications des candidats appelés à devenir des fonctionnaires compétents et fiables. La règle hiérarchique (obéissance au supérieur, inspection du travail du subordonné par le supérieur) est une autre forme de contrôle administratif que l'on peut représenter visuellement par la ligne hiérarchique de la structure de Mintzberg. (Il existerait, par contre, une doctrine d'*official independance*, qui stipule que les fonctionnaires ont la responsabilité de préserver les valeurs et la tradition d'un régime à l'encontre de ministres « prédateurs », à travers une sorte de résistance passive (Mitchell et Sutherland, 1999, p. 37).) Certains auteurs en Administration Publique considèrent par ailleurs que la règle hiérarchique est une forme très importante de contrôle administratif qui n'est peut-être pas adéquatement exploitée :

> Les considérations et les propositions exposées précédemment tendent, à l'évidence, à juger le contrôle hiérarchique moderne comme le procédé le plus logique, le plus adaptable et le plus rentable des formes de contrôle : plus logique, parce que le contrôle interne de l'administration est une des fonctions essentielles de la direction ; plus adaptable, parce qu'il peut agir directement sur les opérations de l'administration ; plus rentable, parce qu'il peut opérer rapidement et sans nécessiter de services et de personnels supplémentaires. On n'en reconnaît pas moins que les adjuvants au contrôle hiérarchique sont parfois rendus nécessaires par les déficiences de la hiérarchie, par la pénurie et la pauvreté des moyens, par les choix politiques des gouvernements (J.H. Gilmer, dans IBFSA, 1971, p. 341-342).

Les organismes à responsabilité fonctionnelle (classification d'André Bernard) exercent aussi un contrôle administratif ; par exemple, l'approbation ou le refus des estimations budgétaires d'un ministère par le Conseil du Trésor durant le processus budgétaire est une forme de contrôle.

En ce qui a trait au processus budgétaire, outre le rôle prépondérant joué par les organismes fonctionnels (Conseil du Trésor, ministère des Finances), il existe aussi des contrôles administratifs internes à chaque organisme par la présence de services de vérification interne qui voient à ce que les dépenses de l'organisme ou du ministère soient régulières et efficientes. De plus, un contrôle des dépenses de chaque ministère ou organisme est effectué, dans la plupart des États, avant que les dépenses ne soient définitivement engagées. Au Québec, comme on l'a vu au chapitre précédent, ce contrôle relève du Contrôleur des Finances même si on a eu tendance à le confier de plus en plus aux ministères eux-mêmes.

> Avant qu'un engagement financier ne devienne valide et qu'un paiement ne soit fait, le Contrôleur des finances vérifie et atteste l'existence d'un solde suffisant au crédit affecté par le Parlement à ces fins précises [...]. Le Contrôleur des finances est un fonctionnaire du ministère des finances qui jouit, en raison de ses fonctions, de pouvoirs singuliers [...] (Brun et Tremblay, 1985, p. 392).

Il y a donc, on vient de le voir, les contrôles exécutifs et administratifs. Le dernier type de contrôle interne est le contrôle intergouvernemental. Même s'il s'effectue de la part d'un gouvernement vis-à-vis d'un autre, on l'appelle « interne », car cette forme de contrôle reste à l'intérieur du pouvoir exécutif et s'exerce à partir d'un niveau de gouvernement qui a un lien d'autorité vis-à-vis du niveau contrôlé.

Des organismes ou ministères ont donc pour tâche de surveiller les actes des gouvernements locaux. Il peut s'agir alors d'un contrôle de tutelle administrative :

> La tutelle évoque l'idée d'un contrôle par une autorité supérieure sur les actes d'une autorité décentralisée, donc en principe autonome. [...] [Elle] consiste donc dans le droit de regard des autorités gouvernementales ou paragouvernementales sur les activités des administrations décentralisées [...] et exceptionnellement sur les activités de personnes privées collaborant à l'exécution des tâches d'intérêt général [...].
>
> Il convient de rappeler une des règles fondamentales de la tutelle, à savoir que celle-ci n'existe que lorsqu'elle est expressément prévue par la loi, contrairement au contrôle hiérarchique qui, lui, existe de plein droit. [...] L'intérêt général constituant la finalité de la tutelle rejoint, dans un premier temps, l'intérêt de la collectivité décentralisée ou locale : celle-ci se trouve protégée contre ses propres administrateurs.

[...] Le Conseil des ministres agit comme autorité de tutelle en vertu de la plupart des lois régissant les grands réseaux de corporations publiques décentralisées telles que la *Loi sur l'instruction publique* [...], la *Loi sur les services de santé et les services sociaux*, etc. (Garant, 1995, p. 157-160).

On peut également mentionner d'autres sources légales de tutelle, notamment celles qui encadrent les cités et villes. La tutelle administrative se présente comme un contrôle visant à surveiller les administrateurs d'une autorité locale sur une question spécifique (la Commission municipale du Québec qui approuve ou non les emprunts effectués par des municipalités, par exemple) ou à les superviser d'une manière générale, même si elle semble parfois porter atteinte à l'autonomie régionale. La tutelle peut également s'exercer sur une entreprise publique ou une autre organisation décentralisée techniquement. La tutelle administrative peut aussi être considérée comme un contrôle interne intergouvernemental.

Depuis quelques années, dans la foulée du nouveau management public, il y a une tendance au gouvernement du Québec à contrôler certaines activités des municipalités par les résultats, au lieu de le faire par les normes, quand cela est possible bien entendu. Il s'agit donc d'une sorte d'imputabilité entre niveaux de gouvernement (« agissez, puis on contrôlera par les résultats »). Cela s'applique notamment au niveau de l'environnement où le ministère concerné, parfois celui de l'Environnement, parfois celui des Affaires municipales, propose des normes de résultats (d'effluents par exemple) plutôt que des conditions préalables. On ne peut dissocier complètement, par ailleurs, ce contrôle par les résultats du mouvement d'évaluation de programme qui prend régulièrement de l'importance depuis les années 1970.

Ceci dit, il est parfois paradoxal que les provinces canadiennes réclament une plus grande autonomie, vu que leurs propres créatures — les municipalités — ont relativement peu de pouvoirs et d'autonomie vis-à-vis d'elles.

Les contrôles internes sont, de façon générale, de divers types. Ce peut être des contrôles de *régularité*, le Contrôleur des Finances vérifiant, par exemple, si une dépense demandée a bien été autorisée. D'une façon plus globale, on peut dire que les contrôles hiérarchiques sont plus amples ; ils sont souvent à la fois d'*opportunité*, de *rentabilité* et d'*efficacité* par exemple. Par ailleurs, la plupart des contrôles internes sont des contrôles *a priori*.

7.2.2 Les contrôles externes

A) Les contrôles législatifs

Avec le thème des contrôles législatifs, nous passons des contrôles internes aux contrôles externes, puisque le pouvoir législatif est extérieur au pouvoir exécutif, dont l'administration est le prolongement. Il s'agit tout d'abord du contrôle parlementaire général, par l'adoption des lois et par les questions des députés qui peuvent scruter tel ou tel aspect du fonctionnement de l'administration publique.

Le vote du budget, comme on l'a vu au chapitre 6, est une opportunité pour les parlementaires de scruter dans le détail les activités de l'administration publique, même s'ils ne peuvent généralement pas amender le budget sur des questions de fond. Si l'exécutif, qui a seul l'initiative des projets de loi à incidences financières, est minoritaire dans le cadre de certains régimes, le vote du budget devient une étape cruciale : s'il est battu sur cette question d'importance, il doit démissionner. La marge de manœuvre dans la composition du budget de l'État est donc très restreinte dans ces conditions (gouvernement minoritaire) et le contrôle du législatif est à son niveau maximum d'efficacité. Par contre, si le gouvernement est majoritaire et que la discipline de parti est respectée, le vote du budget ne présente pas un véritable problème pour la stabilité du gouvernement et le contrôle du législatif sur l'exécutif par le vote du budget n'est plus très efficace.

Les actes posés par l'administration publique se traduisent souvent dans la réalité par des règlements (législation déléguée) ou par des décisions prises en vertu d'un pouvoir discrétionnaire. Ces pouvoirs réglementaires ou discrétionnaires de l'administration publique sont contrôlés indirectement par le Parlement, puisque c'est lui qui élabore les lois (lois cadres) et qui délègue un pouvoir législatif (réglementaire) à l'administration publique.

De plus, en siégeant aux différentes commissions parlementaires, les députés peuvent examiner les dépenses et les activités de l'administration publique. Par exemple, au Québec, les commissions parlementaires étudient, à la demande de l'Assemblée nationale, les crédits budgétaires, les engagements financiers de l'administration publique, la législation déléguée, les orientations budgétaires du gouvernement, les activités et la gestion des organismes publics (Assemblée nationale du Québec, 1984, p. 32-33). Des fonctionnaires sont appelés à témoigner devant différentes commissions afin d'informer et d'expliquer certaines activités de l'administration publique. Il s'agit d'un contrôle indirect du législatif sur l'administratif, puisque la responsabilité ministérielle empêche le Parlement d'exercer un contrôle direct sur l'administration publique.

La situation, on l'a vu, est quelque peu différente aux États-Unis. Cette différence s'explique par le cadre général des institutions, mais également par une particularité des gouvernements de type *Westminster*, à savoir la responsabilité ministérielle.

La responsabilité ministérielle a en réalité deux sens. Le premier sens se rapporte au fait que le gouvernement doit démissionner s'il n'a plus la confiance des parlementaires. L'autre sens, plus près de nos préoccupations administratives, renvoie au fait que le ministre est le seul responsable devant l'autorité législative de l'activité de son ministère, et donc des activités de ses fonctionnaires. Dans son interprétation la plus pure, cela veut dire que le principe de la responsabilité ministérielle pouvait conduire un ministre à démissionner pour une faute commise par un de ses fonctionnaires, même s'il n'a pas connu ou approuvé cet acte. Dans cette interprétation exigeante, on suppose que le ministre imprime une orientation, des valeurs à ce niveau. S'il peut se féliciter des actions positives de son ministère, alors il doit également en subir les retombées négatives. Toujours selon cette même interprétation, dire que le ministre *n'est pas* responsable de ce qui se passe dans son ministère *est pire* que de dire qu'il en est responsable. Il s'agirait en somme d'une sorte de « fiction nécessaire ». Sans compter que le travail d'équipe souffrirait du fait que chacun pourrait se voir appelé à justifier, séparément, ses actions : l'autorité du ministre en souffrirait. Il y a sans doute des racines sociologiques profondes, liées à la société britannique, qui expliquent le principe de la responsabilité ministérielle, en dehors de son aspect purement administratif. Ainsi dans les systèmes de type *Westminster*, c'est le ministre qui détient les pouvoirs du ministère et non pas, abstraitement, le ministère (Mitchell et Sutherland, 1999, p. 26). Il s'agit, déjà là, d'une sorte de personnalisation du pouvoir, qui mène éventuellement à la responsabilisation du ministre.

Selon une interprétation différente, les administrations publiques sont devenues trop grandes pour qu'on exige du ministre qu'il en connaisse tous les aspects et qu'il soit tenu responsable de tout ce qui s'y passe. Selon cette interprétation, le ministre n'a à répondre que de ce qu'il connaît et des grandes orientations du ministère dont il est le chef (Mitchell et Sutherland, 1999, p. 21).

Nous regarderons maintenant deux institutions législatives de contrôle, le Vérificateur général et le Protecteur du citoyen. On pourrait, dans ces deux cas, parler de contrôle « para-législatifs », car ils jouissent tous deux d'une certaine autonomie vis-à-vis du pouvoir législatif. Comme nous avons déjà tracé (au chapitre 6) les grandes lignes du rôle du Vérificateur général, nous nous limiterons donc ici à en rappeler les éléments pertinents du point du vue du contrôle.

Le rôle du Vérificateur général se résume à vérifier si l'argent engagé par l'administration publique a été dépensé pour les fins auxquelles les représentants du peuple l'a affecté, si les dépenses ont été faites de la façon autorisée et, parfois, à se prononcer sur l'efficience des dépenses et sur l'efficacité des programmes. Pour atteindre ces objectifs, le Vérificateur général jouit habituellement de pouvoirs d'enquête et d'immunités, mais il n'exerce qu'une autorité morale et non décisionnelle. Voici comment Patrice Garant présente le rôle du Vérificateur général au Québec et au Canada :

> Ce grand censeur de l'administration gouvernementale exerce un droit de regard sur la gestion financière ; il a d'importants pouvoirs d'enquête et de vérification des comptes et son rapport annuel est considéré comme un instrument de contrôle remarquable. Ce rapport constitue en outre un outil important pour les parlementaires auxquels il est également destiné.
>
> Il y a, dans notre droit public, deux types de vérification externe. La vérification législative traditionnelle d'une part, instaurée au XIXᵉ siècle, consiste en la vérification de la régularité des dépenses au regard des législations les autorisant, ainsi que de la fidélité des comptes. La vérification intégrée d'autre part, instaurée au fédéral en 1977 et en 1985 au Québec, amène le Vérificateur à porter un jugement sur l'économie et l'efficience dans les dépenses gouvernementales ; on parle alors de vérification de la performance, d'optimisation des ressources, etc. Le Vérificateur recherche non seulement si la dépense est légale, régulière, si les comptes sont fidèlement rendus, mais encore si la collectivité en a eu pour son argent au regard des objectifs des programmes gouvernementaux (Garant, 1995, p. 178-179).

Dans son rapport déposé à l'Assemblée nationale au début de décembre 1999, le Vérificateur général du Québec a relevé surtout deux politiques publiques qui semblaient, à son avis, avoir été mal gérées : premièrement, son programme de « garderies à 5 dollars », à savoir la politique qui garantit à toute famille québécoise de ne pas payer plus de 5 dollars pour chaque enfant confié à une garderie pour la journée, et, deuxièmement, le programme des départs volontaires et de mises à la retraite piloté par le Conseil du Trésor depuis 1997. Voici les extraits d'un article de *La Presse* qui reprend et commente les remarques du Vérificateur général à cet égard, M. Guy Breton :

> Le gouvernement Bouchard a développé à l'aveuglette son réseau de garderies à 5 $. Les services de garde en milieu familial ont proliféré, sans que le gouvernement ne mette en place des mécanismes pour s'assurer de la qualité des services. [...] Engloutissant 1,6 milliard par année pour ce réseau à compter de 2005, « le ministre se doit de prendre action », implore M. Breton.
>
> Encore une fois, la précipitation du gouvernement à mettre en place un programme a tout fait déraper. Le personnel du ministère de la Famille « est si jeune qu'il ne connaît pas le milieu », dénonce le Vérificateur. En 20 mois, le taux de roulement est de 68 % et certains postes de gestion ont changé trois fois de titulaire en 12 mois.
>
> [...]
>
> Quant au programme de départs volontaires et de mises à la retraite : Mal conçu et mis en place dans la précipitation, le programme de départs volontaires qui a mis à

la retraite 37 000 employés de l'État il y a deux ans aura coûté 1,4 milliard de plus que ne le prévoyait le gouvernement Bouchard.

En permettant une telle hémorragie, non seulement le Québec n'a pas réalisé les économies escomptées, mais il a présidé à une perte importante d'expérience dans les réseaux de la santé et de l'éducation [...]. Québec prévoyait 16 500 départs, il y en a eu 37 000 (l'équivalent de 33 000 poste à temps plein). Comme l'engagement auprès des centrales syndicales limitait à 900 millions la ponction qui pouvait être pratiquée dans les surplus actuariels des caisses de retraite des employés, Québec a dû débourser 1,4 milliard de plus que prévu[1] (Lessard, 1999, p. B1).

Des mécanismes sont prévus pour assurer l'indépendance du Vérificateur général du Canada, tout comme, sans doute, celle de ses homologues d'autres pays ou d'autres niveaux de gouvernement — le GAO (*General Accounting Office*) aux États-Unis, par exemple. Ainsi, « [l]e Vérificateur général du Canada est nommé par le gouverneur en conseil pour une période de 10 ans » (Garant, 1995, p. 179). Il arrive souvent, aussi, qu'il ne puisse être révoqué que par un vote très majoritaire (les deux tiers par exemple) d'une assemblée législative, souvent la majorité nécessaire à sa nomination. C'est le cas notamment du Québec (Garant, 1995, p. 180).

Tournons-nous maintenant vers notre deuxième exemple d'institution législative de contrôle, soit le Protecteur du citoyen ou, dans son appellation originale, ombudsman. Précisons tout de suite que, comme dans le cas d'autres modes de contrôle, cette institution n'existe pas comme telle dans tous les pays. Par contre, il s'est toujours avéré prudent pour un gouvernement, même tyrannique, de savoir quelles sont les sources d'irritation ou d'insatisfaction d'une population dans ses interactions, au jour le jour, avec les représentants de l'État. L'idée d'avoir un point de chute pour recevoir les plaintes des citoyens est assez ancienne ; on en trouve des traces en Arabie Saoudite où un « officier de réclamation », appelé *Dinan El Mazalem*, recevait les plaintes, tout en n'étant cependant pas neutre vis-à-vis du souverain.

L'ombudsman est en réalité une institution d'origine scandinave qui relève directement de l'Assemblée législative d'un État. Au Québec, l'ombudsman est appelé Protecteur du citoyen ; l'article 13 de la loi qui l'a créé (LRQ-CP-32) stipule que :

> Le Protecteur du Citoyen fait enquête à la demande de toute personne chaque fois qu'il a raison de croire que dans l'exercice d'une fonction administrative, le titulaire

---

1. Bien sûr, le gouvernement s'est défendu en disant qu'il avait quand même globalement diminué les coûts de main-d'œuvre d'environ un milliard par année.

d'une fonction, d'un office ou d'un emploi relevant du gouvernement ou de l'un de ses ministères ou organisme a lésé cette personne.

L'Assemblée nationale du Québec nomme le Protecteur du citoyen pour une période de 10 ans. Sa candidature est faite sur une proposition du premier ministre et sa nomination est acceptée par un vote des deux tiers (le renvoi suit la même procédure). Lorsque le Protecteur du citoyen estime qu'un Québécois a été lésé dans ses droits, il mène une enquête, demande aux parties des explications et des justifications, cherche un terrain d'entente et recommande parfois le versement d'indemnités au citoyen lésé. Il dépose annuellement un rapport de ses activités devant l'Assemblée nationale (Baccigalupo, 1975).

Le Protecteur du citoyen du Québec a un champ de compétences limité; il ne peut pas agir en ce qui concerne l'administration publique fédérale, les municipalités, les établissements d'enseignement et de santé, les relations de travail des fonctionnaires, les actes du lieutenant-gouverneur et des tribunaux judiciaires, les cabinets des ministres, les questions de finances publiques, les questions reliées aux policiers et aux agents de la paix. Il ne peut agir non plus si d'autres recours sont plus appropriés ou s'il estime que la demande du citoyen est frivole ou de mauvaise foi. Bien que le Protecteur du citoyen ne détienne qu'un pouvoir de recommandation, son autorité morale suffit pour rendre son action très efficace et même efficiente, si l'on tient compte des procédures judiciaires traditionnelles coûteuses qui sont évitées grâce à lui. Malgré ses grandes qualités, le Protecteur du citoyen québécois, ainsi que d'autres ombudsman dans le monde, ne sont pas des institutions de défense du citoyen identiques à celles que nous pouvons rencontrer dans sa région d'origine, la Scandinavie.

En Suède, en effet, les champs où l'ombudsman est appelé traditionnellement à intervenir peuvent être quelque peu différents. Les domaines les plus nombreux « se rattachent au ministère public et à la police et concernent les arrestations injustifiées, des brutalités à l'égard de prévenus ou de délinquants [...]. Une deuxième catégorie importante d'affaires concerne les tribunaux; il s'agit par exemple de retards exagérés ». Une autre groupe de dossiers est celui relatif à « la prévoyance sociale, aux hôpitaux et principalement aux asiles psychiatriques, aux établissements spécialisés dans le traitement des alcooliques [...], à l'égard des enfants et des adolescents » (Holmgren, dans IBFSA, 1971, p. 362).

Au Québec, le Protecteur du citoyen ne peut porter une accusation contre un fonctionnaire. Dans certains cas, la plainte d'un citoyen doit obligatoirement être « parrainée » par un député qui sert de « filtre ».

En présentant un résumé de l'action du Protecteur du citoyen, Michel Barrette conclut : « Il s'agit d'un contrôle *a posteriori* qui porte surtout sur la légalité, mais aussi dans une certaine mesure sur l'opportunité d'actes administratifs [...] [Car] l'ombudsman n'examine pas que la légalité de l'action administrative, il évalue aussi son caractère raisonnable ou abusif, juste ou injuste, discriminatoire ou non ; il cherche également à retracer les erreurs et les excès de pouvoir discrétionnaire » (Barrette, 1992, p. 239). Par cette institution, on a voulu créer un moyen simple et facile d'accès pour limiter les erreurs administratives et, si possible, les corriger. En cela, l'ombudsman s'oppose aux formules plus lourdes et plus coûteuses, comme les démarches de nature légale :

> Souvent les recours à une juridiction engendreront des frais importants, surtout dans les pays n'ayant pas de tribunaux administratifs, dans lesquels les particuliers sont obligés de saisir les juridictions de droit commun. On connaît le dicton anglais : *English justice is open to everybody — like the Ritz Hotel.* [...] Nous juristes [...] avons tendance à négliger le facteur des frais judiciaires [...]. Je suppose que c'est pour les motifs que nous venons d'exposer qu'un certain nombre de pays ont commencé récemment à s'intéresser à une vieille institution suédoise, celle de l'ombudsman [...] (Holmgren, dans IBFSA, 1971, p. 362).

Par ailleurs, on pourrait dire de l'institution de l'ombudsman qu'elle a les défauts de ses qualités. Elle est flexible, mais elle n'entraîne pas un redressement obligatoire. L'ombudsman étant situé à l'extérieur de l'administration, « [i]l arrive que des agents de l'administration considèrent qu'en raison de son manque de familiarité avec certains domaines, l'ombudsman porte des jugements erronés sur certaines situations ou les considère d'un point de vue... pas assez pratique » (Holmgren, p. 363). Des remarques comme celle-là, et d'autres qui vont dans le même sens, ont mené des observateurs à conclure que l'institution de l'ombudsman a une fonction psychologique, au point de constituer, selon Alain Baccigalupo, un « courrier du cœur » entre l'administration et les administrés (voir Baccigalupo, 1972, 1975). Patrice Garant en arrive à une conclusion similaire : « C'est au plan de la psychologie des rapports entre Administration et administrés que nous serions tentés de souligner en premier lieu l'intérêt de contrôle de l'ombudsman [...]. De plus, la presse l'a secondé à plusieurs reprises, la publicité étant une arme efficace contre l'Administration » (Garant, 1995, p. 183).

Une autre question se pose, cette fois, quant à l'interprétation qu'il faut donner à la fréquence du recours aux services de l'ombudsman. Si on fait beaucoup appel à lui, est-ce parce qu'on est dans une véritable société de droit, démocratique, où chacun se sent libre d'interpeller l'autorité publique ? Ou est-ce plutôt à cause des nombreuses ratées des systèmes administratifs ? Il y a à cet égard des chiffres qu'on peut analyser, comparer. Il semble que le Protecteur québécois reçoive un assez grand nombre de plaintes (21 703 demandes en 1989-1990, 27 769 en 1993-1994, selon P. Garant, 1995, p. 183).

Au début de la présente revue sur le Protecteur du citoyen, on disait que cette institution n'existait pas partout, mais que les gouvernements, en général, prévoient un ou plusieurs endroits où les plaintes des citoyens sur l'administration peuvent se faire entendre. (Rappelons-nous la distinction, faite au chapitre 2, entre « structure » et « fonction » : une fonction peut prendre la forme de différentes structures.) C'est ainsi qu'il y a, au gouvernement fédéral par exemple, plusieurs institutions où, selon la nature de la plainte, les citoyens peuvent s'adresser. Ainsi, le gouvernement fédéral a institué un poste d'« ombudsman de détenus » (Garant, 1995, p, 185) ou encore une Commission des plaintes contre la GRC (p. 189). (Il y a au Québec un Commissaire à la déontologie policière (p. 188).) Aussi, toujours au niveau canadien, il y a un Commissaire à la protection de la vie privée, un autre qui aide les citoyens à avoir accès aux informations que l'administration publique fédérale détient dans ses banques de données et un Commissaire aux langues officielles voit à ce que l'anglais et le français soient en position d'égalité formelle au sein des institutions fédérales.

Dans la section suivante, on se penche sur les contrôles de type judiciaire. Ainsi, nous passons d'un mode de contrôle assez souple à un mode de contrôle plus lourd, même si, là aussi, on a tenté d'alléger les procédures. En même temps, on passe d'un mode de contrôle basé sur la bonne volonté des parties (du moins, au Québec) à un mode beaucoup plus contraignant.

B) Le contrôle judiciaire et quasi judiciaire

Il faut classer le contrôle judiciaire ou quasi judiciaire, surtout le premier, parmi les modes les plus formels du contrôle de l'administration publique, même si, par l'instauration de nombreux tribunaux administratifs, on a tenté d'alléger les processus de contestation.

D'abord, il faut dire que « [d]ans le déroulement général de l'action administrative, le rôle des institutions juridictionnelles est nécessairement épisodique et marginal [...] [Car] [l]e processus administratif n'est pas, et ne pourrait être, une succession de conflits contentieux. La mission des autorités publiques est de gouverner et d'administrer ; si leurs actes ou décisions étaient sans restriction susceptibles d'une révision par un organe judiciaire indépendant, le travail de l'administration pourrait être entièrement entravé» (De Smith, dans IBFSA, 1971, p. 350).

Dans tous les pays développés, on a créé des entités chargées de rendre des décisions susceptibles d'affecter les droits et les intérêts d'individus et de personnes morales (compagnies, sociétés commerciales). Ces entités ont différentes appellations : commission, régie, tribunal, bureau, agence par exemple, et des fonctions diverses : octroyer des permis, superviser des opérations financières, fixer des prix et des quotas, recevoir des plaintes, trancher des litiges divers ; il peut même y en avoir dont la fonction essentielle est de recevoir les appels d'autres entités (souvent des tribunaux administratifs). Ces organismes, qu'on appelle de façon générique des tribunaux quasi judiciaires ont été créés essentiellement pour deux raisons. D'abord, comme ils ont des tâches spécifiques et spécialisées, ils peuvent facilement être détachés de leur ministère d'origine. Deuxièmement, en les séparant de leur ministère, on leur accorde une certaine neutralité politique, en leur garantissant une indépendance vis-à-vis du pouvoir politique et du ministre. Dans des pays comme le Canada, la Grande-Bretagne ou les États-Unis, il y a un manque de cohésion et d'unité dans le fonctionnement concret de ces organismes, car ils ont été créés peu à peu, en réponse à des demandes variées ; ils se sont accumulés, pêle-mêle, avec des procédures différentes et une jurisprudence très disparate. Sans compter que les individus qui sont nommés pour en être les responsables, les commissaires par exemple, ne sont pas toujours choisis sur une base rigoureuse, certains étant sélectionnés sur une base politique ou partisane (Inwood, 1999, p. 180). La qualité des décisions de ces organismes n'a jamais été réellement évaluée, sauf quand il y a une contestation de la décision devant un tribunal ordinaire.

Pour donner un ordre de grandeur de l'étendue de ces tribunaux administratifs, disons qu'il y en avait environ 200 au Québec et environ 2000 en Angleterre au début des années 1970 (De Smith, dans IBFSA, 1971, p. 351). Depuis quelques années au Québec, on a cherché à les regrouper, notamment dans le Tribunal administratif du Québec.

Il ne faut pas confondre ces tribunaux administratifs, ces *independant regulatory agencies* comme on les appelle aux États-Unis, pays d'origine de ces institutions, avec les *executive agencies* d'inspiration britannique, qui sont, elles, des organes spécifiquement exécutifs, chargés de gérer avec efficacité un secteur particulier, la santé par exemple.

Un des meilleurs exemples que l'on puisse donner des tribunaux administratifs canadiens est sans doute le CRTC au Canada (Conseil de la radiodiffusion et des télécommunications canadiennes). Pour avoir le droit d'exploiter un poste de radio, par exemple, il faut obtenir un permis d'exploitation, qui est accordé, souvent avec des conditions, pour une période donnée après laquelle il faut renouveler la demande. Les commissaires du CRTC « siègent » un peu comme des juges, et accordent ou non ce qui est demandé, c'est-à-dire un droit d'exploitation. On comprendra qu'étant donné l'importance des médias dans la vie politique, on ait voulu séparer cette opération (accorder des permis d'exploitation) des activités ordinaires d'un ministère régulier, pour enlever l'impression que le permis était accordé sur une base politique. Comme le veut le dicton : « justice ne doit pas seulement être faite, mais paraître être faite ».

Dans d'autres cas, le désir de rendre justice dans un laps de temps raisonnable et de réduire la lourdeur des procédures a été le motif principal de la création d'une instance décisionnelle de nature quasi judiciaire. Dans le domaine de l'environnement, au Japon et aux États-Unis notamment, on a décidé d'instituer des tribunaux administratifs pour les victimes de désastres environnementaux. Les procédures y sont simplifiées, accélérées. Au Japon par exemple, s'il y a un accident environnemental dans une zone géographique déterminée, qu'on a un certain type de maladie ou de problème de santé et qu'on est situé dans une zone désignée au préalable, *on n'a pas à prouver un lien causal* entre l'accident et le problème physique. Parfois, les firmes susceptibles d'engendrer de tels maux paient une taxe d'où sera puisé le montant de l'indemnisation. Parfois, cette procédure est combinée avec le principe « pollueur-payeur », où l'entreprise fautive est appelée à payer dans le cas où elle est à l'origine de la pollution. Ce genre de tribunal administratif a été proposé en Inde où, suite à l'accident écologique de Bhopal en 1984, les nombreuses victimes n'ont toujours pas été dédommagées par la Union Carbide. Dans cette affaire, plus de 50 % des sommes dépensées à la suite de l'accident couvrent des frais d'avocats (Cassels, 1993, p. 258 et suivantes).

Dans les paragraphes qui vont suivre, nous regarderons plus spécifiquement les aspects juridiques des tribunaux quasi judiciaires, en opposant les pays dits « de droit administratif » (dualité juridictionnelle) aux pays dits « d'unité de juridiction ». Précisons que, dans les deux cas, on a dans les faits des « tribunaux administratifs » ; la différence entre les deux systèmes tient, entre autres, à leur statut en ce qui concerne le droit d'en appeler de leurs décisions.

Le principe de la séparation des pouvoirs implique donc qu'un contrôle judiciaire de l'exécutif et, par le fait même de l'administration publique, s'ajoute aux contrôles exercés par l'exécutif et le législatif. Dans certains pays, le contrôle judiciaire sur l'administration publique est effectué par des tribunaux différents et indépendants des tribunaux ordinaires, à savoir les tribunaux administratifs.

Ces pays sont souvent désignés par l'expression « pays de droit administratif » (ou de « dualité de juridiction ») parce qu'un citoyen lésé par une décision administrative doit recourir aux tribunaux administratifs et non aux tribunaux de droit commun pour voir son litige réglé et ce, dès la première instance. Il y a donc là deux juridictions séparées. On rencontre plusieurs pays de droit administratif sur le continent européen : la France et l'Allemagne notamment.

Les pays de tradition britannique, quant à eux, sont des pays dits « d'unité de juridiction », car l'administration publique est en principe soumise au contrôle judiciaire des tribunaux ordinaires. Pour des raisons de spécialisation, d'efficacité et de rapidité, il existe aussi dans ces pays, on l'a vu, des tribunaux administratifs.

Mais les tribunaux administratifs des pays d'unité de juridiction peuvent voir leur jugement révisé par les tribunaux de droit commun en raison, entre autres, de l'existence de la *rule of law* dans la tradition juridique britannique. La *rule of law* (ou « principe de la légalité », « principe du règne du droit » ou « primauté du droit ») affirme que nul n'est au-dessus de la loi, pas même l'exécutif ni l'administration publique. La *rule of law* témoigne de l'effort accompli par les premiers parlementaires britanniques pour soumettre le roi aux lois édictées par le Parlement, en mettant ce principe au-dessus du principe rival : *The King can do no wrong.*

Pour Dicey, trois normes caractérisent la *rule of law*. Dans un premier temps, il doit y avoir absence de pouvoir arbitraire à l'intérieur de l'administration publique, puisqu'un tel pouvoir lui permettrait d'agir à sa guise. Il ne faut pas confondre ce pouvoir avec le pouvoir discrétionnaire ou le pouvoir réglementaire : ces deux dernières formes de pouvoir laissent une marge de manœuvre à l'administration publique dans les limites prescrites par la loi qui octroie l'un ou l'autre de ces pouvoirs. Un administrateur détient un pouvoir discrétionnaire d'une loi cadre ou d'une règle de droit qui décrit les circonstances dans lesquelles cet administrateur pourra user de sa discrétion, alors qu'un administrateur qui userait d'un pouvoir arbitraire ne serait légitimé par aucune règle de droit. Le pouvoir discrétionnaire est donc en accord avec la *rule of law* lorsqu'il est exercé dans le respect des limites imposées par la loi dans laquelle il prend sa source. Il doit aussi respecter les normes de procédure et un minimum d'équité (*duty to act fairly*) auquel a droit la personne qui est visée par une décision prise en vertu d'un pouvoir discrétionnaire. De plus, le pouvoir discrétionnaire de l'administration publique doit respecter les règles de la justice naturelle, à savoir :

1. *Audi alteram partem* (« écoute l'autre partie ») : l'administré dont les droits sont affectés a le droit de se faire entendre pour faire valoir sa défense ou son point de vue ;

2. *Nemo judex in sua causa* (« nul ne peut être juge dans sa propre cause ») : l'administré a le droit d'être traité avec impartialité et sans préjugé.

Ensuite, une autre caractéristique de la *rule of law* affirme que tous, sans exception, sont soumis au droit ordinaire administré par les tribunaux ordinaires. Par conséquent, la seule hiérarchie de tribunaux qui doit exister est la hiérarchie des tribunaux ordinaires. Alors, comment les pays soumis à la *rule of law* peuvent-ils se doter de tribunaux administratifs qui relèvent exclusivement de l'exécutif ? Ces tribunaux sont en principe soumis au contrôle des tribunaux ordinaires. Et en ce qui concerne les clauses privatives d'appel que l'on retrouve souvent dans les lois créatrices de tribunaux administratifs au Québec, clauses qui stipulent que la décision d'un tribunal administratif est finale et sans appel (ce qui empêche le citoyen de poursuivre l'administration publique devant les tribunaux ordinaires), elles sont en général inopérantes lorsque la décision rendue par le tribunal administratif :

1. l'a été par un tribunal qui a outrepassé le mandat pour lequel il a été créé ;

2. n'a pas respecté les règles de justice naturelle (*audi alteram partem* et *nemo judex in sua causa*) car la justice doit non seulement être faite, elle doit paraître être faite ;

3. n'a pas respecté les normes (procédurales) et/ou un minimum d'équité (*duty act to fairly*).

À noter que les décisions rendues par les tribunaux administratifs ou par l'administration publique en vertu de ses pouvoirs discrétionnaires ou réglementaires sont également soumises au contrôle de constitutionnalité (Dicey, cité dans Brun et Tremblay, 1985, p. 505-506).

La question qu'on peut maintenant se poser est de savoir ce que le tribunal qui reçoit l'appel fait de la demande. D'abord, il faut préciser qu'il peut refuser d'entendre l'appel. S'il le reçoit et le juge au mérite, on peut lui demander, et il peut accepter, de faire différentes choses. Il peut tout simplement annuler la décision, en ajoutant parfois la recommandation que l'autorité quasi judiciaire recommence le processus, comme cela peut arriver s'il y a eu un vice de forme (on n'a pas écouté l'autre partie — *audi alteram partem* —, par exemple). Le tribunal (ordinaire) peut aussi ordonner à l'organisme quasi judiciaire de prendre telle ou telle action, ou décider d'une compensation à accorder à l'individu ou l'entreprise affectée (Inwood, 1999, p. 123). Précisons toutefois que l'esprit du droit anglais, pour certains, conduit à une simple annulation plutôt qu'à la substitution de leur décision à celle du tribunal administratif.

On peut trouver à différents endroits la liste des actions plus formelles que peut ordonner un tribunal suite à la requête d'un citoyen (Inwood, 1999, p. 184 ; Garant, 1995, p. 267-287). Barrette écrit à propos de ces divers recours (1992, p. 244) :

> L'*habeas corpus* peut être invoqué en matière criminelle ou parfois administrative (immigration par exemple) : le justiciable peut alors faire déclarer illégale sa détention par décision judiciaire. Un citoyen peut aussi obtenir de la cour un jugement déclaratoire par lequel, dans certaines conditions, le tribunal peut affirmer l'existence d'un droit, d'un pouvoir ou d'une obligation. Plus directement reliés au contrôle et à la surveillance de l'administration sont les recours en évocation, en *quo warranto* et le *madamus*. L'évocation est une ordonnance qui peut viser à empêcher une administration de dépasser sa juridiction avant qu'un jugement soit connu ou encore à casser la décision d'un organisme qui aurait rendu une décision illégale. Le *quo warranto* oblige une autorité administrative à démontrer devant le tribunal qu'elle détient les attributions légales pour accomplir une tâche. Enfin, le *mandamus* est une ordonnance d'un tribunal pour obliger un organisme ou un fonctionnaire à accomplir un acte de sa compétence ou à s'en abstenir. Voilà, brièvement évoqués, certains des principaux moyens de contrôle judiciaire de l'administration au Québec.

7.2.3 Les autres types de contrôle

Nous passons maintenant des contrôles judiciaires et quasi judiciaires, par définition formels, à une catégorie de contrôles assez différents les uns des autres. Nous commencerons par le recours à ce qu'on peut appeler, de façon générale, les « chartes », qui constituent également un recours judiciaire.

A) Les chartes des droits et libertés

L'avènement de chartes proclamant les droits et libertés des individus a donné lieu, dans plusieurs États, à la création de diverses commissions ou bureaux chargés de veiller sur les droits fondamentaux des citoyens. Ces organismes de surveillance sont parfois appelés à examiner des situations discriminatoires à l'intérieur des administrations publiques. Au Canada, on peut considérer la Commission canadienne des droits de la personne (un tribunal quasi judiciaire) comme un organisme de contrôle de l'administration publique fédérale car « [e]elle est habilitée à régler les cas de discrimination survenant dans les ministères et organismes fédéraux, les sociétés de la Couronne et les institutions ou entreprises sous l'autorité législative du Parlement fédéral » (Garant, 1995, p. 175).

Le Québec s'est donné lui aussi des organismes de protection du citoyen en créant, par exemple, la Commission des droits de la personne (un autre tribunal quasi judiciaire). On a vu, dans la section précédente, comment les gouvernements au Canada avaient créé des organismes particuliers pour entendre les plaintes des citoyens sur, par exemple, le comportement des membres des corps policiers.

Pour revenir, de façon générale, aux chartes des droits, on peut ajouter qu'elles ont été adoptées dans un très grand nombre de pays, se modelant plus ou moins sur la Déclaration universelle des droits de l'homme adoptée par l'ONU en 1948. Comme dans le cas du Canada, elles contiennent souvent des dispositions contre l'arbitraire de l'État et de ses agents. Il s'agit là essentiellement d'un contrôle *a posteriori*, sauf, par exemple, si un projet de loi est examiné quant à sa conformité avec une charte des droits et libertés avant d'être officiellement adopté et mis en vigueur.

B) L'imputabilité

Le régime parlementaire de type britannique est caractérisé, entre autres, par la responsabilité ministérielle, principe selon lequel un ministre est entièrement et seul responsable des actes de ses fonctionnaires devant le Parlement. Cependant, avec l'ampleur des effectifs des administrations publiques modernes, la responsabilité ministérielle appliquée à la lettre devient, comme on l'a dit plus haut, quasiment insupportable pour un ministre : comment peut-il être informé des actes que pose l'un des nombreux fonctionnaires qui lui sont subordonnés ?

Un autre principe développé surtout aux États-Unis a été établi pour responsabiliser le fonctionnaire : l'imputabilité. Ce principe, on l'a vu, veut que le fonctionnaire soit obligé de rendre des comptes à ses supérieurs et aussi, éventuellement au Parlement et à l'exécutif. Un tel principe appliqué en régime parlementaire britannique est susceptible d'alléger le fardeau de responsabilités qui incombe au ministre et de conscientiser davantage le fonctionnaire sur les répercussions que peut avoir, sur lui-même et sur le citoyen, chacun de ses actes. Bien sûr, l'imputabilité va de pair avec une délégation d'autorité et une certaine décentralisation.

Néanmoins, la responsabilité ministérielle constituant un contrôle du législatif sur l'exécutif en régime parlementaire britannique, il n'est pas sûr que les modifications qu'elle subirait avec l'adoption de l'imputabilité seraient sans impact grave sur le système politique : est-ce que la tâche des parlementaires ne serait pas plus compliquée lorsque ceux-ci ont des reproches à adresser à l'administration publique ? À qui d'ailleurs adresser les reproches ? Les députés, ayant déjà du mal dans leurs démêlés avec les ministres lorsque l'administration publique a mal fait son travail, ne risquent-ils pas de se perdre davantage dans les dédales administratifs ? Et si le ministre n'est pas responsable des erreurs de ses fonctionnaires « imputables », n'est-il pas ainsi « irresponsable » des actions de son ministère, une position à la limite intenable.

Dans une analyse détaillée de la question de l'imputabilité, Maurice Patry (1992), de l'École nationale d'administration publique, présente les arguments de ceux qui défendent son application au Canada, et les arguments de ceux qui soutiennent qu'elle est fondamentalement étrangère à notre système de gouvernement, en particulier en raison de l'existence du principe de la responsabilité ministérielle.

Outre les arguments que nous avons déjà mentionnés, les partisans de l'imputabilité rappelleront qu'historiquement la responsabilité ministérielle avait été pensée pour des actes politiques, et non administratifs, et que les ministres étaient responsables devant le Parlement des conseils politiques qu'ils donnaient au roi, et non des actes administratifs. Ce n'est que plus tard, au début du XIXe siècle, que devant la prolifération des organismes indépendants, on a décidé de les réunir sous la responsabilité de ministres, pour avoir des responsables devant le législateur. Mais, à l'origine, la responsabilité ministérielle *n'a pas été pensée* pour les actes administratifs (Patry, 1992, p. 340-341).

De leur côté, les partisans du maintien intégral du principe de la responsabilité ministérielle au Canada font remarquer qu'il n'est pas toujours facile, comme on l'a montré indirectement précédemment, de distinguer le politique de l'administratif, afin de rendre le haut fonctionnaire responsable du second mais pas du premier ; sans compter qu'un sous-ministre, « appelé à témoigner de la qualité de sa gestion devant une commission parlementaire, peut facilement se voir coincé dans une situation où il serait amené à mettre en cause la décision du ministre » (Patry, p. 342). Il y a, parmi ceux qui défendent la responsabilité ministérielle, une certaine conception du travail d'équipe, de la nécessaire cohésion entre le ministre et ses hauts fonctionnaires, et même, plus profondément, une appréciation de la fragilité des relations humaines, et de leur mise en péril si chacun devait, à l'américaine, « défendre sa peau », et uniquement *sa* peau, devant des comités de législateurs agressifs en quête de coupables.

D'ailleurs, dans le cas des sous-ministres, un régime d'imputabilité ne se situerait pas réellement au niveau du Parlement puisque, comme le souligne Maurice Patry, « [le] sous-ministre se situe au confluent de trois grands courants d'imputabilité : celui envers son ministre, celui envers les organismes centraux et celui envers le Premier ministre et le secrétaire général du gouvernement» (p. 338).

Pour conclure, on peut dire que tant qu'on a affaire à une imputabilité *interne*, et tant que les fonctionnaires rendent compte à leurs supérieurs et à leur ministre, il n'y a pas de problème, l'imputabilité devenant de plus en plus fréquente et acceptée (Patry, p. 340). Dans ce dernier cas, on peut la voir comme une extension du contrôle hiérarchique. Par contre, pour l'imputabilité *externe*, celle du fonctionnaire devant le Parlement, «les opinions sont nettement plus tranchées et le débat met en opposition deux écoles de pensée dont les positions sont pour le moins inconciliables» (Patry, p. 340).

C) Les organismes de consultation et de participation des citoyens

Les organismes de consultation et de participation des citoyens, même si on tente parfois d'en assouplir les modalités, demeurent des mécanismes assez formels de contrôle du gouvernement et de l'administration. Sous-ministre actuel (1999-2001) de la Justice, et professeur à l'ENAP, Louis Borgeat en traçait avec ses collègues en 1982 un portrait global, qui est encore valable aujourd'hui :

Parmi les fonctions qui incombent au gouvernement d'un pays démocratique, celle de consultation ne saurait être remplie totalement à l'intérieur des cadres de l'administration centrale. Même si les commissions de recherche et d'enquête, les commissions parlementaires, les tournées ministérielles et les sondages d'opinion constituent des instruments spécialisés de consultation, celle-ci ne peut être en fait exercée dans toute sa plénitude qu'au moyen d'une structure favorisant la participation directe et indépendante des individus et des groupes. La réalisation des objectifs de la consultation passe inévitablement par les voies de la représentativité. Le désir d'établir entre l'administration et la population un contact qui soit le plus direct possible et qui puisse renseigner le gouvernement sur l'impact véritable de sa politique influence grandement la composition des organismes consultatifs. Présentement au nombre de 62 (au Québec), ils recrutent leurs membres généralement à l'extérieur du personnel des ministères, parmi les groupes d'intérêts directement concernés par le domaine en cause.

Une fois assurées, par diverses techniques de nomination, la représentation des groupes intéressés et l'indépendance des membres des conseils et comités consultatifs, il reste à munir ces organismes des pouvoirs nécessaires à leur bon fonctionnement. Comme il n'entre pas dans leurs activités normales de réglementer un domaine précis d'activité ou d'opérer l'exploitation ou la distribution de biens et services, on ne leur reconnaît presque jamais la personnalité juridique, bien que ceux dont la nature est principalement politique soient généralement constitués par une loi spéciale. Bien qu'il existe des cas où le ministre responsable d'un conseil est tenu de consulter celui-ci avant d'agir, notamment avant de soumettre une réglementation à l'adoption du gouvernement — ce qui démontre l'importance alors accordée à l'organisme — le plus souvent le rôle de ces organismes se résume simplement à fournir des avis et à alimenter le gouvernement ou divers ministères en renseignements et suggestions sur certains domaines précis d'activité. Ils détiennent fréquemment à cette fin un pouvoir d'enquête et de recherche, et peuvent entreprendre des études, solliciter les opinions du public, former des comités techniques composés d'experts, recevoir des propositions et des recommandations et produire des rapports techniques. Il arrive bien, dans certains cas, que le ministre responsable puisse déterminer et orienter le sens des recherches de ces organismes et leur indiquer des sujets prioritaires ; mais dans ce cas, la loi organique des conseils prévoit que les recommandations de ces organismes doivent être rendues publiques (Borgeat, Dussault et Ouellet, 1982, p. 63-64).

D) L'information et le droit à l'information

Outre une participation plus active des citoyens au processus de prise de décision à l'intérieur de l'administration publique, la qualité des informations qu'ils obtiennent de celle-ci est un autre aspect important des relations administration publique-administrés. Il y a en réalité deux aspects à ce droit à l'information. On peut le regarder sous un angle légal, formel, puis sur un plan plus informel.

Sur un plan formel, il y a les lois d'accès à l'information que se sont données divers États. Parfois, il y a des commissions d'accès à l'information qui peuvent se rapporter directement au pouvoir législatif. On peut y voir deux aspects différents : d'abord, connaître l'information que possède l'État sur soi-même et, deuxièmement, accéder, dans le respect de certaines limites, à l'information générale dont dispose l'État et qui peut être consignée par écrit. Voici des exemples de limites au droit à l'information : quand il s'agit d'une question de sécurité ; quand la divulgation nuirait à une négociation ou à un travail collectif en cours de réalisation, en empêchant les points de vue francs de s'exprimer ; ou encore quand son propre droit à l'information est limité par le *droit à la confidentialité* de quelqu'un d'autre.

Il y a aussi, comme on le disait plus tôt, un volet plus informel de l'accessibilité à l'information. Parmi les solutions prises en considération pour améliorer l'information aux citoyens, se trouve le guichet unique. Le guichet unique consiste à diriger les demandes des citoyens vers un seul endroit ou un seul numéro de téléphone où un personnel qualifié pourra répondre à la plupart des questions courantes posées à l'administration publique et diriger les appels exigeant des réponses plus précises vers les organismes spécialisés (on peut souvent obliger le fonctionnaire qui répond à un citoyen à se nommer). Pour que le guichet unique fonctionne bien, il faut que l'information à l'intérieur de l'administration publique circule pour le mieux. Et pour répondre à cette condition, il faut parfois procéder à des réformes structurelles. L'informatique a déjà beaucoup amélioré la situation.

Une amélioration positive de l'information sur l'administration publique peut se retrouver dans l'augmentation en quantité et en qualité des publications gouvernementales (brochures, dépliants, rapports, sites Internet, etc.). Si ces publications ont parfois tendance à adopter un point de vue favorable à l'administration publique, les médias sont généralement prompts à donner une autre version des faits. D'ailleurs, il ne faut pas sous-estimer le rôle des médias tant dans l'éducation politique des citoyens qu'au niveau du contrôle de l'administration publique. Ils sont souvent la meilleure voie par laquelle l'administration publique peut connaître l'état de l'opinion publique à son endroit.

E) Le contrôle par le marché

Dans la foulée du nouveau management public et de la privatisation, entre les années 1980 et 2000, le marché a été vu comme un moyen de contrôle de l'administration publique ; pour certains, il a même été considéré comme le meilleur, pour ne pas dire le seul. Dans le cadre des alternatives que A.O. Hirschman présente dans *Exit, Voice and Loyalty*, c'est le *exit*, c'est-à-dire l'indication de son insatisfaction par le non-achat du bien ou du service (ou le *Voting with your feet* : quitter la municipalité qui vous taxe indûment, par exemple) qui est privilégié. Mais précisons que ce type de contrôle ne peut exister que lorsque les conditions d'un marché sont réunies : présence d'acheteurs, d'un prix, etc.

Il faut voir le marché ici de façon assez large et y inclure des techniques de mesure de la performance qui vont un peu au-delà du marché comme tel. Dans cet esprit, Phillip J. Cooper décompose le contrôle de l'administration publique par le marché en quatre dimensions distinctes :

> L'efficacité économique est le postulat d'où découle la notion d'imputabilité-marché. Ce postulat se présente sous des formes diverses dont la première est la simple notion de coût. Ce qui coûte moins cher est préférable à ce qui coûte plus cher. [...]

> La deuxième forme est celle du rapport coût-bénéfice. L'action du gouvernement n'est acceptable en termes de marché que si, et seulement si, elle dégage un rapport coût-bénéfice favorable. Malheureusement, de telles évaluations procèdent de calculs relativement simplistes en vertu desquels les coûts sont surévalués (étant plus faciles à calculer) et les bénéfices sous-évalués... [...]

> Le troisième visage de cette approche est celui des normes de performance, qui mesurent l'efficacité à partir d'un modèle intrants-extrants selon lequel les extrants prennent une importance particulière. La plupart du temps, en effet, l'accent est placé sur les extrants quantifiables. [...]

Quatrièmement, l'imputabilité-marché peut être fondée sur la satisfaction des clients. On présume alors que le devoir d'imputabilité est accompli si les clients reçoivent, à un prix acceptable, des services suffisants. Le citoyen est alors défini comme client ou consommateur (Cooper, 1995, p. 166-167).

Il ne faudrait pas croire que ces diverses mesures de contrôle inspirées du marché vont toutes connaître une expansion ininterrompue car, comme le conclut P.J. Cooper, « [i]l est cependant peu probable que les régimes politiques abandonnent complètement leurs valeurs juridiques et politiques aux lois du marché » (p. 166). Les mesures de type marché ont donc pris une place, mais une seule, parmi les divers types de contrôle de l'administration publique.

F) Quelques exemples additionnels

Il existe théoriquement un nombre presque infini de moyens pour prévenir ou réparer les abus de l'administration, surtout si l'on tient compte des processus informels de contrôle de l'administration. Faisons un bref tour d'horizon de quelques-uns d'entre eux.

Les deux moyens que nous allons voir peuvent être considérés comme des contrôles autant du gouvernement en général que de l'administration publique.

Dans les années 1970, un mécanisme de contrôle de l'administration publique est apparu aux États-Unis. Dans ce pays, comme dans plusieurs autres, les lois et les règlements sont trop abondants pour que le citoyen puisse s'y retrouver. Afin de réviser la réglementation de manière systématique, la *sunset legislation* (ou « clause crépusculaire ») limite une législation dans le temps, c'est-à-dire qu'une loi ou un règlement devient invalide à une date prédéterminée par le législateur suite à son adoption, à moins que celui-ci ne la renouvelle explicitement par un acte de même nature. La loi ou le règlement est comme le soleil : on sait à quelle heure il se lève (adoption de la loi) et on sait à quelle heure il se couche (invalidité de la loi à une échéance fixe) ; cependant, si le soleil se lève de lui-même le lendemain, la loi qui est rendue à échéance doit, par contre, être présentée à nouveau au législateur pour qu'il y ait un débat sur son renouvellement ; si elle n'est pas représentée au législateur, elle devient alors automatiquement invalide ou caduque. Tout ceci peut amener un encombrement législatif, car il y a augmentation des lois à voter et à examiner. Il faut placer ce type de contrôle dans la foulée plus générale du *limiting government*, surtout présent aux États-Unis, et dont font partie les déréglementations et les lois interdisant les déficits ainsi que les organismes créés pour débureaucratiser d'autres bureaucraties.

La procédure du *référendum*, de type américain surtout, vise à soumettre une dépense ou une action administrative (ou gouvernementale) à une sorte de contrôle populaire. Cette procédure est souvent utilisée en matière financière, notamment lorsqu'il s'agit pour un gouvernement, municipal par exemple, d'effectuer un emprunt important.

Il existe toute une panoplie d'autres techniques de contrôle. On a déjà fait allusion aux médias et à l'opinion publique, moyens puissants même s'ils ne sont pas officiels. On pourrait ajouter l'intervention extra-parlementaire du député, qui sert souvent d'intermédiaire entre ses électeurs et l'administration publique.

7.3 CONCLUSION

Le tableau 7-A résume la situation des contrôles exercés sur l'administration publique, en s'inspirant largement du cas du Québec. Par contre, il est difficile de dégager des tendances générales en cette matière, tendances qui s'appliqueraient ici et dans un grand nombre de pays. Même au sein des pays développés, les seuls qu'on ait examinés ici, les tendances sont différentes et même parfois opposées. Ici, la judiciarisation s'accentue, ailleurs on essaie de la limiter. En effet, certaines tendances vont en sens contraire. Ainsi, on oppose les contrôles de type judiciaire ou quasi judiciaire, nécessairement formels, aux contrôles inspirés du nouveau management public, plus souples. Il est certain que les contrôles plus formels connaissent une popularité grandissante grâce aux chartes des droits fondamentaux. On avait annoncé, il y a déjà longtemps, une certaine « déjudiciarisation »… mais elle tarde à venir ! Les avocats ont même réussi à s'imposer dans des procédures qui visaient justement… à se passer d'eux ! Et même, dans certains pays moins avancés, le nouveau management public a eu pour résultat paradoxal d'encourager les citoyens à entamer des procédures légales contre l'administration, ce qui n'était pas réellement le but recherché.

En même temps, se propagent également des techniques liées au marché, réputées beaucoup plus souples et qui répondent peut-être à « une crise des contrôles classiques » et au vœu, exprimé durant les années 1970, de « repenser le problème en fonction des données actuelles et d'une nouvelle philosophie » (IBFSA, 1971, p. 328). Parfois, une nouvelle façon de voir entraînera non pas l'application des règles du marché mais plutôt la discipline de l'évaluation, qui devient de plus en plus répandue tout au long des années 1970-2000.

— TABLEAU 7-A —

Les différents contrôles exercés sur l'administration publique

Pouvoirs	Contrôles	Type de contrôle	A priori / a posteriori
Législatif	Processus budgétaire dans son ensemble	régularité avant tout	a priori
	Commissions parlementaires	régularité rentabilité opportunité efficacité[a]	a priori/ a posteriori
	Vérificateur général au Canada (General Accounting Office aux États-Unis)	régularité rentabilité opportunité efficacité[b]	a posteriori
	Ombudsman	régularité opportunité (plus rare)	a posteriori
Législatif et Exécutif	Responsabilité ministérielle	régularité rentabilité opportunité efficacité	a priori / a posteriori
Exécutif	Conseil du Trésor	rentabilité opportunité efficacité	a priori
Administratif	Autorité hiérarchique	a des effets sur chacun des types de contrôle	a priori/ a posteriori
	Imputabilité	rentabilité efficacité	a posteriori
	Contrôleur des Finances	régularité	a priori
	Tribunaux administratifs	régularité et autres aspects[c]	a posteriori
Judiciaire	Tribunaux ordinaires	régularité	a posteriori

a. Le principe de la souveraineté du législatif fait en sorte qu'il peut contrôler n'importe quel aspect.
b. Étant une extension du législatif, il peut exercer plusieurs types de contrôle. Il peut varier entre gouvernements.
c. Théoriquement, le tribunal administratif se penche plus souvent sur le fond que ce n'est le cas pour le tribunal ordinaire.

Malgré l'abondance des recours, il reste des zones d'ombre dans le contrôle de l'administration publique. Les citoyens ont peu de contrôle sur la haute fonction publique, par exemple. Sur le plan des finances publiques, il arrive, par ailleurs, que le Parlement vote sur la nature d'une dépense, sans qu'il puisse en contrôler l'importance en termes quantitatifs.

S'il est difficile d'identifier les tendances « gagnantes », il est peut-être plus facile, par contre, de déterminer les modes de contrôle qui, du moins dans les discours, perdent du crédit depuis vingt ans. Il y a en effet « [une] conviction désormais acquise chez les gouvernements que l'accroissement de la productivité des services publics ne peut plus venir d'une normalisation encore plus serrée des actes administratifs » (Patry, 1992, p. 327). On peut supposer que l'accroissement de la productivité est un terme qui peut s'étendre aux autres aspects de l'activité administrative. Dans le même esprit, « il semble se dessiner au fédéral une volonté marquée de restreindre la réglementation centrale » (p. 345). Il faut ajouter que ce que les organismes centraux ont peut-être perdu en tant que créateurs de normes standardisées, ils l'ont probablement gagné en termes de contrôles financiers — du moins quant aux résultats financiers.

Nous terminerons sur quelques paradoxes. Le premier, c'est qu'un très grand nombre de recours peut créer une certaine confusion chez le justiciable quant à l'endroit où il doit s'adresser : c'est là l'envers de la variété des recours disponibles. Deuxièmement, il faut dire que certains services gouvernementaux sont conçus pour donner seulement un minimum de confort ou de satisfaction : ainsi, les prisons n'ont certainement pas pour fonction de « satisfaire » à tous les points de vue ceux qui purgent une peine. On pourrait dire aussi que les bureaux de l'aide sociale ne sont pas pensés dans le but que les gens qui y vont aient le goût d'y retourner : il s'agit là sans doute d'une sorte de contrôle social subtil qu'il est difficile d'analyser avec les notions de satisfaction de la clientèle, chère au nouveau management public.

Dans le chapitre 8, nous examinerons d'autres aspects de la relation entre la fonction publique, d'une part, et les citoyens, la société civile et le niveau politique, de l'autre.

Chapitre 8

L'ENVIRONNEMENT SOCIO-POLITIQUE ET LES IDÉES POLITIQUES

Dans le chapitre 7, nous avons examiné comment on pouvait tenter de contrôler l'administration publique, surtout en ce qui concerne les effets concrets des décisions de la fonction publique sur les citoyens et les droits de ceux-ci. Dans le présent chapitre, la perspective est sensiblement plus large : il s'agit, en effet, de regarder l'interaction entre l'administration publique et son environnement, au-delà des questions juridiques et, dans un deuxième temps, de déterminer la place qu'elle occupe dans certains courants d'idées politiques. Nous aborderons donc ici des questions comme la position sociale du fonctionnaire, son interaction avec les trois grands pouvoirs (exécutif, législatif, judiciaire), les partis politiques, les groupes de pression, la neutralité du fonctionnaire, les questions d'éthique et, enfin, la place de l'administration dans le cadre de certains courants de pensée politique. Il s'agit, en somme, de voir comment la société pénètre l'administration publique de façon informelle, par les gens, les valeurs, les idées. Ainsi, au-delà des questions juridiques, comment les fonctionnaires réussissent-ils à influencer les pouvoirs auxquels ils sont subordonnés ? Au niveau des valeurs et des idées, quelles sont les valeurs fondamentales des administrations publiques occidentales, et comment ces valeurs ont-elles été modifiées par le courant de privatisation des années 1980-2000 ? La réponse à cette dernière question nous amènera à accorder une attention toute particulière aux idées et aux concepts du mouvement du *Public Choice*.

L'administration publique est donc une institution et une organisation qui fait partie de l'État, et l'État fait partie de la collectivité. Par conséquent, l'administration publique est en relation étroite avec les autres entités sociales qui composent son environnement.

8.1 L'ADMINISTRATION PUBLIQUE ET LE SYSTÈME SOCIAL

Même si les activités des groupes de pression, des syndicats, des partis politiques et des idéologies se situent dans la sphère du système politique, elles ont leur source plus profonde dans le système social. L'appareil d'État est un « produit de la société à un stade de son développement », comme le font remarquer Chevallier et Loschak (1978, tome I, p. 470). À la limite, on pourrait dire que l'administration publique est développée dans une société développée, sous-développée dans une société sous-développée.

L'administration publique possède aussi sa propre dynamique d'évolution qui peut l'amener à exercer une influence certaine sur la société. Dans cette perspective, elle devient un agent de changement, un agent de développement économique et social. Ce rôle est particulièrement évident dans les pays en voie de développement qui considèrent leur administration comme l'un des principaux leviers pour provoquer un changement durable dans la société. Même au Québec, durant la Révolution tranquille, un tel rôle lui a été dévolu.

L'administration publique étant une entité sociale, c'est-à-dire une composante de la société, l'influence réciproque entre elle et la société se réalise par des phénomènes d'interpénétration. On peut dire que l'administration publique en tant que système est délimitée par une membrane poreuse qui la rend perméable aux échanges. Cela entraîne des correspondances et des similitudes entre le système social et son appareil administratif (division du travail, mode d'exercice de l'autorité, par exemple).

L'influence de la société sur l'administration publique a été analysée, entre autres, par Michel Crozier. Cet auteur a montré en 1963 que le système administratif français reproduit un modèle culturel typiquement national, puisqu'on retrouve les mêmes caractéristiques aussi bien dans le système éducatif que dans celui des relations industrielles : l'isolement des individus et des groupes, la conception impersonnelle et absolutiste de l'autorité, les difficultés de communication, le ritualisme et le mécanisme de changement par les crises sont des éléments qui caractérisaient la société française et qui lui sont, jusqu'à un certain point, spécifiques (Crozier, 1963). Des analyses analogues ont été faites sur le comportement organisationnel au Japon, dans le but de comprendre les raisons du succès des entreprises japonaises dans le commerce international. On a aussi analysé le système public américain, et c'est ainsi qu'on a parlé de l'*american exceptionalism*.

Par ailleurs, tout changement social n'a pas sa contrepartie administrative. La bureaucratie, une fois qu'elle est constituée, résiste souvent de son mieux à tout ce qui peut perturber son fonctionnement. Elle développe pour ainsi dire des anticorps dont le rôle est d'obstruer les pores de la membrane qui devient de plus en plus imperméable ; l'administration publique devient alors un monde fermé, à part du reste de la société. Cette tendance à l'isolement semble être encouragée par le système de la carrière, le mode de recrutement par concours et la création d'écoles administratives. Ainsi en France, comme dans d'autres pays, il semble que les groupes sociaux les plus défavorisés ne soient pas représentés à l'intérieur de la haute administration publique puisque celle-ci recrute principalement des diplômés.

> [...] [L]es enfants dont les parents appartiennent aux classes moyenne et supérieure ont des chances nettement plus fortes que les autres enfants de bénéficier du type d'éducation et de formation exigé pour parvenir aux positions élitistes dans le système d'État. L'inégalité prononcée quant à l'accession à l'éducation apparaît éga-

lement au niveau du recrutement dans le système d'État, dans la mesure où des qualifications, qui ne peuvent être obtenues que par le canal des institutions d'éducation supérieure, constituent une condition *sine qua non* d'un tel recrutement (Miliband, 1982, p. 74).

8.2 L'ENVIRONNEMENT

L'environnement socio-politique de l'administration publique est constitué des autres organisations sociales et politiques avec qui elle est en contact dans son champ d'action. En accord avec l'analyse systémique (vue au chapitre 2), nous considérons l'administration publique comme un sous-système du système politique, sous-système ouvert et capable d'échanger avec son environnement. Un système est muni d'une enveloppe poreuse par laquelle il effectue des transactions avec d'autres systèmes avec lesquels il est en contact direct ou indirect.

On peut préciser davantage le concept d'environnement en distinguant l'environnement immédiat (ou milieu d'action) de l'environnement lointain (ou milieu contextuel) de l'administration publique. Le milieu d'action est constitué par tous les éléments avec lesquels l'administration publique effectue directement des échanges. Par exemple, le milieu immédiat du ministère de l'Éducation du Québec comprend des institutions politiques (Conseil des ministres), des institutions administratives de l'État (ministère des Finances, Conseil du Trésor, autres ministères, etc.) et des collectivités publiques (par exemple les commissions scolaires). Il comprend divers groupes et associations (la Fédération des comités de parents ou les syndicats d'enseignants). Son milieu immédiat comprend aussi les individus et les organisations avec lesquels l'administration publique est spécifiquement et directement en relation du point de vue des éléments nécessaires à son fonctionnement (la fourniture des biens et services par exemple).

Le milieu contextuel, plus lointain, est constitué, dans un premier temps, de l'ensemble des relations que les entités du milieu d'action entretiennent entre elles et qui sont susceptibles d'influencer le fonctionnement de l'administration publique (les relations entre les syndicats d'enseignants et les commissions scolaires pour le ministère de l'Éducation, par exemple). Dans un deuxième temps, le milieu contextuel est formé de tous les autres systèmes qui ne font pas partie directement de l'univers des transactions propres à l'administration publique concernée, mais qui peuvent dans certaines circonstances exercer une influence sur elle (les systèmes scolaires des autres provinces du Canada, par exemple).

Dans certains cas, il est difficile de dire si un élément contextuel constitue un environnement proche ou lointain. Il n'est d'ailleurs pas toujours nécessaire de le déterminer. Ainsi en est-il du cadre général des institutions, un élément contextuel qui peut être proche ou lointain.

Avons-nous affaire, par exemple, à un État unitaire (comme la France) ou à un État fédéral (comme les États-Unis, le Canada ou l'Allemagne)? Cela a une influence certaine sur le fonctionnement de l'administration publique. Dans un État fédéral, il peut arriver qu'un même domaine relève à la fois du gouvernement central et du gouvernement de l'État (aux États-Unis), de la province (au Canada) ou du *Länder* (en Allemagne). Il ne s'agit pas d'un dédoublement intégral, car chaque niveau de gouvernement est responsable d'une dimension particulière du problème. Mais il n'en demeure pas moins qu'il peut y avoir un chevauchement, une zone commune. Est-ce un problème? Certains répondront que oui et qu'il s'agit là d'un dédoublement coûteux, inutile. D'autres diront qu'il s'agit simplement d'un cas particulier, d'une sorte de surplus de ressources (*organizational slack*) qui peut être fonctionnel ou utile, sans compter que les citoyens sont mieux assurés de leurs libertés si deux ordres de gouvernement rivalisent pour les servir. Au Québec, on retrouve parfois, derrière ces arguments, les positions des souverainistes et des fédéralistes qui se profilent. On a déjà vu certains de ces arguments dans le chapitre 3, où cette fois il s'agissait de comparer les avantages de la centralisation et de la décentralisation *administrative*. Mais certains de ces arguments peuvent être appliqués ici, *mutatis mutandis*.

Une autre question de l'environnement institutionnel est celle qui concerne le type de régime: régime présidentiel (France, États-Unis, par exemple) ou régime parlementaire britannique — appelé aussi système de *Westminster*, gouvernement responsable, gouvernement de cabinet (Mitchell et Sutherland, 1999, p. 24) — en Angleterre et dans les anciennes colonies britanniques comme le Canada; sans compter les autres types de régimes, dont les régimes autoritaires qui impriment un tout autre style à leur administration publique. On a vu, par exemple, comment les institutions américaines avaient tendance, par leur fragmentation, à donner un plus grand rôle au pouvoir législatif dans le contrôle de l'administration publique. Dans les régimes parlementaires de type britannique, le cabinet, et à l'intérieur de celui-ci le premier ministre, apparaît davantage comme le supérieur hiérarchique incontesté de l'administration publique.

8.3 L'INFLUENCE DE L'ADMINISTRATION PUBLIQUE SUR LES AUTRES POUVOIRS DE L'ÉTAT

Les pouvoirs législatif, exécutif et judiciaire, on l'a vu au chapitre 7, exercent des contrôles spécifiques sur l'administration publique selon le type de régime politique de l'État. Cependant, le contrôle n'est pas à sens unique: on trouve en effet plusieurs contrôles exercés par l'administration publique sur les pouvoirs législatif, exécutif et judiciaire.

8.3.1 Les contrôles de l'administration publique sur le pouvoir législatif

Le grand nombre de fonctionnaires travaillant dans l'administration publique peut, dans certaines circonstances, constituer une influence indue de l'administration publique sur le législatif. Il s'agit d'un potentiel électoral considérable que les députés ne peuvent se permettre d'ignorer le jour du scrutin. Cette influence sur le législatif (et sur le gouvernement en général) a été étudiée, entre autres, par les auteurs du *Public Choice*. Par ailleurs, la grande latitude qui est laissée aux fonctionnaires dans l'interprétation des lois cadres peut, elle aussi, être considérée comme un contrôle de l'administration publique sur le législatif. Ce sont souvent les fonctionnaires qui préparent les règlements (découlant des lois-cadres) et qui les appliquent. L'information qu'ils détiennent constitue la source d'un pouvoir considérable :

> Rares sont les États qui ont mis en place des procédures permettant aux hommes politiques de rentrer en possession de l'information collectée par l'administration et il est évident que dans la société actuelle la possession par l'administration de l'information la met en situation privilégiée par rapport aux hommes politiques (Debbasch, 1976, p. 286).

On a vu, au chapitre 2, comment l'information est un enjeu dans l'analyse stratégique. L'information doit être entendue dans un sens assez large. Elle joue un rôle non seulement dans les actions formelles, comme les règlements ou les interprétations des lois-cadres, mais également dans le grand nombre de « petites » informations qui meublent le quotidien, y compris au niveau de la préparation des lois et des décisions. Ainsi, s'il est vrai qu'en préparant un projet de loi, le ministre choisit et décide formellement, est-on bien certain que ses responsables administratifs lui ont présenté *toutes* les options, y compris celles qui les avantagent moins comme groupe ? Claude Morin, ancien ministre, haut fonctionnaire et professeur à l'ENAP, a écrit sur les riches expériences qu'il a connues à cet égard, à différents titres d'ailleurs (voir aussi les travaux de Micheline Plasse). Le *Public Choice* a contribué aussi à ces questionnements, puisque le fonctionnaire y est vu comme un individu qui tente, comme les autres, de maximiser ses préférences. Là-dessus, même s'il y a des différences, le *Public Choice* et l'analyse stratégique se rejoignent. D'autres ajouteraient que l'influence du haut fonctionnaire n'a même pas à faire partie d'une stratégie consciente et délibérée pour avoir des effets. Ainsi, comme on l'a vu au chapitre 5, sur la prise de décision, chacun est porté à poser les questions et les solutions dans des termes qui lui sont familiers, dans les termes de *sa* spécialité, où il dispose d'un avantage comparatif. On se rappellera l'expression « *solutions looking for problems* » (ce sont des solutions qui cherchent des problèmes auxquels s'accrocher, et non pas toujours, comme on pourrait le croire, le contraire). Chacun pose les problèmes dans des termes qu'il connaît, mais qui ne sont la plupart du temps qu'*une* des nombreuses dimensions de la question à l'étude. Cela est vrai dans la préparation des projets de loi comme pour d'autres activités. Voir une dimension d'une question c'est aussi *ne pas voir* les autres, ou, du moins, leur accorder moins d'importance.

8.3.2 Les contrôles de l'administration publique sur l'exécutif

Certaines remarques que nous avons faites à propos du domaine législatif peuvent s'appliquer également au niveau de l'influence sur l'exécutif. D'abord, il faut constater que l'administration publique jouit d'une certaine protection vis-à-vis du politique. Les garanties statuaires de l'administration publique constituent des limites à l'exercice du contrôle du gouvernement sur elle. Ces statuts protègent les fonctionnaires contre les abus possibles de la part du gouvernement. Il en est de même des garanties de protection assurées par une convention collective. De plus, le phénomène de lourdeur, de gigantisme, d'inertie de l'administration publique peut, sinon neutraliser complètement, du moins ralentir l'action gouvernementale. Au-delà de ces éléments qui protègent l'administration publique, il y a un contrôle actif de l'administration publique sur l'exécutif qui se manifeste par le phénomène de la technocratie, c'est-à-dire la primauté de la compétence technique de l'administration, qui met l'exécutif en situation de dépendance vis-à-vis d'elle.

> Les ministres sont devenus dépendants de leurs services à un double titre : d'abord parce qu'ils n'ont ni le temps ni souvent l'expérience nécessaire pour dominer sans leur aide les affaires du département… (la plupart d'entre eux, a-t-on dit dans *The Daily Telegraph* du 16 juin 1978 en Grande-Bretagne, « n'ont, sur n'importe quel problème, que le temps et la force de lire deux pages dactylographiées en double interligne »), ensuite parce que les fonctionnaires jouent de ce pouvoir de préparation et de conseil pour présenter les informations ou les options de telles manières que le ministre se conformera en définitive aux choix qu'ils lui auront plus ou moins explicitement suggérés (Timsit et Wiener, 1980a, p. 524).

Il s'agit en somme du même problème que celui que nous avons vu à la sous-section précédente, mais appliqué, cette fois, à l'exécutif. Dans la même veine, n'oublions pas que les ministres ne sont, la plupart du temps, que « de passage » dans une administration publique plus stable.

8.3.3 Les contrôles de l'administration publique sur le pouvoir judiciaire

Le contrôle de l'administration publique sur l'appareil judiciaire est beaucoup plus discret que ceux observés jusqu'à présent. Il se manifeste lorsque l'administration accomplit elle-même certaines tâches juridictionnelles. La création de tribunaux administratifs en est un exemple, malgré leur subordination aux tribunaux ordinaires dans les pays d'unité de juridiction.

8.4 LES GROUPES DE PRESSION

Dans cette section sur les groupes de pression, nous posons la question, plus large, de la neutralité de la fonction publique en dehors de son interaction avec les trois grands pouvoirs formels (exécutif, législatif, judiciaire). Nous commencerons donc notre revue de cette dimension avec les groupes de pression.

Les groupes de pression ont une influence certaine sur le fonctionnement de l'appareil administratif. Aux États-Unis, les groupes de pression peuvent jouir d'un statut légal qui leur donne le droit d'être entendus par l'administration publique et les commissions parlementaires. Sans toujours jouir d'un tel statut dans d'autres pays, leur présence est tout de même assurée auprès de l'administration publique par leur participation au sein des conseils consultatifs qui peuvent (et doivent dans certains cas) intervenir avant la phase d'adoption des politiques gouvernementales. Sans oublier, bien sûr, les pressions « non officielles », souvent les plus efficaces. L'administration publique agit elle-même comme un groupe d'intérêt :

> D'une certaine façon, l'administration publique est elle-même un groupe d'intérêt qui exerce une pression constante sur les élus afin d'obtenir des lois, des réglementations, des budgets, des moyens d'action, des conventions, etc. Elle voit un avantage à renforcer ses relations avec ceux des groupes qui acceptent de faire la promotion de ses demandes auprès du pouvoir politique. Ils exercent cette pression parce qu'ils partagent les mêmes intérêts qu'elle et vivent de ses services, de sa sous-traitance, des contrats qu'elle distribue. Ces alliances se multiplient en période de restriction budgétaire. Quand un programme est menacé de compression, l'usage est de mobiliser ceux qui en bénéficient (Dion, 1992, p. 265).

André Blais, Stéphane Dion et leurs collaborateurs se sont d'ailleurs penchés de façon plus particulière sur la question spécifique de l'influence des bureaucrates sur l'élaboration du budget (Blais et Dion, 1991).

8.5 LES PARTIS POLITIQUES

Les partis politiques influencent différemment le statut et la structuration de l'administration publique selon que l'on observe un système de parti unique, de bipartisme ou de multipartisme. Les pays à parti unique ont généralement été, dans l'Histoire, des pays d'extrême gauche ou d'extrême droite. Dans ces pays, l'organisation administrative ne se sépare pas toujours de l'organisation du parti, elle est un instrument extrêmement politisé devant obéir à l'État. L'obtention d'un poste dans la fonction publique dépend souvent de l'approbation du parti. De plus, « [l]'entrecroisement des deux lignes hiérarchiques, celle de l'administration et celle du parti, aboutit parfois à ce que le même fonctionnaire reçoit des directives inconciliables » (Gournay, dans IBFSA, 1971, p. 85). Le parti a tendance à contrôler l'administration publique aussi bien dans son organisation interne que dans son fonctionnement.

En situation de bipartisme, l'appareil administratif a tendance à prendre l'une des deux configurations suivantes, du moins au niveau de ses dirigeants : il peut être un enjeu de la compétition entre les partis (États-Unis) ou il peut être confiné à une neutralité presque absolue (Grande-Bretagne). Le premier cas s'applique aux États-Unis. Vers le milieu du siècle dernier, le système des dépouilles était en vigueur aux États-Unis et consistait, pour le parti vainqueur, à placer ses fidèles militants aux postes administratifs. Ce système était censé protéger la démocratie. De cette façon, on évitait la formation d'un corps de fonctionnaires permanents ou d'une caste de privilégiés. Les bénévoles du parti vainqueur se voyaient ainsi récompensés pour leur militantisme au sein de leur formation. Ce système est encore en vigueur de nos jours dans la haute fonction publique américaine, et aussi dans d'autres États où le nouveau parti au pouvoir préfère s'assurer de la loyauté de la haute fonction publique au détriment de l'expérience et des connaissances techniques. Le modèle le plus patent de neutralité quasi absolue de l'administration publique en situation de bipartisme se retrouve surtout en Grande-Bretagne, encore qu'il faille nuancer selon les niveaux et les premiers ministres (Margaret Thatcher a été très partisane). Dans ce pays, le changement de parti au pouvoir affecte peu l'appareil administratif. Les fonctionnaires sont choisis en fonction de leurs compétences et ne peuvent pas facilement avoir d'activités politiques partisanes. Il y a donc, en Grande-Bretagne, contrairement aux États-Unis, une plus grande permanence des hauts fonctionnaires.

Dans une situation de multipartisme, l'appareil administratif peut reproduire dans sa stratification interne les compromis qui ont présidé à la formation du gouvernement (par exemple le système de *propoz* en Autriche, où la proportion de fonctionnaires dans les hauts postes d'un ministère reflète l'importance des forces en présence dans la coalition gouvernementale). Lorsque le multipartisme prend la forme de coalitions où aucun parti n'est en mesure de s'imposer vraiment, l'appareil administratif jouit d'une certaine indépendance à cause de la multiplicité des influences politiques et l'instabilité du gouvernement (l'Italie en est un exemple). Au chapitre 7, nous avons évoqué les différences entre les pays de « culture civique » (*civic culture*), où l'administration est tenue bien en main par le pouvoir politique, et les pays dits de « bureaucratie classique », comme l'Allemagne et la France, où la fonction publique a acquis une certaine autonomie à cause d'une instabilité politique et constitutionnelle dans le passé. L'Italie d'aujourd'hui serait en quelque sorte un exemple vivant de phénomènes qui ont marqué jadis la vie politique en Allemagne et en France, à la nuance près que l'instabilité politique a peut-être engendré plus d'irrégularités dans ce pays que dans les deux autres.

8.6 L'IDÉOLOGIE OU LES IDÉES D'UNE ÉPOQUE

Nous verrons, dans la deuxième partie de ce chapitre, comment la fonction publique et l'administration publique peuvent être situées dans le cadre des grandes théories ou idéologies politiques. Ici, le but est plus modeste : il s'agit simplement de voir combien il est difficile d'échapper aux idées de son époque. Comme on l'a déjà dit, le poisson est le dernier à savoir qu'il est dans l'eau !

C'est dans la tradition marxiste qu'on trouvait, entre autres, cette idée selon laquelle le fonctionnaire n'est pas et *ne peut être* neutre. Ralph Miliband peut être vu comme représentatif de ce point de vue :

> En ce qui concerne la manière dont s'exerce le pouvoir, la notion de « neutralité » qui s'y rattache souvent est incontestablement — et complètement — erronée, et il suffit d'accorder à la question un instant d'attention pour se convaincre de l'absurdité de la chose ; des hommes profondément plongés dans les affaires publiques et qui jouent un rôle majeur, non seulement au niveau de l'application des politiques choisies, mais aussi à celui de leur élaboration, ont peu de chances de ne pas avoir certains penchants idéologiques précis, si peu conscients soient-ils du phénomène ; et ces penchants ne peuvent qu'affecter en totalité la nature et l'orientation des avis qu'ils donnent et leur manière d'aborder leurs tâches administratives (Miliband, 1982, p. 137).

On ne peut concevoir une administration publique dont l'action irait à l'encontre des idées et des valeurs sur lesquelles est bâti un système politique. Les idées et les valeurs imprègnent non seulement les structures administratives mais aussi les attitudes et les comportements des agents de l'administration publique.

Le rôle de l'administration publique, selon l'approche de Ralph Miliband, consiste donc à assurer la reproduction des valeurs dominantes et l'adhésion des agents à ces valeurs.

Dans une société de type libéral, les valeurs dominantes sont tournées vers la primauté de l'individu. Cela engendre une administration publique dominée par les idées de limitation et de subordination, de façon à ce que la fonction publique ne dépasse pas le cadre restreint des compétences qui lui sont assignées. Cependant, l'idéologie libérale demande régulièrement, en pratique, l'intervention de l'État dans la vie économique (période d'inflation, de déflation, pour contrer le chômage, etc.).

Dans tous les régimes, l'adhésion de l'administration publique aux valeurs dominantes est produite par le processus de socialisation auquel sont soumis tous les agents de l'État. Ils doivent accepter cette idéologie ; s'ils n'y souscrivent pas, ils doivent au moins s'abstenir de tout acte susceptible de la contrer. Le degré d'adhésion exigé par l'État est variable d'un pays à l'autre. Il va du conformisme total (ex-URSS) à la réserve dans l'expression des opinions (France, Canada, Québec) en passant par la stricte neutralité (Grande-Bretagne).

À la fin des années 1990, l'idéologie dominante (pour employer l'expression consacrée) a semblé s'orienter vers la privatisation et la valorisation de procédés utilisés dans les entreprises commerciales, ce qui a amené l'application du nouveau management public, lequel s'inspire très largement de cette idéologie dominante. On commence à noter aujourd'hui un certain ralentissement de ce mouvement, un retour du balancier vers la prise en compte des particularités du secteur public et même à un retour en force de notions mises en veilleuse depuis un certain temps, comme celles de « service public » ou de « service à la communauté ». Depuis le 11 septembre 2001, plusieurs considèrent les pompiers et policiers de New York comme de véritables héros.

8.7 FONCTIONNARISATION, POLITISATION, NEUTRALITÉ ET ÉTHIQUE

8.7.1 La fonctionnarisation

On pouvait croire auparavant que pour devenir politicien il suffisait de posséder un art oratoire développé ou un certain pouvoir charismatique pour être en mesure de séduire l'électorat. Il semble qu'aujourd'hui, outre les caractéristiques personnelles, les connaissances techniques soient un atout certain pour un candidat à une élection. Cette tendance technocratique chez les politiciens peut provenir de l'importance que prend le facteur technique dans notre civilisation.

L'expertise administrative et la spécialité technologique amènent de plus en plus les hauts fonctionnaires à faire leur entrée dans les parlements. En France, par exemple, depuis 1958 plusieurs premiers ministres sont issus de la haute fonction publique. Les ministres les plus importants du gouvernement français sont d'anciens élèves de l'École nationale d'administration (ENA) et plus du quart des membres du Parlement étaient, dans les années 1970, d'anciens hauts fonctionnaires (Debbasch, 1976, p. 281). En Allemagne aussi, les fonctionnaires peuvent se présenter à des élections sans démissionner au préalable de leur poste et retrouvent leur emploi à la fin de leur mandat. Cependant, selon Timsit et Wiener, la fonctionnarisation de l'appareil politique rencontre parfois certaines limites :

> Il semble, en effet, que l'idée d'instituer des ministres techniciens n'ait pas rencontré un grand succès, ou soit désormais abandonnée. Elle correspondait au souci d'affirmer l'autorité du gouvernement sur l'administration en recrutant ses membres non plus seulement parmi les « amateurs » qui composent la classe politique, mais aussi parmi les professionnels de la gestion, que leur compétence technique mettrait en mesure de résister plus aisément aux vues des services. La logique du régime parlementaire l'a emporté sur cette tentative d'hybridation, et l'on paraît partout estimer aujourd'hui qu'un ministre aura d'autant plus d'ascendant sur son administration qu'il en sera non pas le plus haut fonctionnaire, mais le chef politique (Timsit et Wiener, 1980a, p. 524).

8.7.2 La politisation

Dans les sociétés occidentales, on exige en théorie que l'administration publique soit une institution séparée et subordonnée au pouvoir politique, un instrument neutre (sauf exceptions) au service de l'État. Dans la réalité, l'administration publique n'est pas tout à fait neutre ; cette neutralité peut varier en fonction des forces politiques (groupes de pression, syndicats de fonctionnaires et partis politiques, par exemple), des idéologies politiques et du système social. De plus, le fait que des fonctionnaires puissent adhérer à des groupes de pression est aussi un facteur de politisation non négligeable.

> [D]epuis que l'on a admis les syndicats dans la fonction publique, on s'est tout naturellement engagé dans un processus qui a conduit l'administration à une certaine politisation, car il est évident que les syndicats par leur position politique sont amenés, qu'ils le veuillent ou non, à avoir à un moment donné des positions qui peuvent ne pas être conformes à celles qui sont soutenues par le pouvoir politique du moment et on assiste alors sous des formes diverses à des manifestations de cette politisation de la fonction publique liée au développement du pouvoir syndical dans la fonction publique (Debbasch, 1980, p. 521).

8.7.3 La neutralité

Bien entendu, l'atteinte à la neutralité qui est amenée par le syndicalisme n'est qu'un cas de « non-neutralité » parmi d'autres. Il y a bien des formes d'absence de neutralité. Donnons quelques exemples, en commençant par les plus évidents.

Il y a d'abord le cas de l'arbitraire, fruit du fonctionnaire individuel qui agit par népotisme (littéralement : favoriser son neveu, sa nièce) ou par intéressement matériel, par exemple. Dans un sens la bureaucratie représentative, qui veut que l'on engage les individus sur la base de leur proportion dans la population, comme groupe ethnique par exemple, est une sorte d'aveu de non-neutralité ; pour certains, en effet, on présume par cette mesure que les fonctionnaires prennent des décisions en fonction de leur appartenance ethnique ou sociale.

D'autres, allant encore plus loin, soutiendront que la fonction publique est structurellement incapable d'être neutre. Historiquement, la bureaucratie centralisée s'est développée en prenant la place d'institutions qui l'ont précédée : les groupements volontaires, les solidarités locales, les institutions religieuses et même la famille. La bureaucratie se développe en passant par-dessus ces formes sociales pour s'adresser directement à l'individu. À cause de cela, il est possible que, structurellement, la bureaucratie ait intérêt à dissoudre les liens sociaux qui l'empêchent de traiter avec des individus séparés. D'aucuns interpréteront certains documents gouvernementaux, surtout en matière de droit, qui invitent les citoyens à s'affirmer par rapport à tout un ensemble de contraintes et d'obligations, comme se situant dans la foulée de cette « atomisation » sociale, entretenue plus ou moins inconsciemment par les agents de l'État. En France, Alexis de Tocqueville a interprété en partie la devise « Liberté, Égalité, Fraternité » dans ce sens. D'une certaine manière, la bureaucratie se développe sur les débris des solidarités anciennes. Au Québec, l'exemple le plus frappant a été le pouvoir administratif de l'Église, qui a été littéralement exproprié par les architectes de la Révolution tranquille. Il est d'ailleurs très significatif que les mouvements antibureaucratiques, chez les conservateurs américains notamment, se réfèrent à la famille ou à la religion comme structures de remplacement à la bureaucratie.

Comme groupe, il est possible également que la bureaucratie ait eu un intérêt à n'envisager comme « solutions » que des démarches qui lui assuraient du pouvoir ou qui consolideraient celui-ci, c'est-à-dire des solutions qui nécessitaient l'intervention de l'État. Plus loin dans ce chapitre, nous verrons les analyses du *Public Choice* sur cette question. Mais disons tout de suite que le *Public Choice*, considéré comme un mouvement intellectuel de droite, rejoint sur la question de la non-neutralité des auteurs comme Ralph Miliband, considéré comme un auteur représentatif de la gauche.

D'une façon moins globale et plus spécifique, on pourrait ajouter que les professionnels de la fonction publique ont tout intérêt à interpréter les problèmes comme étant des questions relevant de leur spécialité, là où ils ont un avantage comparatif : pour l'avocat, la question du divorce est une question de droit, alors que pour le sociologue, c'est un phénomène social. On pourrait ici faire un parallèle avec les nombreuses philosophies et prescriptions au niveau de la santé individuelle, où un grand nombre de remèdes et de thérapies proposent des solutions, souvent exclusives les unes des autres.

On a constaté précédemment que le fonctionnaire fait partie intégrante de son milieu, et qu'à cause de cela, la neutralité absolue est difficile à réaliser. Il y a aussi ceux qui ne se réclament pas de la neutralité : la haute fonction publique américaine, celle des anciens pays communistes ou des pays en développement. Par un raisonnement spécieux, on pourrait même dire que la fonction publique ne peut être neutre. En effet, il n'y a que deux cas de figure possibles : ou la fonction publique est au service d'un pouvoir politique (non neutre par définition), auquel cas elle ne peut être elle-même neutre ; ou elle se démarque du pouvoir politique, devenant ainsi un contre-pouvoir, auquel cas elle n'est pas neutre non plus. Mais si on ne peut aspirer à sa neutralité absolue, on peut à tout le moins encadrer l'action de la fonction publique ; on a vu comment cela pouvait se faire au chapitre 7 à l'occasion de l'étude des contrôles de l'administration. D'autres encore proposent l'éthique comme mode de régulation ; c'est ce que nous allons traiter à la section suivante.

8.7.4 L'éthique

Il faut d'abord dire que l'éthique n'échappe pas nécessairement aux débats sur la neutralité car, on peut toujours se demander : l'éthique de qui ? Ainsi, les marxistes ont soutenu que l'éthique de la modération, apparemment une valeur de neutralité, favorisait le conservatisme et les gens en place.

Ceci étant, il faut dire que l'idée d'une éthique et de codes de déontologie a été proposée ces dernières années afin de s'assurer d'une cohérence plus grande au sein des fonctions publiques, surtout celles du monde occidental. Tentons de définir et de décrire la notion d'éthique avant d'apporter quelques commentaires.

Comme le mot « culture » ou « valeur », le mot « éthique » connaît plusieurs définitions. Nous ne tenterons pas ici d'en ajouter une autre, sauf pour dire que l'éthique est liée à la vie en groupe. Sans groupe ou organisation, elle serait sans doute superflue. Ce sont donc des règles de vie en groupe que chacun doit suivre pour que le groupe fonctionne de la façon la plus harmonieuse possible. Dans la mesure où les groupes fonctionnent de façon différente, on peut dire que les règles peuvent, jusqu'à un certain point, varier d'un groupe à l'autre. Cette dernière observation enlève quelque peu le caractère « moral » à la discussion sur l'éthique. Le devoir de neutralité fait certainement partie de l'éthique du *Permanent secretary* britannique, mais beaucoup moins du *political appointee* américain. La notion de « service public », de « service à la communauté » est un élément éthique probablement partagé par un assez grand nombre de fonctions publiques à travers le monde. Mais le marché, en tant que règles d'interactions entre individus, est-il une éthique ? La question est débattue aujourd'hui, alors que la réponse aurait été clairement négative dans le passé. On pourrait poser la même question en ce qui concerne l'utilitarisme et ses rejetons, l'analyse coût-bénéfice par exemple (Payette, 1992, p. 230).

Si on regarde le piètre état de la Russie d'aujourd'hui, on serait porté à dire qu'un pays qui a perdu son éthique, ses règles de comportement, ne peut plus réellement fonctionner efficacement, même si ces règles (« travailler pour le peuple », « œuvrer pour la Révolution ») avaient un caractère illusoire. Dans un sens, on pourrait presque dire que n'importe quelle éthique est une illusion nécessaire. L'intérêt public ou le bien commun pourraient être, dans les pays occidentaux, ces « illusions nécessaires », même si ces termes ont des prétentions moins grandioses.

Si nous revenons plus spécifiquement à l'éthique dans la fonction publique, on peut dresser une liste des règles d'éthique valables pour une administration, à une époque donnée. S'inspirant de Kernaghan et Langford, Gregory J. Inwood a dressé une liste de sept « commandements » que tout fonctionnaire devrait suivre :

> Agir dans l'intérêt du public ; être neutre sur le plan politique ; ne pas divulguer de l'information confidentielle ; protéger la vie privée des citoyens et des employés ; donner au public un service efficace, efficient et équitable ; éviter les conflits d'intérêts ; et, enfin, être imputable (Inwood, 1999, p. 334, traduction libre).

Les débats autour des questions éthiques sont plus fréquents dans les milieux anglo-saxons que dans la plupart des autres sociétés. On a vu, par exemple au chapitre 4, cette préoccupation américaine pour les dilemmes autour du *whistleblowing* : dénoncer son patron par fidélité à la société, ou se taire par fidélité à son employeur ? C'est souvent d'ailleurs sous la forme d'un dilemme que se présentent les questions d'éthique dans la littérature administrative anglo-saxonne : confidentialité contre débat démocratique, mes valeurs éthiques contre celles de mon organisation, par exemple. On pourrait parfois résoudre ses dilemmes par le « noble mensonge » évoqué à l'origine par Platon (Inwood, 1999, p. 331) : dans sa version moderne, ce pourrait être de cacher des risques écologiques potentiels afin de ne pas alerter ou inquiéter les citoyens, en attendant de trouver des solutions.

On peut, dans cet esprit, voir l'éthique comme une série de loyautés, parfois divergentes : envers le public, la démocratie, son supérieur hiérarchique, ses valeurs professionnelles (surtout dans les bureaucraties professionnelles) ou encore envers ses propres valeurs.

On peut se demander jusqu'à quel point il faut (ou il ne faut pas) codifier l'éthique. Et si oui, à quel niveau le faire ? Dans un article sur des questions connexes, Louis Borgeat et Isabelle Giroux soutiennent que la postmodernité, avec sa remise en question de l'État-providence (1997, p. 321), de la normalisation par le haut, de la rigidité et de la généralité des règles de droit, appelle une adaptation à la diversité des situations. L'éthique serait plus utile dans ce contexte, plus utile que des règles générales, car plus flexible. À la limite, on pourrait avoir *des* éthiques (ou *des* codes éthiques) sectorielles et adaptées aux circonstances des cas particuliers. On s'éloignerait donc, selon cette vision, du *one-size-fits-all approach* (taille unique — prêt-à-porter) (Inwood, 1999, p. 336). Par ailleurs, on peut se demander jusqu'à quel point l'administration publique peut survivre à un certain éclatement postmoderne où, à la limite, chacun aurait son propre code d'éthique, car il y a un caractère de création d'obligations réciproques dans l'éthique, donc une normalisation inhérente, structurelle.

Pour revenir plus précisément à la codification des règles éthiques, il faut dire qu'elle n'est pas suffisante pour inspirer tout un milieu de vie (Groupe de travail sur les valeurs et l'éthique dans la fonction publique, 1996, p. 2). On peut même se demander si de volumineux codes de déontologie n'auraient pas plutôt un effet de dilution, comme Borgeat et Giroux l'ont d'ailleurs noté à propos du droit (1997, p. 321).

En conclusion sur l'éthique, on pourrait dire qu'elle est à la fois plus nécessaire et, pourtant, plus difficile à réaliser aujourd'hui. Plus nécessaire parce que, comme la culture organisationnelle, sa proche parente, elle propose une sorte de coordination des comportements qui est plus souple, plus adaptable aux circonstances changeantes d'aujourd'hui (plus souple et plus adaptable en tout cas que le droit — sauf pour la *soft law*) ; plus nécessaire aussi parce que, avec les partenariats entre l'État et la société en général, les risques de dérapage sont probablement plus grands aujourd'hui qu'il y a vingt ou trente ans (Groupe de travail sur les valeurs et l'éthique dans la fonction publique, 1996, p. 52-53), sans compter que, malgré les rapprochements avec la philosophie du secteur privé, les obligations des fonctionnaires demeurent essentiellement différentes de celles du secteur privé. Plus difficile, par contre, parce que, dans un milieu plus mobile, la pression des pairs et des supérieurs peut être plus lâche (Inwood, 1999, p. 338) et que, paradoxalement, il y a un scepticisme croissant — du moins on le rapporte pour le gouvernement fédéral canadien —, sur les exercices formels « de définitions […] [des] mission[s] et […] [des] valeurs » (Groupe de travail sur les valeurs et l'éthique dans la fonction publique, 1996, p. 1).

❊ ❊ ❊

Dans les propos que nous venons de voir, on a pu constater que le fonctionnaire était en interaction avec le milieu qui l'entoure, à travers son origine sociale, avec les pouvoirs de l'État ou avec les partis politiques, les groupes de pression et les idées dominantes de son époque. On a pu constater aussi que la neutralité du fonctionnaire ne se retrouvait pas à l'état pur, loin de là, dans la réalité de l'administration publique.

8.8 L'ADMINISTRATION PUBLIQUE ET LES IDÉOLOGIES POLITIQUES

Il n'est pas toujours facile de distinguer les idées politiques et les idéologies politiques, comme l'explique James Iain Gow (1992, p. 279-280). Disons simplement que, par opposition avec les idées politiques, l'idéologie est davantage orientée vers l'action, elle a une visée prescriptive-normative, elle recommande, et que, si l'idéologie peut analyser dans un premier temps, ce n'est que pour mieux recommander par la suite.

Nous nous pencherons, entre autres, sur les idéologies libérales, en particulier sur de Tocqueville et sur le mouvement *Public Choice*, deux formes très différentes de libéralisme. L'attention particulière accordée au *Public Choice* nous sera utile pour bien comprendre le thème de la comparaison entre les secteurs public et privé, que nous verrons au chapitre 9. Enfin, d'autres idéologies seront décrites plus brièvement, comme les modèles participatif, écologiste et marxiste.

8.8.1 Libéralisme et administration publique

Pour dégager les caractéristiques d'une situation, on a souvent recours à un modèle ; c'est ce que nous ferons, notamment avec l'administration publique des pays occidentaux.

En effet, selon Guy Rocher, l'organisation sociale « […] est une réalité si complexe, multiple et fuyante que l'esprit humain a une certaine peine à l'appréhender à la fois dans son ensemble et dans son mouvement » (Rocher, 1970, p. 148). Ainsi, comme pour l'observation de n'importe quel phénomène physique, les chercheurs ont toujours dû recourir à des analogies ou à des images pour se représenter la société. « Un modèle formel est une construction symbolique et logique d'une situation relativement simple, élaborée mentalement et dotée des mêmes propriétés structurelles que le système factuel original » (p. 154). Les modèles ne se rencontrent pas dans la réalité à l'état pur, mais ils permettent d'appréhender les administrations publiques réelles des États actuels. Par ailleurs, les modèles que nous verrons ici ont des éléments de contenu, ils ne sont pas aussi abstraits que les concepts présentés au chapitre 2.

Selon Gérard Timsit, le modèle occidental d'administration publique est de tradition libérale et de construction webérienne. Weber a souligné l'importance de la hiérarchie et de la subordination dans l'administration publique classique, alors que le libéralisme a plutôt tendance à exiger la séparation des instances d'intervention et la sauvegarde des libertés individuelles. Timsit et Wiener prétendent que ce modèle est fondamentalement européen et américain (Timsit et Wiener, 1982, p. 441-481). Malgré plusieurs variantes entre les administrations publiques des pays de ces continents, nous pouvons dégager deux grandes constantes formant l'essence du modèle occidental : le principe de subordination, dérivé de Max Weber par son insistance sur le respect de la hiérarchie, et le principe de séparation, qui est plus lié au libéralisme, même si on peut l'associer à Weber qui a toujours fait une distinction entre le niveau administratif et le niveau politique.

A) Le principe de subordination

Le principe de subordination englobe trois types de subordination : 1) la subordination des instances administratives aux instances politiques ; 2) la subordination des instances administratives inférieures et intermédiaires aux instances administratives supérieures ; 3) la subordination des instances économiques aux instances administratives.

a) La subordination des instances administratives aux instances politiques

L'administration publique constitue le prolongement du pouvoir exécutif et, par conséquent, doit être à sa disposition. Ce type de subordination est parfois inscrit dans les textes constitutionnels. Par exemple, l'article 20 de la Constitution française déclare : « Le gouvernement détermine et conduit la politique de la Nation. Il dispose de l'administration et de l'armée. »

Dans les pays fidèles aux institutions de tradition britannique, la subordination de l'administration publique au pouvoir politique trouve son fondement constitutionnel dans le principe de la responsabilité ministérielle. Ce principe, nous l'avons déjà dit, suppose que le ministre connaisse en détail toutes les actions de son ministère ; il est donc responsable des actions de ses fonctionnaires vis-à-vis du monde extérieur. Ce principe, qui maintient généralement les fonctionnaires dans une situation d'anonymat, renforce le caractère hiérarchique de leurs relations avec le ministre.

Le principe de subordination des instances administratives aux instances politiques s'exerce aussi par le pouvoir de nomination (dans certains cas, en Angleterre notamment, on confirme à un poste plus souvent qu'on ne nomme) des hauts fonctionnaires par l'exécutif, notamment dans les régimes présidentiels. Ces hauts dirigeants administratifs, qui travaillent à la limite du politique et de l'administratif, doivent généralement partager les vues du gouvernement s'ils veulent rester en fonction, ce qui constitue une forme de subordination.

b) La subordination des instances administratives
    inférieures aux instances administratives supérieures

Cette forme de subordination est caractérisée par le principe du respect de la hiérarchie ; elle correspond à la ligne hiérarchique représentée par exemple par le diagramme de Mintzberg (voir chapitre 3). L'organigramme d'un ministère révèle, lui aussi, la distribution verticale du pouvoir dans les différents paliers hiérarchiques. La subordination peut aussi se reconnaître dans les relations entre certains organismes administratifs. Les instances dites « supérieures » (Conseil du Trésor, par exemple) ont pour mission de contrôler les instances inférieures et intermédiaires (dans le cas du Conseil du Trésor, c'est surtout un contrôle financier). Il en est de même pour les organismes placés sous la tutelle d'un autre organisme administratif, hiérarchiquement plus élevé que lui.

c) La subordination des instances économiques
    aux instances administratives

Les instances administratives des États libéraux modernes (ceux dans lesquels il existe, du moins en apparence, un certain pluralisme, une acceptation de fait de multiples centres de pouvoir et de décisions, comme le disait Montesquieu — voir entre autres à ce sujet R. Aron, 1967, p. 39) exercent une fonction de régulation importante des instances économiques. En effet, si le libéralisme pouvait signifier au XIXe siècle le « laisser-faire » économique et la non-intervention de l'État dans l'économie, il en est autrement après la Seconde Guerre mondiale, du moins jusqu'en 1980 environ. L'État-providence, celui qui doit assurer l'ordre économique et contribuer au développement social, a beaucoup progressé au XXe siècle. Aussi, le pouvoir politique crée des organismes administratifs ou donne à ceux qui existent déjà un cadre réglementaire qui régit les instances économiques (Régie du crédit agricole, par exemple). Cette régulation touche aussi les comportements individuels des unités économiques du marché (réglementation de certaines professions, accès aux sources de financement, permis d'exercice, de vente, etc.). Aujourd'hui, l'intervention réglementaire de l'administration publique est si développée qu'elle est remise en question ; on parle de plus en plus de déréglementation, de privatisation. Mais, même s'il y a une remise en question du rôle de l'État dans les vingt dernières années, on peut dire que c'est toujours l'État, du moins formellement, qui détermine la sphère d'action du privé.

B) Le principe de séparation entre les instances politiques et administratives

C'est le libéralisme qui insiste sur la séparation nécessaire des pouvoirs dans la vie politique. Le principe de la séparation entre les instances fait aussi référence, toujours selon Timsit et Wiener, à la bureaucratie classique telle que décrite par Max Weber. En effet, ce dernier considère que l'administration publique est un instrument à la disposition du pouvoir politique qui doit essentiellement être neutre. Cette neutralité doit se traduire par la neutralité politique des fonctionnaires. Comme nous l'avons constaté, elle diffère selon les États et il est d'autant plus difficile de la circonscrire avec précision qu'elle n'est pas absolue.

Quelqu'un a déjà dit que, presque par définition, on ne pouvait trouver chez un seul et même auteur les dogmes essentiels du libéralisme. De la même manière que le libéralisme propose une variété de centres de décision, c'est seulement en reconstituant les idées de plusieurs auteurs qu'on peut parvenir à circonscrire les fondements de la pensée libérale (on peut mentionner à ce titre Adam Smith, F. Von Hayek, Milton Friedman). Ce ne sera pas notre intention ici, car cela dépasserait largement les buts que nous nous proposons. On ne s'arrêtera ici que sur certains auteurs qui ont eu un certain impact sur l'administration publique. Plus spécifiquement, on s'arrêtera sur Alexis de Tocqueville, d'une part, et sur le *Public Choice* d'autre part, les deux étant associés au libéralisme, même si cela le fut de façon très différente dans chaque cas, de Tocqueville s'étant attaché surtout au libéralisme politique, alors que le *Public Choice* porte d'abord son attention sur l'économie. Les deux ont par contre un certain intérêt pour les questions administratives.

Il serait utile, à ce stade-ci, de dire un mot sur quelques-uns des différents sens du mot « libéral ». L'un des sens renvoie à une sorte d'affranchissement, de libre circulation : on enlève les entraves aux individus, en les libérant de la tradition ; on lève les barrières tarifaires au profit des entreprises pour accroître les échanges. On peut donc constater qu'il y a une dimension « personne » et une dimension économique ou « marchandise » attachée au libéralisme : de Tocque-ville insiste sur le premier sens, le *Public Choice* sur le deuxième. La libre circula-tion des personnes et des biens entraîne une libre circulation des idées, des opinions et, à la limite, une liberté de penser et de dire. Quand on parle de néolibéralisme, on parle surtout d'un libéralisme économique qui renaîtrait et qui renverserait la vapeur vis-à-vis d'un État qui est perçu comme trop envahis-sant depuis, disons, la Deuxième Guerre mondiale. En somme, il s'agirait main-tenant, dans cette perspective, de se libérer non plus des traditions, mais de ce qui les a jusqu'à un certain point remplacées, c'est-à-dire la réglementation par l'État. Comme les néolibéraux, dans cette quête, cherchent à revenir à une situa-tion antérieure, où le rôle de l'État était moindre, on peut alors qualifier le néoli-béralisme de conservateur. En effet, les néolibéraux débordent parfois les questions strictement économiques pour proposer le retour en force de modes de régulations plus traditionnels, comme la famille par exemple.

Ce qui peut amener une confusion aux États-Unis, c'est le fait d'utiliser le terme *libéral* pour qualifier une idée qui va à l'encontre d'une certaine tradition américaine de non-intervention de l'État, où il s'agirait donc de se « libérer d'un certain libéralisme ». C'est ainsi qu'un *libéral* américain des années 1960 ou 1970 aurait aussi pu être décrit comme « progressiste » ou « de gauche » ailleurs dans le monde (aujourd'hui, on est moins certain de ce qui est « progressiste » ou conservateur…). Mais ce sens très spécifique, et quelque peu paradoxal, est peu fréquent en dehors des États-Unis.

8.8.2 Alexis de Tocqueville et le libéralisme politique

Dans un sens, le libéralisme d'Alexis de Tocqueville est paradoxal. Car pour lui l'érosion de la tradition et du pouvoir local, conséquence de l'évolution histo-rique française et de la Révolution française, engendre un État central trop con-centré et une diminution des centres de décision, ce qui va à l'encontre de la diversité de pouvoirs que souhaite le libéralisme. De Tocqueville ne remet pas réellement en cause l'État, mais seulement sa centralisation. La croissance de la centralisation est le fait majeur des temps modernes, pour de Tocqueville. La centralisation, à laquelle sont naturellement portées les nations démocratiques et « niveleuses », est un péril mortel pour la démocratie, disait-il ; en effet, pour lui : « La centralisation administrative, […], réussit à réunir à une époque donnée dans un certain lieu, toutes les forces disponibles de la nation, mais elle nuit à la reproduction de ses forces » (de Tocqueville, 1972, p. 34).

La centralisation va dans le même sens que la « démocratie de masse » : on ne se serait « libéré » des élites locales que pour mieux être asservi par l'État et ses fonctionnaires. Le vrai libéralisme y a perdu, car on a vu diminuer le nombre de centres de décisions différents et indépendants sur le plan institutionnel. Pour de Tocqueville, les libertés locales associées à de vraies institutions locales, vivantes, sont le meilleur moyen de résister au despotisme des gouvernements centraux. Plus encore, les organismes autonomes et décentralisés sont de vraies écoles de civisme. Il faut décider le plus de choses possibles au niveau local car chaque administré n'est-il pas le meilleur juge de ce qui le concerne directement? Au fond, de Tocqueville proposait une sorte de principe de subsidiarité avant la lettre.

D'aucuns ont voulu interpréter les propos du penseur politique français à travers sa propre classe sociale, celle d'une classe de propriétaires fonciers provinciaux qui avait tout à perdre avec la Révolution française et la centralisation parisienne et bureaucratique qui en a résulté. Il est vrai qu'une bureaucratie se nourrit des débris des institutions qui l'ont précédée : en France, au XVIIIᵉ siècle, c'était aux dépens des élites locales, au Québec dans les années 1960, c'était aux dépens des institutions religieuses catholiques. Par ailleurs, la motivation de De Tocqueville, quelle qu'elle soit, n'enlève rien à la pertinence de ses propos. Aujourd'hui, avec l'épuisement des systèmes centralisés et une certaine esthétique postmoderne, nous retournons vers les conseils de l'aristocrate français. C'est ainsi qu'on assiste en France, depuis les années 1990, à une certaine renaissance des élites locales et de l'administration territoriale.

Comme tradition intellectuelle, de Tocqueville se situe dans un certain courant de sociologues français qui manifestent un certain respect, pour ne pas dire une certaine admiration pour les institutions — souvent plus décentralisées — du monde anglo-saxon (Montesquieu en France, Léon Guérin au Québec). Dans une moindre mesure et avec plus de nuances, on pourrait ajouter : Alain Peyrefitte, Michel Crozier, André Siegfried.

D'une certaine façon, l'évolution ultérieure de l'État, à partir de l'État gendarme jusqu'à l'État providence, a confirmé les craintes du penseur français, et des ouvrages comme *État moderne, État modeste* de Michel Crozier (1987) pourraient se réclamer de De Tocqueville, eux qui soutiennent que nous avons atteint une certaine limite dans l'interventionnisme de l'État et dans la taille de sa bureaucratie.

Le libéralisme à l'état pur demeure une réalité fragile. Il peut arriver qu'une institution qui, naguère, ajoutait un élément de liberté aux citoyens devienne elle-même une contrainte pour cette liberté. Dans *The End of Liberalism* (1969), Theodore Lowi soutient que les groupes d'intérêt organisés aux États-Unis (on pourrait donner à titre d'exemples : The National Rifle Association, l'American

Medical Association ou encore les compagnies d'assurance dans le domaine de la santé) qui étaient à l'origine des institutions qui limitaient et balisaient les pouvoirs publics, sont devenus avec le temps des institutions oppressives qui paradoxalement limitent les choix dans la société au lieu de les augmenter. Aujourd'hui, les PACs (*Political Action Commitees*), qui tentent d'influencer un ou des législateurs sur une question précise, unidimensionnelle, vont dans le même sens, celui d'une limitation des choix offerts aux citoyens.

L'entreprise privée elle-même, généralement vue, surtout depuis vingt ans, comme une alternative aux pouvoirs publics en offrant des choix qui se situent en dehors de l'État, peut elle-même restreindre le choix, du moins dans certaines interprétations, celle de l'économie politique, par exemple. Mais il n'est pas besoin d'aller vers des remises en question aussi radicales. Ainsi, John Kenneth Galbraith (1974) a souligné le fait que la technostructure, composée de spécialistes de différents domaines, avait tendance à se saisir du pouvoir de l'entreprise, au-delà des propriétaires-détenteurs des grandes entreprises commerciales, s'appropriant ainsi un pouvoir qui n'est pas le leur et brouillant les pistes de l'imputabilité. Trente ans plus tard, Henry Mintzberg critique aussi la technostructure qui, sur la base de stratégies abstraites, amène l'entreprise à des jeux de pouvoir qui vont bien au-delà du service à rendre à la clientèle et au respect de ses propres employés (voir le chapitre 11 à ce sujet).

Ainsi donc, les chemins du libéralisme sont semés d'embûches. Des forces qui naguère libéraient deviennent oppressives à leur tour. C'est ainsi que Henry Mintzberg exprime beaucoup de réserves vis-à-vis de certains conseils que l'on donne aujourd'hui à la Russie par exemple et qui invitent ce pays à se lancer à corps perdu dans la privatisation et les valeurs du marché. La formule des pays industriels et occidentaux n'est pas le « tout privé », fait remarquer le professeur de l'Université McGill, mais plutôt l'équilibre entre les secteurs public et privé. C'est là, peut-être, que réside le vrai libéralisme.

8.8.3 Le mouvement du *Public Choice*

Le mouvement du *Public Choice* est un mouvement normatif-prescriptif, mais il a aussi, et peut-être même avant tout, une dimension analytique. Et c'est sur cette dimension que nous nous pencherons d'abord, en suivant presque pas à pas un livre introductif en la matière, l'excellent *Public Choice — An Introduction*, de Iain McLean (1987).

Le *Public Choice* est avant tout l'application de modèles économiques et mathématiques à des institutions autres que le marché. Parmi ces institutions, il y a celles qui sont au cœur de la vie politique et administrative : les choix publics, les électeurs, les démarcheurs, les politiciens, la démocratie, la bureaucratie. Il s'agit donc d'une méthode, d'une façon d'étudier un sujet et, plus spécifiquement, de l'utilisation de notions économiques à l'étude des institutions (on fait parfois une distinction entre *positive economics* et *normative economics*, la deuxième donnant des conseils).

Si, pour l'étude des groupes d'intérêt, c'est le groupe qui est l'unité d'analyse et si, pour les auteurs marxistes, c'est la classes sociale, pour le *Public Choice* c'est l'individu qui est l'unité d'analyse pertinente (Inwood, 1999, p. 211). L'individu y est vu comme rationnel, c'est-à-dire qu'il va chercher les meilleurs moyens pour obtenir (ou « maximiser ») ses préférences. Il est aussi perçu comme étant capable d'ordonner des préférences (transitivité) de façon constante : s'il préfère A à B et B à C, il préfère nécessairement A à C. Mais, attention, il n'est pas nécessairement égoïste, car sa préférence peut être d'aider les autres : il peut vouloir trouver le meilleur moyen d'exercer sa compassion (McLean, 1987, p. 3).

Les autres axiomes de l'économie s'appliquent, bien sûr, dont la notion d'utilité marginale décroissante qui veut que si j'ai une quantité x de chemises, chacune des chemises additionnelles que je me procure est moins utile pour moi que la précédente.

Pour le *Public Choice*, l'existence du « gouvernement » ne va pas nécessairement de soi. Il y a d'autres façons de décider comment nous allons déterminer l'allocation des ressources dans un contexte de rareté (en passant, il y a toujours rareté pour les économistes), quand il y a plusieurs personnes impliquées et que la guerre ou la violence est exclue comme mode de prise de décision.

Iain McLean mentionne quatre façons de décider de l'allocation des ressources (McLean, 1987, p. 8) :

1. *L'altruisme* : quand, par exemple, il y a un besoin de sang dans les hôpitaux, il peut arriver que, par altruisme, les gens donnent du sang bénévolement. (Par contre à d'autres endroits, aux États-Unis notamment, on *vend* son sang, et des personnes pauvres, parfois malades, tirent des revenus de la vente de leur sang, lequel ne peut pas toujours être utilisé).

2. *L'anarchie* : il faut entendre le mot « anarchie », ici, dans le sens d'« absence de règles précises » ou « absence de règles formelles » et non dans le sens de « désorganisation ». L'anarchie ici peut être un ordre spontané, donc quelque chose de positif. Par exemple, dans certains pays, dans certaines sociétés, on se met spontanément en rang à un arrêt d'autobus, par pression sociale, et non par réglementation explicite.

3. *Le marché* : quand il y a un certain nombre de gens et quand l'altruisme et l'anarchie ne suffisent plus à déterminer l'allocation des ressources, quand par exemple le processus de production devient plus complexe, alors on peut avoir recours au marché. On décide de ce qui sera produit selon la rencontre entre l'offre et la demande. Aucune société n'a réussi à abolir complètement le marché (McLean, p. 17). Par contre, le marché, comme institution, ne peut créer des règles qui s'imposent à tous.

4. *Le gouvernement* : quand l'altruisme, l'anarchie ou le marché n'arrivent pas à décider de l'allocation des ressources, on a recours à un gouvernement. C'est le cas, notamment quand il y a « défaillance du marché » (*market failure*) : ainsi, si on laisse les lois du marché agir sans contraintes, on aura trop de pollution venant des automobiles et on « produira trop peu d'air de qualité ». À noter ici que le gouvernement produit non seulement des biens et des services, mais il produit aussi *des règles*, des processus de décisions, lesquels peuvent être considérés, à leur tour, comme des biens, dans ce cas-ci, des biens publics. À noter aussi que, paradoxalement, le marché ne peut créer, par lui-même, les règles... du marché.

Maintenant que nous avons situé « le gouvernement » comme une forme institutionnelle parmi d'autres dans l'allocation des ressources, nous pouvons l'analyser un peu plus en détail. Le secteur public (ou « gouvernement ») produit des biens (l'expression inclut « les services ») qui sont, techniquement parlant, des biens publics ou des biens privés. Des biens comme des logements à prix modique ou des paiements de transfert (pension aux personnes âgées par exemple) sont des biens privés au sens où certains en profitent plus que d'autres. En pratique, la plupart des biens que produit un gouvernement sont entre des biens privés et des biens publics.

Il convient de rappeler une notion que nous avons vue au chapitre 1, soit celle de bien public ou « bien public pur ». Schématiquement, il y a un bien public pur quand :

1. Ce bien est indivisible en termes de production et de consommation, c'est-à-dire que tous doivent coopérer pour le produire (pour qu'il existe) mais qu'une fois produit, tous en profitent (je ne peux le mettre en bouteille pour en vendre seulement à certains).

2. Ce bien est non exclusif (*non excludable*) : je ne peux empêcher quelqu'un d'en profiter (cette caractéristique est parfois difficile à différencier de l'indivisibilité de consommation).

3. Ce bien n'est pas sujet à la rivalité (*non rival, not subject to crowding*), c'est-à-dire que le fait que d'autres en profitent ne m'empêche pas, moi, d'en profiter.

Certains biens satisfont aux trois conditions, d'autres non. Par exemple, un environnement sain est un bien public pur car il satisfait aux trois conditions et particulièrement à la troisième, car le fait que plusieurs autres personnes en jouissent ne m'empêche pas d'en profiter, moi. Par contre, un parc public, lieu de détente où l'on veut faire corps avec la nature, perd de son attrait si un très grand nombre de personnes décident de s'y trouver en même temps : il ne satisfait donc pas à la troisième condition.

Certains problèmes dont nous allons parler dans les prochains paragraphes s'appliquent de façon particulièrement aiguë dans le cas des biens publics purs.

D'abord, en dehors des signaux du marché (je suis prêt à payer tel montant pour tel service), il est difficile de comparer et d'additionner les préférences de *différents* individus. Ce problème de bien public, c'est-à-dire celui de déterminer les préférences collectives, est au fond le problème de l'action collective. Ainsi, si un individu est capable d'ordonner ses préférences (transitivité), on peut se demander si une collectivité peut le faire. Le *Pulic Choice* croit que non.

Une autre difficulté qui se pose consiste à tenir compte des *désavantages* que peut occasionner une politique publique (ou la production gouvernementale d'un service, ce qui est une autre façon de dire la même chose). Il est rare en effet, nous disent les auteurs du *Public Choice*, qu'une politique publique ne *désavantage* personne, ne serait-ce que ceux qui vont en défrayer une part plus que proportionnelle des coûts, c'est-à-dire le plus souvent les personnes à haut revenu (qui sont, en toute logique, les plus réfractaires aux interventions de l'État en général). Une réponse, parmi d'autres, qu'on peut offrir à ce problème se trouve dans la notion de « Pareto supérieure » ou « Pareto optimale » : une politique A sera préférée à la politique B si, avec la politique A, tous les intéressés se retrouvent au moins aussi bien qu'avec la politique B et qu'en plus, au moins *une* personne connaîtra un mieux-être. La politique A sera donc « supérieure » au sens de Pareto, à la politique B. Quand une politique publique en arrive à un point où une modification additionnelle ne peut avantager quelqu'un sans que quelqu'un d'autre soit désavantagé, on a alors affaire à la notion de « Pareto optimale ». Dans ce cas, il semble qu'il y ait une prémisse selon laquelle les dommages causés par une politique sont plus importants que ses avantages ; cela mène, il me semble, à un gouvernement peu interventionniste. C'est une vision utilitariste où les « déplaisirs » ou souffrances comptent plus dans la balance que les plaisirs ou les satisfactions.

Une autre difficulté dans la production de biens et services publics, c'est la question des « passagers clandestins » ou « passagers-profiteurs » ou encore « resquilleurs » (les *free riders*, en anglais). Ce problème vient de ce que les gens veulent avoir des biens sans les payer, ce qui est, soit dit en passant, une attitude tout à fait rationnelle sous l'angle de l'analyse économique. Le problème est d'autant plus probable si l'on a affaire à un bien public pur : on se rappellera qu'on ne peut empêcher quelqu'un de profiter d'un bien public pur ; dans un sens, on n'a pas intérêt à révéler son besoin pour ce bien, de peur qu'on vous demande d'en payer le prix ou d'en payer un prix qui serait proportionnel à votre désir d'obtenir ce bien. Un autre problème, de même nature, vient de ce qu'un bien gratuit pour l'usager peut engendrer une surconsommation.

On peut envisager ce problème de la « non-contribution » (je désire le bien, mais je ne veux pas le payer) comme une question de jeu stratégique (McLean, 1987, p. 20). Dans un cas comme la défense du territoire par exemple, voici comment peuvent se présenter, par ordre de préférence (1 = ce que je préfère le plus, 4 = ce que je préfère le moins), les diverses options qui se présentent à l'individu rationnel :

1. Les autres paient ce service ; moi, j'en profite, mais je ne paie pas ;
2. Nous nous assurons du service, et nous payons tous ;
3. Je suis le seul à payer ; les autres ne participent pas au paiement (mais reçoivent le service) ;
4. Personne ne paie, et le service n'est pas assuré.

Pour l'individu rationnel, on l'a suggéré, c'est l'option 1 qui est la meilleure car, en somme, il obtient un service qu'il désire, sans le payer, ce qui lui laisse plus de revenus pour maximiser ses autres préférences. À remarquer que, comme il tient à être protégé, il préfère tout de même l'option 3 à l'option 4, cette dernière étant celle où, personne ne payant, le service n'est pas assuré du tout. Au fond, l'existence même de ce que l'on appelle « gouvernement » ou « secteur public » est liée à l'option 2, c'est-à-dire à l'option où nous nous assurons que le service est rendu, en payant tous pour sa production.

Nous nous pencherons maintenant sur les différents acteurs qui sont impliqués dans la production des biens publics : le politicien, l'électeur individuel, les groupes et, enfin, le bureaucrate.

Commençons donc par le *politicien*. Qui est donc, pour le *Public Choice*, le politicien ? C'est un entrepreneur dont le principal but est sa réélection. C'est lui qui va s'assurer que les biens du secteur public seront effectivement produits. Théoriquement, il peut produire ces biens publics (ou en organiser la production) de différentes façons. Il peut :

1. Demander des contributions volontaires ;
2. Faire payer les facteurs de production : dans le cas d'un pont qui doit être construit, par exemple, on peut s'assurer qu'un entrepreneur indépendant (facteur de production) le construise en lui permettant de profiter de son investissement, en faisant payer un droit de passage aux usagers éventuels ;
3. Faire payer des taxes aux citoyens ;
4. Exercer de l'extorsion, par exemple, en expropriant un pont qui existe déjà, sans en payer le prix véritable.

La production des biens du secteur public se fait surtout par le biais des options 2 et 3, ou d'une combinaison des deux. Par exemple, la production du bien « santé » aux États-Unis est confiée pour l'essentiel aux facteurs de production (médecins, hôpitaux, compagnies d'assurance privées) — option 2 —, alors qu'au Canada la santé est financée par des taxes ou assurances publiques obligatoires — option 3.

L'entrepreneur qu'on appelle politicien va donc produire des biens publics de différents types. Dans cette production, par ailleurs, il sera désireux d'augmenter ses chances d'être réélu, ce qui est son but principal.

L'électorat, lui, peut être vu comme une rue d'une centaine de maisons, portant des numéros de 1 à 100 (voir le schéma ci-après, où les rectangles représentent des maisons alignées de gauche à droite) :

On peut envisager que les maisons représentent des électeurs distribués selon leurs opinions sur une question de politique publique donnée : les plus radicaux sont à gauche (maisons 1, 2, 3, 4, 5, 6, par exemple) et les plus conservateurs sont à droite (maisons 95, 96, 97, 98, 99 et 100). Les électeurs modérés sont au centre (maisons 50, 51). Ce que le tableau ne montre peut-être pas, c'est que dans beaucoup de sociétés développées, un nombre très important d'électeurs gravitent autour des positions « centristes » (maisons 50, 51). Théoriquement, on a même dit que, dans une société assez homogène, *personne* ne met l'option des électeurs modérés au dernier rang de ses options ou de ses choix. Ce fait n'échappe pas à l'entrepreneur-politicien, dont le but est d'être réélu ; il aura donc tendance, même si son point de départ idéologique se situe aux extrémités, à « glisser » vers des positions où se situe un nombre proportionnellement plus élevé d'électeurs. Dans cette quête du plus grand nombre d'électeurs possibles, il se trouvera un peu dans la position d'un commerçant qui aurait intérêt à situer l'emplacement de son commerce près de la maison 50, afin de rejoindre, à gauche et à droite, le plus grand nombre de clients possibles. Certains auteurs du *Public Choice* reprennent ce raisonnement pour expliquer pourquoi, à leur avis, les politiques publiques favorisent le plus souvent les classes moyennes.

Mais le politicien-entrepreneur ne peut pas toujours « glisser » vers le centre de l'électorat autant qu'il le voudrait car, pour sa réélection, il dépend aussi des militants de son parti, lesquels sont actifs en politique pour défendre la plupart du temps une position qui n'est pas centriste. Ces militants rappellent au politicien-entrepreneur ses origines idéologiques ; il est donc sur la corde raide, entre son désir d'attirer le centre de l'électorat, et sa dépendance vis-à-vis des militants du parti, nécessaires au bon fonctionnement de sa machine électorale. (Au Canada, on peut très facilement voir ce « dilemme du chef de parti », quand le leader de l'Alliance canadienne au niveau fédéral tente d'attirer au parti les électeurs plus centristes, contre l'opinion des puristes de son parti. Au Québec, ce dilemme est aussi évident quand le chef du Parti québécois tente d'élargir son électorat en diluant quelque peu l'idée de souveraineté, encore ici au grand dam des puristes et des gardiens idéologiques du parti.)

En s'inspirant toujours, ici, de l'ouvrage de Iain McLean, *Public Choice — An Introduction* (1987), on peut faire intervenir un deuxième acteur principal dans la vie politique, l'*électeur*. On verra plus loin que l'électeur fait aussi partie de groupes, mais pour l'instant regardons-le comme individu. La question que le *Public Choice* se pose parfois est celle qui consiste pour le citoyen à se demander s'il vaut la peine de voter. Est-il rationnel, autrement dit, pour l'électeur de se donner la peine d'aller voter puisque, dans la vision économique des choses, les ressources sont rares, y compris le temps dont on dispose. Plus spécifiquement, y a-t-il de bonnes chances qu'un parti représente réellement mes choix (mes préférences) sur les politiques publiques qui me tiennent à cœur ? À cette question, des auteurs du *Public Choice* répondent que non. Prenons en guise d'exemple un électeur qui n'aurait que trois sujets de politique publique qui comptent réellement pour lui. Simplifions encore davantage la situation pour préciser que sur ces trois sujets, il n'y aurait que deux options possibles, soit « oui » ou « non ». Supposons que ces trois politiques publiques sont : l'avortement, l'aide aux personnes dans le besoin et la protection de l'environnement. On aura donc, dans ce système simplifié, les possibilités présentées au tableau 8-A.

— TABLEAU 8-A —
Les politiques publiques et le *Public Choice*

Combinaisons	Avortement	Aide aux personnes dans le besoin	Mesures de protection de l'environnement
n° 1	oui	oui	oui
n° 2	oui	oui	non
n° 3	oui	non	non
n° 4	non	oui	oui
n° 5	non	non	oui
n° 6	non	oui	non
n° 7	oui	non	oui
n° 8	non	non	non

On voit par le tableau 8-A que, même dans ce modèle très simplifié, il faudrait 8 partis politiques différents pour représenter toute la gamme des opinions possibles, seulement sur 3 sujets, et seulement avec les options « oui » ou « non », pour chacune d'elles (c'est-à-dire $N^m = 2^3 = 8$). Et encore, le nombre de partis politiques devrait être beaucoup plus élevé que 8 (ce serait 8!, c'est-à-dire $= 8 \times 7 \times 6 \times 5 \times 4 \times 3 \times 2 \times 1 = 40\ 320$) si, dans le calcul, on posait comme hypothèse que l'*ordre* entre les préférences d'un individu n'était pas indifférent (McLean, p. 184).

La situation pour l'électeur est donc la suivante : s'il n'y a que 2 ou 3 partis, il y a relativement peu de chances pour que *mon* choix précis en matière de politiques publiques soit représenté par un parti ; et, s'il y a un parti qui représente parfaitement mes préférences, il y a peu de chances qu'il soit élu puisqu'il ne serait, à ce moment-là, qu'un des nombreux partis (environ 8) en lice. *Ergo*, il est peu utile de voter. C'est ce qu'il fallait démontrer dans l'esprit du *Public Choice*.

Il y a une autre façon de démontrer qu'il est somme toute inutile de voter, mais, cette démonstration ne vaut que pour certains types d'élections, à savoir celles où un parti devient gouvernant à la suite de l'addition des sièges de députés-représentants pour atteindre une majorité de sièges (50 % + 1). Dans ce type d'élection, je ne vote que pour le représentant de ma circonscription. La probabilité que *mon vote* soit celui qui fasse élire le député-représentant peut être estimé à 1/30 000, s'il y a 30 000 électeurs, et la probabilité que ce soit le député de *ma circonscription* qui donne la majorité à un parti au niveau du total des sièges peut être estimé à, disons, 1/500[1]. Pour que *mon vote* soit celui qui décide quel parti va diriger, il faut donc que les deux événements se produisent et on a donc :

$$\left\{ \frac{1}{500} \times \frac{1}{30\ 000} = \frac{1}{15\ 000\ 000} \right\}$$

C'est-à-dire qu'il y a une chance sur 15 000 000 que, quand je vote, ce soit *mon vote* qui décide réellement du choix du gouvernement. Encore ici, il est donc inutile de voter, et il est irrationnel de le faire, surtout si l'on a d'autres choses à faire qui peuvent être utiles (regarder la télévision, ou faire des courses au supermarché). Peut-être les Américains en ont-ils conclu, de façon générale, qu'il était peu utile de voter puisque seulement 25 % votent pour le président des États-Unis, étant donné qu'il recueille environ 55 % des votes et que seulement la moitié des électeurs (ou moins) se présentent aux urnes.

Le troisième rôle dans la vie politique est tenu par un acteur collectif, soit : les *groupes*. Les groupes tentent d'influencer le choix des politiques publiques pour qu'elles aillent dans le sens des intérêts de leurs membres. On a vu, au chapitre 5, que des groupes ne se formaient (dans la vision du *Public Choice*) que quand ils pouvaient offrir des avantages divisibles, individualisés pour leurs membres ; d'ailleurs les « membres » ne s'unissaient que dans cette perspective (une fois la rhétorique disparue). Il y aurait essentiellement deux types de groupes en politique : les groupes compacts et les groupes diffus. Les groupes compacts sont ceux dont les membres ont des intérêts matériels très similaires, très immédiats et très spécifiques dans des politiques précises : ainsi, une association d'agriculteurs qui demande des subventions forme un groupe compact. Par ailleurs, un groupe diffus est un ensemble d'individus qui, tout en ayant des intérêts communs, n'ont pas entre eux un intérêt immédiat et très puissant qui les relie : c'est ainsi que « les électeurs-contribuables » sont un groupe diffus, car

---

1. L'exemple qui a servi de modèle a été quelque peu modifié par l'auteur.

ils sont dispersés çà et là, sans avoir un intérêt aussi palpable et divisible entre eux que les groupes compacts même si, bien sûr, on peut dire qu'une baisse des impôts peut favoriser un groupe diffus comme les « payeurs de taxes ».

Une baisse de l'activité étatique peut constituer, théoriquement, une victoire du groupe diffus des contribuables sur les groupes compacts qui étaient avantagés, auparavant, par des interventions de l'État (encore qu'il faille aussi penser à la possibilité que certaines interventions avantagent la société en général, ce qui n'est pas souvent envisagé par les auteurs du *Public Choice*).

Il peut arriver qu'un groupe compact prenne la forme d'un lobbyiste (démarcheur) et qu'un tel lobbyiste soit un groupe de « producteurs », comme des syndicats ou des intérêts industriels, par exemple, qui peuvent brandir la menace de retenir leur contribution à la production d'un bien collectif (par une grève par exemple) à l'encontre du groupe diffus des « consommateurs ». On appelle parfois le groupe des producteurs un « groupe privilégié » quand ce groupe contient au moins un membre qui a un intérêt suffisant dans une politique publique pour qu'il accepte d'en assumer, seul, les coûts financiers et les efforts. Bien sûr, toujours dans une optique de comportement rationnel, il n'aura pas intérêt à faire part de cette possibilité à ses collègues membres de ce groupe privilégié, de peur qu'on lui demande d'assumer toujours les frais en question.

Dernier point concernant les groupes compacts. Il peut arriver qu'un bien privé, c'est-à-dire non partagé par l'ensemble de la population, comme une exemption de taxe pour les producteurs de lait, devienne *entre eux* un *bien public*, c'est-à-dire un bien dont on ne peut exclure des producteurs de lait individuels. En effet, une des caractéristiques du bien public est qu'il est non exclusif (McLean, 1987, p. 28). Un bien peut parfois, donc, être public ou privé, selon l'angle où l'on se place.

Une quatrième classe d'acteurs est constituée de *bureaucrates*. Qu'est-ce qu'un bureaucrate, dans l'esprit du *Public Choice*? C'est celui qui a pour employeur un organisme public. Et qu'est-ce donc qu'un organisme public? C'est une organisation qui reçoit ses fonds (ou une partie importante de ses fonds) de façon statutaire de la part des fonds publics.

Comme le bureaucrate, et on pourrait théoriquement dire la même chose des autres acteurs politiques et sociaux, a une « fonction d'utilité », il bénéficie d'une série d'éléments qui sont utiles pour sa satisfaction et son bonheur : d'abord, des choses assez évidentes comme son salaire, sa pension, son pouvoir, ses voyages, les moyens qu'on lui donne pour diriger son bureau, l'*output* et le succès de son bureau ; mais aussi des choses moins évidentes comme le nombre de subordonnés (il en veut plusieurs), le patronage (il veut pouvoir rendre service, remettre des faveurs, ce qui n'est pas nécessairement illégal), la réputation de son bureau et, enfin, une marge discrétionnaire de budget, qu'il veut la plus grande possible (il veut en effet pouvoir gérer son budget avec une certaine marge de manœuvre).

Bien sûr, les buts personnels du bureaucrate peuvent diverger des buts officiels de son organisation, comme les économistes en général, H.A. Simon entre autres, l'ont souligné, et pas seulement les auteurs du *Public Choice* ; de ceci découle le concept de rationalité limitée (le fait qu'un individu ne maximise pas toujours les buts de son organisation lorsqu'il prend une décision).

Pour plusieurs auteurs du *Public Choice*, le bureaucrate n'est pas quelqu'un qui ne veut pas agir ; sa « fonction d'utilité » l'amène au contraire à vouloir diriger le plus de dossiers importants possibles, encore que ceci soit probablement plus vrai au sommet de la hiérarchie qu'à la base et que cela puisse varier d'un individu à l'autre. Mais d'une façon générale le bureaucrate est, à sa manière, un entrepreneur. Il n'est pas foncièrement malhonnête, c'est dans son meilleur intérêt de respecter les règles communément admises, mais il est par contre « intéressé », comme tout être rationnel.

Pour plusieurs auteurs du *Public Choice*, sa « fonction d'utilité » le pousse à vouloir un budget important et à l'accroître. Ce qui l'amène non pas nécessairement à gaspiller, mais à produire plus de biens ou de services qu'il n'est nécessaire. En se rappelant la notion de « marginal » vue plus haut, on peut dire que le bureaucrate veut maximiser son *output* (avec son budget) jusqu'à ce que le dernier article de la production ne lui procure plus rien en termes de fonction d'utilité. Certains auteurs du *Public Choice* soulignent que les services d'enquête financière ou de vérification comptable (comme le Vérificateur général par exemple) sont attentifs aux irrégularités et à l'efficience, mais que presque jamais ils ne cherchent à savoir si l'on a produit la bonne quantité d'un bien ou d'un service, ou au contraire, si l'on en a produit une trop faible ou une trop grande quantité.

Dans les éléments mentionnés au titre de la « fonction d'utilité » du bureaucrate, on avait mentionné la marge discrétionnaire de budget : le bureaucrate veut avoir la plus grande marge de manœuvre possible dans son budget et il est permis de penser que cette marge de manœuvre l'aide à maximiser d'autres éléments de sa fonction d'utilité, comme son pouvoir ou sa capacité d'exercer un certain patronage. En période de compressions budgétaires, comme on en a connu entre 1980 et 2000 dans les secteurs publics de plusieurs pays, cette marge de manœuvre a diminué. La théorie classique du *Public Choice* prédit ici, en s'inspirant de Niskanen (1971), que devant cette insatisfaction, le bureau-crate aura tendance à quitter son poste. Mais un débat avait été soulevé dans la revue *Public Choice* à ce sujet quand G. Bélanger et J.L. Migué avaient soutenu que le bureaucrate, devant cette insatisfaction, pouvait aussi bien tenter de *recréer* une certaine marge discrétionnaire de budget par différents moyens : en « gonflant » quelque peu ses prévisions de dépenses, avec ou sans l'accord de son supérieur, en imposant des tarifs pour certains services auparavant gratuits, ou encore en offrant une nouvelle gamme de services avec tarifs, en louant ses locaux au moment où ils ne sont pas utilisés. (Au Québec, on a vu plusieurs ini-tiatives intéressantes dans le monde de l'éducation — service à des clientèles autrefois ignorées — qui peuvent être interprétées comme un désir de se recréer une marge de manœuvre, pour les cégeps par exemple, devant les compressions budgétaires venant du gouvernement provincial.)

8.8.4 Les remèdes proposés par le Public Choice

Jusqu'ici, on pourrait arguer que ce que nous avons vu du *Public Choice* était de nature analytique ou descriptive. Mais il s'agit aussi d'un mouvement prescriptif, normatif et critique qui recommande des changements, des réformes. D'ailleurs le Reform Party et maintenant l'Alliance canadienne, au niveau fédéral, s'inspi-rent de plusieurs de ses idées, notamment au sujet de la critique de la bureau-cratie fédérale, centralisée à Ottawa.

Dans sa dimension critique, le *Public Choice* a déploré que, trop souvent, les groupes compacts, bien organisés, aient infléchi de façon abusive les politiques publiques, créant des distorsions et des situations qui allaient bien peu dans le sens des intérêts du public. Ainsi, la coalition de deux groupes compacts améri-cains, les producteurs de charbon polluant, qui veulent vendre leur produit, et les groupes écologistes, qui voulaient une victoire symbolique forte pour leur propre programme, a eu pour résultat paradoxal de créer des conditions telle-ment exigeantes pour les constructions de nouvelles centrales électriques qu'on a massivement choisi de fonctionner avec les anciennes… beaucoup plus pol-luantes. Les nouvelles exigences étant devenues trop onéreuses, le charbon moins polluant est resté sous terre, alors que l'ancien a pu continuer de polluer. Dans ces débats, un grand absent : l'intérêt public réel, celui du groupe diffus par excellence, le citoyen qui, lui, n'a d'autre intérêt que celui d'un environnement plus sain.

Pour d'autres auteurs, ce ne sont pas seulement des politiques publiques précises qui font l'objet de critiques, mais c'est la taille et, même, la logique du secteur public qui sont visées.

D'abord, c'est cette même combinaison de force des groupes compacts et de faiblesse des groupes diffus qui peut expliquer, selon eux, la croissance des dépenses de l'État. Ainsi, les agriculteurs demandent des subventions et le gouvernement les leur accorde, car il fait le calcul que, ce faisant, il s'assure de leur vote, tout en ne perdant pas nécessairement celui des autres citoyens, puisque cette politique-là ne changera que peu de choses dans leurs impôts, vu que, ici encore, si les avantages sont concentrés, les coûts sont diffus.

Les barrières tarifaires et les droits de douanes, auxquels doivent faire face les entreprises étrangères et qui nous empêchent, comme consommateurs, de profiter de prix plus bas, sont réclamés par les producteurs locaux qui ne peuvent soutenir la compétition : encore ici, le groupe compact (les producteurs locaux) dont les droits de douane imposés à leurs concurrents représentent une subvention déguisée en leur faveur, l'emporte sur le groupe diffus des « consommateurs en général ». (En langage technique, les producteurs locaux, dans ce cas-ci, font partie d'une « coalition de distribution ».) Jean-Luc Migué, un auteur qui se situe dans la foulée du mouvement du *Public Choice*, fait remarquer (1994) que l'ouverture des frontières économiques qui suit inévitablement les accords de libre-échange aura pour effet inévitable de diminuer l'importance des groupes de producteurs (groupe compact) et d'augmenter le pouvoir des consommateurs, car les règles du commerce international empêcheront les groupes de producteurs de demander et d'obtenir des traitements de faveur. Dans un sens, donc, les accords de libre-échange constituent une victoire — une victoire rare mais fondamentale — du groupe diffus des « consommateurs » sur les groupes compacts (ou plus précisément sur certains groupes compacts) de producteurs qui bénéficiaient de protections tarifaires.

Ce n'est pas par hasard que nous abordons la question du libre-échange au moment même où nous parlons de la taille de l'État. Pour Jean-Luc Migué, comme pour d'autres auteurs du *Public Choice*, les interventions étatiques ne pourront que diminuer (et la taille de l'État aussi) avec l'ouverture des échanges internationaux, car l'État lui-même se nourrit de protectionnisme. Dans une économie mondiale réellement ouverte, les gouvernements peuvent moins utiliser les barrières tarifaires *et les autres méthodes d'intervention*, et ce pour plusieurs raisons : d'abord parce qu'ils n'en ont souvent pas le droit, mais aussi parce qu'en protégeant les industries faibles, ils ne font que retarder l'échéance de leur disparition au profit d'industries ou de compagnies plus dynamiques, sans compter que, dans une économie ouverte, les mauvaises décisions gouvernementales coûtent cher. (Dans une économie réellement ouverte, les politiques de salaire minimum peuvent par exemple faire fuir les industries, soutiennent les auteurs du *Public Choice*.) En fait, les barrières tarifaires sont souvent une condition à l'utilisation des autres instruments d'intervention gouvernementale.

Pour Jean-Luc Migué, et pour d'autres auteurs dans la même foulée, le vrai fédéralisme c'est la compétition entre différents gouvernements, ce qui est aussi bon pour les citoyens que le marché l'est pour les consommateurs. La libre circulation des biens contribue à cette saine compétition entre pays ou gouvernements. Pour Migué, les efforts pour atténuer les pleins résultats de cette compétition, par la péréquation au Canada, qui vise à taxer l'ouest du pays pour aider l'est, plus pauvre, ou encore par la charte sociale européenne, qui vise à s'assurer de certains seuils minimums de salaires pour tous les pays membres, n'ont pour résultat ultime que d'empêcher la libre circulation des personnes vers les régions plus productives et même, parfois, d'empêcher les régions moins favorisées de se construire des créneaux économiques dans des secteurs où les salaires sont plus bas.

À la fin des années 1970, pour toutes sortes de raisons, les interventions étatiques commencent à être plus sérieusement remises en question. Parmi ces raisons, citons les déficits accrus des gouvernements, l'ouverture des marchés commerciaux et, aussi, une influence plus marquée des idées du *Public Choice* qui offrent désormais un cadre théorique pour expliquer la situation et apporter des remèdes.

À la fin des années 1970, donc, et au début des années 1980, se trouvent réunies une série d'éléments qui allaient amener à la fois une perception plus structurelle de la dynamique de la croissance du secteur public et un effort plus systématique visant à réduire non seulement cette croissance mais la taille des États eux-mêmes. La situation est assez comparable dans un grand nombre de pays, mais nous nous inspirerons ici de la situation que Herman M. Schwartz a décrit pour la Nouvelle-Zélande, l'Australie, le Danemark et la Suède (1994). Dans ces pays, au cours des années 1980, il y a eu des constatations mais aussi l'apparition d'acteurs nouveaux : d'abord une coalition de syndicats et d'employeurs dans des secteurs ouverts au commerce international et donc vulnérables aux hausses de prix dues aux hausses de charges fiscales ; deuxièmement, des déficits budgétaires croissants incitant à une action vigoureuse de la part des organismes centraux, surtout ceux liés aux finances (ceux-ci se transforment en « bureaucrates fiscalistes », lesquels vont fournir des modèles concrets pour la réorganisation de services publics inspirés par les théories du *Public Choice*) ; enfin, la présence dans les organismes internationaux comme l'OCDE (Organisation pour la coopération et le développement économique) et le FMI (Fonds monétaire international) d'économistes qui sont fortement influencés par les théories du *Public Choice*.

Actifs tout autant dans les pays développés que dans les organismes internationaux à caractère économique, ces bureaucrates fiscalistes font le constat suivant, en quatre points :

1. Les services gouvernementaux sont prisonniers de leurs clients. L'intérêt de ces clients n'est pas identique à celui du public en général. Ils commandent souvent des dépenses excessives.

2. Les services gouvernementaux sont aussi prisonniers de leurs propres bureaucrates dont la fonction d'utilité est d'accroître les services, et par là leur importance.

3. Même prisonniers de leurs clients, les services gouvernementaux ne répondent pas réellement à leurs besoins : ils produisent souvent des biens et services de mauvaise qualité, de façon inefficace, en quantité excessive ou insuffisante.

4. Les politiciens, intéressés à leur prochaine réélection, posent des gestes qui ajoutent à l'utilisation non rationnelle des services offerts. Dans le but de se faire réélire, ils font du *micro-management* et interviennent dans des tâches qui ne sont pas les leurs, mais celles des bureaucrates.

Ces constatations étant faites, les bureaucrates fiscalistes, c'est-à-dire les hauts fonctionnaires des organismes centraux et des organismes internationaux nourris aux théories du *Public Choice*, en arrivent à la conclusion que les efforts consentis jusque-là pour contrôler les budgets ont échoué par manque de bases théoriques sur le fonctionnement des groupes et des incitatifs qui les poussent à agir. Dans cet esprit, ils font appel à plusieurs concepts théoriques qui peuvent les aider à comprendre encore mieux ce qui aurait contribué à amener les excès de l'État et de sa bureaucratie. Ils font appel, entre autres, aux concepts développés par Albert O. Hirschman dans *Exit, Voice and Loyalty* (1970). Dans cet ouvrage, Hirschman avance l'idée qu'il y a essentiellement trois façons de réagir devant son insatisfaction vis-à-vis d'une organisation : on peut la quitter (*exit*), on peut se plaindre (*voice*), et on peut rester fidèle (*loyalty*). En partant de ces concepts, les bureaucrates fiscalistes soutiennent qu'il y a une asymétrie dans la capacité des groupes de s'organiser et d'utiliser le *exit* et le *voice* (les groupes diffus, devant un monopole, ne peuvent « sortir » (*exit*)). Cette asymétrie permet aux groupes d'intérêt et aux bureaucrates d'accaparer les services gouvernementaux et de réaliser une « rente de situation », au-delà de ce que le marché fournirait. Une action collective a toutes les chances de s'imposer quand un petit groupe qui a des intérêts bien définis et étroits en vient à accaparer des ressources qui seront distribuées dans le groupe.

Au contraire, les grands groupes ayant des intérêts diffus éprouvent beaucoup de difficultés à s'organiser en l'absence de coercition.

Les gouvernements sont traditionnellement sensibles à la force des groupes aux intérêts bien définis et « distribuables » auprès des membres — autrement dit : les groupes compacts. Ils sont moins sensibles aux groupes dont les intérêts sont moins tangibles et plus diffus. Les gouvernements ont donc tendance à adopter des politiques quand les bénéfices sont concentrés et les coûts diffus, alors qu'ils sont moins portés à le faire quand les avantages sont diffus (donc moins ressentis par des électeurs) et les coûts concentrés sur des personnes qui les ressentiront avec intensité (tableau 8-B).

— TABLEAU 8-B —

Coûts, bénéfices et intervention gouvernementale

Un gouvernement *est porté* à intervenir quand :	Un gouvernement *n'est pas porté* à intervenir quand :
• les bénéfices sont concentrés	• les bénéfices sont diffus
• les coûts sont diffus	• les coûts sont concentrés

Comme deuxième concept théorique amené par les bureaucrates fiscalistes, il y a le problème du mandat (mandateur-mandaté) ou de l'agence, qu'on appelle en anglais le problème du *principal-agent*. Tout notre système politique est basé sur l'idée de la représentation, selon laquelle quelqu'un agit pour un autre. Ici, dans la vie politique, il y a un double mandat : entre le public et le politicien ; et entre le politicien et le bureaucrate. Le mandaté n'a pas toujours les mêmes intérêts que le mandant. Quant au bureaucrate, il a une connaissance des dossiers dont il peut souvent se servir à son avantage. D'une certaine manière, on peut voir les problèmes du mandat comme une application particulière des problèmes qui surviennent quand les groupes n'ont pas des avantages homogènes et divisibles entre les membres.

La situation de monopole et l'absence d'un marché est le troisième concept utilisé par les bureaucrates fiscalistes pour diagnostiquer les maux du secteur public. Comme on l'a vu à propos du livre d'Albert O. Hirschman, dans la relation entre un membre insatisfait et un groupe auquel il appartient, il y a plusieurs attitudes possibles de la part du membre : il peut quitter (*exit :* comme dans une situation de marché) ; il peut se plaindre, revendiquer (*voice :* comme en politique) ; ou encore, il peut rester fidèle (*loyalty*).

Il appert que la façon la plus efficace de manifester son insatisfaction, c'est souvent de quitter (ce principe appliqué au niveau politique devient le fameux *voting with your feet*). C'est d'ailleurs ce qui joue lorsqu'on a affaire à un vrai marché, avec pour conséquence un ajustement obligé de la part du producteur. En situation de monopole, l'*exit* n'existe pas comme alternative. À noter que l'*exit* vaut aussi pour les producteurs, on l'oublie souvent : dans une situation de marché, les producteurs ne produisent pas les services en dessous du coût de production. S'il y avait un marché réel, ce serait plus difficile pour les politiciens de donner des avantages à tel ou tel groupe bien précis, car ce coût additionnel serait immédiatement répercuté sur le prix et transparaîtrait. Les subventions seraient par là même plus difficiles à distribuer.

Quand, par exemple, la quantité de services est décidée par des normes abstraites, en dehors des marchés, les consommateurs de services ont intérêt à demander des services spécifiques en s'alliant à des groupes homogènes. Les gens pensent avec raison, en partie à tout le moins, qu'ils gagnent ainsi plus qu'ils ne paient en taxe. S'ils payaient directement le service, alors ils ne demanderaient pas nécessairement la quantité maximum. Il y a donc tendance à y avoir surproduction de biens et services dans le secteur public, car il y a moins de mécanismes pour limiter l'*output* (et d'ailleurs aussi les prix).

Une fois ces constatations faites, les bureaucrates fiscalistes concluent qu'un des remèdes à apporter au secteur public, c'est de le rapprocher le plus souvent possible du fonctionnement du secteur privé. À cet égard, il y a plusieurs façons de créer des situations qui ressemblent au marché. On peut déréglementer, vendre des entreprises d'État, donner libre cours au marché. Mais on peut aussi changer profondément la dynamique institutionnelle — et les comportements des bureaucrates et du public consommateur — en changeant les structures d'incitations, tout en demeurant dans le cadre du secteur public. Il est en effet possible de créer certaines conditions du marché dans le secteur public. On pourrait dire alors qu'il s'agit d'un « quasi-marché ».

On procède en restructurant les processus de telle sorte qu'on brise les coalitions politiques entre petits groupes de consommateurs et de producteurs. On réalise ceci en séparant la formulation des politiques de leur exécution. Ces formulateurs élaborateurs de politiques sont séparés des producteurs de services, à qui les premiers offrent un contrat pour des services à rendre. Par exemple, le ministère de la Santé peut élaborer, avec l'aide des bureaucrates fiscalistes des organismes centraux, les paramètres de la gratuité des soins de santé, loin des groupes de consommateurs. Puis on se retourne vers les hôpitaux pour qu'ils rendent le produit ou le service. Ces producteurs de services (ici, les hôpitaux) ne sont plus en situation de monopole. D'ailleurs, il devient presque indifférent de savoir si ces producteurs sont publics ou privés, car ils doivent garder et aller chercher une clientèle et donc produire au meilleur coût *ou* offrir une meilleure qualité. En séparant, dans un ministère, les élaborateurs de politiques des producteurs, on a ouvert ces formulateurs de politiques à l'influence des «bureaucrates fiscalistes» des organismes centraux, plus soucieux, eux, de représenter ce groupe diffus par excellence que sont les contribuables.

Par ailleurs, pour les consommateurs de services, on a réinstauré la possibilité d'*exit* vis-à-vis des producteurs de services particuliers. On a créé pour ce faire un marché où il y a des vendeurs et des acheteurs plus individualisés, ce qui est essentiel pour qu'un marché fonctionne. Parfois, on va plus loin pour aider les consommateurs en leur procurant des «bons» (*vouchers*), d'éducation par exemple, ou en créant des alliances de consommateurs, c'est-à-dire en structurant et en renforçant la demande pour l'équilibrer avec l'offre. C'est d'ailleurs ce que la réforme de la gestion de la santé du président Clinton tentait de faire aux États-Unis, en regroupant dans des blocs suffisamment forts les consommateurs afin de leur permettre de discuter avec les groupes constitués de producteurs que sont l'American Medical Association ou les compagnies d'assurances. Si, très souvent, recréer une situation de marché veut dire individualiser, fragmenter, briser les monopoles, dans d'autres cas, il s'agit de fusionner des éléments qui, autrement, seraient trop faibles pour constituer une force suffisante vis-à-vis de leurs interlocuteurs (producteurs ou consommateurs).

Bien sûr, comme, dans le monde, les fonctions publiques sont très différentes les unes des autres, l'application des principes et des analyses du *Public Choice* s'est aussi réalisée de façon variable, comme le fait remarquer Herman M. Schwartz (1994), de qui nous nous sommes inspirés pour une bonne partie des observations faites ici. Tout en rappelant que les principes du *Public Choice* trouvent leur application dans le nouveau management public, qu'on verra surtout au chapitre 9, mentionnons tout de même ici quelques conséquences des recommandations des bureaucrates fiscalistes sur le fonctionnement de l'administration publique.

Comme l'avait prévu Mancur Olson (et comme le rappelle Schwartz, 1994), la remise en question des groupes compacts allait interpeller aussi les syndicats, car, d'une certaine façon, ils constituent eux aussi un groupe compact de producteurs, au même titre que d'autres producteurs. Et, comme l'avait aussi prévu Mancur Olson, les syndicats du secteur public ont exprimé assez rapidement leur opposition au mouvement de réformes et de privatisations qui allait leur enlever une bonne partie de leur pouvoir.

Voici donc quelques-unes des recommandations et des applications du *Public Choice* : une première recommandation vise à la fois une plus grande *centralisation* des grandes décisions budgétaires (avec la participation des bureaucrates fiscalistes) mais également une plus grande *décentralisation* dans la gestion du personnel et des ressources pour les aspects opérationnels. Il faut dire que cette recommandation se situe dans la lignée des conseils traditionnels en management. Deuxièmement, il faut diminuer l'importance de l'ancienneté, des classifications rigides des emplois et des salaires uniformes. Les gestionnaires doivent pouvoir engager et renvoyer, il faut des salaires plus individualisés, des primes, des heures flexibles. Il faut en somme réinstaurer les droits de gérance pour qu'il y ait réellement flexibilité dans l'aménagement des ressources. Troisièmement, les producteurs de services publics ne devraient pas avoir à se plier toujours à un budget rigide. Ils devraient pouvoir parfois accroître leurs revenus par des frais aux usagers. (Si le service était réellement meilleur, les gens accepteraient de payer un supplément, comme dans le secteur des biens privés.) En somme, on gèrerait par résultat, et non plus par *input*.

Ces changements ont aussi l'avantage de ne pas présumer que les décideurs du haut de la hiérarchie ont une connaissance intime et détaillée des opérations. En effet, pour la plupart des activités, c'est le niveau le plus proche de l'action qui décide de l'utilisation des ressources. Le sommet de la pyramide ne fait qu'établir les grandes orientations et les grands objectifs.

8.8.5 Conclusion sur le Public Choice

L'analyse que font les auteurs du *Public Choice* sur la dynamique du secteur public est liée d'assez près à leurs prémisses : les gens agissent pour maximiser leurs valeurs, et si cela est assez facile à déceler dans le secteur privé, c'est par contre plus camouflé dans le secteur public, où il faut enlever le vernis des discours officiels de chacun pour mieux saisir les intérêts en jeu. C'est par un appel à « l'intérêt public » que les groupes compacts font payer le coût des politiques publiques qui les favorisent par le groupe diffus des contribuables. En camouflant, donc, son intérêt par des discours qui le masquent et aussi parce que l'on gère des biens qui appartiennent à tous, donc à personne, le secteur public est le lieu par excellence des *distorsions*, autant dans le discours que dans l'allocation des ressources de la collectivité. Car, quand on gère des biens qui ne nous appar-

---

tiennent pas, on a tendance à moins bien les gérer, tant la propriété est un incitatif irremplaçable.

Dans cet esprit, il faut récréer à chaque fois qu'on le peut les incitatifs de la propriété, même s'il n'est pas toujours possible de le faire de façon intégrale. Créons des marchés, là où c'est possible, pour remplacer les administrations centralisées et bureaucratiques, disent-ils. Pour mieux évaluer la demande, pratiquons la tarification, le paiement par les usagers : que les étudiants paient une partie plus importante de leurs études, par exemple. Pour mieux contrôler la pollution, faisons payer par les pollueurs et les consommateurs le plein prix de ce qu'ils produisent ou achètent, en « internalisant » les coûts, c'est-à-dire en les ajoutant au prix du produit polluant, ou encore en facilitant le recours juridique du pollué vis-à-vis du pollueur, afin que le premier puisse faire valoir son droit à la propriété, c'est-à-dire à la libre jouissance de son bien. Cela peut aller jusqu'à la création des controversés « droits de polluer », où une entreprise achète une sorte de permission de polluer jusqu'à un certain niveau, déterminé au préalable. Ces recommandations sont basées, philosophiquement, sur l'idée que le marché n'est pas un simple *« construit humain »*, comme diraient les sociologues, mais bien un *élément naturel*, qu'on ne peut éviter et avec lequel on doit composer. Pour d'autres, cette dernière affirmation — le fait que le marché soit naturel — est la position idéologique par excellence, qui masque les intérêts de ceux qui le proclament, confirmant paradoxalement les propos mêmes du *Public Choice* qui soutient qu'on « parle toujours dans son intérêt ».

Est-ce que les faits qu'on peut observer confirment ou infirment les théories du *Public Choice* ? Est-ce que, par exemple, les bureaucrates, les fonctionnaires, votent pour des partis qui maximisent leur « fonction d'utilité », c'est-à-dire pour des partis qui proposent d'intervenir davantage au niveau des politiques publiques, comme l'ont demandé André Blais, Donald E. Blake et Stéphane Dion (1997), ou sont-ils tout simplement plus intéressés à voter parce qu'ils sont plus affectés par les politiques publiques ? Si les intérêts du « consommateur-contribuable en général » sont diffus, comment se fait-il que certaines politiques publiques, comme les réductions de taxes ou l'ouverture des marchés, semblent avantager ces groupes diffus ? L'explication se trouve-t-elle tout simplement dans le fait qu'une certaine limite a été atteinte ? Si, comme l'avancent certains auteurs du *Public Choice*, les niveaux locaux de gouvernement, comme les municipalités, sont plus sensibles aux vœux des contribuables étant donné que ceux-ci peuvent plus facilement déménager ailleurs (le fameux *voting with your feet*), ne devrait-on pas y trouver des élus et des fonctionnaires plus sensibles aux vœux des citoyens et des administrations publiques moins bureaucratiques ? (En réalité, les gouvernements locaux connaissent une certaine croissance, et les salaires des fonctionnaires municipaux seraient supérieurs à ceux d'autres niveaux de gouvernement, au moins à certains endroits.)

On ne pourra probablement jamais apporter une réponse à la question globale de savoir si le secteur privé est plus efficace ou plus efficient que le secteur public, surtout si on élargit la comparaison pour y inclure les externalités et les conséquences inattendues des activités de chaque secteur. Comme le mentionne Iain McLean, il y a des arguments favorables des deux côtés, et si l'électricité fournie publiquement à Los Angeles coûte moins cher que celle qui est fournie par l'entreprise privée à San Diego (McLean, 1987, p. 95), on peut aussi citer une étude qui démontre qu'en comparant deux lignes aériennes australiennes, l'une privée, l'autre publique, c'est la privée qui coûte le moins cher. Comme le conclut McLean par ailleurs, « This argument promises to get absolutely nowhere for the foreseable future » (p. 95), et on risque de se retrouver avec une avalanche d'études qui se contredisent les unes les autres.

Mais on peut aussi passer à un stade plus conceptuel pour comparer les secteurs publics et privés. Il est d'ailleurs possible que les secteurs privés et publics puissent souffrir *des mêmes maux*. En effet, John Kenneth Galbraith a déjà souligné que la technostructure, tant dans le secteur privé que dans le secteur public, avait tendance à supplanter les maîtres officiels des lieux, les propriétaires, dans le premier cas, et les élus dans le deuxième. Si cela est vrai et si, comme le suggère Herbert A. Simon, le mythique marché n'est qu'un instant dans la vie d'une entreprise (qui est essentiellement guidée par des relations hiérarchiques dans ses activités quotidiennes), on peut se demander si les différences entre les secteurs publics et privés ne sont pas sensiblement moins fondamentales que ne le prétendent les auteurs du *Public Choice* ?

Avec cette même préoccupation de comparer conceptuellement les secteurs publics et privés, on se demande parfois s'il n'y a pas des a priori, pour ne pas dire des préjugés, qui orientent parfois injustement les propos. Ainsi, au niveau de la demande de biens, on a parfois l'impression que l'on insiste trop sur le fait que l'offre peut être jusqu'à un certain point artificiellement créée par les acteurs gouvernementaux, qui y ont un intérêt, alors qu'on néglige le fait qu'il y a une *demande réelle* pour les services publics. Du côté du secteur privé, on ne souligne pas assez, me semble-t-il, que la demande peut être artificiellement créée par des mécanismes institutionnels comme la publicité. Paradoxalement, un des premiers auteurs du *Public Choice*, Anthony Downs, l'avait d'ailleurs fait remarquer dans un article fondateur, « Why the Government Budget is too Small in a

Democracy» (1962), et avait conclu à une *sous-production* des biens publics vis-à-vis du battage publicitaire dont profitaient par contre les biens privés.

En réalité, comparer le secteur public et le secteur privé sera toujours une entreprise hasardeuse, à cause du fait que la production de biens et de services n'est qu'une fonction d'un gouvernement, qui doit veiller à l'ensemble des infrastructures sociales et à « [the] authoritative allocation of values » (McLean, 1987, p. 10). Comme le dit aussi McLean, la politique a nécessairement une optique plus large: « Politics is broader than economics because it is not just about material scarcity » (p. 10). Il n'est peut-être même pas nécessaire de se référer à l'« éthique » ou à la « justice sociale » pour justifier le rôle de l'État, car il a une responsabilité tout à fait fonctionnelle vis-à-vis de l'ensemble du système: ainsi, par exemple, l'État doit établir les règles (tribunaux, respect des contrats, etc.) pour que le marché lui-même fonctionne efficacement; c'est ce qui fait dire à Iain McLean qu'une règle publique ou une loi peut être considérée comme un bien public pur, c'est-à-dire un bien qui bénéficie à tous, sans qu'on puisse en exclure qui que se soit (McLean, 1987, p. 18).

Pour certains analystes, l'intervention gouvernementale fausse le jeu de l'allocation optimale des ressources, en inhibant la mobilité des capitaux et des ressources vers les endroits où ils seraient mieux utilisés. Certains s'opposeront à cette flexibilité des ressources en arguant qu'en n'intervenant pas, les gouvernements ne font qu'abandonner les plus pauvres à un sort peu enviable. Mais, encore une fois, il n'est pas nécessaire de recourir à des arguments moraux et éthiques pour justifier une certaine redistribution des richesses, surtout si, comme l'a démontré John Kenneth Galbraith dans *The Great Crash* (1954), il peut être fonctionnel de redistribuer vers les plus démunis pour activer l'économie, du fait que leur propension marginale à dépenser est plus forte que pour ceux qui ont plus que le minimum pour subsister.

On peut pousser l'analyse un peu plus loin et se demander si cette vision minimaliste de l'État est réellement universelle, ou si elle n'est pas trop collée sur la réalité américaine, d'où partent essentiellement les analyses du *Public Choice*. Sur le plan sociologique, cette idée selon laquelle les citoyens sont ultra-mobiles, qu'ils quittent un lieu (municipalité, pays) si on leur impose un fardeau fiscal comparativement plus élevé, est-elle vraiment réaliste? Dans la plupart des pays, les gens ont des attaches qui les empêchent d'accorder une trop grande importante à ce facteur pour le choix de leur résidence. Autrement dit, ce qui est vrai en ce qui concerne la fuite vers les banlieues aux États-Unis n'est pas nécessairement vrai dans le monde entier. Sur le plan politique, McLean se demande si les auteurs du *Public Choice* (américains) réalisent jusqu'à quel point leur système politique est anormal (*abnormal*: McLean, 1989, p. 39), avec la séparation très nette entre le législatif et l'exécutif, et avec une faible discipline de parti, dont on trouve très peu d'exemples ailleurs dans le monde, et qui invite tellement aux alliances circonstancielles (intéressées) et au marchandage politique, deux techniques qui sont au cœur de l'application des règles du marché à la vie politique. Et, de façon plus fondamentale encore, cette vision minimaliste du secteur public où les politiques sont envisagées de façon étroitement fonctionnelle, parcellaire, sans qu'il y ait nécessité d'un plan d'ensemble, n'est-elle pas, elle-aussi, dans la lignée d'un libéralisme typiquement américain, forgé lors de la naissance même des États-Unis, comme l'a évoqué il y a plusieurs années Louis Hartz (1955)? Ce n'est pas parce que les États-Unis sont en train d'exporter ce modèle ailleurs dans le monde qu'il est réellement valable et universel.

On aurait pu traiter de bien d'autres sujets reliés au *Public Choice*, à partir de l'utilisation des bons d'achat comme mode de financement dans les secteurs de l'éducation ou de soutien au revenu, ou encore des processus électoraux comme moyen efficace pour limiter les excès du secteur public et de ses acteurs, élus ou fonctionnaires. Pour ceux qui veulent en savoir davantage, le livre de Iain McLean, *Public Choice* (1987), constitue un outil excellent.

Par ailleurs, malgré les réserves qu'on peut avoir à propos du *Public Choice*, il faut reconnaître que le mouvement a contribué à rendre explicites plusieurs éléments de la dynamique du secteur public et qu'il constitue maintenant un ensemble théorique incontournable pour le comprendre, sans compter que les gouvernements des pays industrialisés et les hauts fonctionnaires des organismes internationaux à vocation économique ont voulu en appliquer concrètement plusieurs des recommandations.

On retiendra cependant que le *Public Choice* ne représente pas toujours fidèlement les autres variantes du mouvement idéologique plus large qu'on appelle «libéralisme». Il en est, à vrai dire, une sorte d'expression extrême. Mais il est d'un intérêt particulier pour nous puisque le *Public Choice*, lui-même une application particulière de certains concepts économiques, est un ensemble conceptuel qui est à la base du nouveau management public.

8.9 QUELQUES AUTRES MODÈLES IDÉOLOGIQUES POUR L'ADMINISTRATION PUBLIQUE

On mesure toute la variété des idéologies quand, à l'intérieur du cadre du libéralisme de type occidental, on présente le modèle participatif de l'administration publique tout de suite après avoir traité du *Public Choice*.

8.9.1 Le modèle participatif d'administration publique

Le modèle participatif est à bien des égards à l'opposé de ce que prônent les tenants du *Public Choice*, car il se propose de donner une plus grande marge de manœuvre à la fonction publique, c'est-à-dire aux fonctionnaires. Il y a essentiellement deux modèles participatifs, l'un, interne, dont nous parlerons ici, et l'autre, externe, qui renvoie aux conseils consultatifs dont nous avons traité au chapitre 7.

Le modèle participatif est censé apporter des correctifs au modèle libéral. Il veut assouplir la ligne hiérarchique en démocratisant l'administration publique, non pas en faveur des citoyens ou des consommateurs, mais en faveur des fonctionnaires. En effet, la participation est présentée comme un mode de gestion mieux adapté à un environnement en mutation, parce qu'elle favorise les échanges et la négociation plutôt que l'autorité et la contrainte. Le modèle participatif met l'accent sur le desserrement du cadre hiérarchique par la reconnaissance du droit syndical, par l'institutionnalisation de la consultation des fonctionnaires (à la manière des *Whitley Councils* en Grande-Bretagne) et par des procédures de négociation. Ce qui peut amener une recommandation comme celle-ci :

> Le syndicat, capable de canaliser les revendications des agents et d'informer de leur contenu les responsables des services, constitue désormais l'interlocuteur privilégié avec lequel il devient non seulement possible mais nécessaire de dialoguer. [...] l'expérience montre, en effet, que le bon fonctionnement de la participation dans la fonction publique dépend pour une large part de l'existence de syndicats puissants et solidement structurés (Chevallier et Loschak, 1978, tome 2, p. 99).

Le modèle participatif suppose aussi une plus grande diffusion du pouvoir de décision en valorisant une structure plus diversifiée et surtout plus décentralisée. Cependant, les modifications que fait subir le modèle participatif au modèle libéral ne changent pas la substance du système administratif, et le pouvoir demeure, en dernière analyse, entre les mains des mêmes personnes. Il semble que ce modèle responsabilise davantage le simple fonctionnaire tout en ne lui donnant probablement pas plus d'emprise réelle sur l'organisation. En fait, la participation apparaît souvent comme un moyen pour accroître la productivité de l'organisation. « Les ambiguïtés de la participation proviennent essentiellement de ce qu'elle est présentée aux agents comme une fin en soi, alors qu'elle n'est qu'un moyen destiné à accroître le consensus et par là l'efficience de l'organisation » (Chevallier et Loschak, 1978, tome 2, p. 126).

Même si on peut dire que la *New Public Administration* des années 1960-1970 aux États-Unis proposait une sorte de modèle participatif, on retrouve les partisans de ce modèle surtout en Europe, où, on peut le présumer, une tradition hiérarchique et centralisatrice plus poussée fait naître le désir d'un modèle plus démocratique de la prise de décision. C'est probablement en France, durant le fameux « mai 1968 », que le modèle a connu ses plus grandes heures de gloire, du moins dans les discours des jeunes militants français qui le proposaient. Ceux-ci s'opposaient, entre autres, à un certain style de rapports humains et hiérarchiques, que l'on trouvait peut-être en France plus qu'ailleurs. Évelyne Sullerot, dans « Transistors et Barricades » (texte qui nous est rapporté par Alain Bourdin), nous décrit une partie de ce que ces jeunes Français souhaitaient, bien avant, est-il besoin de le préciser, l'arrivée de l'Internet...

> Un rêve naissait... celui d'une information qu'un interviewé appela « information directe » [...] Ce flot aurait balayé les filtres de la hiérarchie [...] Utopie? Certainement mais elle correspondait à l'aspiration de la démocratie directe (Sullerot, cité dans Alain Bourdin, 1970, p. 77).

Cette large participation n'aurait pu s'appliquer que dans des domaines peu spécialisés, efficacité oblige, et donc dans des domaines de faible développement technologique, à moins d'un relèvement sensible du niveau d'éducation et de scolarité des personnes impliquées (les fonctionnaires). Mais cela ne règle pas, par ailleurs, la question de la légitimité des actions posées par les fonctionnaires dans la mesure où, dans ce modèle participatif, ces derniers agissent en dehors du cadre hiérarchique. Cette question n'a jamais obtenu de réponse satisfaisante. D'ailleurs, la même question avait été posée auparavant aux tenants de la *New Public Administration*, sans plus de succès. L'incapacité à répondre à cette question fondamentale a contribué à restreindre, dans les deux cas, l'étendue de ces idées et à limiter, pour ne pas dire éliminer, leur application. Aujourd'hui, le mouvement de l'*empowerment* fait face au même problème.

8.9.2 Les écologistes et l'administration publique : l'exemple d'un mouvement social

Comme le mouvement écologiste a d'abord été un mouvement de pays occidentaux, libéraux, du moins à l'origine, et que pour l'essentiel il ne remet pas en question le libéralisme (sauf exceptions), on peut le situer dans le cadre général des idées libérales. Mais le mouvement écologiste n'offre pas un cadre unique d'interprétation de l'État et de ses fonctionnaires, car le mouvement est trop éclaté. Par contre, on peut dire qu'il y a une « sensibilité écologiste », qui se manifeste et qui se positionne vis-à-vis de l'État et des bureaucrates. On retrouve cette sensibilité écologiste exprimée avec le plus de force et de conviction chez les

Deep Ecologists (écologistes purs et durs) qui peuvent être considérés à bien des égards comme un exemple de mouvement social.

Ceci amène la question suivante : qu'est-ce qu'un mouvement social ? La réponse va bien au-delà des propos du présent livre. J'ai essayé ailleurs (Mercier, 1997) d'y répondre. Tentons tout de même, ici, d'en donner une définition sommaire : un mouvement social est un mouvement plus ou moins politisé qui interpelle le reste de la société sur une question fondamentale (la vie, l'environnement, l'avortement) jadis perçue comme une question privée ou de morale personnelle. Le mouvement social remet en question le fonctionnement même de la société en s'organisant lui-même d'une façon fondamentalement différente, dans ses opérations concrètes. C'est donc souvent dans sa façon de s'organiser qu'un mouvement social, et les écologistes purs et durs en particulier, s'opposent au monde de l'administration publique avec tout ce que celui-ci comprend de division du travail, de spécialisation et de hiérarchie. Ils opposent à ces processus bureaucratiques des organisations où il y aurait moins de spécialisation, plus de spontanéité, moins de hiérarchie. Dans un langage de postmodernistes, certains écologistes nous disent que la façon spécialisée de voir les choses, tellement inhérente à la bureaucratie, est elle-même *une cause* de la dégradation de notre environnement. Une vision plus holistique, plus synthétique et même plus intuitive aurait été, pour certains d'entre eux, de beaucoup préférable.

Aux pages 281 et suivantes du livre de J.I. Gow et de ses collègues, *Introduction à l'administration publique* (1992), Gow compare différentes idéologies politiques et les situe par rapport à leurs prises de positions sur des sujets qui intéressent l'administration publique : la place de l'État, le statut des fonctionnaires ou encore la bureaucratie. Nous reviendrons sur ce tableau important pour notre thème actuel à la fin du chapitre. En partant des catégories analysées dans ce texte, on peut d'abord dire que les *Deep Ecologists* sont en faveur d'une grande décentralisation. Dans un certain idéal écologiste, on produit localement pour les besoins locaux, ce qui constitue bien sûr l'ultime programme de décentralisation. Plusieurs d'entre eux sont contre la globalisation du commerce, car avec lui on crée une division internationale du travail qui amène beaucoup de transports et, donc, de pollution (emballage, routes, réfrigération). La globalisation du commerce, à la recherche d'une rentabilité accrue, doit utiliser des procédés polluants, comme les pesticides et les fertilisants artificiels, particulièrement en agriculture.

Chez les écologistes purs et durs (*Deep Ecologists*), il y a un certain idéal de l'homme, qui influence leur perception du fonctionnaire et de ce qu'il devrait être idéalement. Cet idéal veut qu'un individu soit *complet* en utilisant toutes les dimensions de son talent et de son être. Au lieu du fonctionnaire spécialisé qui œuvre du matin jusqu'au soir dans un domaine étroit, on aurait quelqu'un qui, dans le cadre d'activités diversifiées qui comprendraient la lecture, le contact avec la nature et le travail domestique (n'oublions pas que l'on produit locale-ment le plus possible), ferait sa part pour le bien commun en jouant le rôle de fonctionnaire durant une partie de la journée ou de la semaine seulement. On retrouve aussi cet idéal de « fonctionnaire dilettante » chez Marx et dans certains autres écrits qui contestent les façons de faire de leur époque. On le retrouve aussi, en partie, appliqué cette fois dans la Grèce antique.

Quant à la bureaucratie, qui implique spécialisation et jusqu'à un certain point « parcellisation », on en conclut aisément que les écologistes purs et durs y sont opposés, à cause du mode d'appréhension qu'il suppose : spécialisé, moderne (on sait que ces écologistes sont souvent « postmodernes » et que leurs critiques de la société passent par une critique culturelle, voire esthétique). Vis-à-vis de la technocratie, leur critique est essentiellement la même, mais s'ajoute ici l'idée que les technocrates appliquent encore plus que les fonctionnaires ordi-naires une froide et distante rationalité, laquelle est un aspect du modernisme qui nous a empêchés de bien *sentir*, éventuellement avec nos sens, la dégradation de notre environnement. Ce calcul « rationnel » a contribué à nous éloigner de la nature et des messages de détresse qu'elle nous envoyait. Las des faiblesses des interventions gouvernementales en matière d'environnement, certaines organi-sations écologistes ont décidé de traiter directement avec les entreprises concer-nées par la pollution pour élaborer des programmes avec elles, ce qui constitue un phénomène relativement nouveau en ce qui touche les politiques publiques.

8.9.3 Marxisme et administration publique

Dans cette section, nous tenterons de donner un bref aperçu de la perception qu'ont certains auteurs marxistes de l'administration publique. Il ne s'agira donc que d'une vision partielle de cette littérature spécialisée. Bien que ces écrits aient moins d'influence qu'il y a une vingtaine d'années, il convient de les aborder parce qu'ils font partie de l'évolution de la pensée politique et administrative.

Dans leur article « Le modèle marxiste de l'administration » (1980b), Gérard Timsit et Céline Wiener appliquent de façon très claire la position des premiers marxistes sur l'administration publique. Les auteurs, qui écrivent en 1980, font la distinction entre la pensée marxiste et ce qu'ils appellent le « socialisme réel », c'est-à-dire les entités politiques, les pays concrets qui ont tenté d'appliquer le marxisme, comme l'ancienne Union soviétique, les pays de l'Europe de l'Est, Cuba ou la Chine. Pour les auteurs contemporains en la matière, le socialisme réel a trahi la pensée des fondateurs de la pensée marxiste, en ayant permis le développement, dans ces pays, d'une nouvelle bourgeoisie administrative dont les intérêts ne coïncidaient pas avec ceux du peuple et qu'on a parfois appelé « bourgeoisie d'État ».

Quand on se penche sur les textes des fondateurs du marxisme, ceux de Marx et de Engels particulièrement, il faut les regarder comme des textes théoriques, et les évaluer comme tels. La question de savoir s'ils sont réalistes se pose, mais il faut d'abord regarder si la théorie est logique, si les propositions découlent rationnellement les unes des autres. Nous ferons brièvement cet exercice, en portant bien entendu notre attention sur l'interprétation que ces auteurs font de l'administration publique.

Sur le plan théorique, le marxisme repose sur un concept, qui est aussi une sorte de méthodologie, à savoir *la dialectique*. Il faut analyser les phénomènes sociaux et politiques comme étant des réalités qui se développent en trois phases : thèse, antithèse, synthèse, où les contradictions entre les deux premières phases (thèse, antithèse), sont résolues et conciliées dans la dernière phase (synthèse). La société est donc tiraillée en des tendances ou forces contradictoires qui ne trouveront leur résolution qu'après avoir traversé des périodes d'opposition et de tensions.

La dialectique elle-même, comme méthode, est indépendante de la pensée marxiste et a été proposée avant que le marxisme n'existe. Elle est l'œuvre du grand philosophe allemand F. Hegel, dont la pensée est abstraite, ce qui ne l'a pas empêché par ailleurs d'émettre des opinions sur des sujets concrets. En particulier, Hegel, on se le rappellera peut-être, avait une si haute opinion de la fonction publique qu'il avait fait l'éloge de la bureaucratie. Pour lui, l'État (et ses représentants dans la fonction publique) représentait « l'universel en soi et pour soi », et la bureaucratie incarnait ce qui était au-dessus de la cacophonie des intérêts privés ; elle était placée, donc, au-dessus de la mêlée.

En revenant maintenant aux fondateurs du marxisme, surtout Marx et Engels, on peut dire que leur position sur l'administration publique suit de très près leur position sur l'État. Pour eux, l'État n'est jamais neutre puisqu'il est un enjeu dans la lutte que se font les classes sociales entre elles. On pourrait aussi dire : ainsi va l'État, ainsi va l'administration publique. Sauf en de rares périodes historiques (Duverger, 1965, p. 338), ni l'État, ni sa bureaucratie ne sont neutres, pas plus d'ailleurs que le fonctionnaire, qui a ses propres intérêts de bureaucrate et qui est souvent « parasitaire ». Dans un sens, le marxisme, assez paradoxalement, rejoint le *Public Choice*, qui est pourtant à l'autre bout de l'échiquier politique.

Dans la vision marxiste de l'Histoire, il y avait quatre grandes phases de développement. À chacune de ces phases, l'État, et donc l'administration publique, a un rôle particulier à jouer.

Dans la première phase, la *phase précapitaliste*, il y a peu de développement technologique, peu de division du travail : il n'y a donc pas à proprement parler de classes sociales distinctes. Il n'y a donc pas d'État, ni de bureaucratie.

Puis, survient la *phase du capitalisme :* le développement économique et technologique produit une scission de la société en classes. L'appareil d'État (donc l'administration) est nécessairement le résultat des contradictions qui déchirent la société. Il sert à perpétuer la domination de la classe dominante, dans la vision marxiste des choses. À cause de ces tensions, la classe dominante (capitaliste) tend à augmenter plus qu'il n'en faut le nombre des emplois publics. Elle s'efforce de couper les fonctionnaires du peuple en accordant à la fonction publique des privilèges. Les fonctionnaires accaparent ainsi une part importante de la plus-value, une notion que l'on retrouve chez Marx. Bien sûr, dans ce contexte, l'État (et son appareil administratif) n'est pas neutre. Il peut paraître modéré, mais cette modération n'a pour but que de favoriser ceux qui profitent de la situation.

La troisième phase est celle de la *dictature du prolétariat.* Après la Révolution, la fiction d'une administration neutre cesse. L'État, avant de disparaître, sera l'instrument de la dictature du prolétariat. C'est en effet la seule organisation que le prolétariat trouve après sa victoire sur le capitalisme. Il doit servir maintenant à subjuguer les ennemis capitalistes. Mais la subordination des travailleurs les a rendus provisoirement inaptes à leur mission de gestionnaires, ce qui veut dire qu'on devra encore se fier pour l'administration à des anciens fonctionnaires bourgeois (Timsit et Wiener, 1980b, p. 256-257). Mais dès qu'on le pourra, on devra faire élire les fonctionnaires (comme dans la Grèce antique et aux États-Unis pour certains postes aujourd'hui). Par contre, il faudra choisir les individus les plus doués pour le type de fonction qu'on entend leur confier : on ne peut « élire » comme ingénieur quelqu'un qui n'en a pas la formation. Il faut emprunter les meilleures formes organisationnelles des pays avancés, y compris l'intéressement matériel sous forme de primes, et même emprunter au taylorisme (Timsit et Wiener, 1980b, p. 270). Il faut aussi décentraliser l'État ; des transferts importants doivent être opérés vers les communes (niveau communal), même si cette décentralisation risque de charrier avec elle trop d'inégalités. Mais tout ceci est une situation temporaire, car l'administration est un mal en soi. Même aux mains du prolétariat, elle ne peut être qu'oppressive et inhumaine. Aussi, il faut contrôler de plus près ces fonctionnaires et s'assurer de les rendre imputables (Timsit et Wiener, 1980b, p. 263-265).

La dernière phase de l'histoire est la *phase supérieure du communisme*. C'est la disparition de l'État et de la bureaucratie, car l'abondance existe. Aucune contrainte n'est nécessaire pour produire ce dont on a besoin. Il n'y a plus de classes, donc plus d'État. C'est la fin de l'ère des spécialistes et des permanents : tous seront des administrateurs à tour de rôle.

Voilà donc, esquissée à grands traits, la place de l'administration publique dans l'Histoire, telle que vue par le marxisme. Penchons-nous maintenant vers un thème quelque peu plus récent du marxisme. Comme J.I. Gow le remarque (1992, p. 287-300), il devenait de plus en plus difficile pour les marxistes de considérer la bureaucratie étatique comme un simple instrument. En effet, traditionnellement, la bureaucratie a été vue comme un instrument des classes dominantes. Plus récemment, on a accepté l'idée d'une «autonomie relative de l'État». En effet, il devenait difficile de nier que l'État et ses fonctionnaires avaient un réel pouvoir qui dépassait ce que la «classe dominante» lui accordait. Car le secteur public faisait même de grands travaux (comme ceux de la baie James au Québec) et redistribuait de façon non négligeable les revenus (Gow, 1982, p. 298).

Que peut-on conclure aujourd'hui de ces idées marxistes sur l'administration publique ? D'abord, il faut dire que l'idéologie a subi une sorte d'effondrement dans les pays mêmes qui s'en sont réclamés ; il y avait d'ailleurs eu, quelques années auparavant, une chute de son prestige intellectuel à partir de certains débats qui avaient opposé, en France par exemple, des intellectuels comme J.P. Sartre et Raymond Aron.

De plus, à notre époque postmoderne et relativiste, ce projet de libération universelle (et de marche historique) ne correspond plus à notre esthétique contemporaine. Elle est, en langage McLuhanien, trop *hot* et pas assez *cool*. Même si on peut certes trouver des applications concrètes du type de raisonnement marxiste aujourd'hui, dans le cas des relations entre l'État et les multinationales (O'Connor, 1973), ou dans la nouvelle division internationale du travail, comme le font remarquer de façon souvent convaincante les analystes en économie politique, il est certain que le marxisme a essuyé tout au long du XXe siècle de cuisants revers dont il ne se relèvera probablement jamais.

Entre temps, l'État communiste semble avoir échoué, puis disparu, non parce qu'il a donné lieu à la phase supérieure du communisme (un monde sans État), mais parce qu'il s'est écroulé sous son propre poids bureaucratique.

8.9.4 Quelques autres idéologies

D'autres idéologies sont plus difficiles à classer : ainsi le système très décentralisé, sur le plan administratif, de la Yougoslavie de l'après-guerre (Deuxième Guerre mondiale), dont on peut se demander aujourd'hui s'il n'est pas relié, à l'origine, aux conflits ethniques ; le fascisme en Allemagne durant les années 1930 par exemple, et aussi en Amérique du Sud, où on retrouve comme dans les pays communistes une forme de totalitarisme, un projet de fusion entre l'État et la société, même si les dirigeants économiques demeurent relativement autonomes. Et dans ce cadre fasciste, la question inévitable : le fonctionnaire doit-il toujours obéir aux « ordres » ?

Enfin, l'idéologie de l'autogestion, qui est une forme extrême de décentralisation, dérivée de penseurs marxistes qui ne voulaient pas accepter, même de façon temporaire, l'autorité de l'État sur la société. L'autogestion administrative est en fait un modèle qui s'appuie principalement sur la décentralisation. L'autogestion implique une gestion directe des unités de production par ceux qui en sont les producteurs et suppose l'instauration de formes de gouvernement à tous les niveaux de la société : les entreprises, les régions, les institutions. Dans un ordre d'idées similaire à celui d'Alexis de Tocqueville, la centralisation apparaît, pour les tenants de l'autogestion, comme un mal de l'État qui brime les libertés individuelles. Alors qu'Alexis de Tocqueville ne conçoit pas la décentralisation en dehors de l'État libéral, les autogestionnaires, eux, rejettent la structure pyramidale de la société, et par conséquent l'État dans sa forme actuelle, qu'elle soit de type bureaucratique, capitaliste ou communiste.

L'autogestion propose non pas une nouvelle structure de l'État, car elle rejette ce dernier, mais plutôt une nouvelle structure de la société. En effet, l'autogestion élimine systématiquement la notion de « fonctionnaire » puisque chaque citoyen aura à tour de rôle la tâche de remplir des fonctions administratives reliées à la vie en société. Les niveaux de gouvernements (les entreprises, les régions et les institutions) seront associés selon le principe fédéral pour sauvegarder la décentralisation et, ainsi, l'autonomie locale.

Alors que dans le modèle participatif les syndicats jouent un rôle important, mais défensif, l'autogestion les transforme en de véritables instruments de production dans le but de remettre « l'usine aux travailleurs ». Même si l'autogestion semble avoir plusieurs affinités avec le modèle marxiste d'administration, elle s'en distingue sur plusieurs points ; par exemple, l'autogestion refuse complètement l'utilisation de l'appareil étatique comme instrument au service de la classe prolétarienne. D'ailleurs, les précurseurs de l'autogestion étaient de ceux qui ont fondé l'Internationale communiste, mais s'en seraient assez rapidement détachés parce qu'elle ne leur paraissait plus suffisamment radicale sur certains points. Il est important de mentionner que l'autogestion est souvent comparée à l'anarchisme. Quelques auteurs ont écrit sur l'autogestion : les plus connus sont sûrement Proudhon (qui a beaucoup insisté sur le principe fédéral pour organiser la société autogérée) et Bakounine. L'Histoire ne nous a jamais démontré d'application concrète, sur une longue période, du modèle autogestionnaire.

8.10 CONCLUSION

Aux pages 280 à 287 de l'*Introduction à l'administration publique* (1992), J.I. Gow présente une synthèse très intéressante des positions socialistes, libérales et conservatrices sur certains thèmes de l'administration publique; aussi en reproduisons-nous le tableau synthétique (tableau 8-C).

— TABLEAU 8-C —
Positions idéologiques sur les grands problèmes de l'administration publique

Question administrative	Point de vue politique		
	Socialiste (la gauche)	Libéral (le centre)	Conservateur (la droite)
Théorie de l'État	Instrument au service de la classe dominante	Arbitre Gérant	Souci de l'ordre Intervention minimale ou autoritaire
Centralisation/ décentralisation	Le centralisme démocratique L'autogestion	Pour une démocratie locale mais pour des interventions nationales Rentabilité	Pour un État limité Pour la communauté locale naturelle
Le statut des fonctionnaires	Militantisme et obéissance	Rentabilité et sécurité	Fidélité et obéissance
La bureaucratie	Contre, préfère la primauté de la politique	Le plus favorable	Contre, préfère la primauté de la politique
La technocratie	Contre, parce qu'apolitique	Le plus favorable	Contre, parce qu'impossible
Régime des lois	Primauté à la ligne du parti communiste La légalité socialiste	Le plus favorable	Besoin d'autorité

Source: James Iain Gow, 1992, p. 281.

Comme on peut le remarquer, des idéologies très différentes, voire tout simplement opposées les unes aux autres, se rejoignent souvent sur des recommandations spécifiques concernant l'administration publique, comme la décentralisation, par exemple. C'est un thème vieux et universel, même si on emploie parfois des termes différents pour y référer (en Chine antique, on opposait souvent le « gouvernement des hommes » au « gouvernement des lois » ; la discrétion administrative, davantage associée au gouvernement des hommes, pouvait ouvrir la porte à la décentralisation — voir aussi Gow, p. 285 là-dessus). En un sens, à la fois les marxistes avec leur valorisation de la « commune » locale et le *Public Choice*, avec son retour aux lois du marché, recherchent une certaine forme de décentralisation. Le capitalisme lui-même est vu par ses défenseurs comme une certaine forme de décentralisation fonctionnelle, où le « quoi produire ? » n'est pas déterminé par une autorité centralisée mais par des milliers de micro-décisions.

D'après le tableau de J.I. Gow, il n'y a réellement que le socialisme (ou le communisme) qui, à une étape du développement de l'Histoire, propose franchement une forme de centralisation, soit le « centralisme démocratique ».

D'autres thèmes de l'administration publique font cohabiter des alliés bien improbables — des *strange bedfellows*, comme le veut l'expression anglaise, Ainsi, dans leur désir de ne pas laisser se développer une classe bourgeoise de fonctionnaires, les marxistes ont parfois décrit le fonctionnaire comme étant quelqu'un qui n'a besoin, comme toute qualification, que de savoir lire, écrire et effectuer les calculs de base, une position qui ressemble à celle des pères de la Constitution américaine qui craignaient aussi, mais pour d'autres raisons, l'arrivée d'une caste privilégiée de fonctionnaires.

C'est probablement au sein du libéralisme, si l'on fait exception du *Public Choice* (qui peut d'ailleurs être classé dans le conservatisme), que l'on peut trouver les attitudes les plus modérées vis-à-vis de l'administration publique. C'est le libéralisme qui a une attitude relativement favorable à l'état de fait que constitue la bureaucratie. Les fonctionnaires y ont un rôle propre, celui d'une tradition de compétence et de neutralité ; on ne leur demande pas de servir une « cause politique » qui les dépasse pour justifier leur existence.

Pour revenir aux propos tenus au début de notre incursion dans la politique et dans les idées politiques, les principes fondateurs qui guident l'administration publique dans une société libérale sont la séparation et la hiérarchie : le principe de la séparation assure une certaine autonomie à l'administration publique, alors que le principe hiérarchique s'assure que cette autonomie relative sera encadrée par les lois et par les autorités politiques.

Chapitre 9

ADMINISTRATION PUBLIQUE COMPARÉE

L'Administration Publique utilise parfois la méthode comparative pour mieux comprendre son domaine d'études. Michel Durupty avait exprimé l'avis que la méthode comparative permet, entre autres, de vérifier si un changement dans l'administration publique d'un pays donné est de nature locale ou s'il démontre une tendance internationale (Durupty, 1979, p. 599-615). Elle peut aussi devenir un instrument utile pour les pays en voie de développement ainsi que pour les pays développés, et participer à l'élaboration d'une théorie générale en Administration Publique.

L'Administration Publique comparée peut devenir rapidement un sujet assez vaste. Nous avons choisi de consacrer ce chapitre aux comparaisons entre pays développés, alors que l'administration publique des pays en développement et l'administration publique internationale seront étudiées au chapitre 10.

Après avoir examiné dans un premier temps quelques notions théoriques sur la méthode comparative, nous appliquerons, dans un deuxième temps, la méthode comparative de façon plus concrète, en effectuant les comparaisons suivantes : entre pays développés, du point de vue des institutions puis du point de vue sociologique ; entre le Canada et les États-Unis, en particulier du point de vue de l'administration de la santé ; entre le secteur public et le secteur privé ; et, enfin, entre l'Administration Publique classique et le nouveau management public (NMP). À travers l'examen de ces thèmes, nous tenterons de répondre aux questions suivantes : en quoi et jusqu'à quel point les pays développés sont-ils différents ? Y a-t-il une raison de croire que ces pays évoluent vers un modèle universel d'administration ? Si oui, quel est le rôle du NMP dans ce rapprochement ? En quoi tire-t-il ses fondements théoriques du mouvement *Public Choice* ? Enfin, en quoi le NMP est-il fondamentalement différent du modèle classique ?

Tournons-nous donc, pour l'instant, vers les aspects méthodologiques et théoriques de l'administration comparée et de l'approche comparative en général.

9.1 LA COMPARAISON

Comparer, c'est examiner simultanément les ressemblances et les différences. Ce qui laisse sous-entendre qu'il n'est d'aucun intérêt de procéder à la comparaison de deux choses absolument identiques ou de deux choses entièrement différentes. Il faut que l'on soit capable de dégager une certaine analogie et un commun dénominateur entre les objets à comparer. On peut distinguer deux grandes catégories de méthodes comparatives. La première consiste à confronter des phénomènes analogues à l'aide de la même technique d'analyse. Par exemple, étudier le rôle des fonctionnaires français et québécois dans l'élaboration des politiques publiques en utilisant l'entrevue auprès de deux échantillons issus des deux populations de fonctionnaires. La deuxième catégorie consiste à observer un phénomène à l'aide de techniques différentes. Par exemple, étudier le rôle des fonctionnaires québécois dans l'élaboration des politiques publiques en utilisant l'entrevue et la recherche documentaire, puis en comparant les résultats obtenus par chacune des deux méthodes.

9.1.1 Comparer des phénomènes analogues

Il existe plusieurs possibilités de comparaison entre des phénomènes analogues : ces phénomènes peuvent être éloignés dans l'espace (fonction publique de la France comparée à celle des États-Unis, du Canada ou du Québec), dans le temps (le processus budgétaire au Québec sous Lesage et sous le gouvernement Bouchard) ou dans leurs contextes de fonctionnement (comparer l'administration publique à l'administration privée, ce que nous verrons plus loin dans ce chapitre). Le problème fondamental qui se présente au chercheur qui utilise la comparaison comme méthode de travail est d'éviter que sa comparaison ne soit artificielle. Si les phénomènes qu'il compare dans deux sociétés sont trop éloignés dans le temps, dans l'espace ou que les contextes sont trop différents, la comparaison risque d'être superficielle. C'est pourquoi nous avons choisi de traiter de l'administration publique des pays en développement dans le chapitre 10.

A) La structure des faits comparés

En se rappelant ce qui a été dit au chapitre 2, on peut distinguer deux types de comparaisons : la comparaison des institutions et la comparaison des fonctions. L'analyse des structures étant assez facile à préciser, les comparaisons entre les institutions sont les plus courantes. Par exemple, les structures administratives formelles (les « organigrammes » du chapitre 3) sont relativement faciles à comparer entre les pays ou entre les époques. Les comparaisons fonctionnelles sont plus délicates à réaliser, car une même fonction peut être remplie par des institutions très différentes, comme on l'a vu au chapitre 2.

B) Tenir compte du contexte

Effectuer des comparaisons entre des faits sociaux ou administratifs sans tenir compte du contexte dans lequel ces faits se trouvent revient à leur enlever toute signification. Il faut tenir compte du contexte et, autant que possible, comparer des phénomènes de grandeur analogue ou appartenant à des ensembles de grandeur analogue. Il faut aussi ajouter le contexte culturel qui, bien sûr, change selon les sociétés étudiées ou les époques.

C) La comparaison proche

La comparaison proche porte sur des structures analogues. Elle est généralement une comparaison institutionnelle, plus rarement fonctionnelle. Les contextes des faits ou objets comparés sont aussi semblables que possible autant par leurs caractéristiques dimensionnelles que culturelles. Cette comparaison vise généralement la précision; elle est minutieuse. La préoccupation principale est de rechercher des différences puisqu'elle s'effectue dans un cadre où les similitudes sont aussi grandes que possible. Généralement, elle suppose aussi la formulation préalable d'hypothèses qu'il s'agit de vérifier. On sait à l'avance ce que l'on va observer et analyser. Elle donne lieu à une systématisation : la définition d'une typologie, l'élaboration d'une théorie, d'un modèle hypothétique, et l'on veut vérifier la correspondance de cette systématisation avec la réalité.

D) La comparaison éloignée

Comme vous vous en doutez bien, elle est le contraire de la comparaison proche. On confronte des types de structure différents, on compare des institutions issues de contextes culturels différents. Les comparaisons éloignées sont souvent des comparaisons de type historique ou de type ethnographique. Ce qu'on recherche dans la comparaison éloignée se résume souvent à des ressemblances, puisque les objets ou les faits étant éloignés, par définition il est normal qu'ils soient différents.

La technique de comparaison éloignée n'est pas toujours rigoureuse, du moins pas autant que dans le cas de la comparaison proche. La tentative de systématisation se fait *a posteriori*, c'est-à-dire que l'on effectue la comparaison dans la réalité et, après, on tente d'en tirer des hypothèses, des idées générales, des théories, etc. C'est ce que nous verrons avec plus de détails au chapitre 10.

9.1.2 Les prises de vues différentes d'un même phénomène

Comme on l'a montré plus haut, avec l'approche comparative, la recherche est centrée sur l'étude d'un même phénomène par l'intermédiaire de techniques différentes. La comparaison se fait au niveau des résultats obtenus. Par exemple, supposons que l'on soit intéressé à entreprendre une étude sur les valeurs véhiculées par l'administration publique québécoise. Un membre de l'équipe de recherche peut être intéressé à retracer la grille des valeurs véhiculées dans les documents constitutifs de l'administration publique et dans les écrits des fonctionnaires (recherche documentaire) ; un autre chercheur, habitué à la recherche sur le terrain, préférera participer pour un temps à la vie d'un ministère (observation participante) ; un dernier sera davantage intéressé aux enquêtes par sondage et entreprendra une vaste enquête par questionnaire auprès d'un échantillon de fonctionnaires québécois. Les résultats de ces différents travaux seront ensuite confrontés les uns aux autres, et c'est à ce moment-là que le caractère comparatif de cette recherche prendra toute sa signification.

9.1.3 Les limites de la méthode comparative

Albert Brimo (1972) prétendait, non sans raison, que l'utilisation de la méthode comparative soulevait un certain nombre de difficultés qui tiennent à sa nature même. D'abord, il existe des difficultés issues du vocabulaire comparatif lui-même. On fait ressortir des ressemblances ou des différences qui n'en sont pas parce qu'on n'a pas pris soin, avant d'utiliser un terme, de le définir dans sa réalité sociologique et historique. Par exemple, les régions administratives au Québec n'ont pas la même signification que celles que l'on retrouve en France. Il en est de même du terme « préfet ». L'auteur remarque aussi une tendance à faire appel trop souvent au « bon sens » lorsqu'on utilise une méthode comparative, alors qu'une bonne théorie est plus utile du point de vue scientifique. Enfin, il faut éviter d'analyser, sous le seul angle des opinions de notre temps ou de notre culture, des faits situés ailleurs dans le temps ou dans l'espace (Brimo, 1972).

Bien sûr, ce n'est pas une mince tâche que de se dégager des opinions dominantes de notre époque. Plusieurs études comparatives semblent par ailleurs « vouloir » prouver quelque chose. En ce début de XXIe siècle, il y a beaucoup d'études qui tentent de prouver la supériorité du secteur privé sur le secteur public ou encore l'efficience plus grande du NMP sur l'Administration Publique classique. Sans exclure de telles conclusions, il faut examiner les faits pertinents et les différents niveaux d'analyse de la comparaison avant de conclure dans un sens ou dans l'autre.

9.1.4 L'Administration Publique comparée

L'utilisation de la méthode comparative en Administration Publique est relativement récente. La plupart des auteurs situent la naissance de l'Administration Publique comparée dans les années qui ont suivi la fin de la Seconde Guerre mondiale. Cependant, on pourrait considérer Woodrow Wilson comme un précurseur de cette méthode puisqu'il prônait déjà à son époque l'intérêt de comparer les administrations publiques (voir chapitre 2).

James Heaphey était d'avis que l'Administration Publique, aux États-Unis, se préoccupait trop du système administratif américain. En effet, on ne s'intéresse pas toujours aux pays qui ne sont pas le nôtre. Heaphey croyait cependant que la multiplication des programmes d'aide aux pays en voie de développement a forcé en quelque sorte les spécialistes à se pencher sur les différentes facettes des administrations publiques étrangères. Selon lui, le passage des préoccupations institutionnelles à des préoccupations fonctionnelles dans les études comparatives des gouvernements s'est reflété aussi en Administration Publique (Heaphey, 1968, p. 242-249).

Dans le même ordre d'idées, Robert Jackson distinguait deux phénomènes qui ont amené la méthode comparative en Administration Publique. D'abord, il croyait que cette perspective de recherche n'était pas étrangère à la philosophie administrative de l'École des relations humaines et, ensuite, que l'émergence de nations nouvelles après la Seconde Guerre mondiale avait suscité d'elle-même un intérêt pour ce qui était étranger à la culture américaine (1966, p. 108-130). Jackson nous proposait à l'époque une définition de l'« Administration Publique comparée » qui peut encore être valable aujourd'hui :

> [...] le terme « administration publique comparée » veut signifier qu'on fait des comparaisons systématiques des structures et des procédés administratifs de différents pays. Le but de ces comparaisons est le développement d'un corpus de théories et de propositions générales à propos de l'administration publique, corpus que transcenderaient les limites nationales ou autres — en d'autres mots, le but est de développer une véritable science de l'administration publique (p. 110, traduction libre).

Il est important de mentionner que l'Administration Publique comparée a connu son âge d'or dans les années 1960 aux États-Unis, où elle fut un domaine d'études si florissant qu'un groupe spécialisé s'est formé sous le leadership d'un auteur reconnu, Fred Riggs (voir, entre autres, Riggs, 1973) : le Comparative Administration Group ou CAG. Dans les années 1980 et 1990, on a comparé l'application du NMP dans différents pays développés, comme on le verra plus loin dans ce chapitre.

9.2 LES CADRES D'ANALYSE EN ADMINISTRATION PUBLIQUE COMPARÉE

Fred Riggs avait mis en relief, dans les années 1960, trois types de continuum dans l'étude en Administration Publique comparée (un continuum représente une série de positions intermédiaires entre deux points extrêmes et opposés l'un à l'autre) :

- un continuum normatif à empirique ;
- un continuum idéographique à nomothétique ;
- un continuum non écologique à écologique (Riggs, 1962, p. 9-15).

Dans l'orientation normative, l'accent est mis sur la recherche d'un modèle idéal d'administration publique. Cette tendance normative a cédé la place durant les années 1970-2000 à un courant empirique qui s'est manifesté par un intérêt croissant pour des études descriptives et analytiques des administrations publiques à partir d'informations recueillies sur le terrain.

L'approche idéographique, qui concentre ses efforts sur le cas unique, l'épisode historique ou l'étude de cas, a cédé le pas à une approche nomothétique qui vise à découvrir des généralisations, des lois ou des hypothèses susceptibles de révéler des régularités au niveau des comportements.

Quant à l'orientation non écologique, elle consiste à faire des études comparatives entre des institutions administratives en se focalisant uniquement sur les structures et le fonctionnement interne de ces institutions, alors que la perspective écologique considère l'administration publique comme une instance sociale parmi d'autres, donc soumise à leurs influences puisqu'elle est continuellement en interaction avec d'autres instances. Par conséquent, selon la perspective écologique, les systèmes politique, économique, social, culturel et religieux devraient être pris en considération lorsqu'on compare des administrations publiques.

9.3 COMPARAISON DES PAYS INDUSTRIALISÉS ENTRE EUX

Avec ce thème qui concerne les pays industrialisés, nous arrivons à l'étape des comparaisons plus concrètes. Il s'agit ici de comparaisons assez proches, car ces pays ont beaucoup de choses en commun. Dans un premier temps, on fera quelques comparaisons au niveau des institutions, pour ensuite adopter des perspectives plus larges, voire écologiques (au sens où l'on tient compte du milieu culturel, entre autres). Nous en profiterons pour faire des mises à jour sur certaines questions administratives communes aux pays industrialisés. Dans certains cas, il s'agira d'un survol qui évoquera seulement quelques éléments de comparaisons possibles, alors que, dans d'autres cas, dans celui de la comparaison entre le Canada et les États-Unis par exemple, il y aura plus d'éléments de comparaison.

Une première question de nature institutionnelle qu'on peut se poser, en comparant les pays développés entre eux, c'est la place qui est accordée au secteur public. Nous avons vu en effet, aux chapitres 1 et 6 par exemple, combien la taille du secteur public est plus modeste aux États-Unis et au Japon, alors qu'elle est sensiblement plus importante en Suède, en France et en Allemagne. Et si l'on décompose l'activité économique d'un pays dans son ensemble, on peut voir la place respective du secteur public, des grandes entreprises privées et, enfin, des petites et moyennes entreprises. Dans le cas des États-Unis, on pourrait ajouter le secteur des organisations « volontaires » (*voluntary organizations*) tant il y paraît parfois important ; ainsi, par exemple, plusieurs services d'incendie sont assurés, aux États-Unis, par des services bénévoles, et il s'y trouve pas moins d'un million de pompiers volontaires, répartis dans 25 000 services d'incendie (Henry, 1999, p. 392). À cet égard, comme à l'égard d'autres questions d'administration publique, on peut réellement parler d'*american exceptionalism* (de l'exception américaine).

Alors que, du point de vue de la configuration institutionnelle, les États-Unis semblent ne donner qu'un rôle subsidiaire à l'État, d'autres pays ont une structure institutionnelle différente. Ainsi la France et la Chine ont toujours eu une tradition étatique forte, qui se combine avec une forte tradition d'entreprises petites et moyennes (PME-PMI) et avec un grand secteur industriel privé relativement moins développé que leurs voisins respectifs (ici, il faut comparer chaque pays, la France et la Chine, avec *ses* voisins, car il est bien évident que la France a un secteur privé de grandes entreprises industrielles beaucoup plus développé que la Chine, du moins jusqu'à la fin du XXᵉ siècle). Par contre, le Japon et la Grande-Bretagne ont des traditions de grandes entreprises privées plus fortes, ce qui donne une configuration institutionnelle globale où l'État a un peu moins de place qu'en Chine ou en France. Par contre, étant donné le développement fulgurant du Japon depuis la Deuxième Guerre mondiale, il est d'une certaine façon plus logique de comparer actuellement le Japon aux pays de l'Europe de l'Ouest que de le comparer à la plupart de ses voisins ; dans ce cas-ci, la comparaison « éloignée » géographiquement est en réalité une comparaison « proche » sur le plan des institutions et de l'administration publique. C'est ainsi que la Chine semble être aux prises avec un problème de corruption administrative qui est typique d'un pays en développement, alors que l'administration publique japonaise a davantage l'allure d'une bureaucratie webérienne, marquée au coin de la neutralité et de la compétence.

Une autre question générale qu'on peut se poser, à part la question de la configuration institutionnelle générale, est celle de l'universalité (ou de l'absence d'universalité) des tendances en administration publique. Autrement dit, est-ce que les administrations publiques des différents pays du monde deviendront de plus en plus semblables avec le temps, même si leur point de départ est très différent ? Ainsi, par exemple, est-ce que la fonction publique américaine, plus spécialisée aux niveaux opérationnels et plus politisée au sommet, ressemblera davantage, avec le temps, aux grandes fonctions publiques européennes, plus généralistes au niveau opérationnel et plus neutres au sommet ? Ou est-ce que le ministre britannique continuera de se rapprocher de son homologue français en ajoutant encore des éléments à son cabinet, afin de mieux contrôler son ministère, pendant que le ministre français fera le chemin contraire, en se rapprochant du modèle britannique ? (Voir sur ces sujets : Quermonne, 1991, p. 63-64.) Est-ce que la globalisation du commerce entraînera avec elle la standardisation des cultures en général et de la culture administrative en particulier ? La question est encore plus pertinente pour les pays membres de l'Union européenne qui partagent maintenant, par ses institutions administratives, une sorte d'administration publique commune.

Michel Crozier avait déjà écrit que les administrations publiques de chaque pays révélaient beaucoup plus la culture nationale que le secteur privé ne pourrait le faire. Avec l'internationalisation des entreprises privées, la remarque de Crozier est encore plus vraie maintenant car, aujourd'hui, les administrations publiques de chaque pays présentent encore de grandes différences. Il est possible que ces différences soient particulièrement importantes au niveau du statut et de la place de la haute fonction publique de chaque pays. En effet, il n'est pas impossible que la structure de la tâche d'un employé opérationnel soit similaire d'un pays à l'autre, tandis que le rôle de la haute fonction publique, moins déterminé par la structure de la tâche et donc plus influencé par les prémisses culturelles, présente un degré de variation plus important d'un pays à l'autre.

Une fois ces remarques générales faites, on peut maintenant faire un bref bilan comparatif de l'évolution administrative de quelques pays. Notons que le NMP sera traité dans une section séparée, même si nous y faisons référence ici, à l'occasion.

Même si le nombre total d'employés a baissé dans les administrations publiques centrales de certains pays (États-Unis, Canada, Grande-Bretagne, entre autres), on ne peut pas dire que les administrations publiques du monde aient diminué de façon radicale leurs effectifs. D'autant que, les budgets étant maintenant plus équilibrés, on pourra bientôt se permettre d'augmenter de nouveau les effectifs quelque peu. Il faut comprendre, aussi, que les gouvernements supérieurs ont repoussé certaines responsabilités vers les gouvernements locaux ou encore vers les agences prestataires de service, ce qui fait que le nombre total d'employés du secteur public, tout compte fait, n'a pas autant diminué qu'il a pu paraître à première vue. Dans d'autres cas, certaines responsabilités sont repoussées *vers le haut*, et non vers le bas : c'est le cas des pays de l'Union européenne, qui confient maintenant certaines fonctions de planification, d'harmonisation et de réglementation aux institutions politiques et administratives de l'Union ; vu la complexité technique de ces questions, les organes administratifs de l'Union européenne acquièrent désormais une importance certaine.

Il faut dire, aussi, que ce ne sont pas tous les services centraux des gouvernements nationaux qui ont vu leurs responsabilités diminuées. S'il est vrai qu'on a confié souvent la gestion du personnel aux utilisateurs (ministères ou organismes), donc loin du centre, la décentralisation est beaucoup moins évidente dans le cas de la gestion financière, où l'enjeu des compressions budgétaires a recentralisé cette dimension de l'administration, et cela même si on a responsabilisé les unités par des formules comme les « enveloppes fermées » qui laissaient plus d'initiative dans la gestion opérationnelle des budgets.

Dans d'autres cas, certains organismes centraux sont dans une trajectoire historique d'augmentation régulière des effectifs, que les contraintes budgétaires n'ont pas réellement affectée. Ainsi en fût-il de l'Executive Office of the President (EOP) aux États-Unis, créé suite à la commission Brownlow de 1937, organisme dont le but était d'aider le président dans sa gestion de l'exécutif : le président Roosevelt y avait nommé 6 assistants seniors ; au début des années 1950, le président Truman en comptait déjà 250, Eisenhower, 400, le président Nixon, 650, et il y en aurait eu semble-t-il 1 700 à la fin du mandat du président Reagan. D'une certaine manière, la croissance de l'EOP peut être vue comme une application particulière de l'idée de A. Downs, selon laquelle il est nécessaire de créer une bureaucratie… pour contrôler une bureaucratie. Soit dit en passant, le président Reagan s'était fait élire sur une campagne électorale de *réduction* des effectifs bureaucratiques du « satanique » gouvernement fédéral. Ironie du sort, c'est plutôt sous une présidence démocrate, celle de Bill Clinton (1992 à 2000), qu'il y a eu une baisse régulière et systématique des effectifs globaux de la fonction publique fédérale américaine. Ironie du sort, puisque les Démocrates américains sont perçus comme étant plus favorables aux responsabilités de l'État et à la fonction publique que leurs homologues républicains.

Si les effectifs de la fonction publique ou l'importance de tel ou tel organisme ont pu connaître des vicissitudes — à la hausse ou à la baisse —, on ne peut pas dire que l'administration, comme sujet de préoccupation, a vu son importance diminuer. Bien sûr, la préoccupation et les recommandations du NMP (dont nous ferons un bilan un peu plus loin), ont renouvelé les thèmes d'efficience et de service au client. La question de savoir ce qui doit être sous la responsabilité publique et ce qui doit, au contraire, être laissé à l'initiative du secteur privé est l'objet aujourd'hui de débats intenses, débats auxquels participent non seulement des administrativistes, mais aussi des économistes, des politologues, voire des philosophes et des éthiciens. On peut même dire, sans grand risque de se tromper, que la question du partage des responsabilités entre niveaux de gouvernement et entre les secteurs privé et public constituera une des questions politiques les plus importantes et les plus chaudement débattues en ce début de XXIe siècle.

Comparer, comme on l'a vu dans la section théorique de ce chapitre, peut vouloir dire plusieurs choses. On peut comparer les pays entre eux, bien sûr. Mais on peut comparer aussi un même pays, du point de vue administratif, à différents moments dans le temps. Ces comparaisons, entre différentes périodes d'un même pays, ne feront pas souvent apparaître des différences radicales. La raison en est qu'un système administratif est un système vivant et non une mécanique dont on peut changer les pièces facilement. Comme l'a déjà fait remarquer Victor Thompson, administrativiste américain, le vivant ne se transforme pas si facilement, et une girafe ne peut se transformer rapidement en chat ! Cette image (qui a bien sûr ses limites) nous amène à penser qu'il y a un élément important de continuité dans les systèmes administratifs. Ainsi, malgré les changements et les réformes, la fonction publique américaine sera, pour longtemps encore, plus politisée à son sommet que les hautes fonctions publiques de l'Europe occidentale. Les administrations changent, mais dans la continuité.

Regardons brièvement quelques exemple de cette présence simultanée de changement et de continuité.

En Grande-Bretagne, on pourrait penser que le développement des agences prestataires de service (créées pour appliquer, avec une certaine autonomie, des programmes précis) marque une sorte de brisure avec le passé. Mais on pourrait dire aussi que la haute fonction publique britannique, marquée au coin de l'amateurisme élitiste, n'a jamais été très friande des « détails d'application » et que lui « épargner » les aspects opérationnels se situe tout à fait dans sa tradition, et même dans ses aspirations.

De la même manière, on peut se demander quelle est la part du changement et de la continuité dans le cas de la décentralisation administrative de la France depuis les réformes de 1982-1983. Dans le cadre d'un État traditionnellement unitaire, la France s'est dotée ces années-là d'une politique institutionnelle novatrice, qui crée et renforce des entités politico-administratives nouvelles, notamment au niveau des régions. On pourrait dire aujourd'hui que la France comporte maintenant cinq niveaux de gouvernements : la commune (ou la ville), le département, la région, le niveau national, et, enfin, le niveau européen.

Pour marquer le changement vers la décentralisation, on a même appelé le préfet, durant un certain temps, « commissaire de la République », terme qui semblait alors moins autoritaire. Cette réforme a eu de réels effets : élections au niveau régional, constructions d'infrastructures (des édifices administratifs par exemple), vie locale plus intense (et aussi, inévitablement, plus conflictuelle), relations plus « horizontales » et « contractuelles » que strictement hiérarchiques. D'autres auteurs comparatistes insisteront davantage sur les aspects de continuité des institutions centralisatrices françaises. Ils feront aussi remarquer, non sans raison, que cette politique de décentralisation a en fait été pensée et appliquée *par le haut*…, de façon très centralisée et jacobine. Loin de s'adapter, ajouteraient-ils, aux contours des régions, on a voulu créer des entités standardisées, semblables en tout point, signe que le processus partait du haut. (Par comparaison, les composantes institutionnelles en Grande-Bretagne apparaissent beaucoup moins uniformes ; selon Timsit, il s'agit là d'un signe de décentralisation et de responsabilisation locale (Timsit, 1987, p. 113).) Sans compter qu'en renforçant à la fois les régions et les départements, on a créé des rivalités entre eux…, que seul pouvait venir arbitrer le niveau central. Et, enfin, ajouteraient-ils, si on avait réellement créé une synergie régionale, on ne serait pas encore devant ces 36 000 communes, un record européen, qui refusent toujours de fusionner. À la lumière de ces faits et de ces opinions, on peut déjà dire que, s'il y a eu changement au niveau des institutions politico-administratives françaises, il y a encore aujourd'hui un élément de continuité non négligeable.

Tous les pays dont on vient de parler, y compris les États-Unis, se situent dans une certaine tradition classique, à savoir qu'ils sont dotés d'une fonction publique professionnelle et compétente, marquée par la spécialisation et la hiérarchie (même si les États-Unis sont moins webériens que les autres). Il y a par ailleurs des pays qu'on considère comme développés, mais qui le sont, en termes économiques notamment, à un degré moindre. C'est le cas de l'Italie, du Portugal, de l'Espagne et de la Grèce, par exemple. Pour ces pays, il s'agit souvent d'atteindre de façon plus complète les normes webériennes et non pas tellement, comme c'est le cas en France ou en Angleterre, de les dépasser. La question qui se pose ici est analogue à celle que l'on peut poser sur le développement économique : est-il possible de « sauter des étapes » ? Est-ce que des pays qui n'ont pas atteint les normes webériennes, et qui sont aux prises avec une fonction publique qui n'est pas intégralement neutre et professionnelle, peuvent atteindre directement et rapidement les normes de flexibilité et de service au client chères au NMP ? Un peu plus loin nous verrons le cas de la tentative portugaise pour intégrer le processus du NMP, tentative qui n'a pas été couronnée de succès, selon J.A. Oliveira Rocha (1998). Ce que l'on peut déjà dire, c'est que le passage d'une tradition relativement autoritaire aux normes du NMP ne se fait pas sans heurts. Dans le cas de la Grèce, les changements à apporter supposent une plus grande dépolitisation de la fonction publique, laquelle n'est pas encore tout à fait réalisée. Dans le cas de l'Espagne, on peut se demander si les importantes transformations économiques qu'a connues ce pays modifieront, avec le temps, son administration publique. Il est clair que l'Espagne, sous la poussée de l'intégration européenne, est actuellement en train de rattraper plusieurs pays très développés, et il est difficile d'imaginer que l'administration publique ne suive pas.

Le cas de l'Italie est quelque peu différent, car une administration publique relativement compétente s'y est développée plus tôt que dans certains pays que nous venons de mentionner. Mais cette administration publique, relativement compétente à l'origine, n'a pas su évoluer au même rythme que ses homologues européens du nord du continent. Au niveau du recrutement, il y a souvent eu une sorte de système des dépouilles à l'italienne, où les personnes recrutées pour travailler dans un ministère donné avaient tendance à venir de façon disproportionnée de la région d'origine du ministre, et ce, sous l'œil bienveillant de la fonction publique déjà en place. Depuis quelques décennies, le recrutement des fonctionnaires s'est fait davantage en Italie méridionale, donc dans les régions les plus pauvres de ce pays, ce qui indique, selon certains observateurs, une perte de prestige relative de la fonction publique. Et même si les inculpations spectaculaires des années 1990 reliées à des activités illégales et mafieuses ont moins atteint la fonction publique que les politiciens, la magistrature ou le milieu des affaires, les Italiens dans leur ensemble demeurent assez sceptiques vis-à-vis de leur administration publique, qui leur apparaît sclérosée et difficile à réformer. Pour certains observateurs, c'est dans cet esprit qu'il faut comprendre les espoirs placés dans l'Union européenne par plusieurs secteurs de la société italienne, car le niveau européen pourrait en partie compenser les faiblesses de l'administration publique locale italienne.

Nous avons montré plus haut qu'il était plus approprié de comparer l'administration publique japonaise à celles de pays européens ou nord-américains qu'à leurs voisins d'Asie, même si plusieurs d'entre eux évoluent très rapidement vers un modèle occidental d'administration publique. Pour employer la terminologie élaborée au début du chapitre, comparer le Japon aux pays industriels de l'Occident tient à la fois de la comparaison proche et de la comparaison éloignée.

D'un point de vue comparatif, un examen même sommaire de l'administration publique japonaise est un exercice instructif, car le Japon a puisé certaines de ses configurations institutionnelles auprès des pays occidentaux. Les architectes de la restauration Meiji, dans les années 1870, avaient beaucoup emprunté aux modèles administratifs de l'Allemagne (Wright et Sakurai, 1987, p. 121), par l'importance accordée au droit, par exemple. Par ailleurs, le Japon est formellement un État unitaire, comme la France, mais avec cette particularité que, si les deux tiers des sommes recueillies en taxes le sont par le gouvernement national, les dépenses, elles, sont effectuées aux deux tiers par le niveau local (Wright et Sakurai, 1987, p. 125).

Par ailleurs, si l'on regarde la part du secteur public japonais dans le produit national brut, on s'aperçoit qu'elle est relativement modeste par rapport à d'autres pays industrialisés : elle se rapprochait de 34 % en 1980, chiffre qui est très près du pourcentage américain de la même époque, qui est, rappelons-le, lui-même exceptionnel par rapport aux autres pays occidentaux. Précisons, par contre, que ce pourcentage de 34 % en 1980 est en augmentation substantielle par rapport aux 20 % qu'il était en 1970 (Wright et Sakurai, p. 123), ce qui laisse penser que la part du secteur public a augmenté en même temps que la progression des exportations japonaises à l'étranger.

Les éléments de ressemblance qui peuvent exister entre les secteurs publics du Japon et des États-Unis n'incluent pas, cependant, la place qu'occupe l'administration publique japonaise dans l'estime des citoyens, du moins jusqu'à tout récemment. En effet, traditionnellement, le Japon a même été considéré comme un État dirigé par la bureaucratie (Wrigth et Sakurai, p. 122). En 1960, on a même décrit la bureaucratie japonaise comme «la force politique la plus puissante au Japon» (p. 131), dont les membres ont étudié dans les universités japonaises les plus prestigieuses. Contrairement à ce qui se passe aux États-Unis, il n'y a pas au Japon de séparation marquée entre les niveaux politiques et administratifs du point de vue de la formulation et de la mise en œuvre des politiques publiques (p. 128).

Comme le mentionne Guy Faure, du Centre d'étude sur le Japon contemporain, les données seulement statistiques sur la place de l'État dans le PNB japonais ne donnent pas une idée juste de l'influence de celui-ci sur la société et sur l'économie :

> Quand on désire évaluer le degré de dirigisme d'un État sur une économie, on a tendance à retenir, comme indicateur principal, la part de l'État dans le PNB. Comme le faisait remarquer récemment le professeur Nishiyama lors d'une conférence au CNPF, ce taux, au Japon, est relativement faible en comparaison de ceux [...] du Royaume-Uni ou de la France. Il faut donc chercher ailleurs l'influence de l'État japonais sur l'économie nationale (Faure, 1980, p. 53).

Quels sont les autres éléments associés à cette place importante de l'État et de la bureaucratie dans l'histoire économique du Japon ? Bien sûr, une étude qui se voudrait exhaustive sur le sujet déborderait vite du cadre de ce chapitre sur l'Administration Publique comparée. Mais on peut tout de même suggérer un élément ou deux.

D'abord, comme le rappelle Gérard Timsit (1987, p. 160-161), les autorités américaines après leur victoire militaire de la Deuxième Guerre mondiale sur le Japon, avaient épuré des rangs des partis politiques les parlementaires les plus susceptibles d'entretenir une hostilité envers eux. Vidés de ces éléments, certains partis politiques, et surtout le Parti libéral, ont accueilli en leur sein un grand nombre de fonctionnaires pour combler les vides. Cela a créé, du même coup, une tradition de présence de hauts fonctionnaires nippons en politique. Il y a d'ailleurs d'autres éléments de fluidité entre les grandes institutions nippones, puisqu'il y a aussi des passages du secteur de la fonction publique vers le secteur industriel public et même parfois privé. Il y a d'ailleurs une expression très parlante pour désigner de tels passages, soit *amakuderi*, qui signifie « la descente (à partir) du ciel ».

On est donc loin, ici, des distinctions très rigides entre public et privé qu'on retrouve parfois dans la littérature occidentale sur le sujet. Une institution publique japonaise, le MITI (Ministry of International Trade and Industry ou ministère de l'Industrie et du Commerce international), illustre de façon particulièrement convaincante comment les secteurs public et privé japonais constituent en réalité des vases communicants. Guy Faure, en se référant à Anton Brender, explique comment, pour comprendre l'évolution et les succès de l'économie japonaise, il faut tenir compte :

> [...] des réponses du MITI face aux changements d'environnement, en montrant, comme l'écrit Anton Brender, « qu'une économie de marché concrète n'est pas guidée par la simple juxtaposition des activités décisionnelles de ces unités de production : ce guidage suppose l'intervention d'intermédiaires qui s'interposent entre la production et le marché. La présence de structures d'intermédiation n'est toutefois pas tout : l'appareil cybernétique de l'économie japonaise fonctionne convenablement parce qu'il fait l'objet d'un réglage constant. C'est à ce réglage que procèdent les autorités centrales en maniant les diverses contraintes dont elles disposent » (Faure, 1980, p. 53).

Les grandes entreprises japonaises qui connaissent un si grand succès commercial sur la scène mondiale depuis 1970 ont donc été, à une étape de leur développement, guidées par l'État, et particulièrement le MITI. C'est par l'intermédiaire de ce dernier que le gouvernement japonais exécute très souvent sa politique économique internationale. À tel point qu'on a dit du gouvernement japonais qu'il avait pour tradition de ne pas aimer la concurrence. Bien sûr, comme l'a déjà souligné Tom Peters, la compétition entre les firmes japonaises (et même à l'intérieur de celles-ci) est féroce, mais le MITI intervient à des moments cruciaux pour encadrer cette compétition, la structurer et empêcher qu'elle devienne dysfonctionnelle pour l'exportation de produits japonais. Par exemple, le MITI a « incité les six principaux constructeurs (d'ordinateurs) japonais, qu'opposaient des luttes acharnées, à se rassembler en trois groupes, qui se sont révélés capables d'affronter IBM » (Ryu Otomo, 1987, p. 45-46). Ce rôle de « marieur », le MITI l'avait exercé souvent auparavant, notamment dans l'industrie de l'automobile, avant que les firmes japonaises de ce secteur ne réussissent à exporter massivement leurs produits. En effet :

> L'appareil économique japonais au début des années 1960 avait besoin d'une sérieuse réorganisation [...]. L'industrie automobile japonaise, par exemple, à cette époque, ne comptait pas moins d'une douzaine de firmes pour un marché encore peu développé ; la plus grande firme, Toyota, n'occupait environ qu'un quart du marché. Seules les fusions et les unions allaient pouvoir réduire ce nombre excessif de firmes, et conduire à des économies d'échelle permettant de dépasser de nouvelles frontières technologiques [...]. La structure recherchée par le MITI était celle de l'oligopole permettant la meilleure compétitivité face aux fabricants étrangers (Faure, 1980, p. 55).

Du point de vue de son fonctionnement administratif, le MITI est un ministère relativement petit, ce qui lui donne paradoxalement une certaine indépendance vis-à-vis du « gros » ministère des Finances. Un collaborateur du MITI décrit le partage entre les deux ministères de la façon suivante : « le ministère des Finances, c'est la ménagère qui garde le portefeuille. Le mari qui travaille et affronte les orages de la vie, c'est le MITI » (Ryu Otomo, 1987, p. 45). Il y aurait une grande démocratie interne au MITI : on y discute beaucoup, les jeunes hauts fonctionnaires, souvent bardés de diplômes, y sont écoutés tout autant que les plus anciens. Pour emprunter des notions vues aux chapitres 2 et 3, on pourrait dire que c'est un ministère organique, selon la typologie de Burns et Stalker, et qu'il constitue une adhocratie, dans le langage de Henry Mintzberg. Dans les années 1960, il y a même eu, selon la petite histoire, le *Kamatsu Bar*, où les fonctionnaires du MITI, toutes hiérarchies confondues, se réunissaient, parfois tard le soir, pour discuter du GATT (l'OMC de l'époque). Autre caractéristique de ce ministère : « le parachutage des hauts fonctionnaires atteignant 55 ans dans les états-majors de la plupart des géants de l'industrie nippone » (Ryu Otomo, 1987, p. 46).

Aujourd'hui, il n'y a plus autant de consensus sur le rôle que doit jouer le MITI, ou même sur le rôle qu'il a joué dans le passé : « pour certains il est considéré comme l'artisan principal des succès économiques du Japon de l'après-guerre ; pour d'autres il est l'entrave principale au bon fonctionnement d'une véritable économie libérale » (Faure, 1980, p. 51).

Ceci termine notre brève introduction comparative à l'administration publique japonaise, du point de vue de ses institutions. Bien sûr, nous aurions pu adopter une approche plus interprétative ou, pour employer un terme utilisé au début de ce chapitre, plus « écologique », ce qui nous aurait amené à considérer comment l'administration publique japonaise s'insère dans un environnement économique, politique, social et culturel particulier, et à examiner la culture japonaise et son influence sur la culture administrative. Plusieurs livres à succès, surtout américains, se sont penchés sur cette question, en étudiant notamment comment le passé féodal japonais, caractérisé par des liens d'intense loyauté, avait pu se transposer dans la grande industrie japonaise moderne.

Cette référence à la « culture administrative » nous amène à en distinguer trois sens particuliers. Il y a d'abord la *culture administrative nationale*, dont nous venons de parler à propos du Japon, et qui vise à décrire et à expliquer les origines et la dynamique d'un système administratif national sur le plan de sa mentalité, de ses habitudes, de sa façon de voir. Notons au passage que cette dernière approche a été tour à tour louangée et critiquée : louangée parce qu'elle proposait d'analyser plus en profondeur les caractéristiques administratives d'un pays, critiquée parce qu'elle pouvait mener à des clichés, voire à des préjugés. Les partisans de l'approche culturelle ont parfois répondu à cette dernière critique en disant que les traits particuliers d'une culture nationale pouvaient se comprendre comme un agencement (ou une permutation) spécifique de caractéristiques universelles, ce qui enlevait un peu de mordant à l'accusation d'entretenir le préjugé. À cause de l'impact de ses exportations dans le commerce mondial, le Japon a fait l'objet, ces dernières années, de plusieurs publications sur sa culture administrative. La France[1], elle aussi, a beaucoup été analysée du point de vue de sa culture administrative nationale, par Alexis de Tocqueville, Michel Crozier et, plus récemment, Philippe d'Iribarne (1993). Quant à l'auteur de ce livre, il a étudié la culture administrative québécoise, en la comparant parfois à celle de la France (Mercier, 1985).

Il y a également deux autres sens à l'expression « culture administrative », qui sont mentionnés par O.P. Dwivedi et J.I. Gow dans leur livre *From Bureau-*

---

1. Dans un texte publié en 1994, j'ai tenté de résumer certaines études qui portaient sur la culture administrative française, en la rapprochant d'une certaine forme de rationalité essentiellement déductive (voir Mercier, 1994, p. 28-47).

cracy to Public Management — *The Administrative Culture of the Government of Canada* (1999, p. 20) : d'abord, la culture d'une organisation administrative spécifique, qu'on peut étudier *sous un angle sociologique ou même anthropologique*. Et il y a enfin un troisième sens, proche du second sens, qui renvoie cette fois à la culture administrative que les dirigeants d'une organisation essaient d'implanter ou de greffer dans un projet *délibéré et volontariste*.

Parfois, on peut mieux comprendre un système administratif national en en comparant certains aspects à d'autres. Comme le dit le dicton anglais : *He who knows only England does not know England at all* (celui qui ne connaît que l'Angleterre ne connaît pas du tout l'Angleterre). Ainsi, on peut analyser, comme on le fera dans les prochaines pages, le système administratif des États-Unis et le comparer à celui du Canada sur certains points particuliers. Pour reprendre les termes utilisés au début de ce chapitre, la comparaison des États-Unis avec le Canada est une « comparaison proche », puisqu'il s'agit de pays développés et voisins par la géographie et le mode de vie. On peut comparer les deux pays sur le plan des institutions et des structures, mais on peut aussi, par la suite, comparer les pays de façon plus écologique, plus culturelle, en intégrant les traits administratifs dans une interprétation qui tient compte de l'histoire et de certains éléments culturels.

Mentionnons qu'au chapitre 4 on avait déjà comparé la place des fonctionnaires américains avec celle des pays de l'Europe occidentale. La haute fonction publique y est plus politisée que dans la plupart des autres pays développés, même si les réformes du président Carter de la fin des années 1970 ont tenté de rapprocher celle-ci de celle des pays comparables, en structurant davantage le statut des hauts fonctionnaires de carrière. Entre autres, certains postes de la haute fonction publique fédérale furent à partir de ce moment-là réservés à des fonctionnaires de carrière. En 1987, Gérard Timsit remarquait qu'il était encore trop tôt pour évaluer cette réforme. Mais on a vu au chapitre 4 que les indications que l'on a maintenant, plus de vingt ans après la réforme, donnent à penser qu'elle n'a pas réussi à insuffler un élan nouveau à la haute fonction publique américaine, du moins au niveau fédéral.

Sur le plan de la haute fonction publique, le Canada et les États-Unis sont assez différents, malgré quelques ressemblances. D'abord, les ressemblances. Quand on oppose, comme on l'a fait au chapitre 7, les pays dits de « bureaucratie classique » (France, Allemagne) aux pays de « culture civique » (Angleterre, États-Unis), on serait porté à dire que le Canada, se situant dans la tradition britannique, doit être classé parmi les pays de culture civique, donc avec les États-Unis, c'est-à-dire comme un État qui s'assure d'un contrôle serré de sa haute fonction publique à travers ses élus et leurs programmes. On pourrait dire aussi que, tout comme aux États-Unis, il y a eu une perte relative de prestige des postes du secteur public. Par contre, l'influence des hauts fonctionnaires de carrière sur les élus a la réputation d'être plus marquée au Canada qu'aux États-Unis. Par exemple, des groupes environnementalistes ont déjà souligné que s'ils réussissaient à convaincre les hauts fonctionnaires canadiens d'une action à entreprendre, ils auraient parcouru une bonne partie du chemin. D'ailleurs, plusieurs hauts fonctionnaires canadiens se voient promus pour leur travail au niveau des politiques publiques (comme d'ailleurs en Angleterre), et non pas tellement pour leurs responsabilités de gestion quotidienne. Aux États-Unis, ce rôle au niveau des politiques publiques serait plus souvent accaparé par les partisans politiques.

Au-delà de ces questions du statut de la haute fonction publique, on peut regarder les États-Unis sur le plan des institutions. Sur ce plan, comme sur d'autres, l'administration publique et les institutions politiques américaines sont très différentes des autres pays développés, au point d'être considérées comme réellement des exceptions.

La caractéristique la plus frappante de l'ensemble politico-administratif américain est sa fragmentation à plusieurs niveaux. D'abord, les zones d'incertitude entre les pouvoirs législatifs et exécutifs, en politique étrangère et en matière budgétaire, pour ne prendre que deux exemples, ont pour effet de donner beaucoup de pouvoir aux tribunaux, comme arbitres, et dans une moindre mesure, à la fonction publique. On sait que les administrateurs publics peuvent être appelés à témoigner directement devant les puissants comités législatifs, sans l'encadrement de leurs supérieurs politiques. Cette pratique peut laisser entendre aux fonctionnaires qu'ils ont en réalité deux patrons en même temps, l'exécutif et le législatif, ce qui va à l'encontre du vieux principe de l'école classique de l'unité de commandement. D'ailleurs, on peut interpréter la tradition de nommer des partisans politiques aux postes clés de l'administration comme une tentative de l'exécutif (entendre : la présidence, dans le cas du gouvernement fédéral) de prendre le contrôle de la fonction publique, devant ces incertitudes. Si l'on prend l'exemple du Canada, le contraste est assez saisissant : en effet, dans notre pays, il y a peu de « zone grise » entre le législatif et l'exécutif puisque le premier ministre d'un gouvernement majoritaire contrôle à la fois le pouvoir exécutif et le pouvoir législatif.

Ce qui vient d'être dit ne s'applique pas toujours de la même manière aux États fédérés, c'est-à-dire aux gouvernements régionaux, mais l'élément de fragmentation est une caractéristique commune à tous les niveaux de gouvernement dans ce pays.

Les juridictions placées en deçà des États sont beaucoup plus variées que dans un pays unitaire comme la France, par exemple. Il y a plusieurs types d'agglomérations urbaines, dont les statuts juridiques diffèrent ; il y a les comtés, et également les *special purpose jurisdictions* qui ont des objectifs fonctionnels très précis, comme le transport de l'eau ou l'établissement de systèmes énergétiques. Ces *special purpose jurisdictions* ont des limites qui sont souvent différentes des villes ou des municipalités qu'elles desservent. Il faut dire que les Américains ne s'embarrassent guère du principe de l'unité administrative, ce qui fait que la représentation géographique de leurs administrations publiques peut être une entreprise assez complexe.

La multitude d'administrations américaines, du géant fédéral, y compris ses agences spécialisées et ses compagnies publiques, jusqu'à la plus petite *special purpose jurisdiction*, la faiblesse relative du pouvoir exécutif et la grande variété des formules administratives donnent à penser que l'activité de l'administration publique américaine souffre d'un certain manque de coordination et d'unité. C'est la conclusion à laquelle en arrive d'ailleurs, et de façon très convaincante, Theodore Lowi dans *The End of Liberalism* (1969). Pour ce dernier, le penchant américain pour la décentralisation n'a été qu'une « carte blanche » en faveur des droits acquis ; c'est ainsi, par exemple, qu'une certaine forme de décentralisation urbaine n'a fait qu'encourager le développement de banlieues qui ne sont, pour Lowi, qu'une façon par laquelle la périphérie peut exploiter un centre urbain. Lowi reconnaît par ailleurs que la fragmentation des juridictions existe ailleurs qu'aux États-Unis, en Russie et en Grande-Bretagne par exemple, mais, soutient-il, l'éparpillement gouvernemental et administratif est un problème particulièrement sévère aux États-Unis parce que, contrairement à ce qui se passe ailleurs, il n'y a pas, dans ce pays, suffisamment de forces centripètes pour contrebalancer l'excessive décentralisation.

On peut illustrer certains problèmes administratifs américains en prenant pour exemple l'administration de la santé aux États-Unis. Au début des années 1990, on se rend compte que l'administration du système de santé américain... est malade. Les chiffres, dans ce cas-ci, ne mentent pas : le taux de mortalité infantile y est plus élevé que dans la plupart des pays industrialisés comparables ; plus de 28 % des Américains se sont trouvés sans assurance médicale pour au moins un mois entre 1986 et 1988, et plusieurs dizaines de millions d'individus sont régulièrement sans aucune couverture sociale (Himmelstein et Woolhandler, 1989, p. 102-108 ; Redelmeier et Fenchs, 1993, p. 772-778). Visiblement, les vertus de l'administration privée n'ont pas réussi à se manifester dans le domaine de la santé. Les 1 500 assureurs privés — ayant chacun ses formules, ses critères d'admission ou d'exclusion de telle ou telle maladie — ont conduit le système de santé américain vers un indéniable cauchemar administratif. Des enquêtes menées au début des années 1990 démontrent, sans l'ombre d'un doute, que ce sont les frais administratifs, et non les soins médicaux eux-mêmes, qui entraînent des dépenses excessives. Les États-Unis dépensent, bon an, mal an, près de 13 % de leur produit intérieur brut en santé, alors que les pays industriels comparables y consacrent environ 9 %. La plupart des observateurs s'accordent pour dire qu'une bonne partie de la différence vient des coûts administratifs. Malgré ces dépenses importantes, la santé ne se porte pas bien aux États-Unis. Y vivre aujourd'hui, sans aucune assurance, c'est risquer la ruine financière person-nelle. Même ceux qui sont assurés découvrent — trop tard parfois — que leurs frais médicaux ne sont pas inclus dans l'assurance qu'ils ont achetée.

Alors que des dizaines de milliers d'Américains sont pris entre les assurances privées de santé, qu'ils ne peuvent pas toujours se payer, et les systèmes publics qui ne couvrent que les personnes à très faible revenu (*medicaid*) ou les per-sonnes âgées (*medicare*), le droit à des soins médicaux est considéré dans la grande majorité des pays occidentaux comme un droit fondamental, presque comme un droit de citoyenneté.

Antonia Maioni s'est penchée de façon particulière sur les différences entre le Canada et les États-Unis à ce sujet, ainsi que sur certaines causes à l'origine de ces différences. Au début des années 1960, les différences entre les deux pays dans le domaine de la santé ne sont pas encore très importantes. Mais,

> [d]epuis ce temps, la différence entre les deux pays, en ce qui concerne les dépenses a considérablement augmenté. En 1994, les dépenses de santé avaient atteint 14,3 % du PIB aux États-Unis, mais seulement 9,7 % au Canada. Donc, bien que le Canada et les États-Unis dépensent relativement beaucoup pour les soins de santé comparativement à d'autres pays industrialisés, les dépenses des États-Unis dépas-sent de beaucoup celles du Canada.

> Les modifications dans les niveaux de dépenses sont particulièrement intéressantes, puisque les deux pays ont commencé à des niveaux relativement équivalents. La mise en application de l'assurance maladie au Canada et l'institutionnalisation d'un système mixte privé-public aux États-Unis ont engendré des différences importantes dans la croissance des coûts. Dans le système canadien du « payeur unique », les gou-vernements provinciaux fournissent le « guichet unique » par lequel passe l'argent dans le système des soins de santé grâce auquel les coûts peuvent être contrôlés par la négociation avec les hôpitaux et les médecins. Aux États-Unis, le système plus com-plexe du « payeur multiple » a engendré une plus grande augmentation des coûts de santé, en chiffres absolus et relatifs, même si des millions d'Américains sont sans assurance ou mal assurés (Maioni, 1996, p. 140).

En effet, au Canada, il y a « des économies réalisées grâce aux coûts administratifs beaucoup plus bas que permet le système du "payeur unique" » (Maioni, p. 142). En langage économique, on dirait que le système américain de santé engendre beaucoup de coûts de transaction : négociation et recherche d'un assureur, détermination de la couverture, vérification pour savoir si le soin qui a été donné est couvert par l'assurance, gestion des paiements entre l'assureur, le médecin et parfois l'hôpital et, dans certains cas, litiges et contentieux devant les tribunaux. Cela engendre, on en conviendra, beaucoup de transactions, même si tous ces événements ne se réalisent pas dans tous les cas.

Il y a bien eu en 1993, sous le premier mandat du président Clinton, une tentative de réforme du système administratif de la santé, qui visait à un regroupement des consommateurs et un meilleur contrôle des compagnies d'assurance, tout « en sauvegardant la légitimité du marché privé de l'assurance médicale » (Maioni, p. 148).

Cependant, le compromis Clinton, qui visait ce juste milieu en réglementant le marché privé de l'assurance maladie, n'avait cependant pas réussi à obtenir un soutien suffisant de la part des partisans de la réforme et, en même temps, devait faire face à l'opposition considérable de la part des groupes qui voulaient maintenir un système de santé privé lucratif. Le lobby des médecins et des assureurs avait mené une campagne publique contre les propositions de Clinton et contre l'intervention gouvernementale dans le domaine de la santé. Ainsi, lors des débats publics, ces deux groupes d'intérêt ont réussi à marginaliser ceux qui proposaient la réforme sociale. Au Congrès, le gouvernement Clinton devait faire face non seulement à l'opposition républicaine, mais aussi aux opposants du caucus démocrate ; c'est-à-dire des membres plus progressistes mais aussi des membres de l'aile conservatrice du parti, ce qui a semé la confusion générale dans le public. Cette confusion était amplifiée par la complexité des détails contenus dans la proposition de réforme du Président, par le spectacle des factions en opposition au Congrès et par les prédictions menaçantes de la part des opposants.

Des contraintes institutionnelles ont incité le gouvernement Clinton à adopter la compétition contrôlée au lieu d'une intervention gouvernementale plus radicale, mais ces contraintes ont aussi contribué à la faillite de la proposition Clinton sur la réforme en matière de santé (Maioni, p. 148-149).

Antonia Maioni attribue la difficulté à réaliser des changements à des facteurs institutionnels, les mêmes que ceux dont nous avons parlé plus haut :

Ainsi, les systèmes politiques comportant de multiples points de veto ont moins tendance à engendrer des changements importants. Aux États-Unis, la séparation des pouvoirs ainsi que la résistance des intérêts clés ont paralysé les tentatives de réformes du système national de santé, alors qu'au Canada, l'importance accordée à l'universalité et au financement public des programmes de santé peuvent être attribués au rôle innovateur des provinces dans ce domaine ainsi qu'à la cohésion relative du système parlementaire, qui permet l'adoption des projets de loi fédéraux (Maioni, p. 144).

Les enquêtes d'opinion publique menées tant auprès du public que des médecins démontrent qu'une proportion importante d'Américains est favorable à une certaine forme de nationalisation de la santé. Mais, comme dans le cas du contrôle des armes à feu, la dispersion des centres de décision joue dans le sens de l'intérêt des démarcheurs et des lobbyistes de toutes sortes. Encore une fois, les forces de la dispersion auront eu le dessus sur les forces de coordination de l'ensemble du système. Par peur de la tyrannie, réelle ou imaginée, les Américains semblent prêts à sacrifier un certain niveau d'efficacité, du moins pour un certain temps encore.

Le désir de contrôle démocratique et de décentralisation est louable, mais peut-être est-il révélateur, également, de la réserve traditionnelle des Américains envers les contraintes de l'action collective. Enfants de la révolution industrielle, les Américains n'ont pas, à l'heure actuelle, un système politico-administratif qui puisse efficacement faire face à certains problèmes ; les graves problèmes urbains, ceux de l'environnement et ceux de la santé, n'en sont qu'une sorte de révélateur.

Il ne s'agit pas ici de diaboliser le système politique ou institutionnel américain. Ainsi, il faut noter que le système de santé canadien tente, de son côté, d'expérimenter des formules de privatisation à l'américaine (Maioni, p. 152). Historiquement, le système politique des États-Unis a merveilleusement servi les Américains, et leur a assuré un maximum de contrôle sur les élus et les administrateurs publics. Mais il est possible que ce système soit moins efficace dans une période où les questions administratives et politiques comportent un niveau très élevé d'interactions entre elles. Pour William P. Kreml, le système américain de gouvernement souffre actuellement d'un niveau de fragmentation qui l'empêche de comprendre et de traiter des questions les plus importantes des politiques publiques (Kreml, 1994, p. 79) : « l'Amérique [les États-Unis] a divisé ses structures en morceaux minuscules » (« America has atomized its structures into tiny parts ») (p. 83). Cette fragmentation est due en partie, ajoute William P. Kreml, au fait que les fondateurs des États-Unis ont voulu appliquer au nouveau continent les principes du gouvernement britannique, en oubliant que ce dernier comporte une part importante de tradition et d'ordre public, moins apparent quand on le regarde superficiellement (p. 88-89).

Quand on compare, donc, les États-Unis avec le Canada, on peut remarquer dans un premier temps certaines ressemblances : les deux pays sont des fédérations, ils ont un système juridique comparable (notamment du point de vue du contrôle de l'administration) et, contrairement à la tradition européenne, la haute fonction publique n'a pas un rôle très élitiste. Mais, quand on y regarde de plus près, les différences sont notables. Il y a, au Canada, une unité beaucoup plus grande entre le législatif et l'exécutif. On y trouve une plus grande valorisation du secteur public et même une certaine tradition étatique. Cela peut être dû à plusieurs facteurs ; en particulier, on peut comprendre qu'avec une population plus faible et, donc, avec moins de grandes entreprises, on ne peut réaliser certains grands projets, lesquels nécessitent entre autres des économies d'échelle, qu'avec une participation gouvernementale importante.

Il y a, au Canada, plus d'éléments de sécurité sociale et de redistribution des revenus (le fameux « filet de sécurité ») qu'aux États-Unis, mais aussi plus de chômage. Paradoxalement, les Canadiens sont plus taxés, mais semblent se plaindre moins de leur niveau de taxation, ce qui laisse penser que la résistance à l'impôt, loin d'être un phénomène objectif, est au contraire un élément hautement culturel et subjectif. Bien entendu, la résistance devant l'impôt est un élément important de la culture administrative et politique américaine, vu que cette résistance s'est manifestée à la naissance même des États-Unis (on se rappellera du *No taxation without representation* et du *Boston Tea Party*).

En résumé, on peut dire que le Canada offre davantage un profil ouest-européen d'administration publique et de gouvernement alors que les Américains sont une exception. À cet égard, O.P. Dwivedi et J.I. Gow rappellent les propos de Richard J. Stillman, qui décrivait l'administration publique américaine comme une « administration publique sans État » (*peculiar stateless origins*) (1999, p. 24). D'ailleurs, si on comparait le système du gouvernement américain avec celui de la France, les différences seraient encore plus frappantes. Philippe Le Prestre a déjà fait, de façon synthétique, cette comparaison (1997, p. xxv-xxvi) ; il a, entre autres, opposé l'intérêt public vu par les Français, intérêt public qui transcende les intérêts particuliers, à l'intérêt public américain qui est davantage pluraliste et soumis à l'interprétation des acteurs politiques ; le dirigeant français dont le rôle est de définir et mettre en œuvre des dispositions d'intérêt public, alors que le dirigeant américain se perçoit davantage comme un arbitre au centre d'intérêts divergents ; et la valorisation des hauts fonctionnaires en France, comparée à la méfiance entretenue envers eux aux États-Unis.

À la fin des années 1980, Michel Crozier fait une tournée de différents pays industriels pour y sonder les réformes déjà entreprises dans la foulée du NMP. Contrairement à ce qui peut exister à Stockholm ou à Tokyo, « le climat qui règne dans la capitale fédérale (américaine) est un climat d'atonie » :

Washington semble actuellement gagné par le scepticisme. Le caractère rituel des débats, l'absence d'idées-forces nouvelles, le manque de passion des professionnels de la politique pour le renouveau de la chose publique sont tout à fait inhabituels.

Pendant les vingt dernières années, en effet, au moins en ce qui concerne la philosophie administrative et le raisonnement sur la décision, l'Amérique avait été le laboratoire le plus créatif du monde occidental, c'est-à-dire du monde tout court.

[…]

En 1988, il faut bien le constater, le reaganisme et même plus généralement le néolibéralisme semblent effectivement épuisés. Mais ils ne sont pas remplacés. Plus personne ne veut en débattre.

[…] s'agissant de la réduction du poids de l'administration fédéral et de sa bureaucratie [...] un engagement beaucoup plus fort [ont] produit sur certains points quelques résultats significatifs mais [ont] échoué globalement, sur le plan du management administratif.

[…] l'entreprise de déréglementation (*deregulation* en anglais) [...] a donné des résultats non négligeables, mais en deçà des grands espoirs que l'on avait imprudemment nourris.

Le choix d'une politique aux finalités essentiellement budgétaires est apparu en fait comme très restrictif, voire négatif. C'est l'échec du «Gouvernement par l'OMB» [*Office of Management and Budget*]. Cet échec se traduit en particulier par une grave crise de management pour le gouvernement fédéral. Une gestion déplorable des ressources humaines, dont les meilleurs éléments sont tentés de quitter l'Administration, est à l'origine d'une grave crise de moral dans l'encadrement de la Fonction publique, qui compromet tout le discours sur la performance (Crozier, 1988, p. 81-83).

L'arrivée d'une présidence du Parti démocrate, celle de Bill Clinton de 1992 à 2000, a sans doute été accueillie avec soulagement par plusieurs éléments de la fonction publique fédérale américaine, car ce parti est traditionnellement bien disposé envers l'administration publique. De fait, voilà qu'on s'est remis à parler d'éducation, de santé publique et du financement de certains fonds publics (comme les pensions par exemple), même si les résultats concrets n'ont pas toujours été à la hauteur des attentes, à cause des restrictions budgétaires et des forces d'inertie à l'œuvre dans tout projet de changement (souvent à l'intérieur même du parti qui le propose).

Bien sûr, on pourra dire que les analyses de William P. Kreml et de Michel Crozier sont trop pessimistes et qu'elles ne tiennent pas compte de toutes les innovations qui se sont réalisées au niveau des gouvernements locaux américains, et qui ont été décrites, entre autres, par Osborne et Gaebler (1993). Il est vrai également que le discours antibureaucratique a subtilement changé ces dernières années : de discours carrément anti-bureaucrates, il est devenu « anti-mécanismes bureaucratiques », ce qui est quand même différent.

Par contre, comme la culture administrative américaine a énormément d'influence dans le monde, il est essentiel d'en voir les résultats au sein même des États-Unis, quitte à pécher par excès de sens critique. Ainsi, par exemple, les administrations publiques du monde entier ont tenté des expériences de privatisation et de NMP, lesquelles ont été pensées d'abord aux États-Unis. C'est sur ces expériences que nous nous pencherons maintenant, en faisant d'abord un relevé des comparaisons entre les secteurs public et privé.

9.4 COMPARAISON DES SECTEURS PUBLIC ET PRIVÉ

Dans cette section, nous ferons d'abord un relevé des différences entre les secteurs public et privé, en prenant soin d'y ajouter les nuances qui s'imposent ; nous nous pencherons ensuite sur les différents processus par lesquels on essaie de privatiser le secteur public, en introduisant, dans le secteur public, les recettes de gestion utilisées dans le secteur privé. Il y aura, pour terminer, quelques remarques sur le fait que les responsabilités du secteur public en général vont bien au-delà de la fourniture directe de biens ou de services. Nous reviendrons plus loin dans cette section sur ce point important.

Dans la foulée des idées néolibérales des années 1980-2000, la comparaison entre les secteurs public et privé a été un sujet d'étude à la mode. Mais il faut placer ces vingt dernières années dans un contexte plus large, celui d'un accroissement du rôle de l'État tout au long du siècle, particulièrement entre 1940 et 1980. Pour Jon Pierre, la période 1980-2000 peut se diviser quant à elle en deux sous-périodes : celle des années 1980-1990, où l'État réduit sa ponction sur la richesse engendrée par le secteur privé et celle des années 1990, où « la problématique d'ensemble du marché et la théorie économique correspondante s'imposent dans des domaines autrefois exclusifs au pouvoir politique » (Pierre, 1995, p. 50). Même si ces comparaisons « public-privé » n'ont jamais été autant discutées que maintenant, elles ne sont pas réellement nouvelles. Déjà, comme le rappelle Ronald C. Moe (1987, p. 455), le texte fondateur de Woodrow Wilson de 1887, « The Study of Administration », avait fixé comme objectif central de l'Administration Publique la détermination de ce que le gouvernement (par rapport à d'autres secteurs de la société) doit faire et de la meilleure façon de remplir ses obligation. Dans cet essai fondateur, il y avait des éléments importants de comparaison, tant entre les secteurs privé et public qu'entre les administrations de différents pays.

Aujourd'hui, la comparaison administration publique-administration privée s'est renouvelée à cause des préoccupations du NMP. En effet, on peut établir les origines conceptuelles de ce dernier selon la séquence suivante : la science économique fournit des modèles conceptuels au *Public Choice* ; le *Public Choice*, à son tour, fournit des concepts au NMP. Au cœur même de ces préoccupations se retrouve le désir d'appliquer dans le secteur public certaines caractéristiques du secteur privé, plus particulièrement la possibilité de compétition entre fournisseurs, afin que le consommateur puisse, par l'*exit*, sortir de la transaction envisagée et effectuer sa transaction avec un autre fournisseur. Au chapitre 8, quand on a traité du *Public Choice* comme idéologie libérale, on a examiné les aspects plus spécifiquement économiques du cadre conceptuel du NMP. Également au cœur de ce mouvement, on trouve un désir de plus grande flexibilité de gestion, et donc une diminution des contraintes, légales entre autres, que l'on observe traditionnellement dans le secteur public. C'est d'ailleurs dans cet esprit qu'on veut réduire les normes imposées par les organismes centraux sur les organismes opérationnels, ministères ou agences prestataires de service (*executive agencies*). Quant au NMP proprement dit, on en a déjà vu ses principales caractéristiques tout au long du volume, notamment aux chapitres 2, 4 et 6. À noter qu'on l'étudiera plus en détail dans la prochaine section.

Avant d'aller plus loin, il convient de rappeler les distinctions, effectuées au début de ce livre, qu'on peut faire entre les approches descriptives, critiques et normatives. Dans les comparaisons entre les secteurs privé et public, il est essentiel de bien distinguer l'approche utilisée, car, en cette matière plus que dans d'autres, le normatif et le prescriptif viennent contaminer l'analytique et le descriptif ; on est si désireux de « prouver » un point de vue au détriment d'un autre que les analyses sont faussées ou escamotées. Sans compter qu'il y a parfois des intérêts matériels en jeu : intérêts de ceux qui profitent de « rentes de situation » en rapport avec l'État et qui défendent ardemment le secteur public, d'une part, et intérêts de vendeurs de réformes et consultants de toutes sortes, qui ont, eux, avantage à opposer les secteurs public et privé, pour mieux vendre leur programme déjà tout prêt, d'autre part. Donc, prudence et scepticisme sont de mise.

Tout d'abord, on peut noter que la frontière entre les organisations publiques et privées n'est pas toujours facile à tracer. Il y a, en effet, des entreprises hybrides, situées à mi-chemin entre le privé et le public ; des organisations mixtes, sortes d'adhocraties créées par des entreprises des deux secteurs pour répondre à un objectif spécifique. Il y a aussi ce que les Américains appellent le *third sector*, ni privé, ni public : organismes de bienfaisance, de charité ou de sport par exemple, et également les ONG (organismes non gouvernementaux) qui poursuivent des objectifs de politiques publiques, sans pour autant faire partie d'un gouvernement.

Sur le plan du fonctionnement, il y a bien entendu beaucoup de ressemblances. À cet égard, il faut se rappeler que Max Weber, en décrivant le mode bureaucratique classique, n'excluait pas de sa définition les *bureaucraties privées*, dans la mesure où elles répondent elles aussi, bien souvent, aux critères de spécialisation, de hiérarchie, de compétence technique, de professionnalisme et de continuité. Pour l'économiste John Kenneth Galbraith, adoptant lui aussi une perspective historique dans le *Nouvel État industriel* (1974), les grandes organisations, tant privées que publiques, ont vu le pouvoir de leurs dirigeants (actionnaires dans le cas du privé, élus dans le cas du public) usurpé par les managers professionnels qui les gèrent au jour le jour. (Dans les deux cas de parallèles que nous venons de faire, les rapprochements se font entre le secteur public et les *grandes* entreprises privées. Les PME à structure simple, bien contrôlées par leur propriétaire, affichent cependant des caractéristiques bien différentes.)

Enfin, mentionnons la remarque de H.A. Simon[2], prix Nobel d'économie en 1978, selon laquelle la phase du marché, de la transaction elle-même, n'est qu'un moment dans la vie d'une entreprise privée qui se trouve, comme les organisations du secteur public, enserrée dans des relations hiérarchiques pour l'essentiel de ses opérations.

Nous avons tenté de résumer les principales différences qui existent entre les secteurs privé et public dans la production de biens et de services dans le tableau 9-A qui s'inspire en partie de l'article de Roland Parenteau « Le management public n'est pas le management privé » (1992, p. 49-73). Comme le remarque Roland Parenteau, effectuer cette comparaison en insistant sur la dimension économique donne une idée incomplète des responsabilités de l'État ; en se référant à la spécificité de l'État, Parenteau remarque :

> En insistant sur l'aspect économique, nous laissons délibérément de côté deux éléments également importants, le juridique et le politique [...]. Pour les organisations publiques, les relations avec le marché sont beaucoup plus lâches (Parenteau, 1992, p. 50).

Et un peu plus loin, il observe que la plus grande partie des biens et services produits par le secteur public ne peuvent pas, en réalité, être comparés à ceux du secteur privé ; car, pour le secteur public,

---

2. Cette remarque a été faite dans le cadre du discours d'ouverture du congrès annuel de l'ASPA (American Society for Public Administration), à Philadelphie, à l'été 1997.

[…] la plus grande partie de leur production est constituée de biens indivisibles, consommés collectivement (maintien de la paix, promotion du développement économique, protection de l'environnement ou de la culture) ou encore de biens faisant l'objet d'une utilisation individuelle mais offerts à titre gratuit ou du moins sans référence à la capacité de payer (éducation, services de santé, services récréatifs, utilisation de routes, etc.), en d'autres termes exigibles par les citoyens comme y ayant droit (p. 54).

On pourrait ajouter à ces nuances le fait que le secteur public contribue à la production d'un bien *à une étape différente* de celle où intervient le secteur privé, souvent à une étape où le projet n'est pas encore rentable. Rappelons que l'Internet a été créé par l'armée américaine, qui y voyait un système de communication d'urgence en cas de défaillance des autres systèmes ; l'informatique elle-même a d'abord été utilisée dans le calcul statistique pour l'atteinte des cibles durant la Deuxième Guerre mondiale. On pourrait dire la même chose, *mutatis mutandis*, de l'exploration spatiale et du secteur des satellites, ce dernier secteur étant aujourd'hui source de revenus. D'autres secteurs, dont la rentabilité est reportée dans un avenir lointain mais dont les dépenses doivent être effectuées dans l'immédiat, peuvent être inclus ici : les trains à grande vitesse en France (TGV) ou encore les méga-barrages hydroélectriques au Québec. Pour Jon Pierre « ces biens collectifs deviennent des services publics là où existent des économies d'échelle irréalisables par les individus […] [l]es coûts énormes interdisent à quiconque d'assurer les siens propres […] la logique politique et économique impose qu'ils soient de nature collective » (Pierre, 1995, p. 61).

Quand on a apporté toutes ces nuances, et d'autres encore (l'équité, une redistribution minimale des ressources et des richesses), il peut arriver malgré tout qu'on doive comparer l'efficacité et l'efficience des secteurs public et privé dans la production de certains biens et services. Ainsi, on a dit que l'exploitation d'une ligne aérienne a été mieux assurée par le secteur privé que le secteur public en Australie. Aux États-Unis, la collecte des ordures ménagères serait réalisée par le privé à un coût moindre. Par contre, les services publics d'électricité à Los Angeles coûtent moins cher que les services privés à San Diego. Dans d'autres cas on peut comparer, jusqu'à un certain point, des méga-systèmes nationaux privés à d'autres méga-systèmes publics : l'administration de la santé publique coûte moins cher, du point de vue de la gestion, au Canada, que l'amalgame du système privatisé aux États-Unis, mais il est possible que la logique d'ensemble du système privatisé américain stimule davantage la recherche médicale. On peut dire que ces comparaisons sont hasardeuses. Dans d'autres cas, elles seront même carrément impossibles, car il n'y a pas toujours d'équivalent à ce que réalise le secteur public : ainsi, on ne peut comparer au privé les politiques d'élimination des grandes maladies contagieuses, en Chine ou ailleurs, ces services n'ayant pas d'équivalent dans le secteur privé.

Nicolas Henry en conclut que c'est un mythe, typiquement américain selon lui, de considérer que le secteur privé est plus efficace et efficient que le secteur public (Henry, 1999, p. 371).

Le tableau 9-A résume de façon schématique les différences entre les secteurs privé et public dans le cadre de la production de biens et de services. Ce tableau nous amène à conclure que la différence entre le secteur public et le secteur privé est souvent une question de degré, non de nature. Dans ce tableau, on peut remarquer que le côté droit (secteur public) prend plus d'espace que le côté gauche (secteur privé), ce qui est déjà une indication de la complexité et de la lourdeur qui peut caractériser le secteur public. C'est cette lourdeur et cette complexité qui, du point de vue de plusieurs économistes, rendent le secteur public *structurellement* moins efficace, car on ne peut y appliquer plusieurs des éléments de flexibilité de gestion nécessaires à toute entreprise efficiente et efficace.

Le premier thème de comparaison se fait «du point de vue de l'établissement des finalités et des orientations». On peut y constater que l'ampleur de la perspective du secteur public est beaucoup plus grande. Au niveau du choix de ce qui va être produit, on mentionne pour le secteur public l'influence «des groupes d'intérêts»; on peut inclure dans cette catégorie les influences des employés du secteur public lui-même, réunis en groupe compact (syndical) qui peuvent donc affecter le choix de ce qui sera produit ; c'est pourquoi on a dit que ce qui est parfois produit par le secteur public l'est en fonction du producteur et non du consommateur. Ajoutons que les employés du secteur public sont souvent des professionnels (avocats, ingénieurs, agronomes, etc.) et que leurs choix et leurs décisions peuvent être influencés par leurs associations professionnelles et surtout par leurs valeurs et leurs normes. Bien entendu, le fait que le producteur public soit parfois un monopole accentue les influences qui viennent d'être mentionnées. Mais le monopole est également possible dans le secteur privé.

Quand on regarde la comparaison «du point de vue du choix et de la quantité de ce qui sera produit ou offert» (le deuxième thème de comparaison), on peut résumer la situation particulière du secteur public en disant que les sanctions du milieu sont trop lâches ou qu'elles sont transmises par des signaux peu

— TABLEAU 9-A —
Comparaisons entre le secteur privé et le secteur public
pour la production de biens et services

Comparaison du point de vue...	Secteur privé	Secteur public
...de l'établissement des finalités et des orientations	Horizon relativement limité. Minimum de contraintes légales (tout ce qui n'est pas défendu est permis). Buts ultimes relativement simples (faire des profits, rentabiliser). Théoriquement, l'initiative de ce qui est produit vient de la demande du consommateur (ajoutons qu'il faut quand même produire avant de vendre). On peut gérer dans un relatif anonymat, en n'étant imputable qu'à un groupe restreint de personnes (soi-même, ses actionnaires).	Horizon plus vaste dans le temps et dans l'espace, ce qui inclut par exemple les générations futures, l'environnement. Maximum de contraintes (tout ce qui n'est pas permis est défendu). Multiplicité de buts, dont certains sont contradictoires (égalité, équité, croissance économique, respect de l'environnement, etc.). Le choix de ce qui va être produit est décidé de façon complexe : par la loi (qui peut spécifier aussi les moyens à utiliser) ; par le niveau politique (qui, lui, réagit à diverses pressions, des groupes d'intérêts ou de l'opinion publique par exemple) ; ou encore, à travers la puissance étatique, par l'interprétation unilatérale que se fait le gouvernement des besoins. Le plus souvent, c'est une combinaison de plusieurs éléments qui décide de ce qui va être produit. On opère dans un contexte de haute visibilité, en étant imputable à toute la société, laquelle est composée d'individus désirant souvent des politiques publiques différentes, sinon opposées les unes aux autres.

— TABLEAU 9-A —

Comparaisons entre le secteur privé et le secteur public pour la production de biens et services (suite)

Comparaison du point de vue...	Secteur privé	Secteur public
...du choix et de la quantité de ce qui sera produit ou offert	Ici, le marché joue plusieurs rôles importants ; il constitue l'origine des ressources, assure les débouchés pour les produits et est en même temps le critère ultime du succès. Le profit aide à déterminer ce que l'on fait ou l'on ne fait pas.	Il n'y a pas toujours de signaux clairs entre fournisseurs et consommateurs ; parfois, il y a une surabondance de signaux qu'un organisme central (public) a de la difficulté à interpréter pour décider de l'allocation des ressources. Absence fréquente du profit comme source de décision.
	Biens divisibles, facilement identifiables.	Biens indivisibles et caractérisés par une grande interdépendance et une grande complexité, comme la santé publique, la sécurité publique ou l'environnement.
	On peut déterminer un prix unitaire pour chaque unité de production : on sait combien coûtent les unités additionnelles.	Il y a des coûts mais pas toujours de prix unitaire pour chaque unité produite (en partie à cause de la complexité des opérations ; de plus, les responsabilités sont souvent partagées avec d'autres organismes gouvernementaux).
	Gestion « élastique » et plus flexible (si les ventes augmentent, on augmente la production).	L'augmentation des « ventes » ne crée pas nécessairement une plus grande rentabilité, ce qui amène parfois une prédétermination des quantités à produire, à travers le budget.
	Théoriquement, la compétition maintient les prix bas et raisonnables.	L'absence de compétition crée des prix trop bas ou trop hauts par rapport aux coûts de production.

— TABLEAU 9-A —

Comparaisons entre le secteur privé et le secteur public
pour la production de biens et services (suite)

Comparaison du point de vue...	Secteur privé	Secteur public
...de la gestion	L'utilisation fréquente de contrôle *a posteriori*, plus flexible. Tendance à laisser de l'initiative aux « opérationnels » et aux gestionnaires sur le terrain.	Beaucoup de contrôle *a priori*, ce qui ralentit la gestion. Beaucoup de normes et de directives qui lient les gestionnaires.
	On sait qui est le client.	Qui est client ? Le public ? Le politicien ? Les démarcheurs ?
	Gestion relativement flexible des ressources humaines.	Beaucoup de contraintes légales et autres pour ce qui est du choix et de la gestion du personnel.
...d'autres questions	En général, il y a ici des sanctions spécifiques pour des actions spécifiques.	Les élections ne constituent pas réellement une sanction spécifique pour des actions spécifiques (le vote d'un citoyen porte sur plusieurs choses à la fois).
	Les données sur le produit ou le service sont souvent précises et fiables.	Les données techniques et scientifiques sur ce que l'on produit sont souvent imprécises, complexes et même parfois partisanes.
	On peut passer à d'autres les externalités que l'on cause.	On ne peut que difficilement passer à d'autres les externalités que l'on cause, car le gouvernement est une entité de dernier recours.

Source : Tableau inspiré pour partie de Roland Parenteau, 1992, p. 49-73.

clairs, voire contradictoires. Pour certains, le secteur public est donc une organisation qui n'est pas suffisamment disciplinée par son milieu ou par sa clientèle.

Quand on fait la comparaison « du point de vue de la gestion », on constate que les contraintes sont plus lourdes dans le secteur public. Les gestionnaires ont les mains liées, en particulier pour ce qui est de la gestion du personnel : dans plusieurs administrations, les employés du secteur public jouissent d'un statut particulier, et même d'un régime particulier, qui fait qu'il est plus difficile pour le gestionnaire de vraiment choisir ses collaborateurs, de les motiver ou de les assigner à d'autres tâches en cas de conduite insatisfaisante (Inwood, 1999, p. 11). Dans ce sens, les employés du secteur public sont à l'image du secteur public lui-même : les sanctions contre l'inefficacité ne sont pas toujours très fortes ni très rapides. Ceci comporte des avantages (sécurité d'emploi par exemple) pour les employés de l'administration publique, car ils ne sont pas autant soumis à l'arbitraire du patron que dans le secteur privé. L'ensemble des contraintes fait en sorte que l'administrateur public doit en général faire preuve de plus d'imagination et de créativité (Inwood, 1999, p. 11), en particulier dans la gestion du personnel. Par ailleurs, on peut dire que le secteur privé, surtout depuis les vingt dernières années, accorde une grande importance au développement de son personnel. On en connaît les raisons : compétition accrue, développement technologique, réduction des effectifs qui nécessite le recours à plus de compétences pour ceux qui restent, service « sans faute » au client et sophistication croissante des systèmes informatiques. En somme, alors que les managers du secteur public investissent beaucoup de temps à évaluer les impacts politiques de leurs programmes, les managers du privé consacrent, eux, plus de temps à la gestion de leurs ressources humaines (Parenteau, 1992, p. 66). Dans le secteur public, tout se passe comme si la convention collective réglait sur le mode légaliste les relations de travail, laissant peu de place pour les autres dimensions de la gestion du personnel.

Une fois que ces distinctions ont été soulignées entre les secteurs public et privé, on peut maintenant se pencher sur la question de la privatisation du secteur public. Cette question est complexe et comporte une dimension idéologique non négligeable ; on peut dire cependant que la privatisation vise à rendre la gestion du secteur public plus semblable au secteur privé. Si on se réfère au tableau 9-A, il s'agit en somme de rendre la gestion du côté droit plus semblable à celle du côté gauche. Comme le résume Gilles Bouchard, « [d]'une relation fonctionnaire-citoyen, on [veut passer] à une relation fonctionnaire-client » (Bouchard, 1996, p. 141).

Si on s'entend pour dire que le secteur public est plus complexe que le secteur privé, on peut se demander ce qu'il advient de cette complexité quand on « privatise » : disparaît-elle ? Les réponses ici sont variées. On répond parfois qu'on a exagéré la complexité de l'administration publique. Une réponse plus sophistiquée consiste à dire que la complexité et les contraintes particulières du secteur public, bien réelles, n'ont pas à se retrouver dans toutes les instances organisationnelles de l'administration publique ; c'est d'ailleurs l'idée qui a amené la création des *executive agencies* (agences prestataires de service), séparées de leur ministère d'origine pour les aspects opérationnels de leur mission.

Comme l'a montré Lionel Ouellet, il y a différentes manières de privatiser (Ouellet, 1992, p. 129-150)[3]. On peut même établir une sorte de continuum (voir la figure 9-A, inspirée de L. Ouellet), qui irait de la vente pure et simple

— FIGURE 9-A —
Différentes formes de privatisation selon L. Ouellet

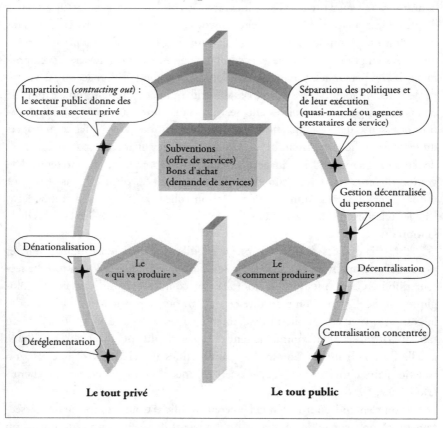

Source : Figure inspirée de L. Ouellet dans R. Parenteau (dir.), *Management public*, 1992, p. 129-150.

---

3. Je laisserai de côté plusieurs formes particulières de privatisations, dont certaines ne se retrouvent pas très souvent en dehors des États-Unis, comme les *vouchers* (ou bons d'achats) ou comme les très humiliants *food-stamps* (bons d'achats limités à l'alimentation).

d'une entreprise publique au secteur privé, jusqu'à des formes plus *soft* de privatisation, qui viseraient à augmenter, en bout de ligne, le pouvoir du supérieur immédiat sur son personnel. À l'intérieur des formules plus radicales, on peut inclure, en plus de la vente au secteur privé, une déréglementation plus ou moins poussée d'un secteur économique donné.

Dans le cadre des formules intermédiaires, le secteur public « fait faire » tout en gardant une certaine influence ou mainmise sur les résultats ou les décisions stratégiques. Les exemples ici sont assez variés : les franchises, où des droits d'exploitation sont attribués à des entreprises privées, même si c'est dans un domaine reconnu d'intérêt public ; les subventions, où le gouvernement encourage certains choix de la part du privé, là où peut-être il faisait tout lui-même auparavant ; ou encore, l'impartition (*contracting out*), où le secteur public se déleste de certaines opérations en les confiant au secteur privé et où il évalue, par la suite, les résultats en tant que client. Dans des pays où il y a relativement peu d'entreprises publiques au départ, comme aux États-Unis, la privatisation s'est surtout réalisée par la procédure de l'impartition. Nicholas Henry évalue à 15 % des dépenses totales du gouvernement fédéral américain la part qui est réalisée par cette formule (Henry, 1999, p. 375). Le chiffre est plus modeste pour les États américains, à cause de l'opposition des syndicats du secteur public, plus puissants à ce niveau de gouvernement (Henry, p. 392). Nicholas Henry se fait d'ailleurs assez critique vis-à-vis de cette formule d'impartition : elle entraîne une perte de contrôle du secteur public sur des opérations dont elle a la responsabilité (p. 364) ; un président américain aurait même demandé à une firme privée de consultants de rédiger… le budget du gouvernement américain (p. 384) ! La situation serait particulièrement délicate au niveau du choix des entreprises qui reçoivent les contrats, puisque 85 % de ce type de dépenses ne fait pas l'objet d'un appel d'offres en bonne et due forme, malgré les règles explicites à cet effet pour plusieurs types de contrats (p. 377). La situation serait pire encore au Pentagone et pour ce qui concerne les dépenses militaires en général, puisque environ la moitié des contrats sans appels d'offre vont à des anciens cadres militaires (p. 378). D'ailleurs, un quart de tous les militaires qui se retirent au niveau de *major*, ou plus haut, vont travailler pour des firmes qui reçoivent des contrats de l'armée (p. 377).

Dans le cas de la troisième catégorie, les formules de privatisation concernent plus spécifiquement la gestion elle-même. La responsabilité et la propriété demeurent de nature publique, mais cette formule emprunte des modèles de gestion au secteur privé : en créant une concurrence entre entités autonomes du secteur public, par la création de ce que l'on a appelé des « quasi-marchés » ; par la création d'agences prestataires de service, libérées de certaines contraintes, budgétaires ou syndicales entre autres ; ou encore, d'une façon plus générale, par l'introduction dans le système administratif d'une plus grande souplesse et d'une décentralisation poussée. Le livre de Osborne et Gaebler, *Reinventing Government*, offre plusieurs exemple de cette formule générale.

Plusieurs critiques et plusieurs nuances ont été exprimées vis-à-vis de ces différentes formules de privatisation. On a déjà vu celle de Nicholas Henry à propos de l'impartition du gouvernement américain. Mais il y en a bien entendu d'autres.

Un premier type de critiques ou de nuances vis-à-vis de la privatisation consiste à attaquer le secteur privé lui-même et à dire que les tenants de la privatisation ont une vision idéalisée et irréaliste du monde des entreprises privées. L'efficacité et l'efficience du privé seraient un mythe (Henry, 1999, p. 371), bien entretenu d'ailleurs. Avant d'imiter les processus du privé, il faudrait voir s'ils ont toujours fonctionné dans le secteur privé lui-même, ce n'est pas toujours le cas, semble-t-il. Quand on compare les niveaux de satisfaction à l'égard des services publics et des services privés, en dehors de toute suggestion ou propos introductifs, on obtient des scores qui n'ont rien à voir avec les différences qui sont réputées exister : l'exemple de la santé publique, au Canada, ne serait qu'un exemple parmi d'autres. Dans la même veine, d'autres font remarquer que le monopole, en soi, n'est ni nécessairement négatif, ni nécessairement un trait particulier du secteur public. Comme on l'a vu au chapitre 1, il y a des « monopoles naturels », où il est plus efficace d'avoir un seul fournisseur, vu les coûts importants à l'entrée et à la sortie de l'opération (systèmes d'eau, d'électricité). Dans des cas de rareté, on peut mieux rationner un bien *via* le monopole, afin que chacun puisse avoir une chance égale de pouvoir en consommer. Dans le même esprit, la compétition ne crée pas toujours l'efficience, puisque les coûts de la duplication des installations peuvent parfois annuler les avantages de la compétition. On oublie aussi que la compétition parfaite n'existe pas toujours et que les entreprises peuvent aussi s'entendre sur des prix ou des seuils, comme c'est le cas à une plus grande échelle avec l'OPEP (Organisation des pays exportateurs de pétrole). D'ailleurs, Roland Parenteau avait déjà remarqué que la situation recherchée, pour toute entreprise, est celle où on aurait éliminé ses concurrents pour pouvoir en toute liberté fixer les prix. C'est ce dont sont accusés Bill Gates et Microsoft (1999-2000), dans le domaine des services informatiques. On oublie, également, que le secteur privé peut décider d'abandonner un secteur d'activité et donc d'interrompre le service parce que celui-ci n'est plus profitable ; que se passe-t-il, alors, si c'est un service essentiel ?

Devant ces nuances et ces doutes, on en est venu à remettre en question certaines des images opposant le public et le privé. Certains disent que ce n'est pas tellement de savoir si telle opération est privée ou publique qui est important, mais bien de savoir s'il y a *de la compétition*, que cette compétition soit entre des organisations publiques ou privées : ainsi, les coûts sont mieux contrôlés quand les entrepreneurs privés savent qu'il est toujours possible que le gouvernement décide de prendre en main le service lui-même. Il y aurait en effet des études qui confirmeraient ce fait, notamment dans le domaine des services d'électricité (Henry, 1999, p. 389). D'autres encore, s'inspirant du livre de James Q. Wilson, *Bureaucracy* (1989), soulignent que la gestion est une activité plus contingente que réellement universelle et donc une activité qui se prête mal aux généralisations : en particulier, la variable déterminante pourrait bien être le type de tâche effectuée, ce qui rend la sacro-sainte distinction entre privé et public relativement peu importante ou, en tous cas, pas réellement décisive.

Un autre type de critique ou de nuance consiste à dire que les organisations du secteur public n'ont pas à être comparées au secteur privé puisqu'elles procèdent d'une logique tout à fait différente, et que le secteur public a des responsabilités qui débordent largement les questions d'efficacité ou d'efficience à court terme. On a déjà présenté, ailleurs dans ce volume, des propos qui sont de cet ordre. C'est pourquoi nous ne ferons que les rappeler ici, dans la mesure où ils concernent la comparaison public-privé. Ainsi, certains soutiennent par exemple que, même si l'éducation n'est pas un bien public pur, le fait d'avoir une population scolarisée crée des bénéfices pour tous et que, par conséquent, l'État est justifié de demander que les frais des étudiants soient payés en partie, voire en totalité, par la société. Il y a donc une logique ici qui échappe à la logique du privé. Ou encore, on peut considérer les impôts consacrés à l'éducation comme le paiement d'une sorte de police d'assurance collective, car chacun peut en avoir besoin à un moment donné, sans être capable d'en défrayer, seul, les coûts.

Dans la plupart des exemples vus jusqu'ici, on considère que les secteurs privés et publics sont comparables à certains égards. Mais d'autres critiques plus radicales montrent que les deux secteurs sont structurellement très différents.

Il y a d'abord ceux qui, comme Ronald C. Moe, dans « Exploring the Limits of Privatization » (1987), soutiennent que la base conceptuelle de l'administration publique ne doit pas être l'économie, mais plutôt le droit (p. 453). C'est la loi qui impose que les organisations publiques obéissent à une logique différente de celles des organisations privées. Il ne faut donc pas voir les organisations comme étant plus ou moins publiques, le long d'une sorte de continuum, comme le suggère à tort, dit-il, Barry Bozeman dans *All Organizations are Public*

(1987). Il y a des limites, donc, à la privatisation, qui sont liées aux responsabilités particulières du secteur public, lesquelles sont d'ailleurs souvent inscrites dans des textes législatifs ; ces limites s'appellent tantôt « sécurité nationale », tantôt « sécurité publique », tantôt « imputabilité » (1987, p. 457). Quand une question devient très préoccupante pour la sécurité publique, comme aujourd'hui la question des OGM (organismes génétiquement modifiés) ou l'utilisation des recherches sur le génome humain, il n'est pas imaginable que les gouvernements s'en désintéressent et ne légifèrent pas. Le président Bill Clinton a d'ailleurs déclaré à l'hiver 2000 que ces nouveaux thèmes étaient « publics » et que les gouvernements avaient la responsabilité de s'en préoccuper.

Dans le même esprit, Jon Pierre soutient que la dimension de « citoyen » est plus large et plus fondamentale que la notion de « client » qui, elle, vient du secteur privé. Ce serait d'ailleurs deux termes incompatibles jusqu'à un certain point, car « la citoyenneté connote des pouvoirs politiques et sous-entend l'universalité alors que les pouvoirs purement économiques ne servent qu'à renforcer la position du consommateur sur le marché » (Pierre, 1995, p. 58). Par ailleurs, ce qui constitue l'essence de la citoyenneté peut être plus ou moins large, selon les pays. En effet, par rapport aux États-Unis,

[l]a philosophie ouest-européenne propose une perspective légèrement différente et de portée plus étendue. La notion de « citoyenneté sociale » […] renvoie à l'appartenance et au contrat constitutionnel, comme aux États-Unis, mais également à un régime de droits sociaux, tel celui d'être libéré de la pauvreté […]. Ces différences dans la définition de la citoyenneté ont une conséquence importante : l'introduction d'un régime de services publics articulé sur la notion de consommateur aura un sens et des effets variant selon les contextes nationaux. Dans les pays de culture politique individualiste, dotés de services sociaux limités, les conséquences seront probablement moins durement ressenties que dans ceux qu'une culture plus collectiviste aura dotés de programmes sociaux étendus et universels (Pierre, 1995, p. 56).

Pour Jon Pierre, le modèle entrepreneurial « crée un court-circuit en ouvrant un canal de communication direct entre le citoyen-consommateur et les producteurs de services » (p. 59). Pourtant, nous sommes à la fois consommateur *et* citoyen, et « [c]onfondre ces deux activités en une seule constitue une tromperie et exclut du débat actuel la problématique de la citoyenneté » (p. 67). D'autres encore diront que si l'on tient absolument à établir un parallèle avec le secteur privé, il faudrait voir les citoyens davantage comme des propriétaires que comme des clients (p. 68).

Allant encore plus loin, certains diront que s'il y a parfois peu de signaux entre producteurs et consommateurs dans certains services publics, surtout dans le cas des monopoles, les conséquences n'en sont pas pour autant nécessairement dramatiques car, dans certaines circonstances, le producteur de service (ici le gouvernement) en sait plus (et mieux) que le consommateur. Dans la même veine, certains diront que le fait de financer un projet *collectivement*, et de le réaliser, ajoute un élément subjectif mais non moins réel de satisfaction pour les membres de la communauté en question. Avec cette dernière remarque, on atteint une sorte de limite dans les arguments pro-publics.

On pourrait conclure cette section sur la comparaison des secteurs public et privé par la remarque suivante de Jon Pierre selon laquelle « [d]épolitiser l'administration publique est, en vérité, un projet hautement politique » (Pierre, 1987, p. 66).

9.5 COMPARAISON ENTRE L'ADMINISTRATION PUBLIQUE CLASSIQUE ET LE NOUVEAU MANAGEMENT PUBLIC (NMP)

Même s'il y a plusieurs zones conceptuelles communes entre le *Public Choice*, les processus de privatisation et le NMP, on peut dire que ces trois mouvements insistent sur des dimensions quelque peu différentes d'un même phénomène d'ensemble. Le *Public Choice* est avant tout un mouvement intellectuel qui veut appliquer les outils de l'analyse économique à des phénomènes non purement économiques, comme ceux que l'on retrouve dans le secteur public. L'étude du secteur public, vu sous cet angle, révèle plusieurs dysfonctions et rigidités qui ne se retrouvent pas dans le secteur privé. Ceci a amené l'idée de privatiser, c'est-à-dire de confier au secteur privé des opérations jusqu'ici assumées par le secteur public et/ou de rendre la gestion du secteur public le plus semblable possible au secteur privé[4]. Enfin, le NMP se concentre surtout sur l'identification et l'application au secteur public de méthodes de gestion plus rigoureuses et plus souples, ce qui conduit parfois, mais pas toujours, à un processus de privatisation.

Dans un certain sens, on peut considérer le NMP comme l'aboutissement opérationnel du *Public Choice* et de la privatisation. Il fait en effet appel à des éléments qui émanent conceptuellement des deux autres. Parce qu'il contient ces éléments, et d'autres encore, dans des proportions variables, le NMP peut varier d'un pays à l'autre. Ainsi, en Grande-Bretagne, il a souvent (mais non exclusivement) été vu sous l'angle de la privatisation et de la valorisation du secteur privé. En effet, selon Santo et Verrier (1993, p. 35), les cabinets britanniques des

---

4. Je laisse de côté ici la dimension « déréglementation », qui procède de la même quête de flexibilité, mais qui est davantage une question de politique publique que d'administration publique comme telle.

années 1979 à 1983 avaient, à l'égard des réformes à effectuer dans le secteur public, le programme qui suit, énoncé en cinq points :

1. Utiliser *les mécanismes de marché* à chaque fois que *c'est possible*, même si ces marchés ne sont *pas complètement libres*.
2. *Promouvoir la compétition entre fournisseurs*, pour permettre aux consommateurs plus de choix, y compris, éventuellement, la possibilité de quitter (*exit*) tel ou tel service étatique.
3. *Le choix individuel* doit remplacer la prise de décision collective.
4. *La fourniture* de service par l'État doit être tenue *au minimum*.
5. L'administration publique doit être *remplacée par la gestion*, le management. Par exemple, on doit établir les coûts des services et rendre les gestionnaires *imputables de ces coûts*.

Le gouvernement britannique d'alors, même s'il faisait bien entendu exception des fonctions comme l'ordre public, la loi et le soin aux enfants par exemple, avait indiqué des préférences assez précises sur la production et la consommation de biens destinés aux citoyens. Plus précisément, il avait même établi un ordre de préférence sur la structure de l'offre et sur celle de la demande. Pour l'offre, plusieurs fournisseurs étaient préférés au monopole et l'ordre de préférence pour ce qui était du type fournisseur était le suivant (1 étant la meilleure formule, et 4 étant la moins bonne) :

1. privé ;
2. mixte (mi-public, mi-privé) ;
3. volontaire (charitable, par exemple) ;
4. public.

Pour ce qui est de la structure de la demande, l'ordre de préférence était le suivant :

1. acheteur-consommateurs individuels ;
2. acheteur-consommateurs privés ;
3. acheteur-consommateurs collectifs publics.

Dans d'autres pays, on a semblé insister davantage sur l'importation dans le secteur public de méthodes de gestion venant du secteur privé. Aux États-Unis, il y a traditionnellement moins d'entreprises publiques, donc moins d'entreprises à privatiser. C'est ce qui explique en partie, à tout le moins, pourquoi la bible américaine du NMP, le *Reinventing Gouvernment* (1993) de Osborne et Gaebler, parle davantage de gestion que de propriété.

On peut comparer, comme on vient de le faire, des versions quelque peu différentes du NMP, mais on peut aussi comparer les pays qui y aspirent à ceux, moins développés, qui cherchent à atteindre les normes de neutralité et de compétence technique du modèle classique. Ceci amène la question suivante déjà posée ailleurs : peut-on passer *directement* d'une administration pré-webérienne, où dominent le népotisme et l'amateurisme, au NMP sans passer au préalable par l'étape webérienne ? Car, comme le souligne Jean-Claude Thoenig, il y a, du moins en Europe, deux cas de figure assez différents :

> D'un côté, ce qu'on pourrait appeler des situations du rattrapage (de passage du 19e au 20e siècle, pour caricaturer l'expression). La rationalisation administrative consiste à aligner la fonction publique sur les principes de la science administrative classique (la bureaucratie à la Max Weber comme moteur de la modernité). Priorité est donnée à des architectures institutionnelles et légales, à la coordination horizontale et au contrôle par la conformité et la hiérarchie. Cette dynamique est plutôt présente dans le sud de la Communauté [européenne] [...]. D'un autre côté, une dynamique d'éloignement sinon de rupture avec le modèle administratif classique. Elle est plutôt active dans le nord de la Communauté, selon des degrés d'ailleurs extrêmement variables (Thoenig, 1988, p. 71).

Si l'on s'en tient, à partir d'ici, à une comparaison systématique entre l'administration publique classique, c'est-à-dire webérienne, et le NMP, il convient d'en résumer les principaux points de comparaison :

> Pour répondre aux revendications politiques réclamant plus de transparence et ajuster l'action de l'État aux pressions fiscales, aux changements technologiques et à l'intensification de la concurrence économique mondiale, les leaders des pays industrialisés ont fait subir des transformations radicales à leurs administrations depuis la fin des années 1980. La forme hiérarchique et centralisée de l'Administration serait ainsi en voie d'évoluer vers un modèle plus souple, davantage axé sur les résultats que sur les règles, et favorisant l'innovation, l'esprit d'entreprise et la responsabilisation. Selon de nombreuses sources, ce changement représente un virage paradigmatique du modèle webérien vers le modèle post-bureaucratique ou «managérialiste». Le managérialisme désigne l'ensemble d'idées qui guide la réforme administrative des pays de l'OCDE depuis les années quatre-vingt. C'est la doctrine selon laquelle l'amélioration de la gestion de l'État passe par l'importation et l'adaptation de concepts et pratiques de management du secteur privé au sein de l'Administration.
>
> [...] [On a ainsi développé des] systèmes de contrôle *a posteriori*, mis en place pour compenser l'assouplissement des règles et l'accroissement des responsabilités des fonctionnaires. La responsabilisation est un élément-clé du managérialisme et sa contrepartie est l'évaluation et la construction d'indicateurs de performance portant sur les résultats [...] (Saint-Martin, 1999, p. 41-42).

Il convient maintenant de comparer l'administration publique traditionnelle (webérienne) au NMP à partir des thèmes suivants : le milieu externe, les structures et les processus de gestion et, enfin, la gestion du personnel.

Du point de vue du *milieu externe*, il est clair que le NMP considère l'environnement qui l'entoure comme moins stable que ne le considère l'administration publique traditionnelle ; on l'associe spontanément à un environnement plus changeant (globalisation du commerce, mutations technologiques) et jusqu'à un certain point plus menaçant (si le secteur public coûte trop cher à gérer, nos produits d'exportation seront trop chers pour être vendus à l'extérieur). Cette compétition à l'externe (les pays, entre eux, sont en compétition) n'est pas sans avoir sa contrepartie à l'interne (compétition entre services, agences ou unités de service), dans une recherche d'efficience (la recherche du meilleur coût).

Si on se rappelle qu'en 1961 Tom Burns et G.M. Stalker ont mis en opposition le *management mécanique*, fermé sur lui-même, hiérarchisé et spécialisé, et le *management organique*, ouvert sur le monde extérieur, souple et flexible, on a nettement l'impression que l'administration publique classique correspond au management mécanique, alors que le NMP correspond au management organique. Soit dit en passant, l'exemple donné par Burns et Stalker pour le modèle mécanique était un monopole, alors que le cadre du modèle organique était un milieu de compétition. Ceci dit, l'élément essentiel du management organique est sa flexibilité, plus que son statut de « public » ou « privé ». On pourrait d'ailleurs dire la même chose à propos du NMP.

Mais, dès que le NMP s'ouvre sur l'extérieur, il se referme. Ceci demande des explications. Le NMP veut que les services publics s'ouvrent à leur clientèle, mais on veut en même temps qu'ils se fixent *des objectifs limités* et opérationnels, comme on le fait dans le secteur privé. Le NMP veut éviter qu'en adoptant une vision trop large, les organisations de service du secteur public perdent de vue leurs préoccupations spécifiques ; c'est pourquoi on a tendance à créer des unités de service ou des agences prestataires de service qui n'auront que le service à leurs clients pour préoccupation, laissant aux organismes centraux et aux ministères (et aussi au niveau politique) le soin d'intégrer et de coordonner ce qui touche des préoccupations plus larges. En somme, on veut éviter que des services spécifiques deviennent moins efficaces dans leur mission spécifique en portant tout le poids du gouvernement et de ses responsabilités sur leur dos. Tout se passe comme si on avait suivi le conseil de H.A. Simon selon lequel la méthode, pour traiter la complexité, est de diviser une question complexe en unités plus petites et plus gérables (ce qu'il a appelé la *factorization*). C'est ce qui explique pourquoi il y a en même temps, au sein du NMP, un préjugé en faveur de l'action (le *just do it* de Nike), car ce qui compte, c'est le milieu pertinent, concret, palpable, qu'on peut rejoindre concrètement. La valorisation nouvelle des employés de première ligne procède du même esprit.

Du point de vue des structures, on a déjà touché à celles que propose le NMP en se référant à la privatisation et aux agences prestataires de service. D'une façon plus générale, il s'agit d'appliquer les principes de la *subsidiarité* et de ne confier aux gouvernements supérieurs que ce que les niveaux les plus proches de l'action ne peuvent accomplir eux-mêmes, ce qui revient à ne confier au public que ce que le privé ne peut faire. Sauf au point de vue du contrôle financier global, cela s'est parfois traduit par une certaine perte de pouvoir des organismes centraux-horizontaux pour ce qui est de la détermination détaillée des façons de faire, notamment en matière de gestion du personnel. Une certaine forme de hiérarchie webérienne y aurait également perdu au change ainsi qu'une certaine forme de rationalité étroitement juridique qui en était un des supports. Structurellement, donc, le NMP fonde sa légitimité par le service au « client », alors que l'administration publique la fonde sur le respect de la ligne hiérarchique qui, de proche en proche, monte jusqu'à l'électeur (qui, théoriquement du moins, est le « patron »). Il ressort de cet ensemble (NMP) une certaine « horizontalité » qui se retrouve, entre autres, dans des formules comme le partenariat ou des « contrats » entre niveaux de gouvernements ou entre le secteur public et le secteur privé.

Pour les critiques du NMP, l'effet de la fragmentation qui en découle crée des coûts nouveaux qui sont essentiellement des coûts d'opération : élaboration précise de normes pour les agences prestataires de service de la part des organismes centraux, surveillance et *monitoring*, par le secteur public, des entreprises privées qui rendent le service, afin d'éviter les collusions possibles, ou encore d'autres situations dysfonctionnelles.

Du point de vue des processus de gestion, le NMP propose un certain nombre de changements, dont, on l'a vu, une plus grande flexibilité. Flexibilité budgétaire, par la création d'enveloppes fermées ou globales, qui permettent une réallocation des ressources financières plus souple en cours d'année budgétaire, avec l'autorisation implicite que le ministère ou l'organisme pourra conserver les surplus qui viendront d'une performance plus efficiente. Flexibilité de gestion générale, par l'acceptation du droit à l'erreur, les contrôles *a posteriori* et l'imputabilité des fonctionnaires, les corollaires nécessaires de cette plus grande souplesse. Également, un contrôle plus rigoureux au niveau des résultats, notamment par une évaluation quantitative des opérations chaque fois que cela s'avère possible. Cette évaluation quantitative des résultats a parfois été critiquée : on a dit qu'elle mesurait trop souvent les activités, sans pouvoir réellement mesurer les effets sur la population ou la clientèle, et que le nombre de personnes traitées dans un hôpital, par exemple, ne donnait pas toujours une idée juste du succès des programmes de santé publique. Il y aurait donc eu, selon cette critique, une « dérive » vers les indicateurs mesurables, pas toujours forcément les meilleurs. D'autres critiques ont fait valoir qu'une recherche trop exclusive de l'efficience (recherche des moindres coûts) pouvait entraîner une mise en péril de l'efficacité (atteinte des objectifs).

Un meilleur contrôle de la part des gestionnaires s'est aussi traduit par divers types d'intervention : planification stratégique, objectifs pluriannuels, objectifs de qualité (en France en particulier), changement de culture organisationnelle et, même, élaboration d'un cadre éthique organisationnel.

Parallèlement à un certain accroissement du contrôle de gestion à l'interne, un effort fut parfois réalisé pour mieux contrôler la demande, notamment par l'imposition de frais aux usagers (*user fees*) ou de tickets modérateurs. Cette mesure découle directement des analyses du *Public Choice* et de ses conclusions sur les effets pervers de la gratuité. L'instauration de coûts pour l'utilisation de certains services publics pouvait comporter différents objectifs, parfois complémentaires les uns des autres : générer des revenus, servir de mécanismes de rationnement, donc éviter certains abus, mais aussi certains objectifs plus qualitatifs comme : être un signal de l'intensité de la demande, ou encore rendre plus conscient le citoyen que le service n'est pas réellement gratuit, ne serait-ce que par une contribution symbolique.

Du point de vue de la gestion du personnel, le NMP propose plusieurs changements. On peut assez facilement, dans ce cas, distinguer les recommandations qui viennent spécifiquement du *Public Choice* : remise en question de la sécurité d'emploi (vue comme une sorte de monopole), individualisation de la rémunération, primes au rendement. On peut affirmer, avec O.P. Dwivedi et J.I. Gow, que la portion de NMP qui s'inspire du *Public Choice* fait peu de cas des éléments de motivation du personnel, en dehors de la dynamique de l'intérêt individuel (Dwivedi et Gow, 1999, p. 144).

Il y a ensuite une série de recommandations qui se situent davantage dans une recherche de flexibilité accrue au niveau de la gestion du personnel. Dans cet esprit, il faut restreindre l'aire de négociation des conventions collectives, afin de restaurer un véritable droit de gérance. Les gestionnaires doivent être davantage capables de choisir, de déplacer et, éventuellement, d'exclure des individus de la fonction publique. Ceci implique également une réduction des catégories étroites de personnel et de fonctions, lesquelles n'encouragent pas une mobilité efficace des ressources.

Dans sa dimension plus humaniste, le NMP appelle à la responsabilisation, à la polyvalence, à la capacité d'innovation, en un mot à l'*empowerment* du personnel de la fonction publique. Dans le même esprit, il veut éliminer la dichotomie entre le penser et l'agir en revalorisant, entre autres, le personnel de première ligne, soit celui qui se trouve en contact direct avec la clientèle : c'est ainsi que, idéalement, dans l'esprit du NMP, les services centraux sont au service des opérationnels, et non le contraire (Mercier et Mc Gowan, 1996, p. 470).

Selon les critiques, les objectifs de réduction des déficits ont empêché les dimensions plus humanistes de NMP de se réaliser, puisqu'ils ont en réalité *ajouté* des contrôles tout en augmentant la tâche de ceux qui sont « restés » et qui ont échappé aux coupures budgétaires (« le syndrome de ceux qui restent », comme on l'a parfois appelé au Québec).

Paradoxalement, malgré le fait que le NMP propose d'évaluer plus rigoureusement les activités du secteur public, il y a eu peu de réelles évaluations du NMP lui-même. Elles seraient, de toute façon, difficiles à réaliser puisque le NMP a été appliqué *en même temps* que plusieurs autres réformes, notamment la lutte contre le déficit et le développement de l'informatisation, pour ne nommer que les plus importantes. À la défense du NMP, il faut dire qu'il a souvent été appliqué à la hâte, de façon parfois incohérente, sans qu'on ait toujours eu le temps et l'argent nécessaires à la mise en œuvre d'une réforme en profondeur. Sans compter qu'il a été appliqué très différemment selon les pays ou les systèmes administratifs. On a déjà fait allusion à cette question des différences nationales dans l'application du NMP. Revenons-y brièvement.

On peut dire que le NMP a été implanté d'abord dans des pays de langue anglaise, autant sur le plan conceptuel que sur le plan des applications. Le *Public Choice*, fondement conceptuel de plusieurs propositions du NMP, est d'abord une tradition intellectuelle américaine et, à un moindre degré, anglaise. Les premiers pays qui l'ont appliqué ont souvent été des pays de langue anglaise : la Grande-Bretagne, l'Australie, la Nouvelle-Zélande, les États-Unis, le Canada. Peut-être que les pays de « culture civique », avec leur volonté de contrôle sur la bureaucratie et leur tradition de décentralisation, ont constitué un terreau plus favorable au NMP. Mais, même à l'intérieur de ce groupe de pays, les réformes ont été effectuées de façon assez différente.

En Grande-Bretagne, l'application du NMP a été accompagnée de près par un discours idéologique élaboré qui attaquait de front le secteur public et sa tradition. Le contrôle politique et l'idéologie de la privatisation ont pris le dessus sur sa dimension « flexibilité ». Paradoxalement, les réformes américaines ont présenté un discours idéologique moins poussé, davantage inspirées qu'elles étaient par une recherche de flexibilité de gestion à l'intérieur du secteur public. Comme l'a fait remarquer Peter Aucoin, le *Reinventing Gouvernment* de Osborne et Gaebler est beaucoup moins anti-secteur public qu'il n'y paraît à première vue (Aucoin, 1997, p. 292). Peut-être aussi que l'influence du vice-président Al Gore, dans la tradition du Parti démocrate américain (*Democratic Party*), a contribué à atténuer quelque peu le discours anti-bureaucratique. Peut-être aussi y avait-il en Grande-Bretagne une fonction publique plus solidement installée, plus sûre d'elle-même, qu'il fallait secouer plus vigoureusement pour appliquer les mesures fortes des réformateurs anglais.

Il peut être intéressant aussi de comparer l'implantation du NMP en Grande-Bretagne et en France. Elle s'est faite, semble-t-il, de façon très différente. Le rôle des consultants externes, entre autres, a été beaucoup plus important en Grande-Bretagne qu'en France. Comme le souligne Denis Saint-Martin, « [l]'analyse montre que pour des raisons historiques et institutionnelles, la Grande-Bretagne a fourni un milieu plus propice que la France au développement d'une "consultocratie" depuis la fin des années 1980 ». Saint-Martin explique cette différence par les traditions fort différentes des deux pays, par l'habitude anglaise de faire appel à des consultants (qui ont donc acquis une connaissance des rouages de l'État) et par la présence de l'École nationale d'administration et des grands corps en France :

> En France, l'École nationale d'administration (l'ENA) et le corporatisme des grands corps ont constitué un blocage majeur à l'implantation des consultants dans l'État central, et ont limité le développement de l'industrie du conseil en la privant d'un marché potentiel. En Grande-Bretagne, le vide institutionnel causé par l'absence d'une source d'expertise administrative comparable à l'ENA a fait en sorte que les décideurs publics ont davantage eu recours au conseil en management pour moderniser l'administration (Saint-Martin, 1999, p. 47).

Par contre, comme les traditions administratives sont souvent plus récentes aux autres niveaux d'administration publique de la France (le niveau régional, par exemple), les consultants imbus de techniques du secteur privé ont pu y connaître là un succès plus grand (Saint-Martin, p. 66).

Au Canada, au niveau fédéral, l'application de NMP a été moins marquée par des aspects idéologiques qu'en Grande-Bretagne. La création du Centre canadien de gestion (*Canadian Center for Management Development*), qui a animé et encadré les transformations de la fonction publique fédérale canadienne, a sans doute contribué à soutenir et à maintenir le cap de réduction des effectifs et du déficit, tout en constituant un forum de discussion qui a adouci les effets les plus négatifs des changements. Le résultat global n'a pas été moins efficace qu'ailleurs puisque les réductions de personnel y ont été aussi fortes, proportionnellement, qu'aux États-Unis (environ 15 % du personnel).

Plusieurs provinces canadiennes ont appliqué des réformes inspirées du NMP, mais selon des approches, là aussi, différentes. En Alberta, les réformes budgétaires ont été accompagnées, comme en Grande-Bretagne, d'un discours partisan en faveur de la privatisation qui a été appliqué, par exemple, à la vente au détail des boissons alcoolisées. En Ontario, l'atteinte du déficit zéro n'a pas été vue comme étant aussi urgente que les baisses d'impôt. Au Québec, l'atteinte du déficit zéro s'est accompagnée de réformes proposées dans les années 1980 et 1990, comme la décentralisation de la gestion du personnel, l'instauration des enveloppes budgétaires fermées et l'instauration de plans stratégiques pluriannuels pour les ministères. Par contre, les discours anti-secteur public et pro-privatisation y ont connu moins de popularité que dans l'Ouest du pays et en Ontario. Pour ce qui est des résultats au niveau des processus de gestion, ils se sont faits parfois attendre, si l'on en croit certaines analyses, notamment au chapitre de la responsabilisation du personnel et du changement des mentalités : « Ce raté important a créé beaucoup de désillusions dans les ministères et les organismes » (Bernier et Hufty, 1997, p. 357). Avec pour résultat que le président du Conseil du Trésor a pu déposer en 1999 un nouvel énoncé de politique de gestion axé sur le service aux citoyens qui veut, entre autres, « mettre l'accent sur les résultats plutôt que sur les moyens » (Gouvernement du Québec 1999 ; aussi Marcotte, 1999).

Dans d'autres pays encore, l'application du NMP s'est effectuée dans des contextes particuliers. Ainsi au Japon, contrairement aux États-Unis, on l'a interprété de façon très large et on a saisi l'occasion pour faire le point sur le rôle de l'État et sur des questions générales de politiques publiques : l'augmentation des déficits, bien sûr, mais aussi les subventions, la décentralisation, la privatisation, la déréglementation, le vieillissement de la population et la croissance des coûts relatifs à la santé (Wright et Sakurai, 1987, p. 123). Par ailleurs, les effets ultimes des réformes ont souvent été relativement modestes : décentralisation limitée vers les gouvernements locaux, diminution du nombre de fonctionnaires (diminution importante au niveau fédéral canadien) et perte relative d'estime pour le secteur public (p. 126). Ce qui est intéressant, dans l'expérience nipponne, c'est que les propositions de réformes devaient être négociées, de façon détaillée, avec les ministères et agences, comme s'il s'agissait presque de traités diplomatiques, car chaque ministère ou agence est ici une entité très autonome et indépendante (p. 127). Ceci n'est pas sans rappeler le modèle allemand, où les ministères sont aussi des entités disposant d'une certaine indépendance.

On a évoqué, plus haut, l'application du NMP dans des pays qui n'ont pas encore une tradition bien établie de bureaucratie classique, c'est-à-dire professionnelle, spécialisée et neutre. C'est le cas, selon Galnoor, Rosenbloom et Yaroni (1998, p. 393) de l'État d'Israël, où les progrès économiques et technologiques de l'ensemble du pays ont fait apparaître, par contraste, des carences au niveau de la fonction publique (p. 417). Le secteur privé, cependant, n'y a pas été considéré comme un modèle dont on devait s'inspirer, contrairement à d'autres pays (p. 394)[5]. Il s'agissait plutôt de secouer le système de gestion du personnel pour diminuer le patronage en haut et l'emprise des syndicats en bas (p. 399), encourager une plus grande mobilité du personnel entre les ministères (p. 399), allonger la période de probation, faciliter les transferts de responsabilités vers les ministères en diminuant le rôle des organismes centraux. Les résultats, là encore, n'ont pas toujours été tout à fait à la hauteur des attentes, nous disent les auteurs, en bonne partie à cause du puissant ministère des Finances, dont les hauts fonctionnaires nourrissaient de sérieuses réserves vis-à-vis de certains aspects de la réforme (p. 412). Rappelant les observations de G. Caiden (p. 403) à propos de la fragilité inhérente à toute réforme administrative, les auteurs notent que la politisation de la fonction publique a, en fait, peut-être même *augmenté*, au lieu de diminuer, suite aux réformes. Les auteurs notent également que, contrairement à ce que soutiennent les tenants du NMP, l'autonomie et la décentralisation n'entraînent pas, automatiquement, un intérêt plus grand pour le service à la clientèle (p. 401).

Le Portugal vit une situation de départ à bien des égards fort semblable à celle qu'on retrouve en Israël ; il s'agit d'un pays qui, malgré ses progrès, n'a pas encore atteint un stade pleinement professionnel et neutre pour l'ensemble de sa fonction publique. Sous la poussée de l'Union européenne, on a voulu effectuer des réformes du type NMP : informer davantage les usagers de leurs droits, réduire le temps d'attente, diminuer et simplifier les procédures et la paperasserie. Il y avait aussi des objectifs plus larges, comme la privatisation, l'utilisation de mécanismes du marché et l'impartition. Dans un désir de contrôle meilleur, on a voulu remplacer par des nominations de niveau politique des nominations qui avaient été jusque-là réservées aux fonctionnaires de carrière. Mais J.A. Oliveira Rocha soutient que non seulement les réformes ont connu des ratés, mais aussi que tout ce qui est essentiel sur le plan administratif est demeuré identique ou a même peut-être empiré, en partie parce que les réformes ont été instaurées

---

5. Aux pages 394, 396 et 418 de leur article, Galnoor, Rosenbloom et Yaroni font un résumé très éclairant de différentes versions de NMP selon certains pays.

sans la participation active des employés de la fonction publique (Rocha, 1998, p. 82-87) : les nominations politiques ont augmenté, mais la corruption et la fraude aussi ; la fonction publique est devenue plus servile, et les généralistes y ont souvent cédé la place à du personnel étroitement spécialisé. À cause des contraintes fiscales et des nécessités de mieux coordonner l'action étatique devant les exigences de l'économie mondiale, les contrôles administratifs, au lieu de diminuer et d'être plus souples, ont en réalité augmenté, ravivant, selon Rocha, le vieux modèle de la bureaucratie mécaniste de Mintzberg. Tout ceci a laissé l'administration publique portugaise dans un certain état de confusion : il n'y a pas réellement eu de progrès mesurable dans les services publics et, dans les cas où les services ont été privatisés, il y a eu une baisse de la qualité et une augmentation du prix, sans compter une baisse sensible du moral de la fonction publique, qu'on a tenté de discréditer dans les médias. Les seuls aspects positifs des réformes, selon Rocha, ont été une meilleure connaissance par les citoyens de leurs droits et un contrôle plus serré de la part du pouvoir judiciaire, contrôle dont on ne peut pas dire qu'il est un objectif du NMP.

L'examen des succès et des ratés du NMP (au Portugal par exemple) nous permet d'amorcer notre conclusion sur ce mouvement qui a modifié le visage de plusieurs administrations publiques des années 1980-2000 (voir entre autres J.I. Gow et Caroline Dufour, 2000, pour un jugement d'ensemble sur la question).

Sur le plan de l'évaluation du NMP lui-même, pris globalement, les opinions sont souvent très différentes, voire carrément opposées et contradictoires. Au Canada, le débat entre Donald J. Savoie et Sandford Borins dans la revue *Administration publique du Canada* du printemps 1995 (p. 112-138) résume plusieurs arguments les plus importants. Dans ce débat, Borins se fait le défenseur du NMP. Il répond aux critiques qui soulignent que la fragmentation des opérations (par les agences prestataires de service, par exemple) sous-estime les nécessités de coordination inhérente au secteur public. Il souligne au contraire qu'il est faux de dire que tout est interrelié et ajoute que 60 % des activités de l'État peuvent être confiées à des agences spécialisées (1995, p. 125). Quant à la coordination à effectuer, elle peut très souvent se faire de façon informelle. Il faut, dit-il, tirer pleinement avantage des nouvelles technologies de l'information (p. 123) et « laisser les gestionnaires gérer » (p. 125). Pour Savoie, les administrations publiques n'ont pas eu besoin d'attendre le NMP pour changer car, en réalité, elles ont toujours été en train de se transformer. Qu'y a-t-il de si dysfonctionnel dans notre administration publique, qui exige des transformations aussi radicales que celles que proposent les tenants du NMP, demande Savoie (p. 114) ? Le NMP a échoué sur l'essentiel, conclut Savoie, il n'est solide ni conceptuellement, ni empiriquement, ni en diagnostic d'ailleurs, et, sous des apparences de ferveur religieuse (p. 135), il a surtout eu pour effet d'enrichir les consultants qui en proposaient la mise en œuvre (p. 117).

Sceptique, lui aussi, sur plusieurs prétentions du NMP, Peter Aucoin soutient que ce mouvement surestime l'efficacité des changements qui peuvent être apportés par des changements de structure (comme les agences prestataires de service ou les formes entrepreneuriales de gestion) (Aucoin, 1997, p. 294). Critiquant au passage ce qu'il appelle des « pseudo-anarchistes » comme Tom Peters (p. 295), qui recommande une quasi-disparition des contrôles administratifs, Aucoin soutient que les éléments traditionnels de la bureaucratie classique, à savoir la hiérarchie, la spécialisation et la standardisation peuvent très bien s'accommoder des objectifs poursuivis par le NMP, soit le service intégré au client, des politiques publiques mieux adaptées à des problématiques horizontales (qui dépassent un seul ministère) et la décentralisation des aspects opérationnels de la gestion. Prenant l'exemple de l'objectif d'offrir au client-citoyen un guichet unique, Aucoin remarque que sa réalisation implique que des spécialistes soutiennent le processus, *derrière le guichet*, même si le client-citoyen traite avec un agent qui, lui-même, va au-delà des spécialisations de fonctions pour mieux le servir (p. 297). Il conclut qu'il n'y a pas de pathologie inhérente au modèle bureaucratique, mais qu'il y a seulement du management incompétent, dans des cas spécifiques ; la preuve en est qu'il y a des administrations publiques plus ou moins compétentes que d'autres (p. 291).

À ces critiques sur les aspects opérationnels du NMP, s'ajoutent d'autres types de critiques qui ne sont reliés qu'en partie aux aspects fonctionnels de l'administration publique : il s'agit des aspects normatifs et légaux. Ainsi Henry Mintzberg, qui s'est intéressé au secteur public ces dernières années, a mis en doute l'efficacité réelle de la formule selon laquelle un ensemble d'organisations autonomes, divisées en « centres de profit », opéraient de façon séparée en n'étant reliées que par une superstructure de type conglomérat, qui n'avait pour fonction que de regarder et d'évaluer « les chiffres » en guise de résultat. Cette formule, supposément éprouvée dans le secteur privé, n'y a même pas connu de réel succès, soutient Mintzberg, car si elle peut fonctionner dans le cas de certaines agences prestataires de service très spécifiques (comme un bureau des passeports, par exemple), elle est très insuffisante pour d'autres types de responsabilité. Il y a toujours eu un idéal de *service public* dans l'administration publique, un modèle normatif où le dévouement compte réellement, et l'administration ne peut pas fonctionner de façon satisfaisante sans cet idéal.

L'autre limite au NMP vient du cadre légal dans lequel il doit agir. Jacques Bourgault et Adrien Payette, entre autres, ont souligné cette limite. En remarquant que la rationalité managériale s'est effritée au contact de la rationalité juridique[6], Payette affirme :

> [...] si aucune de ces deux réalités ne peut réussir à éliminer l'autre, c'est que la tension qui les oppose constitue l'essence même du management public : luttes de l'efficacité contre les formes bureaucratiques nées de la rationalité juridique, luttes du droit contre les abus commis au nom de l'efficacité et de l'efficience (Payette, 1992, p. 8).

Entre le NMP, soucieux d'efficience, et l'administration publique webérienne, plus soucieuse du droit, il y a en effet un mouvement de pendule : depuis 1980, et jusqu'au tout début des années 2000, on a favorisé l'efficience et l'efficacité du NMP, mais celui-ci atteint actuellement ses limites tant et si bien qu'on pourrait peut-être bien assister prochainement à un retour en force d'autres courants, le légal et le normatif en particulier.

D'une façon plus générale, on peut faire nôtre la remarque de l'historien Fernand Braudel : « Je crois aux vertus et à l'importance d'une économie de marché, mais je ne crois pas à son règne exclusif. » Mais le *Public Choice*, le mouvement de privatisation et le NMP auront entre temps marqué, de leurs concepts et de leurs pratiques, l'administration publique de façon indélébile.

9.6 CONCLUSION

C'est par cette comparaison entre l'administration publique classique, ou webérienne, et le NMP que nous terminons ce chapitre sur l'administration comparée. Pour reprendre un concept vu au début de ce chapitre, nous avons tenté d'adopter une approche écologique et empirique. Écologique, parce que nous avons essayé de tenir compte des contextes différents ; c'est ainsi que, même si des pays adoptent des réformes administratives en apparence semblables, elles sont appliquées de façons très différentes selon les contextes économiques, culturels et historiques propres à chaque pays. Empirique, parce que nous avons tenté de tenir compte des faits et des études existantes, même si cela demandait de se fier à des données secondaires, c'est-à-dire des données qui ne sont pas de première main.

---

6. Isabelle Marcotte, étudiante au Département de science politique de l'Université Laval, a attiré mon attention sur cette citation dans le cadre d'un mémoire de stage, en décembre 1999.

Sur la question de fond qui est de savoir si les administrations publiques du monde, partant de niveaux de développement différents, convergent toutes vers un modèle unique et universel, on peut dire d'ores et déjà qu'on en est encore très loin, car même un programme qui semble universel, comme le NMP, se heurte aux contours des différences nationales et locales.

Chapitre 10

L'ADMINISTRATION DANS LES PAYS EN DÉVELOPPEMENT ET L'ADMINISTRATION PUBLIQUE INTERNATIONALE

Le présent chapitre traite de deux questions différentes, mais liées entre elles : l'administration dans les pays en développement et l'administration publique internationale. Dans le premier cas, on se penche sur les difficultés administratives des pays pauvres de la planète ; dans le deuxième cas, on s'intéresse aux différentes organisations intergouvernementales, qu'elles soient à vocation universelle, essentiellement constituées par les institutions de l'ONU, ou à vocation plus limitée comme celles de l'Union européenne. Les deux thèmes sont liés parce que l'une des fonctions essentielles des organisations internationales, c'est d'encourager le développement économique et social des pays pauvres.

Voici donc comment nous procéderons dans ce chapitre. On fera d'abord le point sur le progrès, et parfois l'absence de progrès, des pays en développement. Nous nous pencherons ensuite sur certaines des explications ou interprétations qui ont été avancées pour éclairer la situation. En prenant connaissance de ces explications, on verra que les termes « pays en développement » ou « Tiers-Monde » ne semblent pas toujours appropriés à la situation actuelle, même si nous continuons à les utiliser. Nous passerons ensuite en revue diverses régions du monde qui comptent des pays en développement ou, si l'on veut, des pays « pauvres » (ou encore des pays « du Sud »). Dans cette première partie, donc, nous tenterons de répondre à certaines questions : Y a-t-il des « phases de développement » par lesquelles les pays en développement doivent passer pour progresser ? Y a-t-il des tendances administratives selon les régions ? La corruption dans l'administration publique est-elle un problème aussi répandu qu'on le croit dans certains milieux ? Comment les secteurs publics de ces pays sont-ils affectés par les interventions de la Banque mondiale et du Fonds monétaire international ?

Dans la deuxième partie du chapitre, on se penchera sur les organisations internationales, leur rôle, leur fonction politique et sur les critiques dont elles ont fait l'objet. On tentera donc de répondre ici aux questions suivantes : Les organisations internationales sont-elles moins efficaces que les administrations publiques nationales ? Si oui, pourquoi ? Et dans quels cas ? Comment choisit-on le personnel ? En quoi ces choix affectent-ils l'efficacité des ces organisations ?

10.1 L'ADMINISTRATION DANS LES PAYS EN DÉVELOPPEMENT

Ce que l'on tente d'appréhender ici, c'est l'administration publique dans les pays les plus pauvres de l'Afrique, de l'Asie et de l'Amérique latine. Mais, déjà, on se heurte à la question des découpages et des catégories, car plusieurs pays de ces régions, tout particulièrement en Asie, ont connu un tel développement économique rapide qu'on ne peut plus les classer comme des pays « en développement », même si, au regard des bidonvilles et des larges poches de pauvreté qui subsistent toujours chez eux, il ne faut pas non plus conclure trop vite à leur développement intégral.

Par contre, beaucoup de pays qui ont fait l'objet d'une « aide » internationale, souvent sur de longues périodes, n'ont pas décollé et sont, pour ainsi dire, restés cloués au sol. C'est de ces pays, cloués au sol pour une partie de leur développement, qu'on veut surtout traiter ici.

Durant les années 1970, on voyait le plus souvent l'administration publique comme un outil au développement, alors qu'aujourd'hui on la perçoit essentiellement comme une dépense susceptible de ralentir la production du secteur privé. À l'époque, on disait que l'administration publique était un agent économique par les emplois qu'elle procurait, les achats qu'elle effectuait et le rôle de régulateur et d'animateur de la machine économique qu'elle remplissait. Cette dimension de l'administration publique n'est pourtant pas à négliger même aujourd'hui, surtout dans les pays en développement, où l'administration publique est encore souvent perçue comme la clé du développement économique. Pourtant, il semble qu'actuellement l'administration publique des pays en développement soit plutôt perçue comme un facteur de résistance au changement, une instance incapable de gérer et de concevoir des programmes complexes. Toutes sortes de raisons sont invoquées pour expliquer les principaux maux de l'administration publique de ces pays. Dans ce chapitre, nous examinerons quelques-unes de ces raisons.

Depuis la Deuxième Guerre mondiale jusqu'aux années 1970, un modèle de développement a dominé dans les pays du Tiers-Monde : il s'agit d'un modèle prôné surtout par des économistes et qui insiste sur la croissance du revenu per capita pour améliorer la qualité de la vie dans ces pays. En effet, les pays du Tiers-Monde étant caractérisés par des méthodes de production préindustrielles axées sur l'agriculture et par un fort potentiel de main-d'œuvre non spécialisée jumelé à des coûts de transport élevés, la solution résidait, pour certains économistes, dans le « démarrage » industriel et, pour les politologues, dans la transformation du système politique vers une démocratie de type occidental. Ce modèle de croissance nécessitant un état interventionniste, ces pays se voyaient donc encouragés à accroître leur administration publique, donc de faire du développement administratif dans le but de promouvoir le développement socio-économique. L'importation de modèles occidentaux d'administration fut mise en pratique et le modèle bureaucratique à l'occidentale était considéré, avec ses dérivés, comme le seul qui puisse maximiser le développement n'importe où et dans n'importe quelle circonstance (Islam et Hénault, 1979). Ainsi, l'accent

fut placé sur la gestion du personnel et la budgétisation, bref, sur le développement des outils administratifs eux-mêmes, souvent au détriment de l'utilisation
de ces outils.

Nasir Islam et Georges Hénault (1979) sont d'avis que ce modèle a conduit
l'administration publique des pays en développement tout droit à un échec. Ce
constat d'échec fait par Islam et Henault il y a vingt ans pourrait être encore
établi aujourd'hui, et ce pour une bonne partie des pays en développement. Il y
aurait lieu tout de même de faire quelques nuances, terminologiques entre
autres. Ainsi, on emploie moins souvent l'expression « Tiers-Monde » puisque,
comme le monde bipolaire, Américain d'un côté, Soviétique de l'autre, ne structure plus la scène internationale, il n'y a donc plus lieu de décrire ceux qui ne
faisaient partie ni de l'un ni de l'autre groupe comme appartenant nécessairement au « Tiers-Monde ». En réalité, au lieu de constituer une alternative, le bloc
de l'Est (ou l'ancien bloc de l'Est) peut être considéré aujourd'hui comme un
rival des pays pauvres, puisqu'il recherche lui aussi, actuellement, l'aide financière et technique de la part des pays développés. Il est même envisageable que
ces « nouveaux pays pauvres » ou du moins certains d'entre eux, progressent rapidement et laissent derrière eux les pays traditionnellement pauvres (Dwivedi,
1999, p. 13). Il s'agirait là donc d'une sorte de répétition du plan Marshall, version est-européenne, plan qui avait canalisé l'aide américaine pour le relèvement
de l'Europe après la Deuxième Guerre mondiale.

Il y a différentes façons de décrire l'échec de plusieurs des pays du Sud. Certains ont d'abord remis en question la notion même de « développement ». Elle
serait d'inspiration exclusivement occidentale et supposerait une sorte d'universalité des sociétés, de telle sorte qu'on pourrait situer chacune d'elles le long d'un
continuum « développé-non développé », de façon très linéaire. Toutes les nations
passeraient, selon cette vision des choses, par des étapes de développement,
sociologiques et économiques, qui seraient les vraies causes de leurs caractéristiques. Ceux qui ne seraient pas encore « développés » seraient en quelque sorte
« en transition ». Mais ces théories perdent de leur attrait quand on constate
qu'en réalité plusieurs pays non seulement ne passent pas par les mêmes étapes
de développement que les autres, mais reculent et voient l'écart entre eux et les
pays riches s'agrandir sans cesse.

On peut dire que, d'une certaine manière, les théories bureaucratiques de
Max Weber font appel à des stades de développement universels et que, partout,
on doit en arriver au type d'organisation bureaucratique. On pourrait dire la
même chose des théories de Fred Riggs des années 1960-1970 (voir Riggs, 1973,
par exemple). D'une certaine manière, pour Riggs, il y aurait trois phases de

développement : à une extrémité, les sociétés traditionnelles, caractérisées par une faible division des responsabilités et où les normes organisationnelles sont variables selon les individus, donc peu standardisées ; à l'autre extrémité, les sociétés industrielles, avec leurs spécialisations et leurs normes universelles ; et, entre les deux, les sociétés qu'il a appelées *« prismatic »* et qui sont des sociétés traditionnelles, avec leurs solidarités de clan par exemple, mais qui donnent l'illusion de fonctionner sur de véritables bases bureaucratiques et neutres, avec toute la panoplie des formes, comme les permis, les tampons, les formulaires, etc. Quand on regarde les problèmes administratifs des pays en développement, écrivait Riggs, il faut les voir comme des sociétés « prismatiques », entre deux mondes, tentant de fonctionner dans l'ancien et dans le nouveau, mais en réalité incapables de pleinement respecter l'un ou l'autre. Bien sûr, Riggs a été critiqué. Pourtant, on cherche encore, en l'an 2001, une explication théorique satisfaisante qui fasse plus de lumière que celle de Fred Riggs sur le problème général du sous-développement administratif des pays pauvres.

L'économie politique est un autre domaine d'étude qui peut éclairer les difficultés administratives des pays du Sud. Parfois, ces explications issues de l'économie politique intègrent des aspects écologiques dans leurs diagnostics. On dira par exemple que dans la division internationale du travail, où les pays riches réduisent le rôle des pays pauvres à de simples fournisseurs de matières premières, les dés sont pipés et que les pays pauvres ne peuvent que s'appauvrir. Et ce, pour plusieurs raisons. D'abord, ils ne contrôlent pas le prix des denrées qu'ils produisent. Ensuite, comme ils ont des dettes et qu'il faut exporter, ils sont poussés à se spécialiser, ce qui les amène, à la limite, à la monoculture — production d'une seule denrée —, et à délaisser finalement leurs autres productions, devenant ainsi plus dépendants que jamais du commerce international dont ils ne contrôlent presque rien. On trouve chez Pierre de Senarclens des passages qui résument bien la situation générale de ces pays :

> Or, contrairement à certaines idées en vogue, la mondialisation ne réalise pas l'utopie d'un « village planétaire » dont les habitants seraient tous voisins grâce aux réseaux d'échanges et à la convergence des modes de vie. Cette notion véhicule des illusions, puisque le développement des nouveaux moyens de communication a correspondu à une concentration toujours plus forte des activités économiques vers les centres d'affaires de villes telles New York, Los Angeles, Londres, Tokyo, Paris, Francfort. Elles sont le siège social des plus grandes sociétés financières. Dans le même temps, on a vu s'étendre les régions du monde qui restent en marge des activités de l'économie mondiale. Il n'est dès lors pas étonnant que la mondialisation coïncide avec la persistance, parfois même avec l'approfondissement de certaines lignes de fracture. Ainsi de nombreuses sociétés sont abandonnées à leur destin

misérable et conflictuel, comme si tout espoir de les intégrer à l'histoire mondiale était perdu (de Senarclens, 1998, p. 105).

Comme Pierre de Senarclens et d'autres l'ont fait remarquer (Dwivedi, 1999), l'intensité croissante des échanges commerciaux affaiblit la capacité d'intervention des États et de leur administration publique. On rejette le « développement » *via* l'État pour embrasser le néolibéralisme :

> L'échec de l'État-développementaliste en Amérique latine et en Afrique — avec ses dérives autoritaires, sa corruption, son incompétence, son endettement abusif — est venu conforter ce néolibéralisme. Le FMI et la Banque Mondiale, soutenus par les grandes puissances économiques, ont encouragé la mise en œuvre de programmes d'ajustement structurel d'inspiration très libérale. Les travaux sur la *gouvernance* ont été également encouragés par la désillusion qu'inspirait un peu partout la lourdeur et l'inefficacité des organisations intergouvernementales, la difficulté de les contrôler. Ils contiennent également une valorisation d'initiatives associées à celles de la société civile, celles provenant en particulier des acteurs économiques. Ces dernières sont considérées comme plus efficaces, moins bureaucratiques, plus sensibles aux exigences du changement (de Senarclens, 1998, p. 99).

Si l'État, même dans les pays développés, ne peut pas trouver les moyens nécessaires pour intervenir de façon efficace dans le flot croissant des échanges commerciaux, il n'est pas surprenant que les États des pays pauvres le peuvent encore moins. Il s'ensuit que leur administration publique, déjà dévalorisée par la Banque mondiale et le Fonds monétaire international, qui exigent la diminution de leurs effectifs, se trouve de plus en plus marginalisée.

Les explications de type économie politique nous aident à comprendre la diminution du rôle des administrations publiques dans les pays en développement. De façon générale, ces interprétations partent de l'extérieur de l'administration pour expliquer la position de celle-ci. Mais d'autres approches partent des pays en développement eux-mêmes, de leurs caractéristiques propres, pour éclairer leurs difficultés. Précisons que ces deux types d'explications ne sont pas toujours exclusives l'un de l'autre. Ainsi, par exemple, la question de la corruption administrative. On ne peut traiter en effet des problèmes administratifs des pays en développement sans traiter de la délicate question de la fréquence et de l'étendue de la corruption dans leurs administrations publiques. Il est en effet possible que la division internationale de travail, comme le dit l'économie politique, entraîne les pays pauvres à encore plus de pauvreté et de chômage. Afin de maintenir malgré tout un certain niveau de service public et de stabiliser quelque peu la situation politique, les gouvernements de ces pays engagent des fonctionnaires. Mais ils ne peuvent en réalité les payer suffisamment. Les fonctionnaires doivent donc s'adonner à une certaine forme de corruption afin d'obtenir les revenus suffisants pour survivre. Souvent, l'exemple vient « de haut ».

Bien entendu, on peut aussi analyser la corruption dans le cadre d'une perspective plus locale et voir quelles sont les causes du phénomène dans tel ou tel pays. C'est ce que nous ferons plus loin à propos de la Russie post-soviétique, où la corruption est aujourd'hui très répandue. Contentons-nous de rappeler ici que la corruption est largement responsable de l'image négative de l'administration publique dans les pays en développement. Le problème est suffisamment répandu pour qu'il y ait des conférences internationales à ce sujet et même une permanence administrative qui y soit consacrée (Caiden, 1999, p. 313). Plusieurs organismes internationaux (l'OCDE, l'OMC, le G7) ont déclaré leur intention de la combattre, alors que l'Assemblée générale des Nations unies a adopté une résolution contre la corruption en décembre 1995 (Caiden, p. 313-314).

Il y a par ailleurs des modèles explicatifs qui, sans prétendre s'adresser à tous les pays en développement, peuvent s'appliquer à plusieurs d'entre eux. C'est ainsi que Fred Riggs, qui avait développé la théorie des sociétés « prismatiques » dans les années 1960 et 1970, revient à la charge dans les années 1990 avec une théorie qui laisse entendre qu'il y a des liens intimes entre le pouvoir militaire et le pouvoir bureaucratique dans des pays en développement et que la bureaucratie joue un rôle non négligeable dans le renversement des régimes de ces pays. Voici comment Riggs voit la situation (Riggs, 1993, p. 235-287). Selon lui, les régimes du Tiers-Monde doivent faire face à de graves problèmes intérieurs et internationaux. Leur fragilité se fait particulièrement sentir lorsqu'il s'agit de financer et de contrôler un appareil bureaucratique coûteux. Riggs attribue l'instabilité des régimes politiques des pays du Tiers-Monde à ce poids politique qu'a développé leur bureaucratie. Le régime politique se montrant incapable de susciter un minimum de motivation de la part de son personnel, les fonctionnaires occupant des postes d'autorité se trouvent fortement tentés de soutenir tout complot élaboré par des militaires leur promettant une majoration de leurs avantages s'ils s'emparent du pouvoir. Les militaires sont aussi des bureaucrates : ils dépendent de l'État pour ce qui a trait à leur sécurité, à leur revenu et à leur position sociale. Durant les périodes de crise, militaires et fonctionnaires sont enclins à appuyer les groupes d'opposition qui leur promettent de meilleures conditions. De ce fait, les nouveaux gouvernements issus d'un renversement comprennent non seulement des militaires, mais aussi des hauts fonctionnaires civils qui jouissent de l'appui d'un bon nombre d'agents de l'État. Il est possible de tracer les grandes lignes de la dynamique des coups d'État. Au début, ils sont l'œuvre d'un petit groupe d'officiers. Ceux-ci mobilisent les militaires sous leur commandement, malgré l'opposition des autres officiers. De leur côté, un bon nombre de fonctionnaires civils veillent à la gestion des affaires gouvernementales une fois le coup d'État réussi. Il existe donc une collaboration entre bureaucrates civils et militaires, car, sans l'appui des civils, les coups d'État ne pourraient pas réussir, conclut Fred Riggs.

Pour clôturer ce résumé des types d'explications des difficultés administratives des pays du Tiers-Monde, il faut mentionner les différentes théories de la domination ou de l'impérialisme. Elles s'appliquent surtout aux pays qui ont été sous domination étrangère pendant une période plus ou moins longue. On pense bien sûr en premier lieu à l'Afrique. On se réfère moins souvent à ces théories aujourd'hui, en partie parce que la décolonisation politique des années 1960 se fait plus lointaine. Par contre, on les retrouve aujourd'hui, dans une version économie politique, au sein de différentes théories de la division internationale du travail et de la domination économique.

Dans sa version politique, voici comment on pouvait présenter les effets de l'impérialisme sur l'administration publique, en s'inspirant, ici aussi, des commentaires de Fred Riggs (1993). L'impérialisme des puissances étrangères contribua à l'avènement d'une forme particulière d'administration publique. Les puissances impérialistes avaient établi des bureaucraties coloniales, plus ou moins structurées et employant des fonctionnaires locaux, afin d'administrer les territoires conquis. Après l'indépendance, les agents locaux prirent la relève des fonctionnaires étrangers repartis pour la Métropole. Ils s'empressèrent de s'approprier les plus hauts postes, sans se soucier des structures administratives, lesquelles avaient été pensées davantage dans une perspective d'exploitation que dans une perspective de développement. Riggs dresse un portrait peu élogieux de ces nouveaux administrateurs : « […] plus intéressés par les avantages que par les responsabilités, [ils] sont souvent devenus de plus en plus corrompus, enclins au népotisme, incompétents, avides de pouvoirs et tyranniques » (p. 242). Non seulement l'épisode impérialiste avait-il largement entravé leur développement économique, mais ces pays nouvellement indépendants se retrouvèrent avec des institutions étrangères qu'ils ne surent adapter à leur spécificité. L'ironie de cet épisode demeure que les bureaucraties des puissances coloniales bénéficièrent largement de leur expérience d'outre-mer dans leur propre perfectionnement.

Ces remarques relatives aux effets de l'impérialisme sur l'administration publique des anciennes colonies étant faites, il convient maintenant de faire le point sur la situation générale de l'administration publique des pays pauvres de la planète. D'abord, il faut dire que la question n'est pas dépourvue de dimensions humaines, car, derrière les ratés de l'État et de l'administration publique des pays du Sud, il y a une large dose de souffrance. On n'a qu'à penser aux questions de criminalité ou de santé publique, pour ne pas dire de salubrité, sans compter la famine et l'exode rural vers les bidonvilles, déjà débordés. Bien sûr, ces questions dépassent l'administration publique, mais il est également certain qu'on ne peut s'y attaquer sans État, ou sans administration publique. Sans administration publique, il n'y a pas de problèmes bureaucratiques, mais il n'y a pas non plus de services publics à la population. Il y a en effet des pays où l'administration publique s'est littéralement effondrée ou, comme le décrit Gerald E. Caiden :

> [...] des pays où l'administration publique existe à peine ou a, à toutes fins utiles, disparu. Dans ces pays, les gouvernements, quand ils existent, leur secteur public et leur bureaucratie n'ont pas les ressources suffisantes pour remplir même les plus simples des tâches (Caiden, 1999, p. 303, traduction libre).

Il y a également les questions qu'on a peur de poser car elles risquent de paraître politiquement incorrectes, comme l'émigration des professionnels les plus qualifiés vers les pays riches, qui contribue à réduire le réservoir de compétences locales disponibles pour le service public. Carl E. Meacham donne l'exemple de la Jamaïque (Meacham, 1999, p. 282), mais il y en a sans doute plusieurs autres. Autre phénomène particulier : ces pays désirent tellement se brancher sur le monde occidental et sur ses attraits qu'ils ne cherchent pas à s'informer, entre pays en développement, des expériences, voire des succès, des uns et des autres, lesquels pourraient pourtant servir de modèles plus réalistes pour leur propre développement (Caiden, 1999, p. 304). On observe le même phénomène en ce qui touche plusieurs pays de l'Europe de l'Est, lesquels ne communiquent guère entre eux leurs recettes ou leurs échecs.

Dans un monde idéal, l'administration publique des pays en développement sera plus efficace et peut-être plus « légère » avec des fonctionnaires mieux entraînés, plus professionnels, mieux branchés sur le monde qui les entoure et ayant un sens plus aigu de l'éthique administrative (Dwivedi, 1999, p. 18). Mais le problème, comme on le dit en anglais c'est « how to get there from here » (comment se rendre là à partir d'ici). Est-ce en continuant à verser dans ces pays des sommes d'argent qui, dans le passé, ont servi trop souvent à enrichir une élite nationale au détriment de l'ensemble des institutions de l'État ? Il y a, particulièrement aux États-Unis, un discours populiste qui exprime la colère des pauvres des pays riches devant le fait qu'on leur demande de se serrer la ceinture pour les riches des pays pauvres (Caiden, 1999, p. 300). Est-ce alors en faisant subir, encore, d'autres cures d'amaigrissement à la fonction publique locale, dans la version Tiers-Monde de « faire plus avec moins » ? C'est ce que proposent souvent la Banque mondiale et le Fonds monétaire international, en échange de leur aide financière. Mais quand le plan est ainsi commandé de l'extérieur, on peut entretenir de sérieux doutes sur sa mise en œuvre et son suivi. Ou encore, est-ce en pratiquant la subsidiarité vers la société civile et vers le secteur privé ? Peut-être, mais tient-on, dans ces cas-là, suffisamment compte de la faiblesse du secteur privé et du manque de formation des membres de la société civile, toujours un peu trop idéalisée ?

D'une façon encore plus globale, la question qui se pose est de savoir départager les mérites respectifs des modèles importés de l'étranger et des modèles locaux. Et cette dernière question est directement liée au fait de savoir jusqu'à quel point on veut intégrer pleinement le marché mondial. Mais a-t-on réellement le choix ? Certains écologistes sont à peu près les seuls penseurs qui répondent « oui » et qui soutiennent qu'au lieu de se laisser emporter par la division internationale du travail vers la monoculture intensive et dépendante, les pays en développement feraient mieux de s'adonner à une production localement diversifiée afin de satisfaire les besoins locaux, comme le modèle Sarvodaya le propose au Sri Lanka (Dwivedi et Henderson, 1999, p. 36-37).

Mais le choix entre ce qui vient d'ailleurs et ce qui est local n'est pas aussi volontariste qu'une décision économique ponctuelle. Des facteurs sociologiques lourds éloignent l'administration publique des pays en développement du modèle webérien. On ne se rend pas toujours compte du soubassement culturel nécessaire au fonctionnement efficace d'une bureaucratie : abstraction, standardisation, dépersonnalisation, contrôle de soi, voire refoulement, pour ne nommer que quelques dimensions. Prétendre que tout ceci va de soi témoigne probablement d'une incompréhension de ce qui est authentiquement humain, par opposition à ce qui ne peut être appris que par entraînement intensif et par renoncement. Les fondements du modèle webérien de type occidental se trouvent parfois contredits par de puissants facteurs sociologiques locaux ; dans la plupart de ces pays, en effet, on a l'habitude de s'adresser à l'être humain dans son entier et pas seulement à un aspect fonctionnel limité, comme le fait le modèle bureaucratique occidental (Dwivedi et Henderson, 1999, p. 46 ; Farazmand, 1999, p. 262).

Nous terminons ici notre revue générale de la situation des administrations publiques dans les pays en développement. Dans la section suivante on dira quelques mots sur des cas plus particuliers, qu'il s'agisse de régions ou de pays spécifiques. Nous commencerons avec l'Afrique, pour terminer avec la Russie.

10.2 QUELQUES CARACTÉRISTIQUES PARTICULIÈRES SELON LES RÉGIONS ET LES PAYS

Les administrations publiques de l'Afrique subsaharienne constituent une sorte de microcosme de tous les problèmes administratifs dont on a parlé dans la section précédente. La corruption administrative y est très largement répandue (Balogun et Mutahaba, 1999, p. 196). Obtenir que des biens importés passent les douanes nécessite l'obtention de plusieurs permis et signatures, ce qui ralentit considérablement le processus (Balogun et Mutahaba, 1999, p. 200), sans compter la multiplication des occasions de pots-de-vin que cela entraîne. Ce ne sont là que quelques indices qui nous permettent de conclure que, malgré les nombreux programmes d'entraînement à l'administration (Hilliard et Wissink, 1999, p. 218), l'Afrique subsaharienne arrive avec peine à se gouverner, sans compter les cas où l'administration publique s'est complètement effondrée (Caiden, 1997, p. 301). Il faut voir aussi dans quel contexte évolue l'administration publique de plusieurs de ces pays :

> Dans plusieurs pays de l'Afrique subsaharienne, l'accès aux ressources et leur partage s'inscrivent dans un environnement politique de violence et d'oppression, s'apparentant souvent à une activité guerrière. Le pouvoir, celui que confère l'État, est un butin qui se partage en fonction de liens clientélistes et ethniques. Les biens essentiels sont désormais hors de portée de la majorité de la population. Les exigences d'ajustement structurel de la Banque Mondiale n'ont pas amélioré ces conditions (de Senarclens, 1998, p. 101).

Ce que Fred Rigg décrivait plus haut au sujet de la connivence nécessaire entre les régimes militaires du Tiers-Monde et leur administration publique se retrouve dans plusieurs pays de l'Afrique subsaharienne. On retrouve aussi en Afrique cet écart sociologique entre les fondements culturels des populations et les valeurs bureaucratiques issues essentiellement de l'Europe. En effet, le style de l'administration est très différent du style de vie des petites gens. La majeure partie de la population africaine est encore analphabète et les traditions nationales sont souvent orales, alors que l'administration publique utilise généralement les communications écrites. De plus, l'administration publique est anonyme contrairement aux coutumes africaines qui personnalisent davantage les rapports humains. Par conséquent, lorsqu'elle impose des règlements et des procédures, seuls quelques administrateurs les connaissent et les utilisent souvent pour faire du patronage ou s'adonner à la corruption. Les postes administratifs exigent un type de formation qui ne correspond pas au contexte éducationnel et professionnel africain. Il en est de même pour la structure de l'administration : le découpage en ministères, sur les modèles occidentaux, n'est peut-être pas toujours adéquat.

Deux phénomènes sont particulièrement présents dans l'administration publique africaine : le mimétisme administratif et le macrocéphalisme. Le mimétisme administratif est le phénomène par lequel une société adopte un modèle administratif étranger en ce qui concerne la structure, la fonction publique, les processus décisionnels, budgétaires et de contrôle de l'administration publique. Bugnicourt le présentait en ces termes : il s'agit de « […] l'ensemble des phénomènes déclenchés par le fait que l'on copie, que l'on mime en particulier les institutions, les règlements, les comportements des sociétés européennes colonisatrices ou d'autres sociétés étrangères […] » (1973, p. 1239). Selon Timsit, le mimétisme est le résultat d'un effet de domination (Timsit, 1976). L'effet de domination se rapporte à une situation par laquelle « […] une société adopte les modèles de comportement d'une société étrangère parce qu'elle [y] est contrainte par la force politique ou [par] la nécessité économique et/ou parce qu'elle valorise les conditions étrangères et [qu'elle] dévalorise les siennes » (Nicolai, 1967, p. 561).

Le macrocéphalisme, quant à lui, correspond à la démesure que revêt l'administration centrale par rapport à l'administration locale. Mais cela n'empêche pas le développement d'une logique administrative basée sur des solidarités tout à fait locales, voire tribales, comme cela peut arriver aussi ailleurs :

> Ainsi peut-on interpréter l'existence dans les États en développement de véritables féodalités administratives constituées autour d'un chef d'ethnie, de clan, de tribu ou de clientèle qui réserve l'accès de l'administration aux seuls membres du groupe auquel il appartient : la transmission de l'information ou de la décision ne suit alors que des circuits informels, extra ou para administratifs, fondés sur des relations sociales qu'entretiennent entre eux les fonctionnaires intégrés aux même groupes sociaux et culturels (Timsit, 1976, p. 2).

La crise économique des années 1980 s'avéra particulièrement difficile pour les pays africains. De sévères critiques envers l'administration publique africaine furent adressées par les financiers occidentaux. Voici les principales d'entre elles, ainsi que quelques-uns des effets qu'engendra la crise sur les services publics. Les financiers présentèrent cinq caractéristiques principales. En ce qui concerne l'étendue et le fonctionnement de l'administration, on lui reproche de s'adonner à diverses activités non productives. On préconisa par conséquent de couper quelques fonctions, telles les subventions octroyées aux indigents, subventions qualifiées d'« intenables » ou de « peu judicieuses » (Mukandala, 1992, p. 448). On a aussi préconisé d'abolir quelques services, ou d'appliquer des redevances d'utilisation à certains d'entre eux. On a qualifié certaines procédures d'archaïques, de centralistes, de rigides et d'excessives. On a recommandé de stopper l'embauche d'une partie du personnel, dont on désapprouvait le nombre.

Les conséquences de la crise des années 1980 sur l'administration publique africaine se font encore ressentir. Des désaccords subsistent toujours quant à l'explication des problèmes, tant en ce qui concerne leurs causes que les solutions qu'il faudrait privilégier. On pointe des phénomènes aussi incontrôlables que les conflits, les fluctuations du marché mondial et le climat (pluies, inondations, etc.) comme éléments explicatifs de la situation. Une deuxième école insiste sur une division internationale du travail qui accentue l'écart entre les pauvres et les riches. Enfin, l'école néo-marxiste critique le comportement de la classe dirigeante, qui se soucierait davantage de ses intérêts propres que du bien-être de la population.

Bien entendu, ce portrait général cache des cas particuliers. Comme celui de l'Afrique du Sud, dont les changements politiques et la fin officielle de l'apartheid ont eu des effets sur l'administration publique avec, entre autres, le départ de fonctionnaires blancs, parfois incapables de s'adapter aux nouvelles règles du jeu (Hilliard et Wissink, 1999, p. 221). Ces dernières étaient de servir tous les citoyens de l'Afrique du Sud, et pas seulement certains groupes sélectionnés (p. 222). La façon de concilier ces nouveaux objectifs avec ce qu'il est désirable de conserver de l'administration publique de l'ancien régime est un défi pour la fonction publique de ce pays. Pour donner un exemple des réalisations du passé, notons que l'Afrique du Sud produit depuis plusieurs années environ 60 % de toute l'électricité générée en Afrique (Hilliard et Wissink, 1999, p. 221).

Traditionnellement, quand on pense aux pays en développement, on pense aussi à l'Amérique latine. Mais la situation a évolué ici bien davantage qu'en Afrique subsaharienne. Il y a eu des réformes, certains gouvernements militaires ont cédé la place à des autorités civiles, ou du moins n'occupent plus exclusivement le devant de la scène (Meacham, 1999, p. 269). D'autres pays ont ouvert plus largement leurs frontières au commerce international. Il y a eu, ici aussi, des pressions venant d'organismes internationaux de financement. Pourtant, à bien des égards, les mêmes caractéristiques administratives ont persisté : faible représentation (voire absence) des populations indigènes au sein du service public (Meacham, 1999, p. 275), diminution du nombre de hauts fonctionnaires avec expérience, népotisme. Sans compter les problèmes de politiques publiques comme la pauvreté, la pollution, la situation dans les bidonvilles et, plus récemment encore, la sécurité publique et la lutte contre la drogue. Donc, même si la situation bouge plus qu'en Afrique et qu'il y a des avancées incontestables, certaines remarques que l'on faisait à propos de l'Amérique latine il y a vingt ou trente ans sont encore valables aujourd'hui. Certaines de ces remarques sont du même ordre que celles qu'on pouvait faire à propos de l'Afrique.

Autant dans les régimes dictatoriaux que dans les régimes démocratiques de ce continent, la consultation des citoyens est souvent absente ; seuls les groupes de pression organisés ont une grande influence, à un point tel qu'on dit que l'administration publique de ces pays est infiltrée par ces derniers. Ils jouent en effet un rôle actif dans les commissions d'études et leurs représentants sont souvent mieux formés et mieux informés que les fonctionnaires eux-mêmes. Les partis politiques ont, eux aussi, une grande influence sur l'administration publique ; dans les régimes à parti unique ou dominant, les fonctionnaires sont la plupart du temps des militants du parti ; dans les régimes où plusieurs partis se disputent le pouvoir, les postes sont souvent attribués selon les règles du système des dépouilles dont nous avons parlé dans les chapitres antérieurs.

Les remarques que l'on vient de faire sur le système des dépouilles, version Amérique latine, ne pourraient s'appliquer, telles quelles, au continent africain, car la situation y est trop différente. Mais les remarques qui suivent à propos de l'Amérique latine ont, elles, quelque parenté avec ce que nous avons dit plus haut à propos de l'administration publique africaine, même s'il faut bien sûr y faire les ajustements nécessaires. C'est ainsi que l'on trouve, parmi les caractéristiques de l'administration publique latino-américaine, les éléments suivants : le centralisme (lequel correspond plus au moins au macrocéphalisme africain), la carence des moyens et la corruption.

Les administrations publiques latino-américaines se distinguent par une centralisation et une concentration administratives élevées, une faiblesse de l'administration municipale et une absence de participation de la communauté (Brewer-Carrias, 1979, p. 797). En général, l'administration nationale est surdéveloppée et souvent paternaliste vis-à-vis des entités régionales et locales. L'autorité politique et la prise de décision sont extrêmement centralisées au niveau national. Cette centralisation et cette concentration sont aussi les conséquences principales du système présidentiel tel qu'il est pratiqué dans ces pays. De nombreux pouvoirs se retrouvent au niveau supérieur de l'exécutif : le président, surtout dans les dictatures, prend des décisions à tous les niveaux et les ministres sont relégués à un travail de secrétariat. Il en résulte aussi une faiblesse de l'administration municipale, et également un contrôle excessif des activités du citoyen : une panoplie d'activités quotidiennes est réglementée de manière à ce que le citoyen ait à se procurer continuellement des permis, des licences, des autorisations, etc.

Cette volonté de contrôle n'est pas étrangère à l'hypertrophie des services centraux, laquelle offre un contraste très net avec une sous-administration locale dotée de peu de pouvoirs.

Même si les pays d'Amérique latine partagent la caractéristique de conserver une administration publique plutôt centralisée et concentrée, des différences régionales s'observent selon la spécificité des systèmes politiques respectifs.

Quel que soit le degré de décentralisation dont elle dispose, les deux grands maux qui frappent l'administration publique des pays d'Amérique latine sont l'insuffisance de ses ressources et son manque de personnel. Les modes de financement et d'élaboration du budget expliquent en partie l'insuffisance des ressources. L'administration publique latino-américaine locale est financée en grande partie par l'entremise de subventions gouvernementales, ce qui assure un meilleur contrôle du gouvernement sur les activités des municipalités. Les budgets de ces unités sont d'ailleurs souvent contraints à l'approbation par l'autorité de tutelle, avant d'être ensuite intégrés dans le budget national. De plus, l'absence de fonds de péréquation permet l'existence de grandes disparités dans la distribution des richesses entre les collectivités. Les fonds sont essentiellement déployés à des fins de fonctionnement, et le paiement du personnel demeure la principale dépense.

Les problèmes survenant au niveau du personnel s'expliquent principalement par un manque de ressources. D'abord, l'hypertrophie des pouvoirs qui s'observe au centre s'accompagne d'un développement excessif des services centraux par rapport aux services disponibles en périphérie. De plus, le personnel, mal réparti en ce qui concerne les tâches et la distribution régionale, se trouve souvent mal formé et mal payé, ou non payé, selon la situation financière de l'État. « L'insuffisance quantitative et qualitative du personnel est sans doute le plus grand mal dont ont souffert et souffrent encore les administrations des États latino-américains » (Lambert et Gandolfi, 1987, p. 344).

La corruption administrative est particulièrement propre aux activités de l'administration publique latino-américaine. Aux diverses carences dont elle fait l'objet, une cause institutionnelle apparaît particulièrement digne de mention : l'adoption du système des dépouilles. L'administration publique latino-américaine est fortement engagée dans le processus politique et son action est celle d'un vaste groupe de pression. Le jeu des partis politiques apparaît ainsi comme un facteur de corruption : l'obtention d'un contrat de l'administration publique est grandement facilitée par une contribution à la caisse du parti. L'instabilité des postes dans la fonction publique engendrée par le système des dépouilles encourage le fonctionnaire à veiller davantage à la défense de ses intérêts personnels qu'à l'accomplissement de ses responsabilités. De plus, il existe très peu de contrôles législatifs et judiciaires sur l'administration publique, et les fonctionnaires s'adonnant à des pratiques corruptrices ne sont que très rarement réprimés. Trait caractéristique de l'administration latino-américaine, la corruption est devenue une règle de fonctionnement. Le problème étant principalement relié avec une carence des ressources, son enrayement ne peut être effectué sans l'aide d'une démarche multidimensionnelle.

Mais avant de conclure sur l'administration publique des pays de l'Amérique latine, il convient d'insister sur le fait qu'au moment même où s'écrivent ces lignes, beaucoup de changements s'opèrent en Amérique latine : ouverture croissante au marché mondial, mesures de décentralisation et de déconcentration, progrès de la règle de droit, démocratisation des procédés électoraux. Il sera sûrement intéressant de revoir la situation de l'administration publique dans cette région du monde d'ici une vingtaine d'années.

Ayant passé en revue la situation en Afrique et en Amérique latine, il convient de faire quelques commentaires, plus brefs cette fois, sur d'autres régions du monde. Ainsi, Ali Farazmand a fait le point sur les administrations publiques des pays du Moyen-Orient (Farazmand, 1999). Il faut d'abord dire que le Moyen-Orient, contrairement à l'Afrique subsaharienne et à l'Amérique latine, a une longue et riche tradition d'administration bureaucratique, au point où l'on pourrait dire, avec Farazmand, que cette région du monde est un des berceaux de la bureaucratie (p. 244). La bureaucratie y est demeurée importante au cours des temps (p. 249) et on n'a jamais réellement réussi à en limiter sensiblement l'influence et le poids (p. 254). Par contre, on y trouve certains traits déjà décrits à propos de l'Afrique et de l'Amérique latine. En effet, la corruption est, ici aussi, un problème chronique (Farazmand, p. 253), sauf qu'ici les montants peuvent être pas mal plus importants qu'en Afrique ou en Amérique latine, surtout dans des pays comme l'Arabie Saoudite ou le Koweit. Comme dans beaucoup de pays en développement, il y a trop de fonctionnaires peu qualifiés et trop peu de fonctionnaires suffisamment compétents (p. 254). Par ailleurs, il existe dans plusieurs de ces pays une vieille tradition d'intelligentsia au sein de la fonction publique (p. 256), laquelle peut jouer un rôle dans des révolutions ou des changements de régimes (comme l'a décrit F. Riggs, voir plus haut dans ce chapitre).

Comme dans d'autres régions en développement, on tente souvent, au Moyen-Orient, de contourner la froideur et la spécialisation fonctionnelle de la bureaucratie (Farazmand, p. 260-261), dans ce cas-ci, par les *dowrehs* qui sont un lieu informel d'amis et de parents, ou encore à travers la religion islamique, laquelle offre un système de règles beaucoup plus holistiques que ne le sont les normes bureaucratiques (p. 262).

Dans cette même région du monde, certains cas sont tellement particuliers qu'ils résistent à presque toute classification. Ainsi, l'administration publique d'Israël, dont on a parlé au chapitre précédent à propos du NMP. Comme dans la plupart des pays en développement, on y trouve une trop grande concentration des responsabilités au sommet de la fonction publique et trop peu de délégation et de décentralisation aux niveaux inférieurs (Galnoor, Rosenbloom et Yaroni, 1998, p. 398). Ici aussi, on tente de contourner la froideur bureaucratique par des moyens informels, en l'occurrence en recourant au système de *proteksia* (les amis, les connaissances, le « piston ») (p. 397). Par contre, la corruption comme telle, pots-de-vin, par exemple, serait plutôt exceptionnelle (p. 396). Pour Galnoor, Rosenbloom et Yaroni, l'administration publique israélienne partage certaines caractéristiques des administrations de plusieurs pays latino-américains, surtout les plus développés (p. 396), peut-être à cause du rôle relativement important que les militaires y jouent. Par contre, le patronage y serait plutôt rare aujourd'hui (p. 398). Et si, comme on l'a vu au chapitre précédent, le NMP n'a pas réussi à s'implanter complètement en Israël, c'est bien plus à cause de l'opposition du puissant ministère des Finances que par incompétence ou manque de professionnalisme. Dernier point : la philosophie qui a structuré la création d'Israël ne considère pas le secteur des *services* — public ou privé d'ailleurs — comme étant réellement productif, reprenant en cela une idée que l'on retrouve chez Adam Smith et dans l'ancienne Union soviétique ; la logique de cette position mène à considérer l'administration publique comme une sorte de mal nécessaire.

Jusqu'ici, nous avons abordé des régions du monde qui prennent, plus ou moins consciemment, le monde occidental comme modèle. Il était donc justifié de mesurer jusqu'à quel point les administrations publiques de ces pays s'écartaient du modèle bureaucratique occidental de type webérien. Mais quand on tourne son attention vers les pays de l'Asie, l'approche se doit d'être quelque peu différente. En effet, il ne faut pas oublier que la Chine, par exemple, a une tradition bureaucratique originale, laquelle précède dans le temps les bureaucraties occidentales. On se rappellera à ce sujet les théories de Karl Wittfogel exprimées dans *Le despotisme oriental*.

Il faut préciser aussi qu'aujourd'hui la référence à l'Asie comporte une liste de pays très différents les uns des autres : Chine, Japon, Thaïlande, Viêt-nam, Singapour, Indonésie, Philippines, pour ne donner que quelques exemples. Certains pays d'Asie connaissent une croissance économique très forte depuis plusieurs années. Les succès des entreprises privées n'excluent pas un rôle appréciable pour le secteur public : on est loin ici de la dichotomie toute américaine entre le privé et le public. Car, on l'a dit, la bureaucratie a de vieilles racines dans toute l'Asie, et pas seulement en Chine.

Mark Turner et John Halligan (1999) décrivent certains traits bureaucratiques que l'on peut retrouver dans les administrations publiques d'Asie : respect des procédures formelles, résistance au changement, importance du statut et de la hiérarchie, pour en nommer quelques-uns (Turner et Halligan, 1999, p. 133). Ces traits ne peuvent pas être dissociés des valeurs sociales ambiantes ni des caractéristiques sociologiques ; Turner et Halligan mentionnent la présence de réseaux fondés sur des valeurs patrimoniales (p. 134) ou de clientélisme, le paternalisme, la crainte du conflit ouvert, la crainte de « perdre la face » et, enfin, l'importance de la famille (p. 135-136). En Asie, on est souvent loin d'une rhétorique des droits tout occidentale, puisque l'on insiste souvent plus sur les *obligations* de l'individu envers la communauté, et moins sur ses *droits* vis-à-vis de celle-ci (p. 136). Quant au respect de l'ordre et de la hiérarchie, on en retrouve les fondements loin dans le passé, jusqu'aux préceptes de Confucius (500 ans avant Jésus-Christ). C'est pour toutes ces raisons, et d'autres encore, que plusieurs pays d'Asie, même s'ils ont épousé certains objectifs du NMP (service accru au client, réduction des délais et de la paperasserie), ont conservé pour l'essentiel les traits de leurs administrations publiques traditionnelles (p. 143-144).

Dans ce tour d'horizon des administrations publiques des pays en développement, il faut maintenant inclure certains pays de l'Europe de l'Est. En effet, plusieurs de ces pays ont vu leur niveau de vie chuter depuis le démantèlement politique du communisme. Pour certains de ces pays, ce ne sera là qu'une situation temporaire. Pour d'autres, le problème semble plus sérieux et plus durable ; ce qui nous amène à parler de la Russie.

Il est difficile de savoir, en écrivant à partir de l'Amérique du Nord, et sans avoir visité récemment la Russie, si la situation dans ce pays est aussi désespérante que les médias la décrivent. Mais il n'y a pas que les médias qui nous renvoient une image dramatique de ce qui s'y passe. Jacques Sapir, dans *Le chaos russe* (1996), confirme ces impressions médiatiques. Influencés par des économistes occidentaux, lesquels partaient de concepts théoriques sans aucune considération pour les particularités de la tradition russe, les leaders politiques de Moscou ont imposé une marche forcée vers un libéralisme qui n'avait pas, dans leur pays, d'assises sociologiques solides. De cette marche forcée, on connaît les premiers fruits amers : difficulté pour les administrations de percevoir les taxes, développement d'activités plus ou moins utiles socialement (spéculations diverses, commerce d'automobiles volées, etc.), gouvernements parallèles sous forme de différentes mafias, lobbyisme éhonté de la part d'une classe politique que ne semble retenir aucune balise.

Du point de vue de l'administration publique plus spécifiquement, on note un abandon de la notion de service public, ce qui ouvre la porte aux comportements les plus condamnables. Sans compter une sorte de compréhension superficielle ou carrément fausse du fonctionnement administratif des pays occidentaux : à titre d'exemple, l'idée que le modèle occidental voudrait que les ouvriers élisent le directeur de l'usine, démocratie oblige. Ce n'est pas là, bien sûr, le modèle occidental, car celui-ci recommande plutôt le respect de l'autorité dans le travail (et la critique démocratique à l'extérieur de celui-ci).

Marie Mendras, écrivant dans *Mondes en développement* (1998) trace un portrait de la corruption administrative aujourd'hui en Russie. Elle montre que la corruption a toujours existé dans ce pays, même avant les mouvements de privatisation, et qu'elle est maintenant érigée en un système encore plus redoutable depuis l'effondrement du régime communiste. Elle explique aussi comment cette réalité d'enrichissement illicite et de clientélisme a des bases sociologiques et institutionnelles profondes, ce qui donne à penser que le problème n'est pas prêt de disparaître. La présence et l'importance accrues de l'argent, les privatisations, l'extrême faiblesse du pouvoir judiciaire « constituent de forts accélérateurs de la corruption » (Mendras, 1998, p. 83). Paradoxalement, ce qui augmente encore la corruption, c'est que le pays demeure en bonne partie bureaucratique et qu'il y a donc nécessité pour les nouveaux entrepreneurs de se procurer des permis de toutes sortes (p. 87). Des fortunes privées, par ailleurs, ont été acquises grâce à l'achat d'actifs de l'État qui étaient très largement sous-évalués (p. 90). Marie Mendras donne même l'exemple d'une petite fortune réalisée par des fonctionnaires écrivant un livre sur… la privatisation, lesquels fonctionnaires recevaient des honoraires de la part d'une maison d'édition « bidon »… qui était en fait détenue par ceux-là mêmes qui projetaient de se rendre propriétaires d'actifs de l'État (p. 92-93).

Ceci termine la première partie de ce chapitre qui concerne l'administration publique dans les pays en développement. Il est peut-être significatif que nous la terminions sur le thème de la corruption, puisqu'il s'agit là d'un des phénomènes les plus persistants des administrations publiques de ce type de pays.

10.3 L'ADMINISTRATION PUBLIQUE INTERNATIONALE

Un texte qui se veut une introduction à l'administration publique d'aujourd'hui ne serait pas complet s'il ne faisait pas quelques commentaires sur l'administration publique internationale. D'abord, disons que l'administration publique internationale est un des acteurs importants de notre époque, même si elle n'a pas toujours réalisé les espoirs mis en elle. Mais elle constitue néanmoins un des acteurs nouveaux, organisationnels et autres, dont il faut tenir compte en l'an 2001, au même titre que les ONG (organismes non gouvernementaux), les sociétés multinationales ou encore les réseaux scientifiques (Dobell, 1997, p. 348).

Il faut distinguer entre les organisations à vocation universelle, regroupées autour de l'ONU (Organisation des Nations unies), d'une part, et les organisations à vocation plus limitée comme les institutions de l'Union européenne ou encore l'OCDE (Organisation pour la coopération et le développement économique), d'autre part. En 1993, on estimait à environ 100 000 le nombre de fonctionnaires internationaux, soit environ 60 000 pour les organisations à vocation universelle, et environ 40 000 pour celles à vocation plus limitée (Lengyel, 1993, p. 613). On peut faire des comparaisons sur ces chiffres, à première vue importants :

> [...] Avec un effectif moins nombreux, pour une population qui dépasse les cinq milliards d'habitants, que celui des fonctionnaires nationaux dont disposent les huit millions de Suédois, et qui représentent le dixième de celui de la fonction publique britannique, ils sont bien loin d'atteindre les dimensions du monstre démesurément dilaté que les médias évoquent parfois à leur propos (Lengyel, 1993, p. 614).

Revenons brièvement sur les différences entre les organisations à vocation universelle et celles à vocation plus limitée. En général, les premières sont bien plus souvent critiquées que les secondes. En effet, on attend plus d'elles, mais, comme elles tentent d'intégrer tous les pays, les consensus sont plus difficiles à obtenir et les débats politiques, plus fréquents. Il arrive aussi qu'on les blâme « pour des choses qui sont en réalité liés à la volonté collective de leurs États membres » (Lengyel, 1993, p. 611). Par contre :

> [l]es organisations intergouvernementales à composition limitée, généralement moins ambitieuses dans leurs objectifs, peuvent [...] s'enorgueillir de réalisations appréciables, surtout si leur action, comme celle des institutions de la communauté européenne, s'inscrit dans un projet bien défini, soutenu par une volonté politique commune (Lengyel, p. 614).

Les organisations à vocation limitée peuvent être regroupées sur une base régionale. C'est le cas de l'Union européenne. Elles ne recrutent comme fonctionnaires que des ressortissants de leurs États membres (Lengyel, p. 623), ce qui crée « une relative homogénéité culturelle, censée contribuer à un fonctionnement harmonieux, dont les organes de la Communauté européenne [aujourd'hui : l'Union européenne] sont souvent cités comme l'exemple frappant » (p. 623). Mais toutes les organisations régionales ne développent pas une fonction publique aussi élaborée que celle de l'Union européenne. Ainsi la zone de libre-échange nord-américaine (États-Unis, Canada, Mexique) s'est formée « sans s'appuyer sur une organisation intergouvernementale importante » (p. 623). D'une certaine façon, il est injuste de comparer l'ALENA à l'Union européenne, car cette dernière constitue un cas assez exceptionnel de réussite. De plus, l'Union européenne existe depuis maintenant longtemps, même si les formes et les appellations ont varié au cours des décennies. On peut déjà dégager certaines tendances : elle a concentré ses activités sur des questions de production et de consommation, plus que sur des questions proprement régaliennes comme la justice par exemple (Quermonne, 1991, p. 302). Complémentaire des fonctions publiques nationales, l'Union européenne n'a pas, à proprement parler, de services externes ; elle doit donc se fier aux fonctions publiques et aux gouvernements nationaux pour mettre en œuvre ses directives et ses normes (p. 311-312). À cet égard, une question juridique se pose : les directives et normes européennes doivent-elles faire l'objet d'une loi ou d'un simple règlement afin d'être acceptées par le pays membre (p. 303) ?

Les organisations à vocation plus limitée peuvent être constituées sur une base autre que régionale, sur une base essentiellement fonctionnelle par exemple, en regroupant certains pays dans un domaine particulier ; il en est ainsi de l'OCDE, qui regroupe essentiellement les pays riches et industrialisés du monde, soit vingt-quatre pays développés répartis sur quatre continents.

Une des raisons qui nous pousse à distinguer les grandes organisations internationales regroupées autour de l'ONU, d'une part, et celles qui ont des objectifs régionaux ou fonctionnels plus limités, d'autre part, c'est qu'il y a eu ces dernières années une certaine désaffection vis-à-vis des grandes organisations liées aux Nations unies, surtout de la part des pays riches, lesquels constituent la principale source de financement des organisations internationales. Les pays riches ont eu davantage tendance à se regrouper entre eux. Il est significatif à cet égard que les États-Unis aient décidé d'abandonner l'UNESCO, mais de continuer à soutenir l'OCDE, la première étant de caractère universel, la seconde ne regroupant que des pays riches. Les pays riches autres que les États-Unis font preuve souvent de ce même désintérêt envers les institutions internationales à vocation universelle :

> Les raisons de ce désintérêt sont complexes. On peut toutefois les rattacher au fait que la politique internationale a progressivement changé de nature entre les pays développés. Les États qui font aujourd'hui partie de l'OCDE ont tissé entre eux des liens d'interdépendance très forts, soutenus par d'importants réseaux de coopération. Ils constituent ensemble un espace présentant les caractéristiques d'une forte intégration de nature économique, sociale et politique, soutenue par des mécanismes institutionnels solides et diversifiés. Ils jouissent pour la plupart d'un niveau de sécurité internationale relativement élevé, soit qu'ils fassent partie de l'OTAN, soit qu'ils bénéficient de sa protection indirecte. Les guerres entre les pays de l'Europe occidentale sont devenues inimaginables. [...] En conséquence de ces changements, les institutions des Nations Unies ont moins d'utilité pour les pays de l'OCDE, puisque la plupart des fonctions qu'elles avaient mandat d'assumer peuvent l'être par d'autres mécanismes de coopération, ou par des acteurs privés ou non gouvernementaux qui s'avèrent plus faciles à contrôler et plus efficaces. En fait, l'indifférence des grandes puissances à l'égard du système des Nations Unies est déterminée aussi par la complexité et la lourdeur du processus de décision au sein de ses institutions (de Senarclens, 1998, p. 104).

Il y a bien entendu, même au sein du système des Nations unies, des organisations de nature très différente. Toutes n'ont pas, au même degré, provoqué l'insatisfaction des pays membres. Il faut dire que toutes ne sont pas conflictuelles ou, comme on dit, « politisées ».

On retrouve une première série d'organisations dont le but est de prévenir ou d'atténuer des conflits ou encore d'apporter une aide humanitaire pressante et ponctuelle. Il s'agit là d'une vieille mission de l'ONU, et même d'une mission fondatrice. Contrairement à ce que l'on pourrait penser, ce ne sont pas celles-là qui provoquent le plus d'incertitudes administratives ou politiques, car presque tous sont d'accord pour éteindre des feux. Il y a ensuite des organisations qui visent à assurer une certaine coordination, souvent de nature technique, à des opérations universelles, comme dans le domaine des postes par exemple. Viennent ensuite des organisations qui ont des buts assez larges, comme la culture ou la santé : déjà, celles-ci provoquent plus de débats, et c'est ainsi que les États-Unis se sont retirés de l'UNESCO, par exemple. Enfin, il y a celles qui ont pour but le développement, le PNUD par exemple (Programme des Nations unies pour le développement), ou encore dans un registre différent, le FMI et la Banque mondiale.

En apparence, on ne peut guère critiquer un programme qui vise le « développement » ou l'efficacité. Pourtant :

Il ne suffit pas de faire partir les trains à l'heure pour prouver la valeur d'une politique. Les objectifs proposés au titre de l'efficacité peuvent aussi engendrer les bidonvilles, la destruction des communautés sociales et culturelles, la dégradation de l'environnement, les gouvernements autoritaires.

La coordination demandée par la logique occidentale renforcerait des options économiques qui sont loin d'être universellement acceptées, et dont les incidences sociales sont contestables. Les pays du tiers-Monde se méfient de ce genre de réforme (de Senarclens, 1988, p. 214).

Le rôle joué par la permanence (ou « Secrétariat ») de ces différentes organisations varie beaucoup d'un type à l'autre : à la Banque mondiale et au FMI la domination des bureaucrates est certaine. Ailleurs, le contrôle peut être plus serré. Si les pays sont en désaccord profond, cela peut parfois augmenter le pouvoir des permanents, car quelqu'un doit assurer la continuité des opérations, un peu comme cela peut arriver dans une situation de multipartisme à l'intérieur d'un pays.

Ceci nous amène à faire une brève revue des critiques dont ont été l'objet l'ONU et ses organisations satellites. Ces critiques ont été de nature très différente. Il y a d'abord les critiques qui s'adressent au rôle des organismes internationaux dans le cadre de la mondialisation des échanges et de la division internationale du travail. On reconnaît ici le langage utilisé par l'économie politique. On y trouve aussi des préoccupations de nature écologique. Ainsi, on dit que les organisations de l'ONU, surtout celles de nature économique, comme la Banque mondiale et le FMI, ont essentiellement comme fonction d'intégrer les pays pauvres dans l'économie mondiale. Mal équipés pour y faire face, ces pays se voient obligés d'accepter des conditions défavorables, tout en perdant le contrôle qu'ils pouvaient avoir auparavant sur leur destin économique. Cette intégration économique s'accompagne d'ailleurs, soutiennent d'autres critiques, d'une dégradation, peut-être irréversible, de leur environnement naturel. La situation est d'autant plus désolante que les organismes internationaux offrent en retour bien peu d'espoir de pallier les effets négatifs de cette intégration économique (chômage, bidonvilles, campagnes qui se vident, déclin de l'agriculture locale, violence, etc.).

Il y a, on l'a vu, une dimension écologique à ces critiques de nature économie politique. En effet, certains écologistes proposent le développement d'économies à l'échelle humaine, à l'ombre du grand commerce international, où l'on produirait localement pour les besoins locaux. Ainsi, on éviterait de se trouver impuissants devant les conditions imposées par la Banque mondiale et le FMI : reconfiguration des secteurs publics et privés, privatisation, réduction de la fonction publique, élimination des contrôles sur les prix et des subventions, réductions drastiques des programmes sociaux, etc. En même temps, une production de nature plus locale réduirait la nécessité d'exporter massivement et d'utiliser des pesticides et des fertilisants artificiels.

Du point de vue de l'administration publique, les conditions imposées par les organismes financiers de l'ONU ne peuvent réellement contribuer à du vrai développement administratif, puisque ces conditions viennent de l'extérieur, sans tenir compte des situations particulières où elles s'appliquent (Galnoor, Rosenbloom et Yaroni, 1998, p. 416). D'autres critiques ajouteraient que, de toute façon, le but des conditions imposées au secteur public des pays pauvres n'est pas son amélioration, mais bien plutôt sa réduction, voire sa neutralisation.

D'autres types de critiques s'adressent davantage au fonctionnement des organismes de l'ONU d'un point de vue organisationnel ou administratif. Pierre de Senarclens développe ce genre de critique dans son livre *La crise des Nations Unies*, 1988). De Senarclens se réfère au rapport Bertrand, commandé pour étudier les difficultés de l'ONU et de ses organisations :

> Le « rapport Bertrand » constitue un réquisitoire impitoyable contre le système. Il dénonce son morcellement, l'émiettement et la dispersion des ressources, leur faiblesse, l'imprécision et la similitude des mandats de ses innombrables organes, la confusion, l'irréalisme et le verbalisme caractérisant la plupart des projets. Les Nations Unies s'épuisent en proclamant des objectifs utopiques, en alignant une myriade de programmes sans ressources, en égrenant des chapelets de résolutions dépourvues de forme, de substance, d'avenir. Leur apport à la solution des principaux problèmes économiques et sociaux du monde est quasiment nul (p. 203).
>
> [...]
>
> En 1982 elles ont produit 700 millions de pages de documents et 29 000 heures de réunion, sans infléchir le sens de la politique mondiale.
>
> Les Nations Unies se sont enfermées dans une crise institutionnelle profonde. Personne ne le conteste (p. 202).

D'un point de vue plus spécifiquement administratif, « (l)e personnel administratif est trop nombreux, notamment dans les postes élevés, ses qualifications insuffisantes, ses méthodes de travail déficientes » (p. 203) ; une véritable coordination de l'ensemble du système est devenue impensable (p. 204), car il y a une « prolifération d'organisations poursuivant des objectifs identiques ou analogues » (p. 210).

Devant cette myriade de dysfonctions organisationnelles, on serait tenté d'adopter une interprétation de type *Public Choice* et de noter que le système des Nations unies constitue l'exemple ultime des problèmes qui naissent de l'absence de propriété. En effet, avec ce système qui appartient à tous, et donc à personne, on se trouve dans un cas presque pur d'absence de propriété. On pourrait, de même souffle, ajouter : qui a réellement intérêt à le réformer ?

On peut aussi adresser ces critiques à une organisation particulière du système de l'ONU, comme l'a fait P. de Senarclens, dans un autre texte, à propos de l'UNESCO. On peut dire, par ailleurs, que les organisations du système de l'ONU ne sont pas toutes aussi incompétentes les unes que les autres. Celles qui ont des mandats précis (pas l'UNESCO !), et dont on peut donc plus facilement évaluer la performance, peuvent démontrer plus d'efficacité ; il en va de même de celles qui sont soutenues par des consensus solides ou qui sont en réalité gérées par un nombre restreint de pays homogènes. Dans « La dérive de l'UNESCO : essai d'analyse psycho-culturelle » (1985), Pierre de Senarclens adopte cette fois-ci une approche interprétative pour diagnostiquer les maux dont souffre l'ONU. La crise de l'UNESCO s'ouvre à l'occasion de la décision des États-Unis de quitter cette organisation. L'UNESCO, dont les objectifs de développer la culture et la science et d'étendre à la planète entière la rationalité du « siècle des lumières » français, semble très loin des préoccupations pragmatiques américaines. Dans les réunions, on fait, un peu trop facilement, références aux idéaux abstraits de paix, de justice, de dignité de l'homme, de progrès et même de vérité (p. 779). Mais, soutient de Senarclens, tout cela est une « illusion », au sens freudien du terme, c'est-à-dire un « fantasme [...] permettant d'échapper au réel » (p. 782). Car, dans la réalité, certains délégués font appel à ces termes généreux alors même que le gouvernement qu'ils représentent bafoue les droits humains les plus élémentaires (p. 781). Devant ces contradictions, il est difficile de savoir ce qui est réellement utile et productif, sans compter que le Directeur général acquiert une sorte de pouvoir exagéré qui paralyse plus qu'il ne sert l'organisation.

L'ONU et ses organisations, c'est aussi la fonction publique internationale, c'est-à-dire les hommes et les femmes qui assurent, en dehors des assemblées de nature politique, la préparation, le suivi et la permanence des institutions internationales. Ils sont, on l'a vu, environ 60 000 personnes (alors qu'ils sont environ 40 000 pour les organisations internationales à vocation limitée). La fonction publique internationale du système onusien est, elle aussi, l'objet de plusieurs critiques. On a dit d'elle qu'elle n'était pas toujours compétente et qu'elle comptait trop de fonctionnaires pour le travail à accomplir.

Surtout au niveau du recrutement, la fonction publique internationale à vocation universelle souffre d'une certaine politisation. Nous y reviendrons. Il faut préciser que ce ne fut pas toujours le cas, car les toutes premières organisations internationales avaient essentiellement pour missions des questions assez techniques (Lengyel, 1993, p. 612). Cette première génération d'organisations a instauré le « principe Noblemaire » selon lequel le fonctionnaire international a une rémunération équivalente à celle des fonctionnaires du pays membre le plus généreux, exonéré de tout impôt direct, plus une prime d'expatriation (p. 612). Dès les débuts, la fonction publique internationale a tendance à se retrouver dans les grandes villes, donc loin du « terrain ». Les fonctionnaires sont à New York, Washington, Genève, Paris, Rome ; rarement leur centre administratif se trouve ailleurs qu'en Europe occidentale ou en Amérique du Nord. La culture française y jouit d'une certaine influence, et on y retrouve des sièges sociaux dans des villes comme Paris, Genève, Bruxelles et Montréal (p. 619).

Comme on peut s'y attendre, chacune de ces organisations a un style particulier ; ainsi, les scientifiques et les éducateurs dominent à l'UNESCO, alors que les diplomates de carrière dominent à l'ONU. Selon leur mission et la marge de manœuvre dont elles jouissent, elles peuvent être réellement dominées par leur directeur en titre, surtout si ce dernier est élu pour plusieurs mandats ou en a été le fondateur. Il n'y a pas, comme au niveau des administrations publiques nationales, l'équivalent de la supervision exercée par un ministre sur son sous-ministre (p. 616).

Mais, malgré des différences, ces organisations connaissent des problèmes communs. Leurs fonctionnaires souffriraient d'un « déficit identitaire », souvent accompagné « d'une immersion excessive dans le travail pour compenser certains manques comme l'absence d'activités civiques ou de famille élargie, [causant] [...] de graves problèmes psychologiques qui risquent de déborder dans le domaine de l'organisation » (p. 619).

Les missions de ces organisations sont souvent si larges, pour ne pas dire vagues, « qu'il n'est pas rare de ne pouvoir même pas distinguer clairement en quoi consiste la contribution personnelle d'un fonctionnaire » (p. 626). Certaines théories administratives de nature économique nous inciteraient à poser la question suivante : Est-ce que des gens moins qualifiés ou moins compétents seraient plus attirés par ces organisations internationales aux buts vagues, du fait que leurs déficiences y seraient plus difficiles à identifier ?

Pourtant, la situation en cette décennie 2000-2010 se prête peut-être à des réformes de la fonction publique internationale. Les tensions Est-Ouest sont fortement atténuées, ce qui peut contribuer à une fonction publique moins politisée ; on peut donc commencer à faire des brèches dans ce système de dépouilles qui n'ose pas dire son nom (p. 618). Car comment, actuellement, choisir les candidats et candidates réellement les plus compétents ? Encore récemment, on calcule en partie le nombre de fonctionnaires auquel aura « droit » un pays sur la base de la population et de la « contribution au budget de l'organisation » (Bettati, 1979, p. 305). Cela favorise les pays du Nord, surtout en ce qui concerne ce dernier critère. Malgré cela, certains pays développés semblent moins enclins que d'autres à encourager leurs ressortissants à participer à la fonction publique du système onusien. Ainsi, selon des chiffres de 1979, le Japon, les États-Unis et la République fédérale d'Allemagne étaient sous-représentés, alors que la France était très présente (Bettati, p. 307).

Les conséquences d'un système de recrutement basé sur un tel choix politique et géographique peuvent, bien entendu, prêter flanc à certaines critiques :

> Les conséquences sur les agents, tout d'abord, peuvent être parfois négatives. Certaines frustrations peuvent naître du fait, on l'a vu, que la nomination d'un candidat de « bonne nationalité » empêche un fonctionnaire méritant de recevoir une promotion espérée. On rencontre les problèmes classiques de communication, de relations horizontales et verticales avec des collègues ayant des conceptions administratives, techniques ou morales parfois très variées. Les problèmes de compréhension linguistique sont fréquents. Dans certains cas, la nomination d'un candidat incompétent, insuffisamment compétent ou dont les connaissances des langues de travail ne les rendent pas capables de produire le service attendu, et qui ont été nommés manifestement pour des raisons purement géographiques, peut provoquer une certaine démoralisation, démobilisation ou un découragement du personnel compétent et dévoué (Bettati, 1979, p. 307).

La proportion de permanents dans une organisation donnée varie beaucoup d'une institution à une autre, mais « [l]es plus récents renseignements statistiques confirment le recul du système de carrière » (Bettati, 1979, p. 292). Bien sûr, les chiffres datent de vingt ans. Pourtant, cette tendance pourrait bien ne s'être qu'accentuée, pour plusieurs raisons : une certaine impatience envers le système de recrutement des permanents (dont on vient de mentionner des effets dysfonctionnels), mais aussi le développement de mandats temporaires ou de nature très ponctuelle, et l'engagement de consultants et conseillers « [constituant] une véritable hiérarchie parallèle » (Lengyel, 1993, p. 625). Certains verront dans ces derniers facteurs une influence américaine (voir le chapitre 4 à ce sujet).

On n'a fait que mentionner ici certains problèmes administratifs des organisations internationales à vocation universelle. Il y en a bien d'autres, qui ne sont d'ailleurs pas reliés nécessairement à des questions de fonction publique ou de gestion du personnel. En effet, toutes les questions administratives qui se posent à propos des administratives nationales ou locales peuvent également se poser aux organisations internationales : rigidité, mobilité, relations entre le siège et les services extérieurs, décentralisation (Lengyel, 1993, p. 614, 620).

D'un point de vue administratif, les organisations internationales à vocation universelle paraissent souvent constituer un exemple ultime de tout ce qu'il faut éviter. Peu ou mal supervisées, tiraillées par les tendances contradictoires de ses membres, elles développent toute une série de dysfonctions. Pourtant, l'alternative consistant à ne plus avoir d'organisations internationales à vocation universelle est pire encore.

Ceci termine notre chapitre sur l'administration dans les pays en développement et l'administration publique internationale. Ce chapitre, en plus de nous ouvrir à d'autres réalités, nous a permis de mettre nos difficultés administratives nationales en perspective : elles sont en général beaucoup moins graves, du moins dans les pays développés. En effet, non seulement certains pays en développement n'ont-ils pas beaucoup évolué, mais d'autres, comme la Russie, ont carrément régressé. Bien sûr, pour dresser un bilan complet, il faudrait mentionner les pays qui ont avancé sur tous les plans, comme la Corée du Sud ou la Chine, quoique, dans ce dernier cas, la question de la corruption administrative demeure centrale.

Dans un certain sens, on peut dire que les pays en développement et les organisations internationales font face au même défi : celui de dépasser les allégeances étroites au profit de perspectives plus larges. Dans le cas des pays en développement, c'est le défi de voir l'intérêt de l'État dominer le sien propre ou celui de son groupe immédiat d'appartenance. Dans le cas des organisations internationales, c'est celui de rechercher l'intérêt d'une communauté internationale, au-delà de celui de son propre pays. Même dans les pays développés, ce ne sont pas là de minces tâches.

Chapitre 11

LA BUREAUCRATIE

Ce chapitre a pour but de donner de la perspective à notre étude sur la bureaucratie comme mode d'organisation. En effet, la bureaucratie est une réalité historique qui dépasse largement le nouveau management public, lequel peut être considéré comme un phénomène relativement passager, même s'il peut paraître important pour ses contemporains. Le « phénomène bureaucratique », lui, tient ses racines loin dans le passé et il n'est pas prêt de disparaître.

Tentons donc d'élever notre regard au-delà de l'actualité immédiate pour nous interroger sur l'histoire de la bureaucratie, son avenir, les théories et les prédictions dont elle fait l'objet. D'autres économistes que ceux de la mouvance du *Public Choice* ont tenté d'expliquer son apparition : qu'ont-ils dit ? D'autres encore ont expliqué son évolution à travers les changements technologiques : comment l'on-t-il fait ? Par ailleurs, y a-t-il eu des défenseurs de la bureaucratie ? Quels sont leurs arguments ? Ce sont là des questions auxquelles nous tenterons, ici, de répondre.

Les concepts de « bureaucratie » et de « technocratie » renvoient à des réalités distinctes, qui se recoupent toutefois en partie. Les deux termes ont en commun le suffixe « cratie » dont la racine grecque (*kratos*) signifie « pouvoir » (comme dans démocratie, pouvoir du peuple, ou dans autocratie, pouvoir d'un seul). À l'origine, le concept de bureaucratie signifiait donc le « pouvoir des bureaux » ou plutôt le « pouvoir de ceux qui sont dans les bureaux », c'est-à-dire les fonctionnaires. L'origine du terme serait française pour les uns, allemande pour les autres. Une bureaucratie correspond à un type d'administration « constitué de fonctionnaires répartis dans une pyramide hiérarchique avec des compétences strictement délimitées » (Akoun, 1979, p. 27). La technocratie se réfère au « pouvoir de la technique », ou au pouvoir de « ceux qui possèdent des connaissances techniques ». Plus que la bureaucratie, la technocratie implique un pouvoir illégitime, non soumis au contrôle démocratique, qui serait approprié par les experts, hauts fonctionnaires et autres personnes qui possèdent des connaissances spécialisées.

Si la bureaucratie et la technocratie ne se réfèrent qu'à une technique administrative, subordonnée au pouvoir politique, alors la question du contrôle démocratique ne se pose pas directement. Mais si la bureaucratie et la technocratie renvoient à un type de régime politique, au même titre que la démocratie, alors il y a lieu de s'interroger sur leur légitimité.

11.1 DÉFINITIONS DE LA BUREAUCRATIE

Stéphane Dion, dans un texte consacré à ce thème, présente dix sens qu'il est possible de rattacher au terme «bureaucratie» (Dion, 1992, p. 166-167):

Le pouvoir des bureaux. Cette définition est conforme à l'étymologie du mot bureaucratie. On désigne par là l'extension des services horizontaux qui, en théorie, n'existent que pour fournir un encadrement et une assistance juridique, comptable ou gestionnaire aux services opérationnels effectivement chargés de réaliser les objectifs des organisations publiques ou privées.

Les organisations de grande dimension. Firmes transnationales, grosses entreprises industrielles, commerciales, bancaires ou de service, grandes administrations ou sociétés d'État. Les bureaucraties désignent alors les grandes organisations complexes modernes.

Une organisation basée sur des règles de rationalité. Impersonnalité, hiérarchie, division du travail, avec des postes liés au mérite et à la carrière. C'est le modèle classique de bureaucratie tel que formulé par le grand sociologue Max Weber.

La réglementation. C'est là un sens proche du précédent. Dans les manuels de gestion, on utilise parfois le mot bureaucratie pour désigner les règles officielles et écrites qui régissent les organisations. Bureaucratie devient alors un terme générique qui englobe tout ce qui fixe le cadre formel des organisations: chartes, organigrammes, règlements, statuts, etc.

L'administration publique. Chez de nombreux spécialistes, bureaucratie est tout simplement synonyme d'administration publique, sans que cette assimilation soit connotée de façon péjorative. On dira par exemple que la mission de la bureaucratie est d'appliquer la politique du gouvernement.

Le pouvoir des fonctionnaires. Collectivement, les fonctionnaires occupent une position d'autorité considérable. On parle couramment de bureaucratie pour caractériser ce pouvoir. Lorsqu'il est question de qualifier le pouvoir des hauts fonctionnaires, des grands administrateurs ou des experts, le concept de technocratie est souvent préféré à celui de bureaucratie.

La croissance de l'État. La bureaucratie est parfois identifiée à la croissance de l'État, de ses budgets, de ses effectifs et de son champ d'intervention. Elle devient alors synonyme d'interventionnisme étatique.

La déshumanisation du monde. Dans un sens large et philosophique, la bureaucratie réfère à la complexité effarante de la société moderne, à l'individu dérouté, broyé sous le poids des appareils et brimé dans son désir d'épanouissement et de participation.

L'oligarchie. On parlera d'oligarchie lorsque, dans une société ou une organisation, le pouvoir est concentré aux mains de quelques dirigeants inamovibles. [...] Dans la tradition ouverte par Michels, la bureaucratie désigne la tendance oligarchique des organisations de toutes sortes; dans les organisations démocratiques, elle en réfère à

« la domination des élus sur les électeurs, des mandataires sur les mandants, des délégués sur ceux qui délèguent » (Roberto Michels, 1971, p. 296).

Le régime communiste. À la suite de Trotsky (1963), des auteurs utilisent la bureaucratie en tant que concept de base pour analyser le régime communiste et le stalinisme. L'espace bureaucratique correspond à une autorité fermée et totalitaire, structurant les élites dans leurs privilèges.

11.2 QUELQUES IMPLICATIONS DE LA PENSÉE DE MAX WEBER

Nous avons déjà abordé les idées de Max Weber dans d'autres chapitres de ce livre. Puisqu'il s'agit d'un des pères incontestés de la notion même de bureaucratie, un rappel sommaire de sa théorie et la présentation de quelques nouveaux éléments nous paraît difficilement contournable dans le cadre de ce chapitre. De plus, il est instructif de revoir certains éléments de Weber, après avoir étudié le NMP, pour en saisir toutes les différences.

En se basant sur le type de légitimité qui les fonde, Weber relève dans l'histoire trois types d'autorité, ainsi que nous l'avons au chapitre 2 : l'autorité charismatique, l'autorité traditionnelle et l'autorité légale-rationnelle, cette dernière constituant le fondement de la bureaucratie. Selon Weber, la bureaucratie est efficace si on la compare aux modes d'autorité qui l'ont précédée. L'autorité patriarcale ou la direction collégiale ne sont pas spécialisées, elles relèvent d'un certain amateurisme, alors que la bureaucratie est basée sur la connaissance des dossiers, la coordination et la précision. C'est tout le contraire d'une direction par des « amateurs ».

L'idéal type de la bureaucratie classique serait une organisation où ni la tradition ni le charisme n'entreraient en ligne de compte, et serait uniquement régie par des règles d'autorité rationnelles-légales. Pour reprendre les termes de Michel Crozier (1963), « l'idéal type de la bureaucratie, c'est un monde où tous les participants sont liés par de règles impersonnelles et non plus par des ordres arbitraires ou des influences personnelles ». Selon Weber, la bureaucratie est l'organisation qui permet d'obtenir la plus grande efficacité en introduisant une démarche aussi rationnelle que possible (Dion, 1992, p. 169). Dans un certain sens, on pourrait dire que le NMP et le *Public Choice* proposent une nouvelle source de légitimité pour le secteur public, à savoir la loi du marché.

Weber s'intéresse aussi à beaucoup d'autres éléments liés à la bureaucratie, entre autres, aux liens entre le développement de la technologie et la bureaucratie, et aux liens entre le développement de la bureaucratie et une économie basée sur la monnaie. La monnaie, comme la bureaucratie, est impersonnelle et n'est pas liée à une personne en particulier. Le fait que le développement de certains moyens de communication (imprimerie, chemin de fer, etc.) permette à un centre éloigné de communiquer directement avec des citoyens, en passant par-dessus les élites locales, semble être en relation avec le contrôle bureaucratique « à distance ».

Par ailleurs, en reprenant la distinction qui a été faite précédemment dans ce livre, en se référant à Karl Mannheim, on pourrait dire que la bureaucratie se consacre à la rationalité fonctionnelle, à la rationalité des moyens, alors que le niveau politique, lui, se consacre à la rationalité de substance, aux questions de fond. La bureaucratie n'est qu'une organisation (terme dont la racine grecque, *organon*, signifie « instrument ») au service d'une fin qui la dépasse. C'est pourquoi elle a pu être associée aux pires causes et aux meilleures. C'est là son destin.

Max Weber a donc décrit la bureaucratie. Mais peut-on dire qu'il la recommandait ? Car, parfois, dans certains textes émanant d'écoles d'administration des affaires, on présente le « modèle webérien » comme étant conseillé, recommandé par Weber. Est-ce juste ? Bien sûr, Weber voyait des avantages à la bureaucratie. En particulier, elle est caractérisée par un effort constant de neutralité. Dans le traitement des dossiers individuels, les règles qui s'appliquent aux uns s'appliquent également aux autres. Ceci peut parfois agacer les citoyens quand ils ont affaire à une administration, car nous avons tous l'impression que notre cas particulier ne correspond pas aux normes générales et qu'il devrait donc être traité comme une exception. Par ailleurs, ces normes générales assurent une certaine égalité entre citoyens. Bien sûr, on pourra rétorquer que, dans le traitement du dossier et des cas dans l'administration publique, il y a parfois du favoritisme ou de la subjectivité. Mais on peut répondre à cette remarque en répliquant que, quand les administrateurs ou fonctionnaires agissent ainsi, c'est qu'ils *s'éloignent* des règles bureaucratiques fondamentales. Car dans le modèle pur de la bureaucratie, le bureaucrate a des droits, mais il a aussi des responsabilités. Il possède une certaine sécurité d'emploi, une perspective de carrière, mais il faut voir que ces avantages ont, en partie, pour but de le placer à « l'abri des sollicitations du public et de l'arbitraire des autorités supérieures ». En échange, il est astreint « à ne pas dépasser sa compétence juridictionnelle, d'ailleurs strictement délimitée » (Dion, 1992, p. 174).

La bureaucratie apparaît donc comme un lieu où les individus sont enserrés les uns vis-à-vis des autres par des normes précises qui s'imposent à eux pour ainsi dire mécaniquement. Il est intéressant de noter d'ailleurs que Max Weber, en se référant aux avantages du mode de fonctionnement bureaucratique, a comparé la bureaucratie à une « machine » :

La raison primordiale du développement de l'organisation bureaucratique réside dans le fait de sa supériorité purement technique. Sa supériorité est bien certaine, et cela par rapport à tout autre mode d'organisation. Le processus bureaucratique se compare aux autres modes d'organisation de la même manière que la machine se compare aux modes de production non mécanisés (Weber, cité dans Gerth et Mills, 1946, p. 214 ; traduction libre).

Pour bien comprendre pourquoi Weber parlait d'« efficacité », il faut se rappeler qu'il écrit au tournant du XXᵉ siècle, au moment où on commence à rationaliser les processus de production sous le règne de la mécanisation. Bien sûr, aujourd'hui, le modèle de la mécanisation a perdu quelque peu de son prestige au profit d'images davantage tournées vers la souplesse de l'informatique et vers l'organique, le biologique (voir à ce sujet Morgan, 1999). Mais, à l'époque où Weber écrivait, la mécanisation des processus de production représentait un progrès considérable sur les procédés « amateurs » et traditionnels hérités du passé. Donc, il n'avait pas tort de voir dans le système bureaucratique un reflet des processus de mécanisation en usage dans l'industrie, avec tout ce que cela comportait de calcul, d'objectivité, de rationalité, de neutralité et d'efficacité. Et dans l'usine, et dans les bureaux, on n'était plus guidé par des amateurs, mais bien par des professionnels, des spécialistes. C'est peut-être pour cela qu'on a décrit Weber comme celui qui « recommandait » la bureaucratie comme mode d'organisation. Mais, à aucun moment, Weber ne présumait d'une fin du développement technologique ; c'est sans doute une grossière erreur de faire de lui un partisan, très prescriptif, du mode bureaucratique d'organisation.

Weber était, en effet, bien conscient des différents problèmes que pouvait causer le type d'organisation bureaucratique, surtout dans le secteur public. Plusieurs analystes ont d'ailleurs noté quelques-uns de ces problèmes. Des études ont, par exemple, montré que l'application du modèle bureaucratique engendrait le développement de dysfonctions chez les fonctionnaires. La recherche d'un comportement « standardisé » façonne chez l'individu une « personnalité bureaucratique », comme le conceptualise Robert Merton (1970), c'est-à-dire qu'elle le pousse à adopter pour valeur première la conformité aux règles officielles. Il en vient à privilégier davantage les moyens que les buts, à préférer la procédure aux résultats. En privilégiant la fragmentation des tâches, Weber se réfère à l'efficacité par la spécialisation. Philip Selznick montre pourtant que la spécialisation peut entraîner non seulement une baisse de moral du fonctionnaire, mais aussi une dysfonction qui fait obstacle à l'efficacité : le développement de sous-groupes de spécialistes. Les spécialistes d'un même domaine se regroupent et développent des « sous-règles ». Ils se replient sur eux-mêmes, répondant tous à leur logique propre et donnant priorité à leurs objectifs plutôt qu'aux objectifs de l'ensemble de l'organisation bureaucratique.

Ces propos soulignent certains des problèmes internes que peut occasionner le fonctionnement quotidien d'une bureaucratie. Par ailleurs, le fait de la bureaucratie peut aussi poser des problèmes au niveau du respect des processus démocratiques, comme nous l'avons suggéré au début de ce chapitre. En effet, pour Max Weber, la bureaucratie et la démocratie ne vont pas nécessairement bien ensemble. Reprenant des thèmes qui rappellent les propos d'Alexis de Tocqueville, il a souligné que la bureaucratie se développe avec la «démocratie de masse», contrairement à la démocratie de petite unité qui s'administre elle-même.

La démocratie peut entrer en conflit avec la bureaucratie, même si, historiquement, par sa lutte contre l'administration des notables et des élites locales, la démocratie a contribué à créer la bureaucratie. En effet, il y a des éléments de la démocratie qui peuvent entrer en conflit avec certains éléments caractéristiques de la bureaucratie. En effet, tandis que la démocratie des régimes libéraux fait appel au pluralisme, à l'égalité, à la non-permanence, à l'ouverture et à l'élection comme mode de désignation, la bureaucratie, de son côté, tend à privilégier l'unité, la hiérarchie, l'ancienneté, la discrétion (sinon le secret) et la désignation sur la base de connaissances techniques ou administratives. D'une certaine manière, il y a un autre conflit qui se superpose aujourd'hui au précédent, soit celui entre les normes bureaucratiques et les normes du marché.

11.3 QUELQUES AUTRES AUTEURS À PROPOS DU THÈME DE LA BUREAUCRATIE

Plusieurs auteurs ont commenté le fonctionnement du mode bureaucratique d'organisation, pour en souligner souvent les dysfonctions et en établir des théories. Ces théories, parfois appelées «théorie des conséquences inattendues», tendent à démontrer que plus on faisait des règles pour encadrer le bureaucrate, plus il trouvait des moyens ingénieux pour y échapper.

Certains auteurs ont décelé des aspects dysfonctionnels de la bureaucratie en se basant en grande partie sur le comportement de son personnel. Il y a d'abord un groupe d'auteurs, comme Robert Merton et ceux qu'il cite, qui insistent sur «la personnalité bureaucratique». Il y aurait un certain type de personne qui se retrouverait de façon disproportionnée dans le secteur public. Il n'est pas toujours clair si ce type de personne s'y est dirigé à cause d'éléments de sa personnalité ou s'il a développé ces éléments (comme le conformisme et le manque d'initiative) après être entré au service d'une bureaucratie. Dans le deuxième cas, on parle d'« incapacité acquise », ou de « déformation professionnelle » ou encore de « psychose professionnelle ».

Pour Anthony Downs, dans *Inside Bureaucracy* (1967), la question de la personnalité bureaucratique est plus complexe. Selon Downs, il n'y a pas *une* mais plutôt *des* personnalités bureaucratiques, au nombre de cinq, et qui sont distribuées dans les organisations selon l'âge et la mission de l'organisation. Il y a d'abord ceux qui sont guidés uniquement par leur intérêt personnel parmi lesquels on trouve : les *climbers* (les « ambitieux) qui recherchent le pouvoir, un bon revenu et du prestige ; et les *conservers* (les « conservateurs ») pour qui la sécurité d'emploi est primordiale.

Puis il y a les *mixed-motives officials* (les « bureaucrates aux motivations multiples ») qui sont au moins partiellement altruistes ; ils se composent, à leur tour, de trois types de personnes : les *zealots* (les « zélés ») qui poursuivent des politiques bien précises et souvent étroites ; les *advocates* (les « plaideurs ») qui poursuivent des politiques plus larges que les « zélés » ; et enfin, les *statesmen* (les « hommes d'État »), authentiquement altruistes, qui recherchent plus que quiconque le bien commun.

Par un phénomène d'auto-sélection, les conservateurs sont attirés vers les organisations stables, les ambitieux vers des organisations en croissance. Quand un bureau ou un service est créé, on y trouve souvent une proportion importante de zélés ou de plaideurs.

D'autres auteurs comme Northcote Parkinson ou Peter Hull insistent, avec une pointe d'humour, sur les processus internes des grandes organisations, qui mènent inévitablement à l'inefficacité. Pour Parkinson, le nombre d'employés dans le secteur public augmente même si le travail à accomplir demeure constant ou diminue. Parkinson donne l'exemple de l'administration de la marine marchande française qui avait, en 1944, un nombre record d'employés... au moment où elle avait un minimum de bateaux. En réalité, le nombre de subordonnés n'a que peu de liens avec le travail qu'un responsable administratif a à accomplir, selon Parkinson. Il y a plusieurs raisons à ce genre de phénomène : les patrons veulent multiplier le nombre de leurs subordonnés ; même si les services publics n'augmentent pas, les bureaucrates se donnent du travail les uns les autres ; enfin, le temps pour effectuer un travail s'ajuste au temps dont on dispose pour l'accomplir. Pour Peter Hull, tous les employés d'une organisation seront éventuellement promus à un poste pour lequel ils seront incompétents ou, pour emprunter le langage de l'auteur, tous seront éventuellement promus à leur « niveau d'incompétence ». Si une organisation donnée fonctionne mieux qu'une autre, ce sera parce que, dans la première, une proportion moins grande de personnes en sera à leur dernière promotion ou à leur « niveau d'incompétence ».

Pour Michel Crozier, le phénomène bureaucratique naît en partie de la tendance des organisations publiques à échapper à la réalité extérieure. Ainsi, les organisations du secteur public sont tournées vers elles-mêmes et ne peuvent évoluer que lorsqu'elles sont obligées de se réformer suite à une crise qui les secoue à partir de l'extérieur. Tant qu'une crise ne les secoue pas, elles sont tout absorbées par leur formalisme, leurs règles, leur centralisation et leurs luttes internes. Résumons brièvement le type de comportement organisationnel que Crozier a décrit dans *Le phénomène bureaucratique* (1963). Les individus, dans les organisations que Crozier a étudiées, semblent avoir une conception absolutiste du pouvoir. Quand on possède le pouvoir, on a tendance à l'exercer absolument et, quand on ne le possède pas, on doit se protéger, à grand renfort de règles et de règlements, contre ceux qui le possèdent. Chaque groupe hiérarchique ou professionnel éprouve beaucoup de difficultés à communiquer et à collaborer de façon informelle avec les autres groupes ; c'est ainsi que la coordination organisationnelle ne peut être réalisée que par un processus de centralisation des décisions. On évitera donc ce que tous craignent profondément : se trouver face à face avec un groupe ou un individu avec qui il faudrait, sans règles précises, prendre une décision qui pourrait dépendre d'un rapport de force. Le fait que le processus de décision soit centralisé ne veut pas dire que les supérieurs immédiats, dans l'organisation, aient beaucoup de pouvoir. Bien au contraire, c'est justement parce qu'on craint le pouvoir du supérieur immédiat qu'on tient à élaborer cette multitude de règles et de règlements qui finiront par le paralyser et l'empêcher d'exercer le rôle de leadership qui, ailleurs, lui reviendrait d'office. Dans la fameuse Partie IV du *Phénomène bureaucratique*, Crozier note que ce comportement organisationnel qu'il observe n'est pas isolé du reste de la société française, à laquelle il est relié pas une série d'« harmoniques ». Prudent, il met pourtant ses lecteurs en garde contre la tentation d'effectuer une comparaison trop facile entre *Le phénomène bureaucratique* et la culture française.

Il faut tout de suite préciser que, depuis la publication du *Phénomène bureaucratique*, Michel Crozier a pris certaines distances vis-à-vis de cette œuvre qui l'a rendu célèbre. Développant de plus en plus, à partir des années 1970, les concepts reliés à l'analyse stratégique, Crozier s'est progressivement éloigné des interprétations culturelles des comportements organisationnels et ira même jusqu'à qualifier ce type d'interprétations de « spéculations fantaisistes qui ne reposent que sur de vagues données dérivées de l'étude des valeurs » (Crozier, 1972, p. 247).

Si les sociologues ont été nombreux, comme Michel Crozier, à analyser les comportements des bureaucrates, les économistes ont été plus rares à le faire, du moins jusqu'à ces dernières années. Nous avons parlé des économistes du mouvement du *Public Choice* dans des chapitres précédents. Mais les économistes que nous étudierons ici sont plus analytiques et moins normatifs-prescriptifs pour ce qui est des arrangements institutionnels : ils cherchent moins à recommander ce qui devrait être fait, et sont plus intéressés à ce qui existe. Dans ce sens, ils sont plus proches des préoccupations d'un économiste comme Herbert A. Simon, qui, dans un esprit analytique, s'intéresse au problème de l'information, au principe de *satisficing* (prendre une décision relativement bonne en l'absence d'informations parfaites) et de la *bounded-rationality* (rationalité limitée).

Dans cette brève revue de quelques-uns des éléments de cette approche, nous traiterons essentiellement de trois questions : de l'alternative marché-hiérarchie, de la relation *principal-agent* et, enfin, de quelques caractéristiques particulières du secteur public.

Dans leurs analyses de l'évolution des arrangements institutionnels, les économistes que nous verrons étudient les organisations en général, qu'elles soient publiques ou privées (même s'ils font des distinctions dans des commentaires spécifiques). Dans le même esprit que celui qui anime Herbert A. Simon, ils sont d'avis que l'étude de l'économie ne devrait pas se limiter aux transactions marchandes entre firmes, mais devrait également se pencher sur la question des relations à l'intérieur des firmes (ou organisations) et sur les comparaisons entre liens externes (entre firmes différentes) et internes (entre personnes à l'intérieur de la même firme). Dans un sens, les relations à l'intérieur de la firme sont aussi des relations contractuelles, même si elles sont encadrées par le principe hiérarchique et si elles sont pensées pour une longue durée (par opposition au contrat commercial, qui, lui, a un caractère ponctuel, donc bref).

Dans son article fondateur sur la question, « The Nature of the Firm » (1937), Ronald Coase soutient que, pour comprendre l'économie, il faut comprendre les institutions au sein desquelles l'activité économique opère. Son intérêt se porte sur la grande organisation de type hiérarchique, que l'on trouve dans le secteur public tout autant que dans le secteur privé (même si son intérêt se porte avant tout sur des cas du secteur privé). Coase se demande pourquoi les firmes, et particulièrement les grandes firmes, existent. Qu'est-ce qui a fait que les agents économiques, les individus, ont remplacé leurs relations contractuelles, à court terme, par des relations hiérarchiques ? Réponse de Ronald Coase : parce que les relations hiérarchiques sont souvent plus efficaces. Un entrepreneur qui veut produire un bien d'une certaine complexité doit réaliser des transactions fréquentes avec des fournisseurs, des spécialistes, des travailleurs, ce qui implique une dépense en temps et en énergie (s'informer sur l'existence de fournisseurs, sur leurs prix, sur l'entente ou le contrat qu'on veut passer avec eux, etc.). L'entrepreneur rationnel veut éviter ces coûts, qu'on appelle « coûts de transaction ». Pour ce faire, il entre dans une relation hiérarchique et, à long terme, avec certains de ces agents en les intégrant tout simplement à son opération : et c'est là que naît la firme, une institution où une partie des fournisseurs et des travailleurs ont alors une relation de subordonnés avec l'entrepreneur initial, c'est-à-dire qu'ils deviennent ses employés, dans une relation hiérarchique : c'est ainsi qu'on peut dire que, dans ce cas, la hiérarchie a remplacé le marché.

Précisons quelques points concernant les coûts de transaction qu'on veut éviter. Ils m'apparaissent être de deux sortes. La première est plus liée au temps et à l'énergie : c'est celle qu'on vient de voir et qui a trait à la quantité des opérations à effectuer si on devait traiter à l'extérieur de la firme pour n'importe quel bien ou service. C'est ainsi que certains analystes concluent, pour prendre un exemple dans le secteur public, que le système de santé aux États-Unis est trop fragmenté entre compagnies d'assurance, médecins, hôpitaux, et que cette fragmentation donne lieu à des coûts de transaction trop nombreux (patient qui doit vérifier si tel ou tel soin est prévu à son contrat d'assurance, vérification de la part du médecin pour savoir s'il va être payé par l'assureur, etc.). En suivant l'esprit de l'article fondateur de Coase, on pourrait conclure que le système de santé aux États-Unis gagnerait à être plus intégré, plus unifié, ce qui ne manque pas d'être utilisé comme argument par ceux qui voudraient voir un système de santé public dans ce pays.

L'autre aspect des coûts de transaction est la dépendance envers un seul fournisseur. Dans ce cas-ci, on veut intégrer un fournisseur de service dans sa propre opération, quand ce fournisseur, de par sa position monopolistique, risque de profiter de sa situation pour imposer des prix exorbitants et/ou une qualité de service moindre ; à ce moment-là, il vaut mieux l'intégrer tout simplement à son opération, en le liant dans un contrat de service où il devient employé, en prenant pour acquis que, par le lien hiérarchique, on aura au moins un certain contrôle sur lui. Terry Moe, dans un article sur le même thème (1984), donne l'exemple de la collecte des déchets pour une municipalité. S'il arrive que la municipalité n'ait qu'un seul fournisseur du service, alors peut-être est-il préférable de « nationaliser »-« municipaliser », en quelque sorte, cette entreprise et de l'intégrer dans l'administration municipale (p. 760). Ceci amène Moe à poser la question suivante : se pourrait-il que les grandes organisations publiques existent aussi à cause du fait qu'elles sont plus efficientes que leurs alternatives (p. 759) ?

Ainsi naît donc la firme, c'est-à-dire la grande organisation. Théoriquement, nous a dit Coase, la firme augmente sa taille tant que le coût des transactions additionnelles dans la firme commence à dépasser le coût des mêmes transactions dans le marché. En effet, en bon économiste, Ronald Coase estime qu'il y a aussi des coûts au fonctionnement de la hiérarchie.

Les problèmes liés à la hiérarchie (et donc à la firme) font partie d'un problème plus large, que les spécialistes de la question appellent le problème de la relation *principal-agent* ou encore les problèmes du mandat (*agency problems*). Ce type de problème survient quand un « principal » fait exécuter un travail par un « agent ». Cet agent a ses propres intérêts qui ne coïncident pas nécessairement avec les intérêts du principal. Qui plus est, l'agent peut avoir une information que ne possède pas le principal, ce qui crée une asymétrie dans la possession de l'information. Le principal, devant l'écart possible entre ses propres intérêts et ceux de son agent, tente d'atténuer les effets de cet écart par des contrôles hiérarchiques et une certaine surveillance. Toujours préoccupés par les questions des prix, les économistes font aussitôt remarquer que ces contrôles hiérarchiques et cette surveillance entraînent certains coûts (coûts d'exercice d'un contrôle).

D'autres questions se posent dans la relation *principal-agent*. Entre autres, la question du « choix erroné » (*adverse selection*), c'est-à-dire la possibilité de faire une erreur dans le choix de l'employé. En effet, celui qui pose sa candidature à un poste a intérêt, avant l'embauche, à s'afficher comme étant une personne travailleuse, motivée, mais il n'aura pas toujours intérêt à l'être une fois que le poste aura été obtenu. Ou encore, il aura intérêt à être efficace dans des missions qui sont mesurables, négligeant par le fait même d'autres aspects de son travail qui sont tout aussi importants pour l'organisation. On a appelé ce problème le problème du risque moral (*moral hazard*).

Mais il y a encore plus, surtout en ce qui concerne l'administration publique. En effet, Terry M. Moe (1984), se référant au grand livre classique sur la question, *Markets and Hierarchies* (1975) de O. Williamson, laisse entendre que ces problèmes de choix erroné et de risque moral peuvent être pires dans le secteur public. En effet, il est possible que si le salaire que vous offrez est relativement bas, comme c'est le cas dans le secteur public, vous ne réussissiez pas à intéresser les meilleurs candidats, qui seront attirés vers des postes offrant de meilleurs incitatifs matériels ; ou encore que des candidats moins compétents soient intéressés à se joindre à une organisation où la contribution de chacun est difficile à mesurer, comme dans le secteur public, afin de masquer leurs insuffisances ou leur manque d'effort. Il y aurait donc, en plus grande proportion, des individus moins motivés à travailler dans le secteur public. Les règles protégeant les employés et les difficultés qu'y rencontrent les supérieurs hiérarchiques pour renvoyer un subordonné fautif ne feraient qu'empirer ces problèmes de choix erroné et de risque moral.

D'autres auteurs, en défendant le secteur public et ses organisations, ont fait remarquer qu'il existe un contrôle politique et législatif sur les organisations du secteur public, lequel se substitue au marché pour fins de contrôle. Même s'ils ne sont pas aussi visibles que le marché, ces contrôles repèrent les « bureaux » moins performants, les sanctionnent, y placent de nouveaux responsables administratifs, etc. Dans la même veine, on a souligné la possibilité que la source de motivation de l'employé du secteur public pouvait être différente de celle de l'employé du secteur privé. Peut-être est-il moins préoccupé par les incitatifs pécuniaires, et davantage par le contenu des politiques et les buts intrinsèques de son organisation, ou, encore, perçoit-il ses intérêts matériels différemment, en attachant plus d'importance aux possibilités de carrière à long terme ou à la sécurité d'emploi (Moe, 1984, p. 764).

Pour Charles Perrow, il est de toute façon peu pertinent de toujours comparer les organisations du privé et celles du public, puisqu'elles procèdent habituellement sur des bases différentes (Perrow, 1986). En effet, ce ne sont pas toutes les organisations qui misent presque exclusivement sur l'intéressement matériel comme source de motivation (p. 17). En réalité, pour qu'une société, dans son ensemble, fonctionne, il faut des organisations de types différents, dont certaines encouragent, et même exigent, des comportements moins intéressés, voire carrément altruistes. Le fait que nous en soyons actuellement moins conscients ne fait que confirmer que le battage publicitaire en faveur du marché, comme mode exclusif de fondement organisationnel, a connu un succès presque inespéré.

11.4 PERSPECTIVES HISTORIQUES SUR LA BUREAUCRATIE

Au moment où, en ce début de XXIᵉ siècle, on se pose la question de l'avenir de la bureaucratie, il est utile de rappeler que cette dernière ne se développe pas dans l'abstrait, qu'elle a une histoire et qu'elle évolue *avec* l'histoire.

Dans son volume *Bureaux et bureaucratie* (1967), Alfred Sauvy relate l'évolution de la bureaucratie en relation avec l'Histoire. Il commence par la Grèce, en se penchant sur le cas d'Athènes. Il remarque que les fonctionnaires y étaient parfois élus, parfois choisis par tirage au sort. Il y avait l'idée de « rotation » :

chaque citoyen, idéalement, devait être à tour de rôle fonctionnaire ; cela faisait partie d'un certain idéal démocratique, lié bien sûr aux faibles dimensions démographiques de la ville.

On a retrouvé ailleurs cet idéal selon lequel chacun est, à tour de rôle, fonctionnaire. Dans certains textes marxistes ou socialistes, cette idée devait empêcher que les fonctionnaires soient coupés du peuple et s'embourgeoisent. Paradoxalement, et pour la même recherche de démocratie administrative, on a aussi retrouvé cette idée aux États-Unis, où, là aussi, on ne voyait pas, à une certaine époque, la nécessité pour la bureaucratie d'acquérir une certaine expertise. Aujourd'hui, cette idée a encore cours dans certains mouvements sociaux, comme chez des groupes écologistes où l'on répugne à reconnaître des fonctions spécialisées à certains membres et non à d'autres. Bien sûr, cet amateurisme suppose un travail qui comporte une complexité technologique limitée.

En Chine, la bureaucratie a traditionnellement joué un rôle très important. Les membres des hautes sphères bureaucratiques ont formé, à n'en pas douter, une certaine élite. Le recrutement s'y faisait par concours. À cet égard, les Chinois ont été, comme les Français, des innovateurs. Ces concours se préparaient par l'étude des textes, comme cela s'est fait pendant longtemps en Angleterre, alors tout orientée vers les textes classiques comme source de la formation de l'intelligence et du jugement. Karl Wittfogel, dans *Le despotisme oriental* (1977), explique pourquoi la Chine a connu, avant la plupart des autres pays, un développement bureaucratique important. Cela est dû au type d'agriculture qui y est pratiquée. En effet, dans ce pays, il y a à la fois de grands fleuves et de grandes zones arides ou semi-désertiques. Pour améliorer la production agricole, il faut relier l'eau des grands fleuves aux zones qui en ont besoin, ce qui exige de grands travaux d'irrigation. Ces travaux, de par leur ampleur, ne peuvent être confiés aux seuls individus ou aux seuls villages. Comme ils exigent des calculs complexes, une coordination de grande envergure, l'État doit s'en charger ; de ces nécessités serait née la bureaucratie chinoise. Ce sont des fonctionnaires qui feront ces calculs, qui assureront cette coordination. Encore aujourd'hui, on associe spontanément ces grands travaux à l'État. Dans un certain sens, les travaux de construction de grands barrages et de détournement de fleuves qu'on a connus au Québec se situent eux aussi dans cette tradition de coordination de grands travaux par l'État (ou par une entreprise à caractère public). Il faut dire que des dépenses colossales doivent être effectuées avant qu'un seul sou ne soit versé par la clientèle éventuelle, ce qui a tôt fait d'éloigner les entreprises du secteur privé, du moins celles qui ont une vision à court terme.

Wittfogel précise que ces grands travaux d'irrigation n'ont pas été nécessaires uniquement en Chine. Partout où il y en a eu, on retrouve une bureaucratie précoce, comme c'est le cas en Égypte et même en Amérique précolombienne. On pourrait donc dire que les « despotisme oriental » a existé même en Amérique ! Les pays ou les régions dont les terres étaient exposées naturellement à la pluie et à l'humidité n'ont pas eu besoin de l'intervention massive de l'État et n'ont donc pas eu à développer, tôt, une bureaucratie pour soutenir leur agriculture. Quant aux pays qui, comme la Chine ou l'Égypte, ont eu des bureaucraties précoces, il les définit comme des « sociétés hydrauliques » ou « agro-directoriales ».

Si l'on se tourne maintenant vers l'Empire romain, Alfred Sauvy avance une interprétation de type « lutte de classe » du développement bureaucratique. La bureaucratie y aurait crû en bonne partie du fait que l'aristocratie romaine, pour consolider sa position sociale, aurait voulu s'attacher une classe moyenne (à son service). La pression du chômage et la demande d'emplois non manuels auraient également contribué au développement de la bureaucratie romaine. C'est ce qui a fait dire à Sauvy (p. 13) qu'en matière de bureaucratie, c'est parfois l'organe qui crée la fonction, et non le contraire.

Le Moyen-Âge, à tort ou à raison, a longtemps été perçu comme une période de déclin ; aujourd'hui, il connaît un regain d'intérêt, et même de respectabilité. Le Moyen-Âge est par ailleurs une période de recul en ce qui concerne la bureaucratie. On assiste en effet, durant cette période historique, au déclin relatif des grandes organisations, sauf peut-être pour l'Église catholique. Ce qui triomphe, à cette époque, c'est le pouvoir local, le pouvoir féodal. La bureaucratie y a presque disparu. Les papiers et les écrits se sont réfugiés dans les monastères. D'une certaine façon, l'utilisation des écrits sur de grandes distances avait contribué au développement de la bureaucratie. Sauvy note un changement important à la fin de cette période :

> À la fin du Moyen-Âge, disons vers le XVIe siècle, en Europe occidentale, se produit une série de modifications qui permettent et nécessitent à la fois un système administratif que l'on n'appelle pas encore bureaucratie, ni même bureaux : rassemblement du territoire, renforcement de l'autorité royale, fixation de la résidence du roi, établissement de ressources fiscales permanentes, découverte de l'imprimerie et autres progrès techniques (p. 16).

Depuis la Renaissance, le secteur public et, donc, la bureaucratie ont continué à se développer régulièrement, surtout au sein des pays occidentaux après la Deuxième Guerre mondiale. Cependant, depuis 1980, la croissance des responsabilités de l'État est remise en question, mais il est trop tôt pour dire s'il s'agit d'un mouvement à long terme ou d'un arrêt momentané dans le rythme de croissance de l'État.

Une autre façon de regarder l'évolution de la bureaucratie est de dégager quelques constantes dans le développement des bureaucraties du secteur public. On peut en effet y dégager des constantes technologiques, économiques et socio-politiques. De façon quelque peu schématique, passons brièvement en revue ces trois éléments.

Constantes technologiques

Les travaux à grande échelle, comme les grands travaux d'irrigation en Chine, nécessitent l'implication et la coordination de l'État, et cela tend à stimuler le développement bureaucratique.

La diffusion de *certains médias*, comme l'imprimerie ou même tout simplement l'écriture, a tendance à créer des *contrôles à distance*, des *contrôles centralisés* à partir d'une organisation bureaucratique. On a dit par exemple que les problèmes d'approvisionnement en papyrus avaient contribué au déclin de l'Empire romain. Cette hypothèse, vraie ou fausse, suggère les liens étroits que certains voient entre développement technologique et développement bureaucratique. Une tradition intellectuelle canadienne anglaise (Harold Innis et Marshall McLuhan) s'est beaucoup préoccupée de ces questions. Aujourd'hui, comme on le verra un peu plus loin, un nouveau développement technologique, l'informatique, interpelle à nouveau le processus bureaucratique.

Constantes économiques

Les *externalités* (effets non prévus d'une action donnée) qui sont causées par les développements technologiques incitent le secteur public à intervenir (comme pour contrer les effets environnementaux des développements technologiques industriels). On peut imaginer qu'il existe des externalités non physiques ; par exemple, certains effets non voulus du déclin relatif de la famille en tant que structure sociale se font sentir : plus de solitude, de détresse ; l'État intervient ici aussi, à l'aide de différents services et systèmes de protection sociale.

Toujours sur le plan économique, la bureaucratie, de par sa taille, peut réaliser des économies d'échelle, soit réduire le coût par unité de production, en réalisant une production massive. Ce serait le cas au Québec des grands travaux hydroélectriques. Ceci n'entraîne pas nécessairement l'augmentation du secteur public, mais la présence d'économies d'échelle entraîne, elle, la plupart du temps le développement de grandes organisations publiques ou privées.

Pour plusieurs observateurs de l'histoire économique, dont Max Weber, le secteur public se développe avec le secteur privé, et non à la place du secteur privé. Les infrastructures que les industries privées utilisent (éducation, routes, chemins de fer, etc.) sont installées et développées par des bureaucraties publiques. (À noter que pour Max Weber, les grandes organisations privées sont des « bureaucraties privées ».) On oublie cela un peu trop facilement en Amérique du Nord, en ce début de XXIe siècle.

L'*urbanisation croissante*, autre phénomène socio-économique, entraîne beaucoup d'interdépendances, de nécessités de coordination et de construction (pour réguler la pollution de l'air, de l'eau, la circulation automobile, etc.), ce qui crée une nécessité d'intervention de la part du secteur public. Paradoxalement, la « fuite vers la banlieue », à son tour, avec sa recherche de paix et d'indépendance, nécessite un énorme investissement en construction routière et autres infrastructures coûteuses, sans compter les externalités au plan de l'environnement.

Constantes politiques

Historiquement, la constitution d'une armée permanente a tendance à accroître le nombres des administrateurs de l'État. C'est vrai aussi pour la guerre. Rappelons-nous ce que Sauvy a écrit à propos de la fixation de la résidence du roi comme un des éléments qui amènent la bureaucratie. L'établissement de l'impôt permanent nécessite également des organisations publiques afin d'assurer la collecte de ces revenus. L'impôt permanent sert, en bonne partie, pour défrayer les coûts de l'armée permanente. On ne pense pas toujours à l'armée quand on pense à l'administration publique, mais cela en est une composante importante.

Le fait que certains groupes (élites locales, ordres religieux par exemple) abandonnent ou soient dépossédés de certaines de leurs fonctions produit un développement de l'État. Au Québec, le fait qu'on ait sorti les ordres religieux des domaines de l'éducation et de la santé a constitué un facteur essentiel dans la place qu'a pris l'État ; on peut même dire que cela a constitué l'essentiel de ce que l'on a appelé la « Révolution tranquille ».

Le résultat, tout au long du XXe siècle, en est qu'aux missions traditionnelles de l'État (ordre public, défense contre les ennemis extérieurs, entretien des routes) se sont ajoutées d'autres missions. Aux responsabilités de l'État-gendarme, sont venues se superposer peu à peu celles de l'État-providence, de l'État-entrepreneur et parfois même celles de l'État-culturel (comme la politique linguistique ou le soutien au développement culturel).

Alors aujourd'hui, assiste-t-on à un retrait de l'État, sous la poussée du néolibéralisme, des contraintes budgétaires et de la globalisation du commerce ?

On en a parfois l'impression, mais en réalité cela n'est pas évident, quand on se donne la peine de regarder les faits et les chiffres.

S'il est vrai que beaucoup de pays occidentaux ont réussi à éliminer les déficits d'opération (le Canada et plusieurs provinces canadiennes, y compris le Québec, sont de ce groupe), la place de l'État dans l'économie globale (mesurée par sa part du PNB) ne donne pas de signe de réduction structurelle importante. Et là où la part de l'État a été réduite, comme dans la Russie actuelle, le triste spectacle qui en a résulté a servi d'avertissement aux théoriciens un peu trop enthousiastes, lesquels ont peut-être oublié ce que Mintzberg nous a rappelé dans les années 1990, à savoir que la formule gagnante des pays industriels productifs, c'est un équilibre entre l'État et l'entreprise privée, et non l'effacement de l'un au profit de l'autre.

Par contre, il y a des changements dans les responsabilités de l'État, visibles en ce début de siècle. Il faut cependant distinguer ces changements des diverses transformations apportées aux processus bureaucratiques et créées en bonne partie par l'informatique, transformations que nous analyserons dans la prochaine section de ce chapitre.

Sans nécessairement adopter une interprétation postmoderne, on peut tout de même observer que dans la période moderne, qui correspond en gros aux XVIIIe, XIXe et à une bonne partie du XXe siècle, l'État était vu comme un arbitre suprême, créateur de normes, placé d'une certaine façon au-dessus de la mêlée et du brouhaha des intérêts privés. Aujourd'hui, l'État nous apparaît davantage comme un acteur social parmi d'autres ; c'est d'ailleurs un des messages du *Public Choice* que de nous faire voir les politiciens et les bureaucrates comme étant des acteurs mus par leurs intérêts égoïstes.

Cette vision, et même cette interprétation postmoderne de l'État, se conjuguent avec des éléments relativement nouveaux sur la critique de l'État-providence, lequel aurait contribué à déresponsabiliser les individus devant la nécessité d'agir eux-mêmes sur leur propre destin. C'est là un discours que l'on trouve de façon récurrente dans les franges conservatrices du Parti républicain aux États-Unis, *via* les thèmes du renouveau de la famille et de la morale individuelle.

Ces deux facteurs, vision postmoderne de l'État et responsabilisation des individus et des familles, sans nécessairement réduire le rôle de l'État, nous ont amenés à le percevoir différemment. L'État, devenu un acteur parmi d'autres, se doit d'être aussi efficace et efficient que les autres acteurs socio-économiques ; c'est pourquoi ces questions de productivité qu'on n'osait pas, presque par respect, appliquer à l'État lui-même, sont devenues des instruments de mesure par lesquels on juge désormais l'État et ses appareils. Ceci amène ce que Jean-François Thuot a décrit comme étant « un nouveau modèle de démocratie, la démocratie fonctionnelle » (1994, p. 85). Mais, est-ce à dire que la régulation de la société disparaît en même temps que cette « latéralisation » de l'État et de ses appareils ? Pas nécessairement, soutient J.F. Thuot :

> L'exposé précédent pourrait nous conduire à une fausse conclusion, à savoir que l'éclatement de la puissance souveraine de l'État compromet l'impératif régulatoire de la société. L'hypothèse suivante nous paraît plus féconde : et si, au contraire, cet éclatement favorisait la consolidation de nouvelles modalités de régulation de la société ? Mais ces modalités n'auraient plus l'État pour centre. Elles supposeraient la substitution de la fonction traditionnelle de gouverne politique par une formation technico-administrative d'arrimage et d'ajustement pragmatique entre des sous-systèmes sociaux autonome autoréférentiels. Dans ce contexte, l'« État », si cette dernière notion peut encore avoir un sens, confinerait son mandat aux tâches de médiateur et de garant de la contractualisation. Sa mission ne serait pas tant d'ordonner et de réglementer, mais d'infléchir le comportement des agents de développement (Thuot, 1994, p. 94).

Cette démocratie fonctionnelle, qui entraîne bien sûr une bureaucratie fonctionnelle, correspond à ce que Thuot appelle l'« État accompagnateur » et aussi à ce qu'un haut fonctionnaire du gouvernement fédéral canadien a appelé l'« État accoucheur », un État qui, à l'image d'une sage-femme, aide et accompagne un processus naturel qui, de toute façon, se produit par lui-même. C'est ici aussi, à notre avis, que s'inscrit la pertinence d'expressions maintenant couramment utilisées, comme « partenariat » ou « réseau », même si pour ce dernier terme, il faut chercher dans les processus engendrés par l'informatique le fondement de sa nouvelle popularité.

Ce nouvel État, fonctionnel pour les uns, postmoderne pour d'autres, ou encore post-État-providence pour d'autres encore, est-il passif ? Intervient-il moins ? Pas nécessairement, répond Robert Bronsard, en se référant aux écrits de Pierre Ronsavallon (1995). Pour Bronsard, qui prend l'exemple de la CSST (Commission de la santé et de la sécurité au travail du Québec), l'État se transforme en État-actif-providence : « L'État ne doit pas se retirer du social, mais au contraire, intervenir davantage, c'est-à-dire mieux. Comment ? En orientant plus précisément son intervention pour "agir là où ça compte" » (Bronsard, 1998, p. 90). Ces propos pourraient nous faire penser que nous nous éloignons de notre sujet, la bureaucratie, puisqu'ils concernent l'État lui-même au sens large. Par contre, il faut dire que, dans la mesure où le nouvel État qu'on annonce se concentre sur une rationalité fonctionnelle (au sens qu'en donne Karl Mannheim) ou sur une rationalité « technico-administrative », expression proposée par J.F. Thuot, par opposition à une rationalité de substance, nous sommes renvoyés inévitablement à un domaine traditionnellement associé à la bureaucratie (et non au pouvoir politique). D'où notre intérêt pour la question.

Dans la prochaine section, on fera le relevé et l'analyse des perspectives qui sont annoncées pour la bureaucratie, des causes qui y sont proposées ainsi que des propos des critiques et défenseurs de la bureaucratie d'aujourd'hui.

11.5 DÉBATS ET PERSPECTIVES SUR L'AVENIR DE LA BUREAUCRATIE

Il est peut-être normal que les défenseurs les plus explicites de la bureaucratie et du secteur public viennent de pays où celle-ci est le plus agressivement attaquée. C'est en effet un Américain, Charles T. Goodsell, dans *The Case for Bureaucracy* (1985), qui tente de remettre les pendules à l'heure en ce qui concerne les organisations du secteur public. Il fonde même le *Blacksburg Manifesto*, un mouvement regroupant des professeurs de science politique et d'Administration Publique qui soutiennent la tradition et les valeurs d'intégrité que représente le service public.

Charles T. Goodsell remarque que chacun a son programme en attaquant la bureaucratie du secteur public : les conservateurs veulent nous faire accepter leur idée et leur interprétation de ce que devrait être le marché ; les libéraux veulent défendre leur projet de respect des droits individuels ; les théoriciens de la critique humaniste veulent démontrer que la bureaucratie est un instrument d'aliénation humaine ; et les journalistes cherchent toujours des occasions de faire un article choc. En réalité, soutient Goodsell, les gens sont plutôt satisfaits des services publics qu'ils reçoivent, la satisfaction dépassant souvent les 75 % (p. 23). Fait intéressant, les commentaires sont d'autant plus positifs que les questions portent sur un service gouvernemental précis. C'est surtout quand on demande un avis sur « la bureaucratie », en général, que les insatisfactions sont les plus marquées.

Dans la pratique, les employés du secteur public américain ne travaillent pas dans des tours d'ivoire, mais plutôt au sein de groupes de travail relativement petits (p. 113). D'ailleurs, les « bureaucrates » sont des gens comme vous et moi, précise Goodsell, et aux États-Unis une personne sur six est un employé du secteur public (p. 83), le plus souvent pour un État ou un gouvernement local (et moins souvent pour le niveau fédéral). Et l'employé du secteur public n'est pas nécessairement quelqu'un qui est assis derrière un bureau : il peut très bien être détective, inspecteur de viande, garde-forestier, etc. Il est faux, aussi, de dire que ce sont toujours des monopoles : les bureaux (ou *bureaus*, comme les appelle

Anthony Downs) ont souvent des organisations rivales, des compétiteurs dans le secteur public ou même dans le secteur privé (p. 50).

S'il est vrai que les organisations du secteur public paraissent parfois inefficaces, c'est qu'elles n'ont pas été créées uniquement dans un but d'efficience économique. Elles ont souvent pieds et poings liés par les procédures et les ordres venant du niveau politique (p. 50). En réalité, le secteur privé ne voudrait pas de la plupart des tâches qui sont dévolues au secteur public. Et même quand on peut comparer, fonction par fonction, l'efficacité ou l'efficience de ces deux secteurs, comme la collecte des ordures, la production d'électricité, les assurances ou la santé, la supériorité d'un secteur sur l'autre n'est pas évidente, nous dit Goodsell, dès lors que l'on tient compte de tous les coûts et bénéfices. Il est même possible que les employés du secteur public soient, en réalité, moins réfractaires au changement, en partie à cause de la sécurité d'emploi dont ils profitent (p. 53).

Sur le plan social, les groupes désavantagés socialement ont parfois pu s'évader hors de leur carcan socio-économique grâce, très souvent aux emplois que leur offrait le secteur public (p. 85) ; il n'est pas surprenant, non plus, de constater que l'opposant typique à la bureaucratie publique soit un citoyen d'un niveau socio-économique élevé (p. 105). Il y a donc tout lieu de croire que nos jugements sur la bureaucratie, qu'ils soient pour ou contre, ne sont pas totalement neutres.

Si, toujours selon Charles T. Goodsell, nous éprouvons de l'impatience vis-à-vis des organisations du secteur public, c'est que nous leur avons confié des problèmes particulièrement complexes et, presque par définition, jamais résolus, comme la santé, la pauvreté, l'environnement (p. 61). Pour Goodsell, le danger ne vient pas des insuffisances des bureaucraties publiques, mais plutôt du peu de ressources qu'on est disposé à leur accorder pour qu'elles remplissent leurs nombreuses et délicates missions.

D'autres auteurs américains sont venus défendre la bureaucratie, avec un angle d'attaque — si on peut dire — quelque peu différent. C'est ainsi que Herbert Kaufman (1981), un expert sur la question, défend la bureaucratie en affirmant que, loin d'être hors de contrôle, les organisations publiques sont en fait très encadrées par leurs maîtres législatifs et politiques. En effet, des postes d'analystes rattachés aux législateurs et aux élus se sont développés et ont maintenant les moyens de scruter ce qui se passe au sein des organisations du secteur public (p. 6). Ces dernières années, ces nombreux assistants et conseillers se sont en réalité multipliés. La crainte que les bureaucraties du secteur public deviennent des sortes de gouvernements parallèles, non élus, relève du fantasme, soutient

Kaufman. C'est donc sur les origines de ce fantasme que cet auteur se penche, tellement la crainte elle-même lui paraît niée par les faits. Bien sûr, à un premier niveau, on critique les investissements bureaucratiques pour la réalisation de programmes qui ne sont pas pour soi, mais pour d'autres : si je ne suis pas agriculteur, je suis porté à penser que le ministère de l'Agriculture dépense beaucoup d'efforts inutiles. Mais, il y a plus, avance Kaufman. Prenant une position qui se rapproche de celle de Jacques Ellul, il se demande si la bureaucratie ne devient pas une sorte de bouc émissaire pour toutes sortes d'insatisfactions vis-à-vis de la complexité de nos sociétés industrielles, sur lesquelles personne n'a, en réalité, le contrôle (p. 7). En vérité, nos sociétés industrielles paraissent répondre à leur propre dynamique, hors des volontés humaines. Devant l'angoisse que crée ce sentiment, même inconscient, nous préférons blâmer quelqu'un ou quelques-uns — la « bureaucratie » —, pour au moins nous donner l'illusion qu'il y a une part de volonté humaine derrière cette complexité. C'est ainsi que « la bureaucratie » fait son entrée au Panthéon des boucs émissaires, au même titre que « les communistes », l'« *establishment* », les « grosses compagnies » ou la « haute finance » (p. 7). Ces derniers propos nous font réaliser que l'objet premier de nos critiques vis-à-vis de la bureaucratie a souvent été sa taille, perçue comme trop grande. Cet aspect de la critique ne se retrouve pas seulement chez les citoyens ou les non-spécialistes, mais aussi chez les experts les plus reconnus de la théorie des organisations. Dans une critique des grandes organisations de type « bureaucratie mécaniste » (1998), une critique qui se veut d'abord heuristique (« chaque phrase qui va suivre est volontairement exagérée », p. 491), Henry Mintzberg s'en prend à ce type de configuration organisationnelle. En effet, l'organisation mécaniste, nécessairement de grande taille, est dominée par la technostructure, c'est-à-dire par des analystes qui se fient à des données quantitatives et abstraites, loin des opérations concrètes de l'organisation. À noter que Mintzberg attaque tout autant les grandes organisations mécanistes du privé que celles du public. Bien sûr, la bureaucratie mécaniste cherche à rationaliser ses opérations en se fermant aux perturbations extérieures. Mais,

> En se fermant elle-même au reste du monde, la bureaucratie mécaniste concentre le pouvoir dans ses administrateurs [...]. La grande organisation devient un système clos, au service de ses seuls administrateurs [...] cherchant leur satisfaction personnelle à travers la construction de grands empires plutôt que le service des consommateurs ou même des propriétaires (p. 532).

Pour Mintzberg, la solution qui consiste, dans le cas des bureaucraties du secteur public, à privatiser, n'en est pas une du tout. À ses yeux, la recommandation de Milton Friedman visant à diminuer le rôle du gouvernement et, selon ses propres termes, à permettre à la « libre entreprise » de remplacer le « socialisme subversif » n'est pas une solution du tout. C'est simplement une formule pour un type particulier d'oligarchie. Aujourd'hui, le problème n'est donc pas « secteur public contre secteur privé », mais bel et bien la bureaucratie sous toutes ses formes (p. 539). Pour Mintzberg, nous devrions, en tant que société, promouvoir « les petites organisations, celles qui ont une taille humaine, partout où cela est possible » (p. 540), et surtout dans le secteur des services, « car il n'est pas du tout évident que nous ayons besoin d'hôpitaux gigantesques, d'infrastructures universitaires énormes », etc.

Les remèdes

Tous ne sont pas d'accord pour dire que la bureaucratie du secteur public est malade et a un besoin urgent de soins ; comme on vient de le voir, le portrait est sensiblement plus nuancé qu'il n'y paraît à première vue. Néanmoins, une série de mesures ont été proposées pour remédier à ses dysfonctions. Nous avons déjà vu certains aspects de cette question, quand nous avons traité du *Public Choice* ou du NMP dans des chapitres précédents. C'est pourquoi, pour la plupart de ces remèdes, nous nous contenterons d'en tracer les grandes lignes et de présenter un résumé.

Ce qu'il faut dire, avant de faire une brève revue — et un bref rappel — de ces remèdes, c'est que, malgré leurs différences, ils ont une certaine parenté. En effet, par exemple, la solution qui passe par une réaffirmation du pouvoir du supérieur immédiat possède des éléments communs avec le NMP, et même avec la participation des employés, dans le sens où on recherche une plus grande flexibilité de gestion, dont les composantes peuvent être un plus grand pouvoir du responsable opérationnel vis-à-vis des organismes centraux et des normes centralisées, une plus grande affirmation du pouvoir du supérieur hiérarchique vis-à-vis de ses troupes et, partant, une plus grande participation des échelons de base dans la nouvelle distribution de l'information dont ils disposent, essentiellement grâce à l'informatique.

Voyons comment, en s'inspirant surtout du texte de Stéphane Dion présenté au début de ce chapitre, sur les alternatives à la bureaucratie actuelle, on peut brosser un tableau réaliste de la situation.

Afin de résoudre certains problèmes des bureaucraties classiques, quelques solutions ont été proposées par certains courants de pensée. Un discours *conservateur*, désormais familier, recommande une gestion plus autoritaire, semblable à celle que l'on trouve dans le secteur privé. Ce courant préconise l'affaiblissement des syndicats, si ce n'est leur abolition pure et simple, afin de laisser la

place à une hiérarchie fonctionnant avec moins de protection pour les fonctionnaires, et de favoriser une plus grande souplesse dans la gestion de l'organisation
(Dion, 1992, p. 184). Également, comme nous en avons fait amplement état,
l'école du *Public Choice* propose d'appliquer la loi du marché à l'administration
publique afin de contrer les inefficacités de la bureaucratie.

À cet égard, on peut se poser une question fondamentale : les mécanismes de
type marché sont-ils toujours applicables aux biens et services du secteur public ?
Certains services publics sont indispensables, doivent être offerts à tous sans
exception et ne se prêtent donc pas à une demande individuelle contre paiement.
On pourrait dire la même chose à propos de services publics comme la protection
du consommateur, où la privatisation poserait problème. Ceci ne veut pas dire
que, même pour ces types de services, il ne pourrait pas y avoir compétition, à
l'intérieur du secteur public (Séguin, Lemelin et Parenteau, 1989).

Rappelons maintenant, dans les paragraphes qui suivent, quelques éléments
des réformes dont nous avons évoqué ailleurs les caractéristiques essentielles.

En général, la bureaucratie, comme le secteur public, est mal vue par les
économistes et les tenants du *Public Choice*. La bureaucratie et le secteur public
sont perçus comme un lieu où les mécanismes de sanction contre l'inefficacité ne
peuvent pas fonctionner. Très souvent, les remèdes proposés par les économistes
se résument à se rapprocher le plus possible des lois du marché, des lois de l'offre
et de la demande. Selon cette vision, le gouvernement devrait gouverner par
contrats, c'est-à-dire *faire faire* par le secteur privé une partie de ses tâches (sous-
traitance) et se limiter à fixer des objectifs globaux. Dans le même esprit, les économistes du *Public Choice* proposent une sorte de compétition à l'intérieur du
secteur public, qui ferait en sorte que les citoyens puissent réellement choisir les
services qu'ils désirent. C'est ainsi qu'ils recommandent parfois l'utilisation de
vouchers, ou « bons » d'éducation ou de santé, émis par un gouvernement, et qui
permettraient au détenteur de se procurer une certaine quantité de cours ou de
soins là où il le désire. Cela, disent-ils, permettrait aux citoyens d'agir en consommateurs et d'avoir le choix entre plusieurs producteurs. Les *vouchers* sont
particulièrement utiles là où peu de services publics sont disponibles, car ils permettent de s'adresser aux fournisseurs privés tout en étant financés par la collectivité. Ils ont moins de pertinence là où des services publics existent de façon
étendue.

Par ailleurs, il ne faudrait pas conclure que les économistes du *Public Choice*
sont toujours en faveur des petites juridictions ou de la fragmentation des responsabilités gouvernementales, car une unité administrative doit être capable de

« contrôler ses propres externalités », pour employer le langage économique. Il faut se rappeler aussi de la question des coûts de transactions.

On a dit souvent du *Public Choice* qu'il pouvait parfois sous-estimer la nécessité de coordination du secteur public. On a dit également qu'il pouvait servir de caution à des phénomènes américains comme la fuite vers les banlieues et qu'il pouvait servir des intérêts purement économiques. Par contre, ce mouvement a au moins le mérite de nous faire réfléchir sur les arrangements institutionnels du secteur public. Une partie importante des « remèdes » proposés *et* mis en œuvre est inspirée largement de ce courant, qui a un pouvoir s'étendant bien au-delà du cercle des initiés.

Certains autres, en quête aussi de remèdes, défendent l'idée de faire davantage participer les fonctionnaires aux activités de l'administration publique. On croit qu'une plus grande participation permettrait de pallier les méfaits d'une trop grande rationalisation, laissant ainsi plus de place à la créativité des employés. Diverses solutions sont suggérées : s'appuyer davantage sur les relations informelles, augmenter les responsabilités des fonctionnaires, favoriser l'expression et l'initiative chez les employés, etc. À cette brève liste, on pourrait ajouter, comme S. Dion le fait, la politisation des effectifs, pour contrer la sclérose bureaucratique. À ce propos, on se rappellera que ce sont les Américains qui se sont traditionnellement tournés vers ce « remède ». Le succès de cette méthode, aux États-Unis même, est mitigé.

Il existe, par ailleurs, une série de remèdes qui ont une parenté plus certaine et plus explicite et qu'on a appelés parfois « management public », parfois « gouvernance », parfois « ré-ingénerie », parfois encore autrement. Ces remèdes s'inspirent plus ou moins explicitement du *Public Choice* et du néolibéralisme ; ils ont tous en commun le fait d'avoir été testés dans des situations concrètes, d'abord dans des pays anglo-saxons, puis, par imitation ou par conviction, dans d'autres pays. Sans doute sera-t-il utile ici de rappeler les grandes lignes de ces réformes, surtout en ce qui a trait à notre discussion sur l'avenir de la bureaucratie.

D'abord, il faut préciser que le thème de la privatisation, vu précédemment, s'entend ici au sens de « méthodes de gestion » et non pas tellement au sens de « propriété », une distinction qu'a faite entre autres Lionel Ouellet (1992). C'est ainsi qu'un pays comme la Suède a pu adapter et appliquer plusieurs des principes de la « privatisation-mode-de-gestion » sans privatiser la propriété et le contrôle. Dans ce pays, les usagers du secteur public se sont fait offrir plus de choix ; le pouvoir de décision s'est rapproché du niveau local ; et l'interaction entre les citoyens et le gouvernement (local, entre autres) se réalise maintenant de façon plus personnelle et plus individuelle (Gustafsson, 1987, p. 180-182). D'une certaine manière, ce court résumé de ce qui a changé en Suède ces dernières années, à l'intérieur du secteur public, illustre l'essentiel de ce que tente d'atteindre le management public ou la « privatisation-mode-de-gestion ». Il y a bien sûr un grand nombre de façons d'opérationaliser le management public.

Sur le plan des structures, il y a différentes façons d'appliquer la décentralisation ou, si l'on veut être plus précis, la subsidiarité. Comme en Suède, on peut rapprocher la prise de décision du niveau local ; comme en Angleterre, on peut créer des unités opérationnelles (les agences prestataires de service) séparées des ministères eux-mêmes ; ou, encore, on peut confier une opération en sous-traitance à une organisation privée. Dans tous les cas, il s'agit de « dégager le centre » d'une part, puis d'augmenter la flexibilité de ceux qui sont au niveau des opérations, d'autre part.

Au plan de la gestion du personnel, on tente d'« habiliter » davantage les employés de première ligne, ceux qui sont en contact avec la clientèle, par l'*empowerment* (leur donner les outils pour appliquer des décisions). Si, en effet, le service au client est une affaire sérieuse, alors l'employé placé derrière le guichet doit être capable de l'aider, de décider de son cas. Donc, même pour un poste relativement subalterne, le fonctionnaire de première ligne doit en savoir beaucoup ou, du moins, avoir les outils pour répondre aux questions, ce qui en pratique se traduira par la connexion à un réseau d'informations.

Tout ceci implique que ce qui fonde l'activité du fonctionnaire, c'est le service au client, et non pas tant la conformité à une norme hiérarchique ou juridique. D'une certaine façon, l'administration publique, selon cette philosophie, se justifie par le bas (le client) plutôt que par le haut (les normes, la hiérarchie). Pour plusieurs, dont Ronald C. Moe (1994), ceci pose un problème de taille, du moins en ce qui concerne les États-Unis. En effet, pour ce dernier, l'idée que la gestion du secteur public peut être semblable à celle du secteur privé vient d'une méconnaissance des principes de droit public. En effet, les bureaucraties du secteur public sont d'abord des émanations du pouvoir exécutif, encadré par le pouvoir législatif, et c'est à ces deux pouvoirs qu'elles doivent d'abord répondre. Car, pour le secteur public, le « client » est d'abord un citoyen qui a élu un gouvernement pour réaliser un programme, dont certains éléments ne se réduisent pas au « marché ». Ronald C. Moe critique le livre de David Osborne et Ted Gaebler, *Reinventing Government* (1992), qui a servi de base au rapport du vice-président Al Gore, *From Red Tape To Results : Creating a Governement That Works Better and Costs Less*, lequel a lui-même servi de guide pour l'élimination du déficit et pour la réduction du nombre d'employés au niveau fédéral américain. Moe remarque que les réussites rapportées par Osborne et Gaebler se trouvent surtout au niveau local (p. 112), dont les services ressemblent peut-être plus au secteur privé que ce n'est le cas pour des gouvernements à spectre plus large. Le rapport du vice-président Gore proposait de réduire le personnel de l'exécutif fédéral américain de 252 000 personnes (12 % du total des employés), en éliminant surtout des postes de superviseurs et de cadres qui, de toute façon, feraient trop de *micro-management* et s'ingéreraient trop dans les détails du travail de leurs employés (p. 114). Le taux d'encadrement, au gouvernement fédéral américain en 1993, était d'environ 1 supérieur pour 7 employés ; or, le flamboyant consultant et auteur Tom Peters recommande un taux d'encadrement de 1 pour 25 à 1 pour 75. On a même rapporté un taux d'encadrement de 1 pour 1 000 pour la chaîne hôtelière Ritz-Carlton, ce qui, remarque Moe, serait difficilement applicable dans le cas de la gestion… des prisons. Moe reproche au rapport Gore de faire de la démagogie facile sur le dos du service public en sous-estimant les nécessités d'encadrement et de coordination. La recommandation du rapport Gore, qui veut que l'on remplace une partie de l'encadrement par des comités inter-agences, n'est pas réaliste, soutient Moe. Le rapport Gore, poursuit-il, appelle le changement pour le changement, sans plan et sans désir de réellement évaluer ses propres propositions (p. 113). Cela est d'autant plus étonnant, conclut-il, que l'ensemble du mouvement du *Reinventing Government* et du *reingeneering* est tout entier orienté vers la mesure de la performance. Sauf pour ses propres propositions. Il y a en effet un zèle, dans ce mouvement de réforme, qui tient parfois plus de la religion que de l'analyse.

Un analyste britannique de ces questions en Grande-Bretagne, Christopher Pollit, offre la conclusion suivante, à propos des réformes des vingt dernières années :

> […] nous avons pu constater une attitude presque théologique à l'égard d'une grande partie de la réforme administrative mise en œuvre. La foi et le dévouement l'ont bien souvent emporté sur l'évaluation clinique. Dans plusieurs cas, les artisans des réformes ont explicitement refusé que les grandes lignes de leurs réformes soient évaluées, tellement ils étaient sûrs que les solutions inspirées par le secteur privé et orientées sur le marché les dirigeaient dans la bonne voie. C'est ce qui explique que nous soyons parfois confrontés à un paradoxe : les réformes administratives qui préconisent fortement l'évaluation n'ont guère été évaluées elles-mêmes (Pollit, 1995, p. 203-204).

Pour Mintzberg, cette absence d'évaluation réelle est un trait des techniques de management en général, et pas seulement une caractéristique du secteur public. Dans son article, volontairement pessimiste, « Une société devenue ingérable comme résultat du management », repris dans son livre *Le management* (1998), il remarque :

Nous avons, certes, des techniques dans le management, nous n'en manquons pas, mais aucune ne peut être considérée comme une technique certifiée [...] en d'autres termes, nous n'avons presque aucune preuve concrète et systématique de la réussite des politiques de management, du moins en comparaison de la complexité du management quotidien (p. 507).

[...] Dans tous ces aspects, l'âge du management est devenu l'âge des « idées à la va vite » [...] Tout sera résolu rapidement de sorte que vous pouvez passer ainsi au problème suivant. Mieux encore, appelez des consultants pour le résoudre, ils en savent encore moins au sujet de votre entreprise (p. 520).

En réalité, les techniques et les recettes à la mode ne remplacent jamais un leadership constant et authentique, nous dit Mintzberg ; en commentant la réussite de l'application d'une des techniques de management à la mode, il conlut :

En fait, il n'y a jamais eu aucune preuve comme quoi le succès de cette société provenait d'autre chose que d'un leader capable, qui savait de quelle façon apprendre et dont la propre énergie et l'enthousiasme le rendaient capable d'attirer autour de lui les hommes qu'il fallait, en leur communiquant sa ferveur. Les hommes qu'il faut, bien entendu, font les bonnes organisations. Ils savent concevoir les systèmes adéquats, ou du moins les systèmes qui leur sont utiles. Mais dès que vous supprimez ces hommes de grande capacité, le système s'effondre (p. 510).

Si les *managers* ne savent pas toujours pourquoi ni comment les choses réussissent réellement, hormis un leadership exercé au cas par cas, ceux qui doivent les évaluer, eux et leur gestion, sont tout autant dans le noir, conclut Mintzberg. Le problème du contrôle de ceux qui contrôlent est d'ailleurs le même, que ce soit dans les bureaucraties publiques ou privées : « Qui peut se soucier de savoir si le système qui nous réglemente est la propriété de milliers d'actionnaires par opposition à des milliers de citoyens, puisque ni les uns, ni les autres n'exercent le moindre contrôle sur le management » (p. 539).

Bien sûr, au début de cet article, Mintzberg, volontairement pessimiste, nous dit qu'il ne faut pas toujours prendre ses propos au pied de la lettre (p. 488). Les tenants du *Public Management* et du *Reinventing Government* pourraient répondre que les choses ont changé, quoi qu'en disent les sceptiques. Et, il faut le reconnaître, ils n'auraient pas tout à fait tort, car, au-delà des réductions de budgets et de personnel, il y a eu, à n'en pas douter, *des processus administratifs, des façons de faire* qui ont vraiment changé, et, dans certains cas même, de façon assez spectaculaire.

Dans son article sur l'expérience de la Commission de la santé et de la sécurité au travail du Québec, Robert Bronsard (1998) nous présente le cas d'une organisation qui a modifié de façon apparemment importante ses processus administratifs et sa façon de faire. La CSST a en effet adopté une *approche client*.

Au lieu de baser son action trop exclusivement sur la détermination juridique du montant à verser aux accidentés du travail, ce qui amenait une démarche essentiellement juridique, composée d'étapes précises et séparées, la CSST a concentré son action sur la réinsertion professionnelle de l'accidenté, dans son poste d'origine, ou dans un autre chez le même employeur (1998, p. 80). Pour ce faire, « il a toutefois fallu abandonner le traitement séquentiel, la chaîne de montage, le taylorisme administratif [...] la direction de la CSST s'imposait l'obligation de modifier l'organisation du travail » (p. 80). À travers ce changement, on a revalorisé l'agent d'indemnisation, celui qui est à l'interface entre le client-assuré et les autres parties (l'employeur, la CSST elle-même, etc.). Fait intéressant, « on a également changé les outils mis à sa disposition en donnant plus de place à la parole et aux communications téléphoniques qu'à l'écrit. Les écrits eux-mêmes ont été modifiés de façon à les rendre plus accessibles à la clientèle » (p. 82).

Parmi les modifications que l'on rapporte à propos de la CSST, on retrouve plusieurs des thèmes proposés par le NMP : le service à la clientèle comme mesure ultime, bien sûr, mais aussi les modifications au niveau de l'habilitation du personnel de première ligne, la circulation de l'information, la délégation de pouvoir et un certain affaiblissement du lien hiérarchique.

Dans sa contribution au volume *Les nouveaux défis de la gouvernance* (1995), Sandford F. Borins trace un portrait de la nouvelle *gestion par cas*, qui ressemble à s'y méprendre à ce que Robert Bronsard a dit à propos de la CSST :

> Dans de nombreux organismes publics, l'administration d'un dossier entraîne une suite fort complexe d'interactions avec le client (individu, famille, entreprise). Si l'organisme est structuré par fonctions, ce client doit traiter avec toute une série d'officiers spécialisés ; si le dossier requiert la coopération de divers organismes, il doit parfois rencontrer chacun de leurs représentants. De [ce] mode de fonctionnement découlent diverses conséquences : exaspération du client qui ne sait plus à qui s'adresser et à quel moment le faire ; perte de temps occasionnée par le transfert de dossiers d'un organisme ou d'un spécialiste à l'autre ; retards causés par les appels du client qui veut savoir où en est son dossier, etc.
>
> Cette situation a amené les institutions privées et publiques à améliorer leur service en recourant au mode de gestion par cas [...] Il s'agit [...] de réorganiser le service en fonction de l'évolution des dossiers et de les confier à des gestionnaires de cas qui en deviennent responsables du début à la fin. Ces gestionnaires n'ont certes pas les compétences requises à chaque étape du processus, mais ils en connaissent suffisamment pour assurer la coordination de l'ensemble. Le client, qui sait désormais à qui il a affaire, ne nage plus dans la confusion et son interlocuteur peut le renseigner en tout temps sur l'évolution de son dossier (Borins, 1995, p. 252-253).

Dans l'introduction de cet article, Borins fait mention à plusieurs reprises des transformations auxquelles a contribué le développement des systèmes informatiques (p. 239).

Il est en effet difficile d'expliquer les mutations dans les processus administratifs des secteurs publics et privés sans comprendre les effets restructurants créés par l'informatique. Il devient de plus en plus évident que la restructuration engendrée par les nouveaux processus d'information dépasse largement le débat, un peu simpliste parfois, entre « public » et « privé », puisque les deux secteurs en sont fortement affectés. Plusieurs transformations associées au nouveau management public sont aussi reliées étroitement aux mutations engendrées par le développement de l'informatique. Dans une étude de l'OCDE de 1998, on attribue à l'informatisation de la gestion publique « les transformations que connaissent les États tant dans leurs structures internes que dans leurs rapports avec les autres niveaux d'administration » (OCDE, 1998, p. 6). Le rapport de l'OCDE associe spécifiquement à l'informatique le principe du guichet unique, élément important dans les réformes de la CSST et dans les propos de Borins cités plus haut : il s'agit, en effet, « [de] modèles d'intégration tant horizontale (entre agences administratives) que verticale (entre niveaux d'administration et secteurs économiques) » (p. 5), permis et encouragés par la logique informatique.

Le développement de nouvelles technologies de communication, de l'informatique en particulier, encourage des types de gestion plus souples et plus flexibles, que certains ont appelé « organiques » (Burns et Stalker, 1961) (par opposition à « mécaniques »), et que d'autres ont appelé « réseaux » ou *networking*. Il est clair que cette nouvelle souplesse de gestion permet de mieux communiquer tant avec les clients qu'à l'intérieur même de l'organisation.

En partie à cause du développement de l'informatique et de la télématique, mais aussi à cause du développement des moyens de communication en général, la gestion des bureaucraties est désormais différente de ce que les gestionnaires ont connu jusqu'ici. L'accroissement d'éléments de toutes origines dont l'organisation devra tenir compte rendra forcément nécessaire une meilleure communication *à l'intérieur même de l'organisation*. Pour Donald Schon, ce nouvel environnement riche en informations a rendu caducs les styles de gestion basés sur une réglementation rigide et sur le respect absolu des liens hiérarchiques :

> Les technologies électriques génèrent de nouvelles formes organisationnelles, basées sur des réseaux et sur d'autres supports électroniques ; ces organisations sont caractérisées par des matrices complexes de relations, et non par des liens hiérarchiques simples ; l'information qui s'y trouve est disponible simultanément sur plusieurs points du réseau (1971, p. 27, traduction libre).

C'est bien cette circulation de l'information, encouragée par l'informatique, qui semble être la dynamique derrière les réformes mentionnées plus haut.

Si l'on en croit Schon, le style de management le plus approprié à un environnement riche en informations est un style *organique* plutôt qu'un style *mécanique*. Que veulent donc dire style « organique » et style « mécanique » de gestion ? Ce sont les Anglais Burns et Stalker qui ont introduit ces notions dans leur volume classique *The Management of Innovation*. Le management mécanique suppose un environnement bureaucratique, sans grande innovation, sans grande incertitude. Les ordres à sens unique, du haut vers le bas, sont suffisants comme moyen de communication. Les individus n'épousent pas nécessairement les buts de l'organisation ; ils n'ont qu'à suivre les ordres pour faire leur travail et les limites de leurs responsabilités sont clairement définies. L'environnement du management organique est tout à fait différent. Il est mouvant, riche en informations. La ligne hiérarchique y perd de son importance, car l'employé dispose alors de certaines informations autrefois réservées uniquement à ses supérieurs. Ce genre de situation réclame donc des membres de l'organisation qu'ils soient plus qualifiés et capables, techniquement et psychologiquement, de prendre des décisions, ce qui exige qu'ils puissent aller au-delà des contraintes étroites de leur service. Les frontières entre un service donné et un autre deviendront par le fait même plus floues, en partie parce que l'informatisation aura contribué à intégrer dans un seul système informationnel plusieurs points de vue autrefois séparés.

Le management organique est donc plus exigeant pour les membres d'une organisation. Il exige en effet qu'ils soient plus qualifiés, mais aussi qu'ils abandonnent une vision étroite de la vie de leur organisation, car, comme l'avait prévu Donald Schon (1971, p. 115), l'individu deviendra membre d'un réseau plutôt que membre d'une organisation. C'est ce qui explique aussi pourquoi les employés de première ligne, qui sont en contact avec les clients, ont plus d'informations et pourquoi ils peuvent répondre aux questions du client ou du prestataire. Il y a donc des liens étroits entre l'informatisation, l'*empowerment* et le service au client. Paradoxalement, on peut s'adapter aux cas individuels, car les paramètres généraux, qui guident et permettent les adaptations aux cas individuels, sont explicites et connus.

Il est, aujourd'hui, étonnant de voir combien les effets de l'informatisation avaient été décrits et prévus il y a vingt et même trente ans de cela. Ainsi, la réduction des niveaux hiérarchiques, qu'on associe parfois à des réformes volontaristes du management public, a été prévue par H.A. Simon il y a plusieurs décennies, dans son livre *Le nouveau management : la décision par les ordinateurs*, publié en français en 1980. H.A. Simon commentait ainsi certains effets de l'informatisation :

> En général, le résultat net de cette évolution [est] une réduction du nombre de couches de l'organisation à mesure que les échelons de la ligne hiérarchique se réduisaient [...]. À certains égards, les nouvelles structures sont plus complexes que celles qui les ont précédées : les interactions sont plus fréquentes entre les unités et débordent les structures hiérarchiques (p. 117).

Ce qui est implicite dans les propos de H.A. Simon, c'est, entre autres, la réduction du taux d'encadrement, à savoir qu'un superviseur pourrait encadrer plus de subordonnés qu'auparavant. Rappelons que le rapport de 1993 du vice-président américain Gore recommandait explicitement d'augmenter ce taux au-delà de 1 superviseur pour 7 employés, en s'inspirant du consultant Tom Peters qui parlait d'un taux idéal se situant entre 1 pour 25 à 1 pour 75 (Moe, 1994, p. 114).

Reconnaissant ce lien, à bien des égards indispensable, entre informatisation et management public (ou tout autre terme qu'on veut employer : re-ingénerie, par exemple), Sanford F. Borins conclut, en parlant du personnel du secteur public : « À bien des égards, leur milieu de travail n'est plus le même. Ils bénéficient des ressources de la technologie de l'information » (Borins, 1995, p. 257).

Bien entendu, il ne faudrait pas réduire les réformes du secteur public des vingt dernières années uniquement à des conséquences du développement de l'informatique, même si certains auteurs peuvent le faire de façon assez convaincante. Ce qui est certain, par ailleurs, c'est que plusieurs réformes bureaucratiques des dernières années n'auraient pu se réaliser sans une transformation des moyens de communication et que les réussites du secteur public ont été trop facilement attribuées au management public, à la privatisation, à l'État minimal ou encore à l'État « subsidiaire ».

Pour conclure cette section sur les débats et l'avenir de la bureaucratie, on peut dire que, durant les dernières années, la discussion sur les organisations du secteur public s'est enrichie de nouveaux points de vue, parfois normatifs (défense de la bureaucratie par Charles Goodsell, par exemple), parfois analytiques (comme les liens avec le postmodernisme), sans compter les analyses économiques vues à la section précédente (le calcul des coûts de transactions, par exemple). Aussi, peut-on conclure que, si les propos rhétoriques contre la bureaucratie existent toujours, les écrits sont devenus en général plus riches, plus analytiques et plus complexes.

11.6 PROSPECTIVES SUR LA TECHNOCRATIE ET LA BUREAUCRATIE

Il y a différentes façons d'envisager l'avenir de la bureaucratie, et aussi de la technocratie. Ici, nous nous limiterons à en invoquer quatre dimensions : organisationnelle, économique, technologique et humaine. Débutons ce bref exercice de prospective en adoptant le point de vue de quelques auteurs qui se sont posé la question de l'avenir de la bureaucratie en tant que phénomène organisationnel. À la question « la bureaucratie est-elle un phénomène contemporain, lié au présent ou est-elle, au contraire, un legs du passé ? », les auteurs qui s'intéressent à la question donneraient des réponses différentes.

Pour Max Weber, qui, rappelons-le, écrivait au début du siècle, la bureaucratie est rationnelle et efficace, si on la compare aux organisations qui l'ont précédée dans l'Histoire. La bureaucratie classique a l'efficacité d'une machine, comparée à l'amateurisme des sociétés traditionnelles antérieures.

Pour John Kenneth Galbraith, économiste américain des années 1970, qui parle de « technostructure » plutôt que de bureaucratie, les grandes organisations composées de spécialistes et de managers sont efficaces et, de toute façon, inévitables.

Pour Michel Cozier, qui écrit sur la France des années 1960 et 1970, la bureaucratie est le legs paralysant d'un passé où prévalait une conception étroite et bornée des moyens de coopération entre les hommes. Il est possible de croire que, dans l'avenir, les gens aborderont les organisations dans lesquelles ils travaillent dans un esprit différent, plus souple, plus ouvert ; cela modifiera probablement les types de coopération qu'on y trouvera et aussi les organisations.

Pour Henry Mintzberg, notre proche contemporain, c'est un type d'organisation bien spécifique qu'il faut craindre pour l'avenir. C'est donc la bureaucratie mécaniste, une des cinq configurations organisationnelles qu'il a décrites, qui est à craindre, avec sa taille, son désir insatiable de contrôle, son ambition monopolistique et sa tendance à se refermer sur elle-même, insensible aux désirs de la clientèle ou des citoyens. Cette bureaucratie mécaniste est tout autant à craindre dans le secteur privé que dans le secteur public, précise Mintzberg (1998, p. 539). Il oriente ses critiques surtout vers la technostructure, cette partie de l'organisation mécaniste qui « gère de loin » les opérations, se basant sur des données abstraites, statistiques, impersonnelles et qui ne rencontrent jamais les usagers, clients ou citoyens. On ferait mieux, recommande Mintzberg dans un essai volontairement polémique sur le sujet, de confier la production de nos biens et services à des organisations plus petites et plus souples, à taille humaine, chaque fois que cela est possible, étant entendu que cela est parfois impossible, puisque « [n]ous ne pouvons pas réaliser de "petits complexes pétrochimiques" »

(1998, p. 540). Les adhocraties, ces petites organisations qui se font et se défont au gré de la réalisation de leurs missions, et même les bureaucraties professionnelles (comme les hôpitaux et les universités, par exemple), qui au moins sont soudées par des valeurs communes, sont des configurations plus porteuses d'avenir, surtout si, particulièrement dans le cas des bureaucraties professionnelles, elles maintiennent une taille raisonnable, c'est-à-dire pas trop importante.

Si l'on se tourne maintenant vers la dimension économique, on se trouve devant une littérature assez récente et de plus en plus pertinente. Cette littérature n'est pas uniquement composée du *Public Choice* qui, on le sait, prédit et recommande la privatisation des bureaucraties publiques, chaque fois que cela est possible. Ce qui est peut-être plus intéressant, au sein de cette approche générale, c'est la pertinence de concepts comme celui de *transaction costs*, appliqués aux bureaucraties de l'État. Cette notion de coûts de transaction est utilisée entre autres par O.E. Williamson et A.D. Chandler; ils expliquent l'augmentation de la taille des entreprises privées par l'avantage que leur procure une réduction des coûts de transaction. Pourquoi ne serait-il pas possible d'appliquer cette notion pour expliquer le développement des organisations du secteur public, même si cela va à l'encontre de la pensée administrative dominante des vingt dernières années? Si le rapprochement est pertinent, et correspond à la réalité, il est permis de croire que le rapetissement de l'État connaîtra assez rapidement des limites structurelles.

Et puis, il y a les prédictions qui viennent des études menées sur l'impact de la technologie. On a examiné cette thématique dans la section précédente à propos des effets restructurant de l'informatique. On se rappellera aussi, comme on l'a vu plus haut dans ce chapitre, que le développement de la bureaucratie est intimement lié à des changements dans les moyens de communication. À ce titre, on peut dire que si l'écriture et l'imprimerie ont contribué à l'éclosion et au progrès de la bureaucratie, l'informatique la transformera à son tour.

D'une façon plus globale, et qui dépasse la seule question informatique, nous sommes en train de passer à une ère postmécanique (Beatty, 1998, p. 95, qui se réfère à Drucker). Cette transformation est complexe, car le modèle mécanique avait fini par pénétrer les artefacts humains les plus variés, y compris nos organisations et les bases sur lesquelles elles sont structurées. Larry Hirschhorn a peut-être le mieux décrit, dans toute sa complexité, cette évolution hors du paradigme mécanique dans *Beyond Mechanization : Work and Technology in a Postindustrial Age* (1984). Devant l'effort intellectuel que cet ouvrage demande, on comprend qu'il soit plus fréquent d'attribuer la remise en question de processus bureaucratiques à l'influence de la privatisation ou à la conversion au management public… Par ailleurs, à n'en pas douter, la bureaucratie « ancien style » est toute proche des caractéristiques de cette ère mécanique qu'on est en train de quitter plus ou moins consciemment. La bureaucratie elle-même, dans ses façons de faire, s'éloigne d'ailleurs de plus en plus de cette mécanique en question.

Parmi les caractéristiques des nouvelles technologies qui émergent, Hirschhorn en mentionne, entre autres, trois : une grande flexibilité, le fait que tout n'a plus, dans le processus de production, à être standardisé (Hirschhorn, 1984, p. 8) et enfin, un processus plus général de « désintermédiation » (*desintermediation*) dû à une distribution beaucoup plus grande de l'information. À eux seuls, ces trois facteurs peuvent expliquer non seulement une part importante des transformations des bureaucraties (de 1980 à 2000), mais aussi la remise en question de certaines responsabilités traditionnelles de l'État en tant qu'intermédiaire obligé. Dans ce dernier cas en particulier, on a parlé de « privatisation » seulement parce que c'était un terme commode, que certains avaient d'ailleurs intérêt à nous faire utiliser.

Bien sûr, les propos qui précèdent, et qui découlent des analyses technologiques de L. Hirschhorn, pourraient être qualifiés de « déterminisme technologique », et être associés à des penseurs comme Jacques Ellul (1977) ou Marshall McLuhan (d'autant plus que, dans le cas de ce dernier, il avait même prévu dès les années 1960 les effets restructurants de l'informatisation). En effet ces auteurs ont toujours attribué au progrès technologique une grande importance, dépassant l'intervention consciente des humains, en ce qui touche les changements sociaux.

Par ailleurs, à cette image de la technologie qui se développe d'elle-même, indépendamment de la volonté humaine, s'ajoute une autre image, celle de la technocratie, où l'on redoute que des humains en contrôlent d'autres à travers la technologie et sa complexité. Notons au passage qu'il faut entendre « technocratie » et « technocrates » dans un sens assez large ; ainsi, les spécialistes des sciences économiques, par exemple, peuvent être considérés comme des technocrates.

Pour résumer les enjeux, voyons comment Carolle Simard et Luc Bernier ont décrit les éléments constitutifs de la technocratie :

> Si la bureaucratie signifie le pouvoir des bureaux, la technocratie renvoie pour sa part aux mérites des techniciens et à leur capacité de régler les problèmes, de plus en plus complexes, auxquels les sociétés sont confrontées […]. D'ailleurs, à regarder fonctionner les États modernes, on constate que le spécialiste est au cœur de l'ensemble du processus politico-administratif. Il est présent à toutes les étapes décisionnelles et c'est à lui qu'incombe la préparation des décisions autant que leur mise en application (Simard et Bernier, 1992, p. 61).

Comme l'avait analysé également Jean Meynaud, il semble bien qu'on octroie à la communauté technicienne un certain empire dans la conduite des affaires publiques. Jacques Ellul aurait dit que cela était inévitable dans une société « technicienne ». Il y a, d'une part, des arguments favorables à la technocratie et, d'autre part, des arguments défavorables à cet octroi à la communauté technicienne des affaires de l'État. Examinons-les sommairement.

Les partisans de la technocratie dévalorisent l'homme politique. En raison du jeu électoral, les politiciens sont forcés d'être démagogues. Ils ne pensent qu'à court terme, qu'à leur réélection. Ainsi, certains problèmes restent sans solution satisfaisante, comme celui de la pollution ou de l'endettement, et ces problèmes sont relégués aux générations futures. Les « pro-technocratie » misent sur le technocrate avec son expérience et son bagage de connaissances. Ils insistent sur la nécessité de dépolitiser plusieurs problèmes de l'État, de faire sortir du contrôle des groupes d'intérêt certaines questions sociales qui sont au fond des questions d'intérêt général.

De leur côté, les adversaires de la technocratie stipulent que cette dernière n'est pas nécessairement neutre ; le technocrate peut avoir ses propres intérêts ; une idéologie se cache souvent derrière les techniques qu'il favorise. Derrière une technique peut en effet se cacher une vision du monde, une idéologie. Les opposants à la technocratie remettent en question les sciences sur lesquelles se basent les technocrates. Par exemple, les économistes (selon qu'ils sont post-keynésiens, néo-marxistes, monétaristes, *supply side*, de l'École autrichienne, institutionnalistes ou néoclassiques) offrent tous des réponses différentes, voire opposées, à des problèmes particuliers.

Dans une société avancée sur le plan technologique, comme c'est le cas dans les sociétés industrialisées, la technocratie, selon plusieurs, ne peut qu'accroître son pouvoir. Une fois établie, la technocratie est une des structures sociales les plus difficiles à ébranler ou à détruire. C'est que nous pouvons de moins en moins nous passer d'experts. Par contre, le pouvoir de la technocratie n'est pas absolu. En effet, si la technocratie a du pouvoir, il est moins certain que les technocrates, pris individuellement, en aient eux. Le technocrate a une spécialité qui n'a de sens que lorsqu'elle est reliée à d'autres spécialités. De plus, Michel Crozier a déjà observé que le type d'expertise qui peut dominer une période donnée change assez rapidement. Depuis une cinquantaine d'années, on a eu à former une grande variété de spécialistes : experts en production, experts en marketing, en publicité, experts en contrôles financiers, experts en informatique, en Internet, etc.

Il y a encore une autre dimension à la bureaucratie : celle qui ressort de son conflit avec l'humanisme, avec une certaine idée de l'homme. L'humanisme soutient que l'homme, au sens générique du terme, doit être la mesure ultime des créations humaines ou technologiques. Si l'individu est dominé ou ne devient qu'une pièce dans un engrenage qui le dépasse et le contraint, alors il est brimé et n'est qu'une partie de ce qu'il peut être ; il est aliéné dans son potentiel.

La critique humaniste de la bureaucratie présente encore d'autres aspects. On peut même dire qu'il y a une longue tradition littéraire et humaniste qui attaque la bureaucratie. Une tradition dont l'expression la plus marquante a été formulée par F. Kafka et ses romans cauchemardesques sur des individus enfermés dans des logiques bureaucratiques sans issues, et dont le modèle, on peut le croire, était le système bureaucratique de type soviétique qui a sévi en Europe de l'Est surtout entre la Deuxième Guerre mondiale et le début des années 1990.

Une autre dimension de cette critique humaniste de la bureaucratie et de la technocratie est représentée par la tradition de l'École de Francfort. C'est là une tradition complexe qui dépasse la critique de la bureaucratie pour rejoindre une critique de l'État lui-même, et dont une des cibles est une sorte de rationalité froide et abstraite qui en est venue à dominer toute la société, plus ou moins indépendamment des institutions officielles. Dans un sens, on peut dire que la critique qu'adresse Mintzberg à la technostructure, dans le cadre de son analyse de la bureaucratie mécaniste, se situe dans cette tradition, même s'il n'y fait pas référence lui-même.

Certains accents postmodernes se font sentir dans la critique, chez Mintzberg, de la modernité et de ses prétentions au calcul abstrait et désincarné ; ce qui incite cet auteur à lancer un appel pour une prise en compte de *tout* l'homme, y compris son intégrité sensorielle :

> Je crois que nous sommes [...] en danger de mourir de froid [...] notre mécanique au sens plus large du terme, c'est-à-dire pas seulement nos technologies mais nos systèmes sociaux et en particulier nos organisations, sont de la même manière en train d'émousser nos sens, nous éloignant de notre intuition et augmentant considérablement notre difficulté à trouver des solutions à nos problèmes (Mintzberg, 1998, p. 489).

D'une façon peut-être plus fondamentale, ces dernières remarques nous renvoient à une distinction que Karl Mannheim a faite il y a plusieurs décennies, à savoir la différence entre rationalité de substance et rationalité fonctionnelle. La rationalité de substance, rappelons-le, s'adresse au fond d'une question, à sa substance, tandis que la rationalité fonctionnelle s'adresse à sa mise en œuvre, à ses aspects opérationnels et techniques. Tout se passe en effet comme si, aujourd'hui, nous étions emportés dans une logique de moyens, de techniques, au détriment du fond des questions, de leur substance. Dans une telle logique, la bureaucratie, qui se situe traditionnellement au niveau des moyens, usurpe la rationalité de substance, pour occuper toute la place. D'une certaine manière, c'est l'administratif qui prend la place du politique. Et c'est ainsi que nous en venons à ne plus nous poser de questions sur le fond des choses. Les débats de substance que réclame, entre autres, Jurgen Habermas, n'ont pas réellement lieu « dans la cité ». Les débats sur ce qui contribue à la prospérité économique en deviennent un bien maigre substitut. D'une façon encore plus fondamentale, d'autres auteurs, comme Jacques Ellul, ont avancé l'idée selon laquelle la domination de la technique ne pouvait que condamner à l'échec une société qui perdait de vue les questions de fond, la question des fins de l'activité humaine.

C'est avec ces vastes questions, dont les dimensions dépassent largement celle de la bureaucratie, que nous terminons cette revue des principaux concepts et théories sur la bureaucratie et la technocratie. Dans le dernier chapitre, nous formulerons les éléments d'une conclusion sur le rôle du secteur public et de l'État.

Chapitre 12

CONCLUSION

Dans cette conclusion, nous voulons surtout faire le point sur les changements apportés aux administrations publiques classiques depuis les années 1980. Nous tenterons aussi de faire « la part des choses » en ce qui concerne les débats autour des mérites respectifs des secteurs privé et public, en faisant ressortir des éléments que nous avons relativement peu touchés jusqu'ici dans ce volume (éléments idéologiques, sociologiques et culturels, entre autres). Enfin, nous verrons que le secteur public a des responsabilités qu'il doit assumer et qu'il ne peut confier à d'autres types d'institution. Nous tenterons donc de répondre à certaines questions : Quelles sont ces responsabilités qui ne peuvent être assumées que par l'État, et pas par les ONG ou les entreprises ? Quels sont leurs fondements économiques ? Comment des problèmes relativement nouveaux, comme ceux liés à l'environnement, augmentent-ils la nécessité d'une intervention gouvernementale ? Y a-t-il des facteurs culturels, comme l'influence du modèle américain ou encore le courant postmoderne, qui affectent notre perception de l'État et de l'administration publique ? Comment, au-delà du nouveau management public, l'administration publique peut-elle modifier certaines façons de faire pour mieux répondre aux contraintes de notre époque ?

Dans le chapitre précédent, on a vu comment le mode d'opération des bureaucraties classiques était en train d'évoluer vers des modèles plus souples, sous l'effet combiné de diverses influences, notamment celle du *Public Choice*, du NMP et, ne l'oublions pas, de l'informatisation des processus administratifs. Pour employer une image qu'on a déjà vue au chapitre 11, on peut dire que l'administration publique, du moins dans les pays développés, passe d'un modèle mécanique à un modèle organique, en reprenant l'expression de Tom Burns et G.M. Stalker (1961).

La fonction publique a d'ailleurs collaboré à sa propre transformation. Cela ne devrait pas nous surprendre, puisque l'une des caractéristiques structurelles de l'administration publique est l'obéissance et l'effacement devant les maîtres politiques. Gerald Caiden a déjà dit qu'elle était composée de « [a] modest or self-effacing folk » (Caiden, 1999, p. 314) (composée de gens modestes, ne cherchant pas les feux de la rampe).

Cela ne veut pas dire que tout s'est fait sans heurts ou sans résistance aucune, et les théories du *Public Choice* nous offrent un cadre conceptuel pour comprendre ces difficultés. Mais, tout compte fait, l'administration publique a collaboré aux changements proposés, et elle n'en avait pas réellement le choix. C'est peut-être en Grande-Bretagne que les changements ont été vécus le plus durement par la haute fonction publique, comme l'a rapporté Keraudren (1993), et la raison en est sans doute que ce pays se situe entre deux traditions, l'européenne qui valorise une fonction publique professionnelle et compétente, et l'américaine, qui veut que l'on garde un contrôle serré et contraignant sur les fonctionnaires.

Le fait que, d'une façon générale, on se soit adapté, ne veut pas dire qu'on ait été heureux de le faire. Pour reprendre l'exemple de la Grande-Bretagne, on doit noter des démissions de *permanent secretaries*, parce que des ministres, contrairement à la tradition britannique, auraient ignoré leurs avis à plusieurs reprises. Du côté américain, on perd plusieurs hauts fonctionnaires au profit du secteur privé; on a donc de la difficulté à retenir un personnel de très bonne qualité, et le moral des fonctionnaires qui restent est assez bas. Dans le cas des fonctions publiques américaines (fédérale et autres), il s'agit d'un vieux problème, ainsi que nous l'avons vu au chapitre 4 plus particulièrement. Sans compter ce que l'on a appelé, au Québec, le «syndrome de ceux qui restent», c'est-à-dire le syndrome que vivent ceux qui doivent assumer la charge de travail de ceux qui partent ou qui ont été mutés par suite de compressions budgétaires. D'une certaine façon, cela ressemble à une prédiction qu'on contribue soi-même à réaliser (*self-fulfilling prophecy*): on valorise peu le secteur public, on y investit peu de ressources, et, résultat ultime, on est insatisfait du secteur public.

Avant de rappeler quelques-uns des principaux changements intervenus dans le mode de fonctionnement de l'administration publique classique au cours des vingt dernières années, il convient de faire quelques distinctions. Il n'y a pas nécessairement eu, au fil des réformes, une baisse réelle de la part occupée par le secteur public dans l'économie globale. Dans bien des cas, il s'est agi simplement de changements «à la marge», comme disent les économistes. «C'est ainsi qu'au Royaume-Uni, les onze années d'administration Thatcher n'ont pas modifié le rapport entre le PNB et les dépenses publiques, quel qu'ait pu être le discours officiel sur la réduction de la taille du gouvernement» (Peters, 1995, p. 4). Il y a bien eu des privatisations, mais elles n'ont pas radicalement modifié la part du secteur public dans l'économie.

L'autre distinction qu'on doit faire se situe entre le «gouvernement» et l'«administration publique». Bien sûr, il ne peut y avoir d'administration publique sans gouvernement; mais, par contre, le gouvernement peut prendre une responsabilité sans la confier nécessairement à son administration publique. De même, on peut critiquer le gouvernement, c'est-à-dire les décideurs politiques, sans critiquer l'administration publique, et vice-versa. Par ailleurs, ces distinctions sont parfois théoriques, car les commentaires s'adressent souvent à l'un *et* à l'autre. Mais il convient tout de même de tenir compte de ces distinctions dans cette conclusion, surtout en ce qui concerne la remise en question et les critiques adressées au secteur public en général.

12.1 LE POINT SUR LES CHANGEMENTS ET LEUR CONTEXTE

Comme Donald J. Savoie et Peter Aucoin l'ont fait remarquer, l'administration publique a toujours évolué, et les modifications plus récentes ne sont qu'une étape dans un long processus de transformations, qui a commencé des siècles avant l'arrivée du NMP.

Plusieurs résumés des nouvelles façons de faire ont été présentés, et nous en avons vu des exemples, entre autres, aux chapitres 4, 9 et 11 en particulier. Il y a eu, avant tout, une recherche de flexibilité, par des techniques comme l'impartition (*contracting-out*) et la privatisation. Il y a eu aussi une recherche de service au client, par une plus grande rapidité dans les opérations et une adaptation plus souple à ses besoins. Cela a impliqué une administration publique qui réglemente moins et qui est constituée d'un moins grand nombre de niveaux hiérarchiques. Tous les facteurs qui viennent d'être mentionnés, combinés à l'informatisation des processus administratifs, ont contribué à transférer plus de pouvoir de décision aux employés de première ligne, ceux qui sont justement en contact avec les clients-citoyens. Il faut comprendre les thèmes actuels du « droit à l'erreur » et de l'imputabilité dans ce contexte de recherche de flexibilité, de service au client et de responsabilisation du personnel de première ligne. C'est dans le même esprit qu'il faut situer le thème de la subsidiarité et de la décentralisation.

Les transformations qui viennent d'être décrites correspondent souvent à des réalités concrètes. Dans certains cas, par contre, elles tiennent du discours avant tout. Ainsi, dans le cas de l'Indonésie et du Laos par exemple, la rhétorique de la décentralisation ne se retrouve pas dans la pratique, car on craint, au fond, que cette décentralisation n'entraîne une dislocation de l'État ou une plus grande inégalité entre les régions, sans compter que la décentralisation implique la présence de solides capacités administratives au niveau local (Turner et Halligan, 1999, p. 150-151).

Dans le cas des pays en développement, l'arrivée du NMP est retardée par la présence de vieux problèmes ; on peut dire qu'ils n'ont pas encore atteint le stade webérien ou classique de l'évolution bureaucratique. Dans les pays développés, les résultats ont parfois été à la hauteur des attentes, du moins dans des cas particuliers. Ainsi, quand des agences prestataires de service ont été créées, avec des buts spécifiques, libérées des contraintes de l'ensemble de l'État, on a parfois eu de bons résultats, comme dans le cas du Bureau des passeports britannique, où l'obtention d'un passeport est passé de un mois à neuf jours.

Mais ces processus nouveaux ne créent pas nécessairement un État diminué, impuissant, à qui on ne demande plus rien. Au contraire, comme l'ont fait remarquer J.F. Thuot (1994) et Bronsard (1998), on demande tout autant à l'État. On lui demande d'intervenir, même parfois davantage, mais mieux. Pour Michel Crozier le constat est semblable, même si les mots sont quelque peu différents :

> Ce ne serait pas un État diminué, impuissant, réduit à la portion congrue, mais au contraire un État plus intelligent, plus efficace, capable de remplir les fonctions de plus en plus nombreuses et considérables qu'exige une société complexe post-industrielle sans l'écraser et étouffer ses initiatives (Crozier, 1988, p. 12).

Pour Michel Crozier, cet État plus intelligent passe par une plus grande compétence des personnes qui sont à son service : « au lieu de sophistiquer les structures et les procédures, il faut professionnaliser les hommes » (1988, p. 11). Il résume ainsi les principes qui devraient guider l'administration publique des années qui viennent :

> [...] le principe de simplicité des structures et des procédures, le principe d'auto-nomie des unités opérationnelles, le principe du gouvernement par la culture, par la participation et l'éducation que l'on doit opposer au gouvernement par les règles, les contrôles et la hiérarchie (p. 10).

Rappelons maintenant le contexte qui a présidé à ces transformations de l'administration publique. Comme on l'a déjà vu dans ce volume, il y a eu la glo-balisation des échanges commerciaux, qui a fait paraître l'administration publique comme un « coût de production », qu'il fallait mieux contrôler ; le développe-ment de l'informatique, qui a à la fois encouragé et permis une simplification et une accélération des procédures administratives ; l'utilisation de l'économie appliquée aux politiques publiques, qui a permis de mieux comprendre certaines dysfonctions inhérentes au secteur public ; la rhétorique des « droits » qui a rendu les citoyens plus exigeants vis-à-vis de leur administration publique ; enfin, des transformations technologiques profondes (au-delà de l'informatisa-tion), dont on n'a pas à ce jour mesuré toutes les implications, mais qui ont déjà pour effet de remettre en question certaines fonctions de redistribution tradi-tionnellement associées à l'État. Cela demande explication, même très embryon-naire. En effet, depuis une vingtaine d'années, on insiste beaucoup sur la connaissance et le savoir comme sources de richesse des nations ; le poids démo-graphique ou l'ampleur des richesses naturelles ne paraissent pas aussi impor-tants qu'auparavant, d'autant plus que l'informatisation et l'automatisation ont réduit le nombre de personnes essentielles à la production, du moins pour les biens physiques (mais c'est aussi vrai pour certains services). Donc, contrairement à une ère de production de masse, les riches n'ont plus autant besoin des pauvres pour s'assurer d'un haut niveau de vie, tout comme d'ailleurs les pays riches n'ont plus autant besoin des pays pauvres. Tant à l'intérieur des frontières qu'en dehors, notre monde est devenu très darwinien : la redistribution n'a plus de fonction productive aussi évidente qu'il y a trente ou cinquante ans. L'État assumait cette redistribution des richesses, et c'est donc une autre fonction de l'État qui est ici remise en question.

Un autre élément du contexte est la remise en question du *niveau* étatique comme niveau pertinent d'intervention dans la société. On l'a dit, l'État national est trop petit pour les gros problèmes, mais trop gros pour les petits problèmes. Paradoxalement, on n'a pas cessé, pourtant, de faire des demandes à l'État ; on a donc assisté à une prise de « conscience de l'énorme surcharge — *overload* — que représente l'accumulation des demandes et des problèmes à résoudre qui écrase [les] gouvernements » (Crozier, 1988, p. 1). Michel Crozier en conclut :

> La surcharge des institutions n'est pas le résultat d'une déviation du processus démocratique. Elle est l'expression en fait d'un problème très profond, le besoin et la difficulté de maîtriser la complexité. Les demandes faites généralement à l'État central sont à la fois naturelles, raisonnables et impossibles à satisfaire (p. 6).

Roland Parenteau en arrive essentiellement à la même conclusion quand il remarque qu'« on en arrive à ce sentiment curieux que plus les dépenses publiques augmentent, plus on se rend compte du nombre et de l'ampleur des besoins qu'on ne peut satisfaire » (Parenteau, 1997, p. 191).

Pour tenter de répondre à ces trop nombreuses demandes, et pour pallier en même temps les insuffisances de l'État à les satisfaire toutes, on a développé ce que l'on a appelé un système de « gouvernance ». Tentons de comprendre ce que représente ce terme à la mode. Pierre de Senarclens, en se référant à Roseneau, mentionne que ce terme.

> (signifie) un système de normes. Il affirme l'idée d'une « *gouvernance* sans gouvernement » pour évoquer ces fonctions qui doivent être assumées par n'importe quel système social, mais qui ne sont pas prises en charge par les gouvernements (de Senarclens, 1998, p. 99).

> [La gouvernance] traduit l'idée que les gouvernements des États n'ont pas le monopole de la puissance légitime, qu'il existe d'autres institutions et acteurs contribuant au maintien de l'ordre et participant à la régulation économique et sociale (p. 96).

Le terme « gouvernance » se rapporte donc à des normes, des consensus, des pressions morales, mais aussi à des acteurs spécifiques. Rod Dobell en dresse une liste, en faisant surtout référence à la dimension internationale : « non seulement des États [...] et des organisations internationales mais aussi, et de plus en plus, des acteurs de la société civile (les scientifiques, les organisations non gouvernementales, les groupes de pression légale, les corporations privées, les individus) et d'autres communautés virtuelles » (Dobell, 1997, p. 348, traduction libre).

À cause de leur flexibilité et de leur grande marge de manœuvre, les ONG représentent l'exemple le plus typique des acteurs de la gouvernance. Dans certains milieux on attend beaucoup d'elles. Mais de telles attentes sont-elles vraiment justifiées ? On a dit par exemple que les ONG devenaient peu à peu le lieu de l'élaboration et de la prise de décision des politiques publiques (Dobell, 1997, p. 352) et qu'elles étaient transparentes, imputables et détentrices d'autres qualités. On a même décrit leur influence croissante comme étant *The Rio Way* (à la manière de Rio), proposé au Sommet de la Terre de Rio de Janeiro en 1992. Prudent et avisé, Rod Dobell nous met en garde contre un excès d'enthousiasme, en observant qu'il s'agit peut-être ici d'une interprétation trop optimiste des tendances actuelles (Dobell, 1997, p. 353), car le résultat de l'influence des ONG à Rio de Janeiro (elles étaient... plus de 20 000) n'a pas été à la hauteur des attentes, les objectifs devenant peu à peu des déclarations d'intention devant être poursuivies volontairement (p. 353). La raison en est assez simple : la capacité d'énoncer des politiques, accrochées à des idées et des valeurs, n'implique pas le pouvoir de les imposer (p. 355), car le droit international ne reconnaît que les États comme acteurs (p. 357). Pierre de Senarclens, lui aussi, souligne les limites du pouvoir des ONG, en particulier dans le domaine du développement international :

> Les O.N.G. poursuivent [...] des objectifs sectoriels précis : le champ de leur action politique est donc également limité. C'est une illusion de les appréhender comme l'expression d'une société civile échappant à l'emprise et à la protection des États, imperméables aux phénomènes de pouvoir et d'hégémonie, aux conflits d'intérêts économiques [...] [Elles] ne sont pas sans analogie avec les œuvres charitables et bénévoles du XIXe siècle, avant que les mouvements syndicaux et politiques n'obligent les États à développer des politiques publiques pour améliorer la situation des classes laborieuses. À bien des égards, il s'agit d'un retour en arrière [...], la résurgence d'anciennes pratiques dictées par les impératifs de la morale et la religion [...] alors que les institutions politiques pour appréhender [la question sociale] font défaut. Cette carence politico-institutionnelle justifie l'engagement protéiforme et morcelé d'entreprises humanitaires et charitables dont les motivations sont à la fois admirables et ambiguës. Elles relèvent des « soins palliatifs » et ne remplacent pas les stratégies de développement (de Senarclens, 1998, p. 102-103).

Les ONG sont peut-être davantage un symptôme qu'une réelle voie d'avenir. Elles témoignent du fait que les institutions officielles, gouvernementales, ne possèdent pas toute la flexibilité nécessaire à la conduite de plusieurs politiques publiques essentielles aujourd'hui. Ainsi, du point de vue de l'environnement, certains problèmes échappent, de par leur ampleur, au niveau de l'État national, sans que les organisations internationales officielles (l'ONU par exemple) aient l'autorité suffisante pour les traiter efficacement. C'est ce qui a fait dire à Pierre de Senarclens : « [n]ous traversons actuellement un *no man's land* entre le monde d'hier et celui de demain, sans les repères approximatifs qu'offraient les cadres conceptuels hérités du passé » (1998, p. 95).

À cause de la période de flottement où nous nous trouvons, entre le niveau national et le niveau international d'intervention publique, certains ont conclu, peut-être un peu trop vite, que les ONG allaient pallier tous les manques, alors que d'autres, avec un égal enthousiasme, placent tous leurs espoirs dans le secteur privé et les procédés du marché. Mais, sur le plan logique tout au moins, ces conclusions sont des *non sequitur;* elles ne sont pas forcées par la logique. Car la solution aux insuffisances d'un niveau étatique peut être un autre niveau de gouvernement (plus petit ou plus grand) et pas nécessairement les ONG ou le secteur privé.

Dans la présente section sur les changements intervenus récemment dans l'administration publique et leur contexte, nous avons discuté jusqu'ici de phénomènes essentiellement externes à l'administration publique. Il convient aussi de dire quelques mots sur des éléments internes qui ont contribué à sa remise en question.

Roland Parenteau, fondateur de l'ENAP, qui connaît bien l'administration publique québécoise, trace le portrait de certains excès qui ont amené l'opinion publique à douter de l'efficacité du secteur public québécois. Dans les années qui ont suivi la Révolution tranquille, une grande effervescence a soutenu le développement de l'État québécois.

> Une telle effervescence, qui s'est produite au cours des années 60 et 70, ne pouvait pas produire que de bons résultats. Il y eut de nombreuses bavures [...] la machine s'est emballée. Les dépenses ont augmenté plus que de raison. Poussés par la pression populaire pour étendre les programmes, pressés par les syndicats pour améliorer sans cesse les conditions de travail du personnel, les gouvernements successifs se sont laissés entraîner dans une orgie de dépenses, en apparence soutenue par la prospérité économique et la croissance, malgré tout insuffisante, des revenus (Parenteau 1997, p. 190).

Pour Roland Parenteau, c'est au niveau de la gestion du personnel que certains excès ont été les plus évidents. Ainsi, du point de vue des conditions de travail, et malgré les compressions budgétaires des dernières années, il y a encore des avantages à être employé du secteur public : si les salaires des secteurs privé et public sont actuellement comparables, « il reste que sur d'autres éléments (heures de travail, fonds de pension, etc.), l'avantage penche encore du côté du secteur public » (1997, p. 192). Bien sûr, il faut se garder de dénigrer des conditions de travail avantageuses, mais certaines de ces bonnes conditions naissent à l'occasion de distorsions, d'un manque de rigueur et d'un certain laisser-aller. Ainsi, il y a eu un certain encombrement au niveau des cadres supérieurs, par exemple, car plusieurs « professionnels parvenus au maximum de leur échelle salariale [...] souhaitaient une promotion à la catégorie des cadres supérieurs pour, très souvent, exécuter sensiblement les mêmes tâches qu'auparavant. Il y eut certainement complaisance des pouvoirs publics à cet égard ». La catégorie des professionnels elle-même souffre d'une surpopulation (p. 193). Roland Parenteau poursuit :

> Toutefois, il ne faut pas conclure de cette observation que les professionnels ne travaillent pas ou sont indolents [...] La question à se poser est celle-ci : qu'advient-il de ces activités ? Quel est le sort réservé aux nombreux mémoires produits ? [...] On a créé au fil des années, souvent sans justification, des unités administratives de type « staff » (services de recherche, de programmation, d'évaluation, de communications, de contrôles de toutes sortes, etc.). Le résultat, ce sont des chevauchements, des double-emplois, des démarches à répétition, des conciliabules interminables, le tout sans résultat tangible [...] Le phénomène n'est pas particulier au Québec, mais il a pris ici une dimension inusitée par suite [...] de l'inexpérience relative des cadres [...] Par ailleurs, la sécurité presque parfaite garantie au personnel n'est pas de nature à faciliter les choses, en restreignant la mobilité occupationnelle. En résumé, une proportion importante du personnel n'est là que pour assurer le fonctionnement de la machine (Parenteau, 1997, p. 193).

Pour peu que l'on côtoie la fonction publique québécoise, on en vient à connaître au moins un tour de passe-passe ou, pire, une authentique histoire d'horreur, où, par exemple, un fonctionnaire a agi de façon déraisonnable pendant des années sans être rappelé à l'ordre ; ou un cadre ne quitte son poste avec des conditions en or que pour réintégrer le système par une autre porte, s'octroyant ainsi des avantages financiers que seules des personnes extraordinairement performantes devraient connaître. Pour parler québécois, il y a eu en effet beaucoup de « folies », parfois même drapées d'un recours aux droits fondamentaux ou aux droits syndicaux, ce qui a fait souvent passer le profiteur pour une pauvre victime. Décidément, on allait profiter de la mollesse du système jusqu'au bout, jusqu'à s'approprier le bon côté de la morale et de l'éthique. Tout un tour de force, il faut le reconnaître. Mollesse du système ? « Absence de propriété », « comportement monopolistique », « absence de sanctions venant du marché », répondraient les tenants du *Public Choice*. Ces excès ne sont que le résultat normal de l'absence de propriété (et donc de rigueur), caractéristique structurelle du secteur public. Bien sûr, ajouteraient-ils, on peut s'attendre à tout et à n'importe quoi quand on gère des choses dont on n'est pas propriétaire.

Ces dernières remarques nous amènent à faire le point sur le débat public-privé, car, comme dans le cas des ONG, le secteur privé a souvent été proposé comme alternative aux insuffisances de l'État et de son administration publique.

12.2 LE POINT SUR LE DÉBAT « PUBLIC-PRIVÉ »

Beaucoup de choses ont été écrites, dans ce volume et ailleurs (voir notre chapitre 9 par exemple), sur les comparaisons entre les secteurs publics et privés. Nous avons toujours tenté de donner la parole à ceux qui, à partir de ces comparaisons, concluaient qu'il fallait privatiser le plus possible les opérations du secteur public (voir par exemple le chapitre 8, sur le *Public Choice*). Mais il convient aussi de faire le point sur certains autres aspects du débat et de jeter un certain éclairage sur des propos moins rationnels tenus sur l'État et son administration publique. Il est bon de préciser que la critique du secteur public est tout à la fois justifiée, fondée rationnellement, mais aussi exagérée, déraisonnable et trop souvent déterminée par des modes intellectuelles et même esthétiques. C'est ainsi que, dans les prochaines pages, on se penchera sur des aspects moins connus de la critique de l'État et de son administration publique et on soulignera, entre autres, l'insuffisance de certaines des alternatives proposées, les rôles « incompressibles » de l'État, ainsi que certains fondements sociologiques, culturels, idéologiques et postmodernes de la critique du secteur public.

Tout d'abord, en ce qui concerne l'État lui-même, on peut dire avec Rod Dobell, que « [t]here is much nonsense talked about the demise or disappearance of the nation state » (il y a beaucoup de propos pas très sérieux qui ont été exprimés au sujet de la disparition éventuelle de l'État-nation) (Dobell, 1997, p. 362). Cela est vrai aussi pour l'éventuelle « disparition » de l'administration publique.

Notre premier point concerne les insuffisances ou carences des formules institutionnelles proposées pour remplacer l'État dans certaines de ses fonctions. On a vu plus tôt dans cette conclusion certaines carences des ONG, notamment du point de vue du suivi des politiques publiques proposées ou amorcées par elles. Le *Rio Way*, proposé au Sommet de la Terre de Rio de Janeiro en 1992, avec ses 20 000 ONG, immense bazar d'idées, d'effervescence, de réseautage (*networking*) et de projets n'a pas amené, dans le domaine de l'environnement, les résultats escomptés. Doit-on en être surpris ? Keith M. Henderson, qui a passé la plus grande partie de sa longue carrière à étudier l'administration publique et les ONG, en souligne quelques carences relatives, entre autres à la question du management :

> Le style de gestion des ONG est souvent différent du style d'une entreprise privée ou d'une agence gouvernementale, et cela reflète un certain amateurisme — même dans les ONG bien établies – ; un leadership charismatique mais parfois autoritaire ; un personnel dévoué mais manquant de formation ; une absence de suivi et de monitoring, peu d'imputabilité ou de transparence ; et, par-dessus tout, une certaine confusion au niveau des finances (Henderson, 1999, p. 63, traduction libre).

Sans compter que dans les pays en développement, là où elles sont peut-être le plus nécessaires, les ONG ont été lentes à se développer, en partie à cause de la faiblesse relative de la société civile qui les entoure, mais aussi à cause des régimes souvent totalitaires de ces pays, qui y voient une menace à leur souveraineté (Turner et Halligan, 1999, p. 146) ; en outre on arrive parfois à ne plus s'y retrouver dans ce méli-mélo d'ONG mal coordonnées, tantôt du Nord, tantôt du Sud (Henderson, 1999, p. 57).

Pour conclure sur ces ONG et sur ces organisations qui sont « neither prince [state] nor merchant [market] » (Turner et Halligan, 1999, p. 146) (ni prince, ni marchand), tournons-nous, une fois de plus, vers Pierre de Senarclens, qui souligne les insuffisances du concept de « gouvernance » sur le plan international, concept qui est à la base du rôle des ONG :

> Malheureusement, la problématique de la gouvernance a été accaparée par des organisations internationales soucieuses de légitimer leurs orientations et leurs projets d'inspirations néolibérale, et par des auteurs dont les travaux théoriques manquaient souvent de rigueur et qui confondaient parfois l'expansion des acteurs transnationaux avec le déploiement du mouvement de l'Histoire (de Senarclens, 1998, p. 95).

Le fait de « ne pas être gouvernemental » est une caractéristique commune des ONG et du secteur privé. Les deux types d'organisation ont aussi en commun d'être considérés comme des alternatives à l'État. Ailleurs, au chapitre 9 notamment, on a mentionné certaines insuffisances du marché en ce qui a trait à diverses responsabilités sociales et à d'autres égards également. Nous y reviendrons ici, en y apportant quelques éléments nouveaux. Pour notre propos immédiat, il nous suffira de mentionner les carences du secteur privé en ce qui concerne la protection de l'environnement ; ce qui ne veut pas dire que des mécanismes de type « marché » ne peuvent pas être utilisés avec profit pour améliorer le comportement environnemental des acteurs économiques. C'est ainsi que Pierre de Senarclens résume la situation, en se référant ici aux entreprises multinationales en particulier :

> En réalité, les entreprises transnationales ont pour but la réalisation du profit. Leur contribution au bien commun est pour le moins équivoque. Elles offrent relativement peu d'emplois. La protection de l'environnement n'est pas de leur ressort immédiat, même si elles peuvent y contribuer en s'adaptant aux nouvelles demandes économiques et sociales (de Senarclens, 1998, p. 102).

Même s'ils s'expriment dans un langage quelque peu différent, P. de Senarclens et Rod Dobell voient dans la protection de l'environnement la source principale des limites qu'on devra apporter au libre marché dans les années à venir. D'abord, citons P. de Senarclens sur ce thème :

> En réalité, les pays de l'OCDE, sous l'égide des États-Unis, misent sur les forces du marché comme instrument de régulation [...] [Mais] la dynamique du marché ne prend pas spontanément en compte les coûts ou les dommages de la production et de la consommation [...] La dégradation rapide de notre environnement naturel exigera partout le renforcement des mécanismes de régulation, donc la restauration de certaines entraves au libre fonctionnement du marché (de Senarclens, p. 107).

Pour Rod Dobell, le problème environnemental se traduit par ce qu'il appelle une *congestion*, à savoir une situation de rareté des ressources détenues par les communautés et de conflits sur les droits de propriété attachés à ces ressources. Cet état de congestion a aussi des implications sociales puisque les seules ressources possédées par les moins bien nantis sont justement ces ressources communes :

> La propriété des pauvres est constituée en bonne partie des biens communs et une des questions essentielles du siècle à venir, ce sera justement l'établissement des droits, des limites de ces droits et de l'accès aux biens publics de la planète. La situation de congestion — c'est-à-dire l'interdépendance — est reconnue comme étant la principale, et peut-être même l'ultime défaillance du marché. Plus nous vivrons dans ce cadre du « congested global village », [...] plus nous compterons sur une « main visible[1] » pour créer les conditions où le génie de la main invisible pourra servir le bien public plutôt que de lui nuire (Dobell, 1997, p. 359-360, traduction libre).

---

1. Il s'agit d'une allusion à la « main invisible du marché » d'Adam Smith, c'est-à-dire l'autorégulation des forces du marché. Dobell nous dit que la « main visible », c'est-à-dire les gouvernements, devra encadrer cette main invisible (le marché).

En effet, pour Rod Dobell, dans le *congested global commons*, où les générations futures ne sont, de toute façon, pas représentées, les règles et les contraintes collectives sont nécessaires (p. 362).

Les observations qui viennent d'être exprimées par P. de Senarclens et R. Dobell ouvrent une fenêtre sur les comparaisons «secteur public-secteur privé» ainsi que sur les différents rôles du gouvernement dans notre société. Sans être exhaustif, et sans répéter ce qui a déjà été dit ailleurs dans ce volume, on peut quand même esquisser quelques dimensions du rôle particulier, et à bien des égards irremplaçable, de l'État. Quand on comprend ne serait-ce que quelques-uns de ces rôles essentiels, la comparaison avec le secteur privé devient souvent non pertinente. En effet, le discours anti-secteur public apparaît parfois comme un jeu intellectuel de salon, qui permet à certains convives de briller par le caractère absolu de leurs discours, mais qui n'a pas de prise réelle sur le fonctionnement concret des ensembles humains.

Premièrement, dans la plupart des systèmes vivants, et non seulement humains, il y a une fonction de coordination de l'ensemble. Dans les ensembles humains, on a appelé cette fonction «gouvernement», «État» ou, dans des termes légèrement plus poétiques, «cité» ou «bien commun». Le fait que les gens y participent sans délaisser leurs projets individuels, comme nous le font remarquer les auteurs du *Public Choice*, ne change rien au fait que les responsables de cette fonction doivent prendre des décisions pour l'ensemble du système auquel ils participent. Souvent, cette fonction de «coordination de l'ensemble» est associée à l'ordre interne (police, tribunaux) ou aux contacts avec l'externe (diplomatie, défense nationale) ; on a parlé alors de «responsabilités régaliennes» pour désigner un ensemble de fonctions qui doivent revenir au roi (régal = royal), autrement dit à l'État. Aujourd'hui, les guerres économiques remplacent peu à peu les guerres militaires, du moins dans les pays développés, et c'est ainsi que «selon certains observateurs, la mondialisation nécessite en fait un renforcement du rôle du gouvernement» (Savoie, 1995, p. 74) et non le contraire. Le fait qu'avec le développement des médias et de l'informatisation, les méthodes de coordination se transforment, passant des ordres à sens unique au réseautage et à la communication horizontale ne change rien au fait qu'ultimement il y a un centre de contrôle qui tranche. De la même manière, le fait de remplacer les termes «planification» ou «planification étatique» par «gouvernance» ou «planification stratégique» ne change rien au fait que, dans l'administration de ce qui nous est commun, un centre de décision doit trancher. On a parfois l'impression que le discours dominant de notre époque, celui de la privatisation, laisse entendre, sans oser le dire, que la privatisation nous sauvera du conflit. En réalité, et comme le prévoit R. Dobell, les conflits ont toutes les chances d'augmenter, et non de diminuer, dans le *global commons*, déjà à nos portes. Contrairement à ce qu'on pourrait croire, nous entrons dans une période de conflits intenses, et l'essence même du politique étant de gérer ces conflits, on peut dire que nous entrons donc dans une période intensément politique. Le monopole de la force et, ultimement, du droit à la coercition, ainsi que l'établissement du droit lui-même est, dans cet esprit, une des caractéristiques essentielles de cette fonction de coordination de l'ensemble. Aussi l'idée même de « privatiser » la justice ou la police est-elle une des idées les plus franchement ridicules qu'on ait pu entendre ces dernières années. Dans le cas de la police, la privatisation serait peut-être théoriquement possible, mais les contraintes qu'on devrait imposer à une éventuelle « police privée », seraient tellement lourdes (respect des chartes, obligation de rendre compte, par exemple) qu'on pourrait bien sûr l'appeler « privée » mais ce ne serait là qu'un jeu sémantique, car elle aurait alors toutes les caractéristiques d'un service public. Dans certains services très en aval, ou très opérationnels, la situation pourrait être quelque peu différente — dans le cas des prisons par exemple —, mais encore là, ce ne pourrait être, finalement, qu'un simple jeu de mots.

Une autre dimension de la fonction « coordination de l'ensemble », quelque peu évacuée ces dernières années mais qui demeure, du moins théoriquement, importante, est de fournir un cadre de discussion et de mise en application pour les « affaires de la cité ». En se rappelant les notions vues au chapitre 6, sur la prise de décision, on peut rapprocher la discussion des affaires de la cité à ce que Karl Mannheim appelait la « rationalité de substance », soit une rationalité qui cherche à savoir quels sont les buts d'une société donnée (le changement technologique, le développement économique, la compassion pour les humains, le respect de la nature, pour prendre quelques exemples). Pour Jacques Ellul, les sociétés engagées dans le changement technologique intense ne se posent pas ces questions, emportées qu'elles sont par la rationalité des moyens. Il est vrai qu'on peut remarquer comment des expressions québécoises des années 1960 et 1970 comme « projets de société » peuvent paraître aujourd'hui dépassées. Par ailleurs, des auteurs comme Jurgen Habermas déplorent cette évacuation du débat public, du débat des affaires de la cité. Il est très probable que le thème de la valorisation du secteur privé traduise et illustre tout à la fois cette évacuation, ou tentative d'évacuation, des débats de la cité ainsi qu'une certaine impatience vis-à-vis des aspects abstraits et désincarnés de ce type de débats dans le passé.

En plus de la dimension « coordination de l'ensemble », les gouvernements se voient confier la responsabilité de ce que l'on peut appeler « maintien et renouvellement des infrastructures physiques et humaines ». Bien sûr, il s'agit de maintenir et de renouveler les infrastructures matérielles comme les ponts, les routes et les autres équipements collectifs dont le secteur privé se désintéresse, pour des raisons d'absence de rentabilité à court terme notamment. Il peut s'agir ici de questions humaines, comme certains aspects de l'éducation ou de la santé, l'élimination des maladies infectieuses, ou de questions en partie humaine et en partie physique, comme suppléer au fait que l'avenir et les personnes non encore nées ne sont pas représentées dans les transactions marchandes du présent.

Un autre aspect du maintien et du renouvellement des infrastructures concerne l'équité, la compassion, la redistribution des richesses. Bien sûr, pour certains, cela constitue une question morale, éthique, mais cette compassion peut être vue de façon très fonctionnelle, indépendamment de toute dimension morale. Car, ainsi que l'avait fait remarquer Chester Barnard il y a plus d'un demi-siècle, un des éléments essentiels de la vie en groupe, c'est la volonté de coopérer ; Barnard considérait que cette volonté était fragile et qu'il fallait à tout prix la préserver. Les économistes, en particulier, ne sont pas toujours conscients de cette fragilité du « vouloir collaborer ». Les politologues, à partir de l'étude de l'Histoire et de la vie politique, savent que, bien souvent, la vie sociale tolérable ne tient qu'à un fil. Quand, par exemple, les écarts de revenus entre individus sont trop importants, cette « infrastructure » de coopération et de bonne volonté peut s'effriter et mettre en danger le fonctionnement de l'ensemble de la société, l'exposant, par exemple, à des niveaux de violence intolérables. Pour plusieurs, la compassion envers les démunis constitue l'essence même du rôle des gouvernements. Mais, telle que nous la présentons ici, conceptuellement parlant, la compassion envers les démunis ne constitue qu'un seul des aspects du rôle essentiel de l'État (maintien et renouvellement des infrastructures physiques et humaines).

Une troisième dimension du rôle de l'État et de son administration publique est constituée de sa dimension économique. Cela peut sembler paradoxal puisque c'est en bonne partie pour des raisons économiques que l'on argumente pour exclure l'État de telle ou telle activité. La réalité économique, on s'en doute, n'est ni si simple, ni si univoque. On a déjà constaté par exemple comment le fonctionnement efficace du marché et des transactions est fondé sur un État qui organise le droit et les tribunaux, garantissant ainsi les transactions et ouvrant la voie à une société plus prospère. D'autres arguments économiques ont été évoqués ailleurs dans ce volume : économies d'échelle, défaillances du marché, prise en compte des externalités, réduction des coûts de transaction sont autant d'arguments économiques sur lesquels il serait superflu, ici, de revenir en détail. On voit donc qu'une comparaison très étroite dans l'efficacité à court terme entre les secteurs public et privé ne pèse pas très lourd dans un portrait global, surtout si l'on tient compte des externalités. Ainsi, par exemple, il est possible que les entreprises privées gèrent, à court terme, de façon plus efficiente les déchets domestiques, mais si c'est pour les enfouir, pêle-mêle, dans un trou perméable, les dommages sont payés ailleurs et par d'autres. Et considérer comme efficaces de telles organisations, c'est tout bonnement se mettre des œillères.

Nous reviendrons un peu plus loin sur certaines des causes de l'impopularité actuelle de l'État, mais on peut déjà dire que certaines critiques de l'État et de son administration publique sont fondées sur des fautes de logique ou sur des données qui ne sont souvent que partielles. Ainsi, c'est une faute de logique de soutenir, d'une part, que le secteur public est structurellement différent du secteur privé et que ces différences l'amènent à être inefficace, et de soutenir, d'autre part, et presque du même souffle, que les techniques de gestion du secteur privé sont applicables intégralement dans le secteur public. Dans de tels cas, on oublie en effet trop souvent que :

> [n]ous attendons des gouvernements qu'ils agissent en fonction de valeurs bien définies : égalité, équité et respect de la loi ; or, c'est précisément la conformité à ces valeurs qui cause, dans une grande mesure, les malfonctions bureaucratiques dont se plaignent politiciens et observateurs. L'État de droit n'existe qu'à ce prix (Savoie, 1995, p. 299).

On peut dire aussi que beaucoup de débats autour de l'État et de l'administration publique ne sont fondés que sur des données partielles. On a souvent été, disons-le, injustes, en omettant, dans le bilan de l'État et de l'administration publique, des faits qui ne correspondent pas à l'esprit de l'époque. On a oublié le rôle de l'État et du secteur public dans l'élimination et le contrôle des grandes maladies infectieuses, autant dans les pays en développement que dans les pays riches ; oubliés, aussi, le rôle crucial de l'aide gouvernementale américaine dans le relèvement économique de l'Europe occidentale, *via* le plan Marshall, et celui du secteur militaire américain dans les premiers développements de l'Internet ; plus près de nous, au Québec, oubliés aussi les succès d'Hydro-Québec ou les rendements financiers très respectables de la Caisse de dépôt et placement, le gestionnaire et fiduciaire des fonds de pension de plusieurs Québécois. Il est erroné, aussi, d'affirmer que le secteur privé est intégralement soumis aux relations de marché, car, comme l'a fait remarquer H.A. Simon, la plupart des relations qui s'y réalisent sont des relations hiérarchiques, et la transaction ou « le marché » n'est qu'un moment dans une séquence de relations beaucoup plus complexes et nombreuses. Comme le souligne Philipp J. Cooper, en se référant à

Ronald Moe (1987, p. 458), «certains des partisans du marché se perçoivent comme les défenseurs d'une cause, et par conséquent, ne voient pas la nécessité d'explorer les limitations de leurs arguments» (Cooper, 1995, p. 172).

Les fautes de logique et des données partielles, pour ne pas dire partiales et partisanes, ont éloigné les participants de la seule conclusion raisonnable à laquelle on pouvait décemment arriver, après avoir départagé les mérites respectifs des secteurs privé et public: les pays développés ont en général à la fois un secteur public présent et compétent et un secteur privé qui a les mêmes qualités. C'est la conclusion à laquelle arrive H. Mintzberg, avec sa notion d'équilibre (*balance*) entre les deux secteurs, et à laquelle parvient aussi Maurice Strong, fort de son expérience comme cadre supérieur dans les secteurs public, privé et international, et de gestionnaire à l'interface du privé et du public. En se tournant vers l'avenir, M. Strong prévoyait en effet:

> Il y aura encore beaucoup de tâches que le secteur public devra accomplir. En effet, les fonctions qui doivent revenir au secteur public, ou que le secteur public est plus à même de réaliser, ne pourront qu'augmenter à mesure qu'augmenteront les complexités de la société technologique. Voilà une des principales raisons qui font que le secteur public doit laisser agir le secteur privé là où il n'est pas nécessaire qu'il agisse lui-même. [...] Il ne faut pas voir les choses dans un langage idéologique extrémiste, ce qui est trop souvent le cas. [...] La vraie solution se trouve dans une meilleure distribution [*mix*] entre les secteurs public et privé (Strong, 1984, p. 10, traduction libre).

Pourquoi une conclusion si simple et si évidente d'équilibre entre les deux secteurs n'a-t-elle pas été avancée plus souvent dans les débats entourant les parts respectives du public et du privé? La réponse est assez complexe. Maurice Strong, dans le texte qui vient d'être cité, mentionne l'idéologie comme source de positions déraisonnables: c'est sans doute vrai, mais ce n'est pas réellement suffisant comme explication, comme nous le verrons dans la prochaine section.

12.3 DYNAMIQUE ET CAUSES DE LA REMISE EN QUESTION DE L'ÉTAT ET DE L'ADMINISTRATION PUBLIQUE

Même si la popularité grandissante de l'idéologie néolibérale depuis les années 1980 est insuffisante, à elle seule, pour expliquer la remise en cause de l'État et de l'administration publique, elle joue tout de même un rôle important dans le questionnement du rôle du secteur public. D'une certaine manière, il faut voir le néolibéralisme comme une sorte de courroie de transmission entre, en amont, des mutations culturelles, elles-mêmes accrochées à des transformations technologiques et, en aval, une remise en question de l'État et de son administration publique.

Mais, tout d'abord, qu'est-ce que le néolibéralisme ? Dans une revue destinée au grand public, voici comment Gilles Dostaler en dresse un portrait général :

> S'appuyant sur la croyance dans l'efficacité du marché pour réguler non seulement l'économie, mais aussi la plupart des secteurs de l'activité humaine, le néolibéralisme prône le laisser-faire, le désengagement de l'État par rapport à l'économie, la déréglementation et la privatisation des activités économiques, l'affaiblissement des systèmes de protection sociale et une plus grande flexibilité des marchés, en particulier du marché du travail (Dostaler, 1996, p. 48).

Comme nous l'avons souligné plus haut, en faisant référence à des propos de Jean-Luc Migué, le néolibéralisme prône une plus grande liberté pour les forces économiques à la fois entre les pays (abolition des entraves au commerce entre les pays, libre-échange) et à l'intérieur des pays (déréglementation, diminution du rôle de l'État). Pour Jean-Luc Migué, les deux types de liberté économique sont d'ailleurs liés, l'externe et l'interne, puisque, comme on l'a souligné au chapitre 8, toujours en se référant à Migué, l'application des politiques de libre-échange rend plusieurs politiques interventionnistes, à l'interne, caduques, non pertinentes ou inopérantes. Le rôle de l'État, dans cette vision des choses, se résume à certaines fonctions d'encadrement du marché :

> Pour les penseurs libéraux, le rôle de l'État consiste à assurer l'encadrement juridique de l'activité économique en protégeant la propriété privée, en imposant le respect des contrats, en assurant les conditions permettant l'émergence d'un marché libre du travail, en garantissant la valeur de la monnaie. [...] Depuis l'Antiquité jusqu'à la période mercantiliste, l'économie occupe une place certes importante, mais subalterne, dans la société. Désormais, l'économie prend la première place, et le social s'y soumet (Dostaler, 1996, p. 48).

John Maynard Keynes, on l'a vu au chapitre 6, avait remis en question certaines prémisses du libéralisme de son époque, comme celle qui veut que l'intérêt individuel entraîne avec lui l'intérêt général ou celle voulant que la meilleure économie soit celle qui se régule elle-même (autorégulation), en dehors de toute intervention étatique. Aujourd'hui, la résurgence du libéralisme, qu'on appelle donc «néolibéralisme», se présente sous différentes écoles plus spécifiques, qui prônent, les unes, l'arrêt de certaines interventions de l'État, les autres, une réduction des impôts des plus riches et, d'autres encore, l'élimination des programmes de protection sociale.

Dans une de ses écoles les plus extrêmes, le néolibéralisme se présente sous la forme de l'« anarcho-capitalisme » :

> Le mouvement anarcho-capitaliste, appelé aussi «libertarien» — dont l'un des chefs de file est le fils de Milton Friedman, David — propose l'élimination totale de l'État et la privatisation des fonctions que lui réservait Adam Smith : l'armée, la police et la justice (Dostaler, 1996, p. 49).

Un mouvement aussi extrême, l'anarcho-capitalisme, si peu confirmé par l'expérience historique, si peu partagé en dehors des États-Unis sur le plan intellectuel, exige non pas d'être compris dans ses principes, mais d'être l'objet d'une interprétation sur le plan sociologique. Autrement dit, pourquoi des idées si déraisonnables acquièrent-elles tout de même une certaine audience ? Et auprès de qui ? Commençons par dire, d'une façon plus générale à propos du libéralisme mais aussi de la privatisation en particulier, que les « explications économiques, en tant que telles, ne sont pas toujours convaincantes » (Hennig, Hamnet et Feigenbaum, 1988, p. 463). Ces auteurs attribuent une bonne partie de la popularité du thème de la privatisation aux gains politiques qui peuvent échoir à ses défenseurs. À cela, on peut ajouter qu'il y a des intérêts matériels et économiques en jeu dans le soutien à l'idée de la privatisation, intérêts qui peuvent évoluer avec le temps. Ainsi, au Québec, une élite québécoise a appuyé sans réserve l'intervention étatique durant la Révolution tranquille mais a réclamé un retrait de l'État quand l'État québécois avait fini de créer pour elle une multitude d'opportunités et qu'une intervention plus poussée risquait d'en compromettre la qualité. C'est ainsi que, comme autant d'enfants gâtés et ingrats, ceux qui n'ont eu d'horizon que par l'État et qui lui doivent tout, voyages, repas, vins, et même conquêtes galantes, se sont retournés contre lui. Mais, à notre avis, même les intérêts idéologiques, politiques et financiers, pour importants qu'ils soient, ne sont pas tout à fait suffisants pour expliquer l'engouement des dernières décennies en faveur de la privatisation et la remise en question de l'administration publique.

En plus des facteurs déjà mentionnés, nous devons recourir à des explications culturelles. En particulier, la popularité de l'idée de la privatisation viendrait de l'influence grandissante des modèles culturels américains dans le monde. L'effondrement des économies planifiées de l'Europe de l'Est a fait paraître son opposé, le libre marché de type américain, comme alternative à privilégier. Mais, ce faisant, on a négligé deux faits : d'abord, le fait qu'il y a d'autres solutions que le marché libre de type américain, et surtout, qu'on n'a pas assez pris en compte le fait que la place, relativement modeste de l'État aux États-Unis, est assez exceptionnelle, comparée à celle d'autres pays développés et prospères. Maurice

Strong décrit ainsi ce que d'autres ont appelé l'exception américaine (*american exceptionalism*) :

> Une des particularités de l'approche américaine est l'absence d'un centre de coordination centrale pour l'économie, et même l'absence de l'expression d'un besoin pour un tel centre. [...] Même si on peut dire que l'économie américaine est un exemple de la réussite d'un système économique qui accorde un large rôle au secteur privé, l'économie américaine, étant l'ensemble économique national le plus important au monde, est en réalité dans une catégorie à part [...] d'autant plus que la plus grande portion de l'activité économique américaine, soit l'industrie militaire et de l'espace, constitue un cas très particulier de l'interaction secteur privé-secteur public (Strong, 1984, p. 7, traduction libre).

Le modèle américain est à ce point exceptionnel que les pays qui ont tenté de le prendre comme modèle exclusif ou qui ont voulu s'en inspirer trop intensément ont souvent échoué sur le plan économique. Maurice Strong mentionne à ce titre le Chili (p. 7) ; on pourrait aussi mentionner la Russie, du moins celle des années 1990.

Derrière cette configuration américaine, et derrière la place réduite qu'y occupe le secteur public, il y a, bien sûr, l'expérience historique américaine, les fondements constitutionnels qui ont présidé à sa naissance comme nation et, encore plus important, la culture américaine elle-même. Le fait que cette culture se présente au monde comme étant universelle, à travers le cinéma américain notamment, ne doit pas nous faire oublier son caractère tout à fait particulier et, même, exceptionnel.

Vis-à-vis du secteur public et de l'administration publique, il y a chez les Américains une méfiance tout à fait particulière. Cette méfiance atteint une sorte de limite pathologique quand les *Freemen* du sud ou du sud-ouest américain font exploser des édifices du gouvernement fédéral américain pour la seule raison qu'ils sont « fédéraux et publics ». Dwight Waldo a déjà noté la méfiance tenace des Américains vis-à-vis des dangers présumés d'une élite d'administrateurs publics, non élus (Brown et Stillman, entrevue avec Waldo, 1985, p. 464). On se rappellera aussi la remarque de Nicholas Henry (1999, p. 9) selon laquelle les méchants, présentés comme les plus antipathiques dans les films américains, sont non pas les barons de la drogue ou du crime, mais les bureaucrates fédéraux. Ce qui mérite aussi une interprétation, c'est la place qu'occupe, dans la vie politique américaine, le thème de la réduction des impôts, au point où des carrières tout entières sont centrées sur ce thème assez abstrait, et ce même si l'impôt des citoyens américains compte déjà pour les plus modestes au monde. On peut en conclure que la résistance devant l'impôt a un caractère tout à fait culturel et même subjectif. Le fait que cette résistance soit partagée par l'ensemble de la société américaine ne lui donne pas pour autant un caractère objectif ; il s'agit plutôt d'un trait intersubjectif, c'est-à-dire d'une caractéristique subjective mais partagée par plusieurs personnes.

Devant la grande prospérité économique américaine depuis les années 1990, peu de personnes ont osé remettre en question de façon fondamentale la pertinence des institutions américaines. C'est pourtant ce qu'a fait William P. Kreml dans un article paru dans *Administration and Society* (1994) qui s'en prend en particulier à l'extrême décentralisation administrative et politique américaine : « I suggest that America has atomized its structures into tiny parts » (Je suis d'avis que les États-Unis se sont décentralisés en entités minuscules), dit-il (p. 83), à tel point que le gouvernement américain souffre actuellement d'un niveau de fragmentation tel que cela retarde sa compréhension des politiques publiques essentielles de notre temps (p. 79). On pense ici, bien sûr, à l'environnement et au style de vie américain qui mène, inévitablement, à une consommation excessive d'énergie. À cet égard, il est tout à fait significatif que l'ALENA, largement dominé par les États-Unis, ait si peu pris en considération les questions environnementales dans la rédaction du traité qu'on a dû, après coup, en signer un autre, l'ANACE (Accord nord-américain en coopération environnementale) pour y suppléer. Cela montre jusqu'à quel point la question était peu importante aux yeux des décideurs, contrairement à ceux de l'Union européenne, où les gouvernements ont une forte tradition d'administration publique, et où les normes communes européennes guident et disciplinent, depuis déjà longtemps, les pays membres en matière environnementale. Dès le départ, « la zone de libre-échange nord-américaine [s'est formée] sans s'appuyer sur une organisation intergouvernementale (Lengyel, 1993, p. 623).

Faut-il voir dans la propagation du modèle américain une stratégie consciente des États-Unis ou même des pays de culture civique (États-Unis, Grande Bretagne et d'autres pays de langue anglaise) qui inciterait ainsi les autres pays à adopter une configuration institutionnelle où ils sont plus à l'aise et où ils sont déjà, d'une certaine manière, gagnants ? Il ne semble pas qu'il soit nécessaire d'aller jusque-là. Il faut plutôt voir dans la popularité du modèle américain à la fois un reflet et un encouragement vis-à-vis de certaines tendances très actuelles dans la culture et dans l'économie. On pourrait qualifier l'ensemble des caractéristiques de notre époque, de grand mouvement d'« expansion-explosion », où des forces centrifuges poussent sans cesse des composantes hors du centre. Expansion économique, technologique et géographique aussi, surtout dans la mesure où les frontières encore pertinentes il y a vingt ans sont repoussées, pour ne pas dire rendues caduques ou annihilées. Les centres de contrôle et de coordination qui pourraient jouer un rôle dans cette globalisation sont aujourd'hui généralement faibles et impuissants. On a tendance à vouloir reproduire sur le plan mondial la configuration institutionnelle interne des États-Unis. Comme le fait remarquer Rod Dobell (1997, p. 312), « la gouvernance, comme l'administration d'une façon plus générale, se trouve constamment en mouvement d'un pôle à un autre, en cherchant un équilibre entre État et société, centre et périphérie, expertise et démocratie » (traduction libre). Pour reprendre des catégories de Rod Dobell, nous nous trouvons aujourd'hui nettement du côté de la société, par opposition à l'État, et du côté de la périphérie, par opposition au centre, du moins dans ce que nous valorisons culturellement. Dans ce sens, nous sommes dans une situation de déséquilibre relatif, comme l'est, à l'interne, la vie institutionnelle américaine, où la banlieue domine au détriment des centres.

Mais le modèle institutionnel et culturel américain ne serait pas suffisant, en lui-même, pour entraîner la planète dans son sillage s'il ne reflétait pas des courants culturels qui irriguent en profondeur toutes nos institutions et nos modes de pensée. Vouloir identifier les courants culturels de fond de notre époque est une entreprise qui dépasse, à l'évidence, les ambitions d'une conclusion sur l'administration publique. C'est pourquoi nous ne nous arrêterons que sur des éléments qui peuvent avoir des rapports avec l'État et l'administration publique. Sans chercher à imposer au lecteur un cadre conceptuel contraignant et quelque peu abstrait, je dirai que certains auteurs qui se sont intéressés aux tendances dont je traiterai les ont regroupées sous l'expression « postmodernisme ». Quant à nous, limitons-nous à décrire certaines de ces tendances dans la mesure où elles ont un impact sur l'administration publique.

Un des éléments culturels de notre époque, c'est une sorte d'agacement envers ce qu'Yves Boisvert a appelé « l'impérialisme des institutions » (Boisvert, 1995, p. 96), auquel on oppose des entités plus souples, plus spontanées. Aux logiques hiérarchiques et disciplinaires, on oppose la spontanéité du « ici et maintenant » (p. 95) le *hic et nunc* latin. Pour Boisvert, qui décrit les éléments du postmodernisme, « [l]a nouvelle éthique politique opte pour le slogan suivant : choisissons pour nous-mêmes, et laissons aux générations futures les décisions de demain ! » (p. 96). Tout se passe en effet comme si, sur le plan culturel, la planète entière avait adopté le slogan du fabricant d'articles de sport Nike : « *just do it* ».

L'esprit du *hic et nunc* et du *just do it* nous éloigne des institutions formelles pour nous rapprocher du marché et du secteur privé qui paraissent plus proches de nous, plus souples, plus interactifs aussi. Plus encore, le marché nous apparaît plus proche de la vie elle-même, contrairement aux institutions plus formelles et plus contraignantes. Bien sûr, dans certains milieux, on a rapproché un peu trop rapidement « vie » et « marché », comme on a établi des parallèles un peu hâtifs, et même des équivalences, entre « société civile » et « marché » ; mais il faut dire que tout se joue, ici, au niveau des images, des représentations.

Tout se passe comme si le principe de subsidiarité, selon lequel on ne confie aux niveaux supérieurs de gouvernement que les questions qui ne peuvent être réglées par les niveaux plus bas, avait été adopté d'emblée par tous, même inconsciemment, et appliqué à sens unique, c'est-à-dire toujours en faveur des institutions les plus petites, les plus proches, accélérant ainsi un mouvement de décentralisation à la fois vers les entités municipales ou régionales et vers le secteur privé. C'est comme si la configuration des institutions devait se régler sur une base esthétique plutôt que se fonder sur le calcul rationnel.

Bien sûr, quand on baigne dans un tel courant culturel, les institutions du secteur public et plus particulièrement l'administration publique qui sont par définition plus éloignées de l'action immédiate et spontanée, au point d'apparaître comme des entités hiérarchiques, abstraites, voire désincarnées, qui regardent de haut le brouhaha du *hic et nunc*, ne peuvent qu'apparaître dépassées. Tel est le sort de l'administration publique dans les années 2000 : paraître à contre-courant de tout ce qui est « en phase » ou à la mode, celui de représenter l'horrible « panopticon[2] » de Michel Foucault.

On a vu, ailleurs dans ce livre, comment la remise en question de la bureaucratie reflétait en partie celle d'un certain mode de production et d'administration qu'on peut appeler, pour employer une terminologie empruntée à H. Mintzberg, le type mécaniste de bureaucratie (ou la « bureaucratie mécaniste »). Pour H. Mintzberg, et aussi pour Michel Crozier, plus que l'administration publique elle-même, c'est ce type d'administration qui confie un rôle déterminant à la technostructure, centre d'analyse et de planification éloigné de l'action immédiate, séparé du *hic et nunc*, qui est interpellé et remis en question. On ne peut qu'imaginer, un peu vaguement il faut le dire, comment ces remises en question, qui ont aussi des fondements concrets dans la réalité de l'administration et de la production, sont actionnées, et puissamment, par les transformations profondes de nos modes de communication informatiques, télématiques, médiatiques et autres.

D'une certaine manière, si l'on regarde la société entière comme une organisation géante, on peut dire que l'administration publique classique représente une sorte de technostructure, éloignée de l'action immédiate et, pourtant,

---

2. Le panopticon est un point d'observation à partir duquel on peut regarder sans, soi-même, être vu. Il est utilisé dans les prisons.

essayant d'encadrer celle-ci à partir de sa situation de panopticon. À ce titre, elle est remise en question, comme l'est d'ailleurs la fonction « technostructure » au cœur même de l'entreprise privée de grande taille, comme en témoigne éloquemment une partie importante de l'œuvre de Tom Peters. S'éloignant de la formule « technostructure » et « bureaucratie mécanique », les administrations publiques elles-mêmes, au sein des gouvernements cette fois, adoptent des configurations différentes, plus souples. Si l'on prend l'exemple du gouvernement fédéral américain, on notera que, dès 1983, il commençait à prendre l'allure d'une véritable firme de recherche et développement, dont 55 % de ses employés civils étaient passés par l'éducation postsecondaire, 16 % par les études supérieures (dont 21 900 Ph.D. et 150 000 personnes qui possédaient une maîtrise (Levine, 1986, p. 198). Rappelons les remarques de Michel Crozier, rapportées plus tôt, selon lesquelles c'était le personnel qu'il fallait rendre plus compétent et non les structures qu'il fallait rendre plus complexes. Crozier, dans le même esprit que les observations formulées par Charles Levine, remarque lui aussi :

> On ne gère plus des activités diversifiées de service au client-partenaire, de recherche-développement, de conception, de communication-formation de la même façon qu'on gérait les activités standardisées de production, d'emballage et de vente (Crozier, 1988, p. 5).
>
> [...]
>
> Au lieu de sophistiquer les structures et les procédures, il faut professionnaliser les hommes (p. 11).

Ceux et celles qui sont en contact direct avec la clientèle, qui répondent à l'esprit du *just do it*, voient leur rôle valorisé, ils sont *empowered*.

Pour conclure cette section sur la remise en question de l'État et de l'administration publique, on peut dire que cette interpellation du secteur public présente différentes dimensions : une dimension idéologique, avec la montée du néolibéralisme, mais aussi des dimensions sociologiques, culturelles et technologiques. On a vu aussi, en rappelant des propos de Roland Parenteau, comment l'administration publique québécoise avait elle-même eu des comportements qui l'avaient amenée au banc des accusés.

Et pourtant, une partie de la remise en question de l'État et de l'administration publique est exagérée, injuste, déraisonnable, poussée qu'elle est par des modèles culturels ou, pire encore, par les dérives, voire les dérapages du postmodernisme. Comment, à travers tout cela, faire la part des choses ? Ce sera l'objet de notre dernière section.

12.4 UNE TÂCHE EXIGEANTE : FAIRE LA PART DES CHOSES

La période dans laquelle nous vivons est riche en projets, en réseaux et en informations. Dans tout ce foisonnement, il peut y avoir des emballements, des dérives. On oublie parfois, *software* nonobstant, que nous vivons aussi dans un monde *hardware*, à trois dimensions. Ne serait-ce que dans les pays du Sud, plusieurs formules à la mode aujourd'hui ne pourront pas s'appliquer avant plusieurs décennies. Loin d'avoir atteint l'idéal wébérien et classique d'une bureaucratie spécialisée et compétente, plusieurs de ces pays doivent d'abord s'attaquer à de vieux démons comme la corruption et l'appropriation illégale de fonds (Farazmand, 1999, p. 253) ou encore les insuffisances de l'entreprise privée locale et son incapacité à prendre le relais de l'État et de l'administration publique, ne serait-ce que dans certains secteurs précis (Farazmand, p. 257). Il faut dire aussi que, dans plusieurs pays d'Asie, le langage néolibéral est une façon de montrer qu'on est bien au fait des modes occidentales, mais il n'a pas toujours de prise solide dans le concret à cause de la présence d'une certaine tradition d'intervention étatique (Turner et Halligan, 1999, p. 135). Rappelons-nous les descriptions de Karl Wittfogel dans *Le despotisme oriental*, vues ailleurs (au chapitre 11 entre autres) dans ce volume.

Même dans les pays développés et riches, il y a des idées et des propos qui sont, soit déraisonnables, soit non appliqués. S'il est vrai, par exemple, que le marché a réussi à se présenter comme l'incarnation du « vivant », du flexible, il faut ajouter qu'une bonne partie du vivant possède aussi des éléments stables, une ossature par exemple, et que, par conséquent, le secteur public peut tout autant que le secteur privé prétendre remplir une fonction nécessaire à la vie. Et, même si on peut être d'accord sur le fait que la technostructure peut être réduite, on ne peut pas indéfiniment la réduire. Au Québec, cette réduction a été présentée par l'expression « couper dans le gras », expression rentable politiquement et qui a créé un consensus rapide autant que fictif. Mais ceux qui étaient sur le terrain ont vite compris qu'un encadrement trop chétif nuisait à l'apprentissage et au développement des ressources humaines de première ligne, qu'on considérait justement comme essentielles. On pourrait aussi dire qu'une extension sans limite des droits des usagers ou des « clients », sans tenir compte de ses obligations, constitue un projet si linéaire et unidimensionnel qu'on peut le considérer comme nuisible à la vie, ou en tout cas à la vie publique.

« He who marries the spirit of his age will be a widower in the next » (celui qui épouse de trop près l'esprit de son époque deviendra veuf dans celle qui va suivre), nous rappelle Gregory J. Inwood (1999, p. 386), en faisant référence à William Ralph Inge. Dans ce même esprit, à savoir mettre des limites à l'influence de l'esprit de notre époque, il convient de formuler quelques remarques à propos du postmodernisme, surtout dans ses liens avec l'État et l'administration publique. Il est bon de rappeler, dans un premier temps, que le mouvement postmoderne est d'abord, historiquement, une école en art et en architecture. C'est donc à la base une esthétique, une conception du beau. Y puiser de l'inspiration, même inconsciemment, pour étudier et remettre en question nos configurations institutionnelles est une entreprise pour le moins risquée. Comme est risqué le projet de remettre en question les procédés et les acquis de la science, qui se profile derrière le projet postmoderne de « freiner l'utopisme scientiste », comme le relate Yves Boisvert (1995, p. 110). On a vu, dans un passé récent — l'appel de Heidelberg —, comment, à juste titre, des scientifiques se sont élevés contre certaines dérives antirationnelles du Nouvel Âge. Comme le mentionne Y. Boisvert, en citant Charles Taylor, citation que nous reprendrons ici, il y a aussi les dangers qui viennent d'un abandon des institutions et d'un repli postmoderne sur soi :

> Le danger ne réside pas tant dans un contrôle despotique que dans la fragmentation — c'est-à-dire dans l'inaptitude de plus en plus grande des gens à former un projet commun et à le mettre en exécution. La fragmentation survient quand les gens en viennent à se concevoir eux-mêmes de façon de plus en plus atomiste, autrement dit, de moins en moins liés à leur concitoyen par des projets et des allégeances communes (Taylor, 1992, p. 140).

Paradoxalement, à une période où l'on remet en cause les rôles du secteur public, il n'y a peut-être jamais eu tant de besoins, dont plusieurs urgents, qui s'adressent à lui : des demandes traditionnelles pour des problèmes anciens (le sous-emploi, le chômage, les bidonvilles et la pauvreté urbaine), mais aussi de nouvelles demandes en rapport avec de nouveaux besoins (les réfugiés, le commerce de la drogue, le travail des enfants, les sans-abri, l'environnement, les épidémies nouvelles) (voir Caiden, 1999, p. 310). Certains de ces problèmes n'ont pas de limites, comme la santé publique et l'environnement ; ils n'ont pas de « solution » facilement identifiable et circonscrite dans le temps. Plusieurs de ces problèmes exigent aussi des débats publics, des discussions au sein de la cité, débats et discussions que le secteur privé ne peut organiser puisqu'il n'a aucune légitimité pour le faire, pas plus d'ailleurs que les organismes non gouvernementaux qui peuvent susciter des débats mais qui ne peuvent pas imposer de solutions. Dans le même esprit, il faut louer les efforts du mouvement « néo-communautaire » (*communitarian*), mené entre autres par Amitai Etzioni (1995, 1996), pour retrouver un sens de la communauté au-delà du libéralisme ; mais là aussi on sous-estime parfois le caractère obligatoire ou coercitif de ce qui est nécessaire.

Pour tous ces problèmes, et d'autres encore, on a eu, on a et on aura besoin de l'État, même si c'est d'un État qui, justement pour pouvoir apporter des solutions, aura dû au préalable se libérer de certaines fonctions mieux assurées par d'autres institutions. C'est que, qu'on le veuille ou non, plusieurs questions importantes de notre temps ne pourront finalement qu'être traitées par lui, et si le recours au privé peut être à la mode, il demeurera illusoire. Comme le souligne Michel Crozier :

> La réponse théorique donnée par les doctrinaires qui consiste à se contenter de restreindre l'État et à laisser les marchés faire leur œuvre n'est pas [...] [opératoire], même si elle peut temporairement offrir un répit utile. À terme elle va à contre-courant car la complexité croissante des rapports humains et des marchés eux-mêmes exige plus d'organisation et non pas plus de laisser-faire (1988, p. 2).

Il faut, pour mieux situer les débats de notre temps, et aussi pour mieux relativiser ses modes, prendre un peu de recul, accepter une perspective historique et reconnaître, avec Dwight Waldo, que

> pour la plupart des 6000 ans que l'on considère comme étant les années où s'est déroulée l'histoire de la civilisation, c'est l'administration gouvernementale, et non l'administration privée ou celle des affaires, qui a été l'acteur principal (Waldo, dans Brown et Stillman, 1985, p. 466).

Et c'est ainsi qu'on peut considérer, avec Dwight Waldo, et aussi avec Alfred Marshall, que le gouvernement compte parmi les plus précieuses des réalisations humaines (Waldo, cité dans Brown et Stillman, p. 460).

L'administration publique, qui est l'extension de l'État, a toujours eu une dimension subalterne, voire obéissante ; c'est pourquoi sa revalorisation ne peut venir que d'ailleurs : d'un acte politique ou de l'opinion publique. Alors seulement, on dépassera les modes pour arriver enfin à établir un meilleur équilibre entre l'estime qu'on a des secteurs privé et public.

BIBLIOGRAPHIE

AKOUN, André *et al.*, *Dictionnaire de politique*, Paris, Larousse, 1979.

ALLISON, Graham T., *The Essence of Decision*, Boston, Little Brown, 1971.

ALLISON, Graham T., « Conceptual Models and the Cuban Missile Crisis », *The American Political Science Review*, vol. LXIII, n° 3, septembre 1969, p. 689-718.

APOLO, E.F., « Administración de personal en la función pública », *Revista de la Facultad de ciensas económicas y de Administración de Montevideo*, décembre 1955.

ARON, Raymond, *Les étapes de la pensée sociologique*, Paris, Gallimard, 1967.

ASSEMBLÉE NATIONALE DU QUÉBEC, *Qu'est-ce que l'Assemblée nationale ?*, Gouvernement du Québec, Québec, 1984.

AUCOIN, Peter, « Politiciens, fonctionnaires et administration publique : remettre le gouvernement sur la bonne voie », dans Peters, B. Guy et Donald J. Savoie, *Les nouveaux défis de la gouvernance*, 1995, p. 101-120.

AUCOIN, Peter, « The Design of Public Organization for the 21st Century : Why Bureaucracy Will Survive in Public Management », *Administration publique du Canada*, vol. 40, n° 2, été 1997, p. 290-306.

BACCIGALUPO, Alain, *Système politique et administratif des municipalités québécoises : une perspective comparative*, préface de Jean Doré, Montréal, Agence d'Arc, 1990.

BACCIGALUPO, Alain, « Le Protecteur du citoyen et la société québécoise », *Revue internationale des sciences administratives*, vol. XLI, n° 2, 1975, p. 128-134.

BACCIGALUPO, Alain, « Le Protecteur du citoyen dans la province de Québec », *La Revue administrative*, n° 150, novembre-décembre 1972, p. 640-646.

BACCIGALUPO, Alain, « Les cabinets ministériels dans l'administration publique québécoise », *La Revue administrative*, vol. 26, mai-juin 1973, p. 317-328.

BALOGUN, M. Jide et Gelase MUTAHABA, « Redynamising the African Civil Service for the Twenty-first Century : Prospects for a Non-bureaucratic Structure », dans Henderson, Keith M. et O.P. Dwivedi, *Bureaucracy and the Alternatives in World Perspective*, 1999, p. 190-216.

BARBER, Michael, *Public Administration*, Estover, Plymouth (Angleterre), Macdonald and Evans, 1984.

BARNARD, *The Functions of the Executive*, Cambridge (Mass.), Harvard University Press, 1971 (1re édition en 1938).

BARRETTE, Michel, « Contrôles politiques et juridiques de l'administration », dans Gow, J.I., M. Barrette, S. Dion et M. Fortmann, *Introduction à l'administration publique : une approche politique*, 1992, p. 220-249.

BARRETTE, Michel, « Les structures de l'administration », dans Gow, J.I., M. Barrette, S. Dion et M. Fortmann, *Introduction à l'administration publique : une approche politique*, 1992, p. 78-101.

BEATTY, Jack, *The World According to Peter Drucker*, New York, The Free Press, 1998.

BEAUDOIN, Carole, « La formulation du Plan québécois sur la gestion de matières résiduelles : le rôle des problèmes, des solutions, des priorités et des acteurs politiques », mémoire de maîtrise, Département de science politique, Université Laval, Québec, 2001.

BEAUREGARD, Claude, « Les transferts financiers et l'autonomie des gouvernements donneur et receveur », dans Lachapelle, G., L. Bernier et P.P. Tremblay, *Le processus budgétaire au Québec*, 1999, p. 105-116.

BÉGIN, Clément, Bernard LABELLE et Françoise BOUCHARD, *Le budget : le jeu derrière la structure*, Gouvernement du Québec, Commission d'enquête sur les services de santé et les services sociaux, Québec, Les Publications du Québec, 1987.

BÉLANGER, Gérard, « Crise des finances publiques : crise de l'État-providence », *Le Soleil*, samedi 5 février 1994, p. A16.

BÉLANGER, Yves et Laurent LEPAGE, *L'administration publique québécoise : évolutions sectorielles*, Sillery, Presses de l'Université du Québec, 1989.

BELLEY, Serge, « Le nouveau management public et la gestion territoriale dans les agglomérations urbaines du Québec », *Administration publique du Canada*, vol. 40, n° 3, 1997, p. 495-515.

BERGERON, Gérard, *Fonctionnement de l'État*, Paris, Armand Colin, 1965.

BERNARD, André, *La politique au Canada et au Québec*, Montréal, Presses de l'Université du Québec, 1977.

BERNARD, André, *La vie politique au Québec et au Canada*, Sainte-Foy, Presses de l'Université du Québec, 1996.

BERNARD, André, *Politique et Gestion des finances publiques — Québec et Canada*, Sainte-Foy, Presses de l'Université du Québec, 1992.

BERNIER, Luc et Éric HUFTY, « Les innovations managériales au Québec », dans Bourgault, J., Maurice Demers et Cynthia Williams (dir.), *Administration publique et management public : expériences canadiennes*, Sainte-Foy, Presses de l'Université du Québec, 1997, p. 351-366.

BERNIER, Robert et James Iain GOW (dir.), *Un État réduit ? A down-sized State ?*, Sainte-Foy, Presses de l'Université du Québec, 1994.

BETTATI, Mario, « La politique de choix des fonctionnaires dans le système des Nations Unies », *Annuaire européen d'administration publique*, vol. II, 1979, p. 286-326.

BLAIS, André, Donald E. BLAKE et Stéphane DION, *Governments, Parties, and Public Sector Employees*, University of Pittsburgh Press et McGill-Queen's University Press, 1997.

BLAIS, André et Stéphane DION (dir.). *The Budget-Maximizing Bureaucrat : Appraisals and Evidence*, Pittsburgh (Pa.), University of Pittsburgh Press, 1991.

BODIGUEL, Jean-Luc, *Les fonctions publiques dans l'Europe des Douze*, Paris, LGDJ, coll. « Systèmes et Droit communautaire », 1994.

BOISVERT, Yves, *Le postmodernisme*, Montréal, Boréal Express, 1995.

BONNIN, Charles-Jean, *Principes d'administration publique*, Paris, 1812.

BORGEAT, Louis, René DUSSAULT et Lionel OUELLET, *L'administration québécoise*, Sillery, Presses de l'Université du Québec (ENAP), 1982.

BORGEAT, Louis et Isabelle GIROUX, « Droit et administration publique : entre tradition et postmodernité », *Administration publique du Canada*, vol. 40, n° 2, été 1997, p. 307-327.

BORINS, Sandford F., « Innovations dans le secteur public : les effets des nouvelles méthodes d'organisation et du travail », dans Peters, B. Guy et Donald Savoie, *Les nouveaux défis de la gouvernance*, 1995, p. 239-264.

BOUCHARD, Gilles, « De citoyen à client : plus qu'un changement de vocabulaire », *Politique et Société*, n° 29, 15ᵉ année, printemps 1996, p. 139-159.

BOURDIN, Alain, *McLuhan — Communication, technologie et société*, Paris, « Psychothèque », Éditions universitaires, 1970.

BOURGAULT, Jacques et Stéphane DION, « Les hauts fonctionnaires canadiens et l'alternance politique : le modèle de Withehall vu d'Ottawa », *Revue internationale des sciences administratives*, vol. 56, n° 1, 1990, p. 173-196.

BOZEMAN, Barry, *All Organizations are Public : Bridging Public and Private Organizational Theories*, San Francisco, Jossey Bass, 1987.

BRAUD, Philippe, *La science politique*, Paris, PUF, 1982.

BRAUDEL, Fernand, *La dynamique du capitalisme*, Paris, Arthaud, 1985.

BREWER-CARRIAS, Allan R., « Les conditionnements politiques de l'administration publique dans les pays de l'Amérique latine », *Colloque international sur l'administration publique : perspectives d'avenir*, Sainte-Foy, ENAP, vol. 4, 1979, p. 789-821.

BRIMO, Albert, *Les méthodes des sciences sociales*, Paris, Montchrestien, 1972.

BRONSARD, Robert, « Vers un nouvel État-providence : l'expérience de la Commission de la santé et de la sécurité au travail du Québec », *Administration publique du Canada*, vol. 41, n° 1, printemps 1998, p. 75-98.

BROWN, Brack et Richard J. STILLMAN II, « A Conversation with Dwight Waldo : An Agenda for Future Reflections », *Public Administration Review*, vol. 45, n° 4, juillet-août 1985, p. 459-467.

BROWNSEY, Keith, « Selling the Store : Privatizing Alberta's Liquor Stores », dans Westmacott, M.W. et H.P. Mellon, *Public Administration and Policy*, 1999, p. 117-125.

BRUN, Henri et Guy TREMBLAY, *Droit constitutionnel*, Cowansville, Yvon Blais, 1985.

BUGNICOURT, Jacques, « Le mimétisme administratif en Afrique : obstacle majeur au développement », *Revue française de science politique*, vol. 23, n° 6, 1973, p. 1239-1267.

BURNS, Tom et G.M. STALKER, *The Management of Innovation*, Londres, Tavistock, 1961.

CAIDEN, Gerald E., « What Lies Ahead for the Administrative State », dans Henderson, Keith M. et O.P. Dwivedi, *Bureaucracy and the Alternatives in World Perspective*, 1999, p. 295-320.

CARROL, James D., « Noetic Authority », *Public Administration Review*, vol. 19, n° 5, 1969, p. 494-500.

CASSELS, Jamie, *The Uncertain Promise of Law, Lessons from Bhopal*, Toronto, University of Toronto Press, 1993.

C.F. (Les Cahiers français), « La notion française de fonction publique », *Les Cahiers français*, 1980.

CHANDLER, Alfred Jr., *Strategy and Structure : Chapters in the History of the Industrial Entreprise*, Cambridge (Mass.), MIT Press, 1962. En français, aux Éditions d'Organisation, 1972.

CHARDON, Henry, *L'administration de la France*, Perrin, 1908.

CHARIH, Mohamed, « Le management du troisième type au gouvernement fédéral », dans Parenteau, Roland (dir.), *Management public : comprendre et gérer les institutions de l'État*, 1992, p. 115-128.

CHEVALLIER, Jacques et Danièle LOSCHAK, *Science administrative*, tomes 1 et 2, Paris, LGDJ, 1978.

COASE, Ronald, « The Nature of the Firm », dans *Economica*, n° 4, novembre 1937, p. 386-405.

COHEN, Michael D., James G. MARCH et Johan P. OLSEN, « A Garbage Can Model of Organizational Choice », *Administrative Science Quaterly*, 17, 1972, p. 1-25.

COHEN, Steven, *The Effective Public Manager — Achieving Success in Government*, Londres et San Francisco, Jossey Bass Publisher, 1988.

COMMISSION DE LA FONCTION PUBLIQUE, en collaboration avec le Secrétariat du Conseil du Trésor et le Bureau du Conseil privé. Données de base sur la fonction publique du Canada, 2001. Site Internet : http:www.psc-cfp.gc.ca/research/ps.

CONSEIL DU PATRONAT, *Dossier : la dette nationale (Québec et Ottawa)*, Montréal, août-septembre 1994, dossier 94-13.

COOPER, Phillip J., « Imputabilité et réforme administrative : vers la convergence et au-delà », dans Peters, B. Guy et Donald J. Savoie, *Les nouveaux défis de la gouvernance*, 1995, p. 153-176.

COT, Jean-Pierre et Jean-Pierre MOUNIER, *Pour une sociologie politique*, tomes 1 et 2, Paris, Seuil, 1974.

CROOKS, Harold, *Les géants des ordures*, Montréal, Les Éditions du Boréal, 1993 (1re édition en 1984 sous le titre *La bataille des ordures*).

CROZIER, Michel, « Entrevue : Michel Crozier et l'étude des organisations », propos recueillis par Stéphane Dion, *Politique*, n° 12, automne 1987, p. 111-120.

CROZIER, Michel, *État moderne, État modeste : stratégie pour un autre changement*, Paris, Fayard, 1987.

CROZIER, Michel et Erhard FRIEDBERG, *L'acteur et le système*, Paris, Seuil, 1977.

CROZIER, Michel, *Le phénomène bureaucratique*, Paris, Seuil, 1963.

CROZIER, Michel, *Comment réformer l'État ?*, Paris, D.F., 1988.

CROZIER, Michel, « The Relationship between Macro and Micro-sociology », *Human Relations*, 25, 1972, p. 239-251.

CROZIER, Michel, « L'État modeste, une grande ambition », présentation faite à l'ENAP, le 13 octobre 1988.

DAWSON, R. MacGregor, *The Government of Canada*, Toronto, University of Toronto Press, 1970.

DEBBASCH, C., *Science administrative*, Paris, Dalloz, 1980.

DEBBASCH, Charles, «Administration et pouvoir politique dans les sociétés contemporaines», *Revue de droit international comparé*, vol. 53, n° 3, 1976, p. 277-291.

DEMERS, Louis et Vincent LEMIEUX, «La politique québécoise de désengorgement des urgences», *Administration publique du Canada*, vol. 41, n° 64, hiver 1998, p. 501-528.

DESCHÊNES, Jean-Claude et Gérard DIVAY, «La planification stratégique au ministère de l'Environnement du Québec», dans Parenteau, Roland (dir.), *Management public: comprendre et gérer les institutions de l'État*, 1992, p. 531-549.

DESJARDINS, Richard et Robert MONDERIE, *L'erreur boréale*, Montréal, Association coopérative des productions audio-visuelles (ACPAV) et Office national du film du Canada (ONF), 1999, 68 minutes.

DICEY, Albert Venn, *Introduction to the Study of the Law of the Constitution*, Basingstoke, Macmillan, c1989 (aussi une édition en 1902).

DION, Stéphane, «L'administration, les citoyens, les groupes», dans Gow, J.I., M. Barrette, S. Dion et M. Fortmann, *Introduction à l'administration publique: une approche politique*, 1992, p. 250-276.

DION, Stéphane, «La bureaucratie», dans Gow, J.I., M. Barrette, S. Dion et M. Fortmann, *Introduction à l'administration publique: une approche politique*, 1992, p. 164-193.

D'IRIBARNE, Philippe, *La logique de l'honneur: gestion des entreprises et traditions nationales*, Paris, Seuil, 1993. Voir aussi: «How Countries and Organizations are Ruled: Three Patterns (France, United States, The Netherlands), *International Sociological Association (ISA)*, 1990, asp Association Papers.

DOBELL, Rod, «Complexity, Connectedness and Civil Purpose: Public Administration in the Congested Global Village», *Canadian Public Administration*, vol. 40, n° 2, été 1997, p. 346-369.

DOSTALER, Gilles, «Le néolibéralisme», *Interface*, vol. 17, n° 5, 1996, p. 48-49.

DOWNS, Anthony, «Why the Government Budget is too Small in a Democracy», *Social Research*, vol. 29, n° 1, printemps 1962, p. 1-36.

DOWNS, Anthony, *Inside Bureaucracy*, Boston, Little Brown, 1967.

DURUPTY, Michel, «L'analyse comparée: questions et tendances nouvelles», *Actes du colloque international sur l'administration publique: perspectives d'avenir*, Sainte-Foy, ENAP, vol. III, 1979, p. 599-615.

DUVERGER, Maurice, *Institutions politiques et droit constitutionnel*, Paris, PUF, coll. «Thémis», 1965.

DWIVEDI, O.P. et James Iain GOW, *From Bureaucracy to Public Management — The Administrative Culture of the Government of Canada*, Peterborough (Ont.), Broadview Press, 1999.

DWIVEDI, O.P., «Development Administration: An Overview», dans Henderson, Keith M. et O.P. Dwivedi, *Bureaucracy and the Alternatives in World Perspective*, 1999, p. 3-24.

DWIVEDI, O.P. et Keith M. Henderson, «Alternative Administration: Human — Needs — Centered and Sustainable», dans Henderson, Keith M. et O.P. Dwivedi, *Bureaucracy and the Alternatives in World Perspective*, 1999, p. 25-51.

EARSLY, Joe Tom, « La vie facile et oisive des grands commis qui devaient faire de la Communauté européenne un super-gouvernement », Montréal, *Le Devoir*, 1977, p. 5.

ELLUL, Jacques, *La société technicienne*, Paris, Calmann-Lévy, 1977.

ÉTHIER, Gérard, « La qualité des services publics », dans Parenteau, R. (dir.), *Management public : comprendre et gérer les institutions de l'État*, 1992, p. 553-578.

ETZIONI, Amitai, « Mixed Scanning : A Third Approach to Decision-Making », *Public Administration Review*, 27, décembre 1967, p. 385-392.

ETZIONI, Amitai (dir.), *New Communitarian Thinking*, Charlottesville, University Press of Virginia, 1995.

ETZIONI, Amitai, *The New Golden Rule*, New York, Basic Books, 1996.

EXECUTIVE OFFICE OF THE PRESIDENT, National Performance Review, *From Red Tape to Results : Creating Government That Works Better and Costs less*, Washington, U.S. Government Printing Office, 1993.

FARAZMAND, Ali, « Bureaucracy and the Alternatives in the Middle East », dans Henderson, Keith M. et O.P. Dwivedi, *Bureaucracy and the Alternatives in World Perspective*, 1999, p. 244-268.

FAURE, Guy, « Le M.I.T.I. ou la politique à long terme », *Revue française de gestion*, n° 28, septembre-octobre 1980, p. 51-58.

FAYOL, Henri, *Administration industrielle et générale*, Paris, Dunod, 1970 (1ʳᵉ édition en 1916).

FERRIES, Frank D., « Is the Senior Executive Service Viable ? », *Public Personnel Management*, vol. 18, n° 3, automne 1989, p. 355-373.

FORGES, Jean-Michel de, *L'École nationale d'administration publique*, Paris, PUF, 1989.

FORTMANN, Michel, « Les processus décisionnels administratifs », dans Gow, J.I., M. Barrette, S. Dion et M. Fortmann, *Introduction à l'administration publique : une approche politique*, 1992, p. 54-77.

FORTMANN, Michel, « Le budget et la gestion financière de l'État », dans Gow, J.I., M. Barrette, S. Dion et M. Fortmann, *Introduction à l'administration publique : une approche politique*, 1992, p. 102-122.

FOUGÈRE, Louis, *La fonction publique*, Bruxelles, ISSA, 1966.

GAGNÉ, Jean-Paul, « Un Québec séparé aurait une dette très lourde », *Les Affaires*, samedi 3 septembre, 1994, p. 6.

GAGNON, Yves-Chantal, « La gestion des personnes : fonction stratégique des organisations publiques », dans Parenteau, R. (dir.), *Management public : comprendre et gérer les institutions de l'État*, 1992, p. 531-549.

GALBRAITH, John Kenneth, *Le nouvel État industriel*, Paris, Gallimard, coll. « Bibliothèques des sciences humaines », [1967], 1974.

GALBRAITH, John Kenneth, *The Great Crash — 1928*, Boston, Houghton Mifflin Company, [1954], 1972.

GALNOOR, Itzhak, David H. ROSENBLOOM et Allon YARONI, « Creating New Public Management Reforms — Lessons from Israel », *Administration and Society*, vol. 30, nº 4, septembre 1998, p. 393-420.

GARANT, Patrice, *Précis de droit des administrations publiques*, Cowansville, Yvon Blais, 1995.

GARNEAU, Raymond, « La budgétisation par programme. Rationalité budgétaire contre rationalité politique », dans Lachapelle, G., L. Bernier et P.P. Tremblay, *Le processus budgétaire au Québec*, 1999, p. 33-41.

GAUTHIER, Benoît, *Recherche sociale ; de la problématique à la collecte des données*, Sainte-Foy, Presses de l'Université du Québec, 1984.

GERTH, H.H. et C. Wright MILLS, *From Max Weber : Essays in Sociology*, New York, Oxford University Press, 1946.

GIGNAC, Clément, « Finances publiques canadiennes : l'optimisme des investisseurs étrangers a bien meilleur goût », dans *Le Mensuel boursier LBG* (Lévesque, Beaubien, Geoffrion), Montréal, décembre 1993.

GIRARD, Normand, « Breton satisfait », *Le Journal de Québec*, 23 juin 1999, p. 12.

GOODSELL, Charles T., *The Case for Bureaucracy*, Chatam (N.J.), Chatam House, 2ᵉ édition, 1985.

GOURNAY, Bernard, *Introduction à la science administrative*, Paris, Armand Colin, 1966, 1970.

GOURNAY, Bernard, « Les décisions des pouvoirs publics : modèles et réalités », dans Langrod, Georges et Louis Boulet, *Science et action administrative : mélanges Georges Langrod*, 1980, p. 343-367.

GOUVERNEMENT DU QUÉBEC, « Énoncé de politique sur la gestion gouvernementale : pour de meilleurs services aux citoyens, un nouveau cadre de gestion pour la fonction publique, 1999, http://www.tresor.gouv.qc.ca/ministre/enonce_f.pdf

GOW, James Iain et Caroline DUFOUR, « Le nouveau management public est-il un paradigme ? Cela a-t-il de l'importance ? », *Revue internationale de science administrative*, 4, 2000, p. 679-707.

GOW, James Iain, M. BARRETTE, S. DION et M. FORTMANN, *Introduction à l'administration publique : une approche politique*, Montréal, Gaëtan Morin, 1992.

GOW, James Iain, « Les problématiques changeantes en administration publique (1965-1992) », *Revue québécoise de science politique*, vol. 23, 1993, p. 59-105.

GOW, James Iain, « La gestion des ressources humaines dans une période de compressions budgétaires : la fonction publique du Québec de 1981 à 1991 », dans Bernier, R. et J.I. Gow, *Un État réduit/A Down-sized State*, 1994, p. 75-101.

GOW, James Iain, « La gestion du personnel dans la fonction publique », dans Gow, J.I., M. Barrette, S. Dion et M. Fortmann, *Introduction à l'administration publique : une approche politique*, 1992, p. 124-159.

GOW, James Iain, « L'administration publique et les idées politiques », dans Gow, James Iain, M. Barrette, S. Dion et M. Fortmann, *Introduction à l'administration publique : une approche politique*, 1992, p. 178-305.

GOW, James Iain, « Perspectives historiques sur les compressions budgétaires », Communication présentée à la réunion annuelle de la Société québécoise de science politique, Université du Québec à Montréal, 14 mai 1982, publiée dans *Politique*, n° 3, 1982, p. 5-25.

GOW, James Iain, « Quelques leçons à tirer de l'histoire administrative québécoise », dans Lachapelle, Guy, Luc Bernier et Pierre P. Tremblay, *Le processus budgétaire au Québec*, 1999, p. 21-31.

GROUPE DE TRAVAIL SUR LES VALEURS ET L'ÉTHIQUE DANS LA FONCTION PUBLIQUE, « De solides assises : rapport du Groupe de travail sur les valeurs et l'éthique dans la fonction publique », Ottawa, Centre canadien de gestion, 1996 (réimpression en 2000).

GULICK, Luther et L. URWICK, *Papers on the Science of Administration*, New York, Institute of Public Administration, 1937.

GUSTAFSSON, Lennart, « Renewal of the Public Sector in Sweden », *Public Administration*, n° 65, 1987, p. 179-191.

HALL, Richard H., *Organizations : Structures, Processes, and Outcomes*, Upper Saddle River (N.J.), Prentice-Hall, 1999, p. 155-165.

HALLIGAN, John, « Le rôle-conseil de la fonction publique », dans Peters, B. Guy et Donald J. Savoie, *Les nouveaux défis de la gouvernance*, 1995, p. 121-151.

HAMMER, M. et J. CHAMPY, *Reengineering the Corporation : A Manifesto for Business Revolution*, New York, Harper Business, 1993.

HANNAN, Michael T., « The Population Ecology of Organization », *American Journal of Sociology*, 1997, vol. 82, p. 929-964.

HANNAN, Michael T., *Organizational Ecology*, Cambridge (Mass.), Harvard University Press, 1989.

HARTZ, L., *The Liberal Tradition in America : An Interpretation of American Political Thought since the Revolution*, New York, Harcourt, Brace and World, 1955.

HEAPHEY, James, « Comparative Public Administration : Comments on Current Characteristics », *Public Administration Review*, vol. 28, n° 3, 1968, p. 242-249.

HECLO, Hugh, *A Government of Strangers. Executive Politics in Washington*, Washington, The Brooking Institution, 1977.

HENAULT, Richard, « Mission accomplie pour les tribunaux administratifs », *Le Soleil*, le samedi 5 juin 1999, p. A-26.

HENDERSON, Keith M., « A Third-Sector Alternative : NGO's and Grassroots Initiatives », dans Henderson, Keith M. et O.P. Dwivedi, *Bureaucracy and the Alternatives in World Perspective*, 1999, p. 52-68.

HENIG, Jeffrey R., Chris HAMNET et Harvey B. FEIGENBAUM, « The Politics of Privatization : A Comparative Perspective », *Governance : An International Journal of Policy and Administration*, I, 1988, p. 442-468.

HENRY, Nicholas, *Public Administration and Public Affairs*, Upper Saddle River (N.J.), Prentice Hall, 1999 (7ᵉ édition).

HILLIARD, Victor G. et Henry F. WISSINK, « Alternative Administration : A Southern African Perspective », dans Henderson, Keith M. et O.P. Dwivedi, *Bureaucracy and the Alternatives in World Perspective*, 1999, p. 217-243.

HIMMELSTEIN, David et Steffie WOOLHANDLER, « A National Health Program for the United States », *The New England Journal of Medecine*, vol. 320, n° 2, 12 janvier 1989, p. 102-108.

HIRSCHHORN, Larry, *Beyond Mechanization : Work and Technology in a Post-industrial Age*, Cambridge (Mass.), MIT Press, 1984.

HIRSCHMAN, Albert O., *Exit, Voice and Loyalty — Response to Decline in Firms, Organizations and States*, London/Cambridge (Mass.), Harvard University Press, 1970. Publié en français aux Éditions ouvrières, 1972 (*Face au déclin des entreprises et des institutions*).

IMBEAU, Louis M., François PÉTRY et Jean CRÊTE, « La croissance de l'État provincial au Canada : les déterminants des *extrants* macrobudgétaires », dans Lachapelle, Guy, Luc Bernier et Pierre P. Tremblay, *Le processus budgétaire au Québec*, 1999, p. 135-151.

INSTITUT BELGE ET FRANÇAIS DES SCIENCES ADMINISTRATIVES (IBFSA), *L'administration publique. Recueil de textes*, Paris, Armand Colin, 1971.

INWOOD, Gegory J., *Understanding Canadian Public Administration : An Introduction to the Theory and Practice*, Scarborough (Ont.), Prentice-Hall Canada, 1999.

ISLAM, Nasir et Georges HENEAULT, « Mouvance des notions de développement, d'administration du développement et du développement administratif : prologues, paradoxes et perspectives », *Colloque international sur l'administration publique : perspectives d'avenir*, Sainte-Foy, ENAP, 1979, vol. 4, p. 1151-1168.

JACKSON, Robert H., « An Analysis of the Comparative Public Administration Movement », *Canadian Public Administration*, vol. 9, n° 1, 1966, p. 108-130.

KAUFMAN, Herbert, *Are Government Organizations Immortal ?*, Washington, The Brookings Institution, 1976.

KAUFMAN, Herbert, « Fear of Bureaucracy : a Raging Pandemic », *Public Administration Review*, vol. 41, n° 1, janvier-février 1981, p. 1-9.

KENNEDY, Carol, *Toutes les théories du management*, Paris, Maxima/Laurent du Mesnil, 1993.

KERAUDREN, Philippe, « Le Nouveau Management Public en Grande-Bretagne depuis 1979 », *Revue française de science politique*, vol. XVIII, 1993, p. 655-672.

KESSLER, Marie-Christine, *Les grands corps de l'État*, Paris, PUF, 1994.

KINGDON, John W., *Agendas, Alternatives and Public Policies*, New York, Harper Collins, 1995 (1re édition en 1984).

KONIG, Klaus, « Les systèmes européens de formation en matière d'administration publique », *Revue française d'administration publique*, n° 2, avril-juin 1977.

KREML, William P., « Decline of Empire : The Internal Explanation », *Administration and Society*, vol. 26, n° 1, mai 1994, p. 78-98.

LACHAPELLE, Guy, « L'opinion des citoyens compte-t-elle vraiment ? », dans Lachapelle, Guy, L. Bernier et P.P. Tremblay, *Le processus budgétaire au Québec*, 1999, p. 77-98.

LACHAPELLE, Guy, Luc BERNIER et Pierre P. TREMBLAY, *Le processus budgétaire au Québec*, Sainte-Foy, Presses de l'Université du Québec, 1999.

LALUMIÈRE, Catherine, « À la recherche d'un cadre théorique pour l'étude de l'administration publique », *Bulletin IIAP*, n° 33, 1975.

LAMBERT, Jacques et Alain GANDOLFI, *Le système politique de l'Amérique latine*, Paris, PUF, 1987.

LANDRY, Bernard, « Préface », dans Lachapelle, Guy, Luc Bernier et Pierre P. Tremblay, *Le processus budgétaire au Québec*, 1999, p. vii-ix.

LANGROD, Georges et Louis BOULET, *Science et action administrative : mélanges Georges Langrod*, Paris, Direction de l'enseignement supérieur administratif des PTT et Éditions d'Organisation, 1980.

LEDUC, Gilbert, « Les moins de 35 ans créent un forum de libre expression », *Le Soleil*, 28 mars 1998, p. A27.

LEMIEUX, Vincent, *L'étude des politiques publiques*, Sainte-Foy, Les Presses de l'Université Laval, 1995 (nouvelle édition en 2002).

LEMIEUX, Vincent, « L'analyse stratégique des organisations administratives », *Administration publique du Canada*, vol. VIII, n° 4, 1965, p. 535-547.

LENGYEL, Peter, « Réformer la fonction publique internationale dans le nouveau contexte mondial », *Revue internationale des sciences sociales*, n° 138, 1993, p. 611-628.

LE PRESTRE, Philippe, *Écopolitique internationale*, Montréal, Guérin Universitaire, 1997.

LESAGE, Gilles, « Le Vérificateur général du Québec ne lâche pas prise », *Le Devoir*, samedi 27 novembre 1982, p. 7.

LESSARD, Denis, « Des garderies à 5 $ développées à l'aveuglette » et « Un programme de départs assistés mal conçu et aux résultats douteux », *La Presse*, 10 décembre 1999, p. B1.

LEVINE, Charles H., « The Federal Government in the Year 2000 : Administrative Legacies of the Reagan Years », *Public Administration Review*, vol. 46, n° 3, mai-juin 1986, p. 195-206.

LINDBLOM, Charles E., « The Science of Muddling Through », *Public Administration Review*, vol. 19, printemps 1959, p. 77-88.

LOSCHAK, Danielle, *La fonction publique en Grande-Bretagne*, Paris, PUF, 1972.

LOWI, Theodore, *The End of Liberalism. Ideology, Policy and the Crisis of Public Authority*, New York, W.W. Norton, 1969.

MAIONI, Antonia, « Les systèmes de santé au Canada et aux États-Unis : convergence impossible ? », *Politique et Société*, n° 30, 15e année, automne 1996, p. 135-157.

MANNHEIM, Karl, *Man and Society in an Age of Reconstruction*, Londres, New York, Harcourt, Brace and World, 1940.

MARCEAU, Richard, Daniel OTIS et Pierre SIMARD, « La planification d'une évaluation de programme », dans Parenteau, R. (dir.), *Management public : comprendre et gérer les institutions de l'État*, 1992, p. 445-479.

MARCH, James G. et Herbert A. SIMON, *Organizations*, New York, Wiley, 1958.

MARCOTTE, Isabelle, « L'expérience québécoise en matière de management public », mémoire de stage, Département de science politique, Université Laval, 10 décembre 1999.

McCARTIN, Michel et Grant SCHELLENBERG, « L'avenir du travail : l'emploi atypique dans la fonction publique du Canada », Direction générale des politiques, de la recherche et des communications, Commission de la fonction publique, mars 1999.

McLean, Iain, *Public Choice. An Introduction*, Oxford (Grande-Bretagne), Basil Blackwell, 1987.

Meacham, Carl E., « Development Administration and its Alternatives in Latin America and the Caribbean : Reforms and Redirection », dans Henderson, Keith M. et O.P. Dwivedi, *Bureaucracy and the Alternatives in World Perspective*, 1999, p. 269-291.

Mellon, Hugh, « Budgets and Governing Arrangements : the Political Functions of Budgets », dans Westmacott, Martin W. et Hugh P. Mellon (dir.), *Public Administration and Policy — Governing in Challenging Times*, 1999, p. 136-152.

Mendras, Marie, « Enrichissement et clientélisme en Russie », *Mondes en développement*, vol. 26, 1998, p. 83-93.

Mercier, Jean, « Looking at Organizational Culture, Hermeneutically », *Administration and Society*, vol. 26, n° 1, mai 1994, p. 28-47.

Mercier, Jean, « À propos d'organisation administrative : le "Public Choice" », *La Revue administrative* (Paris), vol. XXXVII, novembre-décembre 1984, p. 621-623.

Mercier, Jean, « Les effets des compressions budgétaires sur les organisations du secteur public québécois », dans ACSALF, *Les enjeux sociaux de la décroissance*, Montréal, Saint-Martin, 1983, p. 69-82.

Mercier, Jean, *Downstream and Upstream Ecologists — The People, Organizations and Ideas behind the Movement*, Westport (Conn.), Praeger, 1997.

Mercier, Jean, « Le phénomène bureaucratique et le Canada français : quelques données empiriques et leur interprétation », *Revue canadienne de science politique*, vol. XVIII, n° 1, mars 1985, p. 31-55.

Mercier, Jean et Robert McGowan, « The Greening of Organization », *Administration and Society*, vol. 27, n° 4, février 1996, p. 459-482.

Merton, Robert K., *Éléments de méthode sociologique*, Paris, Plon, 1953.

Merton, Robert K., « Structure bureaucratique et personnalité », dans Lévy, André (dir.), *Psychologie sociale : textes fondamentaux anglais et américains*, Paris, Dunod, 1970, p. 25-35.

Michaud, Nelson, *Praxis de la science politique*, Sainte-Foy, Les Presses de l'Université Laval, 1997.

Michaud, Nelson, « Graham Allison et le paradigme bureaucratique : vingt-cinq ans plus tard, est-il encore utile ? », *Études internationales*, vol. 27, n° 4, 1996, p. 769-794.

Michels, R., *Les partis politiques. Essai sur les tendances oligarchiques des démocraties*, Paris, Flammarion, [1914] 1971.

Migué, Jean-Luc, « Downsizing Governments through Free Trade », dans Bernier, Robert et James Iain Gow, *Un État réduit ? A Down-Sized State ?*, 1994, p. 409-423.

Miliband, Ralph, *L'État dans la société capitaliste*, Paris, Maspero, 1982.

Ministère des Finances et Conseil du Trésor, « Les finances publiques du Québec : vivre selon nos moyens », Gouvernement du Québec, 19 janvier 1993.

Mintzberg, Henry, *Le pouvoir dans les organisations*, Montréal, Agence d'Arc, 1986.

Mintzberg, Henry, *Structure et dynamique des organisations*, Montréal, Agence d'Arc, 1982.

MINTZBERG, Henry, Duru RAISINGHANI et André THÉORÊT, « The Structure of "Unstructured" Decision Processes », *Administrative Science Quaterly*, vol. 21, n° 2, 1976, p. 246-275.

MINTZBERG, Henry, « Une société devenue ingérable, comme résultat du management », dans *Le management — Voyage au centre des organisations*, Paris, Éditions d'Organisation, 1998, p. 487-543.

MITCHELL, James R. et S.L. SUTHERLAND, « Ministerial Responsability: The Submission of Politics and Administration to the Electorate », dans Westmacott, M.W. et H.P. Mellon, *Public Administration and Policy*, 1999, p. 21-37.

MOE, Ronald C., « Exploring the Limits of Privatization », *Public Administration Review*, vol. 47, n° 6, novembre-décembre 1987, p. 453-460.

MOE, Ronald C., « The "Reinventing Government" Exercise: Misinterpreting the Problem, Misjudging the Consequences », *Public Administration Review*, vol. 54, n° 2, mars-avril 1994, p. 111-122.

MOE, Terry M., « The New Economics of Organization », *American Journal of Political Science*, vol. 28, n° 4, novembre 1984, p. 739-777.

MORGAN, Garteh, *Images de l'organisation*, Sainte-Foy, Les Presses de l'Université Laval et Éditions Eska, 1989, 1999.

MUKANDALA, Rwekaza-Sympho, « Être ou ne pas être: le paradigme des bureaucraties africaines des années 1990 », *Revue internationale des sciences administratives*, vol. 58, n° 4, 1992, p. 443-468.

MUZELLEC, R., *Notions essentielles des finances publiques*, Paris, Sirey, 1979.

NEWLAND, Chester A., « Le *Senior Executive Service* aux États-Unis, anciens idéaux et nouvelles réalités », *Revue internationale de sciences administratives*, n° 54, 1988, p. 699-739.

NICOLAI, A., « Analyse sociologique du concept de domination », dans Palmade, G., *L'économie et les sciences humaines*, tome 2, Paris, Dunod, 1967, p. 539-594.

NISKANEN, William A. jr., *Bureaucracy and Representative Government*, Chicago, Aldine-Atherton, 1971.

NOËL, André, « Finances publiques: la nuit de la dette vivante », dans *VO (Vie Ouvrière)*, n° 259, mars-avril 1996.

OCDE (Organisation de coopération et de développement économiques), « Questions et évolutions dans la gestion publique », Examen 1996-1997, Services des Publications, OCDE, Paris.

OCDE (Organisation de coopération et de développement économiques), « Les technologies de l'information en tant qu'instrument de réforme de la gestion publique: étude de cinq pays de l'OCDE », OCDE, 1998.

O'CONNOR, J., *The Fiscal Crisis of the State*, New York, St. Martin's Press, 1973.

OSBORNE, David et Ted GAEBLER, *Reinventing Government: How the Entrepreneurial Spirit is Transforming the Public Sector*, Reading (Mass.), Addison-Wesley, 1992.

OSTROM, Vincent, *The Intellectual Crisis in American Public Administration*, The University of Alabama Press, 1974.

OTOMO, Ryu, « Le ministère de la raison d'État », *L'Express*, 4 décembre 1987, p. 45-46.

OUELLET, Lionel, « La privatisation, instrument de management public », dans Parenteau, R. (dir.), *Management public : comprendre et gérer les institutions de l'État*, 1992, p. 129-150.

PAQUIN, Michel, « La planification stratégique dans le secteur public », dans Parenteau, R. (dir.), *Management public : comprendre et gérer les institutions de l'État*, 1992, p. 389-398.

PARENTEAU, Roland, « Le management public n'est pas le management privé », dans Parenteau, R. (dir.), *Management public : comprendre et gérer les institutions de l'État*, 1992, p. 49-73.

PARENTEAU, Roland (dir.), *Management public : comprendre et gérer les institutions de l'État*, Sainte-Foy, Presses de l'Université du Québec, 1992.

PARENTEAU, Roland, « Savoir gérer la mise en œuvre des programmes publics », dans Parenteau, R. (dir.), *Management public : comprendre et gérer les institutions de l'État*, 1992, p. 421-443.

PARENTEAU, Roland, « L'administration publique au Québec : à l'orée du 21ᵉ siècle », *Administration publique du Canada*, vol. 40, nᵒ 2, 1997, p. 186-203.

PATRY, Maurice, « L'imputabilité des administrateurs publics », dans Parenteau, R. (dir.), *Management public : comprendre et gérer les institutions de l'État*, 1992, p. 301-326.

PATRY, Maurice, « L'expérience des gouvernements en matière d'imputabilité », dans Parenteau, R. (dir.), *Management public : comprendre et gérer les institutions de l'État*, 1992, p. 327-347.

PAYETTE, Adrien, « Les compétences des managers publics », dans Parenteau, P. (dir.), *Management public : comprendre et gérer les institutions de l'État*, 1992, p. 197-218.

PAYETTE, Adrien, « Éthique et management », dans Parenteau, R. (dir.), *Management public : comprendre et gérer les institutions de l'État*, 1992, p. 219-248.

PAYETTE, Adrien, « Éléments pour une conception du management public », dans Parenteau, R. (dir.), *Management public : comprendre et gérer les institutions de l'État*, 1992, p. 3-24.

PERROW, Charles, « Economic Theories of Organization », *Theory and Society*, nᵒ 15, 1986, p. 11-45.

PETERS, B. Guy, « Introduction », dans Peters, B. Guy et Donald J. Savoie (dir.), *Les nouveaux défis de la gouvernance*, 1995, p. 1-15.

PETERS, B. Guy et Donald J. SAVOIE, *Les nouveaux défis de la gouvernance*, Sainte-Foy, Les Presses de l'Université Laval et Centre canadien de gestion, 1995.

PETERS, T.J. et R.H. WATERMAN, *Le prix de l'excellence : les secrets des meilleures entreprises*, Paris, InterÉditions, 1983.

PEYREFITTE, Alain, *Le mal français*, Paris, Plon, 1976.

PFEFFER, Jeffrey, *Power in Organizations*, Marshfield (Mass.), Pittman, 1981.

PIERRE, Jon, « La commercialisation de l'État : citoyens, consommateurs et émergence du marché public », dans Peters, B. Guy et Donald J. Savoie, *Les nouveaux défis de la gouvernance*, 1995, p. 49-70.

POLLIT, Christopher, « Techniques de gestion pour le secteur public : de la doctrine à la pratique », dans Peters, B. Guy et Donald J. Savoie, *Les nouveaux défis de la gouvernance*, 1995, p. 179-216.

PORTER, Michael E., *L'avantage concurrentiel des nations*, Paris, InterÉditions, 1986.

PROULX, Marcel, *Vers un nouveau partage des rôles des acteurs en gestion des ressources humaines dans la fonction publique québécoise?*, Québec, Conseil du Trésor, 1997.

QUERMONNE, Jean-Louis, *L'appareil administratif de l'État*, Paris, Seuil, 1991.

REDELMEIER, Donald A. et Victor FENCHS, « Hospital Expenditures in the United States and Canada », *The New England Journal of Medecine*, vol. 328, n° 11, 18 mars 1993, p. 772-778.

RHOMARI, Mostafa, « Fonction publique et ajustement structurel en Afrique », *La Revue administrative*, n° 258, novembre-décembre 1990, p. 544-547.

RIGGS, Fred W., « Trends in the Comparative Study of Public Administration », *Revue internationale de science administrative (RISA)*, vol. 28, 1962, p. 9-15.

RIGGS, Fred W., *Prismatic Society Revisited*, Morristown (N.J.), General Learning Press, 1973.

RIGGS, Fred W., « Fragilité des régimes du tiers monde », *Revue internationale des sciences sociales*, vol. 45, n° 135, 1993, p. 235-287.

RIVOLI, Jean, *Le budget de l'État*, Paris, Seuil, 1975.

ROCHA, J.A. Oliveira, « The New Public Management and its Consequences in the Public Personnel System », *Review of Public Personnel Administration*, vol. 18, n° 2, printemps 1998, p. 82-87.

ROCHER, Guy, « L'organisation sociale », *Introduction à la sociologie générale*, Montréal, Hurtubise HMH, 1970.

ROHR, John A., « Ethical Issues in French Public Administration : A comparative Study », *Public Administration Review*, juillet-août 1991, vol. 51, n° 4, p. 283-297.

RONSANVALLON, Pierre, *La nouvelle gestion sociale, repenser l'État-providence*, Paris, Seuil, 1995.

ROUILLARD, Lucie, « La modernisation du processus budgétaire–Évolution ou révolution? », dans Lachapelle, Guy, Luc Bernier et Pierre P. Tremblay, *Le processus budgétaire au Québec*, 1999, p. 43-58.

ROURKE, Francis E., « American exceptionalism : government without bureaucracy », dans Hil, Larry B. (dir.), *The State of Public Bureaucracy*, Armonk (N.Y.), M.E. Sharpe, p. 223-229.

SADRAN, Pierre, « La région dans le système politico-administratif français », dans Hoffmann-Martinot, Vincent et Francesco Kjellberg, *Décentraliser en France et en Norvège*, Les Éditions Pédone, 1996.

SAINT-MARTIN, Denis, « Les consultants et la réforme managérialiste de l'État en France et en Grande-Bretagne : vers l'émergence d'une "consultocratie"? », *Revue canadienne de science politique*, vol. XXXIII, n° 1, mars 1999, p. 41-74.

SAPIR, Jacques, *Le chaos russe*, Paris, La Découverte, 1996.

SANTO, Viriato-Manuel et Pierre-Éric VERRIER, *Le management public*, Paris, PUF, 1993.

SAUVY, Alfred, *Bureaux et bureaucratie*, Paris, PUF, 1967.

SAVOIE, Donald J., « Mondialisation, États-nations et fonction publique », dans Peters, B. Guy et Donald J. Savoie, *Les nouveaux défis de la gouvernance*, 1995, p. 71-98.

SAVOIE, Donald J., « Conclusion. Ce que réserve l'avenir », dans Peters, B. Guy et Donald J. Savoie, *Les nouveaux défis de la gouvernance*, 1995, p. 297-304.

SAVOIE, Donald, « The Rise of Court Government in Canada », *Revue canadienne de science politique*, vol. 32, décembre 1999, p. 635-664.

SAVOIE, Donald J. et Sandford BORINS, « Debating New Public Management », *Administration publique au Canada*, vol. 38, n° 1, printemps 1995, p. 112-138.

SAVOIE, Donald J., « What is Wrong with the New Public Management ? », *Administration publique du Canada*, vol. 38, n° 1, printemps 1995, p. 112-121 et 122-138, pour la réponse de Sandford Borins.

SCHON, Donald, *Beyond the Stable State*, New York, Random House, 1971.

SCHWARTZ, Herman M., « Public Choice Theory and Public Choices — Bureaucrats and State Reorganization in Autralia, Denmark, New Zealand, and Sweden in the 1980's », *Administration and Society*, vol. 26, n° 1, mai 1994, p. 48-77.

SECRÉTARIAT DU CONSEIL DU TRÉSOR, « La gestion des finances gouvernementales : description générale », Direction des politiques de gestion financière et de contrôle des effectifs, avril 1991.

SÉGUIN, Francine, Maurice LEMELIN et Roland PARENTEAU, *La concurrence dans le secteur public*, Montréal, Agence d'Arc, 1989.

SELZNICK, Philip, *Leadership in Administration*, New York, Harper and Row, 1957.

SELZNICK, Philip, *TVA and the Grassroots*, Berkeley (Calif.), University of California Press, 1949.

SENARCLENS, Pierre de, « La dérive de l'UNESCO : essai d'analyse psycho-culturelle », *Revue Études internationales*, vol. XVI, n° 4, décembre 1985, p. 771-793.

SENARCLENS, Pierre de, *La crise des Nations Unies*, Paris, PUF, 1988.

SENARCLENS, Pierre de, « Gouvernance et crise des mécanismes de régulation internationale », *Revue internationale des sciences sociales*, 155, mars 1998, p. 95-108.

SHAFRITZ, Jay M. et Steven J. OTT, *Classics of Organization Theory*, New York, Harcourt Brace College Publishers, 1996.

SIEDENTOPF, Heinrich, « Les sciences administratives en République fédérale d'Allemagne », *Revue internationale de science administrative*, n° 2, 1983, p. 160-165.

SIMARD, Carolle et Luc BERNIER, *L'administration publique*, Montréal, Boréal Express, 1992.

SIMON, Herbert A., *Administrative Behavior*, New York, The Free Press, 1976 (1re édition en 1945).

SIMON, Herbert A., *Le nouveau management : la prise de décision par ordinateur*, Paris, Economica, 1980.

STEL, Jan H. et Brian F. MANNIX, « A Benefit-Cost Analysis of a Regional Global Ocean Observing System : Seawatch Europe », *Marine Policy*, vol. 20, n° 5, 1996, p. 357-376.

STRAUSSMAN, Jeffrey D., « A Typology of Budgetary Environments : Notes on the Prospects for Reform », *Administration and Society*, vol. 11, n° 2, août 1979, p. 216-226.

STRONG, Maurice, « The Necessary Private-Public Mix », *Policy Options*, vol. 5, n° 6, novembre 1984, p. 6-12.

TAYLOR, Charles, *Grandeur et misère de la modernité*, Montréal, Bellarmin, 1992.

THOENIG, Jean-Claude, « La modernisation de la fonction publique dans les États modernes de la communauté européenne », *Revue politique et management public*, vol. 6, n° 2, juin 1988, p. 69 et suivantes.

THOMPSON, James D., *Organizations in Action*, New York, McGraw-Hill, 1967.

THUOT, Jean-François, « Déclin de l'État et formes post-modernes de la démocratie », *Politique*, 1994, n° 26, p. 75-102.

TIMSIT, Gérard, « La science administrative d'hier à demain et après demain », *Revue du droit public et de la science politique*, n° 4, 1982, p. 930-1015.

TIMSIT, Gérard, *Administrations et États : étude comparée*, Paris, PUF, 1987.

TIMSIT, Gérard et Céline WIENER, « Administration et politique en Grande-Bretagne, en Italie et en RFA », *Revue française de science politique*, 1980a, p. 506-532.

TIMSIT, Gérard et Céline WIENER, « Le modèle marxiste d'administration », dans Langrod, Georges et Louis Boulet, *Science et action administrative : mélanges Georges Langrod*, 1980b, p. 241-276.

TIMSIT, Gérard et Céline WIENER, « Le modèle occidental d'administration », *Revue française de science politique*, vol. 32, n° 23, 1982, p. 441-481.

TIMSIT, Gérard, « Modèles administratifs et pays en développement », Rapport présenté au Colloque franco-britannique « Indépendance et dépendance », organisé conjointement par le Centre d'études des relations internationales, la Fondation nationale des sciences politiques et l'Institute of Commonwealth Studies, Paris, 1976.

TIMSIT, Gérard, « Administration publique des pays en développement et environnement socio-culturel », *Revue française d'administration publique*, 1978, p. 433-448.

TISON, Marie, « La dette publique croît toujours », *Le Soleil*, jeudi 29 mai 1997, p. B1 et B2.

TOCQUEVILLE, Alexis de, *De la démocratie en Amérique*, Paris, Seghers, 1972.

TREMBLAY, Pierre P. et Christine BOUT DE L'AN, « L'élu : un rouage essentiel ou un simple figurant ? », dans Lachapelle, G., L. Bernier, et P.P. Tremblay, *Le processus budgétaire au Québec*, 1999, p. 61-75.

TROTSKY, L., *La révolution trahie*, Paris, Minuit, 1963.

TURNER, Mark et John HALLIGAN, « Bureaucracy and the Alternatives in East and Southeast Asia », dans Henderson, Keith M. et O.P. Dwivedi, *Bureaucracy and the Alternatives in World Perspective*, 1999, p. 129-159.

WALDO, Dwight, *The Study of Public Administration*, Garden Pity (N.J.), Doubleday, 1955.

WALDO, Dwight, *The Administrative State*, New York, The Ronald Press, 1948.

WEBER, Max, *The Protestant Ethic and the Spirit of Capitalism*, New York, Scribner, 1952 (édition française chez Plon en 1967).

WEBER, Max, *Le savant et la politique*, Paris, Plon, 1959.

WEBER, Max, *Économie et société*, Paris, Plon, 1971 (1ʳᵉ édition en allemand en 1922).

WEBER, Max, « Bureaucracy », dans Shafritz, Jay M. et Steven J. Ott, *Classic of Organization Theory*, 1996, p. 81-86.

WESTMACOTT, Martin W. et Hugh P. MELLON, *Public Administration and Policy — Governing in Challenging Times*, Scarborough (Ont.), Prentice-Hall, Allyn et Bacon Canada, 1999.

WILLIAMSON, Oliver E., *Markets and Hierarchies: Analysis and Antitrust Implications*, New York, Free Press, 1975.

WILDAVSKY, Aaron, *The Politics of the Budgetary Process*, Toronto/Boston, Little, Brown and Co., 1984.

WILSON, James Q., *Bureaucracy: What Government Agencies Do and Why They Do It*, New York, Basic Books, 1989.

WILSON, Patricia A., « A Theory of Power and Politics and Their Effects on Organizational Commitment of Senior Executive Service Members », *Administration and Society*, vol. 31, n° 1, mars 1999, p. 120-141.

WILSON, Woodrow, « The Study of Administration », *Political Science Quarterly*, vol. 2, 1887, p. 197-222.

WITTFOGEL, Karl, *Le despotisme oriental*, Paris, Minuit, 1977.

WRIGHT, Deil S. et Yasuyoshi SAKURAI, « Administration Reform in Japan : Politics, Policy, and Public Administration in a Deliberative Society », *Public Administration Review*, vol. 47, n° 2, mars-avril 1987, p. 121-133.

ZILLER, Jacques, *Administrations comparées (les systèmes politico-administratifs de l'Europe des Douze)*, Paris, Montchrestien, 1993.

ZUBOFF, S., *In the Age of the Smart Machine : the Future of Work and Power*, New York, Basic Books, 1988.

Quelques sites Internet intéressants, par ordre alphabétique :

American Society for Public Administration :
   http://www.aspanet.org/

Commission canadienne de la fonction publique :
   http://www.psc-cfp. gc.ca

Commission de l'équité salariale :
   http://www.ces.gouv.qc.ca

Conseil du Trésor :
   http://www.tresor.gouv.qc.ca

ENAP :
   http://www.enap. uquebec.ca

Institut d'administration publique du Canada :
   http://www.ipaciapc.ca/french/menu.htm

Le réseau du leadership :
   http://www.leadership.gc.ca

OCDE-service de la gestion publique (PUMA) :
   http://www.oecd.org/puma

Secrétariat du Conseil du Trésor — Division de l'équité en emploi :
     http://www.tbs-sct.gc.ca

Statistique Canada :
     http://www.statcan.ca

Tribunal administratif du Québec :
     http://www.taq.gouv.qc.ca/

INDEX DES SUJETS

L'index des sujets vise à compléter la table des matières, mais il est inévitable qu'il y ait certains recoupements entre les deux. Par ailleurs, certains choix ont été effectués par l'auteur pour inclure dans l'index tel thème, tel sujet, tel mot, plutôt que tel autre. En général, les termes généraux, même très utilisés, n'ont pas été répertoriés (comme « centralisation » ou « décentralisation »). Dans d'autres cas, la table des matières paraissaient offrir suffisamment d'indications.

Des thèmes de politiques publiques ont parfois été inclus (comme la santé ou l'environnement) quand ils donnaient lieu à un certain développement ; il en va de même dans le cas des ministères et organismes. Pour certains termes très fréquemment utilisés, comme « néolibéralisme » ou « France », par exemple, l'index ne reprend que leurs occurrences pertinentes.

La base du classement se fait selon la graphie le plus souvent utilisée, à savoir le sigle (« ONG », par exemple) ou l'expression écrite au long (« Army Corps of Engineers », par exemple).

172, 176, 189, 208, 252, 261, 301, 309, 317, 322-324, 408, 409, 432, 463, 466, 467, 476, 481

Environnemental Protection Agency (États-Unis), 167, 169

Épuisement professionnel (*burnout*), 56, 93, 134, 228

Équilibre budgétaire (principe de l'), 191

Erreur boréale (film documentaire), 101

Espagne, 100, 343, 344

Esthétique, 327, 465, 478, 481
(voir aussi Postmodernisme)

État (Département américain d'), 154, 155

État de droit, 145, 177, 242, 262, 470, 471
(voir aussi *Rule of law*)

État unitaire, 280

États-Unis
ALENA, 406, 476
compressions budgétaires, 133, 220, 227, 230, 232, 233, 340, 341, 441, 442
fédéralisme, 66, 152, 350
fonction publique, 38, 48, 60, 94, 96, 98, 99, 101, 115-123, 133, 284, 330, 349, 350, 429, 435, 458, 475
gradualisme, 152
groupes de pression (lobbyistes), 47, 48, 140, 141, 152, 283, 297, 298, 309, 353
institutions, 66, 67, 156, 157, 168, 169, 204, 243, 260, 270, 280, 319, 320, 339, 341, 345, 350, 351, 353-355, 370, 476, 477
néolibéralisme et *Public Choice*, 156, 158, 160-162, 296-298, 319, 320, 440, 467, 474, 476
nouveau management public, 227, 355, 356, 367, 368, 372, 441, 442
pays de « culture civique », 243, 349, 350, 476
système de santé, 44, 139, 140, 155, 156, 303, 351-354, 360, 426

Éthique, 289-292, 394, 465, 470

Évaluation (rétrospective), 150, 165, 175, 176, 195, 201, 222, 228, 252, 271, 375-377, 442, 464

Executive agencies (unités autonomes de service), 212, 221, 242, 260
(voir aussi Agences prestataires de services)
(voir aussi Nouveau management public)

Executive Office of the President (EOP), 341

Expenditure Management System (EMS), 221

Externalités, 318, 431, 440, 470, 471

F

Federal Executive Institute (États-Unis), 119

Federal Reserve Board (États-Unis), 187

Fédéralisme, 66, 73, 128, 152, 200, 236, 280, 311, 350, 354, 355

Fenêtre d'opportunité (modèle de Kingdon), 155-157, 164

Finances (ministères des), 4, 65, 130, 183, 190, 194, 204-207, 211, 214-217, 219, 226, 235, 251, 279, 380

Finances publiques (voir Budget)

Fonction d'utilité (notion économique de), 307, 308, 312, 317

Fonction publique 2000 (La Relève), 228

Fonction publique internationale, 129, 130, 405, 409, 411

Fonds consolidé (Québec), 192, 194, 214

Fonds monétaire international (FMI) 311, 312, 387, 391, 395, 407, 408

Formulation (des politiques publiques), 172

Frais aux usagers (voir *User fees*, Tarification)

France
bureaucratie « classique », 243, 285

INDEX DES AUTEURS

N

Ness, E., 39
Newland, C.A., 115, 118-120,
Nicolai, A., 397
Nishiyama, Pr., 345
Niskanen, W.A., 309
Nixon, R.M., 139, 201, 341
Noël, A., 224, 230, 232

O

O'Connor, J., 327
Olsen, J., 164
Olson, M., 315, 316
Osborne, D., 50, 356, 368, 378, 441
Ostrom, V., 159, 161
Otis, D., 176
Otomo, R., 347
Ott, J., 59
Ouellet, L., 268, 366, 440

P

Paquin, M., 171
Parenteau, R., 8-10, 14, 131, 166, 173,
    359, 364-366, 368, 439, 461-464,
    479
Parizeau, J., 209, 217
Parker-Follet, M., 42
Parkinson, N., 423
Patry, M., 54, 222, 266, 267, 273
Payette, A., 174, 175, 290, 383
Perrow, C., 428
Peters, B. G., 8, 458
Peters, T., 50, 347, 382, 442, 447, 479,
Pétry, F., 7, 231
Peyrefitte, A., 103, 297
Pierre, J., 357, 360, 370, 371
Pittfield, M., 219
Plasse, M., 281
Platon, 166, 290

Pollit, C., 442
Porter, M., 51
Proudhon, 329
Proulx, M., 135

Q

Quermonne, J.-L., 68, 70, 80, 340, 406

R

Rawls, J., 152
Reagan, R., 156, 341
Redelmeier, D.A., 351
Rhomari, M., 129
Riggs, F.W., 337, 338, 389, 390, 392,
    393, 396, 401
Rivoli, J., 186, 190, 193
Rocha, O. J. A., 344, 380, 381
Rocher, G., 292
Roethlisberger, F.J., 42
Rohr, J., 52, 101
Ronsanvallon, P., 434
Roosevelt, F.D., 46, 154, 167, 341
Rosenbloom, D.H., 380, 402, 409
Roseneau, J., 461
Rouillard, L., 191, 200, 205, 218, 219,
    221, 223, 235
Rourke, F.E., 135

S

Sadran, P., 75, 76
Saint-Martin, D., 373, 378
Sakurai, Y., 345, 379
Santo, V.-M., 371
Sapir, J., 403
Sartre, J.P., 327
Sauvy, A., 428, 430, 432
Savoie, D., 8, 89, 93, 381, 459, 468, 471
Schellenberg, G., 5
Schon, D., 445, 446

Schwartz, H.M., 311, 315

Séguin, F., 439

Selznick, P., 43, 44, 46, 421

Senarclens, P. de, 390, 391, 396, 407-410,
461-463, 466-468,

Shafritz, J.M., 59

Siedentopf, H., 14, 22

Siegfried, A., 297

Simard, C., 132, 176, 450

Simon, H.A., 43, 44, 46, 47, 57, 62, 76,
142, 144, 145, 150, 154, 162, 164,
165, 175, 308, 318, 359, 374, 425,
446, 447, 471

Smith, S.A. de, 260

Smith, A., 295, 467, 474

Stalker, G. M., 41, 84, 347, 374, 457,
445, 446

Stein, L.V., 37

Stel, J.H., 196, 198

Stillman, R. J., 355, 475, 482

Straussman, J.D., 222, 223

Strong, M., 472, 475

Suleiman, E., 53

Sullerot, E., 322

Sutherland, S.L., 242, 250, 254, 280

T

Taylor, C., 481

Taylor, F.W., 23, 40, 42, 50, 62, 82

Thatcher, M., 112, 284

Thayer, F., 117

Thoenig, J-C., 373

Thompson, J.D., 77

Thompson, V., 50, 342

Thuot, J-F., 433, 434, 460

Timsit, G., 282, 287, 293, 295, 324, 326,
343, 346, 349, 397

Tison, M., 229

Tocqueville, A. de, 102, 159, 162, 288,
292, 295-297, 328, 348, 422

Toffler, A., 84

Touraine, A., 52

Tremblay, G., 251, 263

Tremblay, P.P., 200, 212, 213

Trotsky, L., 419

Truman, H., 341

Turner, M., 403, 459, 466, 480

U

Urwick, L., 40

V

Verrier, P.E., 371

W

Waldo, D., 39, 41, 44, 46, 475, 482

Weber, M., 10, 19, 21, 39, 56-59, 61, 94,
102, 128, 145, 241, 243, 293, 295,
359, 373, 389, 419-422, 432, 448

White, L., 39

Wiener, C., 282, 287, 293, 295, 324, 236

Wildavsky, A., 150, 161, 172, 195, 199,
202

Williamson, O.E., 44, 427, 449

Wilson P.A., 136

Wilson, J. Q., 369

Wilson, W., 38, 39, 56, 336, 357

Wissink, F., 396, 398

Wittfogel, K., 23, 46, 402, 429, 430, 480

Woolhandler, S. 351

Wright, D.S., 345, 379

Y

Yaroni, A., 380, 402, 409

Z

Ziller, J., 127

Zuboff, S., 51

AGMV Marquis

MEMBRE DE SCABRINI MEDIA

Québec, Canada
2004